让 我 们 一 起 追 寻

Hitler's Last Gamble

ARDENNES

安东尼·比弗作品集

III

〔英〕安东尼·比弗 — 著
董旻杰 — 译

Ardennes 1944
By Antony Beevor
Simplified Chinese edition copyright © 2023 by Social Sciences Academic Press (China)
封底有甲骨文防伪标签者为正版授权

ANTONY BEEVOR

1944 阿登战役
希特勒的最后一搏

社会科学文献出版社
SOCIAL SCIENCES ACADEMIC PRESS (CHINA)

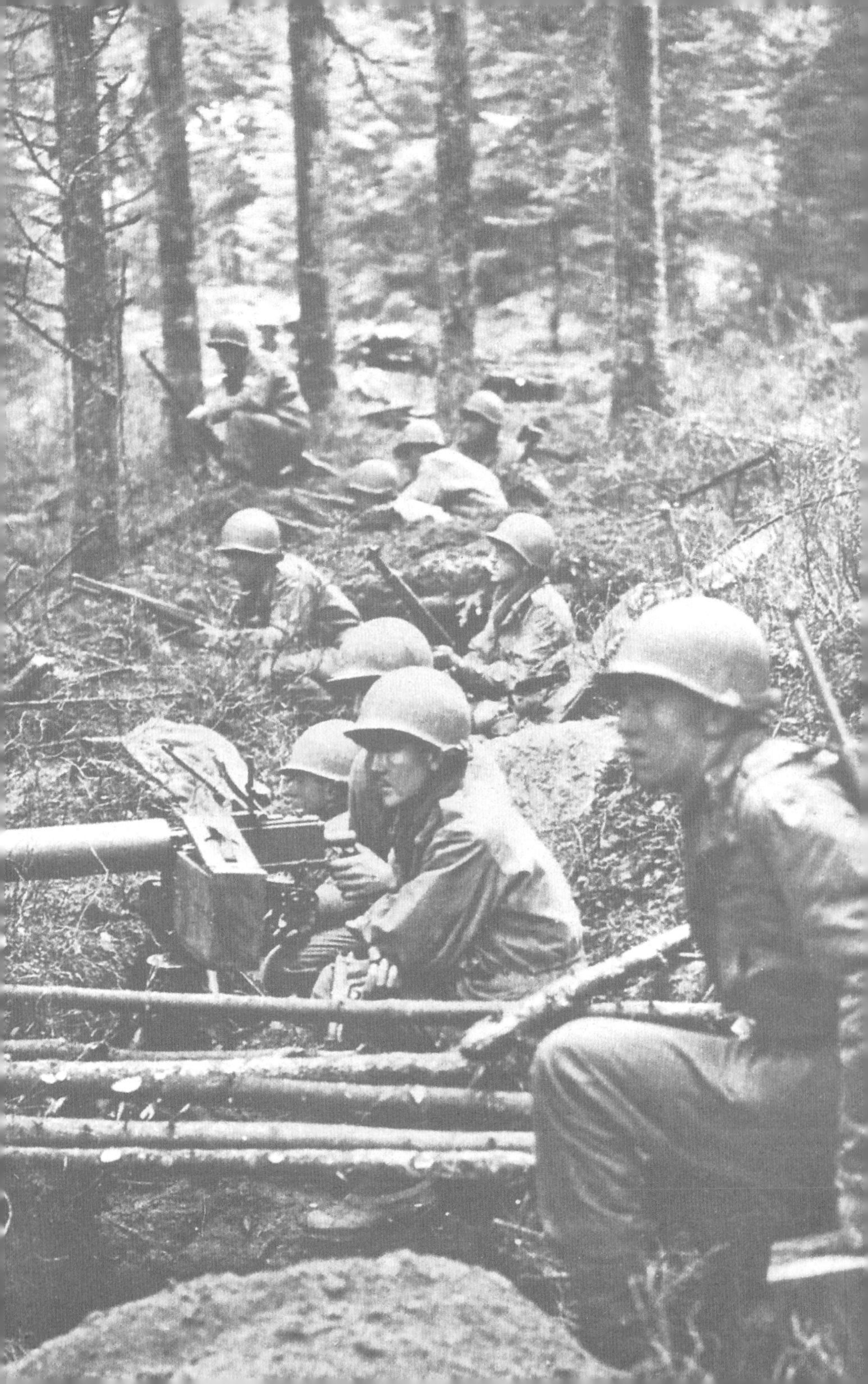

本书获誉

比弗拥有将自己的观点融合进排长、团长、师长、高级将领、政治家和平民的观点之中的写作艺术,将战争写照如点彩画般令人信服地完整呈现,其细微之处令人震惊。比弗关注的是士兵、读者和真相,这是一种与现代文学技巧相平衡的老派的着眼点。这本书细致翔实,将1944年12月到1945年1月阿登森林之战中人们的经历和政治利害关系讲得清清楚楚,令战场栩栩如生,使更为广阔的战争历史凝聚在一起。

——蒂莫西·斯奈德,《卫报》

战争大师……《阿登战役》是比弗二战系列著作中的最新一本,从斯大林格勒到1944年的诺曼底,再到最后那场可怕的柏林战役,作为精湛的单卷本战争史作品,此书对其作品集来说是极好的补充。它以比弗惯有的文学神韵和简练的文字著成,他非凡和标志性的写作能力使其在勾勒宏大战役时驾轻就熟,同时永远不会遗忘那些生动有趣的独特细节……他将焦点集中到了扭转战局的关键时刻。

——罗伯特·福克斯,《旗帜晚报》

典范……比弗在写作时一如既往地以其个人视角保持着叙事的流畅性……同样令人钦佩的是比弗在叙述德军和盟军的勇

气及战争罪行方面的处理方式,盟军的战争罪行时常被低估或仅被认为是一种被热血冲昏头脑时的报复方式,而比弗勇敢地披露了许多盟军将领公开批准处决德军战俘的报复政策。这是一段应该被记录下来的历史……比弗认为希特勒犯下的最大错误,是他"误判了被(他)故意轻视的陆军士兵"。此书首先是这些士兵的故事,唯有如此才会覆盖最为广泛的读者群。

——《旁观者》

这是一本必不可少的书。这是比弗作品的一大优势,他花时间讲述了一些细微的小知识(即那些久经沙场的军人亲自言传的内容),这些小知识事关生存和白白死去之间的天壤之别。

——戴维·阿罗诺维奇,《泰晤士报》

比弗与其他历史学家的不同之处在于——他不单单是个讲故事的人——他并不避讳令人不适的,甚至是可怕的话题,而是以不会吓到读者的方式。他的作品中很少出现评判性的注解,而是像维吉尔带着你穿过地狱:他不会让你陷入恐怖的困境,而是会领着你又一次走出来,经历这段旅程后变得更为理智。

——基思·罗威,《每日电讯报》

比弗从所有的戏剧性事件中编织出了一个极为精彩的故事。如同他以往的著作,他的最高超的天赋,在于能从不同的角度讲述细节……至关重要的历史见解。

——马克·厄本,《星期日泰晤士报》

比弗按照日期所叙述的文字中蕴含着丰富的细节和戏剧

性……这种令人难以置信却可怕的叙述中有一种意想不到的欢乐,例如在战争中遇上知名人物。

——弗朗西斯·惠恩,英国《星期日邮报》

无可挑剔的研究、深入细致的观察和高超的写作技巧,不愧是畅销著作的前辈。

——夏洛特·希思科特,《星期日快报》

此书在任何一个专业的历史学者的书架上都应该有一席之地。强大且权威……比弗基于诸多人物的视角,通过巧妙的叙述方式将其融为一体。将一系列难以描述的局部进攻、反击、欺骗和伪装编织成一部一气呵成的书籍,需要大师级历史学家的全神贯注,安东尼·比弗的《阿登战役》做到了。

——《军事历史月刊》

他的笔巧妙地从散兵坑转移到指挥所,对双方的主要人员进行了直白的描述,对战略和战术进行了直率的判断,对战斗的恐怖场面进行了残酷的真实描述。即便是对二战欧洲战场很精通的读者也会喜欢这本书。本书基于深入研究,充满了新的见解和深思熟虑的解释。那些想要了解德军的突袭是如何展开,以及为什么会失败的人,不会在有关二战的文献中找到比此书更有价值的了。

——《基督教科学箴言报》

献给亚当·比弗

目　录

插图目录 ························· I
地图目录 ························· I

第一章　　胜利的狂热 ················· 001
第二章　　安特卫普和德国边境 ············ 021
第三章　　亚琛之战 ·················· 035
第四章　　冬季战争来临 ················ 049
第五章　　许特根森林 ················· 069
第六章　　德军的战役准备 ··············· 100
第七章　　情报工作的失误 ··············· 125
第八章　　12月16日，星期六 ············ 141
第九章　　12月17日，星期日 ············ 168
第十章　　12月18日，星期一 ············ 198
第十一章　斯科尔策尼和海特 ············· 220
第十二章　12月19日，星期二 ············ 230
第十三章　12月20日，星期三 ············ 256
第十四章　12月21日，星期四 ············ 280
第十五章　12月22日，星期五 ············ 294
第十六章　12月23日，星期六 ············ 309
第十七章　12月24日，星期日 ············ 329

第十八章　圣诞节 ………………………………… 350
第十九章　12月26日，星期二 ………………… 364
第二十章　盟军的反攻准备 ……………………… 378
第二十一章　双重意外 …………………………… 399
第二十二章　反攻 ………………………………… 418
第二十三章　推平突出部 ………………………… 438
第二十四章　总结 ………………………………… 454

阿登战役双方战斗序列 …………………………… 462
注　释 ……………………………………………… 488
部分参考文献 ……………………………………… 517
致　谢 ……………………………………………… 523
索　引 ……………………………………………… 526

插图目录

1. 1944年10月，美军步兵炸开齐格弗里德防线（又称西墙）上的障碍物，向前挺进。
2. 许特根森林之战中的德军伞兵迫击炮组，迫击炮在此战中给交战双方造成了极大伤亡。
3. 许特根森林之战中的美军第1步兵师一部。
4. 美军医护兵正在处理伤员。
5. 在孚日山区行军的法军后勤部队，法军第1集团军中的北非士兵在进攻斯特拉斯堡西南科尔马山口的战斗中，吃惊于严寒带来的苦头。
6. 1944年12月7日，在马斯特里赫特参加会议的盟军高级将领，左起：布莱德雷中将、特德空军上将、艾森豪威尔上将、蒙哥马利元帅、辛普森中将。
7. 1944年12月初，在迪伦附近的许特根森林中被俘的德军士兵。
8. 瓦尔特·莫德尔元帅，时任德军B集团军群指挥官。
9. 蒙哥马利元帅似乎对艾森豪威尔的讲话感到越来越愤怒。
10. 德军第5装甲集团军指挥官曼陀菲尔装甲兵上将。
11. 德军第6装甲集团军指挥官泽普·迪特里希党卫队全国总指挥兼党卫军大将，图为他获颁银橡叶骑士铁十字勋章后的留影。

12. 包围巴斯托涅的德军第 26 国民掷弹兵师师长海因茨·科科特少将,他是个较为开明的指挥官,拍摄这张照片时他还是上校。

13. 拥有男爵头衔的弗里德里希·冯·德·海特中校,他在成为伞兵指挥官之前是法学教授。

14. 1944 年 12 月 16 日,阿登反击战打响之前,德军的坦克指挥官们正在风雪中听取任务简报。

15. 警卫旗队师的两名党卫军装甲掷弹兵正在享受缴获的美军香烟。

16. 12 月 17 日,反击战打响的第二天,第 6 装甲集团军警卫旗队师派普战斗群所属的党卫军第 501 重装甲营的虎王坦克,搭载着第 3 伞兵师的伞兵正在向前推进。

17. 德军国民掷弹兵师行军队列中的步兵身上挂着成串的机枪子弹,肩上扛着铁拳反坦克火箭筒。

18. 派普战斗群的党卫军掷弹兵在洪斯费尔德屠杀的首批美军战俘,德军士兵将他们身上的东西搜刮一空,左边的受害人脚上的靴子都被扒掉了。

19. 警卫旗队师汉森战斗群的党卫军掷弹兵从波图附近一队燃烧的美军车辆旁经过。

20. 在斯图蒙向警卫旗队师派普战斗群投降的美军第 30 步兵师 119 团 3 营的官兵。

21. 12 月 17 日,美军第 1 步兵师 26 团刚好及时抵达埃尔森博恩岭基地,立刻在比特亨巴赫展开防线。

22. 美军第 1 步兵师 26 团的炮兵在泥泞的道路上移动一门 57 毫米反坦克炮,准备封锁道路,阻止德军突破。

23. 当德军第 5 装甲集团军的部队打过来时,比利时难民纷纷离开朗格利尔（Langlir，维尔萨姆西南）镇的家园。大部分人一直跑到了马斯河西岸，以躲避战火和德国人的报复，此前当地抵抗组织的袭击令德军痛恨不已。

24. 当德军包围了美军第106步兵师并逼近圣维特时，为避战火，申贝格的当地居民都躲到了山上的洞穴之中。

25. 美军医护兵用雪橇将伤员担架拖到转运点，将担架抬上吉普车后再将其固定在引擎盖上送走。

26. 美军士兵正在森林边缘匆忙挖掘散兵坑，尽可能避免炮火杀伤，牺牲了的战友就倒在他们身边。

27. 当德军打到巴斯托涅城下时，第101空降师的先头部队刚刚入城，当地居民则坐着农用大车从镇内逃离。

28. 韦尔博蒙附近的浓雾中，支援第82空降师的M36坦克歼击车排在前面开道，后面跟着长长的车队。

29. 在罗赫拉特和克林克尔特的双子镇之战中，被美军俘虏的德国国民掷弹兵。

30. 美军第1集团军指挥官考特尼·霍奇斯中将正在为圣维特防御战中表现出色的第7装甲师师长罗伯特·威尔逊·哈斯布鲁克准将颁发银星勋章。

31. 伪装成美军的德军奥托·斯科尔策尼突击队在美军战线后方出没的消息引起了很大恐慌，图为美军宪兵正在马尔什昂法梅讷附近检查比利时难民的证件。

32. 为了躲避战火和德军的报复，比利时难民正络绎不绝地通过迪南的马斯河大桥，逃到西岸。

33. 科塔少将的第28步兵师所属的一个火箭筒小组在维尔茨战斗了三天之后，开始向后方撤退。正是他们的英勇奋战迟滞了德军的推进速度，为第101空降师在巴斯托涅建立环形防线争取了足够的时间。

34. 在马尔梅迪附近被俘的年轻的党卫军士兵,幸运的是他并没有死于美军的报复行为。博涅路口大屠杀发生之后,美军枪杀德军战俘作为报复的行为一发不可收拾。

35. 在斯塔沃洛被派普战斗群屠杀的比利时平民。

36. 巴斯托涅上空飞机留下的尾流。12月23日,天气突然变得晴朗,对盟军来说这显然是好消息,而德军则为此焦虑不安,因为盟军的空中优势终于可以发挥作用了。

37. 12月23日,天气转晴后,美国陆军航空队立即出动大批C-47运输机,为被包围的巴斯托涅空投补给。

38. 巴斯托涅的美军伤员无法撤离,美军指挥官将大批伤员安置在镇内建筑物的地下室里,伤员们躺在稻草堆上,等候滑翔机将外科医疗队送进包围圈。

39. 1944年的平安夜,第101空降师的伞兵们在德军对包围圈展开全面进攻前几个小时,挤在一起唱圣诞颂歌。

40. 德军向马斯河突破的企图最终破产了,图为德军第2装甲师伯姆战斗群遗弃在富瓦圣母院庭院中的装甲车辆和反坦克炮。

41. 巴顿将军于12月30日抵达巴斯托涅,为安东尼·麦考利夫准将和第502伞兵团团长史蒂夫·查普斯中校颁发服役优异十字勋章(Distinguished Service Cross)。

42. 美军增援部队正在阿登陡峭的山地林间急行军。

43. 英军第30军的一支巡逻队正在阿登地区警戒,他们身穿的白色雪地伪装服是用床单改制出来的。

44. 盟军于1945年1月发动反攻,美军第1步兵师26团的士兵们正从比特亨巴赫出击,他们自12月17日起就坚守在这里。

45. 拉罗什昂阿登在战火肆虐之下遭到了严重破坏，连第二年春天燕子回来重新筑巢时都迷失了方向。

46. 调查人员开始对马尔梅迪附近博涅大屠杀现场的美军官兵尸体做身份鉴定。

47. 马尔梅迪附近发生屠杀美军战俘的事件后，美军士兵在战友甚至高级军官的鼓励下，枪毙了大多数投降的党卫军士兵。但许多人是被迫加入党卫军部队的，身穿这套制服并非出于他们自己的意愿，比如照片中这个可怜的男孩。

48. 约阿希姆·派普因犯战争罪遭受审判，罪行中包括马尔梅迪附近的大屠杀。他虽然逃过了死刑，日后却死于法国的左派组织之手。

大部分插图来自美国国家档案馆。1、13、16 来自 AKG 图片，5 来自法国文献局，11 来自坦克博物馆，12 来自（科布伦茨）德国联邦档案馆，6—7、18、20、25—26、30—32、34、36、38—39、41、46—47 来自美军（国家档案馆的一部分），8、23、26、40 来自（伦敦）帝国战争博物馆，10 来自海因茨·赛德勒，在《突出部战役》（W. 古尔里克和 O. 坦纳著）中翻印。

地图目录

1. 德军进攻前的阿登前线态势
2. 西线态势
3. 安特卫普和斯凯尔特河
4. 亚琛之战
5. 许特根森林
6. 德军进攻
7. 北肩角态势
8. 第106步兵师的毁灭和圣维特防御态势
9. 第28步兵师的崩溃
10. 南肩角态势
11. 罗赫拉特、克林克尔特和埃尔森博恩岭
12. 派普战斗群的推进路线
13. 巴斯托涅
14. 第7军和第18空降军前线
15. 德军突向马斯河
16. 第3集团军向巴斯托涅的进攻
17. 北风行动，阿尔萨斯地区
18. 推平突出部
19. 阿登：德军进攻的最远点

对照表

盟军

12AG	第 12 集团军群
1	美第 1 集团军
VII	美第 7 军
XXX 英	英第 30 军
101	第 101 空降师
B □ 10	第 10 装甲师 B 战斗群
335 ⊠ 84	第 84 步兵师第 335 团

德军

B	B 集团军群
5 Pz	第 5 装甲集团军
26VG	第 26 国民掷弹兵师
LEHR	装甲教导师
3FSJ	第 3 伞兵师
115 ⊠ 15Pzg	第 15 装甲掷弹兵师第 115 装甲掷弹兵团
Rcn □ 26VG	第 26 国民掷弹兵师侦察营

图1 德军进攻前的阿登前线态势
（1944年12月16日）

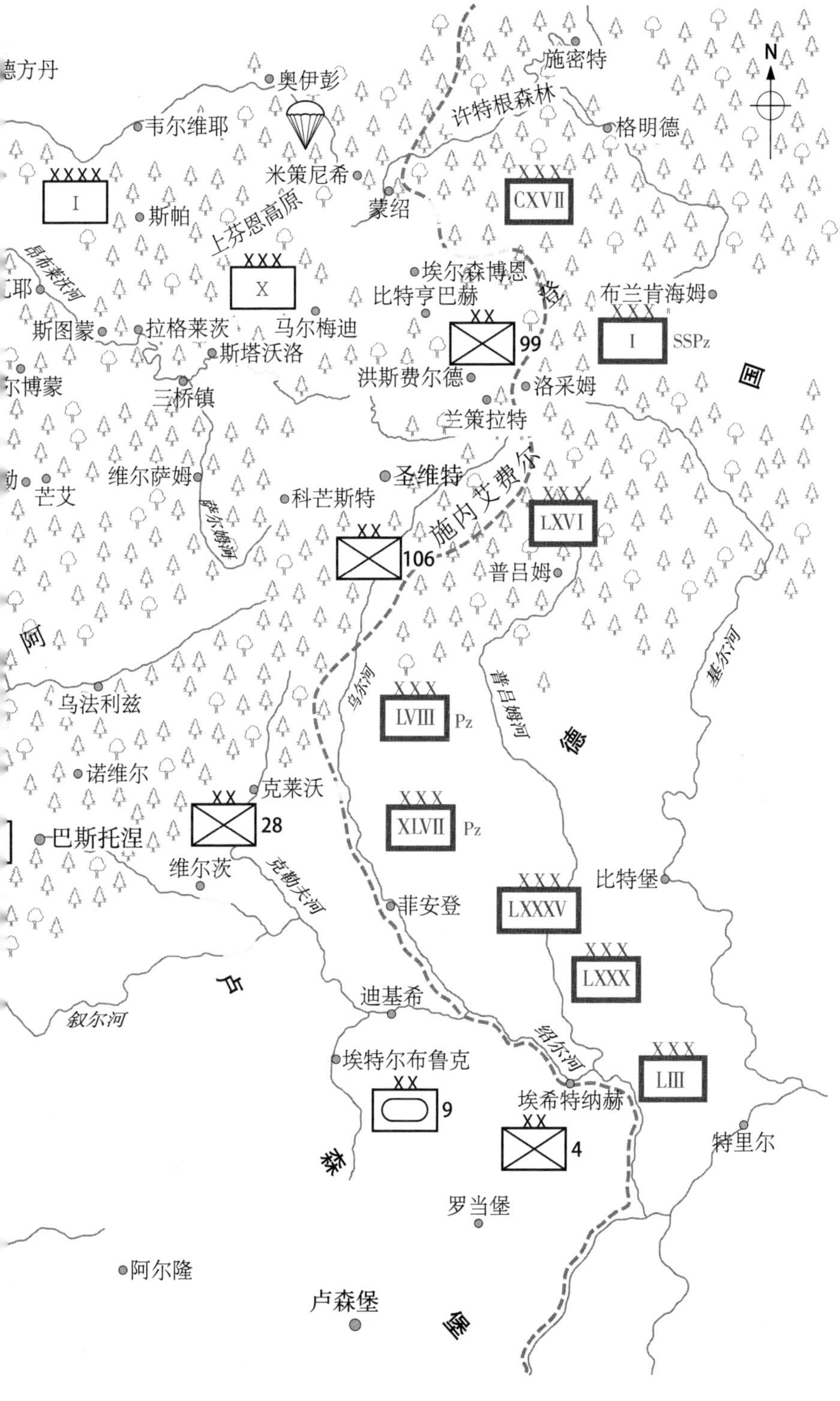

N
德方丹
奥伊彭
施密特
许特根森林
格明德
韦尔维耶
米策尼希
蒙绍
I
斯帕
上芬恩高原
CXVII
昂布莱沃河
X
埃尔森博恩
比特亨巴赫
布兰肯海姆
拉
马尔梅迪
99
I
SSPz
斯图蒙
拉格莱茨
斯塔沃洛
洪斯费尔德
洛采姆
国
尔博蒙
三桥镇
兰策拉特
维尔萨姆
圣维特
芒艾
科芒斯特
施内艾费尔
萨尔姆河
LXVI
106
普吕姆
阿
基尔河
乌尔河
普吕姆河
乌法利兹
LVIII
Pz
德
诺维尔
克莱沃
28
XLVII
Pz
巴斯托涅
维尔茨
克勒夫河
比特堡
菲安登
LXXXV
LXXX
卢
叙尔河
迪基希
绍尔河
埃特尔布鲁克
LIII
埃希特纳赫
9
特里尔
4
森
罗当堡
阿尔隆
卢森堡
堡

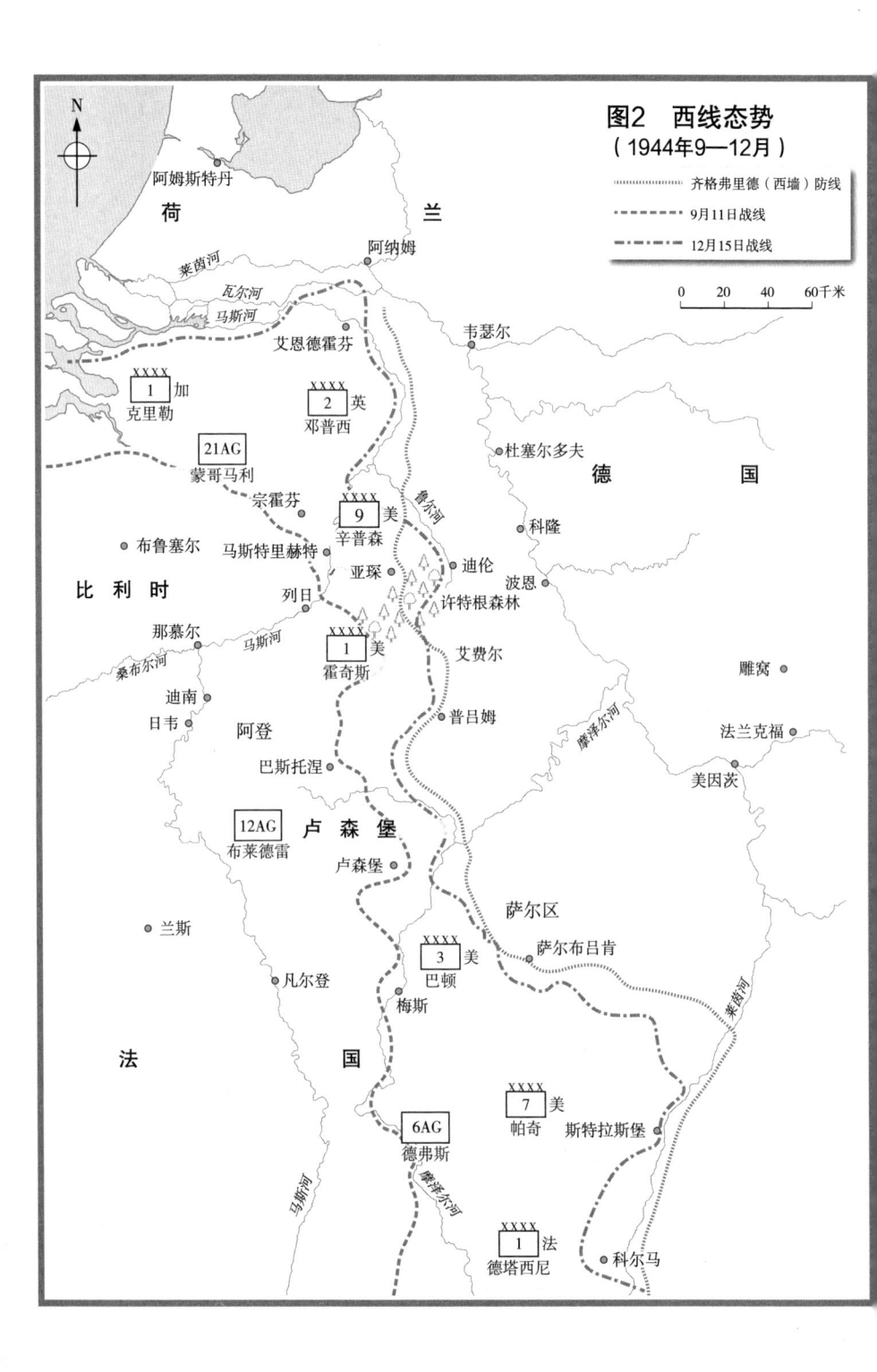

图2 西线态势
（1944年9—12月）

图3 安特卫普和斯凯尔特河
（1944年9月9日）

荷兰
德国
法国
卢森堡

瓦尔赫伦岛
南贝弗兰岛
斯凯尔特河口
布雷斯肯斯
奥斯坦德
艾恩德霍芬
德第15集团军
安特卫普
阿尔贝特运河
布鲁塞尔
比利时
列日
那慕尔
桑布尔河
沙勒罗瓦
迪南
巴斯托涅
奥伊彭
马斯河
斯凯尔特河
乌尔特河

主要部队标记：
- 加2
- 波1
- 245步兵师、711步兵师、64步兵师
- 70步兵师、59步兵师
- 719
- 11
- 7
- 6
- 53
- 50
- 85
- 353
- 禁卫师
- 美2
- 美30
- 275
- 116
- 49
- 347
- 255Pz
- 2Pz
- 美4
- 美28

图例：
245步兵师　布雷斯肯斯口袋中的德军步兵师
---------　沿阿尔贝特运河展开的德军防线

0　20　40　60千米

图4 亚琛之战
（1944年10月）

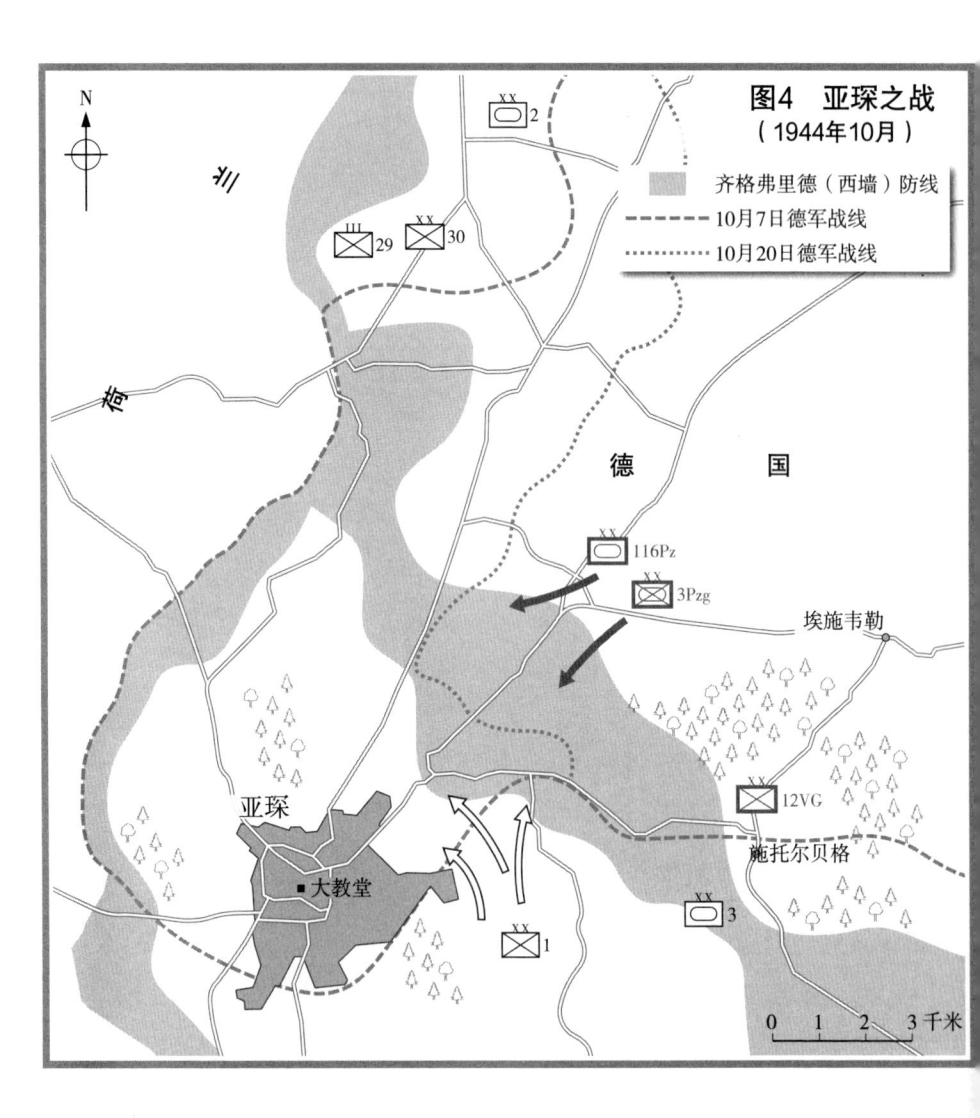

- 齐格弗里德（西墙）防线
- 10月7日德军战线
- 10月20日德军战线

荷兰

德国

埃施韦勒

亚琛

大教堂

施托尔贝格

0 1 2 3 千米

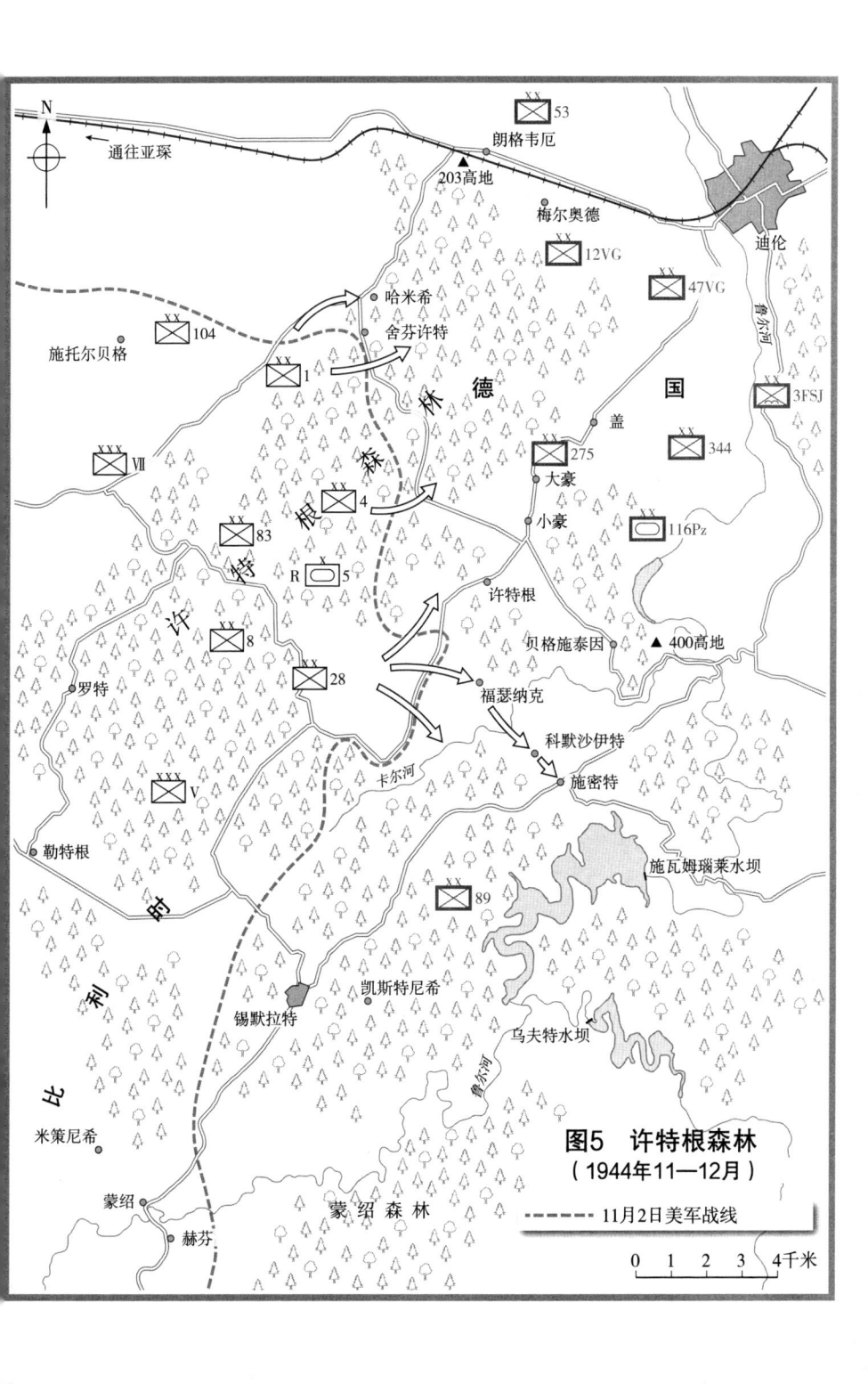

图5 许特根森林
（1944年11—12月）

------ 11月2日美军战线

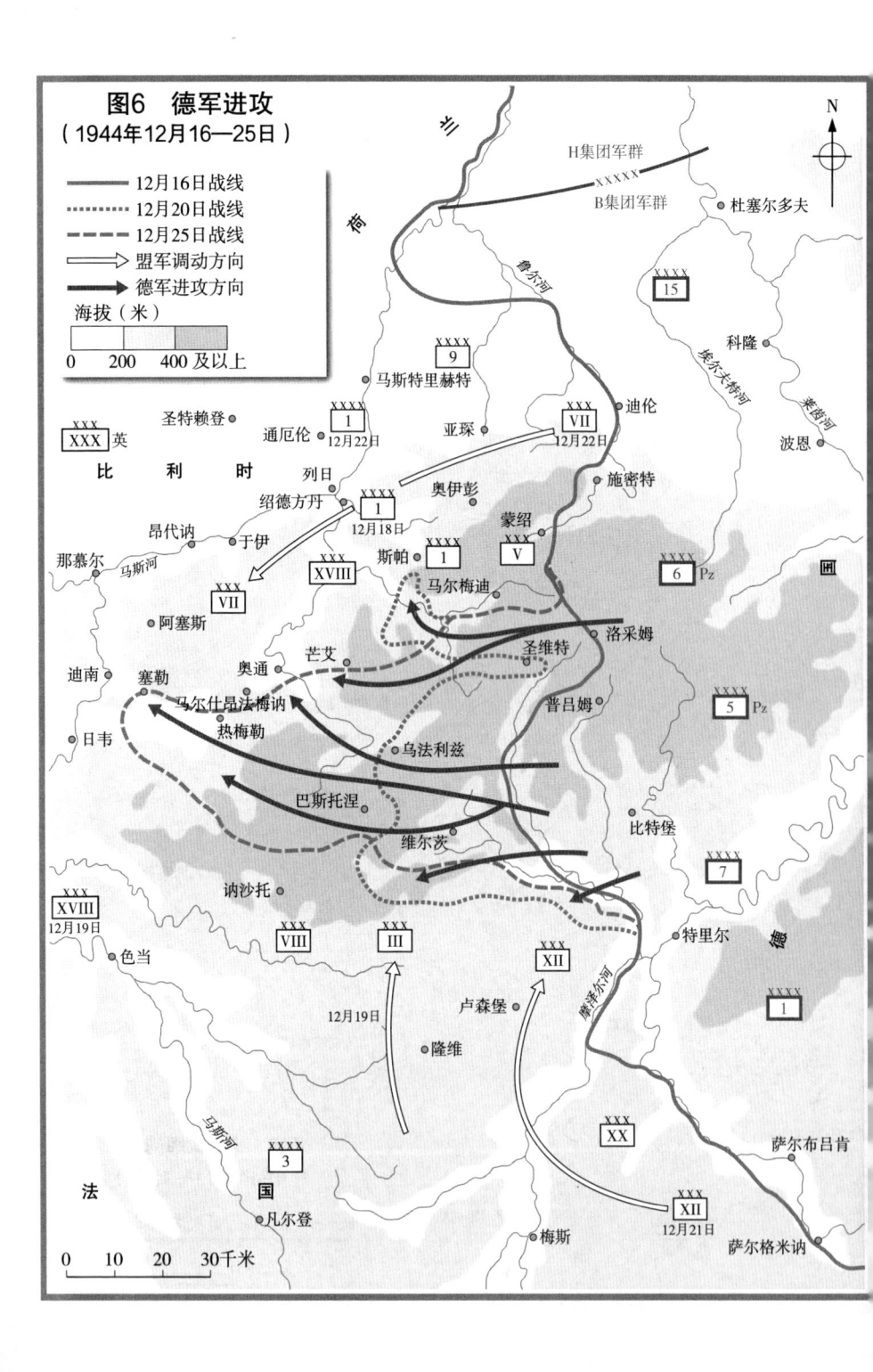

图6 德军进攻
（1944年12月16—25日）

图例：
- 12月16日战线
- 12月20日战线
- 12月25日战线
- 盟军调动方向
- 德军进攻方向

海拔（米）：0　200　400及以上

地名与标注：

H集团军群、B集团军群、杜塞尔多夫、科隆、波恩、马斯特里赫特、迪伦、施密特、亚琛、通厄伦、圣特赖登、列日、绍德方丹、奥伊彭、蒙绍、斯帕、马尔梅迪、洛采姆、圣维特、芒艾、普吕姆、奥通、塞勒、马尔什昂法梅讷、热梅勒、乌法利兹、巴斯托涅、维尔茨、比特堡、讷沙托、特里尔、色当、卢森堡、隆维、凡尔登、梅斯、萨尔布吕肯、萨尔格米讷、昂代讷、那慕尔、阿塞斯、迪南、日韦、于伊、马斯河、摩泽尔河、鲁尔河、埃尔夫特河、赛格河、默兹河、马恩河

英（XXX）、比利时、法国、德

部队标识：
9（XXXX）、1（XXXX，12月18日）、VII（12月22日）、V、1、XVIII、VII、XVIII（12月19日）、VIII、III（12月19日）、XII、XX、XII（12月21日）、3（XXXX）、1（XXXX）、15（XXXX）、6 Pz、5 Pz、7（XXXX）、12月22日

比例尺：0　10　20　30千米

图7 北肩角态势

（1944年12月16—22日）

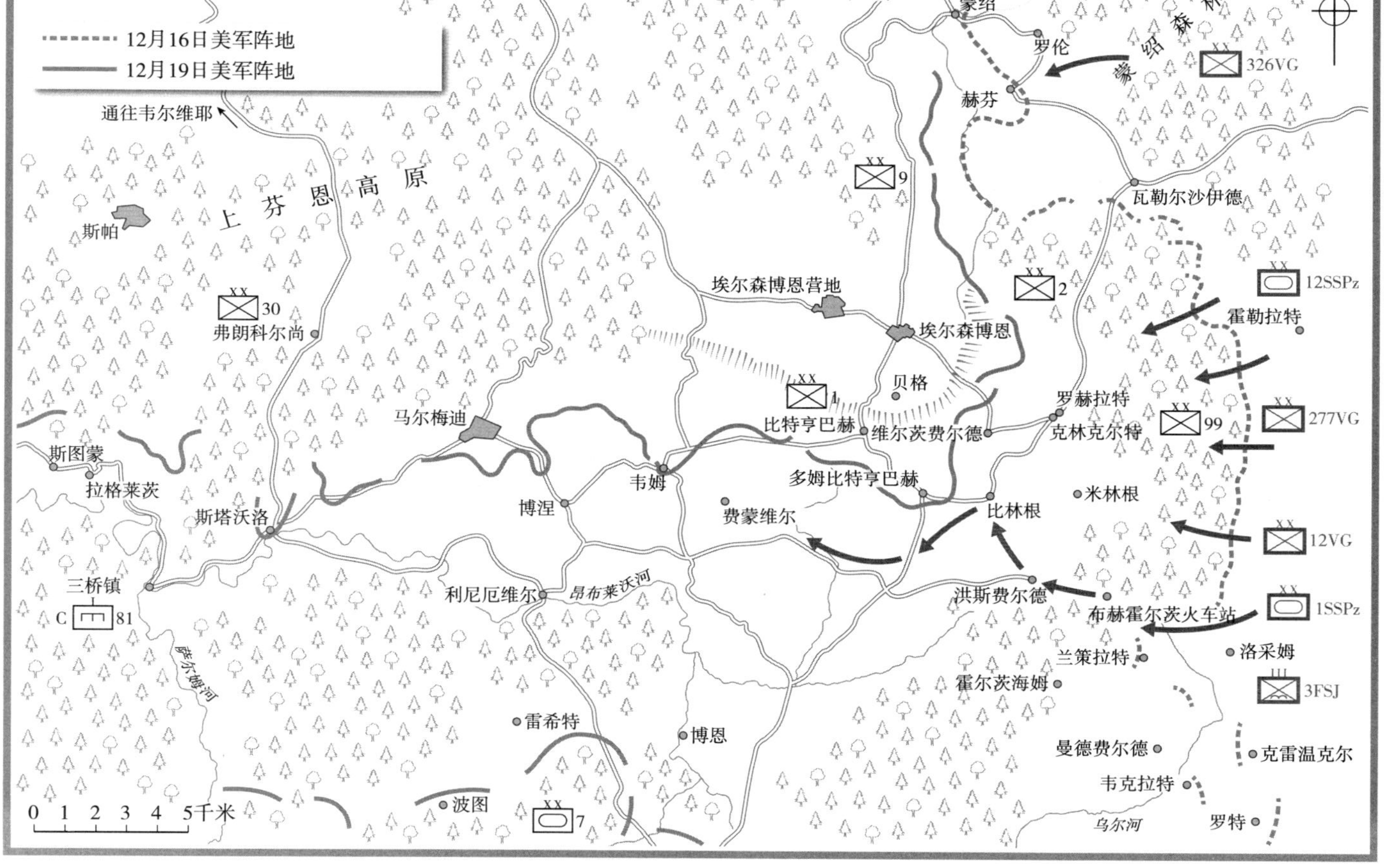

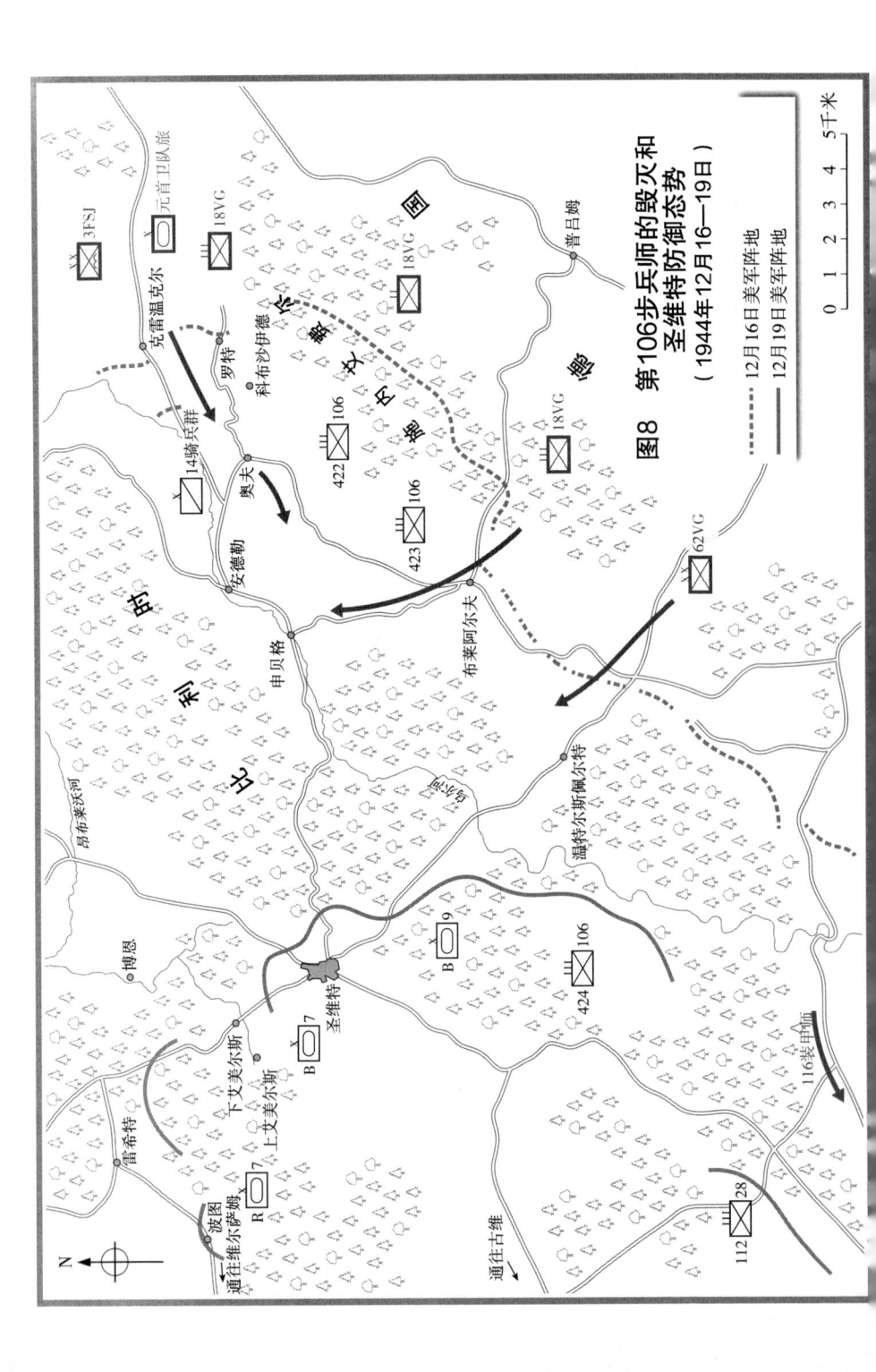

图8 第106步兵师的毁灭和圣维特防御态势（1944年12月16—19日）

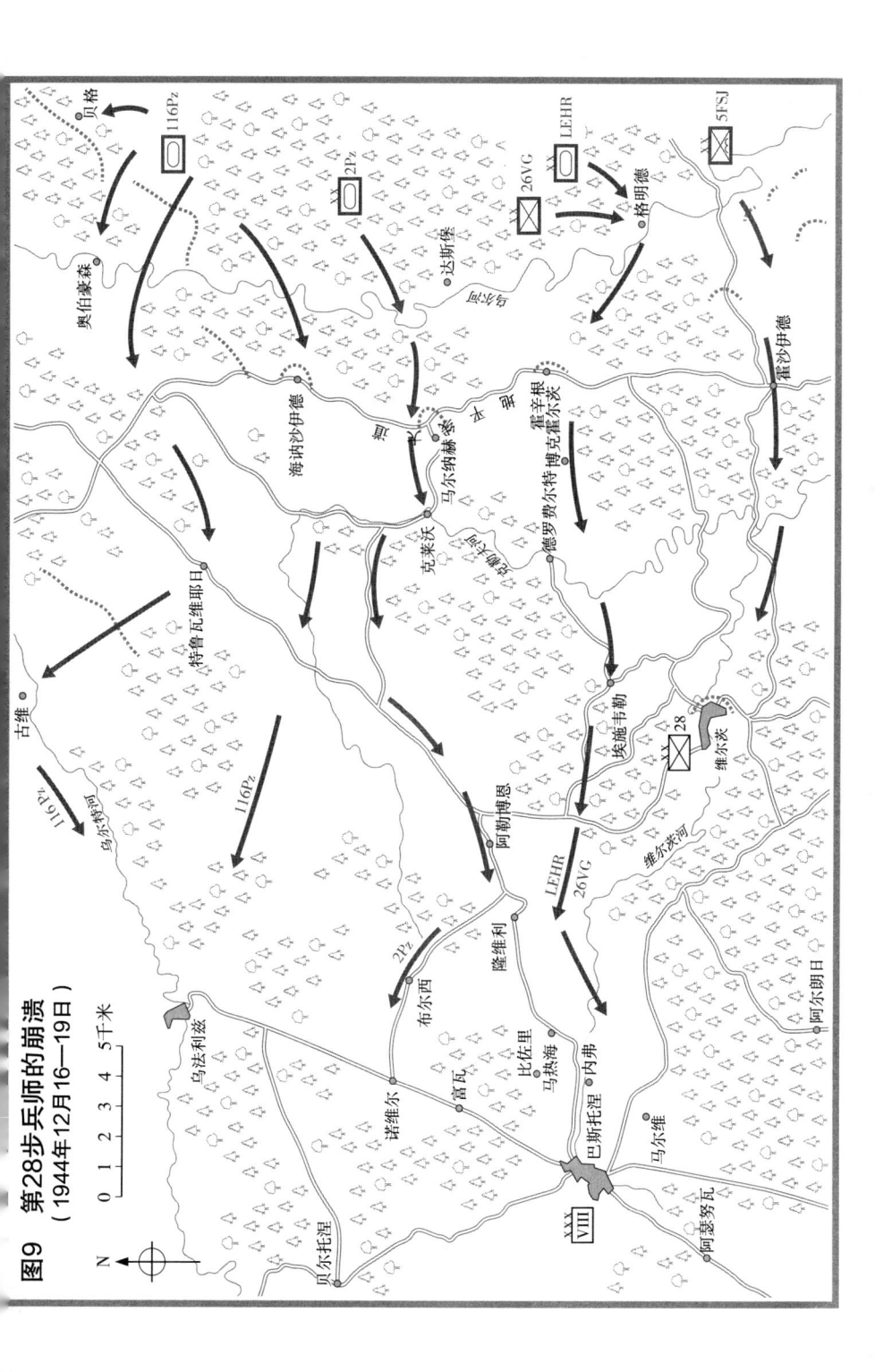

图9 第28步兵师的崩溃（1944年12月16—19日）

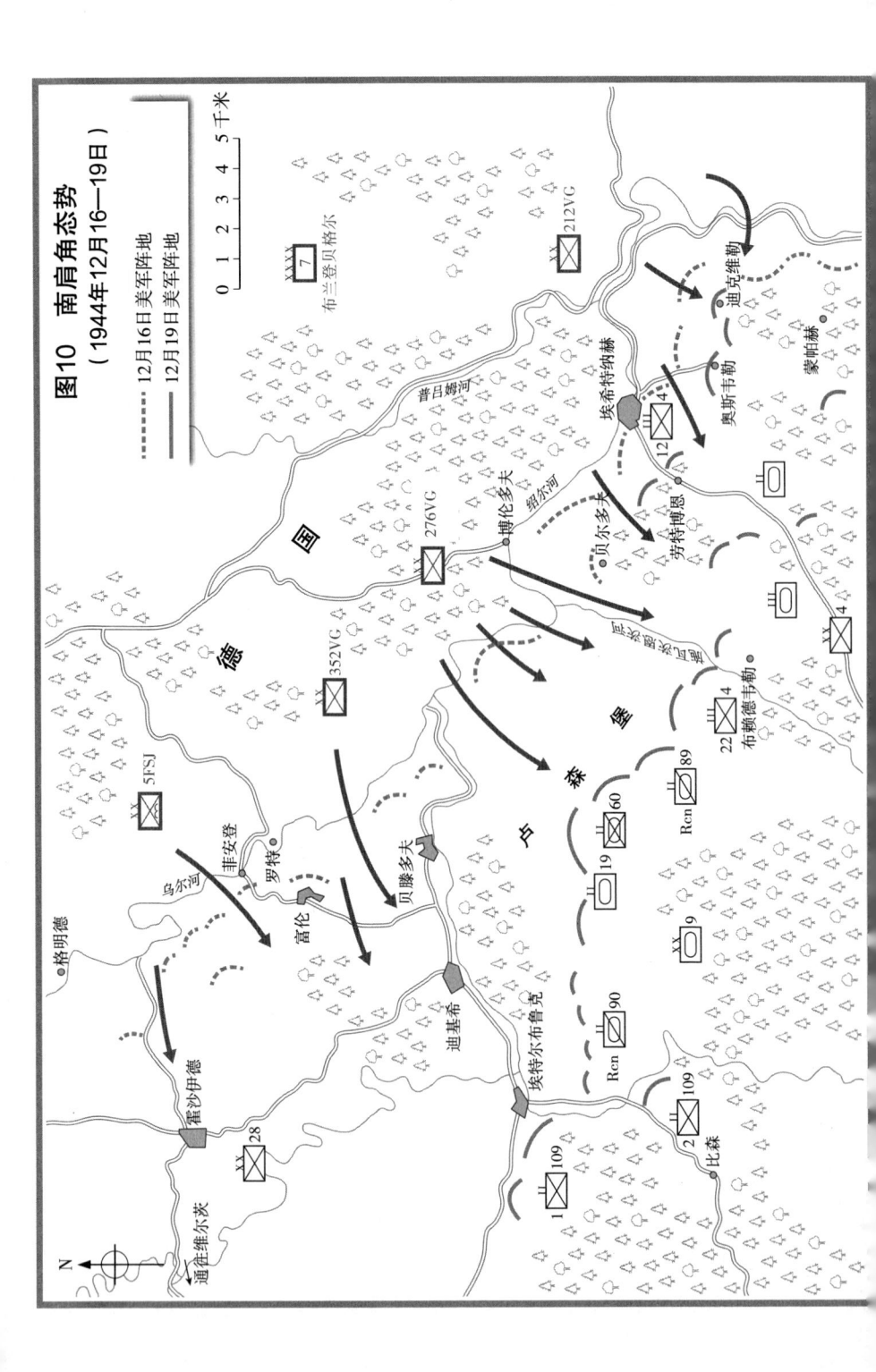

图10 南肩角态势
（1944年12月16—19日）

- - - - 12月16日美军阵地
—— 12月19日美军阵地

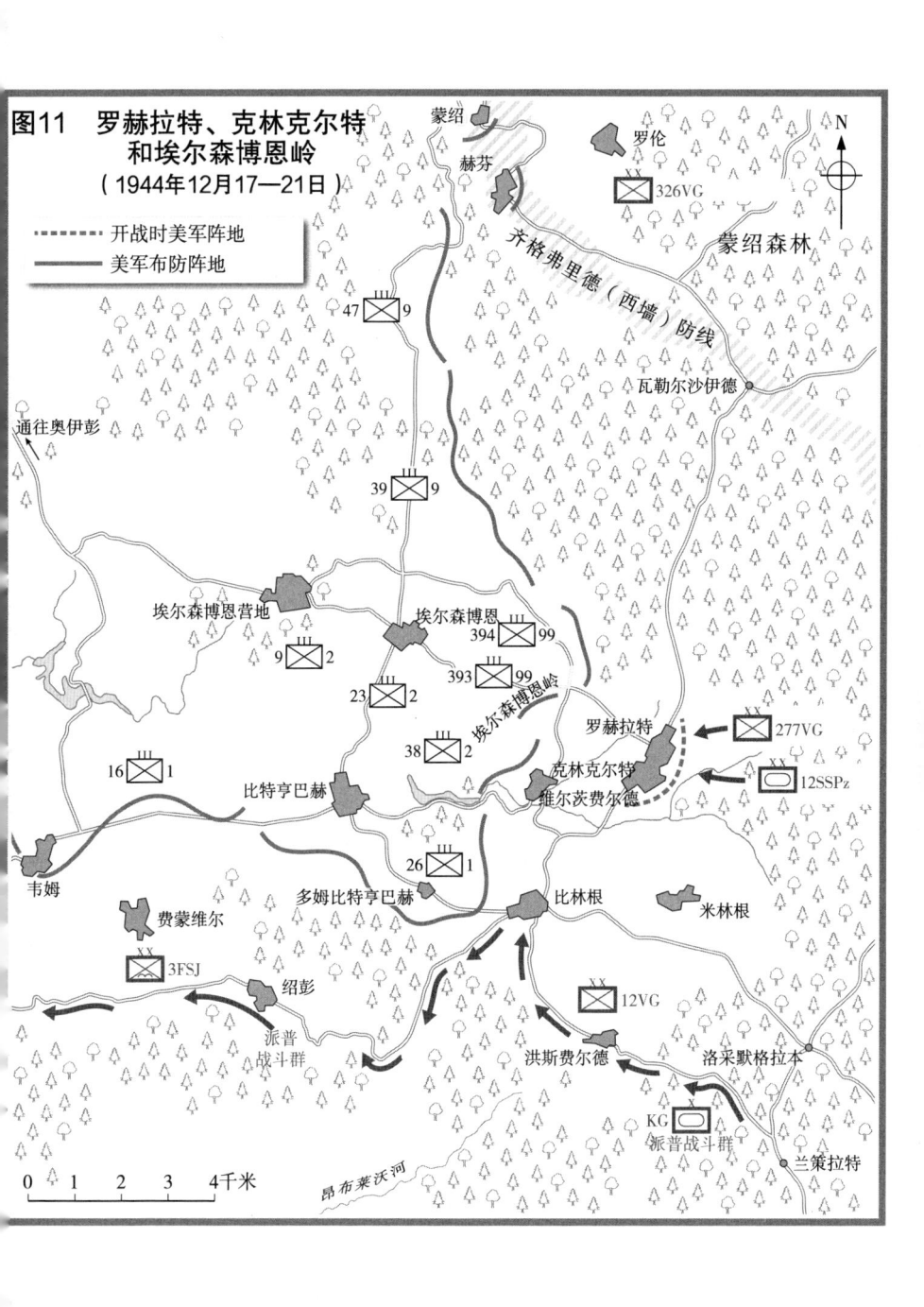

图11 罗赫拉特、克林克尔特和埃尔森博恩岭
（1944年12月17—21日）

- ┄┄┄ 开战时美军阵地
- ─── 美军布防阵地

地名标注：
- 蒙绍
- 赫芬
- 罗伦 326VG
- 蒙绍森林
- 齐格弗里德（西墙）防线
- 瓦勒尔沙伊德
- 通往奥伊彭
- 47/9
- 39/9
- 埃尔森博恩营地
- 埃尔森博恩 394/99
- 9/2
- 23/2 393/99
- 埃尔森博恩岭
- 38/2
- 罗赫拉特
- 克林克尔特
- 维尔茨费尔德
- 277VG
- 12SSPz
- 16/1
- 比特亨巴赫
- 韦姆
- 26/1
- 多姆比特亨巴赫
- 费蒙维尔
- 比林根
- 米林根
- 3FSJ
- 绍彭
- 12VG
- 派普战斗群
- 洪斯费尔德
- 洛采默格拉本
- KG 派普战斗群
- 兰策拉特
- 昂布莱沃河

比例尺：0 1 2 3 4千米

图12　派普战斗群的推进路线
（1944年12月17—22日）

地图

- 326VG
- 埃尔森博恩营地
- 埃尔森博恩
- 罗赫拉特
- 277VG
- 比特亨巴赫
- 维尔茨费尔德
- 克林克尔特
- 12SSPz
- 费蒙维尔
- 比林根
- 洪斯费尔德
- 洛采默格拉本
- 3FSJ
- 12VG
- 兰策拉特
- 洛采姆
- 霍尔茨海姆
- 1SSPz
- 博恩
- 曼德费尔德
- 18VG
- 奥夫
- 罗特
- 申贝格
- 特

图例:
- ← --- 派普战斗群行军路线
- ——— 12月18日美军战线
- ← ⋯⋯ 汉森战斗群行军路线

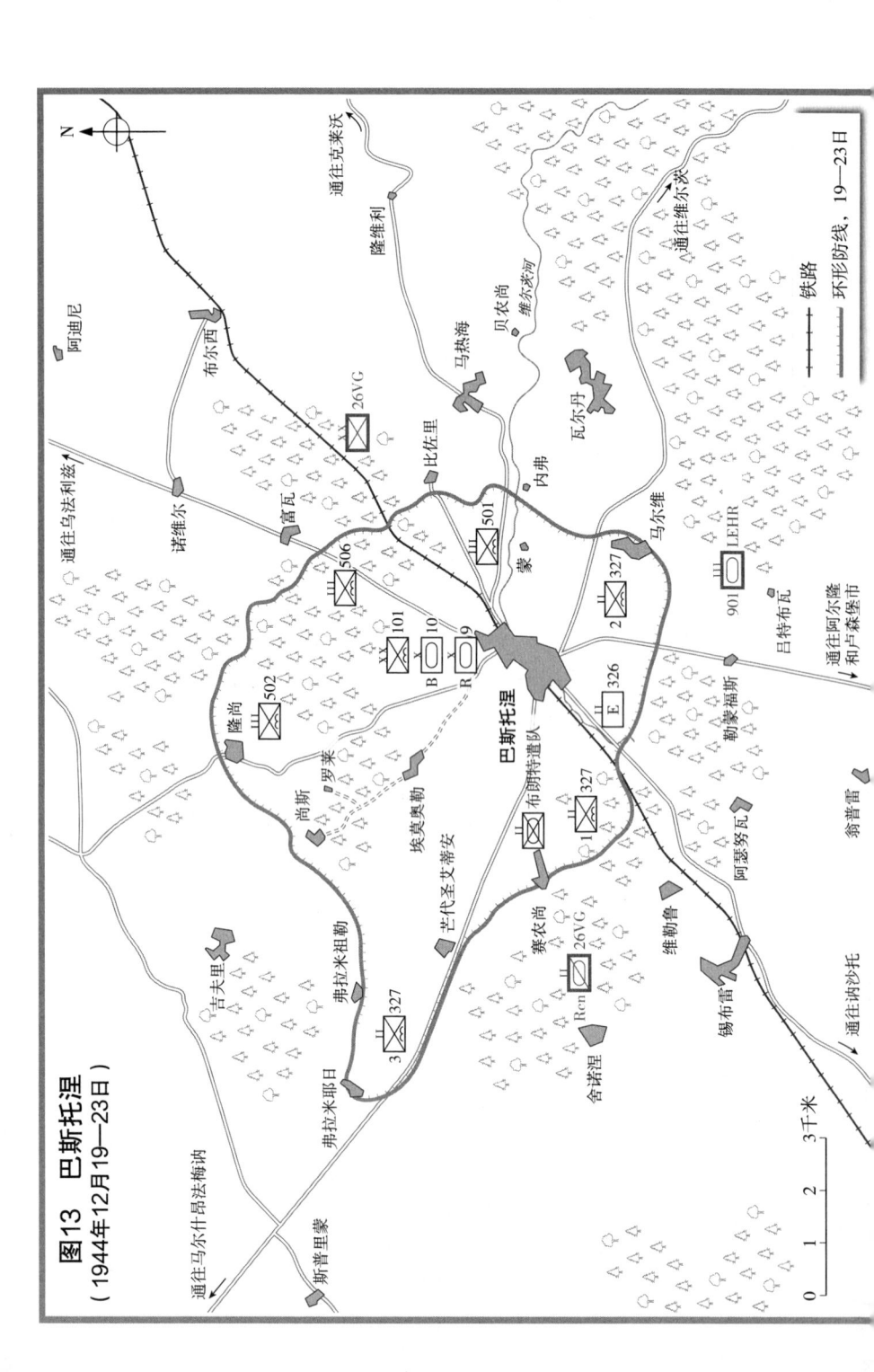

图13 巴斯托涅
（1944年12月19—23日）

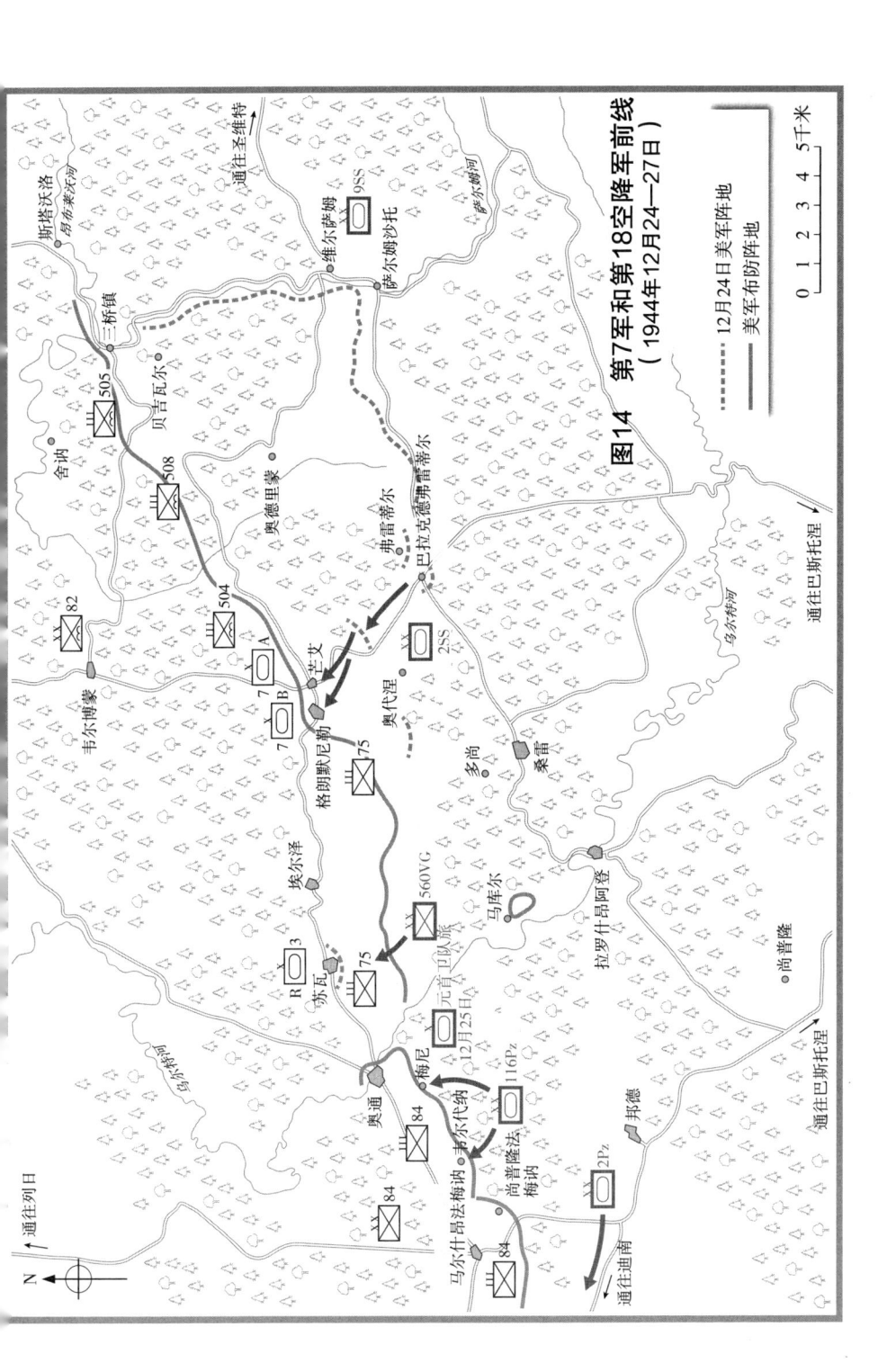

图14 第7军和第18空降军降前阵线
（1944年12月24—27日）

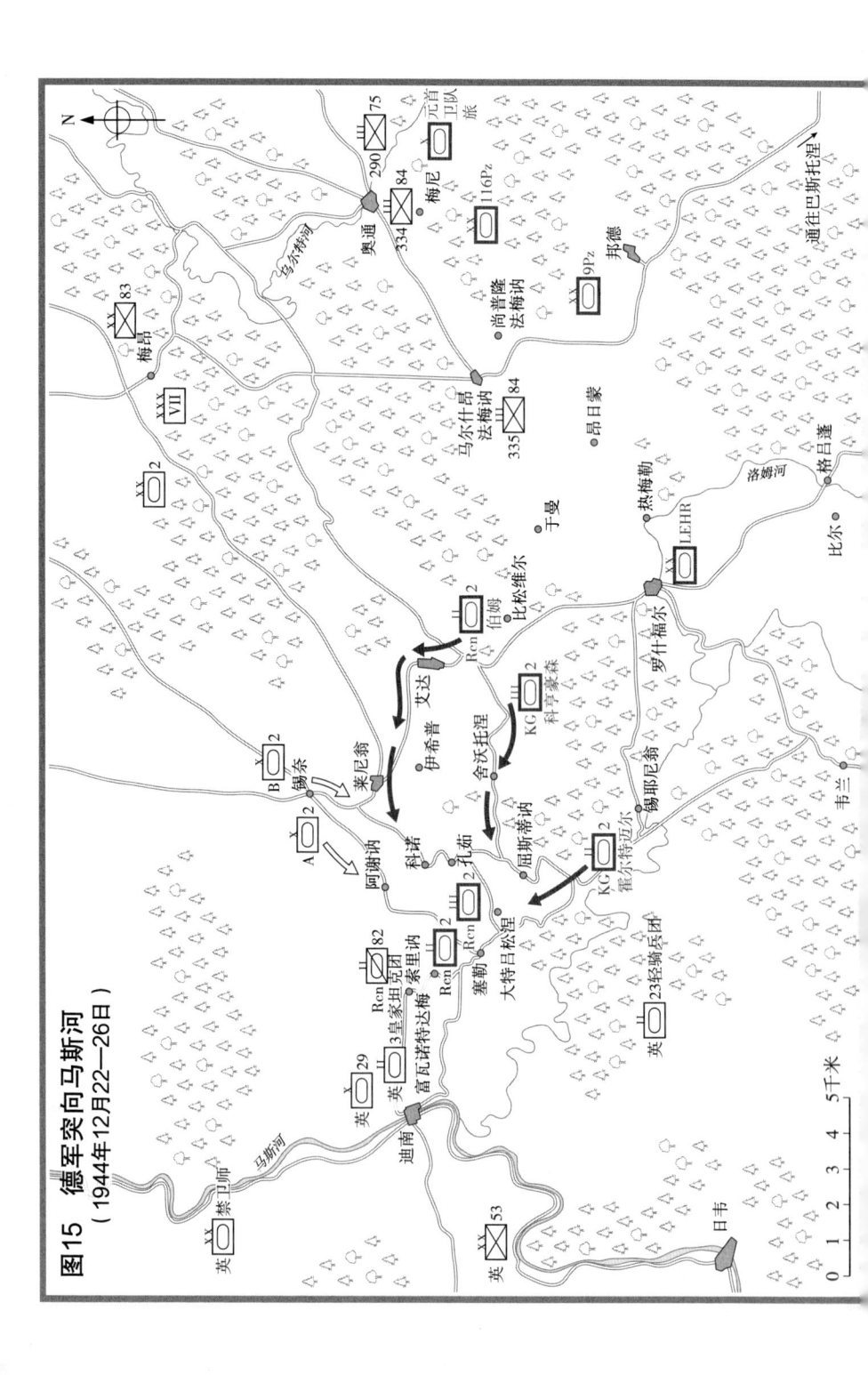

图15 德军突向马斯河
（1944年12月22—26日）

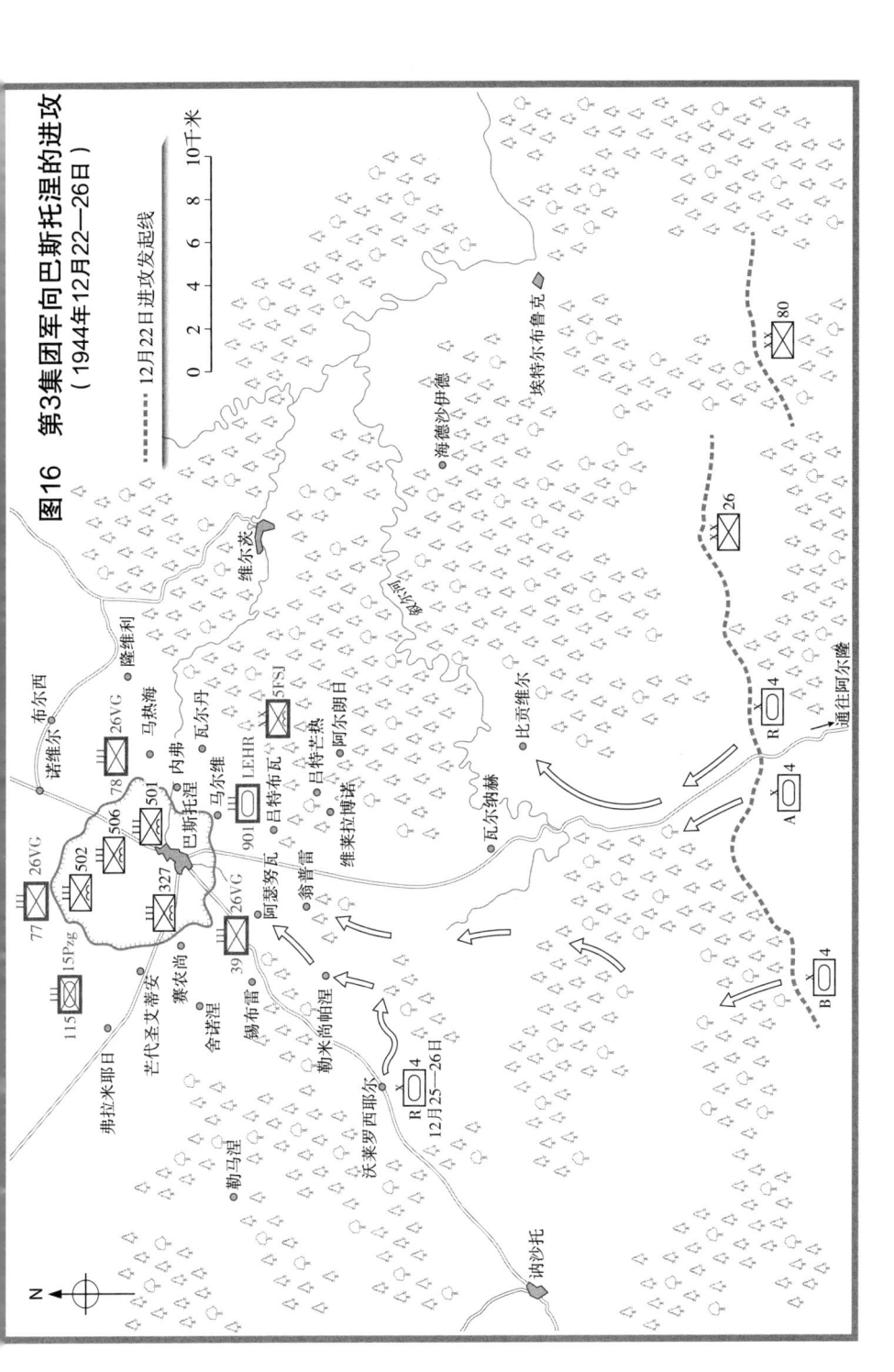

图16 第3集团军向巴斯托涅的进攻
（1944年12月22—26日）

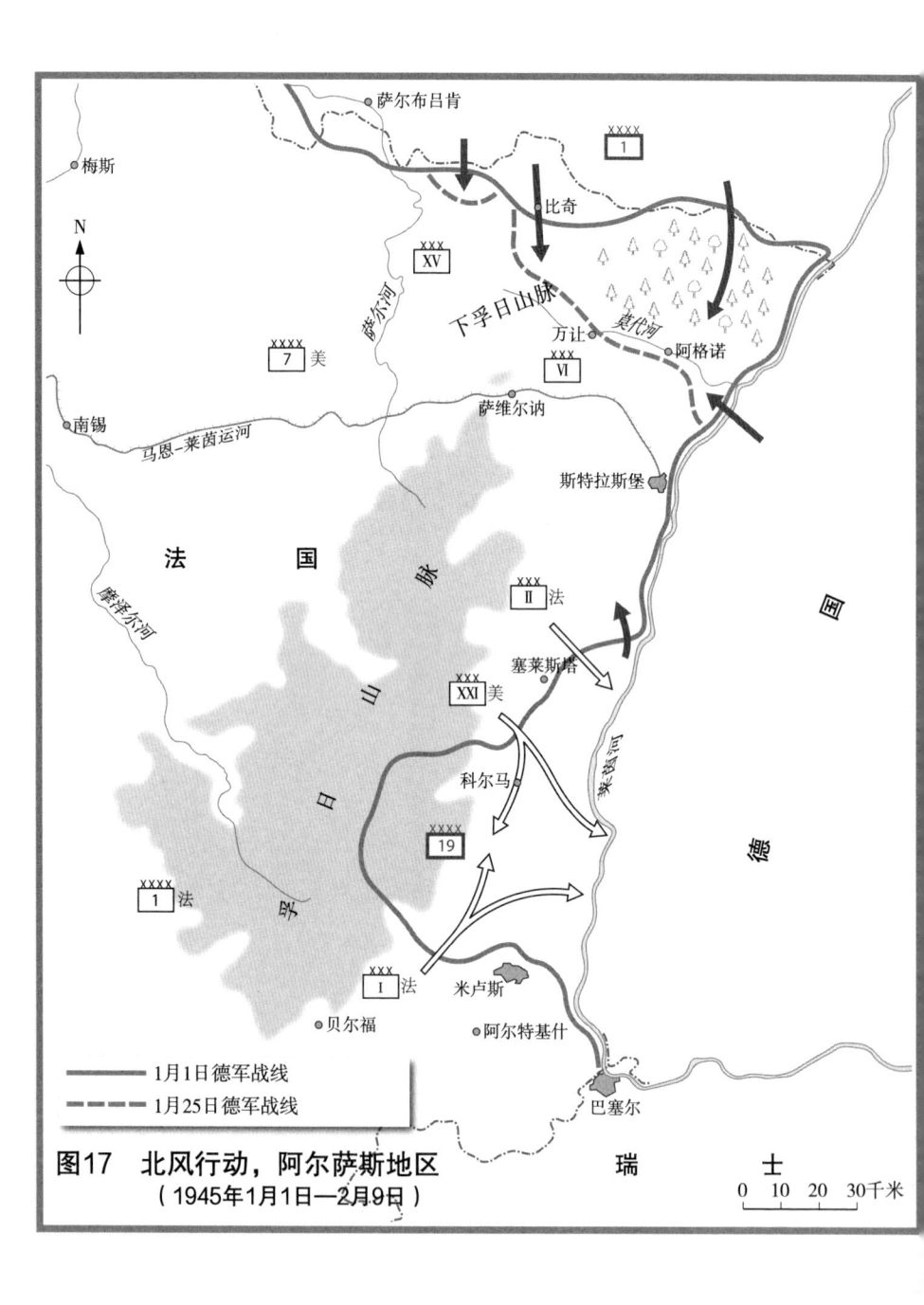

图17 北风行动，阿尔萨斯地区
（1945年1月1日—2月9日）

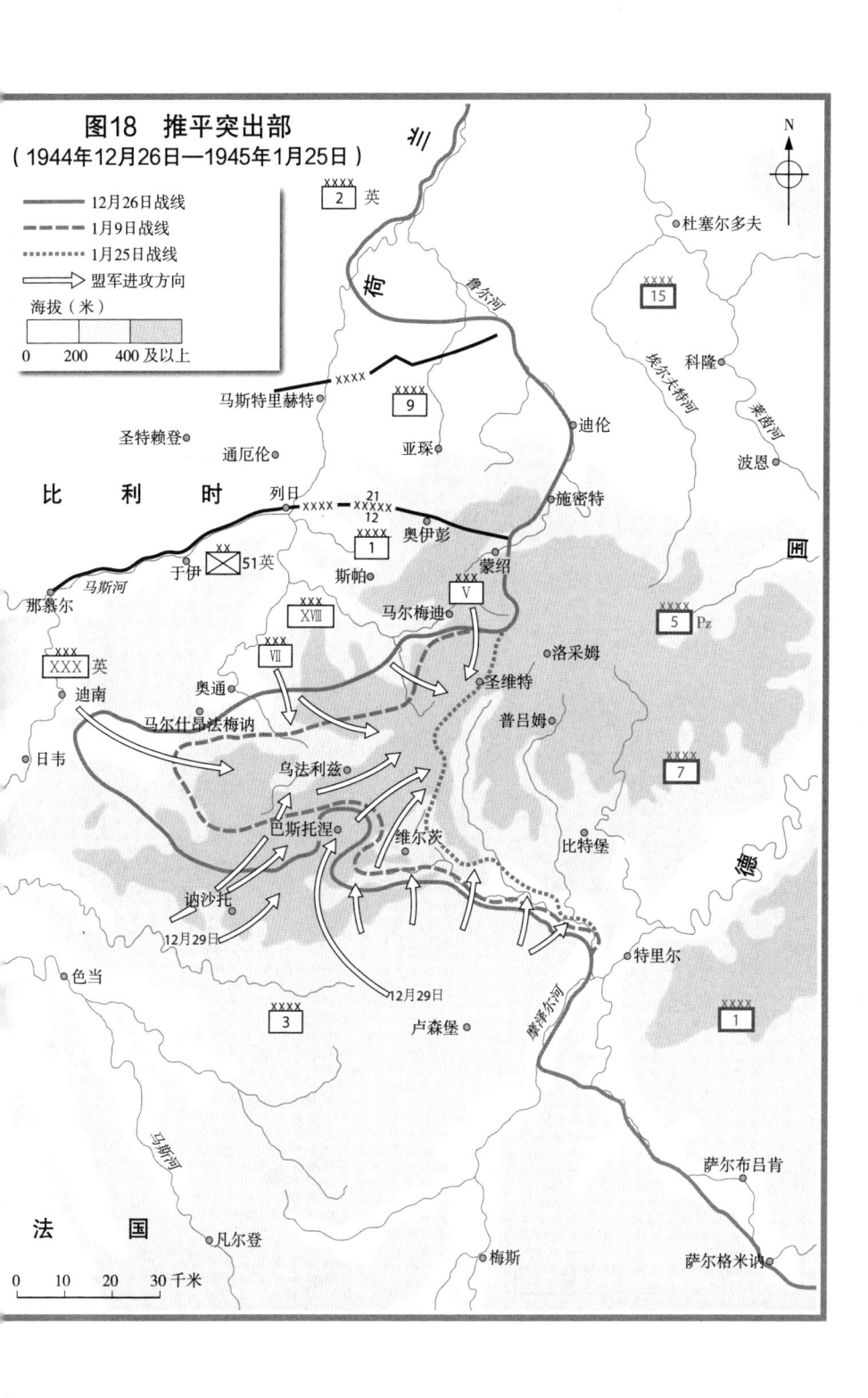

图18 推平突出部
（1944年12月26日—1945年1月25日）

图19 阿登：德军进攻的最远点
（1944年12月25日）

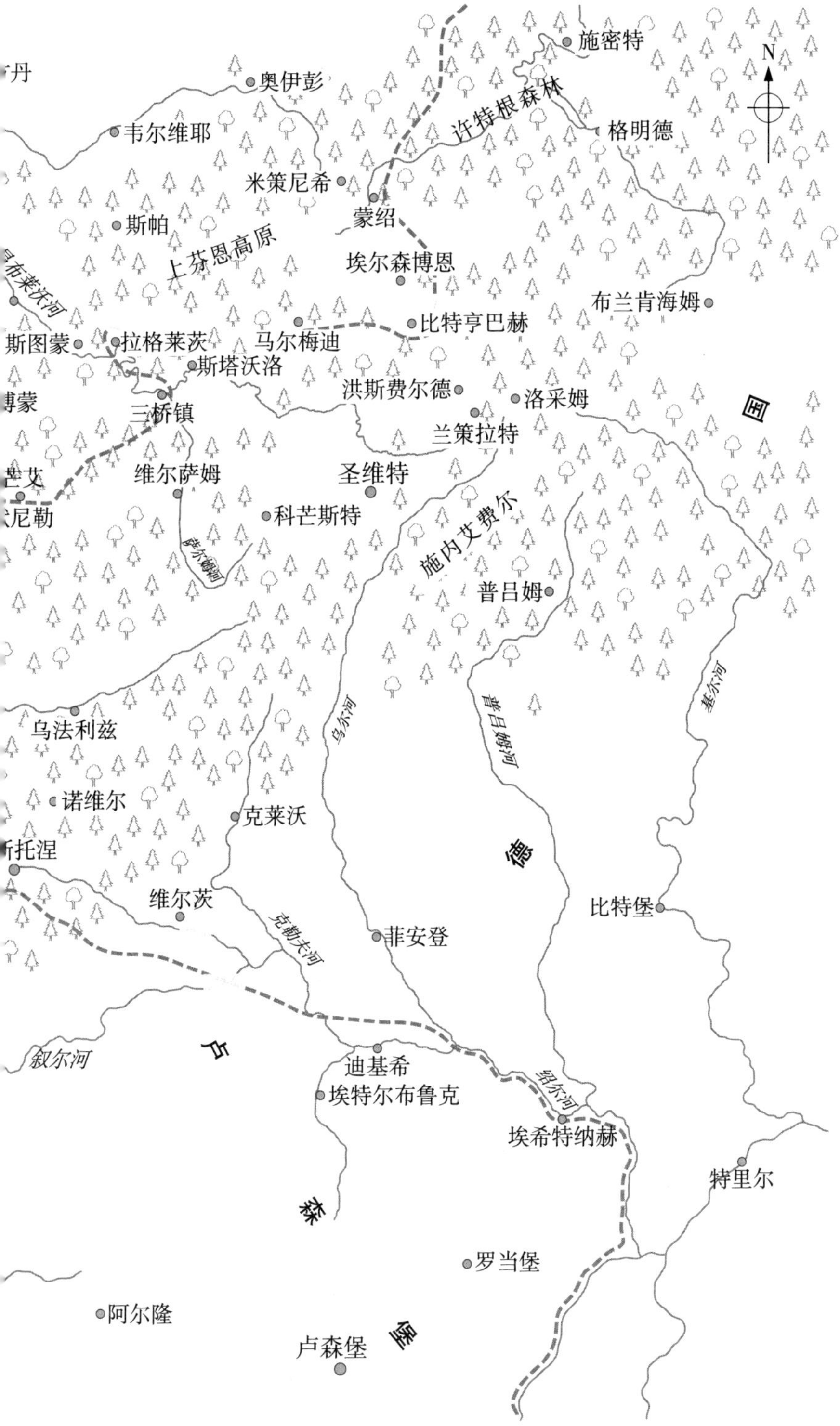

N
奥伊彭
施密特
许特根森林
格明德
韦尔维耶
米策尼希
蒙绍
斯帕
上芬恩高原
埃尔森博恩
布兰肯海姆
斯图蒙
拉格莱茨
马尔梅迪
比特亨巴赫
斯塔沃洛
洪斯费尔德
洛采姆
三桥镇
兰策拉特
国
维尔萨姆
圣维特
科芒斯特
施内艾费尔
萨尔姆河
普吕姆
乌尔河
普吕姆河
基尔河
乌法利兹
诺维尔
克莱沃
德
维尔茨
比特堡
克勒夫河
菲安登
卢
叙尔河
迪基希
埃特尔布鲁克
绍尔河
埃希特纳赫
特里尔
森
罗当堡
阿尔隆
卢森堡
堡

第一章　胜利的狂热

1944年8月27日，盟军最高统帅德怀特·艾森豪威尔上将一大早就从驻地沙特尔（Chartres）出发，前去视察刚被解放的巴黎。他对随行的奥马尔·布莱德雷（Omar Bradley）中将说道："今天是星期日，一般来说，所有人都会舒服地赖在床上睡个回笼觉。"[1]作为美军高级将领，他们自然不可能悄无声息地对巴黎进行"非正式访问"[2]。警卫车队中有两辆装甲车，带队的准将乘坐吉普车，在最高统帅乘坐的草绿色凯迪拉克专车前方开道。

而由艾森豪威尔的老朋友、第5军军长伦纳德·汤森·杰罗（Leonard Townsend Gerow）少将亲自率领的更加庞大的护送车队——由第38骑兵侦察中队组成——已经在奥尔良门恭候多时了。现在杰罗以巴黎军政长官自居，此前在向巴黎进军的过程中，法军第2装甲师师长菲利普·勒克莱尔（Philippe Leclerc）少将拒不服从他的命令，对此杰罗耿耿于怀。他在艾森豪威尔到来的前一天，禁止勒克莱尔和法军第2装甲师参加由戴高乐将军组织的、从凯旋门一直到巴黎圣母院的游行，反而让勒克莱尔"继续完成任务，肃清巴黎及周边地区的敌军"[3]。勒克莱尔在解放法国首都的整个过程中一直自行其是，对杰罗的命令好不买账，但在艾森豪威尔到来的那天早上，他还是抽调了师里的部分人马，向位于巴黎北面圣但尼（St-Denis）的德军阵地发起攻击。

德军在撤退时抢走了几乎所有能开动的车辆,现在巴黎的街道上显得空荡荡的,地铁也由于电力供应不足而无法运行。事实上,所谓的"光明之城",只剩下几根蜡烛还能发出亮光,而且蜡烛还要去黑市才能搞到。希特勒的那道"将巴黎夷为平地"[4]的命令,并没有被德军将领执行。城中昔日美丽的建筑尽管在战火中幸存了下来,现在却褪色且显得陈旧。每次看到美国军人或车辆,街道上的法国民众都会难以遏制心中的喜悦之情,尽情欢呼。然而,过不了多久形势就会急转直下,巴黎人会转而小声抱怨"(美国人)比德国人还糟糕"[5]。

虽然艾森豪威尔把这次巴黎之行评价为"没什么可大惊小怪的",但是他们的这次访问其实有着明确目的——和戴高乐将军会面。美国总统富兰克林·罗斯福拒绝承认戴高乐是法国临时政府的领导人,他一再向驻法美军强调,不要让戴高乐上台。但身为盟军最高统帅的艾森豪威尔希望战线后方能保持稳定,在他看来只有戴高乐能做到这一点,所以作为实用主义者,他打算无视罗斯福总统的指示,支持戴高乐。

法国解放后,戴高乐和艾森豪威尔都极力避免出现社会动荡的危险局面。当时的法国四处蔓延着疯狂传播的谣言、突发性恐慌、阴谋论和对法奸(与德军合作者)的丑陋私刑。杰罗姆·大卫·塞林格(Jerome David Salinger)上士是一名作家,他在第4步兵师反间谍军情股工作时,和同事一起在城市酒店附近逮捕了一名嫌疑人。然而,四周愤怒的人群没让他们把人带走,而是把此人拖了出去,当着塞林格的面把他活活打死了。戴高乐在前一天举行了胜利游行,游行队伍从凯旋门走到巴黎圣母院,然后在大教堂外对空鸣放乱枪后才结束。戴高乐在目睹了这样的场面之后,认定必须解散抵抗组织,把这些人都纳入法国正规部队,用军纪加以约束。当天下午,一份申领15000套军服的文件被送到了盟军最高统帅部[①]。不幸的是,因为法国男性的平均身高要比同时代的美国人矮,所以军需部门拿不出这么多的小号军服。

在位于圣多米尼克街(St-Dominique)的战争部里,戴高乐会见了两位美国将领。在1940年那个悲剧般的夏天里,戴高乐正是在这里开启了一段短暂的部长生涯,现在他又回到这里继续任职,情况却大为不同了。他以庄严而又简洁的方式,洗刷了维希政权的耻辱——"共和国从来没有消失过"。戴高乐向艾森豪威尔提议,把勒克莱尔的装甲师留在巴黎维持秩序。然而,勒克莱尔的麾下此时已经踏上了新的征途,战场更需要这支部队。于是,戴高乐又向美国人提出,有必要进行一次"武力展示"[6],好让巴黎民众相信德国人不会卷土重来。最好是来一次进军秀,让一个师甚至两个师的部队横穿巴黎市区,然后直接奔赴战场。戴高乐希望用美军来"巩固自身地位"的做法,让艾森豪威尔觉得颇具讽刺意味,他转头征询布莱德雷的意见,后者回答说没有问题,只需要几天时间就能准备妥当。艾森豪威尔经过考虑之后,决定自己不露面,而是邀请戴高乐在布莱德雷的陪同下检阅部队。

在返回沙特尔的路上,艾森豪威尔认为有必要邀请伯纳德·劳·蒙哥马利将军前往巴黎,出席戴高乐和布莱德雷主持的阅兵式,但这位英军上将一口回绝了。这一小细节引发了一

[①] Supreme Headquarters Allied Expeditionary Force,缩写 SHAEF,简称盟军最高统帅部,最高统帅是美军的艾森豪威尔上将,指挥包括美国、英联邦国家、法国在内的多国军队组成的数个集团军群,在西线与德军作战。——译者注

些英国报纸的不满，在舰队街（Fleet Street，泛指伦敦新闻界）的媒体人眼里，盟军最高统帅部的所有决定都看低了蒙哥马利乃至所有英国人，他们指责美国人将所有的荣誉都据为己有，导致盟军内部的各国关系遭受严重破坏。英国人一直认为自己被忽视了，因此心中普遍感到不忿，（他们认为）美国人现在独自在巴黎搞阅兵式，就是在宣布这是他们自己的胜利。艾森豪威尔的英国副手阿瑟·威廉·特德（Arthur William Tedder）空军上将看到一份英国报纸上的偏向性报道后，不由得大为警惕："看到关于盟军最高统帅部的报道后，我不禁开始担心，这个过程终将成为盟国之间严重分裂的种子。"[7]

第二天晚上，绰号"荷兰人"（Dutch）的诺曼·丹尼尔·科塔（Norman Daniel Cota）少将率领美军第28步兵师，冒着大雨从凡尔赛开进巴黎。科塔在奥马哈海滩上展现出独特的勇敢精神和领导能力，当时第28步兵师的前任师长被德军狙击手狙杀，科塔接任师长职务，仅仅两个小时后，就率部投入了战斗。整个6月和7月，盟军都在诺曼底的篱墙地形中和德军作战，这是一场进展缓慢且血腥的战斗。8月初，小乔治·史密斯·巴顿中将的第3集团军取得突破，盟军上下产生了一股乐观情绪，认为部队能够直冲塞纳河和巴黎。

阅兵开始前，美军官兵在布洛涅森林的野战浴室里痛痛快快地洗了个热水澡。第二天，也就是8月29日的清晨，第28步兵师整队出发，从福煦大街前往凯旋门，然后一直穿过长长的香榭丽舍大街。身着草绿色军装的美军每24人排成一行，一队队地行进在宽阔的街道中央右侧。所有步兵都全副武装，戴着钢盔，背着上好刺刀的步枪，而且携带弹药。每个官兵的臂膀上都戴着该师师徽——红色的"拱顶石"（Keystone），它是宾夕法尼亚州的标志。德国人则按照这块石头的外形，把它叫作"血腥水桶"。[8]

美军军服简朴，他们却有着似乎无穷无尽的战争机械，法国人对此大为惊奇。让·加尔捷-布瓦西埃（Jean Galtier-Boissière）[①] 在日记里称之为"军队的力学"。[9]那天上午，站在香榭丽舍大街两侧的法国民众都觉得难以置信，美军仅仅一个步兵师就拥有数量如此之多的车辆：数不清的吉普车，有些后座上还架着 12.7 毫米口径的重机枪；侦察车；炮车，由 M4 HST 履带式牵引车拖拽的 M1 型"长脚汤姆"（Long Tom）155 毫米重型榴弹炮；工兵车；后勤部队使用的小型卡车和十轮大卡车；M4 谢尔曼坦克和坦克歼击车。相比之下，德军 1940 年摧枯拉朽般征服法国之后，在巴黎举行的阅兵式就显得暮气沉沉，因为德国人还在用马车来充当运输工具。

协和广场上，美国工兵把一条冲锋舟翻过来，在上面盖上一面长长的三色旗（法国国旗），搭成了检阅台。与此同时，还有数不清的星条旗在微风中飘舞。走在行军队列最前方的军乐队由 56 人组成。他们演奏着第 28 步兵师的进行曲《卡其色比尔》（Khaki Bill）。看热闹的法国民众基本上没人知道，但该师的官兵都知道的是，这支在大街上昂首阔步的美军部队将直接走向战场，去攻击巴黎北部的德军阵地。"这是我发布过的最引人注目的进攻命令之一，"布莱德雷后来告诉他的副官，"我想很少有人知道，这支部队在阅兵式结束后就要直接上前线打仗了。"[10]

[①] 让·加尔捷-布瓦西埃，法国作家、辩论家和记者，生于 1891 年 12 月 26 日，卒于 1966 年 1 月 22 日。——译者注

在海峡沿岸，就在加拿大第 1 集团军占领勒阿弗尔（Le Havre）大部分地区的同时，英军第 2 集团军正朝着东北方向推进，贴着加来海峡，直扑德军 V 型飞弹发射基地。尽管在 8 月 30 日深夜遭遇了可怕的风暴，坦克驾驶员也因为超负荷工作而异常疲惫，英军禁卫装甲师仍然在法国抵抗组织的帮助下占领了亚眠（Amiens），还夺取了索姆河上的桥梁。第二天早上，德军第 5 装甲集团军指挥官海因里希·埃贝巴赫（Heinrich Eberbach）装甲兵上将被这一战况弄了个措手不及。他没想到盟军能推进得这么快，他的第 5 装甲集团军和防御加来海峡的第 15 集团军之间，如今被盟军的攻击撕开了一个口子。两年前的登陆战中，加拿大军队曾在迪耶普（Dieppe）蒙受了惨重伤亡，现在，加拿大军队则以皇家汉密尔顿轻步兵团和埃塞克斯苏格兰步兵团①为先锋，向这里发起突击。

这年 7 月发生了刺杀希特勒的事件，在这场失败的刺杀行动的刺激下，纳粹党无限强化了其统治。盟军却认为，刺杀事件表明，德军内部和 1918 年一样已经开始瓦解。因此，这些胜利令盟军欢欣鼓舞。盟军最高统帅部情报主任（G-2）② 肯尼思·威廉·斯特朗（Kenneth William Strong）少将轻率地宣称，

---

① 英军和加拿大陆军的"团"只是称谓而非严格意义上的建制单位，出于历史原因，他们通常只有师—旅—营的实际编制，这与当时世界上的其他大部分军队不同。此处作者只是笼统地写了"团"，没有写明是哪个营，实际上英联邦国家步兵部队的番号大都是××团第××营，因此文中的两个"步兵团"实际上只是两个步兵营。——译者注

② 在西方国家的军队体系中，参谋系统主要分为人事、情报、作战、后勤四大部门，师以上机构分别用 G-1 至 G-4 作为代号，师以下部用 S-1 至 S-4 作为代号，据说参联会级别是用 J，而 5 在当时可能代表民事。现代美军的参谋部门更加庞大，代号不止 1—4，还有 5—9，而且后面的数字并不完全固定，会根据情况替代。——译者注

"8月的战斗结束了，西线的敌人已经被消灭了"[11]。在伦敦，战时内阁制订计划时把12月31日作为战争结束日。他们相信战争在圣诞节就会结束。首相温斯顿·丘吉尔倒是担心德国人不会认输，还会决心继续打下去。在华盛顿，美国人做出了与英国内阁差不多的预测，并想要把重心转到太平洋战场，因为在太平洋战场上，美军正和日军苦战。美国战时生产委员会开始取消军事合同，包括生产炮弹的合同，为战争结束做准备。

不只是英国人和美国人，还有许多德国人也认为一切都要结束了。时任第1赫尔曼·戈林伞兵装甲掷弹兵团团长的弗里茨·富尔里德（Fritz Fullriede）上校①，这时正带着部队在荷兰的乌得勒支（Utrecht）休整，他在日记中写道："西线已经完了，敌军已经推进到比利时境内和德国边境；罗马尼亚、保加利亚、捷克斯洛伐克和芬兰正在向苏联乞和，形势就像1918年时一样。"[12]

抗议的市民甚至在柏林火车站打出了"我们愿不惜一切代价换来和平"[13]的横幅。在东线，苏联红军在"巴格拉季昂"行动（白俄罗斯战役）中打断了德军中央集团军群的脊梁骨，将战线往西推了500千米，兵锋直抵华沙城下和维斯瓦河畔。短短的三个月里，德军在东线损失了589425人，在西线损失了156726人。[14]

苏联红军抵达维斯瓦河畔的消息，激励波兰国内军②在华沙发动了起义。这是一次很勇敢但注定失败的起义。约瑟夫·斯大林不希望波兰保持独立，于是他坐视起义者被德国

---

① 此处原文写的是中校，但弗里茨·富尔里德在1943年8月1日就晋升上校了。——译者注
② Armia Krajowa，波兰语本意是国家军，也有翻译成家乡军的，考虑到二战时期波兰共有三支武装力量分别在盟军和苏联红军麾下以及波兰国内与德军作战，为了便于区分，译者将波兰国内抵抗德军的武装力量翻译成国内军。——译者注

人镇压。① 就在巴黎解放两天之前，苏联红军突入罗马尼亚境内，罗马尼亚随即倒戈，背叛了轴心国阵营。8月30日，苏联红军开进罗马尼亚首都布加勒斯特，随即占领了重要的普洛耶什蒂油田。在红军面前，通往匈牙利平原和多瑙河的道路已经打通，同时，红军正在逼近希特勒位于东普鲁士拉斯滕堡〔Rastenburg，今波兰肯琴（Kętrzyn）〕附近的"狼穴"（Wolfsschanze）大本营。巴尔干地区的德军已开始崩溃，奥地利和德国本土也并不遥远了。

在巴顿将军的指挥下，第3集团军在8月中旬终于冲出了诺曼底地区，直扑塞纳河。与此同时，盟军在地中海沿岸实施了"龙骑兵"行动，在法国南部戛纳和土伦之间登陆，也获得了成功。德军害怕被切断后路，于是开始大规模撤退。维希法国的民兵成员深知自己如果落到抵抗组织手中，绝不会有什么好下场，于是跟随德军一起撤退。他们穿过已经变得充满敌意的地区，其中一部分人甚至走了上千千米路才最终进入德国，暂时获得了安全感。向东逃亡的德军是临时拼凑起来的，包含了陆海空三军以及大西洋沿岸驻防部队的非战斗人员，这支"行军集群"一路上小心翼翼，防备法国抵抗组织的袭击。[15] 德军着手增强第戎（Dijon）突出部周边的力量，向那里增援了25万兵力。此外，有51000名德军被围困在大西洋和地中海沿岸的港口里，完全没有解围的可能，而希特勒还将其中的重要港口划定为"要塞"。德国空军大将库尔特·施图登特（Kurt Student）将这种丝毫不考虑现实的做法形容为：在耶稣受难日，一名天主教神父站在一盘猪肉前面，一边对它洒圣水，一边说"你是鱼肉"[16]。

---

① 此话有失偏颇，华沙起义失败的原因有很多，当时德军精锐装甲部队正云集在华沙东郊，阻击已经是强弩之末的苏联红军，在红军指挥下作战的波兰集团军曾渡河救援起义军，但伤亡惨重之下不得不撤退。——译者注

经历了"7·20"刺杀事件后,希特勒的妄想症达到了新的高度,也变得比以往更尖酸刻薄。希特勒在东普鲁士的"狼穴"大本营里,嘲笑总参谋部只是个"知识分子的俱乐部"[17]。"现在我才知道,为什么这几年来我策划的对付苏联的伟大计划都失败了!"希特勒说,"这都是因为背叛!如果不是那些叛徒背地里使坏,我们早就赢了。"[18]希特勒极度痛恨"7·20"事件的密谋者,不仅仅是因为他们的背叛行为本身,还因为他认为他们的行动破坏了人们心目中德国人的形象,使人们不再认为德国人是团结一致的,进而在盟军和中立国中造成了非常恶劣的影响。

在8月31日的形势汇报会上,希特勒宣称:"盟军内部的关系愈发紧张,最终破裂的时刻就要到了。在世界历史上,联盟总是会在某些时候破裂。"[19]宣传部部长约瑟夫·戈培尔在柏林随后召开的重要会议中,迅速跟上了元首的节奏,他讲道:"我敢肯定,在盟军走向胜利的过程中,政治冲突会逐步增加,总有一天会出现无法修复的裂痕。"[20]

德国空军总参谋长维尔纳·克赖珀(Werner Kreipe)航空兵上将在8月最后几天的日记中写道:"在晚间形势汇报会上,我们获悉了西线崩溃的消息。"[21]夜间的大部分时间里,仍然频繁上演着诸如"命令、指示和打电话"这样的事情。第二天一大早,国防军最高统帅部(OKW)长官威廉·凯特尔(Wilhelm Keitel)元帅就要求空军再抽出五万人组建地面部队。9月2日,克赖珀写道:"西线德军的瓦解迹象再明显不过,阿尔弗雷德·约德尔(Alfred Jodl)① 大将却出奇地镇静。芬兰也

---

① 约德尔是国防军指挥参谋部参谋长,国防军指挥参谋部旧译最高统帅部作战部,这个机构是希特勒搞出来的独立于陆军总参谋部之外的一套参谋指挥班子,隶属于最高统帅部,只听命于希特勒本人,负责指挥西线作战。——译者注

与轴心国划清了界限。"在当天的会议中，希特勒开始辱骂芬兰领导人卡尔·古斯塔夫·曼纳海姆（Carl Gustaf Mannerheim）元帅。他还对帝国元帅赫尔曼·戈林非常不满，因为在如此重要的关口，戈林居然不出席会议，甚至还建议解散德国空军，将机组人员都补充到高炮部队中。

希特勒害怕红军会搞一次空降行动，尝试活捉他，因为此时苏联红军已经推进到东普鲁士边境。于是，"狼穴"被改造成了一座要塞，以防万一。希特勒的秘书格特鲁德·特劳德尔·容格（Gertrud Traudl Junge）写道："现在，这里已经被修成了一座巨大的防御设施，遍布障碍物、新设的哨位、地雷、多股铁丝网和瞭望塔。"[22]

7月20日，密谋者们在柏林发动叛乱时，当时还是少校的奥托·恩斯特·雷默（Otto Ernst Remer）上校，指挥大德意志卫戍营粉碎了叛乱行动。理所当然的是，在希特勒希望找一个自己的亲信来担任卫队指挥官，负责他的安全工作时，雷默成了安保工作负责人的最佳人选。但雷默自己主动要求到前线去指挥部队，希特勒听到了他的这个要求，让他组建一个旅来保卫"狼穴"大本营。将要组建的这个旅最初会以柏林的大德意志卫戍营和赫尔曼·戈林高炮团的八个高炮连为骨干，然后逐渐扩充兵力。1944年9月，元首卫队旅正式组建，并承担起保卫"狼穴"大本营的工作——号称能抵抗"两三个空降师的空降行动"[23]。雷默在战后回忆说，这支"非常规部队"由不同兵种混编而成，在各方面都拥有绝对优先权，可以随意挑选武器装备和"有作战经验的一线部队士兵"（其中绝大多数都来自大德意志装甲掷弹兵师）。

希特勒因为战事不利而无精打采地在床上躺了好几天，

"狼穴"内部的气氛非常沉重压抑,在此期间,他的秘书们"打印出一连串东线和西线的损失报告"[24]。与此同时,戈林则躲在东普鲁士的私人庄园里生闷气,这座被他霸占的庄园建于霍亨索伦时代,名为罗明滕狩猎庄园(Hunting estate of Rominten,位于今俄罗斯加里宁格勒州克拉斯诺列西耶地区)。他明白,当德国空军在诺曼底失去制空权之后,自己在元首心目中的地位就已经不如他的对手们了,特别是马丁·鲍曼(Martin Bormann),这个权欲熏心的家伙最终成了他的劲敌。另一个对手则是海因里希·希姆莱,他不仅是党卫队帝国领袖,还掌握着德国的预备军,当初密谋分子就是在预备军总司令部策划了刺杀希特勒的行动。戈培尔虽然被任命为第三帝国总体战事务的全权代表,看似完全控制了国内,但鲍曼和那些纳粹党大区领袖(Gauleiters,省党部党魁)仍然大权在握,任何染指他们地盘的企图都会受到百般阻挠。

刺杀希特勒的行动让大部分德国人感到惊恐,德国民众的士气随着苏联红军挺进到东普鲁士边境越发低落。妇女们是最希望这场战争结束的,就像党卫队帝国保安总局(SS-Reichssicherheitshauptamt)[①]汇报的那样,许多人已经对元首失

[①] 此处原文中用的是党卫队保安处(Sicherheitsdienst des Reichsführers-SS,缩写 SD)的英译名称——Security Service of the SS,实际上早在1939年9月27日,希姆莱就已经下令将党卫队保安处与德国内政部下属的治安警察合并成了党卫队帝国保安总局,即便党卫队帝国保安总局成员的制服左臂上一直佩戴着 SD 的袖标,但作为独立单位的党卫队保安处名义上已经不存在了,只是党卫队帝国保安总局的一个下属部门,书中的相关之处不再一一单独指出。值得一提的是,除了负责情报工作外,该部下属的特别行动队专门负责在占领区对所谓的"劣等民族"和反抗者进行屠杀,甚至滥杀无辜,制造了多起惨案,可谓臭名昭著,书中亦有相关内容的描述。——译者注

去了信心。[25]然而，有些人显然头脑更加清醒，他们意识到只要希特勒不死，这场仗就会继续打下去。

尽管盟军将士通过浴血奋战在夏季取得了辉煌战绩，但高层指挥官之间因此展开了激烈竞争，从1944年8月19日开始，英美指挥官就纷争不断，出现了不和谐的情况。试图协调各方面矛盾的艾森豪威尔——有人评价他是"一名军事政治家，而非军事统帅"[26]——也招致了布莱德雷和巴顿的不满，他们认为，哪怕仅仅是为了安抚，艾森豪威尔也有些偏袒蒙哥马利和英国人了。由此导致的两国矛盾不断激化的现象，一直持续到1945年。

蒙哥马利直截了当地提出，由他继续担任盟军地面部队总司令，然后率军向比利时和荷兰挺进，一路打到德国的鲁尔工业区。这一提议被拒绝后，蒙哥马利又提出，由他的第21集团军群按照这条路线发动进攻，但是考特尼·希克斯·霍奇斯（Courtney Hicks Hodges）中将的美军第1集团军必须全力提供支援。这样一来，对于向前推进的盟军部队而言，至关重要的两个目标——德军轰炸伦敦的V型飞弹发射基地，还有安特卫普（Antwerp）的深水港——都将由蒙哥马利的部队占领。而布莱德雷和麾下的两名集团军指挥官——巴顿及霍奇斯则一致认为，安特卫普必须拿下，但进入德国的最短路线仍是向东直奔萨尔河（Saar）。美军将领们认为，美军突破诺曼底南部德军防线的"眼镜蛇"行动大获成功，巴顿的第3集团军因此率先打到塞纳河，既然有着这样的功绩，他们就理应获得优先权。但身为盟军最高统帅的艾森豪威尔清醒地意识到不能打破平衡，无论是以北面的英军为主，还是以法国中部的美军为主，只从一个方向发起主攻,军事上的风险不提,必然会引发政治上的危机,而政治上的危机肯定比打了败仗还要可怕。无论是美军还是英军,一旦出现己方由于补给困难而停下,友军却在继续推进的局面,美国和英国的媒体以及政客们都会对艾森豪威尔极度不满。

盟军于9月1日发布了一项公告,任命布莱德雷中将为第12集团军群指挥官。从严格意义上讲,布莱德雷此前一直是蒙哥马利的下级,因此这一酝酿已久的任命再次令英国媒体愤愤不平。因为艾森豪威尔将指挥部搬到法国后,蒙哥马利已经不再是盟军地面部队总司令了,所以盟军指挥机构的这一调整,被伦敦舰队街视作对蒙哥马利的降级。早就预见到了这个问题的伦敦当局在同一天晋升蒙哥马利为陆军元帅(理论上,这让他的军衔比四星上将艾森豪威尔更高),以息事宁人。那天早上,巴顿在听到收音机里播报的新闻后,表现得非常不高兴,他说"艾克曾说蒙蒂①是当今世界上最伟大的士兵,现在他成了元帅",却从来不提及其他人的功绩。第二天,巴顿在布莱德雷的指挥部开完会后,便指挥部队在法国发起了进攻,他写道:"艾克从来没有为我们取得的战绩感激或祝贺我们中的任何一个人。"[27]两天后,巴顿的第3集团军冲到了马斯河[Maas,法语称默兹河(Meuse)]畔。

无论如何,美军第1集团军和英军第2集团军向比利时的突击,确实是这场战争中最为迅速的行动之一。要不是比利时每座村镇和城市的居民都对盟军夹道欢迎,导致耽搁了不少时间的话,盟军的推进速度还会更快。英军第30军军长布赖恩·

---

① 艾克和蒙蒂分别是艾森豪威尔和蒙哥马利的昵称。——译者注

格温·霍罗克斯（Brian Gwyne Horrocks）中将评价道："香槟、鲜花和人群，以及站在无线电通信车顶上的姑娘们，这样在战争中难得见到的场面让人怎么继续打仗。"[28]美国人也发现，他们在比利时受到的欢迎要比在法国受到的更暖心和热情。9月3日，在当地有史以来最疯狂的欢呼声中，禁卫装甲师进入了布鲁塞尔。

第二天，在昵称"皮普"（Pip）的乔治·菲利普·罗伯茨（George Philip Roberts）少将指挥下，英军第11装甲师实施了一次出色的奇袭，攻入安特卫普，并在比利时抵抗组织的协助下，抢在德军摧毁港口设施之前夺取了该城。德军设在公园里的指挥部受到第159步兵旅攻击，到20点，德国守军指挥官率部投降，6000名德军在投降后被关进了动物园的笼子里，笼子里原有的动物早被当地饥饿的人们吃掉了。大作家海明威的第三任夫人玛莎·埃莉斯·盖尔霍恩（Martha Ellis Gellhorn）观察了俘房："他们坐在稻草上，目光透过栏杆注视着外面。"[29]安特卫普的陷落震动了元首大本营。1945年，国防军指挥参谋部副参谋长瓦尔特·瓦尔利蒙特（Walter Warlimont）炮兵上将对审讯他的盟军军官说道："你们刚越过索姆河，一两个装甲师就突然出现在安特卫普城下，我们没有料到（你们的）突破这么迅速，部队毫无戒备。当该城陷落的消息传来时，我们感到非常惊讶。"[30]

美军第1集团军也在快速追击撤退中的德军，第2装甲师的侦察营冲在最前面，将友军远远甩在后方。该营探明敌军撤退路线后，就利用夜晚的掩护进入村庄或城镇中，用轻型坦克设伏。"我们会等到德军车队进入武器的最佳射程内再开火，被击毁的德军车辆会被一辆轻型坦克拖进建筑物中间藏好，以防被后续的车队发现。整个晚上，我们都在这样揍德国佬。"[31] 根据一名美军坦克指挥官统计，从 8 月 18 日到 9 月 5 日，"在几乎没有进行维护"[32]的情况下，他的坦克行驶了 906 千米（约 563 英里）。

在位于法国和比利时边境的蒙斯（Mons）附近，布莱德雷的部队取得了比英军更大的战绩，他们成功实施了钳形攻势，兜住了从诺曼底跑出来的六个德国师的残余部队。在美军第 1 步兵师合拢包围圈之前，三个德军装甲师的摩托化部队成功突围，而德军第 3 伞兵师和第 6 伞兵师的伞兵则痛苦万分，因为党卫军部队再次率先突围，对友军弃之不顾。被美军合围的德军总共超过 25000 人，直到投降之前，他们都是活靶子。美军第 9 步兵师的炮兵报告说："我们用 155 毫米榴弹炮对敌军行军纵队进行直瞄射击，敌人伤亡惨重，我们最终俘虏了 6100 人，其中有三名将军。"[33]

被困在蒙斯口袋里的德军，在遭到比利时抵抗组织的袭击后，第一时间实施了报复。他们屠杀了 60 名平民，烧毁了许多房屋。比利时国家运动（Mouvement National Belge）的秘密军（Armée Secrète）组织、独立阵线（Front de l'Independence）和白军（Armée Blanche）①与美军密切合作，在最后阶段清剿包围圈内的被围德军时，比利时年轻人蜂拥而至，加入袭击德军的队伍中。德军指挥官们对此又恨又怕，担心比利时人会在德军部队从比利时境内撤回到安全的西墙防线（盟军称为"齐格

---

① 这里的白军和俄国十月革命后与布尔什维克作战的忠于沙皇的俄国白军毫无关系，初始于第一次世界大战期间德军占领比利时后，比利时人建立的名为"白夫人"（La Dame Blanche）的秘密情报网络，因为在比利时传说中，当一个白色的女幽灵出现后，霍亨索伦王朝的皇帝就会被杀死。——作者注

弗里德"防线）时，进行大规模起义。无论是在当时还是12月中下旬的阿登战役期间，报复心切的德军都对比利时人进行了可怕的报复。

9月1日，在阿登北部罗什福尔（Rochefort）附近的热梅勒（Jemelle），莫里斯·德尔韦讷（Maurice Delvenne）十分开心地看着德军从比利时撤退，并在当天的日记中写道："德军撤退的速度越来越快，似乎很是慌乱。同一辆卡车里，往往坐着工兵、步兵、海军、空军和炮兵，显然所有人之前都在前线经历了苦战。他们看上去又脏又憔悴。他们最关心的是，他们离自己的祖国还有多远，而我们自然不怀好意地盼望这段距离越远越好。"[34]

两天之后，一支党卫军部队从热梅勒路过，其中一些人头上还缠着绷带，"他们看上去很冷酷，而且用仇视的目光盯着人"[35]。这支部队一路肆虐，烧掉房屋，拉断电话线，驱赶着偷来的牲畜，只在身后留下一片狼藉。德国人命令阿登东部地区说德语的农民带着牲畜，整家整户地迁移到西墙防线后面的德国领土。然而，很多人根本不愿意离开自己的农场，盟军空袭德国本土的新闻就足以吓得人们畏缩不前。他们带着牲畜躲进森林，直到德军离开才敢出来。

撤退中的德军在9月5日遭到抵抗组织的青年人的袭击，愤怒的德国人烧掉了35栋房子作为报复，这些房子分布在从马尔什昂法梅讷（Marche-en-Famenne）至巴斯托涅（Bastogne）的N4公路两旁，大多数位于邦德（Bande）村附近。更糟糕的事情还在后面，平安夜那天，德军在阿登攻势中卷土重来后，疯狂地报复抵抗组织的袭击。其行为把当地的普通居民吓坏了。

9月6日，在比松维尔（Buissonville），作为对两天前遭到的一次袭击的报复，德军烧掉了该村和隔壁村的22栋房子。

在离德军撤退路线更远的地方，无论是城镇还是乡村，居民都迫不及待地拿出比利时、英国和美国的国旗来欢迎他们的解放者。有时，他们发现出现在街道上的是另一队撤退的德军，不得不赶快将旗帜藏起来。9月13日，从荷兰乌得勒支撤退的弗里茨·富尔里德上校在日记中写道："一队荷兰民族社会主义运动（法西斯政党）成员悲伤地离开故土，前往德国，以免遭到当地愤怒的荷兰同胞的报复。队伍中有很多妇女和孩子。"[36]这些荷兰籍的党卫军成员曾经在靠近比利时与荷兰边境的海赫特尔（Hechtel）作战，后来以游过运河的方式逃出了包围圈。而"那些想要投降的受伤军官和放弃抵抗的士兵都被比利时人射杀了，这让（袖手旁观的）英国人感到很丢脸"。在国土被占领了四年之后，荷兰人和比利时人都有足够的理由报复。

德军在比利时和荷兰境内的战线似乎完全崩溃了，战线后方更是不时出现溃逃的现象。第89军的作战日志将其描述为"一幅让德国军队蒙羞的耻辱画面"[37]。德军的督战队（Feldjägerkorps）① 在后方抓到溃兵后，会将他们押送到收容中

---

① 1944年1月9日，国防军最高统帅部决定在野战部队中成立专门的督战队，也叫战地猎兵（Feldjäger），继承了源于18世纪普鲁士军队中督战骑兵队（Reitendes Feldjägerkorps）的部分名号。这支部队不同于普通的战地宪兵，由最高统帅部直辖，不受任何战区指挥官指挥，共有三个团的编制，成员均是拥有丰富作战经验的国防军官兵，据说每个人至少获得过二级铁十字勋章。其任务是制止任何敌前逃跑或混乱情况发生，例如抓逃兵和逃跑的战俘，逮捕抗令军人、抢劫和装病者，甚至包括所有不能给出合理解释就脱队的德军官兵。此外，他们还可以将逃兵组成特别队伍或是将后方所有可以作战的军人送往前线，拥有在平民中抓壮丁和随时调用指挥任何车辆的权力。督战队的指挥官们还有权组织战地军事法庭，就地处决任何"有罪"的人。——译者注

心或中转站（Sammellager），然后通常以 60 人为一队，在一名军官的率领下重返前线。在列日（Liège）附近，在挥舞着手枪的军官的驱赶下，约有 1000 人被押上了前线。承认自己是逃兵或换了便衣的军人，当场就会被处决。被怀疑为逃兵的军人会被送上军事法庭，如果被判定有罪，就会被处以死刑，或者被送入缓刑营（Bewährungsbataillon，实际上更像是惩戒营或劳改营）。

每个督战队员都戴着标有"OKW Feldjäger"（国防军最高统帅部督战队）字样的红色袖章，脖子上挂着一块刻有"Feldjägerkorps"字样的胸牌，样式和制作材料与战地宪兵（Feldgendarmerie）的胸牌没什么区别。每个督战队员的特别证件上写着一行绿色的斜体字——"如果不服从（他的）命令，他有权使用武器"。督战队员都被反复洗脑，每周都有军官来给他们讲"世界大势、德意志天下无敌、元首英明神武、地下工厂生产的秘密武器将大败敌军"[38]。

奥托·瓦尔特·莫德尔（Otto Walter Model）元帅发出呼吁，要求西线德军坚守阵地，为元首争取时间，却得不到官兵们的响应。于是，德军开始采用最无情的手段。9 月 2 日，威廉·凯特尔元帅下令，"凡是装病和贪生怕死的逃兵，包括军官"[39]都应该被立即处决。莫德尔警告说，他需要至少十个步兵师和五个装甲师，才能阻止盟军在德国北部的突破。问题是，当时的德国在短期内根本无法从其他战线上抽调出这么多兵力给他使用。

沿着英吉利海峡海岸向德国北部撤退的德军，行动更加有序，这主要是因为加拿大军队追击的速度非常迟缓。在古斯塔夫-阿道夫·冯·灿根（Gustav-Adolf von Zangen）步兵上将的组织下，德军第 15 集团军从加来海峡撤到比利时北部，其指挥方式令人印象深刻。盟军的情报机构犯了严重错误，他们表示"驻守荷兰的德军得到的唯一援军，就是第 15 集团军的残兵败将，他们士气低落、组织混乱，现在正经由荷兰的岛屿逃离比利时"[40]。

安特卫普港的突然陷落，也许对德军最高统帅部来说是一个沉重打击。但是，在之后的几天里，英军第 2 集团军都没能占领斯凯尔特河［Scheldt，英国、比利时、法国和荷兰都有不同的叫法，也叫斯海尔德河（Schelde）或埃斯科河（Escaut）］河口北侧。冯·灿根上将抓住机会成功地建立起数道防线。这些防线包括一个被称为布雷斯肯斯（Breskens）的要塞区，这个 20 千米宽的筑垒地域南起斯凯尔特河口南侧，北至南贝弗兰岛（South Beveland）① 和瓦尔赫伦岛（Walcheren）。德军在此集结了 82000 人，部署了大约 530 门各类火炮，同时还在河口密集布设水雷，阻止英国皇家海军靠近。

盟军海军总司令伯特伦·拉姆齐（Bertram Ramsay）海军上将告诉盟军最高统帅部和蒙哥马利，德军可以轻而易举地封锁斯凯尔特河口。英国第一海务大臣安德鲁·布朗·坎宁安（Andrew Browne Cunningham）海军元帅警告说，除非把斯凯尔特河口清理干净，否则安特卫普"对我们的用处差不多就像廷巴克图（Timbuctoo）一样（中看不中用）"[41]。英军第 30 军军长霍罗克斯中将后来坦承，这次失败是自己的责任。他写道：

---

① 作者在文中一直将南贝弗兰岛称为南贝弗兰半岛（South Beveland peninsula），但是在国内出版的中文地图册上，一直将此地写作岛屿而非半岛。从地形图上看，南贝弗兰岛与大陆之间相隔一条窄窄的水道，并未连接在一起，从地理学上来说，不符合半岛的概念，因此译者将其译成岛屿。——译者注

"毫无疑问，拿破仑能察觉到这一点，但我霍罗克斯恐怕做不到。"[42]但是，这并非霍罗克斯的错误，也不是第 11 装甲师师长罗伯茨少将的错误，错误的根源在于蒙哥马利，他原本以为，加拿大人随后就会把河口的德军清剿干净，因此对河口的控制权漠不关心。

这是一个巨大的错误，并在之后让盟军尝尽苦果。但是在那段令人欢欣鼓舞的日子里，参加过第一次世界大战的将军们相信，1944 年 9 月就相当于 1918 年 9 月。战史学家福里斯特·波格（Forrest Pogue）这样写道："报纸上报道的消息称，盟军在六天内推进了 337 千米（约 210 英里）。这表明，盟军已经进入荷兰、卢森堡、萨尔布吕肯（Saarbrücken）、布鲁塞尔和安特卫普。各条战线上的战报让情报部门的预判都洋溢着一种近乎歇斯底里的乐观情绪。"[43]莱茵河几乎吸引了所有盟军高级将领的目光，他们都幻想着可以一步就跨过去，艾森豪威尔肯定被这种乐观愿景蒙蔽了，而蒙哥马利由于打着自己的小算盘，也忘乎所以。

第二章　安特卫普和德国边境

8月末，德军的防线看上去已经处于崩溃的边缘，盟军的攻势却很可能会因为补给不畅而陷入停顿。盟军之前的猛烈轰炸在很大程度上摧毁了法国的铁路系统，这导致每天大约有一万吨的燃料、口粮和弹药，必须由美军的被称为"红球快运"（Red Ball Express）的补给车队从诺曼底运往前线。9月初，从瑟堡（Cherbourg）到前线的距离大约是500千米，这意味着车队需要三天时间才能往返一趟。而仅仅是为了养活被解放的巴黎民众，每天就需要超过1500吨物资。

只有美国拥有如此丰富的资源，通过似乎无尽的物力和财力完成这样的任务。大约7000辆卡车日夜不停地沿着单向公路行驶，每天光消耗的燃料就有大约30万加仑，在整个运输过程中，总共约有9000辆卡车报废。为了让部队保持进攻态势，横扫法国，第9部队运输机司令部以每运送两加仑汽油就会消耗三加仑航空燃料的高昂代价，用运输机甚至轰炸机为前线部队运送汽油。在这样严重的补给危机下，确保安特卫普港能投入使用，从各个方面来看都是一种迫切的需求，但蒙哥马利此时仍一心想着尽快渡过莱茵河。[1]

蒙哥马利在9月3日得知，美军第1集团军会抽调相当大的一部分力量在北线支援他作战，但他对这批美军并无指挥权。此外，蒙哥马利认为艾森豪威尔已经同意由他单独负责在北方发起进攻，因而在听说巴顿的第3集团军并没有像他期望的那样停止进攻时，顿时怒火万丈。在英国参战五周年之际，蒙哥马利致信伦敦的帝国总参谋长艾伦·布鲁克爵士（Sir Alan Brooke），在信中表示，他打算倾尽全力迅速突破莱茵河。很显然，他认为这是迫使艾森豪威尔将大部分补给物资，以及霍奇斯的第1集团军的指挥权交给他的集团军群的最佳方式。[2]

巴顿不是会选择让部队停止前进、等待补给状况得到改善的那种人，他命令部队继续朝萨尔河偷偷前进。"为了进攻，"巴顿在日记中解释道，"我们首先假装进行侦察，然后加强侦察力量，最后再发动进攻。我们得用这样的方式打仗，真是悲哀。"[3]巴顿为自己争取利益时无所不用其极。为了让轰炸机飞行员有动力转行给自己的部队运输燃料，在他们给第3集团军所属各师运送物资时，他有时会让人给飞行员送上一箱香槟，并附以"巴顿将军的问候"[4]。巴顿之前以某种方式"解放"了50000箱香槟，因此有足够的资本展现他的慷慨大方。[5]

蒙哥马利从北面攻入德国本土的决心非常大，哪怕推迟安特卫普港的开港，严重影响补给状况也在所不惜。这位新任陆军元帅9月3日的行动草案表明，他已经放弃了调动大量部队清理斯凯尔特河口的想法。这就是罗伯茨少将的第11装甲师进入安特卫普时，没有接到命令渡过阿尔贝特（Albert）运河，并进一步绕到西北部的贝弗兰岛的原因，德军正在那里构筑阵地。

退守斯凯尔特河两岸的德军第15集团军残部，在接下来的几天里重新成为一支令人生畏的战斗力量。无论是在东线还是西线战场，德军一次又一次地展现过从灾难中恢复生机的非凡能力，这次也不例外。虽然德军士气不高，但继续战斗的决心和意志并没有完全崩溃。德军下士阿尔弗雷德·莱曼（Alfred

Lehmann）在9月11日的家书中写道："即便我们所有的盟友都抛弃了我们，我们也不能失去勇气。一旦元首部署了新式武器，最终的胜利就会到来。"[6]

艾森豪威尔意识到确保安特卫普港出海口的安全很重要，但也同样渴望在莱茵河对岸获得一座桥头堡。他尤其希望在一次重大行动中投入新组建的盟军第1空降集团军。华盛顿的陆军参谋长小乔治·卡特利特·马歇尔（George Catlett Marshall Jr）上将，以及美国陆军航空兵总司令亨利·"哈普"·阿诺德（Henry "Hap" Arnold）上将对此都有着相同的兴趣。投入大量时间和精力组建的空降集团军不能按兵不动，因此他们一旦有机会就会再次使用空降部队。

盟军冲出诺曼底地区后，先后设想过至少九个出动空降兵的方案，但盟军地面部队的推进速度很快，导致每项空降行动还没来得及实施就作废了。[7]可以想象，多次在机场上苦等的空降兵有多么恼怒和不甘。他们一次次登上运输机和滑翔机，坐等半天后却接到行动取消的命令。巴顿将军在第3集团军的一次新闻发布会上吹嘘道："那些该死的空降兵行动不够快，跟不上我们的速度。"他随后还补充道："这也是破天荒的事情了。"[8]

9月的第一周，蒙哥马利元帅开始仔细研究在阿纳姆（Arnhem）实施空降、突破莱茵河的可能性。将于9月17日发起的"市场花园"行动是一项非常糟糕的计划，它过于雄心勃勃，成功的机会微乎其微，根本就不应该尝试。空降场，尤其是英军在阿纳姆的空降场距离目标桥梁太远，导致部队无法达成行动突然性。盟军第1空降集团军和地面部队的行动难以协同，英军第30军按计划要沿着仅有的一条公路奔袭104千米，去阿纳姆接应假设已经夺取了下莱茵河桥梁的英军空降师。最糟糕的是，计划并没有考虑包括天气变化在内的各个环节都可能出现的问题，也没准备应急方案，这将导致援兵无法迅速抵达阿纳姆。

莫德尔元帅希望能在反攻时用到奈梅亨（Nijmegen）的瓦尔河（Waal）大桥，结果却给了第82空降师机会，最终大桥落入美军之手，美军第101空降师也成功拿下了艾恩德霍芬（Eindhoven）。然而，德军在顽强抵抗的同时，还对这条暴露的公路不断展开侧袭，严重迟滞了禁卫装甲师的前进速度，这条唯一的进军道路很快就被称作"地狱公路"。

盟军情报部门事先就知道，党卫军第9霍恩施陶芬装甲师和党卫军第10弗伦茨贝格装甲师出现在了阿纳姆地区，但情报分析人员犯了一个致命错误，他们认为这两个师从法国撤退之后只剩下残兵败将，没有能力对盟军的进攻部队构成严重威胁。然而，德军对于英军第1空降师空降行动的反应不但迅速，而且冷酷无情。英军在德军的阻击之下，仅有第1伞兵旅第2伞兵营到达阿纳姆大桥，随后他们就被困在了大桥北端。9月25日，幸存的英军空降兵撤到了莱茵河对岸，战役宣告失败。包括英军、美军和波兰军队在内，盟军损失了超过14000人。整个行动让美国人对英国人的指挥能力感到非常失望。

盟军对于几乎一步就能跨过莱茵河的前景兴趣十足。相比之下，确保一条合适的补给线这项平淡无奇但必不可少的任务，就很难引人关注了。伯特伦·拉姆齐海军上将对于盟军最高统帅部，特别是蒙哥马利根本不在意他发出的要确保斯凯尔特河口和安特卫普港入海河道安全的警告，感到十分愤怒。艾森豪威尔敦促部队要集中兵力拿下一座码头设施完好的主要港口，但蒙哥马利一意孤行，坚持认为加拿大第1集团军应该先着手清除坚守布洛涅、加来和敦刻尔克的德军。然而，即便顺利夺取了这些港口，在一段时间内它们也无法使用，因为德军已经破坏了这些港口的码头设施，需要花时间修理。

艾森豪威尔受伤的膝盖基本康复后，终于开始着手理顺盟军的战略决策。他在兰斯（Reims）附近设立了一个小型的前进指挥部，9月20日，盟军最高统帅部接管了凡尔赛的特里亚农宫酒店。这是一座宏伟的具有"美好时代"[1]特征的建筑，第一次世界大战时期，协约国最高军事委员会总部就进驻此地。1919年5月7日，乔治·克列孟梭在酒店的主厅里口述了《凡尔赛和约》的主要条款，几天后和约就在凡尔赛宫的镜厅里正式签署了。

更多的盟军单位在接下来的两周里陆续搬进了周围的众多建筑中，连宫殿所属的巨大马厩也被占据了。很快，盟军又征用了凡尔赛周边的大约1800栋房子，供24000名官兵居住。约翰·克利福德·李（John Clifford Lee）中将是被称为战区后勤地带（Com Z）[2]的盟军后勤主管，他在巴黎接管了315家酒店和数千栋其他建筑及公寓，以便让手下的高级军官住得舒适体面，他自己还几乎独占了乔治五世酒店。[9]浮夸自大的李穿着马

---

[1] 法语 Belle Epoque 泛指 1871—1914 年欧洲所处的一个相对和平的时期，由于基本没有战乱，被人们称为"美好时代"或"黄金时代"。随着资本主义及工业革命的发展，科学技术日新月异，欧洲的文化、艺术及生活方式等都在这个时期日臻成熟，促进了当时欧洲各国经济和文化的空前繁荣。——译者注

[2] Com Z 的全称是 The Communication Zone，李中将指挥的战区后勤地带实质上是个庞大的兵站，下辖通信、交通、后勤等大量部门，负责欧洲大陆上盟军的所有后勤补给和兵员补充。——作者注

刺叮当的马靴,手持马鞭,在一名低头哈腰的工作人员陪同下巡视医院时,甚至希望躺在病床上的伤兵都会向他立正。

盟军一线各师都对后勤部门满腔怒火,他们认为后勤人员把注意力都集中在了如何让自己过得舒服,而不是做好本职工作上。法国当局则抱怨美国人要求的远比德国人多,一本杂志写道,盟军最高统帅部的缩写"SHAEF"的全称应该是"Societé des Hôteliers Américains en France",意思是"法国的美国酒店经营者协会"。艾森豪威尔对于公然违背自己指示的李非常不满,因为后者将巴黎变成了自己的殖民地,但他从未下决心解除李的职务。即使是非常厌恶和鄙视李的巴顿,也从来不敢与他作对,以免他切断第3集团军的补给进行报复。

艾森豪威尔发现,在经历了阿纳姆的大败之后,盟军在战略决策方面的问题仍然无法解决。蒙哥马利一旦有了什么主意,就死抓着不肯放手。他坚持应该将大部分补给物资分配给他的集团军群,以保障其对德国北部进行突击,却完全不顾安特卫普港仍未开放航运、无法向他的部队提供补给,以及他极为看重的"市场花园"行动已经失败的事实。在9月21日——在阿纳姆的英军第2伞兵营被迫向德军投降当日——的那份信中,蒙哥马利甚至指责盟军最高统帅没能彻底叫停巴顿的行动。[10]值得一提的是,就连德国人都觉得蒙哥马利错了。在亚眠被英军俘虏的埃贝巴赫装甲兵上将对其他被盟军俘虏的将领们说:"他们的主攻方向完全错了,传统打法是通过萨尔地区这道门户(打进德国)。"[11]

巴顿则认为,考虑到蒙哥马利是一名过于谨慎的指挥官,率部在一个"狭窄正面"上"单刀直入进攻柏林"[12]这样的战略并不适合他,再说他的北路大军必须在欧洲北部主要河流水域最宽阔的地段渡河，因此蒙哥马利的计划是完全错误的。布莱德雷的看法是，蒙哥马利所谓的"第21集团军群这把刺向德国心脏的匕首"[13]，多半会成为"黄油刀"。苦攻梅斯（Metz）要塞不下的巴顿被告知要转入防御，这让他的情绪非常糟糕，但在9月21日艾森豪威尔称蒙哥马利是"一个聪明的婊子养的"之后，巴顿开始感到欢欣鼓舞，因为他认为这意味着盟军最高统帅终于看透了那位英军元帅的行事路数。蒙哥马利在试图获得盟军地面部队总司令的头衔时说过，一旦艾森豪威尔重掌指挥权，战役指挥权就再也无法掌控在他自己手里了。然而，就如历史学家约翰·巴克利（John Buckley）强调的那样："问题在于，蒙蒂和其他人一样，都在挖他长官的墙角。"[14]

艾森豪威尔想要同时进攻鲁尔区和萨尔区，他是打算借此消除蒙哥马利的提议与自己推行的战略之间的差异。但艾森豪威尔对自己的态度表达得不够明确，这是一个严重的错误，实际上给了人们一种感觉——他更支持蒙哥马利的单向突击，但也允许在中央方向存在一点灵活性。艾森豪威尔知道蒙哥马利是盟友，并不属于美军指挥序列中的一部分，不像布莱德雷和雅各布·劳克斯·德弗斯（Jacob Loucks Devers）中将这两位美军集团军群指挥官，他们是他的部下，艾森豪威尔可以向他们直接下达命令。但艾森豪威尔当时应该知道，华盛顿的马歇尔将军会支持他这位盟军最高统帅，而丘吉尔对罗斯福总统——尤其是在涉及军事决策时——没有实质性的影响力。但艾尔豪威尔不愿意强调讨论的时间已经结束以及他的命令必须得到服从，他给了蒙哥马利太多的回旋余地，导致蒙哥马利可以质疑不合他心意的战略决策，为了达到自己的目的而不断指手画脚。蒙哥马利没有意识到他的做法导致英美关系变得有多么紧张，这种紧张的关系在12月和次年1月达到顶峰。

9月22日，艾森豪威尔在凡尔赛总部举行了一次重要会议，会议集中讨论了一旦安特卫普港安全开放后将要采取的策略。蒙哥马利缺席了这次会议，由他深受众人喜欢和信任的参谋长、被大家称为"弗雷迪"（Freddie）的弗朗西斯·威尔弗雷德·德甘冈（Francis Wilfred de Guingand）少将代替他出席。这对改善局面没有任何帮助，美军将领们怀疑蒙哥马利故意缺席会议，以避开相关的争论。会上，艾森豪威尔同意由蒙哥马利的第21集团军群担任主攻，从北面包抄鲁尔区，但与此同时，他也希望布莱德雷的第12集团军群在科隆和波恩一带渡过莱茵河，从南面包抄鲁尔区。两天后，艾森豪威尔在给蒙哥马利的信中将计划内容和盘托出，以打消这位陆军元帅的所有疑虑。

蒙哥马利在把清理通往安特卫普的航道的任务交给了加拿大第1集团军后，似乎就将此事抛到脑后，不再给予进一步关注。他更热衷于利用在"市场花园"行动中夺取的奈梅亨突出部，向位于德荷边境德国一侧的帝国森林（Reichswald）发起进攻。但加拿大人最终完成了在法国北部的任务，于10月初开始清剿斯凯尔特河口的德军时，却发现德国人的抵抗强度远超想象。当他们浴血奋战的时候，德军第15集团军的残部抓紧时间有条不紊地后撤，并增援瓦尔赫伦岛和南贝弗兰岛的守军。

艾森豪威尔在看了英国皇家海军的报告后，开始更加关注肃清斯凯尔特河口行动进展缓慢的问题。对于他在安特卫普港开港方面做得不够的一切暗示，蒙哥马利开始感到难以忍受，他愤怒地进行了辩解，并再次主张应该将美军第1集团军交给他指挥，以便尽快进攻鲁尔区。10月8日，蒙哥马利当着亲临艾恩德霍芬视察的马歇尔上将的面，再次批评艾森豪威尔的战略。这是一个严重错误，即便是极其自制的马歇尔，也差点对着被他称为"极度自负"[15]的蒙哥马利发脾气。情商不高的英国元帅随后还用一份题为《西欧指挥要则》（Notes on Command in Western Europe）的文件，再次对艾森豪威尔的指挥能力进行了抨击。几乎可以肯定，蒙哥马利听到了种种抱怨，说他未能扫清斯凯尔特河两岸的德军，导致盟军裹足不前，因而他进行了更加尖锐的批评。他甚至暗示"市场花园"行动之所以失败，是由于他未能从盟军最高统帅部获得足够的支持。

几天后，艾森豪威尔以强有力的反驳回应。他事先将（反驳的）电文内容呈交马歇尔，请求批准。无论是他的参谋长沃尔特·比德尔·史密斯（Walter Bedell Smith）中将还是马歇尔，都不打算让他缓和行文的语气。蒙哥马利即使再冥顽不化，也不能忽视其中一段话的重要含义："如果你作为一个伟大联盟在这个战区的高级指挥官，觉得我的理念和命令会危及作战成功的话，那么我们有责任将此事呈报上级，由他们来选择采取何种行动，无论（这种行动）有多么激烈。"蒙哥马利立刻顺着台阶下来放了软话："你不会再听到我对盟军地面部队总司令的问题做任何评论了。我向你报告我的看法，你也对此给了我答复，这件事就此了结……你非常忠诚的部下，蒙蒂。"[16]但对蒙哥马利来说，这事并不算完，他的余生中还经常为此事介怀。

10月2日，争夺斯凯尔特河航道的战役终于打响。盟军在滂沱大雨中，从安特卫普向北和西北方出击。在右翼的英国第1军支援下，加拿大部队花了两周时间，推进到了南贝弗兰岛靠近大陆的一侧，直到月底才肃清了岛上的德军。与此同时，加拿大第 2 军的另一支部队，在几乎整个 10 月里，对德军在斯凯尔特河口南边的利奥波德（Leopold）运河一侧的大型筑垒地域实施清剿作战。为了协助地面部队夺取瓦尔赫伦岛，英国皇家空军最终炸掉堤坝，让海水淹掉了该岛的大部分地区，迫使 6000 多名德军放弃防御阵地。从奥斯坦德（Ostend）出发的英军突击队乘坐登陆艇在瓦尔赫伦岛西端登陆，在付出惨重伤亡代价后，与占领该岛南部后突破德军防御的加拿大部队会合。岛上最后一批德军在 11 月 3 日放弃抵抗投降，至此，总共有 40000 名德军被俘。而加拿大人和英国人则在肃清斯凯尔特河口的行动中伤亡了 13000 人。[①] 但是，第一批补给船队还要等到 11 月 28 日，扫清了德军在河口布下的水雷后，才能进入安特卫普港。这时，距第 11 装甲师通过奇袭拿下这座城市已经过去了 85 天。

美军侦察部队第一次从卢森堡东北部进入德国本土是在 9 月 11 日下午，他们在高地上看到了西墙防线的一些混凝土碉堡，此后，很多美军部队都通过集体撒尿来宣示自己踏上了纳粹德国的本土。同一天，巴顿麾下的第 15 军下辖的法军第 2 装甲师，与从法国南部北上的美军第 7 集团军所属的法军第 1 师，在第戎西北部会合，这标志着盟军形成了一条从北海一直到瑞士的完整战线。

巴顿的部队于 9 月 14 日夺取了南锡（Nancy），但古老的梅

[①] 根据艾森豪威尔回忆录的记载，斯凯尔特河口之战中仅加军第 2 师和英军第 52 师就伤亡 27633 人，这两个几乎全军覆没，比攻占西西里岛的总伤亡数字还高；此外，盟军直到 11 月 9 日才彻底肃清德军在瓦尔赫伦岛上的抵抗，俘虏约 10000 人，包括一名师长。根据蒙哥马利回忆录的记载，从渡过利奥波德运河起到 11 月 3 日，总共俘敌 14000 人。——译者注

斯要塞挡住了巴顿的第 3 集团军，而强渡摩泽尔河（Moselle）也是一场艰苦的战斗。"我们抓了不少俘虏，让战俘在河边帮忙干活，"美军第 20 军的一名军官汇报说，"当医护兵试图用冲锋舟把伤员运回来时，对岸的德军向着我军医护兵射击，打死了那些本来能够得救的伤员。于是我们让战俘去干这活，结果德军甚至向战俘开枪。最终，我们喊着'都见鬼去吧'，然后向着这群该死的家伙开火。"[17]

德军各师要面对的困难各不相同，党卫军第 17 格茨·冯·贝利欣根装甲掷弹兵师的军官迪特尔·伦霍尔特（Diether Lönholdt）党卫队二级突击队大队长抱怨说，他的车辆"因为汽油质量很差而频繁抛锚。汽油里混有水分，我们就是在这样的情况下去打仗！我们完全没有炮火支援。你知道的，当我们的士兵被迫不断扛着自己的枪到处奔波时，他们很快就会说'去他的吧，我宁愿被俘'"[18]。这样的情绪当然不会向元首大本营汇报。德军第 1 集团军在 1944 年 9 月底上报给最高统帅部的报告中说："前线官兵之间的关系仍然保持良好，不需要担心。"[19] 总的来说，通过德军官兵的家书判断，这应该算是真实情况。

德军一等兵安肯拜尔（Ankenbeil）在 9 月 22 日给妻子的信中写道："战争已经达到了高潮，我的出生地就在阵地对面，因此我能够以更大的决心和勇气保卫我的家乡和你……我们绝不会考虑失败的可能性，连想都不会想。"[20] 其他人则对他们的敌人表示蔑视，一等兵马尔特·克里贝尔（Mart Kriebel）在 9 月 18 日的信中写道："美军没有飞机和坦克掩护就不敢进攻，他们是一群懦夫，美军手上拥有所有可以想象得到的、能自行使用的武器。"[21] 一等兵汉斯·比舍尔（Hans Büscher）在 9 月 20

日的信中评论道："美军步兵分文不值，他们只敢使用重武器作战，而且只要我们的机枪还在开火，他们就不敢前进一步。"[22]但一等兵里格勒尔（Riegler）承认："谁掌握了制空权，谁就能赢得这场战争，事实就是这么回事。"[23]而一等兵汉斯·赫斯（Hans Hoes）则对V型武器没什么作用表示失望，他在9月15日的信中写道："为什么要牺牲越来越多的人？为何我们有越来越多的家园被摧毁？为什么V型武器没能带来胜利，而人们对它的评价却那么高？"[24]

希特勒在"市场花园"行动开始前一天，即9月16日的日间形势汇报会结束后，召开了另一场会议。他在这次会议上的讲话将"狼穴"大本营中的幕僚惊得目瞪口呆。当时约德尔正在讲述西线缺乏重武器、弹药和坦克的情况，德国空军总参谋长克赖珀上将在日记中写道："元首打断了约德尔的发言，说他已经决定，要从阿登地区发起反击，目标是安特卫普……我军的攻击集群除了从东线调回来的装甲师外，还包括30个新组建的国民掷弹兵师和装甲师，准备沿着英军和美军的分界线实施突破，制造一次新的敦刻尔克（撤退）。负责东线战场的陆军总参谋长海因茨·威廉·古德里安（Heinz Wilhelm Guderian）大将出于对东线战局的考虑表示强烈反对，约德尔则指出盟军的空中优势和在荷兰、丹麦及德国北部进行空降的可能性。希特勒要求11月1日就要准备好1500架战斗机！攻势应该在天气恶劣的时候发动，这样敌军飞机就无法起飞了。卡尔·鲁道夫·冯·伦德施泰特（Karl Rudolf von Rundstedt）元帅将负责指挥（此次攻势），准备工作到11月1日截止。元首在长篇大论之中重申了他的决定，要求我们必须严格保密，只有少数可靠的人才能知情……当晚，我向回到卡琳庄园（Carinhall）的戈林做了汇报。我感到非常疲惫，头痛。"[25]

古德里安因为这项计划感到非常惊愕，这是由于他知道，东线的土地一旦冻实到足以承受红军的T-34中型坦克自由驰骋时，斯大林就会对东普鲁士发起强大攻势，同时还会从维斯瓦河西岸的登陆场出击，向西发动进攻。克赖珀在9月18日的日记中写道："陆军总司令部（OKH）强烈质疑阿登的进攻计划。"[26]

希特勒恢复了伦德施泰特元帅西线德军总司令的职务，7月的诺曼底战役期间，因为战事不利他被希特勒解职。希特勒把这个"老普鲁士人"树立成正直的榜样并加以利用，同时又用金钱和荣誉来腐蚀他。伦德施泰特严重酗酒，因此，虽然他依旧表现出良好的军事判断力，却很少参与作战决策。希特勒在1941年12月首次以健康为由解除伦德施泰特的职务时，所有人都认为这是一个借口。实际上，伦德施泰特由于过量饮用白兰地而神经衰弱，痛苦万分，晚上睡觉时一直发出尖叫，有时他的副官不得不一直看护着他，并给他注射镇静剂。[27]伦德施泰特在那次被解职后获得了40万帝国马克的"生日礼物"，这是希特勒给他的补偿。最近，他又奉希特勒之命主持所谓的"军事荣誉法庭"，剥夺所有被认为和7月阴谋事件有牵连的军官的军籍，伦德施泰特因为对他们的羞辱而受到了许多遵循传统的军官的厌恶。

纳粹党和德国陆军之间的关系在"7·20"事件之后愈发恶化。按第7伞兵师19伞兵团2营的德利卡（Delica）上尉的回忆，他的妻子当时居住在斯特拉斯堡以东的罗伊特林根（Reutlingen），"罗伊特林根的纳粹党地方党务领袖（Kreisleiter）在当地妇女大会上说，德国陆军只是一群下贱的猪猡，如果没有党卫军和希特勒青年团师，战争早就输掉了。德军军官只顾和法国姑娘睡觉，英国人到来时，一把就将这些只穿着内裤的家伙拖下床去。他鄙视所有陆军军官。妇女们想当然地喊着'真不要脸'，而我的妻子在哄闹声中离开了那里，但是她感觉——也许完全是合情合理的——在听到了这种谴责之后，她对有些事情不再那么确定了"。上尉从妻子那里获悉此事后，向他的将军抱怨说："这些事情即便有一部分属实，也不应该告诉后方的人们，否则他们会对军队失去信念。"[28]但他的抗议收效甚微，而且肯定被通报给了地方当局。当地的纳粹党负责人对他家进行了报复，将很多人安置进他家的房子，令其变得拥挤不堪，基本上失去了私人空间。

党卫军第1阿道夫·希特勒警卫旗队装甲师（以下简称警卫旗队师）的二级突击队中队长韦尔基（Woelky）当时在亚琛（Aachen）附近，他听说德国妇女开始反对可能爆发的战斗时大吃一惊，因为她们竟然希望美国人能占领此地。"我们已经被谎言和美好未来的许诺欺骗了五年，但现在我们得到了什么？"她们中最直言不讳的人抱怨道，"我只是不明白，怎么还会有德国士兵想留在这里继续战斗。"[29]她很幸运地选择了韦尔基作为倾诉对象，显然，他是这个师里极少数私下认为德国坚持不了多久的人之一。他自嘲地认为，一旦战争结束，"他们将重新教育我们这些党卫军官兵，让我们成为民主人士"。

第三章　亚琛之战

在美军第 1 集团军的北翼，第 19 军占领了马斯特里赫特（Maastricht），但因为缺少弹药和油料，部队无法再向前推进。与此同时，位于第 1 集团军右翼的第 5 军进至比利时和卢森堡境内的阿登地区。第 5 军下辖被欧内斯特·海明威视作自己的部队的第 4 步兵师，以及曾从巴黎穿城而过的第 28 步兵师。胜利阅兵式带来的荣耀已经消失，突破齐格弗里德防线的过程缓慢、乏味且经常遇到危险，似乎谈不上什么荣耀。美军第 30 步兵师 117 团 1 营 B 连重武器排的理查德·洛·巴卢（Richard Lowe Ballou）一等兵写道："当我们经过一座碉堡时，我看见一名美国大兵可怜地匍匐在地，他的脸就埋在泥土里，头盔掉在脑袋边上，两个屁股口袋里鼓鼓囊囊地塞着再也吃不上的 K 口粮。"[1]

要想在被称为"龙齿"的混凝土棱锥障碍物中炸开一条通道，需要谢尔曼坦克轰上大约 50 炮。美军发现，要摧毁德军的碉堡并不容易，通常需要组织至少 12 人组成的突击队，在夜幕掩护下渗透进德军迫击炮阵地和碉堡之间的区域，然后在坦克、坦克歼击车或反坦克炮的支援下逐一对碉堡发起攻击。由于混凝土碉堡非常坚固，要打穿其外墙最少也要动用 M12 型 155 毫米自行火炮。不过，坦克歼击车可以通过对射击口发射穿甲弹，制造冲击波来杀伤内部人员。第 5 军在一份报告中写道："德军伤兵出来时神情呆滞，鼻子和嘴里都在流血。"[2] 除了使用穿甲弹外，美军为了炸开那些钢制的大门，还使用了装药量至少达到30磅TNT的爆破筒或者炸药包。"如果他们仍然拒不投降，就从通风口把破片手榴弹扔进去，把德国佬的耳朵震聋。"同一份报告中建议道。美国兵发现将白磷手榴弹"从同样的通风口扔下去是个效果不错的小改进"，随后他们就会用德语高喊"同志"和"我们不会开枪"，"如果这样都不行，就召唤一辆坦克来轰开碉堡的后部，或者找辆加装了推土铲的坦克把洞口都堵上（里面的人就被活埋了）"。

美军士兵得到警告，永远只能让里面的守军出来，而不能进入碉堡内部。第2装甲师第41装甲步兵团报告："当门或者入口被炸开后，敌军的自动武器停止了射击，我军步兵移动到碉堡两侧的射击死角，呼喊里面的人出来，德国人很快就照做了。起初，从一座碉堡里出来13名德军投降，从被炸开的口子扔进去一枚手榴弹后，又出来了7个人。"[3]

如果有德军士兵回答说他们因为受伤无法移动，那最好再做一次爆破。"在用TNT炸药又炸一回后，他们就会设法自己走出来。"[4]不过此时仍然不能掉以轻心，必须再朝碉堡里扔手榴弹，或者用火焰喷射器烧一下，以防还有人躲在里面。美军士兵还得小心"油膏盒子地雷"（ointment box mines），这是一种长方形的木壳地雷，只有5厘米宽、2.5厘米深，体积很小。清剿了碉堡中的德军后，并不等于万事大吉，碉堡的大门还要用喷灯或铝热剂手雷封死，以防德军悄悄潜伏回来。一支美军部队负责的作战区域内的六座碉堡就反复易手了三回。还有一次，有一个排的美军步兵被大雨淋得浑身湿透、疲惫不堪，全排躲进一座已经被攻克的碉堡中休息，结果都因为太困而睡着了。一支德军侦察巡逻队在这时杀了回来，美军整个排一枪未放就被缴械,成了俘虏。

部署在美军第1集团军中央方向的是第7军,该军军长是年轻的约瑟夫·劳顿·柯林斯(Joseph Lawton Collins)少将,由于精力充沛,他被部下称为"闪电乔"(Lightning Joe)。第7军前锋直逼亚琛,这座城市位于德国西部一个略微突出的区域,是昔日查理大帝(Charlemagne)和神圣罗马帝国的古都。西墙防线绕过该城向西部和南部延伸,在这座城市后方还有另一道防线。柯林斯不希望这仗打成一场旷日持久、消耗兵力的巷战,所以他决定做出包围该城的姿态,希望能迫使德军主动撤离。但这只是柯林斯的一厢情愿,他想象不到,希特勒把城市,尤其是像亚琛这样具有明显历史意义的城市"要塞化"的决心,以及寸土必争的执念。戈林后来在1945年接受审讯时说道:"元首希望亚琛能战斗到最后一块石头,他想将其作为其他所有德国城市的榜样,如有必要,将要抵抗到城市被夷为平地为止。"[5]

9月11日,美军的突然逼近引发了亚琛城内的恐慌。纳粹党官员、德国空军的高炮分队、当地政府官员、警察和部队一起逃往东边的科隆。据德军第7集团军参谋长鲁道夫·冯·格斯多夫(Rudolf von Gersdorff)上校[①]后来所述:"德国空军和党卫军部队在撤退,他们的长官跑在最前面,这严重影响了士气。他们钻进自己的汽车不管不顾地跑了,亚琛城内随即发生

---

① 鲁道夫·冯·格斯多夫担任第7集团军参谋长时其军衔还是上校,要到1945年3月8日才晋升少将,作者在本书中统称其为少将是错误的。他担任第7集团军参谋长的任期从1944年7月28日开始,一直到战争结束,有的资料显示其在8月20日后曾专门负责策划法莱斯包围圈的突围。——译者注

了骚乱。"[6]

希特勒怀疑平民更希望美军占领城市，借此让亚琛免遭轰炸，因此他下令疏散平民，必要时可以强行疏散，所有拒绝离开的人都会被视为叛徒。然而事情并没有像他所预期的那样发展。第 12 国民掷弹兵师在 9 月 12 日赶到该地区时，从诺曼底撤出来的第 116 装甲师已先行进入城内。该师师长是格哈德·赫尔穆特·冯·什未林（Gerhard Helmuth von Schwerin）中将，同僚们都认为什未林过于聪明，而且对纳粹党不屑一顾，甚至到了对自身不利的程度。在诺曼底时，他曾因直言不讳地告诉一名军长自己对其看法而被解职，但后来由于非常出色的领导能力而被复职。这件事情也许鼓舞了他，认为自己可以渡过任何难关，在入城后，他迅速撤销了纳粹党大区领袖发布的撤退命令。

什未林着手恢复城内秩序，他向自己师里的装甲掷弹兵下令，可以对抢劫犯处以极刑。随后，他向美军指挥官发出呼吁，解释说他已经制止了"荒谬"的疏散行动，并请求美军宽厚地对待平民。但这些并不能妨碍柯林斯继续实施他的包围计划，他派第 1 步兵师从城市东南方向进行包抄，由第 3 装甲师负责掩护其右翼。美军此时其实也出现了不少问题，在从诺曼底一路推进到现在的位置后，坦克的发动机状况开始不佳，各类口径的弹药都出现了短缺，这大大限制了美军的攻击力。而第 1 步兵师甚至出现了口粮不足的情况，该师的加德纳·博茨福德（Gardner Botsford）中尉就抱怨说："我们只能吃紧急情况下食用的 D 口粮——硬得跟石头一样的巧克力棒，里面富含人造营养素，每天吃三次巧克力棒，会让你对它非常腻烦。"[7]

德军准备在亚琛城东北方向发动反攻，以免亚琛被完全合围。弄清楚亚琛并没有受到直接威胁后，纳粹官员们匆匆返回，在大部分平民其实是想要留下来的情况下，重新开始安排平民撤离。轻率行事的年轻将领什未林不得不躲了起来，因为大家知悉了他给美军发电报的事，生怕自己因为失败主义甚至叛国罪的罪名被捕，但后来希特勒还是出人意料地赦免了他。① 对于亚琛的局面来说，纳粹实施强制疏散平民的政策非常残酷，因为很多人不想走。城内到处开始流传盟军用细菌炸弹轰炸科隆，导致斑疹伤寒传播的疯狂谣言，很多人还相信盟军的炸弹中含有麻风杆菌和鼠疫杆菌。[8]

德军下士胡塔瑞（Huttary）说道："你应该看看他们在疏散区域是怎样对待我们的民众的，他们牵走老百姓的牛，却不给任何收据，反而把牛主人轰走，冲锋队（SA）的人将牛成群结队地赶走。"[9]一个叫拜尔（Bayer）的工兵补充道："人去楼空之后，他们就进去把房子洗劫一空。他们贴出告示宣布，14点到16点要在商店发放配给之外的面包，从而引诱妇女们前来排队。当人们排起长队后，卡车开过来把她们都装上车拉走。他们还在街上抱起孩子，直接扔到车上。然后，这些人只是被运出有直接危险的区域，接着就被赶下车，听天由命。"[10]党卫队还考虑对外国劳工进行大屠杀，以防他们发动起义。但在一片混乱中，屠杀行动未能实施。[11]

---

① 为了保护平民和亚琛古城，据说什未林当时想率部向美军献城投降，他那封拍发给美军第1集团军指挥官霍奇斯中将的电报底稿落到了党卫队的手里。他被扣上了叛国罪的帽子后，伦德施泰特元帅和莫德尔元帅都为他求情，结果什未林奇迹般地逃脱了惩罚，转而去指挥第90装甲掷弹兵师，更是在1945年1月4日晋升装甲兵上将，升任第76装甲军军长。——译者注

9月下半月,华盛顿和盟军最高统帅部内部都爆发了激烈的争论,争论的焦点是最高统帅在对德国民众发表讲话时采用何种措辞。他们认为,如果措辞过于缓和,那么德国人就会将其视为软弱并因此受到鼓舞;如果措辞过于严厉,那么就可能促使德国人坚持战斗到底。最终在9月28日,盟军最高统帅部发布了艾森豪威尔的宣言:"由我指挥的盟军部队现在已经进入德国。我们作为征服者而来,但我们不是压迫者。"[12]他接下来强调,盟军将会"消灭纳粹主义和德国军国主义"。

纳粹当局很快以自己特有的方式,在宣传方面进行反击,为了保持德军官兵的信心,德军甚至出动轰炸机在己方战线上散布传单。其中一份传单上写着"美军军官正用马鞭抽打德国妇女"[13],并承诺"每个德国人都会隐秘或公开地战斗到最后一人"。"隐秘地战斗"是纳粹对计划中的地下抵抗运动——"狼人"(Werwolf)的首次暗示,地下抵抗者将继续战斗,并把与盟军合作的德国人也作为目标。但是这些传单并没能成功提升军人士气,据一名德军士官说:"士兵们情绪激动,生怕盟军会捡到这些传单,那样一来,在不久的将来成为俘虏之后,他们的日子会变得很不好过。"[14]

布莱德雷的第12集团军群的左翼阵地在10月初交给了美军第9集团军。第9集团军进一步靠拢其左翼的英军第2集团军,以此缩短霍奇斯的第1集团军的正面,让其能够增大兵力密度,尤其是亚琛一带的兵力密度。此时,美军的车辆状况和弹药补给都已经得到改善。于是,第1步兵师从东南向北推进,第30步兵师从北向南推进,准备合围亚琛。

在施托尔贝格(Stolberg)附近与美军第1步兵师对峙的,

是前不久才从东线调来的第12国民掷弹兵师。该师的克纳普（Knapp）上尉在写给朋友的信中说，他们"曾经引以为豪的步兵团在白俄罗斯莫吉廖夫（Mogilev）被彻底打垮了"[15]，全团只有六名军官幸存，其中三人还负伤住院。这个步兵团得到了人员和装备上的补充，现在重新投入战斗，算是完全重建的。这个团在火车终点站下车后，立即被投入反击作战，结果损失惨重。"美军的炮火强度如此骇人，许多东线老兵都被炸得茫然无措、晕头转向。"克纳普也在战斗中负伤，被送进了医院，他的脚上被弹片打出了"一个拳头大的洞"。

美军负责战术支援任务的第9战术航空兵司令部（IX Tactical Air Command，主力即第9航空队）从10月11日开始，出动飞机连续两天对亚琛进行轰炸和扫射。10月14日，攻城战正式打响。亚琛的城防部队有近18000人，由包括陆军、党卫军、海军步兵和战斗力低下的要塞营在内的不同单位混编而成，其中要塞营的士兵首先投降的可能性最高。另外，一个党卫军营以及第246国民掷弹兵师①的炮兵、第219突击炮旅和一些战斗工兵在10月16日亚琛被合围之前，冲进了城内。这些城防部队都由第246国民掷弹兵师师长格哈德·维尔克（Gerhard Wilck）上校负责指挥。亚琛城原本有16万居民，尽管纳粹当局曾试图将他们疏散，但仍有大约4万人留在了城里，留下的妇女和老人在惊恐中看着德军士兵用混凝土将他们的房子改造成了掩体。第246国民掷弹兵师第404掷弹兵团的海曼（Heimann）少校视察部队后写道："我拥有最优秀的部队，其

---

① 此处原文有误，错写成第246步兵师，根据德方资料，第246步兵师在1944年6月的白俄罗斯战役中被歼灭。在亚琛参战的是第246国民掷弹兵师。——译者注

中一半人原本是准备去潜艇部队服役的海军士兵。"[16]他手下还有150名来自警卫旗队师的士兵，这些人并不想留在亚琛作战，这让海曼不得不严厉警告他们，元首关于亚琛要坚守到最后一个人的命令，对他们和其他人一样适用。

美军第1步兵师首先发动进攻，投入两个营，分别从城市北部和东北部向前推进。巷战最重要的特点是必须与友邻的连队保持紧密联系，以防敌军从接合部渗透进来，从侧翼或背后发动攻击。一名美军军官后来抱怨"这项任务本该用两个团来完成……为了确保没有小群甚至单个的敌人漏网，我们搜查了每栋建筑的每个房间和壁橱，还炸开了所有下水道。这不仅是为了保证我军作战部队免受德军从后方偷袭，也是为了保证指挥系统和后勤人员能在战线后方更有效地工作"[17]。

在战斗中打头阵的是坦克和坦克歼击车，第1步兵师给每辆车都配属了一个步兵班掩护，以防德军用铁拳反坦克榴弹发射器（Panzerfaust）攻击。M4谢尔曼坦克在炮塔右前方安装有一挺12.7毫米重机枪，这在亚琛的巷战中发挥了极大作用，可以有效压制从高处窗户射击的德军。德军步兵经常从一个地下室窜到另一个地下室，美军也知道这一点，所以只要条件允许，美军坦克总是先用高爆弹轰击地下室，再对底楼开炮，然后向上层延伸射击。负责掩护坦克的步兵在对付藏在地下室里的德军时，最常用的武器是破片手榴弹和白磷手榴弹，而火焰喷射器的可怕威力能"让敌军很快投降"[18]。

美军还使用了一种"老鼠打洞"的战法，即用巴祖卡火箭筒（Bazooka）或者炸药炸开建筑物的墙壁。因为炸开墙壁时的爆炸冲击波会令房间里的人暂时失能，所以这样做要比从房门进入房子更加安全。一旦炸开相邻房间的墙壁，美军士兵就会向隔壁房间投掷手榴弹，等手榴弹爆炸后再冲进去。携带穿甲弹的士兵会对着天花板往楼上射击，或者对着地板射击楼下的敌人。突入房屋内的美军会先冲到房子的顶层，再向下逐层清理德军，将德军逼进地下室。为了防备德军渗透，美军会在清理干净整个街区后，留下警戒部队，再继续推进。德军对付美国人时使用的其实也是类似的方法，只不过用的武器是铁拳反坦克榴弹发射器。美军的一份报告承认："当（德军）用这种方式进攻时，据点内的美军官兵在被爆炸产生的烟尘遮蔽视线后，大多数时候会立即投降。"[19]

美军很快就发现，在城市巷战中，迫击炮和远程炮火精度不够，很容易对己方人员造成误伤，所以他们尽可能地让火炮进行直瞄射击。美军迫击炮弹的引信一直非常敏感，一碰到屋顶就会爆炸，对建筑物内部的杀伤力反而很小。但美军的炮火总的来说非常猛烈，迫使亚琛的德军城防部队指挥官维尔克上校最终将自己的指挥部转移到了一处坚实的防空掩体内。维尔克事后回忆道："我们刚接收的几辆突击炮很快就在战斗中被击毁了，单靠几支卡宾枪是无法守住这座城市的！"[20]事实上，德军拥有的可不单单是几支卡宾枪，他们非常有效地使用了手里的120毫米重型迫击炮①。

虽然美军的空地联络员冒着生命危险，尽力为飞机指示目标，但美军飞行员还是无法在废墟中辨识出特定目标，导致"无法完成近距离对地攻击任务"。不过，美军飞机从空中掠过时，总能迫使德军低头躲避，而且能显著提升美军地面部队的

---

① 德国的军工产业在战争初期并不生产120毫米重型迫击炮，1942年之后开始仿制缴获的苏制120毫米PM38型迫击炮，德国人将其称为Granatwerfer 42型，共生产了8461门。——译者注

士气。美方给自己的部队下达了明确的命令,不准破坏大教堂,这让它没有受到地面火力的直接攻击。即便如此,建筑物依旧严重受损,第7军报告说"建筑都快被炸平了",只能勉强"与相邻建筑保持物理接触"[21]。

第7军的报告还写道:"我们意识到巷战是一个缓慢而烦琐的过程,要彻底搜查建筑物的话,就要消耗大量的人力和时间,因此本次作战并不急于求成。"[22]美国大兵被告知,在清理房屋时,要持续向所有的窗户射击,直到他们冲入房内为止。进入屋内时,应当由一人投掷手榴弹,另由两人用步枪或者最好是汤姆森冲锋枪掩护他,然后逐屋逐房清理。美军很快就发现,他们还需要给己方已经占领的房屋做好标记,"发生了很多次这种事件:在占领建筑物后,我们被友军扔进来的手榴弹或者射进来的子弹打死打伤"[23]。

正如苏联红军所发现的那样,在巷战中,最有效且最具破坏力的炮火支援方式,是用重型火炮近距离平射,这样在炮击之后部队可以继续前进。美军在亚琛使用M12型155毫米自行火炮,在不到150米的距离上直瞄射击,取得了显著战果。德军城防部队指挥官维尔克上校在投降后承认:"155毫米自行火炮的平射极具毁灭性,对(部队的)士气打击尤为严重。有一次,一发炮弹穿透了三栋房屋,然后在第四栋房屋里爆炸,将其摧毁。"[24]

在亚琛作战的美军中校谢弗·F. 贾雷尔(Shaffer F. Jarrell)强调说:"平民必须迅速而切实地从我军占领的所有地方撤走,如果做不到这一点,就要付出生命的代价。"[25]美军设立了临时监禁区,并派宪兵看守。他们不但要在这里甄别纳粹支持者,还要问询数以百计的外国劳工。但柯林斯的第7军缺乏足够的训练有素的翻译或反间谍情报人员来做这些工作。在一次战斗中，三个德国小男孩找到了一把步枪，就捡起来朝一个班的美军开火。一名美军中士发现了他们，冲过去夺走了步枪，并抽了拿枪的男孩一耳光。这件事不知怎么被传开了，德国宣传部门把它作为英雄主义的典范大肆宣传，还恬不知耻地吹嘘说"他们挡住了那里的所有敌军"[26]。日记作者维克多·克伦佩雷尔（Victor Klemperer）评论道，在这个例子的宣传上，纳粹必然会自取其辱。他们之前一直谴责游击队是"恐怖分子"，现在却声称要利用游击队抵抗。他还指出了由此暴露的德军的弱点：根据纳粹报纸的报道，"'艾森豪威尔正率领7个集团军发动进攻，兵力足有200万人'（是男人，不是男孩！）"，维克多·克伦佩雷尔强调说。[27]

10月16日，虽然第1步兵师和第30步兵师都遭受了不小的伤亡，但还是成功地在亚琛东北部会师。希姆莱在10月18日宣称"每个德国人的家园都要被捍卫到底"[28]，但又累又饿的亚琛城守军在10月21日不得不放下武器，在维尔克上校的率领下向美军投降。维尔克知道，杀戮之所以还在继续，是因为希特勒生活在自己幻想中的世界里，而他并不是希特勒的信徒。维尔克在战俘营里对其他人说："连元首的副官都告诉我，元首是如何被谎言包围的。"[29]为了取悦希特勒，希姆莱会满面春风地进来说："万岁！我的元首，我想向您报告，我们又组建了一个新的师。"

维尔克的部下——第404掷弹兵团的孔茨（Kunz）中士后来抱怨说，被俘后遇到的最糟糕的事情是在从亚琛穿城而过的时候。他说："德国平民对我们高声咒骂，其所作所为比法国人还糟糕，就连负责押送的美军都不得不出面阻止。如果是因为他们的房子被炸成了碎片,那我们也无能为力。"[30]德国妇女很快就从瓦砾堆下的地下室里爬了出来,开始到处寻找食物。据目击者的回忆,她们会在被炮火轰击过的街道上割死马肉,还会用木制婴儿车将萝卜拉回家。

戈培尔试图减轻亚琛陷落的影响,德国的宣传机构向德国人民保证:"在亚琛、阿纳姆和安特卫普争取到的时间,已经使德国如同要塞般坚不可摧。德国空军正在恢复元气,德国现在有更多的大炮和坦克可以投入战斗。"[31]

对于盟军来说,最令人沮丧的是他们无法使用安特卫普港,这给了德国人喘息之机,给了希特勒制订新计划和重新部署部队的时间。但这里也有其他因素在起作用,太平洋战场的美军指挥官们利用胜利狂热和欧洲战事将在圣诞节前结束的想法,抓住机会增强自身实力。盟军最高统帅部突然发现,在欧洲战场上,弹药和兵员都出现了令人震惊的短缺,局势在不知不觉中失控了,实际上偏离了1941年最初达成同意的"德国优先"政策。

纳粹德国现在受到来自东线、东南线和西线三个方向的威胁,轴心国阵营内部的局势也变得紧张起来。匈牙利摄政霍尔蒂·米克洛什(Horthy Miklós)① 海军上将同苏联进行了秘密谈判,在10月15日准备通过电台广播宣布匈牙利要改换阵营。德国人知道他的背叛行为之后,派出了一支突击队,率领这支突击队的是曾从大萨索山(Gran Sasso)救出被软禁的意大利法西斯头子贝尼托·墨索里尼的一级突击队大队长奥托·斯科尔

---

① 匈牙利人的名字和中国人一样姓在前、名在后,与西方其他国家姓氏在最后不同。——译者注

策尼（Otto Skorzeny），他是一个身材高大的奥地利人。德军突击队的任务是在广播开始之前，通过街头伏击绑架霍尔蒂的儿子，将其作为人质，然后把霍尔蒂本人押送回德国。① 匈牙利政权将被德国人交给极端反犹的法西斯箭十字党（Arrow Cross）。

在东普鲁士，苏联红军首次踏上了德国领土，（纳粹政权）幕后的权力斗争也随之愈加激烈。现在，德国空军总参谋长克赖珀上将成了"狼穴"中不受欢迎的人，不光是凯特尔，就连希特勒的空军副官尼古劳斯·冯·贝洛（Nikolaus von Below）上校都将他看作"失败主义者"而疏远他。戈林则决定继续留在罗明滕庄园猎鹿。克赖珀在日记中记录道，由于"希姆莱现在要求为他的党卫军部队建立几个空军中队，他不得不更加密切地关注希姆莱和鲍曼"[33]，这看来是希姆莱首次尝试在党卫军地面部队之外，扩张其在军事方面的势力。元首身边的权力游戏很大程度上受制于两名守门人——鲍曼和凯特尔。一名被俘的德军将领对他的战友们说道："凯特尔会在每个人（包括将军们）向阿道夫做汇报之前给他们详细指示，告诉他们能说什么、怎么说，然后才允许他们进入阿道夫的办公室。"[34]而鲍曼则控制着除国防军和党卫队之外的任何人接近希特勒的资格。

克赖珀在10月18日的日记中提到了他在视察靠近前线的一处高炮阵地时，看见的民众的混乱："东普鲁士笼罩在恐惧之中，我第一次看到难民逃离家园的景象，真是可怕。"[35]几天后，克赖珀又到贡宾嫩〔Gumbinnen，今俄罗斯加里宁格勒州

---

① 德国军官们开玩笑说，斯科尔策尼由于解救了墨索里尼而获得了骑士铁十字勋章，但是"如果这次能把这个小子带回来，就会获得（级别更高的）银橡叶饰了"[32]。——作者注

古谢夫（Gusev）]视察了赫尔曼·戈林装甲军。他记录道："贡宾嫩城内着火了，难民正成群结队地离开。在内默尔斯多夫［Nemmersdorf，今俄罗斯加里宁格勒州马雅可夫斯科耶（Mayakovskoye）]被枪杀的妇女和儿童都被钉在谷仓的门上。"[36]但克赖珀很可能没有亲自去过内默尔斯多夫。这一天，凯特尔试图劝说希特勒离开"狼穴"大本营，但被他拒绝了，而戈林则被迫匆忙离开了罗明滕。

艾森豪威尔、布莱德雷和蒙哥马利于10月18日在布鲁塞尔举行了会晤。此时，亚琛城的战斗即将结束，而英国和加拿大军队正在进行清理斯凯尔特河口的战斗。艾森豪威尔决定，由美军第1集团军集中兵力，在科隆以南的莱茵河上建立一座桥头堡，并由新近抵达前线的第9集团军掩护其左翼。可以想象，蒙哥马利对美军第1集团军获得优先权而感到不满，但这次他在做出让步之后暂时保持了沉默。不过，对美军而言，这一战略使得他们必须穿过许特根森林（Hürtgenwald）①，无论是指挥官还是部队此时都还不知道，在那里等待着他们的是何等恐怖的命运。

---

① Hürtgenwald 在德语中的意思就是许特根森林，但同时也是当地一座城镇的名字，在中文地图上叫许特根瓦尔德。——译者注

第四章　冬季战争来临

1944年10月，苏联红军冲进东普鲁士，戈培尔趁机大肆宣扬有关苏联红军破坏的事情，试图在面临这种危险时唤醒德意志民族的凝聚力。而国防军将领则被西线的德军士兵洗劫德国家庭的报告惊呆了。

"士兵们当时的行为，在今天是无法想象的，"第3伞兵师第8伞兵团的军医克伦施佩格（Köllensperger）说道，"我当时驻扎在迪伦（Düren），我军士兵在那里抢劫自己的人民，他们会把柜子里所有的东西拽出来……犹如野兽一般。"[1] 很显然，第3伞兵师在意大利时也曾这样对平民施暴，其他在从法国和比利时撤退时劫掠过当地居民的部队，回到德国本土后也仍然没有约束自己的恶习。有报告称，就在战线后方，长期处于饥饿状态的士兵故意把马的眼睛弄瞎，以便获得宰杀它们的理由。德军士兵的军装已经破烂不堪而且无法换洗，估计60%的人身上都长满了虱子。

不过，这并不意味着他们不愿意继续战斗，在获悉苏联红军兵临帝国边境后，他们的信念反而得到了统一。值得注意的是，一名叫达曼（Dammann）的德国军医在被俘后反思道："德国的宣传鼓舞了士兵，使他们认为自己是在拯救祖国，并多次帮助他们克服战斗疲劳症。"[2]

德军士兵的抢劫行为并不是导致德国西部的军民关系急剧恶化的唯一因素，当地的妇女们并不在意遥远的东普鲁士，她们希望战斗能尽快结束。德国空军第51轰炸机联队（KG 51）的一等兵赫拉瓦克（Hlavac）被俘后对其他战俘说："你们不知道家乡的民心士气是什么样的，在村庄里，村妇们冲着军人骂骂咧咧、大喊大叫：'滚出去！我们不想被打成碎片！'"[3]第16伞兵团的马克（Marke）一等兵也赞同他的话："他们称我们是'延长战争的人'。这种情况不是孤例，而是出现在西线的50座城镇和村庄中。"[4]一个名叫米克勒（Müklıer）的下士说，海德堡（Heidelberg）的"气氛糟糕透顶，但仇恨并非针对敌人，而是对准了纳粹政权"，人们都说"但愿盟军能早日来到，结束这场战争"[5]。大多数军人仍然狂热地相信希特勒关于秘密武器的承诺，但犬儒主义在平民中更为盛行，当然，纳粹党的忠实信徒和深感绝望的人不在此列。在一些地方，可靠性不佳的V-1飞弹已经被称为"失灵1号"（Versager-1）或者"1号哑弹"（No. 1 Dud）了。[6]

戈培尔不放过任何能让德国西部的平民害怕盟军胜利的宣传机会。罗斯福的财政部部长亨利·摩根索（Henry Morgenthau）曾在9月时宣布，要将德国变成"一个以农业和畜牧业为主的国家"[7]，这是个灾难性的发言。戈培尔立即宣称"每个美军士兵的行军背囊里都装着摩根索的计划"[8]，德国将被肢解。纳粹还利用摩根索是犹太人的事实，将其宣传成犹太人针对德国的阴谋，这对西线的国防军部队造成了一定影响。美军在审讯一名被俘的德军军官时，问他是否对毁灭莱茵兰（Rhineland，泛指莱茵河西部的德国领土）感到遗憾。这名军官回答道："嗯，反正战争结束后，那里很可能就不是我们的了，为什么不干脆摧毁它呢？"[9]

纳粹党党报《人民观察家报》（*Völkischer Beobachter*）发表

文章说:"德国人民必须意识到,我们正在进行一场生死攸关的斗争,每个德国人都有责任竭尽全力争取战争的最后胜利,挫败这些食人魔肢解德国的计划。"[10] 纳粹宣传部还尝试用英国报纸中一些含糊不清的消息来加强宣传效果,例如海明威在《每日邮报》(*Daily Mail*)上发表的内容:"德国的力量必须被彻底摧毁,这样德国就永远不会再次崛起,挑起另一场战争了。这个目的只能通过阉割来实现。"[11]

美国总统大选结束后,戈培尔宣扬罗斯福能"众望所归"[12] 地连任总统,得益于美国共产党人在斯大林的敦促下大力支持他。然而德国的宣传又自相矛盾地鼓动人们相信帝国敌人的联盟很快就会瓦解。根据美军反间谍情报部门的说法,德国人散发传单说"汤米(Tommy)和他的扬基伙伴(Yankee pal)对俄国人占领布鲁塞尔、柏林等地,并维持其治安的场面感到厌恶;条顿人(Teuton)显然无法忘记,在布尔什维克主义带来的无比恐怖面前,我们和德国佬(Krauts)①都一样"。其他的传单则强调,"当美军被成千上万地屠杀时,蒙蒂的部队正在享受'荷兰的假日睡眠'"[13]。

美军反间谍情报部门在11月24日的报告中说:"德国民众对未来很纠结,一边是德国当局编造的'恐怖'故事,一边是从前线另一侧通过传言或盟军广播宣传的,关于我们会公正地对待占领区内德国平民的消息,不知道该相信谁。"[14] 在德国境内流传的关于纳粹党在国内的腐败和军政部门的高级官员在法国无耻掠夺的消息,显然对盟军也有帮助。[15] 纳粹党的大区领袖们敛取了巨额财富,他们的孩子被允许拥有汽车和汽油,而平

---

① 汤米指英国人;扬基伙伴指美国人;Teuton指条顿人或古日耳曼人;Krauts本意是酸泡菜,俚语中泛指德国人,含有一些贬义。——译者注

民中，即便是企业负责人，每周最多也只能获得40升汽油的配给。

本来盟军反间谍情报部门的首要任务是尽快搜缴纳粹党的档案，但特工人员很快就被甄别工作淹没了。他们不但要甄别战俘，还要甄别可疑的平民，因为美国士兵逮捕了大量"可疑平民"，由于看守人员不足，德军士兵和平民发现要从美军的地盘上逃跑非常容易。盟军反间谍情报部门人员在进入德国境内时面临着千头万绪，"要接受上级的诸多指示，行动无任何先例可循，有着大量潜在的不确定因素，而且非常担心受到游击队的袭击"。他们要面对的另一个问题是，有不少比利时和法国的抵抗组织成员进入德国境内劫掠，或者是"执行他们自己的情报任务"[16]。

据亚琛的美军反间谍情报部门估计，城内高达30%的人口没有按照纳粹政府的疏散令撤离。他们对该如何对待美军占领区内的德国民众的建议是："别把他们一脚踢开，但也别让他们愚弄你。德国人习惯于接受命令，而不是遵从要求。"[17]许多人确实愿意检举纳粹分子并提供信息，但盟军情报单位的困难在于，他们往往难以确定到底哪些信息是真的。科隆如今已被空中轰炸摧毁，城内开始大量流传关于动乱的传言，当地警察与所谓的"雪绒花海盗"（Edelweiss Pirates），即一群持不同政见的青少年，外加大约2000名德军逃兵以及潜逃后躲进废墟避难的外籍劳工进行着激烈拉锯。[18]

盟军的轰炸不仅将城市夷为平地，还会破坏交通，乘坐火车旅行变得非常困难，甚至无法成行。终于获得回家休假机会的德军官兵发现，他们宝贵的时间基本都耗在了乘火车或在车站候车上。"我们的一名少尉从荷兰边境附近的赖讷（Rheine）

去慕尼黑休假,"空军下士博克(Bock)回忆道,"他总共离开了十天,但在家里只待了一天。"[19]

德国首都的每个人都被夜间轰炸弄得无法入睡、精疲力竭,以致除非家或者爱人就在柏林,否则很少有士兵会选择去柏林休假。英国皇家空军轰炸机司令部实施了自己的"柏林战役",连续多天夜袭柏林。对此,柏林人发明了典型的黑色幽默笑话:"什么是怯懦?就是某个柏林人自愿去东线打仗。"[20]

外来者通常会惊讶地发现,柏林各阶层的居民竟然适应了这种环境。玛丽·瓦西契可夫(Marie Vassiltchikov)小姐在日记中写道:"眼下我已经在废墟里住习惯了,空气中始终弥漫着煤气的味道,混杂着瓦砾和铁锈的气味,有时甚至还和腐肉的臭味混在一起。"[21]这年冬天,由于缺乏燃料,而且没有可以修补窗户的玻璃供应,公寓里面非常冷。当防空警报响起时,人们会打开窗户,期盼着上面剩下的玻璃能在炸弹爆炸的冲击波中幸存下来。

空袭期间,挤满人的地下室和混凝土防空掩体都在猛烈震动及摇晃。掩体里低瓦数的灯泡变得更加暗淡,灯光闪烁着,忽明忽灭。孩子们发出尖叫,大多数成年人则将头深深地埋进膝盖之间。空袭警报终于解除后,很多人会因为意识到自己仍然活着而产生一种奇怪的兴奋感。有些人会在其他人离开之后依然留在地下室里,因为他们觉得那里更暖和,而且更安全。

一名医生报告说:"由于肥皂质量太差,防空掩体和仍能居住的房屋中人口过于密集,衣物短缺以及卫生条件太差等,皮肤病在军队和平民中变得非常普遍。"[22]越来越多的工业区工人染上了白喉病，性病也在蔓延，部分原因是从法国、比利时、巴尔干半岛和波兰撤退的德军将疾病带回了国内。

根据一名军事法庭法官的说法，大约有 18000 名国防军逃兵躲在柏林，许多人就藏身于私人房屋之中。[23] 这无疑对应了一条德国军队的笑话："战争就像电影院：前面会发生很多事，但最好的座位肯定是在后面。"[24] 普通的德国人终于开始藏匿逃兵，通常是他们的儿子或侄子，有时甚至会收留陌生人，而他们需要为此冒可怕的风险。到 1944 年底为止，国防军处决了大约 10000 人，[25] 这个数字在战争的最后几个月里还会大幅增加。

逃兵的家人也必定会被牵连，难逃严厉的惩罚。"10 月 29 日晚，"第 361 国民掷弹兵师代理师长阿尔弗雷德·菲利皮（Alfred Philippi）上校在当天发布的命令中通告全师，"第 952 掷弹兵团 4 连的士兵弗拉迪斯劳斯·施拉赫特尔（Wladislaus Schlachter）投敌，被军事法庭缺席判处死刑。从此，施拉赫特尔被我们的人民永远放逐，可能再也回不了家了。他的家庭成员会遭到最无情的报复，在这场事关德国人民生死存亡的战斗中，采取极端措施是很有必要的。"[26] 被俘德军要是在接受美军审问时说得太多，他们的家庭也会受到威胁。

较为富裕的阶层越来越害怕城内外数以万计的外籍劳工，这些劳工中有的人是自愿前来的，但大部分是被强征到德国当苦力的。当局正在失去对他们的控制，营房经常被烧毁，导致这些外国人无处可住。德国店主们声称，外国劳工成群结伙地闯进他们的商铺偷东西，但事实上这些所谓的"被窃"物品，是被他们自己拿到黑市上卖掉了。香烟是除食品外最抢手的商品，据一名被俘的军官说，一包英国香烟在柏林卖五帝国马克，而骆驼牌香烟可以卖到两倍的价格。[27] 真正的咖啡的黑市价高达每千克 600 帝国马克，几乎没人买得起。根据一名军官的说法，大部分咖啡黑市由驻荷兰的党卫队经营。[28]

由于咖啡极度稀缺，它成了纳粹高层人士摆阔的首选品。1945 年，英国人在战俘营里录下了两名被俘德国海军将领之间的一段既骇人听闻又离奇的对话。海军少将恩格尔（Engel）对海军中将库尔特·乌克特（Kurt Utke）讲述了臭名昭著的瓦尔特兰（Wartheland）[①]纳粹党大区领袖、后来被波兰人绞死的阿图尔·格赖泽尔（Arthur Greiser）招待自己和几名海军将领的事情。

"格赖泽尔吹嘘道：'你们知道你们现在喝的咖啡，花掉了我 32000 个犹太女人吗？'"

"她们去哪了？"海军中将乌克特问道。

"'多半已经进焚尸炉了，'格赖泽尔当时对我们说，'希望我们都能像她们那样痛快地死去吧。'这是他说的第一件事，所有的海军将领都围坐在一起，面色苍白地笑起来，思索着他们所喝的咖啡背后那些人的苦难。"[29]

除了罗马式的面包和马戏之外，纳粹当局在被轰炸破坏的体育馆里组织了一场冰上表演，以此来转移人们对于粮食供给不足的注意力。德国妇女协会（Deutches Frauenwerk）这样的福利组织印发了关于怎样节省食物的烘焙手册，其中有一个标题是"无肉主食"[30]，这无疑引发了另一条与柏林有关的笑话：下一个标题将是如何在没有食物的情况下制作主餐。一首具有

---

① 瓦尔特兰又称瓦尔特高（Warthegau），18 世纪末至 19 世纪初属于普鲁士王国的南普鲁士地区，后又归属波森自治大公国，地名源于当地的主要河流瓦尔塔河（Wathe）。第一次世界大战结束后波兰重新立国，此地归属波兰。1939 年德国入侵波兰后，这片领土被德国人称为瓦尔特兰省。二战之后，此地基本上属于波兰的大波兰省所辖。——译者注

讽刺意味的歌曲，以纳粹党党歌《霍斯特·韦塞尔之歌》（Horst Wessel Lied）的曲调在四处传唱：

> 物价上涨，
> 店铺关紧了大门，
> 饥荒蔓延，
> 德国人民在挨饿。
> 不幸的是，
> 饿肚子的都是小人物，
> 高高在上的大人，
> 只在精神上挨饿。[31]

对西线的盟军官兵来说，休假就要轻松得多，英国人和加拿大人去布鲁塞尔，美国人去巴黎。高级军官总是能找到一个很好的借口去凡尔赛宫拜访盟军最高统帅部，或者去市里战区后勤地带所辖的兵站。从9月中旬开始，每天有近10000名美军官兵持72小时通行证抵达巴黎。如伞兵诗人路易斯·阿斯顿·辛普森（Louis Aston Simpson）所言，"刚从战壕里爬出来的情绪狂热（性欲高涨）的小兵"[32]的优先选择是可以预见的。巴黎以"银色的散兵坑"著称，"摆动"（zig-zag）这个词包含了喝酒和性两层含义。巴黎的红灯区皮加勒（Pigalle）区被称为"猪巷"（Pig Alley）①，那里的所有妓女，无论是职业的还

---

① 军需连的一个二等兵，根据他的性病接触表，曾勾搭了"同一区域附近的九个姑娘，把她们带到了六家不同的旅馆，实际发生了七次性行为"，这一切都是在八小时内发生的。欧洲战场的性病发生率在年内翻了一番，法国超过三分之二的性病感染源自巴黎。——作者注

是业余的，收费都高达300法郎或5美元。[33]

就连战区后勤地带的独裁者李中将，都对美国大兵在巴黎休假时的不拘小节，以及有时甚至是侮辱性的行为举止感到震惊。他从指挥部中派出军官，试图去记录任何不敬礼的士兵的名字，以此让他们放聪明点。为此，克莱伯大道（Avenue de Kléber）很快就被前线士兵称为"敬礼大道"[34]，他们对试图让他们规矩行事的军官和宪兵感到不满。

美国大兵从军队开办的军人消费合作社（Post Exchange，简称PX），以50美分的价格购买成箱的吉时牌（Chesterfield）、好彩牌（Lucky Strike）和骆驼牌香烟，再以15—20美元的价格出售，以此来抵嫖妓和酗酒的开销。法国当局徒劳地抱怨说，美军利用既免征进口关税，又实施外汇管制的政策来为自己谋利。美军士兵以法国政府的利益为代价，把他们的军饷按极低的官方汇率从法郎兑换成美元，然后通过黑市上较高的汇率卖出美元，以此获取极高的利润。美国大兵还用香烟、火腿罐头、尼龙袜以及其他从美国寄来的东西，引诱法国女人。

受过大学教育的人和任何对欧洲文化有体会的人都同情法国人，并渴望见到巴黎这座世界知识之都，而不仅仅是出于肉体上的欲望。但那些对外国知之甚少的美国人总是瞧不起法国人，认为他们都是些讲着古怪语言（法语）的失败者。他们还期盼着法国姑娘和妇女主动扑上来，随时能为其解放者的私欲提供服务，其中不少人费心所学的为数不多的法语短语之一就是"你想和我上床吗"。美国大使对巴黎的美军的描述可谓传神且讽刺，说他们在追求女人时"非常热情，且往往富有进取心"[35]。实际上，这种简单粗暴的泡妞方法很快就产生了反作用。在一家咖啡馆里，美国大兵吹着口哨召唤一名年轻姑娘过来，随手递给她一包好彩牌香烟。然而姑娘接过香烟后，将香烟扔到地上，用脚将其碾得粉碎，此举赢得了周围法国人的一片喝彩声。[36]年轻的法国男子在财力上无法和美国人的慷慨相抗衡，对他们眼中的解放者的自以为是越来越反感，怨恨逐渐增长，双方开始互相猜疑。路易斯·辛普森写道："法国人，在被德军打败前愤世嫉俗，获得解放后又闷闷不乐，这帮混蛋究竟想要什么？"[37]

如果说德国柏林的黑市称得上繁荣的话，那么巴黎的黑市由于美军逃兵和本地的黑帮勾结在一起，简直堪称猖獗了。偷盗美军汽油贩卖的利润之高，甚至把毒品贩子都吸引到了这个新兴的市场，欧洲大陆上有多达一半的军用塑料汽油桶都被偷了。提高刑事处罚的力度、添加彩色染料使燃料更容易被追踪，以及美军有关部门的其他许多尝试都未能阻止这种令前线的补给状况更加恶化的黑市交易。巴黎很快就被称为"塞纳河畔的芝加哥"。

那年秋天最臭名昭著的事件是美军铁道营干的，该营最终有大约180名军官和士兵受到指控，并分别被判处3—50年不等的有期徒刑。这支部队将火车停在弯道上，避开车尾负责防盗工作的宪兵的视线，然后将肉制品、咖啡、香烟和罐头食品卸下车交给他们的同伙，甚至连医疗车厢里的毛毯和制服也不放过。一桶约18千克重的咖啡可以卖到300美元，一箱十合一口粮可以卖到100美元。一个月内，总共有6600多万盒香烟失去了踪影。[38]

戴着白色钢盔的美军宪兵在协和广场指挥交通时，总是优先放行前往美国大使馆的美军车辆。随着美军军事特权的显现，法国人对于"新占领军"的厌恶日益增长。罗斯福总统怀疑戴高乐想成为一个军事独裁者，于是一再推迟承认法国临时政府，但在国务院和艾森豪威尔的重重压力下，总统还是让步了。最终，10月23日星期一，美国大使杰弗逊·卡弗里（Jefferson Caffery）、英国大使达夫·库珀（Duff Cooper）以及苏联驻法国全权代表亚历山大·博戈莫洛夫（Aleksandr Bogomolov）递交了各自的国书。当晚，戴高乐邀请库珀夫妇共进晚餐，但他的心情依然很糟糕，结果英国大使在日记中把晚餐描述成"一个极度冷漠和沉闷的聚会，甚至比他平时的娱乐活动还糟糕"[39]。

卡弗里为人有些笨拙，常会显得拘谨且局促不安，一看就知道他不喜欢外交官的生活。他很同情法国人，这一点远远超过了盟军最高统帅部的大多数高级军官，因此他们中的一些人很瞧不起他。讨厌法国的高级军官决定将其视作自己的下属，不允许他有任何外交独立性。卡弗里和缺乏经验的法国外交部部长乔治·比多（Georges Bidault）面对各自的困难只能互相安慰，比多不断地为戴高乐的无谓挑衅向卡弗里和库珀道歉，他后来甚至对卡弗里说："这会儿没有外人在场，我必须承认，尽管戴高乐不喜欢法国人，但他爱法国。"[40]给库珀制造了大麻烦的人是他的老朋友温斯顿·丘吉尔。英国首相想访问盟军最高统帅部，却没想到要通知戴高乐，这个举动可以被视作外交侮辱。最终，外交部门说服了丘吉尔对法国进行正式访问，他和戴高乐将军一起漫步香榭丽舍大街，受到广大民众的欢迎。他们在诺曼底登陆前夕的激烈争吵被巧妙地遗忘了。

戴高乐的脾气不好，一部分原因是他的政府承受着严重的经济和政治压力。事关民生的食物和油料供给不稳定，时有时无，民众自然会三天两头地抗议。据盟军最高统帅部估计，战争期间法国有155万座建筑被摧毁，经历了盟军轰炸和德军劫掠造成的破坏之后，全法国的港口和交通系统都处于半瘫痪状态，工厂和矿场仍然无法正常生产。此外还有其他的麻烦，戴高乐还要应付愤愤不平的抵抗运动成员，他们对自己失去影响力的事实和从伦敦返回的戴高乐主义者重新建立的国家政权都充满怨恨。法国共产党及其支持者的抗议尤其强烈，他们将解放转化为革命的希望落空了，但他们不知道斯大林完全不支持他们的想法，斯大林担心盟军后方的法国如果发生动乱，会让美国停掉根据《租借法案》援助苏联的物资。

戴高乐在 10 月底打出了自己的王牌，他以允许法国共产党领导人莫里斯·多列士（Maurice Thorez）从莫斯科返回巴黎为条件，换取政府中的两位共产党部长支持他取消"爱国民兵"，并强迫他们交出武器的法令。然后戴高乐利用盟军最高统帅部提供的军服和武器，着手将"爱国民兵"编入法国正规军，并将其中大部分民兵派到了正向盟军战线最南部的斯特拉斯堡挺进的法军第 1 集团军，该集团军指挥官是让·马里·德拉特·德塔西尼（Jean Marie de Lattre de Tassigny）上将。

有一个人不愿意交出武器，他就是欧内斯特·海明威，巴黎解放前夕他在朗布依埃（Rambouillet）附近当游击队员。10 月初，美军第 4 步兵师 22 团在施内艾费尔（Schnee Eifel）① 突破了西墙防线后，根据巡回法庭的判决，海明威被迫离开了施内艾费尔。在向调查他在朗布依埃的非法军事活动的法庭做了伪证之后，海明威被宣告无罪，并被允许以特派战地记者的身份留在法国。

---

① Schnee Eifel，德语直译是艾费尔雪原，意指被积雪覆盖的艾费尔高原。艾费尔高原和阿登高原几乎融于一体，位于比利时、德国和卢森堡的交界处。——译者注

海明威在巴黎花了不少时间和精力,鼓励已经开始创作《麦田里的守望者》(Catcher in the Rye)的第4步兵师的杰罗姆·塞林格上士写作,但这不妨碍这个在西班牙内战中发明了"战斗的娼妓"(whore de combat)一词的人当个不折不扣的战争观光客。他在丽兹酒店和将成为他的下一任夫人的玛丽·沃尔什(Mary Walsh)女士饮酒上床。海明威后来在和第4步兵师22团团长——绰号"雄鹿"(Buck)的查尔斯·特鲁曼·拉纳姆(Charles Trueman Lanham)上校一起喝酒时,抓起一张玛丽的丈夫的照片丢进厕所,端着德制冲锋枪对着照片开火,给丽兹酒店的排水系统造成了可怕的影响。

海明威还和当时正在法国劳军的德裔美国女星玛琳·黛德丽(Marlene Dietrich)调情,玛琳的"狂热崇拜者"[41]中包括巴顿将军,他送给这位女明星一套珍珠手柄的手枪。玛琳的另一个崇拜者是第82空降师师长詹姆斯·莫里斯·加文(James Maurice Gavin),这位特别年轻帅气的空降兵少将很快与她坠入爱河。加文后来还成了海明威的第三任夫人玛莎·盖尔霍恩的情人,当时她已经不愿意再见到"老爹"了。在战争的最后一年里,巴黎的确是一场混乱的盛宴。

加拿大第1集团军和英国第2集团军官兵的休假中心是布鲁塞尔。英国军官常常满怀渴望地说,对于一个热爱巴黎的人来说,去布鲁塞尔就像和你所爱的女孩的姐妹喝茶一样。对于英联邦国家的军人来说,比利时首都或许不像巴黎的皮加勒区那样放荡喧嚣,但那里同样能提供他们急切渴望的啤酒和女人,这座城市同样也是逃兵和黑市商人的天堂。

布鲁塞尔的政治局势的复杂性相比巴黎有过之而无不及。

在于贝尔·皮埃洛（Hubert Pierlot）领导的比利时流亡政府从伦敦回来后，盟军最高统帅部驻比利时使团的团长乔治·沃特金·厄斯金（George Watkin Erskine）少将曾试图帮助皮埃洛重建国内秩序。比利时的抵抗组织大部分是左翼人士，和他们的法国同行一样曾冒着生命危险和德军战斗，这些人可不愿意服从保守派政客的号令，因为后者战争时期一直躲在伦敦的安全环境之中。9月初，比利时抵抗组织的人数有三万多，后来增加到七万。现在，这些曾和英美军队并肩作战的人并不愿意被编入比利时军队和宪兵队，因为这意味着他们从此只能扮演次要角色。[42]

艾森豪威尔将军在9月29日颁布了一道命令，颂扬了抵抗组织的功绩，但也支持比利时政府的要求，即交出手中的武器装备，自愿作为辅助人员编入特别营服兵役。当时比利时既缺乏人力，又面临严重的煤炭和粮食短缺，人们对政府的这一做法既鄙视又愤怒。10月21日，厄斯金少将向最高统帅汇报说，拒绝交出武器的抵抗组织成员数量庞大，是警察和宪兵人数的十倍以上，政府很可能失去控制力。于是，艾森豪威尔立即让比利时政府宣布，在战区内未经许可，任何人不得持有武器。

11月9日，艾森豪威尔正式访问比利时首都，并在议会发表讲话。几天后，比利时国防部部长宣布将在11月18日遣散所有抵抗组织，两名共产党部长和一名抵抗组织的代表从皮埃洛内阁辞职以示抗议。但在后来的一次会议上，厄斯金少将表明盟军最高统帅部全力支持政府的这一措施，没有人愿意看到抵抗组织和盟军部队发生冲突，这才成功地说服他们让步。比利时抵抗组织最终同意将所有武器交给"隶属盟军的相关部门"。

然而在11月25日，英军和装甲车辆开赴布鲁塞尔的政府所在地，支援比利时宪兵和警察，与大规模游行队伍对峙。厄斯金少将不得不以必须在战区后方维持秩序为由，为他的行动进行公开辩护。发生在比利时的情况看上去和希腊的类似，都是英国人决定支持一个不受欢迎的政府掌权。然而，在举行全民选举之前，盟军只能选择支持那些与经历了德军长期占领的人民完全脱节的西欧各国流亡政府。

当那些在诺曼底战斗过的美军老兵在巴黎享受他们的72小时休假时，新兵被从瑟堡源源不断地送往临时营地，以补充（替换）阵亡或受伤人员。这些新兵大部分是刚从美国来的年轻人，但也有许多年龄较大的人被重新分配到伤亡率达到80%以上的步兵排，这样的伤亡比例远超预期。

美军使用的是一个令人沮丧、缺乏想象力的人员补充体系，这年冬天对该体系进行的唯一改进，是从名义上把"补充兵"（replacements）改成了"增援兵"（reinforcements），试图避免补充兵员产生自己只是用来填补死者空缺的想法，然而这并没有什么用处。第28步兵师的一名团级军官说："我们仍然是一支一流的部队，但远不如我们从（诺曼底）滩头突破的时候那么强。现在我们有大量更迫切的工作要完成，补充的兵员，无论军官还是士兵都是新手，他们不知道如何照顾自己。有时候他们很快就会被打死或打伤，他们不了解自己的长官和战友，很难让他们融入团队之中。"[43]某连报告有20个人患病，该连连长称，10天内就有26人因为战壕足病被送往医院。所有的病患都是补充兵，大多数是感冒和战壕足病，也就是所谓的足浸病①。他们没有被告知过战场上最基本的卫生常识,其中最重要的就是勤换袜子。第4步兵师的塞林格上士非常幸运,他的母亲一直在给他织羊毛袜,这样他每周都能收到一双新羊毛袜。

战区后勤地带的人事主管毫不在意他们所负责的人的命运,对他们来说,这只是一个简单地处理所需人数的问题。补充兵员集中调拨站在美国俚语中被称为"repple depples",类似于帮派老大设立的临时小弟收集点。一个名叫阿瑟·库奇(Arthur Couch)的补充兵写道:"每天早上,大约1000名士兵会站在指挥部外面,等着有人拿出一份名单点到100个或者更多士兵的名字,这些人将坐上卡车去他们的师或者团报到。我们剩下的人都会回到自己的帐篷里,等待下一次点名。"[44]从医院伤愈归队的老兵非常乐于向年轻的补充兵讲述战场上怪异和令人毛骨悚然的故事,把他们搞得忐忑不安。

补充兵来到部队时,通常并不具备他们的表格中所说的训练能力。很多人不会游泳,在强渡摩泽尔河损失了大量兵员后,巴顿的第3集团军中的一名连长描述了补充兵攻击德里昂要塞(Fort Driant)的情况:"我们无法让这些未经训练、毫无经验的新人行动起来,得把他们一个个拽到要塞跟前,老兵们都很疲惫,而屁都不懂的新兵则怕得要死。我们在要塞防线的突破口停留了三天,只是为了守住这条战线。为了完成这项任务,

---

① 战壕足病并不能简单地理解成脚气病,它是战时长时间站立于潮湿寒冷的战壕内引起的一种足部损伤。初期患肢苍白、发凉、感觉异常并有冷感,进入充血期后患肢发红、发热并产生水肿,有疼痛感,感觉异常,遇热或使患肢处于低垂部位会加剧肿胀,病患会出现轻度发热和心悸的症状。此后患肢会出现水疱或血疱,皮内或皮下组织出血。延续数日后严重病例可发生坏疽,还可能伴有淋巴管炎、蜂窝织炎和血栓性静脉炎。——译者注

所有的指挥人员都在错误的时间暴露了自己。新兵似乎都失去了理智,他们丢掉了手里的步枪、火焰喷射器、炸药包和一切不该丢下的东西。这真是太疯狂了,我对此非常愤慨,气得血压飙升,头晕眼花。如果不是预先计划好的防御性炮击,德国人能用我们的部队扔掉的武器把我们从要塞中赶出去。为什么?——这些家伙不愿意战斗。为什么他们不愿意打仗?——他们没有被好好训练过,更别提打仗时该遵守的纪律了。"[45]

大多数情况下,补充兵会在夜间去各排报到,但他们弄不清自己的位置,甚至不知道具体在哪支部队。排里那些失去亲密伙伴的幸存老兵通常会排斥他们,再加上补充兵看起来笨手笨脚注定会遭遇厄运,因此老兵都与他们保持距离。这几乎成了一个能够自我实现的预言——私心作祟的排长们不愿意让经验丰富的士兵去冒险,生怕失去他们,于是他们让新兵去执行最危险的任务,结果导致很多补充兵熬不过(下部队后)最初的48小时,非死即伤。

盟军的整个人员补充系统孕育出一种令人深感不安的犬儒主义,补充兵受到的这种消耗品式的待遇有时比起以前的奴隶也好不到哪里去。玛莎·盖尔霍恩在她的小说《有进无退》(*Point of No Return*)中写了一个当时很常见的黑色幽默段子:"波斯特洛齐(Postalozzi)中士说,他们应该将补充兵员集中调拨站里的补充兵统统打死,这样能省很多麻烦。他说,这样就不必浪费时间再将他们的尸体弄回来了。①"[46]

一个补充兵只有在前线活着熬过最初的48小时,才有希望

---

① 海明威在他的作品《过河入林》(*Across the River and into the Trees*)一书中重复了一个非常类似的笑话,但在他们的婚姻痛苦地破裂之后,他们当然不会承认是从对方那里听说了这个笑话。[47]——作者注

能多活一段时间,乃至更久。布莱德雷的一名参谋军官仔细思考过新来的"小兵"的命运:"他的(生存)概率在抵达前线后似乎就达到了峰值——哦,或许是一个星期。然后,新兵的生存概率会缓慢但稳定地下降——你知道的,坐在高级指挥部里的人就像坐在保险公司办公桌后面的精算师一样——从数学角度上讲,肯定是在一直下降、下降、下降。新兵在前线的每一天,这个概率都会下降,假如他在那里待的时间足够长,他就是轮盘赌中整晚都转不到的唯一数字。他自己也明白这一点。"[48]

阿瑟·库奇在提及自己被分到第1步兵师后的好运时写道:"我很幸运,能和愿意帮助新来的补充兵活下去的老兵待在一起。"[49]老兵教他如何用勃朗宁自动步枪打上一梭子,然后立刻侧滚到一个新的位置,因为德国人会集中所有火力回击任何自动武器。库奇学得很快,但像他这样的人显然属于少数。第1步兵师在10月26日的报告中说:"最近几周,补充人员的素质明显下降,我们接收了很多身体状况不适合作为步兵投入战斗的人,还有一些40多岁的中年人,他们经受不住严寒、泥泞和雨水等恶劣环境。补充人员根本没有为战斗做好充分的心理准备,他们对真正的战争一无所知,其中一个证据就是,有个补充兵甚至打听前线是不是用实弹射击。"[50]

前线各师对于新兵缺乏训练就被送上战场感到非常气愤。得过银星勋章的第1步兵师26团3营H连的爱德华·布鲁尔(Edward Brule)技术军士长批评道:"补充兵只经历了13周的基础训练,他们对机枪一无所知,不知道如何减少卡壳等故障,也不知道如何让机枪快速投入战斗。他们都是很棒的人,但缺乏训练,而在战斗中可没地方去训练他们。"[51]第90步兵师358

团的一名中士谈道，在美国本土训练时，新兵们被教导"敌军的武器可以被我方的武器压制并打哑"[52]。新兵们上了战场，以为唯一的危险就是遭到轻武器射击，他们没有想到还有地雷、迫击炮、大炮和坦克。新兵喜欢在进攻时聚在一起，结果成了绝佳的攻击目标。当敌方步枪或机枪开火时，最安全的做法是向前猛冲，但新兵会卧倒在地，将自己暴露在迫击炮的火力之下。

很少有补充兵能够理解"行进中射击"的原则——在前进时朝着可疑目标持续稳定地射击。"我发现最糟糕的错误，"第5军的一名连长报告说，"是士兵们不开枪。我看到他们在敌方火力下四处寻找掩护却完全没有还击。当被问及为何不开火时，他们说开火的话会将敌人的火力吸引到自己身上。"[53]荒谬的是，当德军士兵试图投降时，补充兵几乎总是第一个想把他们射杀，结果迫使对方趴下来继续战斗。新兵们还得了解德军经常用来对付他们的诡计，"德国佬将迫击炮弹打在我们自己的炮火（弹着点）后面，让我们的部队相信己方的炮火打得太近了"[54]。经验丰富的士兵对此已经习以为常，而补充兵却经常惊慌失措。

各师同样对补充来的军官和士官缺乏作战准备感到绝望，他们认为军官需要先去前线锻炼，有了经验之后才能担任事关士兵生命的要职。没有任何战斗经验的士官在被补入部队前应该自动降级，在证明自己称职后，才能恢复原有的级别。某师报告说："我们接收过一名一级军士长，自打入伍后他就在五角大楼里画壁画。他是个好人，但我们实在没有适合他这个级别的岗位。"[55]

美军第20军第90步兵师358团一名年轻的补充军官承认说："首次接敌时，我头晕目眩，脑子里一片茫然，我完全无法搞清楚这一切的意义……我花了差不多四天时间，才弄明白不是每发炮弹都是冲着我飞过来的。"[56]毫无疑问，他最终会成为一名优秀的排长。但也有很多人完全不适合他们的勤务，尽管这并非他们自己的错误，比如一些被派到坦克营的中尉，此前却从未见过坦克里面是什么样。还有一个步兵师惊恐地发现自己接收了"一群没有当过排长的补充军官，此前他们一直在担任诸如特殊勤务军官助理、食堂管理员之类的职务"[57]。

指挥官会对补充兵进行仇恨教育，以激发他们的斗志。参加了梅斯要塞攻坚战的美军第95步兵师378团3营营长约翰·爱德华·凯利（John Edward Kelly）中校说："在投入战斗前，我让各连连排长向官兵们讲述德军的野蛮暴行。现在我们已经在战场上打了一段时间，在这方面有大量经验可以借鉴，稍微督促一下就可以让士兵做好把德国鬼子（Boche）碎尸万段的准备。我们要避免过分夸张，只需尽量指出德国人对我们绝不会手软，是一群恶毒的、必须被消灭的野兽。"[58]

第五章　许特根森林

大作家海明威的朋友和心目中的英雄——第 4 步兵师 22 团团长拉纳姆上校，很快发现自己又回到了一个远离丽兹酒店温柔乡的世界。10 月底，艾森豪威尔发布了秋季战役的命令。随着加拿大第 1 集团军最终确保了斯凯尔特河口的安全，安特卫普港重新投入使用，艾森豪威尔麾下的其他六个盟军集团军将突向莱茵河，他们的下一个目标是德国的鲁尔工业区和萨尔工业区。

第 1 集团军在亚琛周边突破西墙防线后，距离莱茵河只有不到 30 千米了，这个距离在地图上只是非常诱人的一小段，但问题是东边 15 千米外还有条必须要先渡过的鲁尔河（Roer，德语 Ruhr，旧译罗尔河）。第 1 集团军的左翼部队已经做好了准备，只要柯林斯少将的第 7 军和杰罗少将的第 5 军攻占许特根森林与毗邻地区，便会在其北面的第 9 集团军所部支援下立即渡河。

考特尼·霍奇斯中将把自己的指挥部设在了比利时斯帕（Spa），这座古老的城镇一直以温泉疗养度假胜地闻名于世。第一次世界大战结束时，这里曾是德国陆军元帅保罗·冯·兴登堡①和德皇威廉二世的大本营。1918 年 11 月，德意志第二帝

---

① 兴登堡元帅的全名是保罗·路德维希·汉斯·安东·冯·贝内肯多夫和冯·兴登堡（Paul Ludwig Hans Anton von Beneckendorff und von Hindenburg）。——译者注

国的头头脑脑们正是在这里接到了德国爆发兵变的消息，眼睁睁地看着手中的权力突然土崩瓦解。26年之后，希特勒心心念念地提防着重演"背后捅刀"的一幕。霍奇斯的指挥部进驻了不列颠大酒店，他的作战参谋们在赌场的水晶吊灯下架起了折叠桌，挂上了战场态势图。城镇的公园里塞满了吉普车和各种各样的军用车辆，原本的茵茵绿草现在被车轮碾成了一大片烂泥。战史学家福里斯特·波格指出，虽然这里距离前线不足30千米，却没人愿意随身带枪，也没什么人穿着野战服，大多身着常服。

第1集团军指挥部里没什么欢快气氛，倒是充斥着秋季战局的僵持带来的愤懑和失落。霍奇斯是一个不苟言笑、脸色苍白的人，留着一撮小胡子，穿着笔挺的军装。他说话带着美国南方慢吞吞拉长调子的口音，遇事不愿意迅速做出决断，在战场上喜欢按部就班地正面攻击敌军，而不是灵活机动，对部队的机动作战也显得缺乏想象力。与其说霍奇斯是一名军人，不如说他更像一个在公司总部工作的商人，他几乎没有去过靠近前沿的师级指挥所。他的突向莱茵河作战计划里关于直接穿越许特根森林发动进攻的决定，最终酿成了美军在西北欧战役中最可怕的灾难。

亚琛东南部的许特根森林属于半山区的地形，覆盖着广袤的松树林，其间散落着几片橡树和山毛榉林，山脊上还有一些牧场草甸。喧嚣的战火烧到这片和平之地前，此地宁静到近乎诡异，除了林间的风语和秃鹰盘旋时发出的唳声，几乎没有其他任何声响。这片森林被纵横交错的沟壑生生撕裂，到处都是令人眩晕的陡坡，它们是坦克的天然屏障，而对负荷沉重的步兵来说，在满是烂泥、乱石和树根的山林中跋涉，用不了多久就会疲惫不堪。这片浓密的松林几乎暗无天日，似乎受到了诅咒，与童话故事里的邪恶女巫和食人魔居住的魔林简直别无二致。人类在这里会觉得自己是闯入者，情不自禁地低声细语，生怕被森林听见，惹来妖魔的报复。

在这片面积不足 150 平方千米的森林里，只有几条小径和防火道①，人们很难靠它们在林中找到方向。除了少数几座村庄外，森林里几乎没有人类居住的迹象，伐木工人居住的木屋和农场在地面上用当地的灰褐色石头建造，上面是木头框架，每座住宅外的防水棚下都整整齐齐地码放着成堆的柴火。

1944 年 9 月的第二周，美军第 3 装甲师和第 1 步兵师就在森林边缘发动了初次进攻，霍奇斯和他的参谋部当时就该意识到自己要求部下攻打的是个什么样的鬼地方。第 9 步兵师在 9 月中下旬和 10 月的战斗中获取的经验，算得上是进一步的警告，美军不可能对许特根森林的地形地貌毫无了解。当时美军向森林东南方的关键城镇施密特（Schmidt）发动进攻，起初进展良好，因为美军达成了战术突然性。对此，负责当地防御的德军第 275 步兵师师长汉斯·施密特（Hans Schmidt）中将说道："总的来说，我们认为美军想要通过这样一片既难以观察，又道路寥寥的浓密林地推进到鲁尔河边，是不可能的。"[1]一旦德军的军属重炮调转炮口，开始支援许特根森林的德军步兵，这场丛林战立即演变成了可怕的绞肉机。

德军往这里投入了狙击手，由于离地面较近的地方视野狭窄，这些狙击手通常都隐蔽在高高的树梢上。这些人都是蒙斯特拉格（Munsterlager）的狙击手教导连训练出来的，在那里所

---

① 指为简易消防车开辟的林间小路。——译者注

有受训人员每天都要接受半小时的所谓仇恨宣传，其实就是跟着担任教官的士官喊一些狂热的口号，通常采取如下形式：

教官高喊："每一枪都要干掉一个犹太布尔什维克！"

学员齐声："每一枪！"

教官高喊："杀死英国猪！"

学员齐声："每一枪必杀！"[2]

美军第9步兵师正在攻击由汉斯·施密特中将指挥的第275步兵师，在该师防区内，各团都将团部设在森林中的小木屋里。第275步兵师只有6500人和六辆突击炮，虽然有部分官兵知道如何打丛林战，但其他人，如第20空军要塞营（Luftwaffe Festbataillon）则毫无步兵战斗经验，其中有个连甚至全部由来自德国空军判读员学校的学员组成，在施密特中将看来，这些人"绝对不该上前线"[3]。在接下来的一个月里，这个连"几乎全部向敌人投降了"[4]。这是一支真正的杂牌军，连配备的步枪都是战争初期从外国军队手里缴获来的。

施密特中将承认，许特根森林的战斗"把士兵身体和精神上的忍耐力逼到了极限"[5]。他们之所以还能活着，不过是因为美军在这片战场上无从发挥占据压倒性优势的坦克和空中力量，而且炮兵观测也很困难。不过，德军的后勤部队和后方梯队被盟军战斗轰炸机重创，损失惨重。前线部队很难得到热食供应，除了"偶尔得到一些冰冷的口粮"[6]，德军士兵经常得饿肚子。要知道，这些军人必须在接近0摄氏度的严寒中，穿着潮湿的军服连续在散兵坑里待上好几天。

10月8日，第275步兵师接收了补充来的第1412劳工营（Arbeitsbataillon），士兵就是一帮老头，施密特中将的评论是"杯水车薪"[7]。实际上这个营在前线只打了一天仗就几乎团灭了，与他们一同被打垮的还有一个由德国空军的军校学员组成的营。到10月9日，这个师的战斗伤亡人数已经达到550人，"这还没算上数量巨大的病号"[8]。当天，一个来自迪伦的警察营被投入维特沙伊德（Wittscheide）以东的战斗中。"警察营"听起来还不错，但实际上都是些45—60岁的中老年人，身上还穿着绿色的警察制服，自从第一次世界大战结束后他们就再也没接受过任何军事训练。施密特不得不承认，"把这些老人家送上战场真是件痛苦的事"[9]。德军的伤亡如此巨大，连预备和补充单位——野战补充营——里的参谋军官和训练军士都被送上前线去指挥，甚至连急缺的通信兵也作为步兵被投入战斗。

直到10月10日的那场大暴雨，德军第275步兵师才有机会重整战线。美军第9步兵师的卓越表现让施密特中将印象深刻，他甚至怀疑这些美军都接受了专门的丛林战训练。当天下午，德军第74军军长和第7集团军指挥官视察了第275步兵师的防区，他们对该师糟糕的状况感到非常震惊，随后承诺会派出增援部队。

增援部队确实来了，不过他们不是来填补战线的，而是要发动一场反击。援军由一个装备精良的教导团组成，拥有2000名精锐的士兵，其中一半是军官候补生，团长是赫尔穆特·韦格莱因（Helmuth Wegelein）上校。这支部队被寄予了深厚的期望。10月12日早上7点，反击在猛烈的炮火支援下打响了，但让德国军官绝望的是，进攻很快便在美军高效的炙烈火网中停滞不前，这个精锐教导团的营长们似乎陷入了混乱，整个进攻在一片混乱中消弭于无形。当天下午，第二次进攻也以失败告终，韦格莱因教导团在12小时内损失了500人，连韦格莱因团长本人也在第二天阵亡。10月14日，德军反击部队被迫后撤重整。但正如施密特中将乐观估计的那样，经历了一连串残酷的丛林战后，消耗同样很大的美军第9步兵师也打不动了。

第9步兵师痛苦且代价高昂的推进在10月16日停了下来，因为该师蒙受了极大损失，战斗和非战斗伤亡已经达到了4500人——每推进不到一米就要伤亡一人。为重伤的美国大兵和德国士兵做手术的美国军医注意到一个惊人的对比，外科医生们惊讶地发现"德军士兵从最严重的创伤中恢复的能力，远远超过美军士兵"[10]。这种显著的差异显然是由于"一个简单的外科手术上的事实，即美军士兵的伙食比德军士兵好得多，他们身上通常都有一层厚厚的脂肪，这不仅使外科手术更加困难，创口也更大，伤口愈合自然就慢。反观德军，他们的伙食差吃得少，所以人就瘦，因而受伤后更容易动手术"。

让美军各师师长失望的是，第1集团军指挥部对第9步兵师在进攻中遭受的惨重伤亡无动于衷，仍然没有考虑到战场的地形问题。霍奇斯再次坚持要求部队克服地形地貌方面的极端困难，打穿这片极其茂密的森林，全然不顾美军在坦克、航空兵和炮兵支援方面的优势在那里永远无从发挥。他甚至从未考虑过从南边的蒙绍（Monschau）走廊向至关重要的施密特镇推进，这显然是一条路程更短、更容易通行的路线。更要命的是，霍奇斯手下的军长和参谋军官都不敢跟他争论，霍奇斯素以动辄就解除高级军官的职务而闻名。

第1集团军针对许特根森林的作战计划中，从未提及鲁尔河上位于施密特镇南部的施瓦姆瑙莱（Schwammenauel）水坝和乌夫特（Urft）水坝，只是简单地说要掩护右翼，并向莱茵河推进。霍奇斯拒绝听取任何关于部队所面临困难的解释,在他看来这些解释只是怯懦的借口。许特根森林战场的通信条件十分糟糕,无线电信号在深谷众多和湿气浓重的密林中非常差,对后备通信兵的需求也大增,因为德军总是优先攻击任何背着无线电台的美军士兵。一旦美军在无线电通信中出现安全疏漏,德国人就会抓住机会予以打击——第7军的一份报告中提到,一名营长在通话时无意中用明语说了一句"我半小时后回来"[11],紧接着他就在回团部的常用道路上遭到了德军迫击炮弹的突袭,两名随员当场被炸死。

森林中的小路和防火道也令美军吃尽苦头,它们和地图对不上号是常事,缺乏经验的军官甚至根本无法看懂这里的地图。一份报告这样写道:"在密林里,整支部队完全迷失方向和前线位置的情况并不少见。"[12]他们需要依靠己方的炮声才能找到返回的道路,有时候部队不得不通过无线电要求己方炮兵朝某个特定地点发射一枚炮弹,好重新确定自己身处何方。而在夜间,离开散兵坑的人可能走出去100米就会完全迷路,只好坐等天亮才能知道自己在哪里。

踩到反步兵地雷的人一般不会死,只会被炸断一只脚,断腿的美军伤员发出的惨叫声却令人心惊胆战。一名连长后来写道:"有人在路上踢到了一只血淋淋的鞋子,然后惊恐地看到鞋子里还有只脚。"[13]美军士兵很快发现,德国人对自己在布雷方面的造诣颇为自得。路障上一般都会被布设诡雷,倒在小路上的树干不能随意触碰,必须用长绳拴住,从很远的距离上拖走。新来的士兵必须学习如何识别"舒型地雷(Schu,俗称油膏盒子雷)、里格尔地雷(Riegel,长方体反坦克地雷)、特勒(Teller)重型反坦克地雷"[14]。里格尔地雷很难被排除,因为它们都被设计成"一旦拆挖就会爆炸"。德国人还在弹坑里布雷,他们知道美军新兵在遇到炮击时都会本能地钻进弹坑。德军还知道美军战术条令要求部队在进攻山头时尽量取道"洞穴"或者冲沟前进,因此德国人在这些地方都布设了地雷,并用机枪火力封锁。

布雷和排雷,这种死亡游戏自然不是德军的专属,美军也大显身手。第5军在11月5日的一份报告中写道:"我们一发现敌军的地雷,部队就会在敌人的地雷周围埋设自己的地雷,以打击来巡查的敌人。反过来,德国人也利用我们的地雷布置陷阱,双方相互算计。"[15]第297战斗工兵营的一名工兵发现一枚德国地雷有一半露出地面,幸亏他留了个心眼,没有直接上去排雷。他用探雷器仔细搜索了一下,发现德国人在那枚地雷周围居然又埋设了一圈地雷,如果他真的过去了,起码会被炸断一条腿。[16]拉纳姆上校的第22步兵团在抵达许特根森林后很快报告说:"在该地区松软泥泞的道路上,德国人有时甚至能埋设三层饵雷。"[17]工兵往往能够发现最上面的那颗,却没有意识到真正的杀手在后面,结果在排雷的时候就倒霉了。吃了亏的美国人学乖了,他们开始用炸药排雷,再用推土机填平路上的弹坑。

另一个危险的东西是藏身松树之间的地雷绊发线,军官抱怨说,士兵把时间都花在了盯着他们面前的地面上,寻找无处不在的地雷绊发线和地雷,甚至在巡逻时都顾不上抬头观察四周。美国人以牙还牙,在他们的前沿阵地前方临时布设了绊发照明弹。它由一块227克重的TNT炸药和一枚60毫米迫击炮照明弹绑在一起组成,用绊发线引爆发射装置,这些绊发线被布置在阵地前的松树之间,向几个方向延伸出去,一旦被偷袭的人绊发，照明弹就会爆炸，为守军照亮目标。美国人很快发现，这些绊发照明弹必须布置在机枪巢前方至少45米以外，否则剧烈的闪光会立即致盲机枪射手。不过，在地形复杂的许特根森林里，任何事情都不会那么简单，正如另一个军官所说："步兵火力在林木间的有效射程极少能超过45米。"[18]

交战双方都饱受冰冷秋雨的折磨，哪怕没有下大雨，针叶上的水珠也会淅淅沥沥地滴落下来。受潮的弹药经常打不响，军服和军靴也被泡烂了，蔓延开来的战壕足病会迅速令人身体虚弱，病重者甚至需要截肢。美军军官起初并没有意识到问题的严重性，随着大批士兵非战斗减员，各团战斗力锐减，只能尽最大努力将一双新袜子随口粮配发给每个人，同时告知士兵把备用袜子顶在钢盔里，以保持干燥。美军还让士兵们两人一组，互相按摩对方的脚部，并在睡觉时抬起双腿以加速血液循环。

战役期间，士兵在积水的散兵坑里连续数天浑身湿透，刺骨的寒冷可想而知。各营的军官都意识到要让士兵每天至少暖和一回，于是美军在战线后方搭起了放置着取暖器的帐篷，供应热咖啡和热饭菜，另一个有取暖器的帐篷专门用来烘干军服。但德国人不让人消停，不断地发起骚扰性攻击，或者进行武装侦察，身处前沿散兵坑里的美军根本无法脱身回到后方。大多数士兵只能淋着大雨、啃着冰冷的干粮瑟瑟发抖，战壕足的发病率自然一路飙升。不过大兵们自有办法，他们在C口粮的罐头盒里装满土，泡上汽油，点着了当成火炉，这种自制火炉通常被放在一个约30厘米深的坑里。他们还在更大的10号罐头盒顶部打孔，然后吊在小火炉上，既能热饭，也能烧水。

在如此恶劣的环境下作战，尤其是在11月高海拔地区开始飘起雪花的时候，战士们需要强健的体魄和坚强的意志。美军第7军的军官发现："年过30的士兵岁数较大，身体条件已经不能适应这种作战环境，而20岁以下的年轻人的精神和身体都不够成熟。"[19]不幸的是，绝大部分补充兵员要么不满20岁，要么超过了30岁。

在双人散兵坑上搭个简单的雨棚也算得上是件危险的事情，德军的炮弹往往在树梢上爆炸，致命的金属弹片会如同雨点般横扫下方的所有人。所以美军的散兵坑都要用圆木遮住一半，圆木上再覆上一层厚厚的泥土，用树枝和苔藓进行伪装。但用斧头砍伐这些圆木又是很危险的活：不能用大斧，斧头砍树的声响会在林子里传得很远，德国人一听见就会用迫击炮迅速轰击。因此美国人只能选择不那么好用的手锯来替代斧子。

在诺曼底和东线战场积累了丰富作战经验的德军，只在最前沿的警戒阵地部署少量兵力，配置自动武器进行防御，更为精锐的部队则在坦克支援下发动反击。当美军发动进攻时，他们会毫不犹豫地炮轰己方阵地。这种阵势看起来吓人，但美军很快就发现了其中的奥妙并有样学样。由于炮弹是从后方射来的，致命的弹片大部分都会向前飞散，迎向来袭的敌军，而不是隐蔽在散兵坑里的自己人。美军第5军的埃德温·伯内特（Edwin Burnett）上校评论道："这需要勇气，但确实管用。"[20]

11月1日，霍奇斯在第5军军长杰罗少将的陪同下，视察了位于罗特（Rott）的第28步兵师师部。霍奇斯告诉曾经骄傲地看着手下在巴黎阅兵的师长"荷兰人"科塔，在第7军开始在左翼的推进之前，他的师将在次日早晨投入第一阶段的进攻。霍奇斯向他保证，此次作战的计划堪称"卓越"（excellent）[21]。然而，实际上这项计划却蠢到了家：第28步兵师不仅要穿越最陡峭的山岭和山谷，霍奇斯还命令科塔将他的师分散投入多个不同的方向，"有效确保"了他的进攻部队在兵力上远远弱于任何一个方向上的德国守军，攻打施密特镇的兵力甚至不足一个团。科塔小心翼翼地指出了计划中的破绽，但无人理会他的意见。

此时，第三帝国高层领导人的固执己见愈发严重，难以听取不同意见。就在第二天上午，维尔纳·克赖珀上将被迫辞去了德国空军总参谋长的职务，并到停在"狼穴"的专列上向帝国元帅戈林告别。两人谈到了战争的结局。"这必定会是一场尼伯龙根式的战斗（意指双方同归于尽），"帝国元帅说道，"但我们还是会在维斯瓦河、奥得河（Oder）或者威悉河（Weser）畔战斗。"克赖珀怀疑平民百姓是否会愿意被卷入这场自杀式的战争，他在日记中写道，自己恳求戈林"说服元首看到这项政策在执行上的可能性，戈林沉默了一会儿，告诉他自己不能这样做，因为这会打击元首的自信心"[22]。

11月2日上午9点，就在克赖珀与戈林会面的时候，美军第28步兵师从一个小突出部出发，向东攻入了浓雾弥漫的森林。右翼的第110步兵团出师不利，遭到了西墙防线上德军残留碉堡的机枪火力射击，损失惨重，此前这些碉堡并没有被清理干净；左翼第109步兵团的情况也好不了多少，他们径直闯进了一片得到火力掩护的、未被标注出来的雷场，被凶猛的德军火力覆盖。防守该区域的德军第275步兵师现在已经是丛林战的老手，但消耗也极其严重，师长施密特中将大声疾呼该让部队撤出去休整了。有些德军士兵在投降时说道，德军不仅在自己前方布雷，还在部队后方布雷以阻止他们逃跑，有几个战友因为试图逃跑而被处决了。

在战线中央，美军第112步兵团的目标是福瑟纳克（Vossenack）村，部队沿着200米深的卡尔河谷上方的鞍形山脊向前推进。美军炮兵集火射击，白磷燃烧弹将村里的大部分房屋都点着了火，谢尔曼坦克对着教堂的尖顶开火，因为那里极有可能隐藏着德军的炮兵观察员或者狙击手。攻占了这座浓烟四起的村子后，连长预料德军可能会发动反击，于是要求士兵们赶紧挖掘战壕，整理武器。但令人意外的是德军什么都没做，"有个乡下来的高大的小伙子说：'我因为喝多了苹果白兰地酒乱开枪，结果被简易法庭罚了18美元，'"[23]

11月3日黎明，第112步兵团开始沿着非常陡峭的山坡向下面的卡尔河前进，继而又爬上东南方同样陡峭的山坡，直扑科默沙伊特（Kommerscheidt）村。表现得极其坚韧的3营在主力前方一路交替掩护向前推进，直接攻向了至关重要的施密特镇，打了镇上的德军一个措手不及，并很快拿下了该镇。约翰·M.科兹洛斯基（John M. Kozlosky）技术军士长截停了一辆运送弹药的马拉大车，"当马夫发现科兹洛斯基会说波兰话后，高兴地跳下车亲吻他的双颊"[24]——他是被德军强征入伍的众多波兰人中的一员。施密特镇下方就是庞大蜿蜒的施瓦姆瑙莱水库和大坝，距离第112步兵团的阵地只有2.5千米。对于这一突破性进展，上级发来了贺电，师长科塔忍不住沉醉其间，虽然战况顺利得有些宛如梦幻。

就在几天前，第1集团军指挥部的军官们忽然意识到，如果德军在美军横渡鲁尔河时打开上游的水闸，一道奔涌而来的水墙就会摧毁所有的浮桥和舟艇，东岸桥头堡里的所有美军都会被切断后路。当施密特镇易手的消息传来时，霍奇斯才刚刚注意到这个难题，但为时已晚，无从下手。更要命的是，霍奇斯刚刚还暗示第7军军长柯林斯少将推迟进攻，直到增援他的第4步兵师到达。于是，冒进的第28步兵师被彻底暴露在了德军面前。

对于这项几乎注定失败的任务来说，科塔的第28步兵师几乎是最糟糕的选择。前期战斗中的惨重损失，意味着这个师现有的大部分士兵都是新来的补充兵，师里自伤和开小差的情况也很严重。作为警告，该师的二等兵埃迪·斯洛维克（Eddie Slovik）甚至因多次开小差，成了在欧洲战场上唯一一个被军事法庭以逃兵的罪名判处极刑的美军士兵。

此战德军被打了个措手不及，因为他们实在无法理解美国人为什么会在许特根森林地区发动猛烈进攻，尤其是在上个月美军第9步兵师的进攻遭到了"德军有效的抵抗之后"[25]。巧的是，此战爆发的那一刻，德军B集团军群指挥官莫德尔元帅正在科隆以西的夸德拉特（Quadrath）地区的施伦德汉城堡（Schloss Schländerhan）里，与部下进行地图推演，元帅和他的参谋们正在研究美军沿着第5装甲集团军与第7集团军之间的德国边境线发动攻击的可能性。因此，当莫德尔获悉美国人占领了施密特镇后，他丝毫没有浪费时间，当即命令负责该地区防务的第74军军长埃里希·施特劳贝（Erich

Straube）步兵上将①返回军部。随后，他就和第 7 集团军指挥官埃里希·布兰登贝格尔（Erich Brandenberger）装甲兵上将、第 5 装甲集团军指挥官哈索-埃卡德·冯·曼陀菲尔（Hasso-Eccard von Manteuffel）装甲兵上将一起，与其他在场的军官共同制订了最佳的应对方案。

第 116 装甲师奉命以最快速度行军，准备与第 89 步兵师联手攻击美军的左翼。第 116 装甲师现在由西格弗里德·冯·瓦尔登堡（Siegfried von Waldenburg）上校②指挥，其前任就是因为取消了亚琛的撤退命令而引发风波的冯·什未林中将。瓦尔登堡接到命令后，立即带着拥有石勒苏益格-荷尔斯泰因亲王头衔的首席参谋（Ⅰa）③ 弗里德里希-费迪南德（Friedrich-Ferdinand Prinz zu Schleswig-Holstein）少校离开地图推演现场，返回装甲师师部。此前，德军最高统帅部要求莫德尔不要动用第 116 装甲师，但现在莫德尔决定无视这道命令，以"阻止美军从森林地带突破到开阔区域"[26]。

当天晚上，美军第 28 步兵师 112 团 3 营的士兵在攻下施密特镇后已是筋疲力尽，官兵们偷了个懒，连散兵坑都没有挖，而是直接睡在了屋子里。该营的军官根本没有料到德军会那么快就发动反击，所以既没有派出巡逻队，也没有设置警戒哨。因此当第二天拂晓德军的炮击和步坦联合进攻突然间接踵而至

---

① 此处原文有误，原文中写的是中将，而埃里希·施特劳贝在 1942 年 6 月 1 日就已经晋升步兵上将。——译者注
② 此处原文有误，原文中写的是少将，西格弗里德·冯·瓦尔登堡晋升少将要到 1944 年 12 月 1 日，文中所说的时间段里他的军衔还是上校。——译者注
③ 首席参谋（Ⅰa）在德军师级部队中相当于师参谋长，因为德军没有设立专职的师参谋长一职，只有在军级以上指挥部中才设有正式的参谋长职务，同级指挥部中的首席参谋则相当于作战参谋部门的长官。——译者注

时，全营完全措手不及。此时营里的巴祖卡火箭弹已经所剩无几，[27]再加上德军出人意料地从三个方向猛扑过来，该营的大部分官兵都显得惊慌失措。一片混乱中，200多人向东南方跑去，一头撞上了德军大部队，最终只有67人生还。军官失去了对部队的控制，人们只能各自逃生，幸存者抛弃了营里的伤员，逃回科默沙伊特与第1营会合。

罗特镇在施密特镇以西约13千米处，身处师部的科塔少将起初对落在自己头上的灾难还没什么概念。11月8日，他更是被淹没在一堆高官之下了。霍奇斯将军来到这里后，发现"艾森豪威尔上将、布莱德雷中将和杰罗少将正在与科塔讨论当前的战况，他上去寒暄了几句，直到一行人离开"。霍奇斯的副官记录道："随后霍奇斯将军把科塔拉到一边，为第28步兵师进展缓慢的现状狠批了他一顿……不用说，霍奇斯将军对第28步兵师的表现感到极其失望。"[28]霍奇斯还责备了第5军军长杰罗，尽管这个把一个单独的步兵师拆分开来投入许特根森林的所谓"卓越"的作战计划是他的集团军指挥部制订的。霍奇斯强硬地要求科塔命令第112步兵团夺回施密特镇，这显示了他是多么不接地气，完全不了解前线到底发生了什么事情。

被派去对付德军豹式坦克和Ⅳ号坦克的美军谢尔曼坦克在陡峭蜿蜒的小道、雷场和泥泞间举步维艰，低沉的乌云和降雨意味着美军的战斗轰炸机无法升空作战。与此同时，被围困在科默沙伊特的两个美军步兵营则一直被笼罩在德军坦克和两个军①所属全部炮兵营的火力轰击之下——莫德尔命令这两个相

---

① 德军的这两个军，有可能是第116装甲师的上级单位党卫军第1装甲军，以及第275步兵师和第89步兵师的上级单位第74军。——译者注

邻的军把炮兵全部转向这里。11月7日，第112步兵团2营从福瑟纳克溃败而逃，为此科塔把第146战斗工兵营作为步兵投入战斗，他们最终成功地在福瑟纳克村以西顶住了德军坦克和装甲掷弹兵的攻击。情况十分严重，第4步兵师的一部分兵力甚至被调来支援第28步兵师。

11月8日夜，美军炮兵猛烈轰击了科默沙伊特周边地区，以掩护那两个步兵营的残部趁夜溜过卡尔河谷逃回来。第28步兵师几乎被德军打回了出发地，他们在遭受了高达5684人的战斗伤亡和非战斗减员后空手而回。对于曾经自豪地率部从巴黎穿城而过的科塔来说，这无疑是他生命中最痛苦的一天。仅第112步兵团的损失就超过2000人，该团残存的可用兵力已经不足300人，也就是说第112步兵团完全失去了战斗力。布莱德雷的参谋军官留意到："当前线的某支部队兵力下降到一定程度后，情况就会变得极其糟糕，这支部队的战斗力将会锐减，那意味着部队里已经没有足够多的有经验的老兵，来教导那些补充来的新兵——所谓'增援兵力'——（打仗的）窍门了。"[29]

德国的宣传机器不遗余力地吹嘘这次成功的反击，就像德军在东普鲁士夺回戈乌达普（Goldap），以及苏联红军在匈牙利首都布达佩斯城下遭受挫败时的宣传一样。德国人大肆宣扬："受到包围的美军特遣队被歼灭了。福瑟纳克和科默沙伊特的小股残敌已被剿灭，他们一度还负隅顽抗，但最终还是放弃了无意义的抵抗。"[30]

连败两阵的霍奇斯和许特根森林杠上了，他拒绝考虑其他作战计划。现在，即使他已经知道了鲁尔河水坝的重要性，仍不打算向南迁回，反而命令第1、第8、第104步兵师，以及第5装甲师和第4步兵师的其余部队全部进入这片嗜血的森林。这些部队将组成美军第9集团军和第1集团军联合进攻的右翼，而在更北面，英军第2集团军于11月12日从奈梅亨突出部向东发动了进攻。虽然在接下来的十天里，英军饱受降雨、泥泞和雷场的困扰，但他们还是肃清了马斯河西岸的德军，一路打到靠近德国与荷兰边境的芬洛（Venlo）和鲁尔蒙德（Roermond）。同样是在11月12日，美军第1步兵师从亚琛西面的休整地域出发，搭乘卡车开赴森林的北部区域。

　　几经推迟之后，对许特根森林的第三次进攻于11月16日打响。此时，持续的雨夹雪在海拔较高的区域已经转为下雪。北翼的第1步兵师将从施托尔贝格走廊逼向迪伦，在盟军飞机投下了9700吨炸弹之后，施托尔贝格、埃施韦勒（Eschweiler）和于利希（Jülich）几乎被完全夷为平地，迪伦每天晚上还会受到美军远程炮兵的猛轰。

　　当第1步兵师的先头部队在伴随坦克的支援下开进松树林后不久，就遭到了德军第12国民掷弹兵师的猛烈炮击和轻武器射击。新来的机枪手阿瑟·库奇写道："一长串伤员从森林里出来了，我看到一个人用手使劲捂着肚子上的大伤口，不让肠子从里面流出来。很快来了一名医护兵，他扶着伤员躺倒在地，在伤员的肚子上缠了一大卷绷带，又给他注射了吗啡。一个老士官曾告诉我，打仗时要趴在大石头的后面，然后向德军炮弹最新的弹着点移动。他说这是最安全的做法，因为德军炮手每打一炮都会摇动方向机调整几个刻度，以便轰击更多的地方。我照他说的窜进了最新的一个弹坑里，接着下一发炮弹就落在近30米外，他的这个方法救了我的命。"[31]

正如第1步兵师的一名军官观察到的那样,德军又在故技重演,他们先用轻武器把进攻的美军钉在原地,"接着劈头盖脸地把重炮炮弹和迫击炮弹砸过来,要把我们送进地狱"[32]。新兵们被告知要紧贴在大树后面,这样可以在一定程度上保护他们免受飞溅的碎木的打击,千万不要卧倒在地,因为这样做人体更容易被空爆弹片和碎木击中。美军试图使用107毫米重型迫击炮进行火力支援,但炮手们很快发现迫击炮弹的发射药受到寒冷和潮湿的空气影响,弹着点的散布变得格外大;架设在湿润泥土上的迫击炮底座也会被炮弹一发发地砸进泥里。[33]

阿瑟·库奇写道:"德国炮兵已经标定了林间道路的诸元,并将炮弹引信设定为击中树顶时爆炸,这样弹片就会直接向我们飞溅过来,令我军死伤惨重。我看到了很多伤员和垂死的人……起初我经常跪下来和他们说说话,但很快就发现自己根本承受不住那么多,我觉得这样的满目血肉已经突破了我的心理承受能力。"他最钦佩的是那些跑来跑去救助伤员的医护兵,"即使身处重炮和机枪火力之下他们也在帮助伤员,而这时我们都会待在更安全的地方"[34]。

在森林里,大部分德军士兵不再惧怕美军坦克。他们可以用铁拳反坦克榴弹发射器来对付坦克,如果距离稍远,还可以用坦克杀手反坦克火箭筒(Panzerschreck),德国人叫它们"烟囱管子",这实际上就是一支大号的巴祖卡火箭筒。德军士兵还把铁拳榴弹发射器充当森林里的近距离支援火炮。毫不奇怪的是,正如德军第7集团军参谋长鲁道夫·冯·格斯多夫上校所言,德军发现"防守森林比防御开阔地带容易得多"[35],因为美军坦克在这里玩不转。工兵可以排除狭窄、泥泞小路上的大部分地雷,但做不到万无一失，只要有一枚反坦克地雷漏网，一旦被领头的坦克触发，动弹不得的坦克就会堵住整条道路。

美军第 1 步兵师现在面临着德军的顽强抵抗和猛烈的炮兵火力，库奇继续写道："就在拂晓前，一场大规模炮击开始了，炮弹大多打在我们头顶的树梢上。由于天还没亮，我们又身处险境，新兵们吓得要死，开始到处乱跑。我想办法逮住了一两个，怒吼着让他们滚回散兵坑里躲着，不然就死定了……这是我第一次看到战场恐惧症，而且开始理解为什么有些人会患上重度精神病和弹震症……后来有些人被送回后方去治疗。对于我们这些留下的人来说，在准备向前推进的当口，在我们中间出现这样的骚乱简直太危险了。"[36]

第 4 步兵师以拉纳姆上校的第 22 步兵团为中心，部队向东出发，沿着高大的山脊攻向施密特镇。该师的计划是先攻下海拔最高的大豪村（Grosshau），保障右翼的第 8 步兵师先后攻占许特根村和小豪村（Kleinhau）。但是美军每前进一米都要付出可怕的伤亡代价，美军指挥官们哪里知道，他们现在的突破方向紧挨着德军计划中的阿登攻势进攻发起线的北侧，德军当然会拼命死守、寸土必争。

这里的每座村庄里都有用灰色和褐色石头建造的坚固教堂，哪怕只有巴掌大的小村也不例外。施密特中将的第 275 步兵师有部分士兵接受过系统的狙击手训练，[37] 他们的存在使美军军官甚至不敢把望远镜从衬衫里拿出来，以免成为射击的目标。然而，正如美军第 4 步兵师 12 团团长詹姆斯·索耶·勒基特（James Sawyer Luckett）上校指出的那样，[38] 森林里的视野很少能超过 70 米，这让狙击手很难在地面上发挥作用，于是村里的教堂便派上了用场。德军还在玛利亚维勒（Mariaweiler）西南方布置了一个88毫米高射炮连,这些高炮原本的用途是射击飞往德国本土的盟军轰炸机群,现在德军朝美军攻来的方向派出了前沿观察哨,以起到预警的作用,好让高炮发挥反坦克时的巨大威力。

施密特中将手下的军官们可以依靠当地的林业工人获得大部分所需的战场情报,德军占据了地利与人和的巨大优势。他们注意到,美军只会在准备进攻某一区域时才会对那里进行仔细侦察,这恰恰暴露了美军第二天的进攻方向。德国军官和士官已经学会了利用美军犯的错误,美军基层军官往往会在占领一个区域后在夜里率部返回后方休息,德军此时就会乘虚而入,第二天美军就会发现前一天晚上撤出的地方再也攻不进去了。而且美军很喜欢扎堆,进攻并不是美国大兵聚在一起的唯一理由,只要抓到一个德军俘虏,"立刻就会有一二十个美军围上去凑热闹,这也给他们带来了巨大的伤亡"[39]。

德军坦克通常都藏在了深深的掩体里,并进行了巧妙伪装,这些大家伙更多的时候是一种心理战武器。一名美军军官记录道:"白天,它们相对比较安静,但每到黎明、黄昏以及夜间的某些时段,它们就变得活跃起来,不停地开动和射击,这足以让我方官兵处于一种近乎疯狂的状态。"[40]美军的应对之道是把坦克歼击车部署在前线,好给士兵一些心理依靠。然而,很多美军步兵一见到坦克撤回去补充油料和弹药,就会惊慌失措地后撤,因此只要有可能,美军就会用事先准备好的一个预备坦克排来填补空缺。但这并非易事,因为装甲车辆在阴暗的森林里往往自身难保,每个轻型坦克排都要搭配一个步兵班进行掩护,还需要一个工兵班来扫雷。在这样的林区里,坦克兵其实比步兵还要害怕。一名坦克手写道:"有一次,我们连续四天都没有离开坦克,重炮、88炮、迫击炮和六管火箭炮发射的火箭弹像发了疯一样落在我们四周,你要是敢离开坦克出去撒泡尿,你就死定了。我们不得不尿在该死的钢盔里,再把尿倒出炮塔。"[41]

当拉纳姆上校的第22步兵团沿着林木茂密的山丘向小豪村艰难推进时,他们发现德军把低处的树枝都砍了下来,以便为MG 42机枪提供更好的射界。美军先头连发动了一次突袭,打跑了德军最外围的警戒哨,当他们准备深入时,就被一条"22米深,由三角拒马、铁丝网和地雷组成的防线"[42]挡住了去路。当美军停下来观察这些障碍物时,德军的迫击炮弹突然成群地落了下来。这只是他们通向骷髅地(Calvary)①的开端,拉纳姆手下的三名步兵营营长在随后的战斗中全部阵亡。美军还遇到了一件最可怕的事情:三个德国兵将一个重伤的美国人身上的东西搜刮干净,然后在他身下放置了爆炸物,伤员只要被移动就会爆炸。他在那里躺了70个小时,但仍有足够的力气警告来救自己的战友小心身下的诡雷。

美军第4步兵师逐渐学会了在森林中作战,每个步兵连被重组为两个突击组和两个支援组。突击组只携带轻武器和手榴弹走在前方,支援组则带着迫击炮和机枪,跟在突击组身后的目视范围之内。前方的侦察兵和突击组需要学会"完全靠指南针认路",因为在密林里很容易彻底失去方向感。部队推进的过程中,支援组会布放电话线用于联络,就像格林童话《糖果屋》中的情节那样,负责引导传令兵、弹药运输兵

---

① 又名加略山或者各各他,是耶稣被钉死在十字架上的地方,这里意指死亡之地。——译者注

和辎重兵。

进入森林的美军各师很快发现，林间小路、防火道和伐木小径并不适合被用作各部队的分界线，而是应该作为他们推进的中心线。部队要在这些小道两侧推进，但绝对不能走到道路上，因为那里布满了德国人的诡雷，德军炮兵也早已瞄准了每条道路。正如美军第1步兵师部分部队经历的那样，德军迫击炮提前校准了射程和方向，对着每条小路轰击，第1步兵师为此付出了不少伤亡代价。为了减少伤亡，这个师选择了通过林间发起进攻，他们的各级指挥所也设在远离道路的地方，即使条件更加艰苦更花时间也只能忍受——遭点罪总比送命强。[43]

11月中旬，天气骤然转冷。很多士兵先前在冷雨和泥沼中艰难跋涉、筋疲力尽时，都把沉重的厚羊毛大衣扔掉了。第1步兵师的阿瑟·库奇写道："整片森林里的积雪厚达60厘米以上。有一天，我们途经另一个连队早先发动过一次进攻的前沿地区，我看见一排大概六个士兵站在厚厚的积雪里，身体向前倾，步枪指向前方——就像正在进攻一样。但我随后注意到他们站在那里纹丝不动，我对一个战友说，他们一定都死了，是中弹后立即被冻僵的。我采取了预防措施，在左胸前的口袋里装满了德国硬币，好挡住射向我心脏的子弹或者弹片——我知道这样做其实挺傻的。"[44]

在更远的南翼，巴顿将军继续给手下的指挥官施压，要求他们继续向前进攻。11月11日，星期六，第12集团军群指挥官布莱德雷中将的副官切斯特·贝亚德·汉森（Chester Bayard Hansen）少校在日记中揶揄道："水火不容的两个日子撞在了一起：停战纪念日①和乔治·巴顿的生日。"⁴⁵整整一周后，巴顿的第3集团军终于包围了梅斯，又过了四天，这座要塞城市里的德军放下了武器。巴顿痴迷于攻占这座要塞，结果麾下的部队损失惨重。在赢得了1944年夏季闪电般的胜利之后，他的刚愎和急躁在很大程度上导致了部队伤亡严重，持续的降雨使摩泽尔河泛滥成灾，美军在梅斯南边的渡河行动也成了一场噩梦。巴顿对布莱德雷说过这么一件事，他手下的工兵连累死累活干了整整两天，历经挫折才勉强在激流中搭起一座浮桥，首批过河的车辆中有一辆坦克歼击车，它勾住了一根缆绳，接着缆绳断了，浮桥随即土崩瓦解，被湍急的水流冲向下游。"这个倒霉连队的全体官兵一屁股坐在了泥地上，"巴顿说道，"像小孩子那样号啕大哭。"⁴⁶

在南方，美军第7集团军在11月中旬攻击了萨维尔讷隘口（Saverne Gap），保障了法军第2装甲师取得突破并冲进了斯特拉斯堡，以迅雷不及掩耳之势直达莱茵河上的凯尔（Kehl）大桥。在第6集团军群的右翼，德拉特·德塔西尼上将的法军第1集团军解放了贝尔福（Belfort）、阿尔特基什（Altkirch）和米卢斯（Mulhouse），向科尔马（Colmar）南部发动进攻。他们的进攻在那里遇到了德军的激烈抵抗，被迫停止前进，后来就形成了著名的"科尔马口袋"。

斯特拉斯堡保卫战是德军历史上一个极不光彩的插曲，丢尽了德国军人的脸面。党卫军首先逃离城市，走之前还不忘记将城市洗劫一空。根据当时参加了守城战的一名德军将领的说

---

① 当天是第一次世界大战停战纪念日。——译者注

法,那些奉命"打到最后一颗子弹"[47]的士兵还没看到敌人,就丢弃了大部分弹药,那样他们就可以声称弹药耗尽,方便自己逃跑或者干脆投降。德军城防司令官弗朗茨·瓦特罗特(Franz Vaterrodt)少将对一些高级军官和纳粹党官员的行径嗤之以鼻,他在被俘后对他的同僚们说:"希姆莱居然没有吊死那些掌管斯特拉斯堡的家伙,真是令人惊讶。所有人都逃跑了,纳粹党的地方党务领袖、社区领袖(Ortsgruppenleiter,市级纳粹党负责人)、市政当局的正副市长都脚底抹油,连政府官员都跑光了……清晨时分,当事态开始变得有点紧急时,他们就渡过了莱茵河。"[48]人们看见斯特拉斯堡地方法院的首席大法官也背着帆布背包向莱茵河跑去,对于他,瓦特罗特倒是表示了更多的理解和同情,"他跑路是对的,他不得不签署了那么多死刑判决书,即决判决,那真是太可怕了"。这名法官是出生在斯特拉斯堡的阿尔萨斯人,要是落到法国人手里,他会是被第一个审判或者私刑处死的人。

许多德国军官出现时都带着他们的法国女人,而且都自称是"与自己的队伍走散了"[49],瓦特罗特少将简直要气炸了:"他们都是逃兵!"最惊人的是施赖伯(Schreiber)中将,他来到瓦特罗特少将的办公室时声称"我的参谋就在下面"。瓦特罗特向窗外望去,"下面大约有十辆崭新的漂亮小汽车,里面塞满了女人、随从、肥头大耳的官员,多得吓死人的行李中肯定塞满了美食和奢侈品"。施赖伯称自己打算渡过莱茵河,"那样我至少可以安稳一段时间"。

勒克莱尔少将的法军第 2 装甲师解放了斯特拉斯堡,法兰西举国上下一片欢腾,勒克莱尔在其巅峰之战——北非的库夫拉(Koufra)之战中承诺过,要让三色旗重新飘扬在大教堂的尖顶上，现在他实现了自己的承诺。曾在1871年和1940年两度被德国人抢走的斯特拉斯堡和阿尔萨斯重归法国的怀抱，这显然意味着法兰西已经光复。美军高级将领都很敬重和喜欢勒克莱尔，可他的同僚——法军第1集团军指挥官德拉特·德塔西尼上将相比之下就差得远了。这个能言善辩、行事浮夸的将领似乎认为他的职责就是不停地抱怨，埋怨盟军没能给他位于战线最南方的部队提供足够的军服和武器装备。公平地说，他确实面临着巨大的问题，他的集团军被编入了137000名未经训练且不服管教的法国抵抗组织成员，结果麻烦一大堆。戴高乐则惦记着把殖民地部队从法军第1集团军中调出来，好让这支番号"第1"的部队里的法国血统更纯正，而来自北非和塞内加尔的殖民地士兵也确实受不了孚日山区的严寒折磨。大雪纷飞之中，德拉特·德塔西尼的第1集团军终于突破了贝尔福的隘口，来到瑞士边境的莱茵河上游。

11月24日，艾森豪威尔和布莱德雷视察了雅各布·德弗斯中将的第6集团军群指挥部，这个集团军群辖有亚历山大·麦卡雷尔·帕奇（Alexander McCarrell Patch）中将的美军第7集团军和德拉特·德塔西尼的法军第1集团军。德弗斯是一名雄心勃勃的年轻将领，却不善于和人打交道，包括同艾森豪威尔。他甚至没有机会同盟军最高统帅部探讨自己的作战计划，主要是因为艾森豪威尔对他的南翼战线兴趣不大。德弗斯确信自己可以在卡尔斯鲁厄（Karlsruhe）西南方的拉施塔特（Rastatt）很轻松地渡过莱茵河，即使德军在其左翼发动了一些反击也不会有什么影响。他显然认为在莱茵河对岸建立桥头堡的前景能打动艾森豪威尔，但他对艾森豪威尔阐述自己的计划时论点和条理并不清楚，当最高统帅断然拒绝他的计划时,他变得非常沮丧。其实,这个责任主要在艾森豪威尔,他的眼睛只死盯着鲁尔区和柏林,从未认真考虑过南翼战线的战略应该是什么样的。他只是希望盟军能按照他的总体构想,从北海到瑞士将莱茵河西岸的德军清除干净。很不幸,艾森豪威尔的决定显示了他缺乏想象力,如果真能在拉施塔特渡过莱茵河并建立桥头堡,美军将获得一个巨大的机会。如果迅速实施的话,希特勒计划中的阿登反击战甚至会在开始前就胎死腹中。

且不论整体战局的变化如何,随着许特根森林的战斗逐渐深入,交战双方都越来越倚重炮兵。仅施密特中将的第275步兵师就得到了131门火炮用于支援作战,虽然他的炮兵团装备的火炮来自德国、苏联、意大利和法国,可谓五花八门,弹药补给也十分困难,但威力还是不容小觑。美军的炮兵实力就更加强大了。

炮火凶猛的结果就是将许特根森林变成了人间地狱,到处是被重炮炮弹和迫击炮弹掀倒或撕扯成碎片的大树,被地雷炸成碎块的尸体,被丢弃的钢盔和生锈的武器,被烧毁的车辆残骸,以及弹药箱、口粮袋、防毒面具和沾满泥污后变得非常重的军大衣。德军第74军军长施特劳贝步兵上将说道:"最要命的是士兵的军服(没得换)。"[50]在潮湿寒冷的环境下,他的部下饱受低温症、战壕足、冻伤和疾病的折磨,而迫击炮则成了杀伤双方士兵数量最多的武器。

许多德军军官认为,许特根森林的战斗比第一次世界大战中的战斗,甚至东线战场的战斗更可怕。一名军官将其描述为"一道开放性伤口"[51]鲁道夫·格斯多夫上校称其为"死亡磨坊"[52]。而再次加入拉纳姆上校的第22步兵团的海明威，在这里目睹了大雪、泥泞和被炸碎的松树，他说许特根就是"把树都炸碎的帕斯尚尔①"[53]。

作为战地记者的海明威，尽管最近由于参与军事行动受到了调查，但他毫不在意，再次背上了汤姆森冲锋枪，还带着分别装着杜松子酒和法国白兰地的两个水壶回到了部队。他多次在炮火下显示出自己的勇敢无畏，甚至还参加了一次战斗。海明威似乎并不怎么看重写战地新闻的本职，他自嘲地称自己是"得痔疮的老厄尼""可怜的穷人派尔"[54]，这是对美国最有名的战地记者厄尼·派尔（Ernie Pyle）的善意嘲笑。但是海明威更专注于研究自己周围的人，以及他们在战火中的表现，因为他打算写一部关于战争的巨著。正如他的传记作家卡洛斯·贝克（Carlos Baker）所言——"欧内斯特以自己能成为军官和士兵的良师益友为荣"，他对勇气的本质非常着迷，并嘲笑精神病学家对战场恐惧症的看法。

塞林格所在的第12步兵团防区距离海明威还不到两千米，他在这场地狱般的战斗中继续疯狂地写短篇小说。他告诉他的读者，只要一找到"没有人的散兵坑"[55]他就会动笔，看起来这项活动至少让他一直到战争结束都没有精神崩溃。

所谓的"战斗疲劳症"（Combat fatigue 或 Combat exhaustion）——军人在战场上精神崩溃的委婉说法——在美军中迅速蔓延开来。士兵中流传着为数不多的笑话之一是这么说的："在那里待上五天，你就可以和树搭腔，第六天树就会来找你聊天了。"[56]布莱德雷的一名参谋军官到访此地后，用可能玩世

---

① 在1917年的帕斯尚尔战役中，英军伤亡极其惨重。——译者注

不恭的夸张手法写道:"那些在许特根森林待过的年轻营长一个个都成了胡言乱语的傻子,和那些天生的傻子差不多。"有个这样的"傻子"对他说过:"本来还不是太糟糕,后来'生面团'(doughs)①从前线撤下来时太累了,他们看到路上有一个死掉的生面团仰卧在地,问题是他们累得要死,脚都抬不起来,居然直接从死人僵硬的脸上踩了过去,因为该死的……"[57]

战争带来的巨大压力让军人渴求尼古丁和酒精,虽然大多数军官都会慷慨地将自己特别配给的威士忌和杜松子酒拿出来与士兵分享,但一则关于口粮里的香烟被军需官偷走拿到黑市上出售的传言还是差一点激起一场兵变。第4步兵师的一个军官记录道:"士兵们对口粮缺斤短两的现象毫无怨言,实际上他们宁愿少吃点口粮,也要得到更多的香烟。"[58]

不光是精神崩溃的问题,人员的伤亡数量也在急剧增加。"你早上开车从野战医院的手术帐篷旁经过,看到地上有两三具尸体。等下午回来时,就变成了30具或者40具……阵亡人员登记班甚至出现了人手短缺。"[59]在进攻的最初三天里,第4步兵师22团的战斗伤亡就达到391人,其中包括28名军官和110名士官。[60]有时候新来的连长或者排长根本活不了多久,甚至还等不到手下人记住他们的名字就战死了。

德军同样损兵折将,莫德尔决心"保持对有利地形的控制"[61],于是那些临时拼凑的营或团被一个接一个地投入战斗,岁数不小的警察和缺乏训练的空军地勤人员被一队队地拉上去送死,许多人甚至在抵达前线之前就死在了美军的炮火之下。每当天气放晴,美军的战斗轰炸机群就会用白磷燃烧弹攻击德

---

① 美国俚语中泛指美军步兵。——译者注

军的炮兵阵地。虽然身穿单薄军服的德军士兵冻得瑟瑟发抖，并且因瘦弱和补给困难而严重营养不良，但他们还是在坚持战斗，因为看起来他们也别无选择。

德军向美军第1、第4和第8步兵师发起的持续反击，严重迟滞了美军穿越这个被炮火炸碎的林区的步伐，但无论如何艰苦和缓慢，美军仍在奋力向前推进，无论代价多么高昂，冰冷的雨水和令坦克无法为部队提供支援的泥泞与地雷，都无法阻止他们。美国大兵现在对敌人充满了仇恨，第22步兵团的戴维·罗斯巴特（David Rothbart）中士在日记中写道："我们的人从心理上来说已经完全进入了战斗状态，他们现在成了杀手，而且痛恨德国人，会毫不犹豫地杀了他们。"[62]

11月23日，感恩节，艾森豪威尔下达命令，所有盟军士兵都必须吃到一顿地地道道的火鸡晚餐。于是，许特根森林里各个营的厨师都在执行这道命令，哪怕只是制作火鸡肉三明治。但当士兵们爬出散兵坑排队领大餐时，德军的炮弹成群飞来，在队列中爆炸。一名目睹了当天血肉横飞惨状的美军少校据说后来再也没有吃过感恩节晚餐，而是"起身躲到后院里，像个孩子一样大哭一场"[63]。

没人觉得感恩节有什么好庆祝的。美军又奋战了六天，经历了死伤惨重的战斗后，才拿下了小豪村和大豪村。最终，在一场西欧战场罕见的决死冲锋之后，美军第8步兵师的部队用手榴弹、步枪和汤姆森冲锋枪，同德军在村舍间展开了逐屋争夺的肉搏战，最终夺取了许特根村。

第83步兵师与伤亡惨重的第4步兵师换防后，同样在"树倒枝断、弹片从树梢上尖啸着飞向四面八方"[64]的德军炮击中战战兢兢。为了进攻盖（Gey）村，美军组织了一次让不同单位的所有火炮同时射击、炮弹同时落地的 TOT（Time On Target）炮击，但是当他们的步兵进入村子时，可怕的"逐屋巷战"还是爆发了。直到 12 月的第一周结束时，美军才走出这片可怕的森林，俯瞰鲁尔河谷的广阔乡间，但他们还是没能拿下施密特镇和水坝。应美军的一再要求，英国皇家空军轰炸机司令部组织了三次意在摧毁水坝的空袭（其间因为天气取消了五次行动），却没能取得显著效果，这下英国皇家空军不干了，轰炸机司令部拒绝再次出击。最后，霍奇斯只好决定让位于水坝西南方的第 2 步兵师去攻打水坝，但德军的阿登大反击彻底粉碎了霍奇斯的计划。当美军最终控制住水坝时，已是 1945 年 2 月了。

战斗伤亡、精神崩溃、冻伤、战壕足和急性肺炎，让交战双方都付出了惨重的代价。10 月，罹患呼吸系统疾病（主要是肺炎和重感冒）的美军官兵达到了参战兵力的 37%，他们都需要治疗，这是这场战争中的最高纪录。许特根森林的战斗给美军带来了 8000 多名战斗疲劳症患者，[65]德军则由于生怕士兵借此合法地逃避战斗而拒绝承认这一疾病，因此没有相应的数字。然而不承认并不代表没有，德军第 7 集团军的军医主任后来说道："战斗疲劳症的案例寥寥无几，但是由于这些人没有被送回后方，我也无法确定他们占总伤亡人数的百分比有多少。"[66]第 7 集团军参谋长格斯多夫上校所说的话则清楚地解释了军医的说法："在某些情况下，我们发现士兵纯粹是由于筋疲力尽而累死在散兵坑里。"[67]

许特根森林之战，美军参战部队的 12 万官兵中伤亡达到 33000 人，仅第 4 步兵师就遭受了"超过 5000 人的战斗伤亡和 2500 多人的非战斗伤亡"[68]。为了让该师尽快恢复元气，霍奇斯命令第 4 步兵师调防到纵贯阿登山区"平静"的第 8 军防区内。在接下来的 12 天里,第 4 步兵师三个被打残的步兵团与第 83 步兵师换防,接受第 8 军军长特洛伊·休斯敦·米德尔顿(Troy Houston Middleton)少将的指挥,该军军部就设在巴斯托涅。第 4 步兵师必须在长达 56 千米的防线上驻守,几天后,在阿登地区集结的德国大军发动了凶猛的攻势,此时该师只剩下一半的兵力。

第六章　德军的战役准备

11月20日,希特勒在"狼穴"登上了专列,这列火车平时停放在经过伪装的铁路专线上。元首专列的两端各有一节搭载着四门四联装高射炮的平板列车,还有两节装甲车厢,六节乘客车厢位于中间,整车被漆成深灰色。

希特勒的内心深处肯定非常清楚,此生他永远不可能再回到东普鲁士了,但他以一种特有的拒不承认的态度,命令继续修建防御工事。他的随从参谋和秘书特劳德尔·容格女士也登上了火车,"怀着相当忧郁的心情,依依不舍地进行最后的告别"[1]。希特勒只用较大声的耳语说话,他很紧张,因为第二天在柏林有位专家要为他做个小手术,切除他声带上的息肉。希特勒向容格坦承他有可能会失声,容格在她的书里写道:"他非常清楚,他的声音是他获得权力的重要手段;他的话语使人们陶醉其中,并紧紧地追随着他的脚步。如果他不能再发表演说,那此后他要怎样做才能掌握人心呢?"[2]希特勒的随从已经恳求了几个星期,希望他能对全国人民发表演说:"我的元首,您必须再次对德国人民讲话。他们已经失去了信心,他们对您产生了怀疑,甚至有谣言宣称您已经不在人世了。"

希特勒希望在天黑之后抵达柏林,按他的说法是为了保守他回到柏林的秘密,但他的随从知道他是不愿意看到盟军轰炸后的惨状。当他们在格鲁讷瓦尔德(Grunewald)车站下车,换乘汽车前往帝国总理府(Reichschancellery)时,容格写道:

"车队行驶在还算保持完好的街道上。希特勒再次失去了目睹柏林城被重创后的真实面貌的机会,汽车的近光灯只能照见道路左右两侧的一堆堆瓦砾。"[3]

希特勒回到柏林的最重要目的就是监督阿登进攻计划的筹备,9月的第二周他还在"狼穴"卧床不起时就已经产生了这样的愿景,当时他得了黄疸病,所以无法参加形势汇报会。"希特勒有一整天的时间思考,"约德尔大将后来回忆说,"我看见他独自躺在床上——通常他不喜欢除了副官之外的任何人看到他躺在床上——他说出了自己的设想。我在地图上粗略勾勒了一下,画出进攻的方向和规模,估算需要投入的兵力。"[4]

希特勒下定决心后从来不会妥协,他决心永远不进行谈判,戈林很清楚这一点,所以他拒绝了克赖珀上将要他劝说元首寻求政治解决的恳求。希特勒继续自我催眠,让自己相信西方资本主义国家和苏联之间的"非自然"联盟必然会崩溃,而且他计算到与其在东西两线的防御战中被消耗到山穷水尽,发动一场最后的大规模进攻的成功率要高得多。"一直维持防御态势的话,我们就不可能摆脱笼罩在我们头上的邪恶命运,"约德尔后来解释道,"这是一种绝望之举,但我们不得不冒一切风险。"[5]

在东线,一次集结了32个师的大规模反击会被红军庞大的兵力吸收和扼杀;在意大利战场,一场突如其来的胜利无法从根本上改变局势。但希特勒相信,在西线,如果两个装甲集团军向北冲到安特卫普将会使西方盟军产生分裂,甚至可能通过"另一个敦刻尔克"[6]迫使加拿大人和英国人退出战争。这也将消除他们对鲁尔工业区军工生产的威胁。

希特勒选择阿登地区作为突破口，是由于驻守该地区的美军实力薄弱，他显然想复制1940年德军在当地取得的成功突破。德军最大的优势在于艾费尔高原的德国一侧拥有广袤的森林，能为德军部队和坦克提供掩护，躲避盟军的空中侦察。一切都取决于出其不意，并寄希望于盟军领导人不会做出足够快的反应，希特勒假设艾森豪威尔会和政府首脑以及其他盟军指挥官商议推敲，而这可能需要几天时间。

在希特勒于9月16日在"狼穴"大本营出人意料地宣布自己的计划之前，只有约德尔知道计划内容。从那时起，知道这项计划的每个人都必须签署一份文件，他们被告知如果向任何未经明确授权的人透露该计划，就会被处决。约德尔用他的小型参谋部①根据希特勒的意愿来确定计划的细节，凯特尔虽然在理论上掌管最高统帅部，但他并没有参与制订作战计划，只涉足了燃料和弹药的分配。还有伦德施泰特元帅，即便他身为西线德军总司令，却根本没有提前收到任何消息，这也是日后美军坚持将这次行动称为"伦德施泰特攻势"，仿佛这是他制订的计划时，他感到非常恼火的原因。

10月22日，伦德施泰特的参谋长西格弗里德·韦斯特法尔（Siegfried Westphal）中将②和莫德尔的参谋长汉斯·克雷布斯（Hans Krebs）步兵上将被召唤到"狼穴"大本营。他们既害怕亚琛的陷落会引来希特勒的激烈责难，又担忧让最高统帅部调拨更多的师加强西线兵力的要求会被愤怒地拒绝。当忐忑

---

① 这里指隶属于最高统帅部的国防军指挥参谋部，与德国陆军总参谋部是两套完全不同的参谋班子。——译者注
② 原文中将韦斯特法尔的军衔写成了骑兵上将，但实际上他要到1945年2月1日才晋升骑兵上将。——译者注

不安的两人在进入会议室前被要求签署以生命为代价的保密承诺书时，他们感到非常诧异。约德尔的副手向他俩展示了一份代号"守望莱茵"的秘密计划，这个代号给人一种防御性作战的印象。在那个阶段还没有任何会在阿登发动攻势的暗示，仅仅是将部队调动到西线的亚琛附近，名义上是为了反击美军迫在眉睫的进攻。

午餐过后，两位参谋长都参加了希特勒的日间形势汇报会，在总体形势简报结束后，一些军官被要求离开会议室，留下继续开会的大约还有15人。希特勒开始讲话，他说西线一直提出要求援兵，考虑到第一次世界大战期间德军在西线部署了130个师，这是可以理解的。他之所以没有派出增援部队，是因为他不愿意将更多的部队投入防御战，但现在情况发生了变化，因为他已经制订了一份奇袭安特卫普的计划。这次攻势将在列日以南发起，届时德国空军会投入2000架飞机进行支援。这个数字过于夸张，在场的军官都觉得难以置信。

希特勒希望攻势能在11月发动，这个时间段雾天很多，尽管他意识到这样一来需要大半个月的时间进行准备。主要的突破由许特根森林以南的第6装甲集团军进行，其左翼由曼陀菲尔的第5装甲集团军负责掩护，同时第7集团军将负责防御巴顿的第3集团军可能从南方发动的反击。散会后，韦斯特法尔有一肚子问题想问约德尔，但他发现后者"匆匆离去"[7]。他很想说配属的这些部队兵力明显不够，甚至不足以到达马斯河，但他也知道如果他提出这样的反对意见，"国防军指挥参谋部可能会指责我是失败主义者"。

西线德军总部位于美因河畔法兰克福（Frankfurt-am-Main）附近的齐根贝格古堡（Schloss Ziegenberg），此地距离经过精心伪装的"雕窝"（Adlerhorst）① 近在咫尺，而"雕窝"是现任军备和战时生产部部长阿尔贝特·施佩尔（Albert Speer）在1940年西线战役开始之前为希特勒建造的西线野战指挥部。韦斯特法尔回到总部后，向伦德施泰特做了简要汇报，他还在汇报中说，他感觉连约德尔自己多半也不相信德军能抵达安特卫普。

伦德施泰特对没有提前和他磋商感到很不高兴，而且他决定在这个大而无当的计划得到修改之前不会允许其实施。B集团军群指挥官莫德尔在听取自己的参谋长汇报时也有类似的感受，人们只能推测当他听说严禁使用那些给大反攻预留的各师时的反应，这些部队必须撤出前线，去后方重新整补和训练。美军对许特根森林发动的进攻迫使他违反了这道命令，他不得不派出第116装甲师去支援夺回施密特镇的反击，原准备用于大反攻的若干师也不得不投入战斗，防止许特根森林防线崩溃。而在更南方的党卫军第17格茨·冯·贝利欣根装甲掷弹兵师被用于牵制巴顿的第3集团军，因而始终无法按计划脱离前线进行整补，再参加阿登攻势。第7集团军参谋长格斯多夫上校承认，这些"德军师的力量正被逐渐削弱，疲惫不堪的部队不可能在阿登攻势之前重新整补完毕"[8]。

被称为"老普鲁士人"的伦德施泰特，与个子不高、富有进取心的莫德尔在外表、品味及政治观点上几乎没有什么地方是契合的，但他们至少都认为希特勒的"大满贯"（grand slam），或者被称为"大解决方案"（large solution）的作战计

---

① Adlerhorst 的直译是"鹰巢"，亦有雕窝的意思，为了和希特勒在贝希特斯加登的著名别墅"鹰巢"（Kehlsteinhaus）做区分，因此翻译成"雕窝"。——译者注

划，只是他在地图上的一个幻想。伦德施泰特认为，唯一现实的方案是在阿登-亚琛前线打一场双重包围战，用两个装甲集团军冲向马斯河的大河曲处，然后内转切断霍奇斯的第1集团军和威廉·胡德·辛普森（William Hood Simpson）中将的第9集团军部分单位的后路，同时远在北面鲁尔蒙德附近的第15集团军将向南旋转和他们在列日会合。这个替代方案被称为"小解决方案"（small solution）或者"小满贯"（little slam）。[9]莫德尔对第15集团军的作用持怀疑态度，他希望将所有节省下来的部队投入后续的主攻，扩大先头部队打开的突破口，形成"扫雪机效应"[10]来席卷侧翼的敌军。

10月27日，莫德尔在克雷费尔德（Krefeld）附近的B集团军群指挥部，召集预定参战的第6装甲集团军指挥官约瑟夫·"泽普"·迪特里希（Josef "Sepp" Dietrich）党卫队全国总指挥兼党卫军装甲兵大将、第5装甲集团军指挥官曼陀菲尔上将和第7集团军指挥官布兰登贝格尔上将开会讨论这项计划。莫德尔意识到，如果得不到顶头上司伦德施泰特的支持，他提出的"小解决方案"是不可能得到最高统帅部批准的，因此他同意将伦德施泰特的方案吸收进他的计划之中。然而，即使约德尔渐进式地让元首接受"小解决方案"的尝试也没能取得任何进展。将军们提醒希特勒，需要更多的兵力不仅仅是为了到达安特卫普，也是为了确保进攻走廊不受盟军反击的影响，但希特勒顽固地无视了这些警告。

约德尔警告伦德施泰特，元首的意志坚如磐石，谁劝都没用，所以西线德军总司令将他的意见写成了书面文件。他显然不愿面对另一场狂乱会议中的希特勒，只要将军们的想法有任何地方与他的设想相悖，希特勒都会大发雷霆。甚至连莫德尔后来提议先实施"小解决方案",如果成功的话再冲向安特卫普的策略也被他坚决否决了。希特勒认为,亚琛当面的美军过于强大,所以削弱他们的唯一做法是侧翼包抄,冲过马斯河并切断他们的补给线。[11]

海因茨·古德里安大将再次提出抗议,把所有能用的德军部队都集中到西线会导致灾难,一旦东线的地面冻得结实到可以让坦克驰骋,苏联红军的坦克集团军就会从维斯瓦河河畔发动大规模攻势,对德军展开又一轮打击。[12]约德尔在11月1日对古德里安解释道:"以我们目前的情况只能放手一搏,不能害怕将所有希望都押在一张牌上。"[13]古德里安的长子海因茨·京特·古德里安(Heinz Günther Guderian)中校作为第116装甲师的首席参谋,参加了阿登攻势。

尽管战地指挥官得到了上级保证,他们所需要的燃料会得到充分保障,但大家知道届时燃料仍然会成为首要问题。11月23日,在柏林的一次重要会议上,他们提出了如何保障燃料及时准确到位的问题。迪特里希抱怨说,许诺给他的物资现在连影子都没看见。国防军指挥参谋部陆军参谋长瓦尔特·布勒(Walter Buhle)步兵上将拿出一沓文件,向他们证明这些物资都已经发出了,但是由于盟军的轰炸,大部分燃料仍然被堵在莱茵河东岸运不过去。曼陀菲尔知道复杂地形和泥泞的道路会严重加剧燃料的消耗,他要求得到500千米的燃料供给,但他的集团军仅仅收到够跑150千米的燃料。[14]凯特尔手里积攒了1740万升燃料,但约德尔后来承认,凯特尔想"根据原则扣下一些,否则指挥官们会奢侈地将它们浪费掉"[15]。

希特勒原定在11月发起进攻的计划绝不可能实施了,甚至连12月初能否发动都变得越来越不确定。燃料、弹药和各师部队的运输都延迟了，部分原因是盟军对运输网络的狂轰滥炸，还有部分原因是早先将部队从前线撤出整补时困难重重。几乎没有一个装甲师有燃料和时间来训练众多的新坦克驾驶员，西线的德军部队拥有补充新的坦克、突击炮和火炮的优先权。党卫军各师接收了大部分新装备，并拥有挑选补充兵员的权力，即便如此，他们接收的大部分兵员主要是从德国空军和海军抽调过来的年轻人。由于对党卫军部队的过分偏爱，[16]希特勒支持由第6装甲集团军来承担主要的突破任务，但约德尔后来承认，曼陀菲尔的第5装甲集团军下属的装甲师表现得更加有效，他认为"战争进行过程中肯定会受到某种政治因素的干扰"[17]。

12月2日，莫德尔同曼陀菲尔以及迪特里希一起来到柏林，后者在纳粹党还处于街头斗争的时代担任过希特勒忠诚的卫队指挥官。他们都支持"小解决方案"，而希特勒则坚持要实施他既定的突向安特卫普的计划，所有准备工作都必须基于这个目标进行。伦德施泰特没有出席此次会议，他派参谋长韦斯特法尔代表他出席，后者实际上基本没有发言。希特勒会后向约德尔"表示他对这种行为感到惊讶"[18]，但伦德施泰特清楚地表明了关于整个他对其毫无掌控力的计划，他的看法是什么。最终下达的命令被希特勒诠释为"不可更改"，伦德施泰特和莫德尔被明确告知，他们的任务仅仅是将最高统帅部的命令传达给"下属部队的指挥官"[19]。

莫德尔似乎已经听天由命了，他认为这是一场"最后一搏"[20]，而他别无选择，只能执行命令。曼陀菲尔后来说，正是在12月2日的会议上，他就私下决定自己麾下的装甲集团军的"最终目标是马斯河"[21]，而非希特勒坚持要求的布鲁塞尔，他知道，"盟军的反应能力将会是（行动成功与否的）最重要因素"。

曼陀菲尔是一名身材矮小却意志坚定的骑兵，第一次世界大战中他就在第3"冯·齐滕轻骑兵团"（von Zieten Hussar）[①]中服役。在战后的革命性剧变中，他成了镇压柏林"斯巴达克团"起义和巴伐利亚苏维埃共和国的柏林"欧文自由军团"（Freikorps von Oven）的一员，担任团长格奥尔格·冯·欧文（George von Oven）上校的副官。第二次世界大战中，他在东线战场迅速证明了自己是一名出色的指挥官，起初是指挥第7装甲师，随后是"大德意志"装甲掷弹兵师。他认为："出其不意是装甲部队成功的一个决定性因素，部队全体官兵都必须根除懈怠、软弱等负面情绪。"[22]

希特勒对于保密工作的坚持一直没有松懈过，所有参战部队直到进攻前夜才得到通知，甚至连团级指挥官也在进攻开始前一天才知道部队要投入反击战。[23]炮兵的组织准备无法提前进行。尽管集团军指挥官一再请求，但最高统帅部根据希特勒的指示不允许对除军长、集团军炮兵指挥官和一名参谋军官外的任何人做任务简报，各军炮兵指挥官不得不亲自勘察所有的炮兵阵地。毫不奇怪的是，许多军官很快就能从手头的工作中意识到一场大规模攻势正在准备之中，仅仅从炮兵部署的情况就能看出来，因为这种部署并不是以防御为目的的。

部队在夜间行军进入艾费尔高原的集结地，白天则在村庄

[①] 汉斯·恩斯特·卡尔·冯·齐滕（Hans Ernst Karl von Zieten）元帅是腓特烈大帝麾下的第一战将，是普鲁士历史上最有胆识的勇将之一，更是骑兵中的偶像人物。1730年，时任上校的齐滕成了第3轻骑兵团的首任团长，这个骑兵团就此成为普鲁士军队历史上赫赫有名的部队。曼陀菲尔在骑兵团服役仅两个月就从军官候补生晋升少尉，而通常见习过程需要差不多两年时间。——译者注

中驻扎，所有车辆都隐藏在谷仓中。当美军侦察机经过时，部队既不能开火也不能移动，炊事班使用木炭做饭，这样产生的烟雾就很小。数以万计的德军进驻之后，这里的村庄和森林已经"完全被撑爆"[24]，但元首卫队旅的军官对于盟军的空中侦察未能有丝毫发现感到很惊讶，他们随时都准备应付一次大规模空袭。

为了保密，作战地图直到最后一刻才下发部队，德军各单位始终保持着完全的无线电静默，但这也意味着直到开始炮火准备时通信网络才能建立。为了让部队转移至进攻出发阵地，所有道路都被限制为单向通行。为了防止被敌方特工发现，所有道路都不做任何线路标记。修理车做好了处理各类机械故障的准备，天黑后"鹳"式（Storch）联络机在部队驻地上空飞来飞去，[25]观察是否出现了灯光，同时也掩盖了地面车辆引擎的声音。当地居民被严格控制，艾费尔高原的所有电话线路都被切断了，盖世太保派人到前线检查所有的安全措施。各国民掷弹兵师都接到上级命令，收走了下属士兵的军饷簿和证件，这样一来，如果士兵开小差的话会被当作间谍当场处决。[26]

德军在亚琛以北设立了一个假的指挥部，不断发出各种指令，造成第6装甲集团军已经在那里就位，准备反击预期中的美军强渡鲁尔河攻势的假象。诺曼底登陆前，盟军曾伪造出美军第1集团军群在英格兰东部的假象，现在德国人也如法炮制出假的第25集团军来迷惑对手。曼陀菲尔说："我于12月初开始在饭店中散布谣言，说德军准备在1945年1月从萨尔地区发动进攻，一天晚上我和手下的一些指挥官共进晚餐的时候大声说到了这事。"[27]

与此同时，戈培尔一直在重复纳粹领导层的口头禅："敌方阵营内部的政治危机与日俱增。"[28] 然而，就连许多最忠实的纳粹信徒都不再相信这些话了，他们只是别无选择，只能战斗到底。党卫军第 17 装甲掷弹兵师师长汉斯·林纳（Hans Lingner）区队长被俘后的秘密录音透露了当时他们的顽固思想。"我们从摇篮里就被教育，利奥尼达斯（Leonidas）在温泉关（Thermopylae）的战斗①是为自己的人民做出的最高境界的牺牲，"他告诉他的战友，"其他一切皆源于此，如果整个德国变成全民皆兵，那么接下来它就不得不走向毁灭。因为从个人角度可以这样思考，并说'现在我们的人民全完了，一切都毫无意义了，全是瞎折腾'——你真的相信你能从血祭之中拯救出大量生命吗？你相信你能改变和平的条件吗？当然不会。与之相对，众所周知，如果一个国家没有在一场决定命运的战争中战斗到最后，那么它也无法作为一个国家重新崛起。1918 年时每个人还在推测（未来），我们今天却在这里说：'现在都是在胡扯，德意志民族已经全毁了'……我深信，数以百万计的德国人将会承担起贫穷、饥饿和过早亡故的恶果……"[29]

德国将如凤凰涅槃一般在灰烬中重生的愿景在真正的信徒中广为流传。"唯一要做的事情就是继续战斗，直至最后一刻，"曾担任布洛涅要塞守备司令的费迪南德·海姆（Ferdinand Heim）中将说道，"即使所有的一切都被摧毁了，战至最后一刻也会赋予一个民族重新崛起的精神力量。一个认输投降的民族就彻底完蛋了，这一点已经被历史证明。"[30]

党卫军和国防军之间的关系越来越紧张，因为希特勒坚持

---

① 指古希腊斯巴达三百壮士血战温泉关的故事。——译者注

党卫军部队成建制地撤退，国防军的师却被留下充当后卫继续战斗。而党卫军部队从来不会忘记他们认为的受过的伤害，党卫军第 17 装甲掷弹兵师的一名军官宣称，在诺曼底战役末期从法莱斯（Falaise）包围圈突围的战斗中，国防军第 2 装甲师师长海因里希·迪波尔德·冯·吕特维茨（Heinrich Diepold von Lüttwitz）中将拒绝为警卫旗队师大腿受伤的师长特奥多尔·维施（Theodor Wisch）旅队长兼党卫军少将提供车辆。① "真是卑鄙的伎俩！"他说。[31]他还声称吕特维茨本人是被一名党卫军装甲掷弹兵营营长救了的。

国防军指挥参谋部副参谋长瓦尔特·瓦尔利蒙特炮兵上将承认："有许多人议论，党卫军不再认为自己是国防军的一部分，而是一个独立的组织。"[32]泽普·迪特里希希望他的第 6 装甲集团军被命名为党卫军装甲集团军，但他的提议被否决了，因为他的下属部队里还有非党卫军部队。迪特里希甚至拒绝库尔特·克鲁泽（Kurt Kruse）中将②担任他的集团军炮兵指挥官，因为后者不是党卫军成员。[33]曼陀菲尔和许多人一样，对迪特里希身为将军的指挥能力很不看好，他认为第 6 装甲集团军"没有作为一个整体被指挥作战，而它的部分部队并没有像陆军各师一样有责任感地战斗"[34]。迪特里希被陆军高级将领视作一个拙劣的笑话，当被问及他的第 6 装甲集团军在进攻首日和次日的目标时，据说他是这样答复的："目标，目标！如果我

---

① 这个事件其实和吕特维茨无关。部队分散突围的时候，警卫旗队师师长特奥多尔·维施旅队长腿部重伤，他的部下找第 2 装甲师的军官借装甲车，被其以无车可借为由直接拒绝了。吕特维茨根本就不在场，只是党卫军把这笔账算到了他的头上而已。——译者注
② 作者在原文中将克鲁泽写作炮兵上将是有误的，他的最终军衔就是中将，未能晋升兵种上将。——译者注

必须给每个人设定目标，那么我应该在哪里？你们这些总参谋部军官！"[35]

弗里德里希·奥古斯特·冯·德·海特（Friedrich August von der Heydte）中校拥有男爵头衔和双博士学位，在与迪特里希讨论过有关第6装甲集团军战线前方的空降行动之后，气得言辞更为刻薄尖刻。他说迪特里希想表现出"一个地道的将军"的样子，但他就是"一个自负、鲁莽的军事主官，其知识和能力仅相当于一名优秀的中士，没有任何道德上的顾虑"[36]。海特虽然是个德国民族主义者，但他憎恶纳粹。作为克劳斯·冯·施陶芬贝格（Claus von Stauffenberg）上校的远亲，他被"7·20"事件后的调查激怒，[37]当时他被问及是否与非德国血统的贵族或曾经统治德国的皇室有关，或者他是否在国外或在耶稣会学院接受过教育。当海特向迪特里希询问总体方案时，迪特里希只是说要冲到安特卫普，"然后给英国人狠狠一击"[38]。

海特是伞兵集团军战斗学校的负责人，12月8日晚上，他的老上级库尔特·施图登特空军大将在荷兰的指挥部里对海特的任务发出了首次警告。"元首已经下令，准备在一个强大攻势的框架中使用伞降突击，"施图登特告诉他，"你，我亲爱的海特，奉命执行这项任务。"[39]他将抽调约1200人组建一支突击队，空降到敌人的防线背后，占领关键的交叉路口。施图登特拒绝了海特提出的使用他自己的第6伞兵团的建议，因为使用成建制的部队可能会被敌人发现，而保密至关重要。

攻势发起的前夜，海特战斗群将伞降到奥伊彭（Eupen）南部，他们的任务是阻击从亚琛地区南下增援的美军。在接下来的两天里，海特将接收到的执行任务的人员送到赛纳营（Sennelager）接受高强度的短期训练。自从1941年德军伞兵在克里特岛之役中遭受惨重损失之后，希特勒就拒绝尝试空降作战了，这意味着很多人根本没有接受过合格的伞降训练，有些老兵甚至在那次行动之后就连飞机都没上过。

海特随后去林堡（Limburg）面见迪特里希·佩尔茨（Dietrich Peltz）空军少将，商讨行动所需飞机的问题。抵达目的地之后的所见所闻给他留下的印象不太好，他记录道："佩尔茨指挥的驻林堡的第12航空军（XII Flieger Korps）①乱糟糟的，那里除了法国女孩什么都没有。②"[40]佩尔茨对部队灾难性的状况抱怨道："德军最后的储备燃料都被投入阿登的冒险行动了。"[41]海特获悉自己的任务得到了112架Ju 52运输机，但有一半的飞行员从来没有空投过伞兵，也没有在敌占区上空飞行过，更没有接受过编队飞行的训练。"只有两名飞行员是经历过斯大林格勒包围圈的老手。"[42]他记录道，这意味着这二人曾经在斯大林格勒包围圈上空多次进出，在1942年12月执行注定失败的任务：为弗里德里希·威廉·冯·保卢斯（Friedrich Wilhelm von Paulus）大将的第6集团军提供空中补给。

---

① 根据佩尔茨的履历和德国空军的资料，他当时指挥的是第2战斗机军，海特的回忆录写的是第12航空军，而这个军在1943年已经改建为第1战斗机军，显然是海特搞错了。——译者注
② 令人吃惊的是，此时有许多年轻的法国姑娘陪同她们的恋人一起撤退到了德国，因为她们知道抵抗组织会由于她们与德军合作而进行报复。然而，她们后来的命运难以想象，德国女人相信法国姑娘自1940年以来便挖空心思勾引她们的男人，因此根本不愿意接纳她们。在战争最后的六个月中，这些法国姑娘的"保护者"中有相当一部分在鏖战中命丧疆场。——作者注

12月11日，海特带着最有经验的飞行员去见约瑟夫·"贝波"·施密德（Joseph "Beppo" Schmid）中将①，后者是德国国防军有史以来造成最大灾难的情报军官。施密德在整个不列颠空战期间不断地预测英国皇家空军战斗机司令部只剩最后一口气了，最后倒霉的却是德国空军。然而戈林一直保护并提拔这个马屁精，现在他混到了德国空军西线总司令的位置（此前他是第1战斗机军军长）。施密德在"酒精的严重影响"下，宣称"德军进攻安特卫普的成败将决定战争的结局"[43]。施密德告诉海特，他将把后者的部队一分为二，一部分空投到马尔梅迪（Malmédy）以西，其他的空投到奥伊彭附近。海特说这样安排简直荒谬至极，两支部队的规模都太小，很多人肯定无法降落到指定区域，因此会导致兵力分散，无法发挥作用。当海特警告说，飞行员和伞兵都严重缺乏训练，行动很可能会因此失败时，施密德咒骂着两名来访者，并以质疑德国空军人员的能力为由将他们赶了出去。

海特驾车开了一个通宵，去巴特明斯特艾弗尔（Bad Münstereifel）南部的狩猎小屋拜访莫德尔元帅。莫德尔坦承这次行动不是他的主意，并询问空降行动能不能有十分之一的成功率，海特勉强认为这是有可能的，于是莫德尔明确地说道："整个攻势的成功概率都不到十分之一，但这也是让战争体面结束的最后机会。"[44]随后，莫德尔让他去见泽普·迪特里希，后者的指挥部在南边半小时车程的地方。

---

① 原文中作者拼错了施密德的名字，将其拼成了施密特（Schmidt），还写错了他的军衔，将其写成了航空兵上将（General der Flieger），后文中相同的错误不再一一指出。贝波（Beppo）在德语中是幻境的意思，应该是施密德的绰号。——译者注

海特一大早就在那里等候迪特里希召见,后者却迟迟没有出现,海特一直等了大半个上午。等候期间,一名值班的客房勤务兵向他透露了奥托·斯科尔策尼指挥的战斗群将执行破坏行动的秘密计划,这可是一种令人震惊的严重泄密行为,为此他可能会被枪毙。海特终于被领进了迪特里希的办公室,他对后者的第一印象是"一名'酒精考验'的老士官"[45],迪特里希开门见山地问道:"唔,说说你们伞兵能干什么吧。"海特回答说,只有先告诉他要执行什么任务,他才能判断是否能够完成。没能得到明确的回复后,海特接着问敌方在这个区域的兵力情况,"我被告知的所有内容,只是防线由美军部队把守,起码到12月12日还没有任何清晰的航拍照片;在美军防线纵深只有'几个银行经理和犹太男孩'"。用迪特里希的话来说,"诸如战术和作战预备队,可以说什么都没有,没人能告诉我任何东西"[46]。

海特后来在战俘营中从他的视角将此次对话内容讲给他的同僚听,为了娱乐众人他还模仿了迪特里希浓重的士瓦本口音。当他试图解释行动面临的一些困难时,迪特里希显然认为这是失败主义,这次进攻将碾碎美国人。

"我们将消灭他们。"他喊道。

"但敌人的情况如何,党卫队全国总指挥先生?"

"上帝啊,我不知道。你很快就会弄清楚的。"

"你将派哪支部队打头阵?"

"我还不能告诉你——谁第一个出现,就派谁先出击。"

海特继续说道:"当我补充说,只有在风向有利的情况下才能跳伞时,他说:'嗯,我不为德国空军的缺陷负责!看看,这只是他们无能的又一个例子。'"[47]

这次怪异会面的唯一成果，就是迪特里希同意不把海特的部队一分为二。海特从迪特里希的参谋长弗里茨·克雷默（Fritz Krämer）旅队长那里得到了更多的信息。海特认为后者是"一个神经高度紧张和过度疲劳的人"[48]，因为他得为迪特里希把所有的工作完成，所以这也就不足为奇了。克雷默告诉海特，党卫军第 12 希特勒青年团装甲师的装甲前锋将在"24 小时内"与他们取得联系。海特要求派一名军官担任炮兵前进观察员，与伞兵一起空降，于是他得到了党卫军第 12 装甲炮兵团 3 营 7 连连长哈拉尔德·埃特里希（Harald Etterich）二级突击队中队长①。海特还得到消息，空降将在 12 月 16 日凌晨 4 点 30 分到 5 点之间进行，也就是炮火准备开始之前，届时汽车会将他的伞兵部队送到帕德博恩（Paderborn）和利普斯普林格（Lippspringe）的机场。

最高统帅部筹划的另一项特别行动是派出突击队，冒险穿过敌军防线深入敌后制造混乱，这些挑选出来的突击队员将身着美军制服，驾驶缴获的美军车辆。10 月 21 日，当伦德施泰特和莫德尔对阿登反击战还一无所知的时候，希特勒就在东普鲁士召见了奥托·斯科尔策尼一级突击队大队长，并与其进行了单独谈话。身高两米、左脸颊上有一道长长刀疤的斯科尔策尼挺立在弓着腰、满脸病容的元首面前，希特勒对其说道："斯科尔策尼，接下来的任务将是你人生中最重要的时刻。"[49]海特将这名奥地利巨汉描述成一个"典型的纳粹恶魔"，他使用"典型的党卫队手法，将和他同类型的人召集起

---

① 同行的不止一名党卫军军官，党卫军第 12 希特勒青年团装甲师还派出一个携带便携式无线电台的通信班和伞兵一起行动，只是这些人都没有跳伞经验。——译者注

来，组建了一支特殊部队"[50]。威廉·冯·托马（Wilhelm von Thoma）装甲兵上将同样认为斯科尔策尼就是个奥地利罪犯，并把他描述为"一条真正肮脏的狗……枪毙他都显得过于仁慈了"[51]。

斯科尔策尼获得了不受限制的权力来为他的任务做准备，他手下的军官们只要说一句"这是帝国元首的命令"[52]就可以得到一切想要的东西。来自德国陆军、党卫军、海军及空军的会说英语的军官和士官，都奉命到奥拉宁堡（Oranienburg）郊外的弗里登塔尔城堡（Schloss Friedenthal）报到，参加"口译工作"，其中约半数人来自海军。在那里，他们要接受党卫军军官用英语提出的问题，然后被告知将加入名为第150装甲旅的特殊单位并宣誓保密，每个人还必须签署一份保密文件："我承诺对第150装甲旅的一切事务保密，即使在战争结束后仍将保守秘密，如有违反可被处以死刑。"[53]他们的指挥官是穆斯库罗斯（Musculus）①中校，这是个令人惊叹的名字，他拥有一头金发，脸上还有学生时代参与斗殴留下的伤疤。他向众人保证，第150装甲旅的行动将"对战争的进程产生决定性影响"[54]。

年轻的海军少尉明茨（Müntz）[55]和其他人一起被送往戒备森严的格拉芬韦尔（Grafenwöhr）训练基地。他接到的命令是在11月21日之前，从战俘营收集2400套美军制服，其中包括10套将军和70套军官制服。明茨首先来到柏林的战俘管理处，战俘管理处处长弗里德里希·莫伊雷尔（Friedrich Meurer）上校看到希特勒本人签署的命令后大吃一惊，他说这样的行为是

---

① 德语的意思是小家鼠，显然是斯科尔策尼的化名。——译者注

违反国际法的。不过，相关的书面指令还是发送给了所有的战俘营指挥官。明茨和他的助手一起坐着卡车去收集制服、证件和军饷簿等物资，但他们从战俘营收集这些东西时遇到了极大困难。在奥得河畔菲尔斯滕贝格（Fürstenberg-an-der-Oder）①，战俘营指挥官拒绝执行让80名美军士兵脱下野战外套的命令。明茨被召回格拉芬韦尔，以防红十字会听到消息后将此事告知盟军。他的任务在一定程度上失败了，因为美军自己的冬装也严重短缺，为此美国大兵已经在许特根森林、洛林和阿尔萨斯付出了代价。

在格拉芬韦尔，所有官兵不分军衔都必须敬美式军礼，他们吃的是K口粮，穿的是明茨和他的小组设法弄来的为数不多的美军军服，每道命令都用英语下达。他们奉命观看美国电影和新闻纪录片来学习其语言风格，改变自己的口音，像美军那样排成长队打饭。他们每天要花两个小时学习语言和美式行为习惯，包括吃饭时如何"先放下刀再举起叉子"[56]。甚至他们还被展示了如何像美国人那样将香烟从烟盒里轻叩出来。此外，他们还要学习所有普通突击队员需要掌握的技能，例如进行近距离作战、爆破和使用敌军制式武器的训练。

在了解了即将实施的"狮鹫"（Greif）行动的更多细节后，有些人对身着美军制服投入战斗的做法表示怀疑，结果他们都受到了哈迪克（Hadick）一级突击队大队长的威胁，他"强调元首的命令一定要无条件执行，任何有异议的人将被处死"[57]。当收到"隐藏在廉价打火机里的"瓶装氰化物时，突击队员的士气受到了相当大的打击。

---

① 此地在1961年更名为艾森许滕施塔特（Eisenhüttenstadt）。——译者注

斯科尔策尼在意大利和布达佩斯取得了耀眼战绩，这让党卫军部队的成员几乎都把他视作超级英雄来崇拜，而他则以"炽烈的友情"[58]来回报同僚。其中一人后来写道："他是我们的海盗船长。"[59]营地里流传着和任务有关的许多谣言，大家都在猜想真正的任务到底是什么，有些人认为他们将参加重新占领法国的空降行动。斯科尔策尼后来讲过这样的故事——他曾鼓励一些小组说，要将他们派到巴黎去绑架艾森豪威尔将军。

斯科尔策尼战斗群被一分为二，除了主力组成第150装甲旅外，还有一个特种部队单位（Einheit Steilau）。这支特种部队有150名官兵，他们是由斯科尔策尼从600个会说英语的人中挑选出来的，大多数人都身着美军制服，开着吉普车。这些人分工明确，有负责炸毁弹药库、燃料库和桥梁的爆破组；负责侦察通往马斯河的道路和敌军实力的侦察组；还有通过剪断电话线及下达错误命令等手段给美军的通信制造混乱的破坏组。德国人犯了一个错误，每辆吉普车上坐了四个人，但他们显然没注意到美军很少会在一辆吉普车上挤那么多人。每个小组都有一名"发言人"，由美式英语最为熟练的那个人充当。穿着美军制服、坐在吉普车里待命出发的德军士兵显得非常紧张，为了安抚他们，旅部的一名军官告诉他们："根据德方电台的报道，穿着德军制服的美军在德军防线后方被俘房……他们都会受到优待，这些美国士兵都会被当作战俘对待。"[60]

第150装甲旅的兵力则要强大得多，包括后勤单位在内有近2000人，辖有一个伞兵营、两个装备M4谢尔曼坦克和经过拙劣伪装的豹式坦克的混编装甲连、两个装甲掷弹兵连，还有两个用于攻占比利时昂代讷（Andenne）、于伊（Huy）或阿迈（Amay）的马斯河大桥的重型迫击炮连和反坦克炮连。[61]按照计划，一旦装甲部队抵达斯帕一线的上芬恩高原［Hohes Venn plateau，比利时人称其为上法涅高原（Hautes Fagnes）］，该旅就会通过岔路和小道超越装甲矛头，白天先隐蔽起来，然后利用黑夜的掩护去夺取上述三地的马斯河桥梁。

斯科尔策尼还计划炸毁巴塞尔（Basle）的莱茵河上游的五座大桥，[62]以防盟军进入瑞士包抄德军的南部防线。事实上在12月5日，盟军最高统帅部研究过进入瑞士从南面包抄德军的可能性，[63]但艾森豪威尔拒绝了这个方案（斯大林显然很厌恶瑞士人，他在一年前的德黑兰会议上曾经敦促盟军通过瑞士进攻德国南部）。

随着阿登攻势发起日的临近，防御性的"守望莱茵"代号改成了"秋雾"（Herbstnebel）。燃料和弹药运输的延误情况变得更加严重，进攻不得不被推迟到12月16日黎明，总共需要1050列火车将各师送往他们的集结地域，一个装甲师就需要70列火车运输。[64]

到目前为止，没有任何一个军长以下的指挥官接到过进攻即将开始的通知，但12月11日，当第6装甲集团军参谋长克雷默想和警卫旗队师装甲团团长约阿希姆·派普（Joachim Peiper）一级突击队大队长讨论在艾费尔高原发动一场假想攻势时，后者猜到有一场战役正在酝酿之中。克雷默询问派普，一个装甲团夜间机动80千米需要花多长时间。为了确保答案准确，派普亲自坐着一辆豹式坦克在夜间跑了相同的路程进行测试。他意识到整个师的机动要复杂得多，但他和他的上级都低估了阿登地区的道路状况及地面被水浸透的程度。

当天，希特勒坐着他的大型黑色梅赛德斯汽车，在长长的车队陪同下抵达了位于"雕窝"的西线指挥部。他最关心的还是保密工作,当盟军轰炸机群将迪伦夷为平地时,他变得有些紧张,因为那里是主要的通信中心,就在进攻出发线的后方。他的情绪非常不稳定,在极度沮丧和毫无根据的乐观之间来回波动,按照他的空军副官尼古劳斯·冯·贝洛上校的说法,他"对这场攻击寄予了很高期望,已经在脑海中看见了德军先头部队突入安特卫普的画面"[65]。第二天早上,泽普·迪特里希被召进了隐蔽在假农场建筑物下方的地堡里。

"你的集团军准备好了吗?"希特勒直截了当地问道。

"对于一场进攻来说还没有。"迪特里希宣称他当时是这样回答的。

"你从来都不会满意。"元首说道。[66]

下午晚些时候,各师师长乘坐大巴车来到"雕窝"指挥部觐见元首,每个军官都要被党卫军警卫搜身,并被迫上缴他们的手枪和公文包。18点,希特勒一瘸一拐地走到台上,已经有段日子没见到他的将军们都为元首恶化的身体状况所震惊——他脸色苍白,耷拉着肩膀,一条手臂还在不停地颤抖。在凯特尔和约德尔的簇拥下,希特勒坐到一张桌子后面。

他开始长时间地自我辩解,阐述为何德国在战争的当下阶段会陷入此种境地。[67]为了让德国人民联合起来,一场"先发制人的战争"是非常必要的,因为"没有了生存空间的生活是不可想象的"。他从来没有考虑过其他国家对此会如何反应,任何反对意见都是针对德国的阴谋的一部分。"战争(的结果)最终由一方或另一方承认他们无法再赢得这场战争而决定,所以,最重要的任务就是让敌人意识到这一点,实现这一目的的最快方法就是通过占领土地来摧毁敌人的力量。如果我们被迫转入防御,我们的任务就是通过无情的打击来教育敌人,让他们知道自己还没有获胜,战争将无休止地持续下去。"

希特勒提醒与会的将军们,他们中有些人在 1940 年曾害怕进攻法国。他宣称美军已经"在短短三周之内损失了大约 24 万人",而且"敌军或许有更多的坦克,但我们最新型的坦克性能更优异"。德国正面临着一场无法避免的战斗,它迟早都会到来,进攻必须以最残酷的方式进行,把"人类的禁忌"都抛到脑后。"在大军抵达之前一定要给敌军带来一波惊慌和恐惧",目的是让敌人确信德国永远不会投降。"绝不!绝不!"

会后,将军们前往伦德施泰特设在不远处的齐根贝格古堡的指挥部——一座以新哥特式风格重建的阴暗建筑——参加他的 69 岁生日宴会。没有人觉得有什么好庆祝的,按迪特里希的说法,他们不敢讨论这场攻势,因为任何提到它的人都会面临被处死的威胁。

12 月 13 日,迪特里希拜访了 B 集团军群指挥部,莫德尔告诉他这是"德军在战争中准备得最差的一次攻势"[68]。伦德施泰特记录道,说好的 32 个用于进攻的师中,有 4 个师在进攻开始之前就"变得不可用",其中包括第 11 装甲师和党卫军第 17 装甲掷弹兵师。进攻开始阶段,仅有 22 个师能投入战斗,剩下的师将作为最高统帅部预备队暂不动用。虽然大部分将领都对进攻成功的可能性深表怀疑,但年轻的军官和士官,尤其是党卫军部队中的年轻军官和士官都迫切地渴望胜利。

派普的装甲团接到了从迪伦以东向前线后方集结地域行军的命令,他们在天黑之后出发,沿着路上标记的黄色箭头前进,车辆上的师徽或编号都被抹掉了。当晚和第二天早上都有雾，这使德军在进入集结地域的过程中不会被空中侦察发现。其他师在出发之前也从车辆上抹掉了各师的师徽。[69]

时年29岁的约阿希姆·派普长着一头向后梳的棕色头发，是个相貌堂堂的军官。在党卫军中，他被视为完美典范般的装甲部队指挥官，一名极度冷酷无情的纳粹信徒，在苏联他以焚毁村庄、屠杀所有居民而闻名。12月14日中午前不久，他去警卫旗队师师部报到，师长威廉·蒙克（Wilhelm Mohnke）区队长①下达了于16日发起进攻的命令。[70]该师得到了一个装备88毫米炮的高炮团、一个重型榴弹炮营和一个额外用于修复桥梁的工兵营的加强。每个战斗群都有一支斯科尔策尼的部队随行，他们配备了缴获的谢尔曼坦克、美式卡车和吉普车，但师部对他们没有指挥权。派普回去后，在一座护林员的小屋里向手下的营长们做了任务简报。

直到12月15日晚上，军官们才被允许向他们的部队做任务简报。第26国民掷弹兵师的连长贝尔（Bär）上尉告诉他的士兵："在12天或14天之内，我们将抵达安特卫普——或者输掉这场战争。无论你们缺少什么装备，我们都将从美军战俘那里得到。"[71]而在党卫军部队里，官兵渴望复仇的情绪极其高涨。士官们似乎是最为愤慨的一群人，他们互相告知巴黎将被重新夺回的消息，许多人都为柏林被炸成废墟的同时，法国首都却逃过了被摧毁的命运而感到遗憾。在党卫军第10弗伦茨贝格装甲师中，任务简报一开场就给部队带来了"一种不同寻常的乐观情绪"，因为元首"下令在西线发起重击"[72]，他们相信一场

---

① 原文将蒙克的军衔写成旅队长是错误的，他要到1945年1月30日才晋升该军衔。——译者注

奇袭带来的震惊会严重打击盟军士气。据第 2 装甲师一名身经百战的军官说："（部队的）求战情绪甚至比战争初期还强烈。"[73]仅迪特里希的第 6 装甲集团军的兵力就有 12 万人，装备近 500 辆坦克和突击炮，以及 1000 门火炮。曼陀菲尔的第 5 装甲集团军拥有 400 辆坦克和突击炮。盟军最高统帅部还不知道一股何等强大的力量即将对他们最薄弱的部位发起凶猛一击。

第七章　情报工作的失误

希特勒预言过盟军内部一定会出现矛盾导致的紧张局势，而这种摩擦确实发生了，但远没有达到他所希望的程度。大英帝国总参谋长艾伦·布鲁克元帅和蒙哥马利对盟军缓慢的推进速度再次感到担忧，他们认为这应归罪于无法胜任军事领导人职务的艾森豪威尔。他们都希望设立一个单独的盟军地面部队总司令，由伯纳德·劳·蒙哥马利来担任该职自然再理想不过。不过相对来说，布鲁克还是认为蒙哥马利在此事上过于执着了，他已经清醒地认识到当下的世界政治现实，即一切都已不同于以往。如今在西北欧的战争舞台上唱主角的是美国人，而英国人正在勉强维持其在世界各地的军事存在，因此在布鲁克看来，即便真的单独设立盟军地面部队总司令一职，其人选肯定只会是布莱德雷而非蒙哥马利。不过这位身材不高的陆军元帅（蒙哥马利）显然没有这样的认识，而且没有吸取教训，甚至还忘记了不久前他对艾森豪威尔做出的承诺——不再对后者提出任何涉及指挥权的话题。

11月28日，艾森豪威尔来到比利时宗霍芬（Zonhoven），第21集团军群指挥部就设在此地。此前，蒙哥马利总是假装忙得不可开交，这样他就有理由不去拜访他的最高统帅，即使当时他的战线上并没有发生什么战斗。艾森豪威尔不愿意再继续忍受蒙哥马利的行为，他坐在蒙蒂的地图前，后者则在边上来回踱步，就盟军所犯的战略错误滔滔不绝地讲了整整三个小时，随后引申出盟军需要设立独立的地面部队总司令的原因。蒙哥马利认为，阿登山区就是条自然分界线，他应该统率该地区以北的所有盟军部队，这意味着美军第1集团军的大部分部队和威廉·辛普森中将的美军第9集团军的所有部队都将归他指挥。不幸的是，艾森豪威尔没有讲话——他由于过于疲劳和厌烦而无言以对——这就让蒙哥马利自认为艾森豪威尔默许了他的观点，即未能抵达莱茵河与许特根森林徒劳无益的血战，意味着盟军已经遭受了"战略逆转"。此后，让蒙哥马利的副官惊讶的是，元帅给伦敦的总参谋长布鲁克发报说，艾森豪威尔已经同意了他所说的一切，而在11月30日发给艾森豪威尔的电文中，蒙哥马利概述了他自认为已经与前者达成一致的内容。

第二天，艾森豪威尔来到卢森堡市阿尔法酒店的第12集团军群指挥部探望布莱德雷，布莱德雷由于患了重感冒和荨麻疹①，正可怜兮兮地躺在床上。尽管艾森豪威尔为蒙哥马利所说的"战略逆转"的断言感到怒火万丈，但他口述的回信内容，仍然没有言辞尖锐到能够击穿蒙哥马利自鸣得意的"装甲"。12月7日，众人商定要在马斯特里赫特召开会议。

12月6日，星期三，艾森豪威尔与他的副手特德空军上将一起回到布莱德雷的指挥部，打算在和蒙哥马利会面之前先讨论相关策略。② 布莱德雷的副官切斯特·汉森少校担心他的将军会"孤立无援"[1]，"当时他确信自己正处于紧要关头，所以

---

① Hives 在英语中除了荨麻疹，还指假膜性喉头炎，也是一种冬季常见的病症。——译者注
② 根据布莱德雷回忆录中的说法，艾森豪威尔和特德赶到他位于卢森堡的指挥部是为了检查交给霍奇斯和辛普森的各种任务要求的落实情况。——译者注

才首次显露出紧张的样子。他并不急躁，但是比平时更加唐突直率。他看起来很疲惫，身体也有些不适，两者相加从身体和精神上对他进行着双重折磨"。艾森豪威尔倾听着他的讲话，"他皱着眉头，脸上都是褶子，脖子也深深地缩进了飞行夹克的毛领子里"。

布莱德雷对盟军鲜有进展同样感到恼火，他说："假如我们正在同一个理性的民族战斗，那他们早就应该投降了，但这些人毫无理性可言。"[2]汉森接着在日记中写道："然而，事实证明，德国人已然展示了其出人意料的抵抗决心，而且这个民族绝非轻易赴死之徒，除非陷入极度困难的情况……戈培尔告诉他们，这是一场持久战，弱者都会在西伯利亚的劳改营中被灭绝。所以，我们发现他们悍不畏死地抵抗我们前进，结果被我们打死了许多人也就不足为奇了。"戈培尔为了阻止德国军人在西线向盟军投降，真的编出来一个故事，说美国人已经同意将他们手里所有的德军战俘全部移交给苏联人，让他们从事苏联的重建工作。他提出的口号是——"胜利或者西伯利亚！"[3]

第二天，布莱德雷同蒙哥马利、霍奇斯、辛普森，与艾森豪威尔在马斯特里赫特一起讨论下一阶段的作战计划。他谈道，"毫不留情的痛击将令盟军渡过鲁尔河进抵莱茵河边"[4]，随后艾森豪威尔对强渡莱茵河的行动表达了自己的担忧，他担心水雷或浮冰会摧毁舟桥，从而切断对岸桥头堡守军的退路。当艾森豪威尔在11月中旬告诉布鲁克元帅，盟军也许要到1945年5月才能渡过莱茵河时，后者感到惊骇不已。这一番出现在布鲁克巡视前线活动结束时的陈述，强烈影响了他的观点，他因此认为艾森豪威尔并不能胜任最高统帅的职务。

蒙哥马利老调重弹，提出集中兵力渡过莱茵河从北部重点突击鲁尔工业区,同时让其他方向的美军集团军基本上都停止前进。毫无疑问,艾森豪威尔咬紧牙关不做丝毫让步,他再次重申自己的立场,指出对美因河畔法兰克福的进攻同样重要,他不想让巴顿停止前进。会议记录显示:"蒙哥马利元帅认为进攻法兰克福不会有任何成功的前景,在他看来,如果仗这样打的话,无论是朝法兰克福推进还是向鲁尔北部进攻,投入的兵力都要足够强大才行,而眼下在两个方向上兵力难以兼顾……蒙哥马利元帅说,观点的根本分歧还在于向法兰克福-卡塞尔(Cassel)一线的推进。"[5]为了避免冲突,艾森豪威尔试图说服他其中的分歧并不是很大,蒙哥马利的第21集团军群将扮演主攻的角色,辛普森的第9集团军将接受他的指挥。

蒙哥马利继续争辩,强调"阿登以北的所有作战行动应该由一个指挥官来指挥,阿登以南的所有作战行动则由另一个指挥官来负责"[6],此时布莱德雷不得不拼命抑制住自己的怒火,蒙哥马利的话意味着他能指挥的部队只剩下第3集团军了。艾森豪威尔反驳说,未来的作战决定了他们前方的鲁尔区应该成为分界线。布莱德雷很快就把自己的想法一五一十地告诉艾森豪威尔,如果他的第12集团军群被置于蒙哥马利的指挥之下,他就会将自己视作由于没有完成任务而被解除了职务。

当时的大部分作战行动都发生在第3集团军的战线上,巴顿的部队在一些地段渡过了萨尔河,数日后梅斯地区最后一座仍在顽抗的堡垒终于被美军攻克。巴顿在日记里满意地写道:"我认为只有匈人王阿提拉(Attila)和第3集团军曾经以突击的方式攻下过梅斯。"[7]他还准备在12月19日开始发动一场大规模进攻。然而,这并非如一些人认为的那样,蒙哥马利是出于对巴顿的嫉妒才如此行事,他只是太过自我,不可能嫉妒别人,他似乎也没有能力判断别人对他所说的话会有什么反应。实际上，如果处于当下这个时代，人们可能会怀疑蒙哥马利是否患上了被称为阿斯伯格综合征（Asperger Syndrome）的一种高功能自闭症。

巴顿的满腔怒火来自他无法控制的一个因素——无情的冬雨。12月8日，他给第3集团军的随军牧师詹姆斯·奥尼尔（James O'Neill）打了个电话："我是巴顿将军，你能为乞求好天气做祈祷吗？"[8] 牧师问他能否过会儿把电话打回来，现在他找不到任何祈祷文，这样一来他只能自己写："全能的最仁慈的主啊，我们谦卑地向您祈求，请用您那最大的仁慈来结束这场我们不得不与之搏斗的淫雨吧！请赐予我们晴朗的天气，好让我们投入圣战。请您大慈大悲地倾听我们士兵的倾诉：我们希望荣享您的神力，奋勇前进，节节胜利，粉碎敌人的压迫和邪恶，让主的公正普照人间和尘世。阿门！"巴顿读过之后当即批准了这份祈祷词："印刷25万份，要确保第3集团军全体官兵人手一份。"他还告诉奥尼尔，全军上下每个人都必须祈祷，"我们必须乞求上帝停止下雨，这些雨是决定胜利或者失败的关键因素"。当奥尼尔再次遇到巴顿时，巴顿高兴极了，他用手里的马鞭敲了敲牧师的钢盔，着重表示赞赏。"干得好，牧师，"巴顿说道，"我们的祈祷起作用了，我就知道会有用的。"[9]

在南方，被人忽视的美军第7集团军在阿尔萨斯重新部署了突出部北翼的部队，以策应巴顿在洛林的攻势，并向比奇（Bitche）地区发动进攻。这就导致友邻的德拉特·德塔西尼上将的法军第1集团军感觉到自己的部队有些暴露。这位法国将军深感手下兵力不足，部分原因是许多法军部队仍在围困大西洋沿岸的德国驻军。他坚称，这就是他的集团军即便在增加了一个美军步兵师的情况下，仍然无法荡平科尔马口袋的原因，这使得美军军官们对他的失败大肆批评。更糟糕的是，孚日山脉的严寒已经严重影响了法军部队的士气。

关于阿登攻势的大辩论之一集中在盟军没能预判到此次进攻。确实有许多零散的情报，将其整合在一起后应该能显示出德军的意图，但是和几乎所有情报工作失败的案例一样，高级将领直接就将不符合自己设想的情报丢到一边了。

从一开始，希特勒要求完全保密的命令就不可能滴水不漏地执行，即将开始进攻的消息甚至在英国战俘营中的德军高级军官之间流传。11月的第二周，埃贝巴赫装甲兵上将转述的第64步兵师师长克努特·埃贝丁（Knut Eberding）少将的话被秘密录音①，后者是11月2日被俘的，他说德军即将要动用46个师的兵力在西线发动攻势，埃贝巴赫相信这是真的，这是最后一搏了。[10]甚至连斯凯尔特河口之战中在南贝弗兰岛被俘的第1039掷弹兵团的冯·德·戈尔茨（von der Goltz）少尉这样的低级军官也听到了消息，说是"有46个师正在准备于11月发动的大反攻"。[11]这些谈话被秘密录音后，由英国军事情报局第19处（MI 19a）于11月28日上报伦敦的英国陆军部，再转呈盟军最高统帅部，但这些相当重要的情报似乎并没有被认真对

---

① 对特定的德军战俘之间的谈话实施秘密录音的任务由三军联合细节审讯中心（Combined Services Detailed Interrogation Centre，缩写 CSDIC）负责，用隐蔽的麦克风收集此类对话，并转录到唱片上，再由大部分成员是德裔犹太难民的口译员小组进行翻译。此后，对话抄本会被递送到陆军部、海军部、秘密情报局和相关政府部门，1944年后还包括盟军最高统帅部。——作者注

待。毫无疑问，它只是被当作一个在被俘军官中流传的极度乐观的谣言，尤其是46个师的数量似乎多得不可思议，不值得当真。

在11月的第一周，一名德军逃兵在审讯中说重新部署到威斯特伐利亚（Westphalia）①的装甲师隶属于第6装甲集团军，[12]这也彰显了一个事实——盟军最高统帅部几周来获得的情报并没有涉及第5装甲集团军。盟军最高统帅部和布莱德雷的第12集团军群指挥部都想当然地认为，德国人在准备对强渡鲁尔河的美军展开一次强大的反击。在盟军看来，德军在圣诞节之前发动一次破坏性攻击的可能性也非常大，但是几乎没有人预料到进攻会来自艾费尔高原并通过阿登地区展开，尽管德国人在1870年、1914年和1940年都使用过这同一条路线。

盟军无法相信，在苏联红军发动冬季攻势之前，德军正需要积蓄力量之时，国力被大大削弱的德国人还敢打一场野心勃勃的战略进攻战，这样的赌博肯定不是西线德军总司令伦德施泰特元帅的风格。事实上这也不能算错，但盟军指挥官已经严重低估了希特勒操控军事力量的疯狂手段，高级军官一直被鼓励要让自己站到对方的角度上去看问题，但以己度人往往会导致对敌人产生错误的判断。在任何情况下，盟军最高统帅部都相信德国人缺乏燃料、弹药和兵力来实施一次危险的突击，而且盟军的空中优势如此之大，德军的进攻一旦进入开阔地带肯定会正中其下怀。在伦敦，联合情报委员会（Joint Intelligence Committee，缩写JIC）也断定："德军严重缺乏燃料，这仍然是其抵抗能力方面最大的短板。"[13]

---

① 威斯特伐利亚是德国西北地区一个古老的地方，包括现在的德国北莱茵-威斯特法伦州全部及下萨克森与黑森两州部分地区。——译者注

侦察发现德国国防军部队正调动到比特堡（Bitburg）周边的艾费尔地区，但其他师似乎只是打此路过，因此该地区被认为只是个中转站，或该地区准备重新部署部队。不幸的是，阿登地区被视为空中侦察的次要目标，因此优先级靠后，再加上气候恶劣，该区域上空的飞行任务很是稀少。在德军的阿登反击战打响六天前，在巴斯托涅的特洛伊·米德尔顿第 8 军军部得出结论："敌人最近将新组建的师调来该地区，是为了获得前线作战的经验，然后再将他们调到别的地方去战斗。这一举措表明，敌人希望该地区继续保持平静和不活跃的状态。"[14]实际上德国人正在玩一种"找到那位女士"的聪明游戏，通过打乱部队的部署来迷惑盟军情报人员。

巴顿的第 3 集团军指挥部注意到德军装甲部队正在撤离前线，集团军情报部部长奥斯卡·威廉·科克（Oscar William Koch）上校①担心驻扎在阿登地区的第 8 军兵力不足、战斗力不强，包括布莱德雷中将在内的许多人都推测说，德军很可能正在计划发动一次破坏性进攻，用来牵制巴顿将于 12 月 19 日开始的大攻势。一些情报军官还当起了事后诸葛亮，试图声称他们曾预测到这场大反攻，却无人理会。盟军最高统帅部和布莱德雷的第 12 集团军群中，有些人确实预测到了这次攻势，有几个人的预测还非常接近正确的进攻日期，但他们都没能明确指出阿登地区正受到威胁。

艾森豪威尔的情报主任肯尼思·斯特朗少将把阿登地区列为德军可能发动进攻的几个选项之一，这在 12 月的第一周里给艾森豪威尔的参谋长比德尔·史密斯中将留下了深刻印象。比

---

① 此处原文写的军衔是准将，根据第 3 集团军官方记录，科克此时的军衔仍是上校。——译者注

德尔·史密斯让斯特朗去卢森堡面见布莱德雷,向他发出警告,斯特朗立即跑了一趟。在他们的谈话中,布莱德雷说他"察觉到了危险"[15],他已经指定了几个师,一旦敌人发动进攻,这些部队就会向阿登地区行动。

最具争议的"不被人信任的灾难预言者"是第1集团军情报部部长本杰明·阿博特·迪克森(Benjamin Abbott Dickson)上校,性格外向的迪克森并不总是被他的同事信任,因为他在识别西线德军师级部队方面的本事不怎么样,他识别出的那些部队当时都被确认还在东线作战。他在12月10日的报告中指出,最近抓到的德军战俘士气高涨,表明他们正重拾信心。然而,尽管他提到了艾费尔地区有一个德军装甲部队的集结区域,却预测说进攻将于12月17日远在亚琛以北的地区进行。有些战俘供述说,进攻行动将收复亚琛,作为"献给元首的圣诞节礼物"[16]。12月14日,迪克森收到了一名讲德语的妇女的报告,她说德军正在战线后方的艾费尔高原集结部队和架桥设备,迪克森现在确信进攻将在阿登的蒙绍和埃希特纳赫(Echternach)之间展开。布莱德雷的第12集团军群情报主任埃德温·卢瑟·赛伯特(Edwin Luther Sibert)准将很讨厌迪克森,他以迪克森的报告不过是预感为由予以驳回,这令后者大为光火。迪克森接到通知,12月15日可以去巴黎度假了。

希特勒要求在进攻部队中保持无线电静默的命令一直得到了遵守,因而剥夺了布莱切利园(Bletchley Park)的分析师通过"超级机密"(Ultra)弄清楚真相的机会。遗憾的是,盟军最高统帅部过于依赖超级机密提供的情报,并趋向于将其视作所有情报的源头。然而在10月26日,他们已经截获了一份情报:"希特勒命令组建一支特种部队用来在西线执行特殊任务,志愿者必须通晓英语和美式习语。"[17]12月10日，他们还判断出所有的党卫军部队都被强令保持无线电静默，这本应在盟军最高统帅部内敲响警钟的。

和德国陆军不同的是，德国空军的状态再次出现了令人难以置信的松懈，但盟军最高统帅部似乎并没有对布莱切利园的翻译记录做出什么反应。早在9月4日，日本驻柏林大使在和德国外长里宾特洛甫以及希特勒会谈结束后，就向国内报告说德国人计划"一旦空军完成补充"[18]，就于11月在西线发动反击。后来关于情报失误的调查表明，"有证据显示德国空军自10月的最后一周起，一直在准备通过铁路将大部分空军部队运送到西线的机场"[19]。

10月31日，第26战斗机联队（JG 26）援引戈林的命令，"必须在24小时内将所有战斗机重新改装成战斗轰炸机"。这条情报很重要，因为其充分表明德国空军要为地面部队的进攻提供近距离空中支援。而在11月14日，布莱切利园的记录显示："西线的战斗机部队都不再使用飞行联队的队徽或者部队标志。"12月1日，他们还破译出由于"即将进行的特殊行动"，民族社会主义督导官①的课程已被取消的消息，纳粹过度使用"特殊"这个词可能是这条情报没有被重视的原因。而在12月3日，德国空军要求提交一份报告，内容是"为抵达西线作战的部队提供技术支持的措施"。第二天，战斗机部队的指挥官都接到了去第2战斗军指挥部开会的命令，不久后整个第4对地攻击机联队（SG 4）从东线转场到了西线，这应该是能引起一些人注意的。

---

① 负责德国军队中纳粹党务和思想工作的政治军官。——译者注

英国秘密情报局（Secret Intelligence Service，缩写 SIS，俗称军情六处，也就是 MI 6）负责人斯图尔特·格雷厄姆·孟席斯（Stewart Graham Menzies）少将认为，"有一个令人吃惊的发现，德国人从通信情报中获取的美军战斗序列情况，比我们从超级机密那里获得的德军战斗序列更准确"。在他看来，原因非常明显："自诺曼底登陆以来，美军的通信疏忽给敌人带来了很大帮助，必须强调的是，分散在西线的三十多个美军师，除了两三个师之外，德国人能不断地弄清其余各师的位置，而且通常还能知道其作战意图。他们知道美军第 1 集团军南翼约 129 千米长的战线上，大部分地区由新调来的师和疲惫不堪的师来把守。"[20]

可以理解的是，在经历了许特根森林的惨状之后，疲惫的美军第 4 步兵师和第 28 步兵师正在舔舐他们的伤口。他们被安排到阿登南部休整，那里山势陡峭，被称为"卢森堡的瑞士"，还被描述成"疲惫之师的宁静天堂"[21]。这里似乎是最不可能遭到攻击的地区，官兵们都住在营舍之中，这和许特根森林里那些极不舒服的散兵坑有着天壤之别。

在后方区域，士兵和机械师都住在当地居民的家中，商店里摆放着美国陆军的产品。"定时往来的车辆和半融的雪泥很快就把附近的每座村庄搞得同样邋遢，到处都是泥浆。大部分喝酒和吃饭的地方都有着美国西部片中某座偏远小镇的气氛，人们每夜相聚于此，用酒来调剂他们的生活。这些士兵在大多数情况下都与军队有了默契，他们不喜欢这样的生活，但提议为过好日子而干杯。"[22]

尽管德军接到了禁止侦察的命令，但还是将前线某些地段，特别是那些守备薄弱的地段的情况摸得清清楚楚，南边的美军第4步兵师正面就是这样。德国平民能够（在国境线上）来回走动，就在绍尔河（Sauer）沿岸的美军警戒哨所之间来来去去，因而德国人能够确认观察所和机枪巢的位置。在进攻开始后关键的头几个小时里，压制对方炮兵以保护绍尔河上的浮桥是计划中的重要任务。一些更有经验的德国特工甚至混入战线后方的村庄中，与休班的美军士兵打成一片，几杯啤酒下肚之后，许多美军士兵很乐意同能讲些英语的卢森堡人及比利时人谈天说地。

打算和美军闲扯的当地人比以前少了很多，随着通敌者被公开抨击，瓦隆语区和德语区之间的猜忌升温，9月的解放和美国人最初的慷慨所带来的喜悦在晚秋之际变味了。抵抗组织不合理地增加了从农民手里征收食品和物资的数量，但对于最接近战火未熄的齐格弗里德防线的东部各省来说，最大的恐慌是由美国民政事务管理机构造成的，美国人决定在10月5日到9日撤离大部分当地平民，每个村庄只允许留下少数人照看牲畜。实事求是地说，在某种程度上这将被证明是一项善举，否则会有更多的农民在随后的战斗中被杀害。[23]

在过去的150年里，奥伊彭和圣维特（St Vith）所在的边境地区的归属在法国、普鲁士、比利时和德国之间来回转换，花落谁家取决于战争的结果。1939年4月的比利时选举中，在讲德语的东部各省里有超过45%的人投票支持"忠诚阵线"（Heimattreue Front），希望该地区能重新被纳入第三帝国的版图。但到了1944年，归属于第三帝国后个人的权益变得辛酸苦涩，东部各省的德裔发现自己被视为二等公民，他们揶揄自己就是1940年德军通过阿登地区入侵法国时顺便带走的"德意志背包客"（Rucksackdeutsche）。[24]当地的很多年轻人已经在东线战场战死或者残疾，现在大部分德裔反倒巴不得帝国的敌人能够解放他们。然而，仍有数量可观的人忠于第三帝国，他们是潜在的线人和德国情报机构的间谍，这些人被称为"带路人"（Frontläufer）。

驻守阿登地区的第8军各师官兵被允许分批到阿尔隆（Arlon）或巴斯托涅的营地中休整，玛琳·黛德丽会去那里为美国大兵做劳军演出，她身着亮片装饰的长礼服，紧身到没有穿内衣，略带沙哑的嗓音满怀柔情地吟唱着。极受欢迎的《莉莉·玛莲》（Lili Marlene）是她的保留曲目，这首旋律轻快的歌曲尽管起源于德国，却抓住了盟军官兵的心灵。一个美国士兵写道："该死的德国佬！当他们杀不了你的时候，却让你泪流满面。"[25]

玛琳热爱士兵的回应，却对不得不打交道的参谋军官不那么在意。汉森在日记里写道："黛德丽女士在发牢骚，她在第1集团军各军之间的旅程安排得非常紧密。她不喜欢第1集团军，不喜欢各军、各集团军和各师间的竞争，最重要的是她不喜欢凡尔登的第12集团军群后方总部的上校和将军们。她以鲑鱼为食，因为她不按照规定按时吃饭，也没人对她感兴趣。"[26]她还声称在自己身上捉到了虱子，但这并不妨碍她接受布莱德雷将军的邀请，共享卢森堡市阿尔法酒店里的鸡尾酒、晚餐和"一部糟糕的电影"。她自称同巴顿将军滚过床单，很显然巴顿更符合其理想中的将军形象。"巴顿可是狂热地相信祭祀勇士的瓦尔哈拉神殿存在的人呢。"汉森那天也注意到了。

12月10日，星期日晚上，大雪纷飞。第二天一早，病体渐有康复的布莱德雷前往斯帕同霍奇斯和辛普森会面，这将成为他们在一段时间内的最后一次碰头会。11日下午，完成了途经巴斯托涅的长途跋涉之后，他回到自己的指挥部。昨夜的暴风雪让大地银装素裹，道路被厚厚的雪泥覆盖，布莱德雷订购的双筒猎枪已经送到，正等着他回来。霍奇斯将军似乎和布莱德雷的想法一样，三天后他在列日著名的枪械制造商弗朗科特（Francotte）先生那里待了"大半个下午"[27]，定制了一把符合其个人要求的猎枪。

布莱德雷指挥部里的众人对不久的将来依然保持着低调的乐观态度，那一周里参谋军官们得出结论："现在可以肯定的是，各种减员导致西线德军的实力正在被不断地削弱，其构成的防线相比我军情报部门的地图显示的或者战线上的部队，更加分散、单薄和脆弱。"[28]布莱德雷主要担心的是兵员补充的情况，他的第12集团军群缺编人数达到17581人，[29]他打算去凡尔赛面见艾森豪威尔时探讨如何解决这个问题。

12月15日的新闻发布会上，第9战术航空兵司令部受到了表彰，布莱德雷估计整条战线上德军剩下的坦克充其量只有600—700辆。他说："我们认为德军的兵力在战线上相当分散和薄弱。"[30]汉森指出，就空中支援而言，"今天几乎什么都没做……天气因素导致航空兵能出动的时间可怜到只有平日的四分之一"。能见度不良导致飞机无法升空，希特勒极度渴望的恶劣天气现在正日复一日地出现。然而，这似乎还不能阻碍炮兵校射机在阿登上空的非官方任务飞行，布莱德雷听到了这样的抱怨："美国大兵对烤猪肉极富热情，他们就坐在低空飞行的炮兵校射机里，用汤姆森冲锋枪猎杀野猪崽。"[31]

同样在12月15日，盟军最高统帅部作战主任哈罗德·罗·布尔（Harold Roe Bull）少将在作战日志中记录道，当天没有收到来自阿登地区的任何报告。蒙哥马利元帅询问艾森豪威尔将军，是否介意他在下周回英国过圣诞节，他的参谋长弗雷迪·德甘冈少将那天早上刚刚离开比利时。在德军进攻前夜这个日后令人感到遗憾的时刻，蒙哥马利宣称"德国在人力、装备和资源方面的短缺，令其无法发动任何进攻"[32]。阿登的美军第8军则汇报说，随着新部队的到来，前线部队开始换防。

在第8军的北部防区，新近抵达的第106步兵师刚刚接防了第2步兵师在施内艾费尔陡峭山岭上的阵地。第2步兵师23团3营I连连长查尔斯·B.麦克唐纳（Charles B. MacDonald）写道："我的兵对新来部队中的那些家伙的外表感到惊奇不已，除了从美国国内刚调来的补充兵，他们的整套行头不会在任何有实战经验的部队身上出现，尤其可怕的是他们还打着领带！巴顿将军阴魂不散啊！"[①][33]换防过程中，第2步兵师的一名团长对第423步兵团团长查尔斯·C.卡文德（Charles C. Cavender）上校说："这里一直非常安静，你的部下很容易上手。"[34]有实战经验的部队在撤离时带走了他们所有的炉子，缺乏经验的新来者没有任何可以用来烘干袜子的东西，所以在潮湿的雪地里很快就有许多士兵患上了战壕足病。

在接下来的几天里，第106步兵师听到从战线对面传来了坦克和车辆行进的声音，但毫无作战经验的新兵们并不知道那意味着什么。哪怕驻扎在阿登南部战线上更有作战经验的第4步兵师，也以为那些车辆引擎声是德军的国民掷弹兵师在换防。实际上，德军仅第一波攻击就会投入7个装甲师和13个步兵师，此刻部队正潜伏在黑暗的松林里等待进攻号角吹响。

---

① 巴顿将军让宪兵以着装不整的名义处罚任何不打领带的士兵，此事闻名全军。——作者注

在党卫军部队中,兴奋和急躁的情绪显得非常强烈。党卫军第12希特勒青年团装甲师的一名士兵在战斗开始前夜给他的姐姐写信:"亲爱的露特(Ruth),今天的家信会写得很短——短暂而温馨。这封信写在进攻前的重大时刻——充满了不安,充满了对未来几天的期待。过去的两天两夜(尤其是两夜)里,这里的每个人,每一个小时都目睹了我军各精锐师的集结过程,耳闻装甲车辆不断发出的嘎嘎声,都知道有些事情即将发生。我们都期盼着一个明确的命令,以舒缓这里的紧张气氛。对于'在哪里'和'会怎样'我们都一无所知,没人来告诉我们,但这也是无可奈何的事!我们只知道我们要发起进攻,并将敌人赶出我们的国土,这样就足够了。这是一项神圣的使命!"[35]在封好的信封背面,他又匆忙地补充道:"露特!露特!露特!我们前进!!!"这句话字迹潦草,肯定是在部队出发前匆忙写就的。这封信在战斗中落入了美军手中。

第八章　12月16日，星期六

12月16日5点20分，距离地面部队发起突击的"零时"还有10分钟，泽普·迪特里希的第6装甲集团军所属炮兵开始了炮火准备。为了逃避长达16个小时的黑夜和雪天里渗入骨髓的湿冷，大部分美军士兵都在农舍、林间小屋、谷仓和牛棚里睡觉，这里要到早上8点30分才会破晓。自蒙绍森林向南延伸的前线大部分地区的地形，总是会让人联想到许特根森林，茂密的树林、岩石嶙峋的峡谷、潺潺的溪流、屈指可数的泥泞道路和林间防火道，都令车辆难以通行。

德军的炮兵指挥官都知道美国兵更喜欢窝在房舍中过夜，所以建筑物自然就成了炮击目标，美军哨兵被告知，站岗的时候不得躲在农舍的门后，他们必须守在哨位上，也就是附近的散兵坑里，警戒德军可能发动的偷袭。黑夜中的地平线上，炮口焰连绵一片，照亮了天空，映入哨兵眼帘的是云层上的反光，犹如夏季夜空中的闪电。惊恐的哨兵冲进屋内，拼命唤醒仍在熟睡中的战友，当炮弹在建筑物周围接二连三地落下并爆炸时，惊慌失措的美国兵才争先恐后地从睡袋里爬出来，争抢各自的装备、钢盔和武器。[1]

虽然以前发生过零星炮击，但这次显然要猛烈得多。一些被允许留在前线地区照看牲畜的当地居民都被吓坏了，他们只能眼睁睁地看着炮弹击中了堆放干草的谷仓，再四处蔓延殃及农舍，根本无法控制火势，他们只能带着家人逃往后方。有些人在炮击中不幸而亡,在曼德费尔德(Manderfeld)这样的小村落中,就有五人被炮弹炸死,其中包括三个孩子。[2]

在南部的第5装甲集团军战区,炮兵连都保持着沉默。曼陀菲尔无视希特勒坚持要求进行长时间炮火准备的命令,他认为这样的弹幕射击是"第一次世界大战式的观念,在阿登地区完全无效,鉴于敌军在战线上的分布较为稀薄……这样的炮击计划只能成为唤醒美军的闹钟,警告他们攻击将在天亮后开始"[3]。几天前,曼陀菲尔曾乔装潜入位于前线的乌尔河(Our)河谷及南边的绍尔河河畔进行抵近侦察,绍尔河"河岸陡峭,渡口稀少,是一道显而易见的障碍"[4]。

于是,曼陀菲尔询问官兵对岸美军的生活习惯,获悉美国大兵在天黑后要回到房子和谷仓里休息,直到黎明前一小时才回到前沿阵地后,他决定派部队神不知鬼不觉地渡河潜入美军防线而不必惊动守军。只有在进攻真正开始后,他的集团军才会用探照灯照射低矮的云层,通过反射制造人工月光,帮助步兵先头部队在黑暗的森林里找到前进的道路。与此同时,工兵营开始在乌尔河上架桥,这样他手里的三个装甲师——第116装甲师、第2装甲师和装甲教导师就能梯次前进了。

按照希特勒亲自做出的设定,应该以步兵师先行突破,宝贵的装甲师将全部用来抢占马斯河上的桥梁。"雕窝"大本营收到的首份报告是最令人鼓舞的,约德尔向希特勒报告说"完全实现了突袭"[5]。突袭确实已经实现,但德国人真正需要的是将突袭转化为瘫痪性打击的力量。部分美军部队失去了指挥官,他们开始自发组织起来,在很多情况下,惊恐的平民乞求(军人)不要抛弃他们。与之相对,一些说德语的人则仍然忠于帝国,眼看着混乱的场面却毫不掩饰地表现出满意的神色。"如果在一些地方出现了惊慌失措的人,"第99步兵师的一名军官记录道,"那在其他地方肯定有英勇无畏的人。"[6]这样勇气非凡的壮举将迟滞德军的突破,成为获得关键胜果的所在。

在曼德费尔德以北四千米处,正对着洛采姆隘口（Losheim Gap）的是小村兰策拉特（Lanzerath）,正好位于警卫旗队师派普战斗群的突破路线上。站在村西北能俯瞰村舍和道路的山丘上,面朝德国一方的观察视野极好,美军第99步兵师394团团属情报侦察排将前哨阵地设在这里,18名美军官兵正栖身于山坡草地间的散兵坑里。他们的右后方是一片茂密的松树林,里面有一条可以用来撤退的通道,但同时也能成为进攻部队包抄该部的路线。此处阵地的重要性在于,其左翼数百米外就是通往西北方的洪斯费尔德（Honsfeld）的公路道口,沿着这条公路可以进入昂布莱沃河（Amblève）河谷。

尽管第5军第99步兵师缺乏作战经验,但在情报侦察排排长小莱尔·约瑟夫·鲍克（Lyle Joseph Bouck Jr）中尉的指挥下,全排还是越过第5军和第8军的分界线进入了第8军防区。此地位于第14机械化骑兵群①薄弱防区的北端,几辆配属第14骑兵群的坦克歼击车②就驻扎在阵地下方的村落农舍之间。当

---

① 二战前美国陆军已经取消了骑兵部队,但骑兵的番号和传统都保留了下来,当时的机械化骑兵群（Cavalry Group）一般都是轻型装甲部队,团级编制,下辖装甲骑兵中队（轻型坦克营）和骑兵连（轻型坦克连）,装备轻型坦克和装甲车,并得到坦克歼击营和自行火炮营的加强,整体来说火力和机动能力较普通的步兵团要强。——译者注
② 据译者核查,在兰策拉特村内的反坦克部队应该是第820坦克歼击营A连2排和营属第2侦察排的55名官兵。有意思的是,第820坦克歼击营在1945年初换装了M18坦克歼击车,A连当时配备的是靠车辆拖曳的M5型76.2毫米反坦克炮,因此村内的美军不太可能有坦克歼击车,可能是作者搞错了。下文中从村内驶出的所谓"坦克歼击车"很可能是美军装备的M8装甲车。——译者注

东方的地平线被数以百计的火炮炮口焰映红之时,情报侦察排的所有人躲进了散兵坑中。兰策拉特显然属于德军的一处炮击目标,士兵们对先前驻扎在此的第2步兵师官兵表达了由衷的感谢,他们留下的精心构筑的工事堪称杰作,战壕和散兵坑顶上都有加固的防护层。炮击结束后,众人看到坦克歼击车从山下的村子里驶出,从他们的阵地下方经过,然后左转开上了通往洪斯费尔德的公路。"他们起码应该挥手告别吧。"一个大兵调侃道。[7]

鲍克用无线电台向团部报告了炮击的情况,团部要求他派出巡逻小组进入兰策拉特查看情况。现在天色渐亮,薄雾笼罩,鲍克带着三个人下山进入村庄,他们摸进一所房子,听到有人在说德语。兰策拉特位于德国和比利时边境线的比利时一侧,属于比利时东部各省中的德语区。鲍克的部下觉得这人正在和敌人通电话,鲍克不得不阻止部下当场毙了他。阴沉沉的天色更亮了一些,他们看见远处人影绰绰,一条长长的纵队正在接近小村,德国人肯定会沿着公路从情报侦察排阵地下方经过。鲍克跑回去用无线电呼叫炮火遮断(阵地)下方的兰策拉特公路,却遭到了团部的质疑。

通过望远镜,鲍克看到头戴独特的伞兵盔、身着长袍般伞兵服的德军伞兵以两路纵队沿着道路两侧齐头并进,他们的枪都背在肩上,并没有握在手里随时准备战斗,队列前方和侧翼也没有布置尖兵,就这样大摇大摆地行进着。这股德军属于第3伞兵师9团1营,其任务是为派普战斗群开辟前进通道。情报侦察排的官兵紧张地等待着德军到来,他们的机枪和其他自动武器都打开了保险,为堪称完美的伏击做好准备。鲍克希望等德军主力进入全排的火力范围内再开火,他看到了几个明显是军官的人，立刻示意手下准备射击。就在他要扣动扳机的时候，一个13岁左右的金发女孩从一所房子里冲了出来，手指着情报侦察排山头阵地的位置向德国人示意。① 鲍克犹豫了一下，他不忍心开枪打死那个女孩。德国军官高喊着发出命令，伞兵们立刻躲到了路两侧的沟里。[8]

伏击战流产了，但由于德军指挥官战术僵化，只会驱使部下一波又一波地投入正面强攻，因此屠杀那些缺乏训练的年轻士兵的机会还有的是。德军伞兵仰头冲锋，穿过被积雪覆盖的牧场，笨拙地翻过栅栏时，却被侦察排的机枪手轻松地收割掉生命，德国兵离得那么近，甚至能非常清晰地看到他们的脸庞。鲍克再次用无线电急切地呼叫炮火支援，却被告知炮兵正在向其他地方开火，暂时顾不上他们。② 他问团部自己应该怎么办，得到的是"不惜一切代价坚守阵地！"[9]的答复。鲍克有几个部下负了伤，好在他们仍旧能继续战斗。

阵地前的成堆尸体和伤员令人恶心不已，鲍克简直不敢相信德军团长会继续驱使部下进行这种徒增伤亡的进攻，而不是设法迂回包抄自己的阵地。德国人的白旗终于出现了，鲍克下

---

① 2006年10月，一名作家来到兰策拉特找到了当年那个名叫蒂娜（Tina）的女孩。老妇人告诉作家，当时还是个孩子的她在炮击停止后忍不住好奇跑到家门口，不久后看到一队士兵走进村内，有人用德语问她"美国佬去哪里了"。当时她以为山顶上的美军和村内的美军一起撤走了，就指着西北的布赫霍尔茨方向说美国人都撤到那里了，随后她就回了家。当时的情况下，美国人和德国人都以为她的意思是村西北的山丘上有美军，结果歪打正着。——译者注
② 根据最新的资料，作者叙述的内容和实际情况有出入。战斗开始前，第371野战炮兵营C连的一个四人炮兵观察小组在沃伦·斯普林格（Warren Springer）中尉的率领下来到了山上，加入了情报侦察排，负责呼叫炮火支援。斯普林格中尉召来了炮火，但在修正弹着点的过程中，他的无线电台被弹片或者子弹打坏了。——译者注

令停止射击，德军医护兵在阵地前寻找伤员，找到一个就抬走一个。短暂的停战结束后战火重燃，一直持续到天黑，鲍克和部下的弹药消耗殆尽。夜幕降临后，德军指挥官才率领部队从侧翼冲上了美军阵地，鲍克和绝大多数部下都被德军俘虏。①他的排挡住了一个德军伞兵团的前进步伐，打死打伤超过400名伞兵②，美军只付出了一人阵亡、多人受伤的代价，但最重要的是严重迟滞了德军的推进速度。

派普意识到让步兵在前面开路是个大错误，为此怒不可遏。他的战斗群被堵在了路上，因为三个月前德军撤退的时候，炸毁了洛采姆西北方的铁路线上的桥梁，而且一直没有修复。到19点30分时路还没有通，第12国民掷弹兵师的马拉火炮把公路堵得严严实实，进一步加剧了派普战斗群的延误。对交通堵塞忍无可忍的派普下令车队强行通过，前卫部队"要把堵在公路上的所有东西毫不留情地立刻推到边上"[10]。他不耐烦地通知在前面开道的坦克车长，开着坦克直接从美军雷区里碾出一条道来，结果有五辆坦克被炸得动弹不得。③

---

① 天完全黑下来之前，鲍克安排两个人去团部汇报战况并请求增援，他的无线电台在战斗中被打坏了。22名美军官兵中，除一人阵亡外，其余人全部被俘（去团部的两人未能联系上自己的部队，两天后也被俘了），其中14人负伤。——译者注
② 严格来说只是德军第9伞兵团1营，1营先后发动了三次进攻，投入进攻的是2连和3连，每次动用两个或者三个排。实际上德军的损失也没文中写得那么夸张，德军战报中的战损数字是16人阵亡、63人负伤、13人失踪。考虑到地形限制和德军投入的兵力，鲍克和他的战友严重高估了自己的战果。——译者注
③ 其实阻碍派普前进的雷场基本是德军撤退时自己布设的，而且根据希特勒的命令，为了保密，德军工兵无法在进攻开始前就在雷区中开辟通道。文中提到的派普战斗群一出场就损失五辆坦克的说法并不准确，实际上是两辆豹式坦克、一辆Ⅳ号坦克和两辆半履带装甲车。——译者注

师部命令派普转道兰策拉特与第 3 伞兵师的部分部队会合，他们已经被美军挡住了去路。派普一到那里就接管了第 9 伞兵团的指挥权，指挥该部投入了进攻。据兰策拉特的一个居民说，派普的部队进村后非常激动，"高喊着他们将把美国佬全部打回（英吉利）海峡"[11]，还不停地说德军已经打到了马斯河畔的列日（Liège）。

伞兵团的军官们坚持说附近的美军阵地非常坚固、易守难攻，尽管他们并没有目睹，甚至都没有接近过美军阵地，结果被派普狠狠鄙视了。① 他还对配属给他的斯科尔策尼战斗群的战斗分队表示了强烈不满，这支分队只有四辆谢尔曼坦克、卡车和吉普车。"他们还不如在家待着！"他后来说道，"因为他们从未像计划中那样伴随装甲纵队的矛头一起推进。"[12]派普随后命令战斗群的坦克搭载一个伞兵营②向布赫霍尔茨（Buchholz）和洪斯费尔德前进。

第 99 步兵师的一支小部队被德军包围在布赫霍尔茨火车站，打退了第 3 伞兵师的试探性进攻，第 99 步兵师 371 野战炮兵营 C 连的一个年轻的炮兵观察员③奉命用无线电呼叫炮火支援。"我们把停放在路边的吉普车倒进了一座谷仓里，"他后来

---

① 第 9 伞兵团团长赫尔穆特·冯·霍夫曼上校的军衔虽然比派普的军衔高一级，但长年在柏林的空军总司令部里负责行政工作的他对指挥部队作战近乎一窍不通，结果被部下轻易欺瞒，同时在身经百战的派普面前说话毫无底气。霍夫曼手下的营长和连长没有掌握敌情，就向上通报说敌军很强大，派普打了几个电话一问后就被揭穿了。——译者注
② 实际上派普战斗群的坦克只搭载了一个伞兵连，其他三个伞兵连在车队边上步行。——译者注
③ 实际上并非只有一名军官，而是第 371 野战炮兵营 C 连的哈罗德·R.迈耶（Harold R. Meyer）中尉与理查德·亨利·拜尔斯（Richard Henry Byers）中士、库蒂斯·弗莱奇（Cutis Fletch）中士组成的炮兵观察小组。——译者注

记录道,"四周很安静,真是一个寒冷的夜晚……我们能清楚地听到党卫军装甲兵此起彼伏的叫喊声、坦克发动机的轰鸣声,以及坦克负重轮发出的刺耳铿锵声。"[13] 他们还能通过自己的SCR-536型电台,听见德军通信兵用英语发出的嘲弄呼叫:"注意,注意,注意!危险,危险,危险!我们正在发动一次强大的攻势!请回话,请回话,有人听见吗?"随着派普战斗群所属的自行高射炮车的到来,布赫霍尔茨车站保卫者①的命运就此注定,在四联装20毫米高射炮的平射火力面前,如果没有混凝土墙或几英寸厚的装甲板保护,人体连同简陋的防御工事能被轻易撕成碎片。

在派普战斗群右翼,党卫军第12希特勒青年团装甲师的首个目标是被称为"双子镇"的罗赫拉特(Rocherath)和克林克尔特(Krinkelt),但该师在向这两座村镇的缓慢推进过程中陷入了困境。这个师在诺曼底战役中被英军和加拿大军重创,实力一直没完全恢复。"他们中有些家伙军纪很差,"党卫军第17装甲掷弹兵师师长汉斯·林纳区队长评论说,"这些童子军式的家伙像畜生一样,认为割断人的喉咙是件无所谓的事情。"[14] 党卫军第12装甲师似乎还缺乏技术保障力量,该师装甲团的豹式坦克机械故障率很高。

在第99步兵师防线的最北端,第395步兵团3营驻扎在蒙绍正南方的赫芬(Höfen)村里,小小的赫芬村位于蒙绍森林的突出部,是非常明显的攻击目标。莫德尔元帅试图从蒙绍两翼取得突破,切断通往奥伊彭和亚琛的公路,堵住美军从北向南

---

① 守军是美军第99步兵师394团3营K连的两个排,很快就被击溃。——译者注

(最近)的增援通道。在莫德尔的授意下,德军没有炮击蒙绍城。驻守赫芬村的美军3营(得到第612坦克歼击营A连加强,有12门76.2毫米反坦克炮)①发现,德军制造的人工月光有利于他们防御。当第326国民掷弹兵师的部队穿过薄雾向前推进时,美军能清晰地看到光影下逐渐接近的德军步兵。"清晨6点,德国佬来了!"一名军官在报告里写道,"他们走出迷雾,出现在我们营的阵地前方,就像是以特殊的缓步节奏前行的人群,身影被人工月光在雪地里勾勒得清清楚楚。营里的每件武器都在开火……德军伤亡惨重,6点55分,德国人开始撤退。"[15]3营的十门81毫米迫击炮一直在开火,当通信恢复后,第196野战炮兵营的105毫米榴弹炮也开始炮击德军。

还不到两个小时,德国人在坦克和装甲车的支援下又发动了一次强攻。"在K连阵地前,像野人般吼叫的德军步兵在坦克的伴随下向前冲击,扑向K连阵地"[16],德军的进攻在迫击炮和155毫米"长脚汤姆"重型榴弹炮的集火射击下一败涂地。9点30分之后,德军又组织了一次攻击,一大股德军步兵占领了村内的四座房子。3营营长麦克伦南德·巴特勒(McClernand Butler)中校命令两门57毫米反坦克炮用穿甲弹对房子进行直射,炮弹轻易击穿了墙壁,美军步兵用步枪和自动武器火力死死封锁住房子的窗户,以防德军对反坦克炮炮组进行射击。"从房子里传来的惨叫声,可以让人很容易地确定反坦克炮弹的杀伤力。"美军将担任预备队的一个排投入战斗,他们蹑手蹑脚地靠近房子,向窗户里投掷白磷手榴弹。幸存的

---

① 二战期间,部分美军坦克歼击营装备的并非坦克歼击车,而是反坦克炮和反坦克地雷,其在番号名称上没有改变,同样叫坦克歼击营(Tank destroyer battalion)。——译者注

德军很快就投降了，美军在房子里找到了大约 75 具德军的尸体。①

美军第 5 军在北面对施密特镇附近的鲁尔河水坝的新攻势才刚刚开始，因此第 99 步兵师 393 团 2 营被暂时配属给第 2 步兵师。当他们听见南边传来的激烈枪炮声后，还以为师里的其他部队也投入了这次新攻势，压根没意识到德国人的大反攻开始了。

一个名叫乔丹（Jordan）的医护兵在两名步兵的帮助下，在一条下沉的道路上相对隐蔽的地方开始为伤员包扎伤口。"我们为一个右臂被弹片削得只剩下几根筋肉相连的年轻士兵注射血浆，"第 393 步兵团 2 营 E 连的哈里·S. 阿诺德（Harry S. Arnold）回忆道，"我试着安慰他，还给他点了支烟，他疼得晕了过去，身子却抖个不停，几百英尺外的炮弹爆炸声让他成了惊弓之鸟。'带我离开这里吧！看在上帝的分上，带我离开这里吧！'有个家伙走了过来，几乎紧贴着我不停地乞求'带我离开这里吧'。"医护兵乔丹的头上挨了一枪，"那天晚些时候我们听说，我们的小伙子为了报复射杀了一名德军医护兵，不过在医护兵身上找到一把鲁格手枪②后，这事就显得不那么

---

① 经过译者核查，这一整段关于赫芬村攻防战的过程其实发生在 12 月 18 日，而不是 12 月 16 日，作者显然把发生在两天内的战斗混为一谈。16 日当天，德军在早晨的攻击失败后，只在中午又勉强发动了一次攻击，第二次攻击根本没有攻入村内。而且在 18 日的战斗中，德军似乎并未投入坦克，很可能只出动了突击炮。这段叙述的是 18 日德军发动第二次进攻的情况，当天德军的第一次攻击是在凌晨 3 点 30 分左右开始的，因此本段开头的第一句话从时间上来说就不够准确。——译者注

② 9 毫米 P08 鲁格半自动手枪是德国军官的专用配枪，很多美国兵都想搞到手作为收藏。枪杀医护兵很不人道，但医护兵如果携带武器的话，这事情在美军看来性质就不同了。——译者注

糟糕了"[17]。美军不知道发生了什么事情,心有不甘地放弃了他们在向大坝推进过程中刚刚夺来的阵地,他们受命停止对水坝的攻势,立刻转向。新命令是向西南方的克林克尔特撤退,去迎击发动进攻的党卫军第12装甲师。

虽然第99步兵师的大部分官兵都在绝望的战斗中浴血奋战,"但有些人在重压下崩溃了",一名军官承认"他们会反复盗汗,或呕吐,或出现其他严重的身体不适的症状"。此外,"涉嫌故意走火打伤手脚的意外事例急剧上升,通常是在清理武器如擦枪的时候"。还有些人深陷绝望之中,他们甚至做出了更为严重的自伤自残行为。第99步兵师就有一个极端例子,据说一个士兵"趴在一棵大树下,环抱着大树拉响了手里的手榴弹"[18]。

在第99步兵师防区南边的施内艾费尔地区,第106步兵师刚刚抵达欧洲战场没几天,是没有任何作战经验的"菜鸟"部队,在未来的三天里该师将被德军打得落花流水。第99步兵师和第106步兵师的接合部位于洛采姆隘口,负责掩护接合部的第14骑兵群撤退时没有及时向上级汇报,后来导致第106步兵师被德军迅速包围。同时,这也导致第99步兵师脆弱的右翼被暴露出来,当第395步兵团在绝望中紧急后撤收缩防线时,愤愤不平的士兵们想起了一句口号——"美国陆军从不撤退!"[19]由于没能及时得到口粮,饥饿的士兵撬开了一些桶装的干燕麦片,这些饿疯了的家伙不管三七二十一,抄起干燕麦片就往嘴里塞,还填满了身上所有能装东西的口袋。一名军官记录道,有个士兵为买原价13美分一听的金宝汤罐头,甚至向他的战友出价75美元。

第14骑兵群面临着一个几乎不可能完成的任务，其近九千米长的防线由一些分散的孤立据点构成，显得很是单薄，各排只能依托构筑于村庄和居民点的固定阵地进行防御。骑兵群缺乏足够的兵力、训练和装备构成一条连绵的固定防线，他们只有从装甲侦察车上卸下来的机枪、一些反坦克炮和一个营的105毫米榴弹炮。第106步兵师刚刚抵达前线[①]，这意味着该师还未制订任何完善的防御计划。

在德军发动攻势的前几日，他们的侦察兵就已经发现了第14骑兵群防区内的漏洞——位于罗特村和韦克拉特（Weckerath）村之间的一道近两千米宽的缺口。因此，在进攻首日的拂晓，第18国民掷弹兵师主力在一个突击炮旅[②]的支援下，直接从这个缺口杀入美军防线。这里正好位于第5装甲集团军战区的北部分界线内，曼陀菲尔的首要目标是位于美军防线后面15千米处的圣维特，沿着公路可以从罗特直接抵达那里。

透过灰暗的晨曦，第14骑兵群位于罗特和韦克拉特的守军发现德军已经插到了他们身后，黑压压的云层和绵绵细雨掩护了德国人的渗透行动。野外的电话线路在德军进行弹幕射击时都被弹片打断了，德军的侦听部队还用留声机播放音乐，对美军的无线电通信频道进行了全面干扰，导致美军通信中断。被包围在罗特的美军骑兵部队抵抗了一段时间，当天下午向德军投降了。

---

① 第106步兵师在12月11日刚刚与第2步兵师换防，距离德军反攻只有五天时间。——译者注
② 支援该师作战的第244突击炮旅是第66军直属的机械化部队，编有20辆Ⅲ号突击炮，战争末期德军的突击炮部队大多被冠以旅的番号，充其量只有营级的战斗力，因此也有人将突击炮旅翻译成突击炮大队。——译者注

第106步兵师并没有立即崩溃。该师的防线长达30多千米，有相当长的一截刚好在德国的齐格弗里德防线前形成了一个不小的突出部，眼下该师面临的状况很恶劣，尤其是左翼的第14骑兵群在罗特地区的防御已经被德军突穿的情况下。给德军装甲师开道的国民掷弹兵师遭到八个美军炮兵营的猛烈炮击，伤亡惨重，成了真正意义上的炮灰，但是第106步兵师对突破其左翼的德军几乎没有组织起任何反击，这就直接导致了第二天的灾难。

正如莫德尔的炮兵主任所观察到的那样，战区内被森林覆盖的复杂地形在减缓步兵推进速度的同时，也严重阻碍了他的炮兵辨识目标。此外，国民掷弹兵师也不懂得如何正确利用炮火掩护进攻，严格执行无线电静默的命令对他们没有任何帮助，这导致各师直到炮击开始都未能建立起通信网络。[20]

美军的通信联络状况其实更糟，设在巴斯托涅的米德尔顿少将的第8军军部甚至还搞不清楚德军进攻的规模有多大。而在位于斯帕的第1集团军指挥部里，霍奇斯中将认为德军的攻势"只是局部佯攻"[21]，是为了对攻击鲁尔河水坝的第5军进行牵制，缓解守军的压力。即便被美军称为"嗡嗡弹"的V-1飞弹每隔几分钟就会从头上掠过轰炸列日，霍奇斯仍旧没有明白这些迹象意味着什么。① 虽然第5军军长杰罗一再要求，但霍奇斯仍旧拒绝叫停第2步兵师在北部的进攻。美军第12集团军群前进指挥部位于卢森堡市，在上午9点15分召开的情

---

① V-1飞弹造成的最严重的灾难就发生在安特卫普，那天晚上一座电影院被命中，近300名英军和加拿大军官兵丧生，此外还有200多名平民伤亡。——作者注

况通报会上,集团军群作战主任(G-3)艾布拉姆·富兰克林·基布勒(Abram Franklin Kibler)准将说阿登地区的情况没什么变化,此时集团军群指挥官布莱德雷中将正在前往凡尔赛的途中,他要去和艾森豪威尔将军讨论兵员补充的问题。

第2步兵师师部里昵称"马特"(Matt)的马修·弗朗西斯·卡尔·科诺普(Matthew Francis Carl Konop)中校撰写的日记,让人们了解到即使那些离前线很近的美国人,也需要花很长时间才能弄清楚德军的进攻规模和范围,这就是当时美军的真实状况。科诺普在12月16日的日记开头写道:"5点15分,我和睡在小红屋里的其他六名军官——听到了猛烈的爆炸声——那肯定是在做梦——仍然认为这是在梦里——那肯定是我们的炮兵在射击——不对啊,爆炸声似乎更近更响了。"[22]科诺普在黑暗中起身,只穿着长衬衣衬裤走到门旁,打开门一瞧,就在门外炸响的炮弹惊得他立刻跑回去把其他人都叫了起来。他们穿着内衣,打着手电筒冲到地窖里,一直到炮击减缓才回到楼上。科诺普打电话询问师作战科有什么异常情况,对方回答:"没有,一切正常,只是(我们)这里遭到了猛烈炮击,前线没有报告发生任何异常情况。"科诺普爬回到自己的床垫上,但他再也睡不着了。

7点15分,科诺普来到位于维尔茨费尔德(Wirtzfeld)的师部,此刻天还是黑乎乎的。从地图上看,第2步兵师的进展似乎令人满意,第9步兵团刚刚占领了瓦勒尔沙伊德(Wahlerscheid)。一个小时后,他绕着维尔茨费尔德看了一圈,炮击没有造成人员伤亡,但直接命中的炮弹把粪坑掀了个底朝天——"整个厨房、食堂大厅和工兵营的军官餐厅里到处都是飞溅的排泄物"。那天上午晚些时候,他和师里的天主教神父一致认为,经历了早晨的炮击后,第二天在教堂里做弥撒的时候要非常小心,因为教堂是一处非常明显的目标。

17 点 30 分,科诺普看到了德军坦克已经突破第 106 步兵师防线的报告,这被描述为"敌军的局部行动"[23]。无事可做的他回到房间里看书,然后整个晚上就和跑来找地方睡觉的两个战地记者闲聊。上床睡觉前,他带着两个记者去认了认地窖的门在哪里,以防第二天早上再次遭到炮击。

科塔少将的第 28 步兵师防区在第 106 步兵师的西南方,由于能见度不良,在德军进攻伊始被打了个措手不及。然而事实证明,德军制造的人工月光是一个"错误","德军把探照灯指向树林,然后又照向我军阵地上方的云层,却将其突击部队的身影映照出来,结果德国人成了我军机枪手的靶子"[24]。

幸运的是,在德军的攻势开始之前,该师就用经过训练的军官和士官担任炮兵前进观察员。第 109 步兵团的一个连在遭到德军大规模攻击时,依托坚固的防御工事,敢于引导 155 毫米榴弹炮的火力封锁阵地前方 50 米的区域。他们声称炮火炸死了 150 名德军,而己方无一伤亡。[25]

夸大敌人的进攻规模和己方战果的做法非常普遍。"十个德国佬就敢说成一个连,"师里的一名营长抱怨道,"两辆Ⅳ号坦克就敢说成是虎式坦克的主攻。指挥官根本无法迅速做出准确及时的判断和决定,除非那些报告都是报告人亲自看到或者听到的,而非出于他的想象。"[26]

科塔的第 28 步兵师 112 团发现,"清晨的首轮进攻中,有很多迹象表明德军步兵看上去显然喝多了⋯⋯他们傻笑着高喊让我们不要开枪，否则就会暴露我们的阵地。我们不得不等德军前锋走到距离我方阵地只有 20 多米的地方才一起开火，德军立刻倒下一大片。后来我们检查了几具尸体上的水壶，显然里面刚刚还装着白兰地①"[27]。

瓦尔登堡少将的第 116 装甲师在第 106 步兵师和第 28 步兵师的接合部发动了进攻，但德军并没有成功找到突破口，反而遇到了第 106 步兵师最右翼的第 424 步兵团 2 营和第 820 坦克歼击营 B 连 3 排的侧袭。瓦尔登堡少将向上级汇报说，在贝格（Berg）以西的森林里，第 60 装甲掷弹兵团突击连的进攻在美军"异常勇敢和凶猛的战斗中"不但被遏制，而且该连"几乎被打垮"[28]。德军急忙调动炮火掩护步兵过河，但绵延的森林和起伏的丘陵导致炮兵很难观察炮击效果，而且陡峭的山坡上炮兵几乎找不到地方建立阵地。

在另一个方向上，第 116 装甲师 156 装甲掷弹兵团向南进攻，迅速推进到奥伯豪森（Oberhausen）。接下来，德军发现边境地区的西墙防线上残留的"龙齿"反坦克障碍物令装甲团无法按照原定路线继续前进，瓦尔登堡少将不得不请求军部允许装甲部队从第 156 装甲掷弹兵团抢占的乌尔河渡口渡河，再沿着该团开辟的路线前进。雨雪导致阿登地区的路面非常松软泥泞，给装甲部队的运动带来很大麻烦，只能在公路上行驶。坦克履带把小路上的泥浆搅得深达一米，导致后续的轮式车辆甚至其他坦克都无法通行。希特勒原指望坏天气能阻止盟军空中力量对其地面部队的打击，同时茂密的森林和复杂的地形还能

---

① 德军有给突击部队配发白兰地的习惯，初衷是怕医护兵随身携带的医用酒精不够，准备用来给伤员清洗伤口，结果被某些酒鬼直接喝掉了。——译者注

再往南，第 26 国民掷弹兵师的任务是为曼陀菲尔麾下最有经验的精锐部队——第 2 装甲师和装甲教导师——开辟通道，两个装甲师希望能在当晚或次日清晨沿着公路杀到西边的交通枢纽巴斯托涅，就直线距离而言还不到 30 千米。但第 26 国民掷弹兵师师长海因茨·科科特（Heinz Kokott）上校①遭遇了令他非常不快的意外：即便被美军称为"地平线大道"的沿着高地和公路构筑的防线被突破之后，第 28 步兵师仍旧没有放弃抵抗，而是继续战斗。这完全出乎他的意料，他后来写道："真没想到，那些残存的美军没有放弃抵抗，他们原地坚守，继续封锁着道路。"这就迫使德军指挥官接受"步兵还要继续向前进攻的事实"[29]，而不仅仅是为向马斯河突击的几个装甲师开辟一条通道。"当进攻第一天结束时，第 5 装甲集团军没能达成任何既定目标"，"顽强抵抗的霍辛根（Hosingen）村"就一直战斗到第二天上午。②

尽管第 26 国民掷弹兵师最终强渡了乌尔河，但位于格明德（Gemünd）附近的乌尔河桥直到临近黄昏的 16 点才准备就绪。由于美军在通往霍辛根的公路上炸出了巨大的陷坑，并砍伐大树制造"鹿砦"封锁道路，第 26 国民掷弹兵师的轮式车辆和装甲教导师的车队都被堵在路上。德军工兵营夜以继日地工作，一直到深夜公路通车才恢复。在第一天的战斗中，第

---

① 此处原文称其为少将，但海因茨·科科特要到 1945 年 1 月 1 日才晋升少将，此时他的军衔是上校。——译者注
② 此处原文有误，坚守霍辛根的美军第 110 步兵团 3 营 K 连和第 103 战斗工兵营 B 连一直战斗到 18 日清晨才投降。——译者注

26国民掷弹兵师损失了230名士兵和8名军官，其中包括2名营长。

在美军第28步兵师的右翼，德军第7集团军投入第5伞兵师，掩护曼陀菲尔的第5装甲集团军所部的侧翼，这些部队正向西面的马斯河突击。然而，第5伞兵师是在最后关头才被勉强补入德军作战序列的，这支新组建部队的战斗力很成问题。表面来看该师的兵力超过16000人，但该师官兵几乎都没有接受过步兵技战术训练，以第13伞兵团3营为例，营长弗兰克（Frank）少校此前是飞行教官，该营的12名军官毫无地面作战经验。被俘之后，弗兰克少校和另一名军官的聊天内容被盟军偷录下来，谈话中他对手下士官的评价是"空有热情，却不称职"；营里的700名士兵大多是十六七岁的年轻人，但"这些小伙子都很棒"。

"进攻首日，我们向（由美军第28步兵师109团2营E连守卫的）富伦（Führen）发动猛攻，那是个修得跟要塞似的村庄。我军被25米外的碉堡挡住了去路，我手下最优秀的连长也阵亡了，部队被钉在那里长达两个半小时，在此期间我的五个传令兵都被打死了。在那里什么都做不了，跑回来的传令兵都被打倒了。于是，在两个半小时的时间里，我一直趴在地上，一寸一寸地择路爬回去。在没有任何重武器支援的情况下穿越开阔地带，对于那些年轻的男孩来说这是一个什么样的场面啊！我决定等炮兵的前进观察员过来，结果等来了团长戈斯温·瓦尔（Goswin Wahl）少校的命令：'快上，拿下那座村子——那里只有几个敌人还在坚守。'"

"那太疯狂了！"我对团长说道。

"不，不，这是命令。快上，我们必须在天黑前拿下村子。"

我说："我们会前进的，等待炮兵观察员期间消耗的时间，我会在此后的进攻中加倍弥补……至少给我些突击炮，让它们从北面过来敲掉那些该死的碉堡吧。"

"不，不行。"

"我们攻占该村的过程中没有得到任何支援，几乎就在我军进村的时候，我军的重炮却开始对着村子炮击。我们总共俘虏了181名美军，我在收拢最后60人时，我军迫击炮旅发射的一轮炮弹却落在了战俘和卫兵中间。22个小时之后，我军炮兵仍在对着这座村子开火。我们的通信联络真是彻头彻尾的败笔。"[30]

第5伞兵师师长塞巴斯蒂安·路德维希·海尔曼（Sebastian Ludwig Heilmann）上校[①]对他的部队一点都不熟悉，海特形容他是一个"野心勃勃、没有道德底线、无所顾忌的军人"[31]，还说他根本不应该指挥一个师。他的部下叫他"卡西诺的屠夫"（der Schlächter von Cassino）[32]，这是因为在卡西诺战役中他指挥的部队伤亡惨重。而在阿登战役的第一天，他的师在强渡水流湍急且水底有着厚厚淤泥的乌尔河时，在河流中挣扎的士兵遭到美军迫击炮火力的猛烈轰击。[33]

南面的美军第9装甲师防御着三千米宽的狭窄区域，不过

---

① 此处原文有误，塞巴斯蒂安·路德维希·海尔曼要到1944年12月22日才晋升少将，在阿登反击战打响的12月16日这天，他的军衔还是上校。——译者注

德军第212国民掷弹兵师的攻击还是取得了一些战果，迫使美军向后撤退。第9装甲师的右翼是第4步兵师，该师位于埃希特纳赫以西和以南的前哨阵地未能在拂晓前发现渡过绍尔河的德军。美军的警戒阵地都设置在河谷旁高高的悬崖或山脊上，也许在晴朗的天气里视野辽阔，但在黑夜或迷雾天里就什么都看不见了。结果，当德军突击队穿插到美军前沿阵地后方时，大部分措手不及的美军官兵被包围后都成了俘虏。当一名美军连长给第12步兵团3营营长打电话汇报德军进攻的详细情况时，却吃惊地听到电话里传来了另一个人的声音，对方带着浓重的德国口音向他宣布："我们在这里！"[34]劳特博恩（Lauterborn）村内一个班①的美军因突然出现在眼前的德军惊呆了，来不及做出任何反应就全部当了俘虏。自信满满的德军押着他们路过一座大磨坊时，惊动了磨坊里的另一股美军，双方当即交火。战俘们趁乱逃到边上的水沟里躲了几个小时，之后他们重新回到了自己的部队。[35]

此外，前沿观察所通往后方的电话线路常被炮火切断，受丘陵地形和潮湿的空气环境的影响，无线电台经常无法使用，通信联络始终一片混乱，粗心大意或惊慌失措的接线员还会给其他人带来麻烦。美军第4步兵师师长雷蒙德·奥斯卡·巴顿（Raymond Oscar Barton）少将直到11点才听说麾下的第12步兵团在埃希特纳赫两翼遭到德军猛烈攻击。巴顿少将没有浪费一点时间，当即命令担任预备队的第12步兵团1营投入战斗，同时还抽调第70坦克营的一个连②配属该团作战。当夜幕降临之

---

① 另有资料说这股被俘美军差不多有一个排，最后有25人设法逃脱。——译者注
② 有资料显示这个坦克连有八辆中型坦克和十辆轻型坦克，第70坦克营的大部分坦克处于修理状态，调走这个连后，全营只剩下三辆中型坦克和一个轻型坦克排可用。——译者注

时，第 12 步兵团依旧在地平线大道的山脊公路上控制着五个关键村镇，它们恰好都位于德军前进路线上的重要路口。一份分析报告总结说："决定这场战役胜负的关键性因素，正是发生在这些城镇和道路交叉口的战斗。"[36]

第 4 步兵师的部队用砍倒的大松树当路障，将公路拦腰截断，同时在路障及周边布设了地雷和诡雷，考虑到该师近期在经历了许特根森林的苦战后人员和装备都严重缺乏，能取得目前的战绩已经很不简单了。自诺曼底登陆以来，第 4 步兵师在战斗中缴获了不少铁拳反坦克榴弹发射器，现在正好可以全打回到德国人身上。虽然其有效射程只有 40 米左右，但美军士兵发现其破甲能力比国产的巴祖卡火箭筒强得多，起码能打穿豹式坦克的装甲。第 70 坦克营的 54 辆坦克中，有 43 辆还在后方的维修厂里修理[①]，好在这并未导致灾难性后果。曼陀菲尔原本试图给埃里希·布兰登贝格尔装甲兵上将的第 7 集团军提供一个装甲师，用来突破美军在南肩角的防御，却实在凑不出能用的部队了。

由于路面上冻，布莱德雷中将当天从卢森堡到凡尔赛的行程花了比预期更长的时间，他抵达目的地时，艾森豪威尔的情绪看上去很不错，因为他刚刚听说自己要晋升五星上将[②]了。布莱德雷向他表示祝贺。"上帝啊！"艾森豪威尔回答说，"我只是想看看我第一次以五星上将的身份签字的样子。"[37]

---

① 到阿登反击战打响时，第 70 坦克营还有至少半数坦克未能修好。——译者注
② 五星上将只是俗称，美国的五星上将相当于其他国家的元帅军衔。——译者注

布莱德雷中将的副官汉森少校回到丽兹酒店，看到大作家海明威正在和一大帮宾客狂饮。"房间里有两张铜制大床，"汉森写道，"床上到处都是书，有些还散落到地板上，地上还有酒瓶，墙上到处是巴黎的照片，有不少是用钉子或图钉胡乱钉在墙上的。"和众人随意聊了一会儿，汉森"溜出房间，慢慢踱到饭店的露天游泳池边，在那里我们看见几个袒胸露乳的女孩正在跳肚皮舞，直到天渐渐黑下来"[38]。

黄昏时分，正当艾森豪威尔和布莱德雷与盟军最高统帅部的其他高级军官讨论补充兵员的问题时，一名参谋军官打断了他们的谈话。他递给斯特朗少将一份电报，后者看了一眼，离开会议室去查阅第8军的防区地图。然后他回到会议室，表情严峻地宣布，德军已经在该军前沿打开了五个突破口，其中最具威胁性的突破地点在洛采姆隘口。尽管没有更多的细节，艾森豪威尔却立刻感到形势非常严峻，哪怕阿登地区并没有明显的目标（值得德军大张旗鼓地发动进攻）。然而，布莱德雷则认为这不过是德军简单的牵制性攻击，多半是为了破坏巴顿的第3集团军即将在洛林展开的攻势。艾森豪威尔在研究了作战地图后没有把时间浪费在讨论上，他当即命令从第9集团军抽调第7装甲师南下，从巴顿的第3集团军抽调第10装甲师北上，共同支援阿登地区的特洛伊·米德尔顿少将。布莱德雷表示，巴顿也许并不乐意放弃即将在三天后开始的进攻，于是艾森豪威尔咆哮道："告诉他，是艾克在指挥这场该死的战争！"[39]

布莱德雷不得不直接给巴顿打电话，正如他所料，巴顿不满地抱怨说德军的攻势就是企图干扰自己的进攻。艾森豪威尔的眼睛一直紧盯着布莱德雷，他只得无奈地向巴顿下达了命令。第10装甲师的官兵得知自己将从巴顿的第3集团军调往第1集团军担任预备队后震惊不已："这让我们的心都碎了，你懂的，第1集团军——妈的我们可是第3集团军的人啊！"[40]然而，巴顿在挂了电话之后有一种"看似非常真实"[41]的直觉，他在给一个朋友的信中写道："这让我想起了和1918年3月25日'鲁登道夫攻势'① 相关的很多事情，我认为它们会有一样的结果。"[42]

布莱德雷接着又给自己设在卢森堡市的集团军群前进指挥部打电话，让他们联络第9集团军。他预计那边不会有什么麻烦，第9集团军指挥官威廉·辛普森中将是一个身材高大但说话温和的得克萨斯人，人称"士兵将军"，可谓人见人爱。他长着一张长脸，配上光头、招风耳和宽下巴，让人印象深刻。当时辛普森正在审核为强渡鲁尔河提供空中支援的计划，根据集团军指挥部的日志，16点20分，他接到了第12集团军群参谋长利文·库珀·艾伦（Leven Cooper Allen）少将的电话。"霍奇斯的南翼现在有点小麻烦，"艾伦说道，"你的南边现在不消停了。"[43]辛普森欣然同意将第7装甲师调归第1集团军，两个小时之后，他亲自打电话确认第7装甲师的先头部队是否已经上路了。

艾森豪威尔和布莱德雷安排好两个师的增援后，又喝了一瓶香槟来庆祝艾克获得的第五颗将星。最高统帅的餐桌上摆放着他所钟爱的牡蛎大餐，但布莱德雷由于对牡蛎过敏无福消受，

---

① "鲁登道夫攻势"是第一次世界大战末期德军在西线发动的一系列反攻，虽然取得了一定战果但都没能达成战略目标，反而消耗了德军的实力。当协约国军队开始反击后，德军根本无力抵挡，因此德国不得不宣布战败投降。巴顿当时凭直觉认为德军在阿登地区发动反击的下场和"鲁登道夫攻势"不会有什么区别。——译者注

只能把菜肴换成了炒鸡蛋。饭后，他们打了五圈牌，布莱德雷直到第二天早上才返回卢森堡。

当两位美军将领正在凡尔赛休闲娱乐时，在帕德博恩的冯·德·海特中校在沉睡中被电话吵醒，头天晚上出现的一大堆问题令他彻夜未眠，现在他感到非常疲倦。他的伞兵部队原计划于16日凌晨起飞，但大多数用来运送伞兵去机场的卡车都没有及时收到燃料，这样一来他的行动只能被推迟，似乎有可能被取消。现在，迪特里希·佩尔茨少将在电话里说，空降行动仍将继续，因为反击战首日地面部队并没有如预期的那样进展迅速。

当海特中校抵达机场后，他听说西线航空队的气象站预报空降场上空的风速可能会达到每小时20千米。这是在森林地区能够进行夜间空降的上限速度，其实海特是被人刻意误导了，这样他就不会要求取消行动。就在所有伞兵全部登上老式的Ju 52运输机后，一个"良心未泯的气象学家"在海特的座机即将滑行时冲到舱门口，对海特中校说道："我觉得我必须尽到我的责任。说实话我们得到的报告是风速高达每小时58千米。"[44]

整个空降行动以惨败收场，由于绝大多数飞行员都是"紧张的新手"[45]，而且不习惯夜间航行，大约有200名伞兵被直接投到了波恩地区。参加行动的跳伞长中以前执行过伞降任务的屈指可数，最终只有十架飞机在两发照明弹的引导下将伞兵和武器箱准确投放到奥伊彭以南的空降场。风速非常高，狂风还推着一些伞兵一头撞上了后方飞机的螺旋桨。着陆的幸存者们在黑暗中靠吹口哨来联络战友。黎明时分，海特中校意识到空降任务"彻底失败了"[46]，他只聚拢了150人，他后来说"集结起来的人少得可怜"[47]。找到的武器箱也很少，500枚铁拳榴弹发射器只找到八枚，81毫米迫击炮也仅有一门。

"德国人民要充满信心！"阿道夫·希特勒通过无线电广播向国民发表演说，"无论我们要面对的是什么，我们都会战胜它，胜利就在道路的尽头。在任何情况下，一个狂热的民族在战斗中将战无不胜！"[48]莫德尔元帅在当天对B集团军群发布的命令中宣称："我们将赢得胜利，因为我们对阿道夫·希特勒和伟大的德意志帝国深信不疑！"[49]然而，当晚约有4000名德国平民死于盟军对马格德堡（Magdeburg）的夜间空袭，而这次轰炸是在德军发动攻势之前就计划好的。

比利时平民至少还可以选择逃离交火区域，但有些人还是留在了他们的农场里同牲畜待在一起，对德军的再次到来表示了顺从。然而，他们不知道的是，党卫队帝国保安总局特别行动队就紧跟在党卫军部队身后。对于这些出身党卫队保安处（SD）的刽子手而言，比利时东部各省的居民都是德国公民，他们想知道有谁在9月违抗命令，没有携家带口赶着牲畜转移到西墙防线以东地区。逃避在国防军中服兵役的当地人和那些在秋季与美国人合作的人都可能被逮捕，在一些情况下甚至会被处以死刑，但他们的主要目标是那些参加抵抗组织的比利时青年，他们曾在9月频繁袭击撤退中的德军部队。

霍奇斯中将终于意识到了战局的危险性，当即命令在战线后方休整的第1步兵师准备投入战斗。"我们听到了一种类似汽笛的警报声，"阿瑟·库奇写道，"有人宣布所有美国军人都要归建准备出发——德军在阿登地区发动了一场大攻势。我们带着武器装备爬上卡车,被送到了新的战线上。我们被告知德军坦克的攻击已经突破了一个刚从美国本土过来的缺乏战斗经验的步兵师的防线,他们正在混乱中溃退。"[50] 22点,来自第1集团军指挥部的另一道命令指示第2步兵师停止其在北面的进攻,准备撤回埃尔森博恩岭(Elsenborn ridge)东部,阻击向西推进的党卫军第12装甲师。[51]

经历了进攻首日的各种延误之后,派普在深夜命令部队向洪斯费尔德推进,他的战斗群被赋予了"反击战中的决定性角色",而他也不想失败:"我无视侧翼缺乏掩护的状况,一心向马斯河快速突击,充分利用出其不意的先机。"[52] 派普战斗群由坦克、半履带装甲车和其他车辆组成的车队前后绵延达25千米,由于道路非常狭窄,他无法改变部队行军的顺序。因此,他决定在车队前方部署一支战斗力强大的部队,由搭载装甲掷弹兵的半履带装甲车、一个豹式坦克连和一个Ⅳ号坦克连组成,装备虎王坦克的党卫军第501重装甲营则跟在后面。

进攻开始前,派普真心以为德军步兵能够按计划在12月16日黎明形成突破,那么他就能够在24小时之内冲到马斯河畔。现在他才意识到,进攻开始前他驾驶一辆豹式坦克跑了80千米路反而产生了误导。分配给他的乡间小道泥泞不堪,元首亲自为派普挑选进军路线的事实在这种情况下几乎起不到安慰作用。正如曼陀菲尔所预料的那样,在这种复杂地形条件下,装甲部队燃料的消耗量会是凯特尔和最高统帅部估算的两倍以上。派普研究着手里的地图,师部在任务简报中已经警告,两列运送燃料的火车没能抵达,作为进攻矛头的部队都要靠缴获来补充燃料。警卫旗队师师部的情报参谋

(Ⅰc) 在地图上标出了美军在比林根（Büllingen，这是德语发音，而法语发音是比朗日）和斯塔沃洛（Stavelot）的燃料供应站的位置，但位于马尔梅迪和斯帕之间的弗朗科尔尚（Francorchamps）的美军主燃料仓库没有被标出来，那里存放的汽油超过200万加仑。

第九章　12月17日，星期日

对于第2步兵师师部的马特·科诺普中校来说，首个称得上"不寻常"的迹象来自第二天一早的电话，7点还不到，摆在床垫前的电话就短促地响起了铃声。师作战科的军官告诉他，有报告称在奥伊彭以南发现了空投下来的德军伞兵，大约30辆德军坦克突破了他们东边的防线。科诺普打开灯，走到地图边试图在上面弄明白是否发生了什么大事，过了一会儿，电话铃又响了。

"喂，科诺普，我想让你警告所有人，"科诺普一下子没听出来这声音是谁，"全员戒备，让所有人都拿起武器和用得上的装备，在师部外的最后一道战壕里做好战斗准备！敌人的坦克已经突进来了，这会儿就在通往比林根的公路上。"

"是，长官！"科诺普回答道，"顺便问一下，请问阁下是哪位？"[1]

"我是罗伯逊将军。"他的师长沃尔特·梅尔维尔·罗伯逊（Walter Melville Robertson）少将回答道，第2步兵师师长罗伯逊将军以冷静和理智著称。科诺普觉得有必要提醒师长，唯一可用的士兵是"那些卡车司机和在先前的战斗中精疲力竭的人"。罗伯逊让他将所能找到的人都组织起来，于是科诺普把厨子、文书、司机和任何还能拿起武器的人临时混编成一个排，把他们赶下了通往维尔茨费尔德的公路。科诺普还把巴祖卡火箭筒小组和两门57毫米反坦克炮部署在能用火力封锁道路的位置上，那是坦克指挥官可能会选择的路线，此时他已经可以听见远处的机枪射击声。他让一个厨子中士和自己的吉普车驾驶员操纵12.7毫米重机枪，并让他们带上步话机充当观察哨。一名宪兵军官领着20个宪兵赶来，即便他的"雪花莲"们（snowdrops）①只配备了手枪，但他们仍旧进入了阵地。

霍奇斯中将终于被迫面对现实，12月17日7点30分，在德军进攻开始24小时后，他终于批准了第5军军长杰罗少将终止第2步兵师从瓦勒尔沙伊德向北攻击的请求。杰罗想把该师撤回被称为双子镇的罗赫拉特和克林克尔特，那里正受到威胁，第99步兵师已经在第277国民掷弹兵师和党卫军第12装甲师的攻击下被迫撤退。他和罗伯逊少将一致认为，他们必须确保从罗赫拉特和克林克尔特到北面的瓦勒尔沙伊德的公路安全，这样他的两个团才能撤下来。

杰罗并不在乎"美国陆军从不撤退"这种没有实质意义的口号，此刻他意识到能守住北肩角不被德军突破才是最重要的，此战的关键就在从罗赫拉特和克林克尔特向西逶迤的埃尔森博恩岭。美军必须长时间坚守双子镇，为后续部队沿着山岭构筑坚固阵地争取时间，为此他已经向埃尔森博恩岭调集了大量炮兵部队。

罗伯逊少将命令手头唯一的预备队——第23步兵团3营——从埃尔森博恩乘卡车东进，一直到罗赫拉特东部下车。望着茂密的松树林，3营官兵都有种不祥的预感。他们只知道第99步兵师有支部队被当面的党卫军第12装甲师"打得落花流水"[2]，正在向后溃退。在他们身后，可以听见阵阵急促的射

---

① snowdrops 的本意是指雪花莲这种植物，美国俚语中用来特指宪兵，可能和美军宪兵戴白色头盔有关。——译者注

击声，那是半履带防空车上的高射机枪对着从头上掠过的V-1嗡嗡飞弹开火的声音。I连连长查尔斯·麦克唐纳上尉写道："在刚刚结束的猛烈炮击之下，交叉路口周围的积雪和泥土搅和在一起，呈淡黄色。"[3]

他率领部下走到森林边缘。即使眼前是一片开阔地，在潮湿的雾气中能见度也不超过100米。他们可以听见前方轻武器的射击声，主要是德军自动武器连发时撕裂布帛般的声音①，而不是来自射速更缓慢、更有节奏感的美军机枪。随后，又传来了德军多管火箭炮的呼啸声，由于火箭弹发射时发出的刺耳尖啸，这种炮被盟军戏称为"尖叫的米妮"（Screaming Meemies）②。麦克唐纳的部下一听到炮弹的呼啸声，就立刻藏到了巨大的松树后，希望能躲开头顶横飞的弹片。炮击结束后，全连都回去挖散兵坑，除了自我保护的本能外，众人几乎都缺乏挖工事的热情，因为在积雪覆盖的大树旁用小小的工兵铲挖坑实在很辛苦。

科诺普中校准备保卫的第2步兵师师部位于维尔茨费尔德，当天早上，对其构成威胁的并非东边的党卫军第12装甲师，而是来自南方的派普战斗群。派普对分配给自己的进攻路线的糟糕状况感到很震惊，决定无视接到的命令和希特勒的规定路线，后来党卫军第1装甲军军长赫尔曼·普里斯（Hermann Priess）地区总队长兼党卫军中将也同意了他的做法。"由于道路状况

---

① 德军的MG 42机枪是二战时射速最高的通用机枪，其高速射击时的声音就如同在撕布条，令正面冲锋的敌方步兵胆寒不已。——译者注
② 这个外号最初是英国人在北非战场上起的，叫"Screaming Mimi"或"Moaning Minnie"，因为是口口相传，所以没有固定的拼写。——译者注

惨不忍睹，"他写道，"轮式车辆在某些路段需要被牵引着走上很久。"[4]

12月17日黎明前，派普战斗群对洪斯费尔德发动了攻击，其先头坦克就跟在撤退的美军车队后面混了进去。镇内规模不算很大的美军被打了个措手不及，德军以损失两辆豹式坦克的代价，缴获了大量卡车、吉普车和半履带装甲车。派普的党卫军掷弹兵在一处田野中枪杀了19名美军战俘，还有两个当地居民[①]脸冲着墙被从脑后射入的子弹处决。对于这些党卫军装甲掷弹兵来说，现在就如同回到了东线，可以不假思索地屠杀战俘和平民，随后他们又将镇上的民居和教堂劫掠了一番。派普在镇里留下一小队官兵来守卫部队的通信线路，两天后，留守部队中的五名装甲掷弹兵杀害了年仅16岁的美丽女孩厄娜·科拉斯（Erna Collas），当时士兵们强迫她带路去一座农场。此后她就失踪了，直到五个月后人们在一处散兵坑里发现了她的尸体，她的身上弹痕累累，几乎可以肯定的是她遭到了性侵[②]。[5]

由于道路泥泞，派普决定将大部分卡车留在洪斯费尔德，并命令第9伞兵团团长率部肃清残敌并守卫该地区。然后，派普并没有按照指令向西边的昂布莱沃河谷推进，而是折向北面的比林根，因为他的地图上标示着那里是美军第2步兵师的燃油供应站。周日早上8点30分刚过，派普战斗群如入无人之

[①] 这个数字有争议，有资料说派普战斗群在洪斯费尔德并未屠杀当地居民，有的说仅杀了一人。——译者注
[②] 有资料称，第二年春天，积雪融化后女孩的尸体才被找到，可以数出她的背上中了七枪，但已经无法判断她是否遭到了性侵。——译者注

境，轻松占领了该村①，并摧毁了停在飞机跑道上的12架美军轻型观测机。一个带有纳粹万字符臂章的当地居民欣喜地迎接德军的到来，向每辆驶过的车辆行纳粹礼，然后向党卫军士兵指出美军燃油供应站的所在地。[6]装甲掷弹兵让美军战俘为车辆加满油，并将剩下的油桶都搬上半履带装甲车。一个美军伤兵被德军用手枪在近距离内直接爆头，但据当地的平民目击者说，其他美军战俘比在洪斯费尔德被俘的战友幸运得多。不过，美军官方战史记载，在比林根有50名战俘被枪杀。[7]

在比林根南面②的美军第254战斗工兵营B连被德军装甲纵队狠狠蹂躏了一番，德军坦克并没有像"熨斗"一样从散兵坑上面平推过去，而是停下来反复转向，压垮堑壕壁，履带卷起层层泥雪，将里面的人活埋。[8]幸运的是，美军的增援部队已经踏上南下的道路。第1步兵师26团凌晨时分坐卡车向前线进发，于上午9点过后陆续抵达了埃尔森博恩岭的营地，该团2营当即被派往南边的比特亨巴赫（Bütgenbach）。[9]

南下途中，该营同德军第3伞兵师侦察连③派出的先遣侦察队打了场小规模遭遇战。美军到达比特亨巴赫后，要求当地

---

① 美军第254工兵营B连和第924野战炮兵营勤务连的一个排在比林根南部构筑了防御阵地，被德军突破后村内的美军乱成一团，无法形成有效抵抗，凡是与德军坦克迎头相撞的美军车队几乎被全歼。德军装甲纵队在转向村外的机场时，前卫坦克排开向北面的维尔茨费尔德，对空虚的美军第2步兵师师部造成严重威胁。比林根村内的美军躲在建筑物内继续抵抗，打死了几名党卫军官兵，德军可能是为了报复，就在村内枪杀俘虏。——译者注
② 此处原文有误，错写成了西面。美军第254战斗工兵营A连当时在比林根镇东北方布防，B连在镇南封锁所有进镇的道路，C连则在镇内布防。——译者注
③ 此处原文写的是侦察营，经核对第3伞兵师并无侦察营的编制，只有一个自行车侦察连。——译者注

居民都躲到房子的地窖里，随后他们继续向比林根以西两千米处的小村庄多姆比特亨巴赫［Dom Bütgenbach，现在叫比特亨巴赫酒庄（Domäne Bütgenbach）］推进，在那里听说比林根已经被党卫军部队占领。在公路边的高地上，他们发现了一支由50多个文书、厨子和后勤人员组成的杂牌军，这些人来自第99步兵师，领头的是坦克歼击营的一名上尉。① 第26步兵团2营错以为攻占比林根的敌军是党卫军第12装甲师，他们不明白为何这股敌军没有继续向北攻击。其实德军没有北上的真正原因是派普战斗群的先头部队已经向西南方向前进，重新回到了通往昂布莱沃河谷的道路上。

尽管突破美军防线的时间有所延误，但德军的士气仍然高涨。"我认为西线战事正在发生转折，"第3装甲掷弹兵师的一名二等兵在待命出击的时候写道，"最主要的是，战争很快就会（胜利）结束，我将回家和亲爱的妻子团聚，我们会重建家园，收音机里正在播放来自祖国的钟声。"[10]

当天早晨，布莱德雷将军乘坐自己的草绿色凯迪拉克动身从巴黎返回卢森堡，在凡尔登发现一队架着机枪的吉普车要为他担任警卫车，因为有德军伞兵出没的报告。汉森少校询问（他的指挥官）第12集团军群前进指挥部是否要转移，因为现在北面的几个德军师距离那里不到30千米。"我绝不会让指挥部后撤的，"布莱德雷回答说，"在这紧要关头影响太大。"[11]这

---

① 这名上尉是第612坦克歼击营B连连长约翰·J. 肯尼迪，他手下的两个排在洪斯费尔德被派普战斗群歼灭，他因为去维尔茨费尔德的第2步兵师师部了解情况逃过一劫。美军第1步兵师的部队遇到他们时，这些高地上的美军可能不止五六十人，应该还有从比林根突围出来的第254战斗工兵营前进指挥所的人员和第254战斗工兵营B连残部。——译者注

场挑战让他在接下来的几天里大病一场。

两人都感觉到，如果德军重新占领卢森堡大公国，那么对两个多月前热烈欢迎美军的当地人民来说是件很残酷的事情。当他们进入卢森堡市时，布莱德雷看到了挂在房子上的星条旗，喃喃地说道："我希望它不会被人摘下来。"卢森堡市迄今为止还没有充分经历过战争恐怖，它被称为"欧洲最后的防空洞"[12]，因为无论是英国皇家空军还是美国陆军航空队（USAAF）都没有轰炸过这座城市。

凯迪拉克停在了被称为"鹰"（Eagle Tac，也可理解成代号"鹰"的战术和通信中心）的第12集团军群前进指挥部门前，布莱德雷下榻的阿尔法酒店就在四个街区之外。他匆匆上楼，走到形势图前停下来，久久地盯着地图，浑身逐渐战栗起来。"很抱歉老子要骂人了，"布莱德雷怒道，"我想情况已经明朗了——但这个狗娘养的（希特勒）是从哪个鬼地方搞来那么多部队的？"

德军情报部门能摸清盟军整条战线上最薄弱部位的情况，令布莱德雷和他的参谋们大为震惊，由于美军采取的是一种攻势策略，他们的战线后方缺乏预备队来建立纵深防御。然而，布莱德雷仍然相信大规模调整部署是可以避免的。位于斯帕的第1集团军当天怀疑"第12集团军群指挥部内的诸位先生是否充分认识到了形势的严重性"[13]，第3集团军指挥部里的众人显然也对上级迟缓的反应感到惊讶。"集团军群指挥官打电话给巴顿将军，"第3集团军参谋长霍巴特·雷蒙德·盖伊（Hobart Raymond Gay）准将记录道，"告知他可能会再调走两个师，48小时之内还无法做出决定。"[14]

在第9集团军指挥部，似乎还没有人能弄清楚德军进攻的规模，参谋们还在胡乱推测。集团军部署在前沿的部队遭到德国空军攻击，他们据此提出的观点却是，"这是为在第1集团军防区进行更大规模反击而搞的声东击西的行动"。第9集团军的参谋们告诉急于获得消息的战地记者："一切都取决于冯·伦德施泰特如何指挥作战，我们才能应变。"[15]

此时的盟军最高统帅部里，一些被缴获的德军文件表明，危急的局势变得更加明朗了。艾森豪威尔下令投入所有的预备队，他让比德尔·史密斯、斯特朗以及作战部的英国主任约翰·马丁·怀特利（John Martin Whiteley）少将一起完善细节。在参谋长办公室，三人围着一张摊在地上的巨幅地图，斯特朗拿着一把德军礼仪剑指着巴斯托涅——该镇是阿登中部地区的交通枢纽，通向马斯河的大部分主要道路都要经过这里，显然这里是阻击德军向马斯河推进的好地方。在场的其他人都同意他的看法。

直属盟军最高统帅部的预备队只有第82空降师和第101空降师，结束荷兰的战事后，这两个师都在法国兰斯休整。问题是他们是否能赶在曼陀菲尔的装甲矛头从东面杀到前抵达巴斯托涅，斯特朗认为这是有可能的。让这两个师马上出动的命令立即被发出了。

颇具讽刺意味的是，布莱德雷设在卢森堡市的指挥部还要担心遭到海特伞兵的袭击，殊不知这会儿他们早已经降落在直线距离超过100千米的北边。海特已经接受了现实，他知道靠手里这点微弱的兵力什么都干不了，于是让大部分人隐藏在森林里，派出侦察兵一直监视从奥伊彭和韦尔维耶（Verviers）通往马尔梅迪的主要道路，伏击落单的美军吉普车或者通信兵。一旦德军地面部队靠近，那么他的人或许可以在迪特里希的坦克抵达前抓住机会占领要点，协助他们。他的侦察小队很快就抓到了一些美军官兵，并得到了一些和美军作战序列相关的情报，但他的无线电台在空投时不知道掉到哪里了，所以海特无法将这些情报发回去。战前他曾经去找泽普·迪特里希要信鸽，结果那位党卫队全国总指挥却对他的想法嗤之以鼻。①

12月17日晚，随着更多的散兵游勇和一大群在北面更远处降落的伞兵归队，海特的兵力增加了一倍，达到300人左右。那天晚上，他释放了所有的战俘，并让他们将受伤的德军伞兵一起带走，然后他命令部队转移宿营地。除了能听见南边十多千米外的埃尔森博恩岭上传来的隆隆炮声，海特和他的部下对战况变化一无所知。[16]

当第99步兵师在罗赫拉特和克林克尔特以东的战斗中被打得焦头烂额之际，其南翼的第106步兵师的局势在第18国民掷弹兵师和第62国民掷弹兵师的猛攻下变得更为糟糕。第106步兵师师部就设在圣维特的一所学校内，倒霉的师长艾伦·沃尔特·琼斯（Alan Walter Jones）少将对战局感到无能为力。他手下的第422步兵团和第423步兵团在施内艾费尔几乎已经被德军包围了，而他的第三个团，也就是第424步兵团正在南部和第9装甲师B战斗群一起坚守着阵地。琼斯少将的儿子就在其

---

① 迪特里希的回答是："你以为我是谁？开动物园的？既然我能在没有信鸽的情况下指挥我的集团军，那你也能在没有信鸽的情况下指挥你的部队。"这番话令拥有男爵头衔和双博士学位的冯·海特自尊心极大受损，据说战后两人相遇时还怒目相向。——译者注

中一个被包围的步兵团团部里,这令他更为焦虑。

前一天,琼斯还不明白德军重兵集团对其左翼的第 14 骑兵群阵地进行穿插意味着什么,当骑兵群指挥官马克·迪瓦恩(Mark Devine)上校警告说自己不得不撤退时,琼斯并没有及时调整部署。迪瓦恩还补充说,他试图用第 32 骑兵中队对德军进行反击,但当天下午他们的反击失败了,他的大部分兵力后撤到西北方,无法封闭不断扩大的突破口。只有一个骑兵连(cavalry troop)还留在乌尔河谷之中,试图阻断通往圣维特的公路。琼斯将手里的最后一个预备队营①投入乌尔河谷中的申贝格(Schönberg),但该营在黑夜中迷了路,转到了错误的方向上。而在第 106 步兵师右翼,第 62 国民掷弹兵师已经迫使第 424 步兵团向温特尔斯佩尔特(Winterspelt)②与乌尔河一线撤退。[17]

战局变化太快,突变的恶劣形势迫使束手无策的琼斯少将只能更多地依赖友军承诺的援助,而不是靠自己的行动。他期待着第 7 装甲师 B 战斗群能在 12 月 17 日星期天早晨 7 点抵达圣维特③,这样就能指望他们发动反攻救出自己的两个团了。当布鲁斯·库珀·克拉克(Bruce Cooper Clarke)准将,这个"熊一样壮实的人"[18]于 10 点 30 分抵达第 106 步兵师师部时,琼斯要求他马上发动进攻。克拉克不得不告诉琼斯,来到圣维

---

① 这支部队是第 423 步兵团 2 营,营长是约瑟夫·F. 皮尤特(Joseph F. Puett)中校。——译者注
② 该镇在 17 日拂晓已经被德军占领,17 日夜间第 424 步兵团放弃了乌尔河以东的阵地,撤到了河西。——译者注
③ 这个时间表是第 1 集团军指挥部的参谋们根据地图纸上谈兵的结果,丝毫没有考虑到交通堵塞等意外情况的发生和部队临时开拨所需要的准备时间。——译者注

特的只有他自己，他的坦克部队还被堵在公路上，因为惊慌失措的部队后撤时将交通搞得一片混乱。琼斯现在后悔万分，因为昨天晚上他将第9装甲师B战斗群派到右翼了，现在两人只能坐下来干等。

令克拉克感到惊愕的是，他听见琼斯在电话里告诉在巴斯托涅的第8军军长，现在局势已经被控制住了。琼斯的情绪在非理性的乐观和绝望之间摇摆不定，克拉克更担心的是被隔断在施内艾费尔的两个步兵团，除了收到要求空投补给的消息外，① 几乎没有无线电联络。② 第14骑兵群指挥官迪瓦恩上校突然来到了第106步兵师师部，并声称德军坦克就跟在他的身后。琼斯和克拉克都认为迪瓦恩快要精神崩溃，已经失去了指挥部队的勇气，于是琼斯让他去巴斯托涅找军长米德尔顿汇报。[20]然而，迪瓦恩想象中的德军坦克并没有出现，另一支党卫军战斗群在北面约10千米处突破了美军防线。③

14点30分，他们听见了轻武器的射击声。琼斯和克拉克登上学校三楼，看见德军出现在远处的树林里。琼斯告诉克拉

---

① 第二天所做的只是"竹篮打水一场空"（One futile effort）[19]，由于运输部门糟糕的协调流程，空投没能进行。——作者注

② 由于第106步兵师各团部和师部间几乎没有接受过用无线电台联络的训练，因此在电话线路被切断后基本上就失去了联络，师部只能派出联络军官和团部联系，和包围圈内两个步兵团的无线电联络只能通过炮兵通信网转发，电文通常要滞后六个小时左右才能收到。空投未能进行有多种原因，部门间的协调联系难以及时到位，已经满载补给品飞上天的第435运输机大队的机群只是在比利时和法国之间的机场转来转去，最终没能飞抵战区上空进行空投。——译者注

③ 参谋人员形容迪瓦恩当时"兴奋，神经质，过度健谈，激动，几乎无法控制自己的行为，受点小伤就小题大做，根本无法作为一个合格的指挥官"。他在医院注射了镇静剂，并于12月19日出院，但他很快就被人发现在拉罗什昂阿登（La Roche-en-Ardenne）指挥交通，试图命令一个坦克营掉头回去。于是他再次接受镇静剂注射后被送走了。——作者注

克，自己现在要把圣维特的防务交给他，克拉克同意了，但他想知道除了镇东通往申贝格必经之路上的两个工兵连和师部人员外，手头还有什么可用之兵。半个小时后，一个坦克歼击车排奇迹般加入了守军，遭到德军攻击后，他们成功地唬住了德军坦克，迫使对方回到了公路另一头的树林里。[①] 但德军在12月17日进展缓慢的主要原因是路况不好和交通堵塞，炮兵和装甲部队的前进道路被堵得严严实实的。

德军的国民炮兵单位在路上动弹不得，因为牵引重型火炮的挽马在覆盖着深厚泥浆的车辙中寸步难行，而这些车辙是被先行通过的装甲车辆履带碾压出来的，甚至连警卫旗队师的一些自行火炮都由于缺乏燃料不得不落到了后面。莫德尔和曼陀菲尔都显得很焦急，莫德尔发现几个炮兵营还停留在最初的阵地上，便命令霍斯特·施通普夫（Horst Stumpff）装甲兵上将把这些部队的指挥官都送上军事法庭。施通普夫说："当我告诉元帅正是由于燃料短缺和路况条件不允许，这些炮兵部队才动弹不得后，他撤销了那道命令。"[21] 在一段时间里，深感无奈的曼陀菲尔亲自跑到十字路口指挥交通。"我曾预计在右路行动的第66军能够在进攻首日就拿下圣维特。"他后来承认道。[22] 和巴斯托涅一样，以圣维特为节点的硬面公路网络对于向马斯河快速推进至关重要。

当德军被挡在圣维特以东，只进行了一些小规模试探性攻击时，克拉克让B战斗群作战参谋欧文·E.伍德拉夫（Owen E. Woodruff）少校去西边通往维尔萨姆（Vielsalm）的公路

[①] 其实所谓的"德军坦克"只是第244突击炮旅的三辆突击炮，当时这个方向上德军并没有投入坦克，步兵也数量稀少，第293掷弹兵团只出动了约两个排，根本没有组织起有效进攻。——译者注

边，等待他的战斗群到来。沿途的景象让第 7 装甲师的军官们惊掉了下巴，第 38 装甲步兵营作战参谋唐纳德·P. 博耶（Donald P. Boyer）少校写道："这是一个人人争先恐后只顾自己逃命的凄惨景象，这是一场撤退、一场溃逃。毫无秩序可言，部队建制混乱，场面难堪至极——我们正目睹美国军人逃命。"[23]部队行进缓慢，B 战斗群一度花了两个半小时才走完一段 5000 米长的路，于是他们不得不强行把路上的车辆都挤到一边。

在马尔梅迪，第 7 装甲师的师属炮兵部队遇上了搭乘各种车辆逃难的平民，"惊慌失措的士兵穿过广场向西奔逃……马尔梅迪北部的一所野战医院正在疏散，救护车进进出出，搬上搬下。一辆满载着护士的卡车以极快的速度从广场上飞驰而过，护士们的头发迎风飘扬"[24]。在距圣维特 1000 米处，克拉克的战斗群部分部队在一处弯道上发现了三辆德军坦克和一个连的步兵正向他们过来。他们迅速打了一场伏击战，"在公路的弯道上从近距离给予敌人迎头痛击"，三辆坦克都被击毁，步兵被打散，敌军损失了大概 50 人。

克拉克亲自来到维尔萨姆公路，惊骇地看到一个野战炮兵营丢弃了大炮之后正在撤退。他询问自己的作战参谋伍德拉夫为何让这些炮车堵住公路，少校回答道炮兵营营长是个中校，威胁说如果他敢干涉的话就要毙了他。克拉克找到那名中校，警告他如果他的炮车不把公路让出来，自己就枪毙他。慑于克拉克的准将军衔和魁梧身材，中校最终屈服了，乖乖地执行了命令。

另一名炮兵军官则用实际行动证明了自己与众不同——第

275 自行火炮营营长罗伊·尤德尔·克莱（Roy Udell Clay）中校[①]，他带着全营的 M7 型"牧师"（Priest）105 毫米自行榴弹炮出现在克拉克面前，说他想帮忙。克莱中校的炮兵营原先是为第 14 骑兵群提供火力支援的，而骑兵群在圣维特北边已经被打散了。克拉克对自行火炮营的加入表示了热烈欢迎，并告诉对方应该部署到什么地方。16 点，克拉克迎来了第 7 装甲师的首批部队——第 87 骑兵侦察中队，战斗群的其他部队正陆续赶来。克拉克让该中队穿过小镇，去加强镇东的薄弱防线。[②] 不久后，第 7 装甲师师长罗伯特·威尔逊·哈斯布鲁克（Robert Wilson Hasbrouck）准将抵达了圣维特，同琼斯和克拉克讨论了目前的战局，一路上他同样被"连绵不绝的向后方'安全'区域疯狂逃命的官兵"[25]所阻。令琼斯深感绝望的是，哈斯布鲁克取消了马上替两个陷入困境的步兵团解围的反击。守住圣维特重要得多。琼斯少将万分沮丧，他痛苦地意识到美国陆军中从来没有一个将军那么快就丢掉了自己的师。当天下午晚些时候，德军第 18 国民掷弹兵师第 293 掷弹兵团和第 294 掷弹兵团完全封闭了申贝格地区，两个美军步兵团被彻底包围了。[③]

一道巨大的马蹄形防御圈在圣维特外围逐渐形成，圣维特镇坐落在一座小山丘上，数千米外环绕着一圈海拔更高的覆盖着森林的山丘，步兵、侦察中队和拼凑出来的单位在坦克支援

[①] 此处原文写的是马克西米利安·克莱（Maximilian Clay）中校，经过核查，应该是作者弄错了。——译者注

[②] 该中队的主力被部署在圣维特东北方向的公路一侧，B 连被派去支援那些工兵。——译者注

[③] 17 日上午 9 点左右，美军就丢掉了申贝格，包围圈已经形成，到了当天傍晚包围圈已经被牢牢地锁住了。虽然外围的德军兵力并不多，但严重依赖公路的美军难以成建制并翻山越岭地突围。——译者注

下坚守在山丘之上，拱卫着圣维特。哈斯布鲁克写道："建立圣维特防御圈的过程，就是把先后抵达该镇的部队逐次填补到防线上，逐渐完善。"[26] 当时，圣维特的美军还不知道，以党卫军警卫旗队师第1装甲掷弹兵团为基干组建的汉森战斗群已经悄无声息地突进到了该镇北部，并在雷希特（Recht）附近攻击了第7装甲师R战斗群的部队①，正是这支德军装甲部队令第14骑兵群指挥官迪瓦恩上校方寸大乱。② 美军和党卫军部队间的战斗持续了一整夜，幸运的当地村民设法逃到了附近的板岩采石场，而他们的房子则在双方交火时被炸成了残垣断壁。这些命运多舛的"比利时边民"在美军士兵眼里是群可疑分子，因为他们说德语，家中还有子侄们身穿德国国防军制服的照片；而德国人也不信任他们，因为他们9月时没有按照命令全部撤到西墙防线另一侧的德国境内。战争期间，在德军中服役的来自圣维特的官兵阵亡了大约100人，有些人开小差逃回了家，现在他们下定决心要继续躲避，不能落入紧随先头部队行动的德军战地宪兵或党卫队帝国保安总局人员的手里。

派普战斗群长长的车队折向西方加速前行，到中午时分，车队接近了马尔梅迪东南方5000米处的博涅（Baugnez）十字路口。派普派一个由两辆坦克和两辆搭载装甲掷弹兵的半履带装甲车组成的尖兵小队到博涅方向侦察，他的部队刚刚错过了

---

① 此处作者原文写的是A战斗群，其实这是错误的，当时在雷希特的部队是R战斗群指挥部和第17坦克营的一个连。18日凌晨3点左右，美军损失了数辆坦克后，雷希特被汉森战斗群占领。——译者注
② 有意思的是，汉森战斗群并没有配属坦克部队，战斗群里只有坦克歼击车，但在17日的遭遇战中以凌厉的突击全歼了第14骑兵群指挥部直属连和其他连队。——译者注

第7装甲师R战斗群的车队，后者正在南下增援圣维特的途中。

下一支通过路口的部队是美军第285野战炮兵观测营B连，这支临时配属给第7装甲师指挥的部队穿过马尔梅迪后一路南下，压根没有察觉到前方的威胁。当士兵们驾驶着敞篷卡车穿城而过时，从难民嘴里获悉德军正在向前突进的当地人试图警告美国人，他们指着前方大喊："德国兵！德国兵！"但美国大兵没听懂他们的话，只是冲着他们挥手致意。美军车队驶向博涅十字路口，直奔快要抵达路口的党卫军坦克和半履带车而去。

德军坦克对着美军车辆开火射击，卡车被子弹点燃，官兵们慌忙跳车四处隐蔽，或者干脆向附近的森林跑去。德军装甲掷弹兵围捕了113名战俘[1]，将他们都赶到了路边的野地里。党卫军士兵取走了战俘的戒指、香烟、手表和手套，当一名军官开火后，其他人开始一起用自动武器扫射面前的战俘，同时坦克的车载机枪也开火射击。一些美军士兵及时躲到了树后，其他幸存者则躺在地上装死，尽管如此他们还是在德国人补枪时被手枪击穿头部而亡。大屠杀虽然发生在博涅，却被称为恶名昭著的"马尔梅迪大屠杀"（Malmédy massacre），总共有84名美军官兵死亡[2]，还有几个试图庇护逃跑战俘的当地平民一同遇害。

---

[1] 此处原文写的是约130名战俘，经过考证，博涅路口被俘的美军主要来自第285野战炮兵观测营B连，加上营部的三人共有90人，其余人员包括五辆救护车上的十名医护兵及司机、在路口指挥交通的一名宪兵以及沿途被派普战斗群俘获的12名士兵，共113人。这些人中，有四名B连的士兵和三名来自第32装甲团的士兵被德军征用，驾驶缴获的车辆，因此躲过了后来的大屠杀。——译者注

[2] 在屠杀现场先后找到了84名美军官兵的遗体，但这些人并非全部死于大屠杀，还包括了在先前的战斗中阵亡的十多名美军。这些遇难者分属多个不同的单位，战后设在博涅路口的纪念碑将84名遇难者的名字都刻了上去，一度引发了不小的争议。——译者注

大屠杀发生的时候，派普并不在现场，而是在赶往利尼厄维尔（Ligneuville）的路上。但是考虑到在洪斯费尔德杀害美军战俘的行为，更不用说他在东线极度残暴的记录，无法想象如果当时他在场的话会提出反对意见。他后来声称，开火射击是由于部分战俘向树林里逃跑。几名从大屠杀中逃脱的士兵在当天下午晚些时候回到了美军战线。

当日下午，马尔梅迪的第291战斗工兵营派出一支巡逻队抵达博涅路口，发现了遍地的同袍尸体，此时党卫军部队已经离去了。一名在十字路口指挥交通的美军宪兵[1]目睹了整个事件过程，他被送到了斯帕的第1集团军指挥部。他对霍奇斯和聚拢过来的军官描述说，战俘"被成群地赶到路边的田野中，一名党卫军军官先用手枪开了两枪，机枪随即怒吼起来，人群在蓄意屠杀的弹雨中轰然倒下"。指挥部里的参谋军官个个震怒不已，霍奇斯的参谋长威廉·本杰明·基恩（William Benjamin Kean）少将强调说"这个事件马上就被宣扬出去了"[27]。大屠杀的消息不胫而走，在所有的盟军指挥部中如野火般蔓延开来，很快盟军最高统帅部和卢森堡的第12集团军群前进指挥部就都知道了。汉森记录道，（大屠杀的）消息"让房间里的人一瞬间停止了呼吸——仿佛房间突然变成了真空——人人呆若木鸡"[28]。第9战术航空兵司令部指挥官埃尔伍德·理查德·克萨达（Elwood Richard Quesada）少将命令第二天一早要将此事详细通报给手下的飞行员。复仇显然将成为当日的命令。[2]

---

[1] 有资料显示，这个宪兵名叫霍默·福特（Homer Ford）。——译者注
[2] 当大屠杀的消息传到英国时，被俘的德军将领感到非常震惊。有人说："打死手无寸铁的人简直是在发疯！那意味着美军会对我军战俘进行报复。"另一个人补充道："当然党卫军和伞兵只是在发疯，他们根本不想听任何理由。"[29]——作者注

第九章 12月17日,星期日

派普的先头部队直扑利尼厄维尔,他们在路上首次遇到了美军坦克的顽强阻击。短暂而又激烈的战斗结束后,德军有一辆豹式坦克和两辆半履带车熊熊燃烧,美军则损失了两辆谢尔曼坦克和一辆M10坦克歼击车,派普的部下在这里又枪杀了八名美军战俘。道路前方是位于昂布莱沃河畔的斯塔沃洛镇,当地居民看到他们的美国解放者正在乘车逃离,感到十分震惊。许多人开始收拾行李,将贵重物品和食品一起打包,他们害怕德军会对抵抗组织9月的抗德行动实施更多的报复,当时有22名男女村民在附近的韦尔博蒙(Werbomont)被德军和苏联伪军杀害。[30]急着逃往马斯河对岸的难民可能会引发交通混乱,这促使美军禁止任何平民上路,派普的车队于黄昏时分在斯塔沃洛镇外基本上停了下来,对美军和正在逃难的比利时人而言,这真是莫大的幸运。[31]

由于公路位于一道非常陡峭的山坡上,派普的坦克没有机动空间,公路在进入小镇前有个急转弯,这意味着守军可以用所有的反坦克武器进行集火射击。派普让战斗群稍稍后撤,然后用迫击炮和步兵炮轰击小镇,与此同时他还派出几辆坦克去寻找斯塔沃洛以南的支路,从三桥镇(Trois-Ponts,音译特鲁瓦蓬)渡过萨尔姆河(Salm),设法绕过斯塔沃洛向南前进。但当后续车辆跟上来时,他们遭到了斯塔沃洛守军从侧翼迂回上来的攻击。击退美军的反击之后,派普投入了更多的装甲掷弹兵对斯塔沃洛实施步兵攻击。在损失了将近30人后,派普决定停止进攻,等装甲掷弹兵营的余部都赶上来。随着夜幕降临,战斗群里的德军能够看见远处美军向西撤离时车灯发出的亮光,于是公路上的德军坦克在最大射程范围内对着美军车辆开火。

当派普战斗群在昂布莱沃河谷向西缓慢推进时，美军第 1 步兵师有更多的营抵达战场，以加强通往埃尔森博恩岭的南部通道的防御。第 26 步兵团 2 营当日下午构筑了面向比林根的阵地，他们得到了四辆 M10 坦克歼击车的支援，准备迎战被身后山岭上的美军炮兵火力暂时压制住的德军。

保卫埃尔森博恩岭至关重要的战斗，已经围绕着东边的罗赫拉特和克林克尔特展开。第 99 步兵师被击退后，罗伯逊少将的第 2 步兵师投入第 23 步兵团去填补双子镇东部的战线，从瓦勒尔沙伊德调回来的第 38 步兵团还在路上。正午时分，美军从前沿阵地撤出时，掩护撤退的美军炮兵射出密集的弹幕，将德军压制得死死的。在一片混乱的情况下，"友军误击"就成了真正的危险。当天早晨，一架 P-47 "雷电"（Thunderbolt）战斗机的飞行员在和德军的梅塞施密特（Messerschmitt）战斗机空战时抛弃了携带的炸弹，炸弹恰巧落入第 38 团 3 营 L 连的阵地，造成 3 人阵亡、11 人负伤①。³²

几个美军加强排在瓦勒尔沙伊德—罗赫拉特公路东边实施防御，罗伯逊少将亲自坐着卡车去迎接各营，并将他们送到罗赫拉特附近的新阵地上。

美军在埃尔森博恩以北 14 千米处的战区最左侧的防线似乎很稳固，第 326 国民掷弹兵师曾尝试在蒙绍两翼发动连续攻击，但都为美军炮兵火力所阻。战斗中美军炮兵未经上级指挥机构授权，就在炮弹上安装了仍是绝密的无线电近炸引信（Pozit fuse），将其首次投入战斗。炮弹在进攻者头上准确爆炸，（秘

---

① 此处原文写的是 12 人伤亡，也没写遭到误击的是美军哪个单位。——译者注

密武器）取得了巨大成功。

天黑后不久，美军第 5 装甲师的一个装甲步兵营抵达米策尼希（Mützenich），以加强防线上的兵力。而在他们后方，第 1 步兵师 18 团开始扫荡奥伊彭南部的森林，搜索海特那群孤零零的伞兵。杰罗少将对德军第 6 装甲集团军没有将更多的兵力投入北翼发动进攻，而是把兵力集中到埃尔森博恩岭以南感到疑惑不解。当然，这都是希特勒坚持的结果，但曼陀菲尔还是觉得迪特里希犯了大错，他把自己限制在如此狭小的区域内，部队连回旋余地都没有。

在罗赫拉特和克林克尔特东边，随着阳光变得越来越暗，枪声越来越近。为了躲避党卫军第 12 装甲师的坦克火力，罗伯逊的第 2 步兵师官兵在雪地里挖的散兵坑越来越深，只要一停下来，他们身上的汗水就会令人感到冰冷刺骨。第 9 步兵团 1 营在敌军火力下从树林茂密的高地向东进入新阵地的过程中场面混乱，第 99 步兵师的众多溃兵一门心思要逃离战场，不愿意服从命令留下来进入防线。第 9 步兵团 1 营营长威廉·道斯·麦金利（William Dawes McKinley）中校报告说："面对这种士气低落的场面，我的营还是要服从命令进驻阵地实施防御。人车混杂成一道洪流，沿着林间道路穿过交叉路口，在野地里乱哄哄地倾泻而下。第 99 步兵师的部队已经完全失控了，掉队的人此起彼伏地乱喊，说他们的部队已经被包围和歼灭了。我们师第 23 步兵团的一个营也被裹挟，混杂在溃兵中飞一样地逃到了后方。"[33]

麦金利的部下将六枚反坦克地雷按照"雏菊花环"状或"项链"状，埋设在每条车辙或者德军坦克可能经过的地方。

首次进攻在夜幕降临后开始了，炮火沿着前进路线进行火力覆盖的方式被证明是有效的，评判标准是"敌群中的惨叫声"[34]。德军进攻间隙，在一片寂静中，1营B连的士兵悄悄把从第644坦克歼击营弄来的反坦克地雷埋设下去，双人火箭筒小组更换了可以覆盖公路的发射阵地，他们清楚自己正处于己方炮兵的火力封锁区内。

美军步兵团配属的57毫米反坦克炮很难有机会击毁德军的豹式坦克，除非是在近距离内对着侧面或者背后打。在泥泞和积雪中，当装备牵引式反坦克炮的单位准备撤退时，拖着火炮的反坦克炮组会处于极为不利的境地。一份分析报告指出："在激烈的近距离战斗中，火炮牵引车常常会被击毁，而工事里的火炮却完好无损。"[35]

第38步兵团3营营长奥林托·马克·巴桑蒂（Olinto Mark Barsanti）中校警告他手下的排长们，由于第99步兵师的大队人马正在通过他们的阵地往回撤，所以各排要最终确认是敌军后才能开火。黑暗中，除非人走到眼前，否则不可能分清对方是敌是友，结果有两辆开着大灯的德军Ⅳ号坦克歼击车①径直通过了K连阵地，散兵坑里的人被灯光晃得什么都看不见。好在两辆德军坦克歼击车最后还是被击毁了，一辆是被炮兵干掉的，另一辆是火箭筒小组的杰作。紧随其后的装甲掷弹兵和美军战作一团，"一个敌军士兵跑到我们阵地边上，一把抓住了一挺轻机枪的枪管，机枪手被迫掏出点45手枪②把他干掉了"[36]。

---

① 此处原文写的是坦克，经过核查，17日当晚参加这次进攻的是五辆德军的Ⅳ号坦克歼击车，被击毁两辆，还损失了50余名步兵。下文中同样有把德军坦克歼击车错写成坦克的情况，不再单独注释。——译者注

② 二战时期美军使用的制式手枪是0.45英寸口径的M1911A1自动手枪，这个口径换算成公制很拗口，一般俗称点45。——译者注

第 23 步兵团 3 营 I 连被迫从树林里的前沿阵地向后撤退。"一头扎进树枝密密匝匝的小冷杉树丛，子弹就在身后紧追不舍。冷杉的枝丫从四面八方抽打过来，我想自己也许中弹了，但感觉不到疼痛，我认为任何人都不可能在冰雹般射来的子弹中毫发无损。"连长麦克唐纳上尉记录了全连后撤的过程。他后来又写了逃回罗赫拉特后的感受："我觉得现在我们就像一群无助的小虫子在盲目乱窜，因为某个'人形怪兽'把我们藏身的原木掀开了。"[37]

党卫军装甲掷弹兵攻击时用自动武器扫射，还到处扔木柄手榴弹。一个党卫军士兵俘虏了一名美军，强迫他走在前面回答哨兵的口令，后来他和那个倒霉的人盾都被打死了。①正当这场夜战厮杀得难分难解之际，第 99 步兵师的一些散兵游勇闯了进来，好在他们的身份被及时判明，没被自己人干掉。一名第 99 步兵师的医护兵也回到了第 9 步兵团 1 营②的阵地，但他是被俘后又被德军放回来的。原来在该地区的约 150 名美军被 200 名德军俘虏，他们正遭到来自埃尔森博恩岭上的美军炮火轰击，"德国人让他回到美军阵地是为了劝降，试图以被俘的美国大兵会被炮火毁灭相威胁"[38]。

战斗间隙，一支满载第 99 步兵师部队的卡车车队突然出现，这令阵地上的美国守军惊讶万分。带队的军官询问通往埃

---

① 有资料说，德国人押着美军战俘连过第 38 步兵团 1 营 B 连的两道警戒哨，当时德国兵试图冲着弹药车扔手榴弹，美军战俘和他扭打在一起，随后两人都被发现异常的第三道哨位上的美军哨兵打死了。——译者注
② 有资料称，这名医护兵（或军医）是 18 日白天回到克林克尔特镇东缘时，被第 38 步兵团 1 营 A 连的士兵截住的，随后他被送到 A 连连部核实身份。他说美军战俘被集中在镇东南的一处山坡后面，距离 A 连连部大约有 700 米远。A 连连部用无线电联络了 1 营营部，将情况上报，最后美军反而加大了炮击力度，逼迫德军要么撤退要么设法隐蔽。——译者注

尔森博恩营地的路该怎么走，这真是个奇迹，车队从德军部队中通过时，对方居然没有认出他们都是美国人。

在坚守罗赫拉特和克林克尔特的前哨战斗中，火箭筒小组被派出去对付德国人的坦克。正如第9步兵团1营营长威廉·道斯·麦金利中校看到的那样，每当他们成功击中目标，迫使德军装甲兵弃车时，"逃出来的车组成员就会被美军步兵打倒"[39]。22点，一辆无法动弹的德军坦克歼击车仍在射击，车载机枪和主炮给美军造成了不小的伤亡。第9步兵团1营的两名中士带着一桶汽油在黑暗中悄悄爬上坦克歼击车，在车身上四处泼洒汽油，然后点燃了它。15分钟后，一名美军中尉偷偷接近一辆Ⅵ号虎式坦克①，用巴祖卡火箭筒将其击毁。但整个晚上德军的攻击一直在持续，直到次日黎明到来前主攻才打响。②

在战线南部，曼陀菲尔的第5装甲集团军给予巴斯托涅正东方的科塔少将的第28步兵师沉重打击，该师在许特根森林之战中曾被德军重创，兵员和武器装备仍未补充完整。不过，即使受到德军第116装甲师、第2装甲师和装甲教导师的轮番重击，科塔的部下仍给德军造成了相当大的伤亡，并通过尽可能

---

① 此处原文有误，可以肯定的是，德军的虎式坦克并没有出现在双子镇之战中。党卫军第12希特勒青年团装甲师当时装备的是豹式坦克和Ⅳ号坦克，以及坦克歼击车。17日的双子镇之战中，德军投入攻击的都是党卫军第12坦克歼击营的Ⅳ号坦克歼击车，而不是坦克。实际上，大部分德国坦克或者坦克歼击车都被美军官兵称为"虎式坦克"，这也给后世的历史研究者带来了一定的困扰。——译者注

② 根据党卫军第12希特勒青年团装甲师的战史记录，12月17日晚间对双子镇的主要攻势在午夜过后基本上失败了，黎明前德军并没有再进行攻击。占据了罗赫拉特镇中心建筑群的小股德军在凌晨6点左右逐渐退到了镇东300米处的新阵地，还带走了约80名美军战俘。——译者注

长时间地坚守十字路口和村庄,迟滞了德军的推进速度。在德军第85军军长巴普蒂斯特·克尼斯(Baptist Kniess)步兵上将眼里,美军第28步兵师只是"一支平庸的没有辉煌战绩的部队"[40]。尽管第28步兵师在许特根森林中损失了大部分有战斗经验的官兵,但该师的一些连队仍然英勇战斗,起到了至关重要的作用。

当美军在维尔茨(Wiltz)以东的一座小镇展开防御战时,第28步兵师109团的士兵看见了德军坦克,他们认为那是Ⅵ号虎式坦克,但其实那都是看上去有点相似,实际上比虎式坦克小一圈的Ⅳ号坦克。美军没有反坦克炮,一名军官后来记录道:"附近的一群人手里有几枚火箭筒和火箭弹,但他们说不知道如何使用这种武器。我取过一枚来到一处拐角,正好撞上了一辆虎式坦克,坦克迎面冲来,我冲着它打了一发火箭弹并正中坦克车体正面。坦克停了下来却毫发无损,我藏到了房子后面,坦克的88毫米炮对着房子就是一炮。我跳起来躲进了毗邻的房子,跑上了二楼,窗户正对坦克的侧面和车顶。我又对着它打了两发火箭弹,第一发斜着命中车体尾部盖板,火箭弹爆炸后似乎没有引起车组的注意。第二发命中了炮塔与车体的连接处,位置略高于炮塔座圈,火箭弹没能击穿炮塔,但打得火花飞溅,车组成员肯定被震荡刺激了一下,立即倒车并一直退到了约700米外的地方,从那里对着我们开炮。"[41]肩扛式巴祖卡火箭筒的杀伤力不如德国人仿制的"坦克杀手"反坦克火箭筒①,这

---

① 此处原文写的是"铁拳"(Panzerfaust),其实是作者搞错了。德军仿制巴祖卡火箭筒的武器是RPzB 43/54型"坦克杀手"(Panzerschreck)反坦克火箭筒,也叫"战车噩梦",其配备的RP. Gr. 4322型88毫米破甲弹的破甲厚度能达到200毫米,威力比60毫米口径的巴祖卡火箭筒大许多。——译者注

种武器从正面攻击只能打断坦克履带，如果坦克猎杀小组设法绕到虎式坦克或者豹式坦克的背后，火箭筒就有干掉对方的机会了。用反坦克枪榴弹打坦克既危险又浪费时间，对此美军官兵已经达成了共识。

在第 28 步兵师的北翼，克勒夫河（Clerf，也叫克莱韦河）上游的古城克莱沃（Clervaux）正处于德军的威胁之下。在北面发动攻击的第 116 装甲师将第 28 步兵师 112 团逼退到了第 106 步兵师防区里，在那里成为圣维特防御圈的最右翼。赫尔利·E. 富勒（Hurley E. Fuller）上校的第 110 步兵团团部就设在克莱沃镇内的一家旅馆里，坚守马尔纳赫（Marnach）的 1 营 B 连是团部的部分屏障，但德军第 2 装甲师终究强行破除了这道障碍。17 日凌晨 5 点，位于克莱沃东北五千米处的第 109 野战炮兵营 A 连被绕过来的德军装甲掷弹兵歼灭。

黎明前，德军侦察部队抵达了克莱沃，携带无线电台的炮兵观察组已经先一步渗入了镇内。[42] 随后，德军步兵在无人注意的情况下潜入镇内，隐藏在一座始建于 15 世纪的古堡下方的药房里，古堡的圆塔就像女巫头上的帽子。这座古堡矗立在伸入镇中心的岩石山嘴上，全镇的房舍呈马蹄形环绕着古堡。上午 9 点 30 分，德军豹式坦克和突击炮运动到了可以俯瞰克莱沃的高地上。科塔少将派来一个谢尔曼坦克排和一些步兵增援富勒上校，① 后者手里此时只剩下团部人员和来自师疗养所的 60 名重新归队的官兵。夜幕降临时，富勒向在维尔茨的师长科塔报告说，克莱沃已经被包围，德军坦克"正堵在团部前门外，冲着里面开火"。[43] 团救护所里有人喊道："如果你是犹太裔的大

---

① 科塔派出的是师预备队——第 110 步兵团 2 营（欠 G 连）和第 707 坦克营的轻型坦克连，这些部队发动的反击都被德军击退。——译者注

兵，把你的狗牌（军人身份牌）丢掉，因为这里有党卫军部队。"[44]至少有一个士兵把他的狗牌丢进了大火炉里，因为上面标有代表"希伯来人"（Hebrew）的字母"H"。

团部人员和从疗养所回来的官兵撤到了城堡里，他们在那里抵抗到了第二天。在城堡里躲避战火的平民中有个年仅16岁的少年，名叫让·塞尔夫（Jean Servé），他向人们描述了这样一个故事：在一间屋子里，一个美国大兵正在弹钢琴，与此同时，一个嘴上叼着香烟的美军狙击手非常冷静地向着德军射击，一枪接着一枪。塞尔夫目睹了一个中弹的德国兵从公园酒店（Hôtel du Parc）后面的山坡上滚了下去。[45]战斗中伤员和平民一起被安置在地窖里，但不久后守军弹药耗尽，城堡也燃起了大火，别无选择的美军只能向德国人投降。

在南翼紧邻第28步兵师的是巴顿少将的第4步兵师，这个师在许特根森林战役中同样被重创，但至少向他们发起进攻的对手实力不如曼陀菲尔的那些装甲师。该师第12步兵团要守住迪克维勒（Dickweiler）、埃希特纳赫、奥斯韦勒（Osweiler）、劳特博恩和贝尔多夫（Berdorf）等城镇，顶住第212国民掷弹兵师的进攻。巴顿少将的计划是在占据关键路口的城镇和村落摆上一个连，不让德军使用绍尔河西岸的公路网。德军的主攻方向在第12步兵团2营防区[①]，该营守住了阵地，但这些据点几乎都被包围了。12月17日傍晚，随着美军第10装甲师的特

[①] 原文写的是第22步兵团2营防区，但该营担任师预备队，16日没有投入战斗。17日中午该营进入战场后，F连首先接敌，营里的其他连队在下午的行军途中与德军发生遭遇战，天黑后就地掘壕过夜，与该营接触的德军则撤离了战场。——译者注

遣队抵达前线，局势已经稳定下来，第4步兵师的官兵立刻松了口气。

12月17日，绰号"猛虎"的第10装甲师通过卢森堡北上增援。该师将主导对进攻德军展开反击的消息传开后，全师上下一片欢欣鼓舞，因为他们担心自己注定要当后卫。当天下午晚些时候，埃德温·威廉·派伯恩（Edwin William Piburn）准将指挥的A战斗群在施瓦茨恩茨（Schwarz Erntz）山谷附近"一头扎进了一支惊讶万分的德军部队之中"[46]。战斗持续了三天，德军的攻势被遏制住了，阿登战场的南肩角安全了。

然而，在斯帕的第1集团军指挥部里，17日傍晚的气氛是阴郁的，因为德军的派普战斗群在稳步向西推进，而第28步兵师又招架不住曼陀菲尔麾下装甲师的攻击。集团军作战日志记录道："今晚情报部部长估计，敌人有能力尝试利用其最初的优势突穿我军后方区域，在马斯河畔占据桥头堡。"[47]

最大的威胁还是在巴斯托涅，德军装甲教导师正笔直朝着西方向该镇南侧前进，而第2装甲师将从该镇北侧绕过去。第26国民掷弹兵师将占领该镇。这三个师都接到了军长海因里希·冯·吕特维茨装甲兵上将的命令。[48]第5伞兵师在维尔茨遭到科塔的第28步兵师的阻击。第7集团军收到的命令中没有涉及巴斯托涅，他们只是被告知"要尽可能快速向前推进，确保曼陀菲尔的第5装甲集团军有足够大的机动空间"[49]。那天下午，吕特维茨忽然意识到了巴斯托涅对美军的重要性，他的指挥部侦听到一条广播信息，说是一个美军空降师正乘坐卡车驰援该镇。这大概是来自美军宪兵的无线电网络，广播非常清晰，为德军提供了最佳的情报。吕特维茨信心十足，他相信麾下的装甲师将抢先攻入巴斯托涅。

在荷兰积水的散兵坑里进行了长时间战斗之后，美军第82空降师和第101空降师都在法国兰斯附近的大穆尔默隆（Mourmelon-le-Grand）营地休整。其间大兵们打橄榄球、疯狂赌博、狂饮廉价香槟，两个空降师之间还时常爆发酒吧斗殴。那天早上在凡尔赛做出的将第18空降军从盟军最高统帅部预备队转归第1集团军指挥的决定，一开始就导致了不小的混乱，当时一些高级军官并不在部队里：军长马修·邦克·李奇微（Matthew Bunker Ridgway）少将碰巧在英国；第101空降师师长马克斯韦尔·达文波特·泰勒（Maxwell Davenport Taylor）少将回美国了；泰勒的副手、副师长杰拉尔德·约瑟夫·希金斯（Gerald Joseph Higgins）准将也在英国，参与"市场花园"行动的总结。这样一来，第101空降师炮兵指挥官安东尼·克莱门特·麦考利夫（Anthony Clement McAuliffe）准将不得不率部投入战斗。

麦考利夫在20点30分收到准备出动的命令后，立即召集各单位指挥官和参谋长开会。他告诉众人："据我所知，（德军）已经形成了突破，我们要马上出发去那里。"[50]当时师里有许多人正在巴黎休假，决心以空降兵无拘无束的方式尽情享受生活，尤其是那些遵循战时传统，将并不忠贞的恋人写给"亲爱的约翰"的信件钉到部队布告栏上的人。巴黎的宪兵奉命去聚集所有的空降兵，一名军官则强征了一列火车将他们都带了回来。那些被强行抓回来的士兵里，有许多人被过度纵欲搞得疲惫不堪，而且路易斯·辛普森回忆说"大部分人都自称是在床上云雨之时被揪走的"[51]。至于那些早已在豪赌中输光了军饷、掏不起路费的家伙，自然对能去巴黎狂欢的战友嫉妒得要命。

第101空降师的兵力还不满员，武器装备仍没有补充完整。在荷兰战斗期间，全师损失了约3500人，在大穆尔默隆休整期间得到的补充兵员相对来说也不算多。因此，部队接到立即开拔的命令后，因违反军纪而被关禁闭的士兵——大多都是斗殴或者殴打士官——都被释放，立即回各自的连队报到；军官去军队医院，要求基本上伤愈的人出院归队。不过，一些指挥官建议军官们留下那些神经脆弱之人：在过去的十天里，几个患战斗疲劳症的人都自杀了，其中包括师参谋长雷蒙德·戴维斯·米伦纳（Raymond Davis Millener）上校，他把点45自动手枪塞进自己的嘴里，扣动了扳机。

同什么都缺的第101空降师相比，第82空降师有更多的时间来整合补充兵，整补在荷兰损失的武器装备，特别是士兵的冬装。那天晚上，每个人都想尽办法或求或借或偷，使出浑身解数来搞定自己缺乏的衣物和装备，军需官干脆打开了仓库。与此同时，战区后勤地带的兵站接受了一项挑战——为运输这两个空降师调集足够多的十吨卡车。驾驶这些卡车的司机都是从"红球快运"中抽调出来的，他们非常疲惫，对于把空降部队运到阿登前线的任务并没有什么热切期盼，但他们还是完成了自己的任务。

尽管盟军最高统帅部力图禁止披露德军反攻的新闻，然而消息还是迅速传播开来。有谣言说德军正在向巴黎进军，被关在监狱里的法奸们开始庆祝，还嘲笑他们的看守。这真是愚蠢的行为，许多狱卒出身于抵抗组织，他们发誓在德军到达之前会把那些法奸全部枪毙。

巴黎陷入了严重的焦躁不安之中，部分原因是缺乏明确的消息。法国国防部总参谋长（法军总参谋长）阿方斯·皮埃尔·朱安（Alphonse Pierre Juin）上将在其他法军高级军官的陪伴下来到凡尔赛的盟军最高统帅部，讨论德军的突破问题。他们见到了比德尔·史密斯中将，史密斯后来在他的书里写道："当我们路过大厅时，我看见（法国）军官们向仍在正常办公的办公室投去了困惑的目光。随后，我身后的一位法军将领对着我们的情报主任斯特朗少将说道：'什么情况啊！你们还没有收拾东西（准备跑路）吗？'"[52]

欧内斯特·海明威在旺多姆广场（Place Vendôme）旁的丽兹酒店里听说了德军进攻的消息，当时他和情人玛丽·沃尔什住在一起。沃尔什女士此前和驻欧美军战略航空兵部队（主要是第 8 航空队）指挥官卡尔·安德鲁·"图伊"·斯帕茨（Carl Andrew "Tooey" Spaatz）中将共进晚餐时，他的副官冲进来，气急败坏地宣布了这条万分紧迫的消息。丽兹酒店的大堂一片混乱，军官们在这里来回奔走。虽然海明威在许特根森林里患上的支气管炎尚未痊愈，但他仍然决定重返第 4 步兵师。他开始收拾行囊，并组装其非法持有的枪械。当时他唯一的弟弟莱斯特·克拉伦斯·海明威（Leicester Clarence Hemingway）路过巴黎，他对弟弟说："这是一次彻底的突破，这事值得我们去忙活。德国人的装甲部队正蜂拥而入，他们格杀勿论，不留战俘……想象一下这样的画面吧，把弹匣压满，把每发子弹都擦亮。"[53]

第十章　12月18日，星期一

6点45分，距离破晓还有一个多小时，德军对第2步兵师在罗赫拉特和克林克尔特外围最后一个营的主攻开始了。作为夜战中的常用手法，德国人最大限度地制造着噪声——"大喊、嘘声以及包括敲打饭盒在内的各种形式的杂音"[1]。战斗持续了四个小时，美军炮兵进行了一轮又一轮炮击来支援在散兵坑里苦战的步兵。在德军冲进美军阵地后，第9步兵团1营A连呼叫炮火对着自己的阵地进行火力覆盖，1营在营长麦金利中校指挥下掩护其他部队撤往双子镇。

第一缕晨光再次降临大地，12辆德军坦克——每辆由一个排的装甲掷弹兵伴随——出现在晨雾中，直到被炮兵火力所阻。第2步兵师发现，相比反坦克排的三门"笨重的"57毫米反坦克炮，12个火箭筒小组的作用要大得多。"事实证明，57毫米反坦克炮的威力令人失望，仅有一发炮弹击穿了一辆敌军坦克的炮塔。"[2]一份战斗报告里这样写道，另一名军官称其"实际上是一种没用的武器"。麦金利中校认为57毫米反坦克炮"在步兵营中没有位置"，因为它们在泥泞中难以移动，而且无法在已经与敌军接触的时候进入阵地。他希望将坦克歼击车编入营属作战单位，这样他们就不会想跑就跑了，但当天在罗赫拉特和克林克尔特，坦克歼击车同谢尔曼坦克、火箭筒小组以及炮兵一起击毁了不少豹式坦克和Ⅳ号坦克。

美军总是试图阻止德军回收并修复失去行动能力的坦克，或者不让德军将这些坦克变成美军阵地前方的临时火力点。于是，每当党卫军装甲掷弹兵被逼退时，美军就将"被打坏但没有被彻底摧毁的坦克浇上汽油混合燃料烧掉，并往炮管里塞入铝热剂手榴弹，将炮管烧穿"[3]。

德军再次发动攻击，终于占领了美军的前沿阵地，坦克对着散兵坑开火，并在上面来回碾压，把里面的人活埋。美军一个原有30多人的排仅有12人幸存；1营B连左翼阵地上的步兵排打光了反坦克火箭弹，有六七个人绝望地向后方跑去，麦金利拦住他们，并让他们回到自己的排阵地上。医护兵在一副滑雪板中间钉上横木，做成简易雪橇，勇敢地从雪地中撤走伤员。

没过太久，第9步兵团1营接到了撤退的命令，然而战斗陷入胶着状态，麦金利觉得自己根本无法从火线上撤下任何部队。就在这个关键时刻，第741坦克营A连的四辆谢尔曼坦克出现了，他们不但掩护步兵营撤退，甚至还打中了三辆德军坦克。[①] 麦金利中校记录道："当全营在罗赫拉特重新集结时，我发现投入战斗的600多人仅剩下197人，其中还包括配属单位的人员。"[4]然而，整个第2步兵师仅有九人放弃战斗跑向后方，他们被宪兵作为"脱队人员"抓了起来。许多人发现，自己在激烈的战斗中并没有感到"害怕战栗"，反而在战斗结束之后，当枪炮声渐渐平息时，浑身抖个不停。

第9步兵团1营自我牺牲般的顽强战斗拯救了第2步兵师的其他部队，并挫败了党卫军第12装甲师的突破，但就连

---

① 其中两辆豹式坦克在之前的战斗中被美军步兵打瘫，已经失去了战斗力。第三辆豹式坦克被击毁了发动机，被德军自行爆破弃车。——译者注

麦金利后来都承认"这是炮兵的功劳"[5]，他的营因此免于全军覆没。在此期间，经历了最初打击的第 99 步兵师残余部队继续穿过美军防线撤退，他们被直接送回埃尔森博恩营地休整补充，享用了美食、领取了武器弹药后，再被部署到罗赫拉特和克林克尔特后面的一道新防线上。第 99 步兵师 394 团 2 营营长因被营里的军官指责"懦弱和无能"，随即被解除了职务。[6]

10 点前后，一支由七辆美军卡车组成的车队靠近了美军防线。一辆坦克歼击车在 500 米的距离上朝着领头的卡车开了一炮，迫使其停了下来。一队美军步兵迎了上去，以确认这些卡车里坐的都是自己人，而不是被敌人缴获的车辆，但当他们靠近时车里的人开火了。这是一个乘乱突破美军防线的"特洛伊木马计"[7]，大约 140 名德军士兵跳下卡车，试图穿过树林逃回去。营里的迫击炮和重机枪开火了，据营长估计有四分之三的德军士兵都被打死了，但有不少人可能当时趴在地上装死，随后偷偷爬走了。几个被俘的伤兵表明他们是党卫军第 12 装甲师的人，其中一个身负重伤的士兵在救护站还拒绝输血，因为那是美国人的血浆。

争夺双子镇的战斗还在继续，平民被困在地窖里，周围的爆炸声震耳欲聋。8 点 30 分前后，晨雾逐渐消散，能见度稍微好了一点，雪地前方的树林变得清晰可见。德军投入了更多的豹式坦克和 IV 号坦克，在装甲掷弹兵群伴随下发起了冲锋，一些坦克顺利突入了罗赫拉特和克林克尔特。第 38 步兵团迫击炮部队的军官组织了四个火箭筒小组去偷袭村子内外的坦克，有些人因开火时的火箭弹尾焰戴上了护目镜，后来才发现面部被灼伤了。最倒霉的事情是当一发臭弹卡在火箭筒里的时候，敌军坦克正将炮管转向你。战场上耍点小诡计是必不可少的,第5军的报告里提到这样一件事:"发现一辆坦克正沿着公路逼近后,一名中士让火箭筒小组在道路两侧埋伏,随后他把一群牛赶到坦克前方。坦克慢慢停了下来,接着就被火箭筒击毁了,车组乘员跳车时都被轻武器射杀。"[8]

德军坦克开始对着房屋直接轰击,甚至将炮管戳进了窗户。"刺刀的用处不大,"据一名美军军官观察,"即便在罗赫拉特的近距离搏斗中,通常也是用步枪枪托和拳头。"两辆谢尔曼坦克停在罗赫拉特的营部门口,由一群"炮手、司机、副驾驶员、厨子和机修工"[9]组成的杂牌车组操纵着投入战斗。第741坦克营营长罗伯茨·N. 斯卡格斯(Robert N. Skaggs)中校突然看见一辆Ⅵ号虎式坦克[①]接近了几个看守着德军战俘的美军士兵,他向那两辆坦克发出警告后,两辆坦克同时开火,结果都打偏了。虎式坦克停下来转动炮塔向它们还击,但发射的两发炮弹同样打偏了。这就给了美军坦克第二次机会,两辆谢尔曼坦克里的车组乘员确认不会再打偏后开火射击,虎式坦克被打成了一团火球。只要德军坦克被打中,美军步兵就举起步枪,准备射杀任何从炮塔或车体里拼命逃出来的德军装甲兵,如果他们身上着火并发出惨叫声,那他们就帮这些可怜虫脱离了苦海。第2步兵师23团3营I连连长麦克唐纳上尉"看见一名士兵在曳光弹的映衬下,将一罐汽油扔到了坦克上,坦克随即烧成了火球"[10]。

---

① 双子镇之战中并没有虎式坦克参战的记录,党卫军第12装甲师也未装备这种重型坦克,美军很可能把Ⅳ号坦克或者坦克歼击车错认成了虎式坦克,文中在双子镇之战出现的虎式坦克都疑似有误。——译者注

在双子镇的另一次遭遇战中，第741坦克营的谢尔曼坦克乘员"发现一辆Ⅵ号（虎式）坦克迎面驶来，坦克车长知道很难从正面打穿它的装甲，决定利用谢尔曼坦克更快的炮塔转速。他指挥坦克迅速掉头绕过一小群建筑物，这样谢尔曼坦克就可以对着Ⅵ号坦克的侧面和尾部开火。德国人此时发现了机动中的美军坦克，于是两辆坦克围着建筑物群绕圈互相追逐，试图进入能够开火的位置。同排的另一辆谢尔曼坦克观察到了这个情况，对着Ⅵ号坦克绕圈过程中暴露出来的尾部开火射击，炮弹击中目标并摧毁了德军坦克"[11]。两名美军坦克车长跳出坦克兴高采烈地握手，然后各自爬回炮塔继续战斗。

枪榴弹再次被证明威力不够，在战斗中只有一辆德军坦克是被其打瘫的。一名中士看见"另一个排的人"[12]向德军坦克发射了六七枚反坦克枪榴弹，尽管击中了目标却毫无效果。而在其他情况下，枪榴弹"只是被弹开了"。

一辆停在克林克尔特教堂前的Ⅵ号虎式坦克对着第38步兵团3营营部开火，营长巴桑蒂中校派出五个巴祖卡小组去偷袭它。他们的两发火箭弹命中了，但坦克几乎没有受损。尽管如此，坦克车长认为在村子里太过暴露，随即指挥坦克向维尔茨费尔德方向开去，当坦克高速前进时在拐角处压扁了一辆吉普车，吉普车上的两名美军及时弃车跳入一道壕沟内。在坦克压上吉普车时它的速度降了下来，这就给了57毫米炮组足够的时间开炮，炮弹命中了炮塔和车身结合部，炮塔转不动了。当其继续前进时，一辆谢尔曼坦克向其开火却打偏了，但道路前方的一辆M10坦克歼击车用两发炮弹将德军坦克打瘫在地。① 美军 L 连的步兵随后解决了试图逃跑的身穿黑色装甲兵制服的车组乘员，"无人幸免"[13]。

第 2 步兵师后来宣称，在罗赫拉特和克林克尔特及其周围的战斗中，共有 73 辆德军坦克被美军的谢尔曼坦克、巴祖卡火箭筒、坦克歼击车和炮兵摧毁，其中有两辆Ⅵ号虎式坦克是火箭筒的战果。毫无疑问，在德军的猛攻下能取得这样的战果是罕见的胜利，而美军在兵员和坦克方面的损失同样十分惨重。不过，美军的顽强抵抗让敌军每前进一步都付出了高昂代价，这可能是对阿登战役最终结果的最重要的贡献。第 6 装甲集团军既低估了美军炮兵的力量，也低估了埃尔森博恩岭居高临下便于指挥的地理位置，党卫军装甲师对美军步兵战斗力不堪一击的傲慢假设过于自高自大，结果自己撞得头破血流。

18 日白天的战斗一直未停，入夜之后仍在继续，被战火点燃的房屋越来越多。在第一天晚上被派到布赫霍尔茨的第 99 步兵师 371 野战炮兵营 C 连的炮兵观察员凝视着罗赫拉特和克林克尔特的大火，回想起艾伦·西格（Alan Seeger）的诗句："在午夜燃烧的小镇，我却与死亡相会。"[14]

---

① 原文中这一段关于这辆德军坦克（坦克歼击车）被击毁过程的叙述，有不少错误。首先，这次战斗是发生在 12 月 17 日深夜而非 18 日白天；其次，这是一辆隶属于党卫军第 12 坦克歼击营的Ⅳ号坦克歼击车，而非虎式坦克（也有资料称是一辆Ⅳ号坦克）；被坦克歼击车压扁的吉普车属于第 38 步兵团后勤股长维维安·P. 保罗（Vivian P. Paul）少校，当时他刚刚离开 3 营营部，就在上车的时候看到坦克歼击车高速冲来，于是和司机跳进了路边的沟里；57 毫米反坦克炮命中了坦克歼击车的行走装置，令坦克歼击车一时失去控制，因而被 3 营作战参谋弗雷德·萨顿（Fred Sutton）中尉召唤来的谢尔曼坦克才无法击中目标；原先停在第 38 步兵团第 3 营营部南侧街道上的美军 M10 坦克歼击车及时赶到街道转角，并从德军坦克歼击车背后连开三炮，将已经冲过 L 连连部门口的德军坦克歼击车击毁。——译者注

当罗赫拉特和克林克尔特的战斗到达高潮时，西南5000米外的第1步兵师所部仍在巩固阵地，并派出侦察兵弄清德军的兵力和进攻方向。美军在双子镇的顽强抵抗令泽普·迪特里希灰心丧气，他命令第277国民掷弹兵师继续攻击双子镇，同时党卫军第12装甲师转向西南，从比林根向西边的韦姆（Waimes）推进。韦姆村内驻扎着美军第47转运医院和第99师医疗营一部，杰罗少将命令从第1步兵师抽调一支由坦克歼击车、轻型坦克和工兵组成的混编部队，去村内将医护人员和伤员及时撤出。

党卫军第12装甲师很快就发现，埃尔森博恩岭南翼的防御和东翼一样坚固，仅第1步兵师就得到了六个炮兵营和一个203毫米重炮连的支援。美国人很幸运，由于许多地方地面松软，德军坦克无法越野机动，只能沿着公路前进。当美军的反坦克炮和坦克歼击车击毁了先导坦克时，其他的坦克就会被堵在路上。安装了四联装12.7毫米重机枪的防空半履带车被称为"绞肉机"，其惊人的威力非常有效地逼退了党卫军装甲掷弹兵。

无论是杰罗少将还是霍奇斯中将，都不知道希特勒禁止第6装甲集团军北上突向列日。元首希望避开在亚琛周边集结的美军，因此命令党卫军装甲师朝着正西方的马斯河突击，而且不准改变路线。不过，派普的前进方向让美军指挥官确信，他们必须将北肩角向西伸展。李奇微少将的第18空降军将从斯塔沃洛起建立一条防线，作战经验丰富的第30步兵师和第82空降师将被部署在那里，而且这两个师已经在赶赴韦尔博蒙的路上了。

随着昨日发生马尔梅迪大屠杀的消息传来，美军指挥部向所有部队发布了一道紧急警告："任何时候向德军装甲部队投降都是危险的，尤其是向没有步兵伴随的坦克投降；向任何快速推进中的德军单位投降也是很危险的。这些部队没有什么办法来安置战俘，解决方式通常是杀掉俘虏。"[15] 由此得出的教训是："坚持战斗损失会更小，投降的话生存机会渺茫。"

派普让精疲力竭的官兵休息了一个晚上之后，于黎明时分向斯塔沃洛发起了进攻。此前不久，第526装甲步兵营副营长保罗·J. 索利斯（Paul J. Solis）少校刚率领A连、一个反坦克炮排（三门57毫米反坦克炮）和第825坦克歼击营A连1排（四门76.2毫米牵引式反坦克炮）抵达小镇，他正在部署各排和火炮时，突然有两辆豹式坦克和一个连的装甲掷弹兵从山坡边的道路上冲了过来，直扑昂布莱沃河上的桥梁。第一辆豹式坦克虽然被击中起火，但它还是开足马力撞开了横在道路上的反坦克障碍物。第二辆豹式坦克继续逼近并占领了这座桥，装甲掷弹兵紧随其后过了河。[16]

美军来不及炸掉桥梁，索利斯少校的部队被赶进了镇中心。派普的部下无缘无故地声称比利时平民朝他们开枪，以此为由枪杀了包括妇女在内的23人。① 经历了清晨的激烈战斗之后，索利斯的小部队被迫沿着通往弗朗科尔尚和斯帕的公路逐步后撤，而派普的地图上并没有标明在弗朗科尔尚的美军主燃料供应站，他决定沿着昂布莱沃河谷继续西进。无论如何，李中将的兵站后勤部队已经成功地将可能落入派普手中的大部分燃料

---

① 有党卫军官兵声称镇内有抵抗者躲在民居中朝着他们射击，据此认为是当地平民在开枪。虽然这些人有可能是抵抗组织成员，也有可能是美军士兵，但这不是德军肆意屠杀平民的理由。——译者注

都转移走了,从12月17日到19日,美军后勤部队在斯帕和斯塔沃洛地区运走了超过300万加仑的燃料。[17]盟军最大的损失出现在12月17日,40万加仑燃料被一枚命中列日的V-1飞弹摧毁。

当天下午,一份会产生误导的报告被送到了霍奇斯的指挥部,声称斯帕本身会受到威胁。坐在第1集团军指挥官身旁的柯林斯少将听到集团军情报部部长迪克森上校对霍奇斯耳语道:"将军,如果不尽快离开的话,您可能会被德军俘虏。"[18]

"局势持续恶化,"第1集团军作战日志中记录道,"当天15点前后,有报告称坦克正从斯塔沃洛驶向斯帕。在德军和我们的指挥部之间只有一道小路障和一些半履带车。"[19]霍奇斯在16点05分打电话给第9集团军指挥官辛普森。"他说情况非常糟糕,"辛普森回忆道,"他做好了让指挥部撤退的准备,说那里受到了威胁。"[20]斯帕(的美军)开始撤退,第1集团军的所有参谋将后撤到列日附近绍德方丹(Chaudfontaine)的集团军后方指挥部,并于午夜时分抵达了目的地。他们后来获悉,美军前脚离开斯帕,"美国国旗、总统画像及盟军的其他标志都被取了下来,镇长释放了监狱里关押的20名涉嫌通敌的囚犯"[21]。

傍晚前,第7装甲师两名刚刚休假归来的军官回到了马斯特里赫特,发现自己的部队已经开拔了。于是,他们出发寻找自己的部队,第一站就是斯帕,霍奇斯的集团军指挥部刚刚撤离,在空荡荡的指挥部里,他们惊奇地发现墙上的几幅作战形势图居然在匆忙中没有被带走。他们取下地图,继续前往圣维特,在那里把地图交给了布鲁斯·克拉克准将。克拉克仔细研究了地图,越看越沮丧,从地图上来看第1集团军压根没搞清楚这一仗是怎么回事。克拉克说道："该死的,这场战斗结束后,一定会有不少倒霉的将军被送上军事法庭。我不想再惹什么麻烦了。"[22]说完他迅速烧掉了地图。

派普试图找到另一条可以通行的路线,他派出两个连去昂布莱沃河南岸到三桥镇一带侦察,三桥镇就位于萨尔姆河和昂布莱沃河的交汇处,而这些部队似乎在夜间无助地迷了路。从三桥镇开始有条路直通向韦尔博蒙,派普把美军赶出斯塔沃洛后,估摸着第3伞兵师的部队随后就能抵达,所以他只在镇里留下了一支小部队,然后亲自赶往三桥镇。

在马尔什昂法梅讷锯木厂里干活的第51战斗工兵营于17日傍晚接到命令,迅速赶到三桥镇炸毁那里的三座桥。该营C连在派普战斗群攻击斯塔沃洛时抵达了目的地,开始在昂布莱沃河的一座桥和萨尔姆河的两座桥上安装炸药。他们还在派普战斗群将要经过的道路上设置了路障,一门57毫米反坦克炮和炮手,以及前往圣维特加入第7装甲师余部的第526装甲步兵营B连的士兵一起被征用了。[①]

11点15分,三桥镇的守军听到坦克的轰鸣声越来越近,派普的前锋包括19辆豹式坦克。57毫米反坦克炮炮组已经做好了战斗准备,第一发炮弹打中了第一辆豹式坦克的履带,将其打瘫,其他坦克立即还击,摧毁了反坦克炮,杀死了大部分炮手。听到交火声后,美军工兵就炸毁了桥梁,派普战斗群前

---

① 此处原文有误,首先这门反坦克炮属于第526装甲步兵营B连反坦克炮排3班,一辆半履带车拖着这门炮同另一辆载有步兵的半履带车在黑夜中掉了队,稀里糊涂地开到了三桥镇,被工兵拦了下来。原文中写的是全连被征用,这显然是不可能的,那时B连主力去了马尔梅迪而非圣维特,跟第7装甲师也没什么关系。当时在这一带布防的还有第291战斗工兵营A连和C连的几个工兵班。——译者注

往韦尔博蒙的道路被切断了。萨尔姆河西岸的美军在房子里向试图过河的装甲掷弹兵开火，想尽一切办法，包括用卡车拖着铁链来模拟坦克的声音，并用火箭筒射击模拟大炮发射，让派普相信当面美军的实力比德军强大得多。

被此次挫折激怒的派普决定返回斯塔沃洛，改走昂布莱沃河北岸的道路，他的车队轰鸣着沿着公路急速开往拉格莱茨（La Gleize）。河谷北岸都是长满林木的陡峭山坡，缺乏机动空间，但派普仍然觉得只要有足够的燃料，"那么在当天早些时候冲到马斯河畔就易如反掌了"[23]。①

派普战斗群在拉格莱茨没有遭到抵抗，他派出的侦察队在舍讷（Cheneux）发现一座横跨昂布莱沃河的桥梁完好无损，与此同时，在云层下飞行的美军炮兵观测飞机也发现了派普的行军纵队。尽管天气恶劣、能见度很差，第9战术航空兵司令部的战斗轰炸机群收到情报后，还是对德军装甲纵队进行了空中打击，空袭令派普战斗群损失了三辆坦克和五辆半履带车。②16点30分，派普的车队由于夜幕降临而免遭进一步打击，但是美国人现在知道他们的确切位置。之前和派普失去无线电联络的党卫军第1装甲军军部，也通过截获美军未加密的无线电通信发现了派普的位置。

派普战斗群在夜幕的掩护下继续前进，但当先导坦克接近昂布莱沃河的一条小支流列内溪（Lienne Creek）上的桥梁时，

---

① 作者在这里有些断章取义，因为派普说这话有个假设前提，完整的原文是"如果我们好好地夺取三桥镇的桥梁，又有足够燃油的话，那么在当天早些时候冲到马斯河畔就易如反掌了"。——译者注
② 根据外国研究者的最新考证，德军当时损失了四辆装甲车辆，131号豹式坦克烧毁，两辆半履带车失去战斗力，132号虎王坦克履带受损，道路因此被堵塞了近三个小时。——译者注

这座桥又在他们面前被第291战斗工兵营A连2排3班炸毁了，心脏不太好的派普被这次挫折搞得差点中风。他派出一个坦克连①去北边寻找另一座桥，但正当德军觉得自己发现了一座没有守军的桥梁时，经过精心伪装的美军第30步兵师119团2营F连的伏兵杀了出来。在当前情况下，这次分兵没什么意义，因为桥梁不够坚固，无法承受战斗全重达到72吨的虎王坦克。接连受挫再加上找不到可以过河的桥梁，派普的车队在狭窄道路上极其艰难地掉头回到拉格莱茨，重新进入昂布莱沃河谷，再向前走三千米就是斯图蒙（Stoumont）。派普让部队停下来休息，直到拂晓再进攻斯图蒙，这至少给了斯图蒙村村民撤离的机会。

此时，派普还不知道美军已经围了上来。第30步兵师119团（欠2营）已经张开了大网，封锁了前方2500米处的峡谷道路，第82空降师正赶往韦尔博蒙部署。与此同时，他身后的绞索也在收紧。第30步兵师117团1营得到了第743坦克营B连三辆谢尔曼和第823坦克歼击营C连三辆M10坦克歼击车的加强，换下了在斯塔沃洛以北的索利斯少校的部队，于18日晚间攻占了斯塔沃洛镇的北部。②

当第82空降师赶往韦尔博蒙的时候，第101空降师正在

---

① 此处原文有误，外出寻找桥梁的应该是两个装甲掷弹兵连的部队，也就是党卫军第2装甲掷弹兵团3营10连和11连。它们是机械化部队，装备了各种半履带装甲车，包括Sdkfz.251/9半履带突击炮车，但不是坦克连。——译者注
② 美军第117步兵团1营的进攻在当天下午就开始了，该营除了配属的坦克和坦克歼击车，还得到了第118野战炮兵营的火力支援，到天黑时美军控制了镇北，有效阻滞了派普战斗群后续部队及警卫旗队师其他部队通过该镇继续前进的行动。——译者注

后方的大穆尔默隆集结。380辆十吨敞篷卡车排成长长的纵队等候大兵们上车,每车最多可以装载50人。各连开始点名,穿着冬装的士兵们"看起来像一群熊在集合"[24]。然而,仍有许多人没有大衣,甚至连跳伞靴都没有。一名刚从伦敦参加完婚礼归来的中校,穿着出席仪式用的A类制服(军官常服)一路到了巴斯托涅。师军乐队被命令待在后方不得上战场,这让他们牢骚满腹。众人问随军牧师能否和第501伞兵团团长打个招呼,批准他们上前线。牧师回答说上校太忙了,但他默许乐手们和其他人一起爬上了卡车,他知道每个人都会派上用场的。

第一批卡车于18日中午12点15分出发,满载着工兵、侦察排和师部的部分人员。师里接到的命令是前往韦尔博蒙,麦考利夫准将几乎立刻就动身了,两个小时后主车队的第一部分出发了,总共有805名军官和11035名士兵将要投入战斗。没人知道他们究竟要去哪里。令许多人感到奇怪的是,他们没有被空投进战场,而是像普通的"穿直筒裤"的步兵一样坐着卡车去前线。挤在敞篷卡车里的空降兵冻得直发抖。车队一直没有停下来,这样前面的人就无法挤到车尾挡板边上来解手,士兵们只能相互传递一个空油桶来应急。当夜幕降临时,司机们打开了车头大灯,为了抢时间他们不惜冒着遇上德军夜间战斗机袭击的风险。

当麦考利夫到达巴斯托涅西南30千米处的讷沙托(Neufchâteau)时,一名宪兵挥手拦下了他的座车。他带来了第8军军部的消息,军长米德尔顿说现在第101空降师由他指挥,全师要直接赶赴巴斯托涅。先遣队并不知道计划被改变了,仍然朝着韦尔博蒙开去,已经向北面走了至少40千米。麦考利夫和参谋军官驱车赶往巴斯托涅,并在天黑前找到了特洛伊·米德尔顿少将设在该镇西北边缘一座前德军兵营里的军部,眼前那些惊慌失措的司机和士兵徒步向西逃命的场面可不是什么令人鼓舞的场面。

麦考利夫找到米德尔顿时,军长正在给第 10 装甲师 B 战斗群指挥官威廉·林恩·罗伯茨(William Lynn Roberts)上校介绍情况,该部是 16 日晚间接到艾森豪威尔的命令调往阿登的两支部队之一。罗伯茨比麦考利夫更清楚局势有多令人绝望,当天早上诺曼·科塔少将向他发出紧急求助,维尔茨附近的第 28 步兵师正遭到德军第 5 伞兵师的猛攻,眼看要顶不住了。科塔希望罗伯茨能伸出援手,但罗伯茨接到严令要直接前往巴斯托涅,只能被迫拒绝。德军装甲教导师和第 26 国民掷弹兵师已经在北部形成了突破,正冲向巴斯托涅。

"你的战斗群能编成几支部队?"米德尔顿问罗伯茨。

"三支。"罗伯茨回答道。[25]

米德尔顿命令他派一队人马去瓦尔丹(Wardin)东南部建立防御,另一队去东面的隆维利(Longvilly)阻击装甲教导师,第三队去北边的诺维尔(Noville)挡住第 2 装甲师。尽管罗伯茨不喜欢这个将他的部队拆分成小股单位的主意,但他还是没有提出异议,服从了米德尔顿的命令。"以最快的速度行动,"米德尔顿告诉他,"不惜一切代价守住上述阵地。"

在冲向巴斯托涅的竞赛中,堵塞的道路让德军第 47 装甲军怒气冲冲,但最主要的障碍还是美军第 28 步兵师那些孤立的连队,他们的英勇抵抗打乱了德国人的时间表。[26]美军沿着被称为地平线大道的南北走向的山脊公路展开防御,坚守几个主要路口,尤其是在海讷沙伊德(Heinerscheid)、马尔纳赫和霍辛根等村镇的道路交汇点都组织了严密防御,起到了非常关键的作用。第26国民掷弹兵师师长海因茨·科科特上校承认:"美军在霍辛根的长时间抵抗,导致我部的整体推进时间晚了一天半,从而也让装甲教导师的推进时间延误了这么久。"[27] 第110步兵团3营K连①在霍辛根一直抵抗到12月18日清晨,正如装甲教导师师长弗里茨·赫尔曼·米夏埃尔·拜尔莱因(Fritz Hermann Michael Bayerlein)中将承认的那样,这导致他的师推进速度大大降低,结果"到达巴斯托涅地区已经很晚了"[28]。每个小时都非常重要,事实证明这是巴斯托涅之战中的决定性因素。

身处维尔茨的科塔少将知道,他的师已经在劫难逃了。他命令将没有发出去的圣诞邮件统统销毁,以防落入德国人手中,于是各种信件、贺卡和包裹都被堆在院子里浇上汽油烧掉了。当天下午,第110步兵团3营残部撤往维尔茨,又饿又累的官兵被组织起来保卫维尔茨东南的第687野战炮兵营,而科塔准备将他的师部后撤到巴斯托涅西南的锡布雷(Sibret)。[29]

在当天清晨的晨雾和细雨中,装甲教导师的先头部队终于在德罗费尔特(Drauffelt)附近的桥上跨过了克勒夫河,同时第2装甲师也在克莱沃镇过了河,该师已经被镇上和城堡内的美军耽搁了一段时间。随后,坦克抛锚引发了交通堵塞——豹式坦克仍然频繁出现机械故障——同时一个步兵师的马拉火炮

---

① 和K连一起坚守霍辛根的还有第103战斗工兵营B连、第707坦克营的一个谢尔曼坦克排,由于得不到炮兵支援,这些部队被德军包围后全军覆没。——译者注

也在同一条泥泞道路上挣扎前行，形成了与装甲纵队激烈争道的场面。

装甲教导师师长弗里茨·拜尔莱因中将身材不高，他是个在东线、北非和诺曼底都战斗过的敢作敢为的老兵，他将眼下的混乱归咎于第47装甲军军长吕特维茨上将。交通堵塞极其严重，第26国民掷弹兵师徒步行军的步兵几乎是和装甲部队的坦克及半履带装甲车同时到达了下万帕赫（Nieder Wampach）。当车辆陷在泥泞中动弹不得时，步兵从车辆中卸下他们的重机枪和迫击炮，将它们扛在肩上继续前进。

12月18日夜幕降临，当装甲教导师还在通往巴斯托涅的路上行军时，拜尔莱因目睹了在隆维利附近爆发的一场坦克战，却不知道他麾下的一支部队也参加了这场战斗。他写道："装甲教导师的行军纵队将炮管转向北边，密集的曳光弹在暮色中划过的尾迹是一幕令人震撼的景象，呈现出一种梦幻般的色彩。"[30]米德尔顿命令第9装甲师R战斗群在巴斯托涅东边的主要道路上布防，从中午到黄昏，在美军路障和前哨阵地前爆发了数次小规模战斗后，罗斯特遣队（Task Force Rose）和哈珀特遣队（Task Force Harper）的谢尔曼坦克及半履带车遭到德军第2装甲师前锋、第26国民掷弹兵师师属炮兵团和装甲教导师的一个装甲连的夹击。天黑后，首批遭到攻击的美军坦克烧成了一团火球，德军坦克炮手朝着火光映照下的其他车辆开炮射击，拜尔莱因将战斗的胜利归功于V号豹式坦克的75毫米坦克炮打得更准、射程更远。美军丢弃了他们的车辆（无论其是否被击中），向着隆维利狂奔而去。

德军后来宣称，他们在战斗中缴获了23辆谢尔曼坦克、14

辆装甲车、15门自行火炮、30辆吉普车和25辆卡车,所有车辆都毫发无损。[31]尽管德军宣称的胜利有所夸大,但隆维利附近这场一边倒的战斗对美军来说是一次严重打击。[①]

当晚在巴斯托涅唯一值得高兴的变化是第705坦克歼击营先头部队的到来,这个营从北方一路杀来,赶了差不多100千米路。第10装甲师的罗伯茨上校已经向三支特遣队的指挥官简要介绍了情况,并把他们派了出去,每支特遣队都由谢尔曼坦克、装甲车和搭载步兵的半履带车混编而成。由第54装甲步兵营营长詹姆斯·奥哈拉(James O'Hara)中校率领的特遣队前往瓦尔丹,他们在村庄南部的高地上占领了阵地。那里没有发现德军的踪迹,只有第28步兵师溃散下来的三五成群的疲兵,在经历了三天的苦战后,这些胡子拉碴浑身污泥的大兵从他们眼前走过,前往巴斯托涅。

第20装甲步兵营营长威廉·罗伯逊·德索布里(William Robertson Desobry)少校率领的特遣队被派往北边的诺维尔,由于他们没有地图,一名宪兵坐在吉普车上为他指路。当车队到达巴斯托涅镇郊时,这名宪兵说道:"沿着公路笔直向前,第二座村子就是诺维尔。"[32]德索布里让侦察排走在最前面,通过富瓦(Foy)村后到达了诺维尔,两座村庄里的人都跑得差不多了,犹如被废弃了一般。

德索布里在诺维尔北面和东面的公路上设置了路障,以一

---

① 这些数据并不是德军18日战斗的战果,其实是19日下午德军装甲教导师追击从隆维利撤退的美军第9装甲师R战斗群残部时在公路上缴获车辆的数字,当时堵在公路上的美军看到德国人追上来后,丢弃了车辆,徒步从田野中逃走了。——译者注

个步兵班搭配两辆谢尔曼坦克作为警戒哨,监视着公路,在午夜之后安排其他官兵去睡觉。他知道有一场大仗要打,"我们能听到从东边和北边传来的枪炮声,能看到闪光,我们还能看到探照灯光和其他光亮。夜里一直有一些小部队撤回己方防线,还有很多散兵游勇,他们基本上都在说自己的部队如何被数不清的德军和大量坦克蹂躏的恐怖故事,还有穿着美军制服的德国人、穿着平民服装的德国人等各种各样的荒诞传说"[33]。

罗伯茨给了德索布里将散兵游勇就地补入自己麾下的权力,但他发现这些人的"身体和精神状况都非常差",还不如把他们直接送到后方。唯一值得留下的群体似乎只有一个工兵排和第9装甲师的一个步兵排,但就连工兵排也在第二天早上被送走了。增援的空降兵即将到来,然而德索布里感觉德国人在援兵到达之前就会发起进攻。

第3坦克营营长小亨利·托马斯·彻里(Henry Thomas Cherry Jr)中校率领的特遣队,由第3坦克营A连(谢尔曼坦克)、第3坦克营D连的两个排(轻型坦克)、第20装甲步兵营C连、第55装甲工兵营C连3排、第609坦克歼击营C连的一个排和第90骑兵侦察中队D连2排组成,① 从巴斯托涅去支援隆维利和枪炮声传来的方向。他们在村中短暂停留了一会儿,村里狭窄的道路上挤满了R战斗群的后勤车辆,彻里中校徒步来到R战斗群的临时指挥部了解情况,但里面的军官似乎都不怎么清楚局势到底如何。而瓦尔丹的情况一样,第28步兵师的溃兵正途经此处撤入巴斯托涅。

---

① 原文对这些部队的番号写得非常粗略笼统,只写了第3坦克营、一个步兵连、一些工兵和第90骑兵侦察中队的一个排,译者将彻里特遣队的兵力构成基本上写清楚了。——译者注

彻里把他的坦克和步兵部署在隆维利以西1000米处，自己则赶回巴斯托涅向罗伯茨上校汇报。他在午夜前不久动身返回部队，并通过无线电获悉第9装甲师R战斗群的剩余部队完全撤出了战斗。途经内弗（Neffe）时，一名伤兵对彻里发出警告：前方的道路在马热海（Magéret）村被德军装甲教导师的侦察部队切断了。彻里通过无线电呼叫第20装甲步兵营C连连长威利斯·F.赖尔森（Willis F. Ryerson）上尉，指示他派出一支小部队夺回马热海，消灭那里的德军侦察部队。然而，当两个班的美军步兵搭乘半履带车抵达马热海村时，他们发现村里的德军居然有三辆坦克和一个连的装甲掷弹兵。

当彻里中校接到敌情报告时，他就知道隆维利不可能守住了，哪怕罗伯茨上校曾告诫他要"不惜一切代价"坚守此地。他命令特遣队撤回内弗，如果必要的话就杀出一条路来。彻里在内弗发现了一座有着厚墙的城堡，他决定将自己的指挥部设在那里。和德索布里一样，他感觉真正的战斗将在清晨开始。

尽管几个装甲师最终在南边达成了突破，但曼陀菲尔装甲兵上将仍对迟迟未能攻占圣维特感到非常生气。部分麻烦基于这样一个事实：仅有的几条通往西方的公路从圣维特穿镇而过，距北面的与第6装甲集团军的分界线只有6000米。而且在曼陀菲尔看来，迪特里希的集团军进攻正面已经非常狭窄了，他的一些部队跑到了第5装甲集团军的行军道路上，加剧了交通状况的混乱。

18日拂晓之后，德军对哈斯布鲁克准将组织的圣维特外围防线展开了进攻。德军坦克对着树顶开火，打断的松树迫使美军躲进了散兵坑,国民掷弹兵一边向前推进一边用自动武器射击,第18国民掷弹兵师比在圣维特南部发动攻击的第62国民掷弹兵师更有作战经验。第二轮进攻在上午的晚些时候开始,德军得到了一辆强大的费迪南德自行火炮(Ferdinand self-propelled gun)的支援①,但一辆谢尔曼坦克从25米外的美军阵地上打出一发穿甲弹,炮弹击中地面后形成跳弹,打穿了自行火炮的底部将其击毁。

一辆躲在树林里的M8灰狗(Greyhound)装甲车绕到了申贝格公路上的一辆虎式坦克②后面,打算用它的37毫米小炮在近距离内开火射击。虎式坦克车长发现了它,试图转动炮塔干掉美军装甲车,但灰狗的车组乘员开着装甲车成功地逼近到了25米以内,对着虎式坦克防御薄弱的尾部打出了三发炮弹,"沉闷的爆炸声响起,随后坦克炮塔和引擎盖上冒出了熊熊火焰"[34]。

德军的第三轮进攻是下午发动的,投入了一个营的掷弹兵以及四辆坦克③和八辆突击炮,结果被谢尔曼坦克群的纵向射

---

① 此处原文有误,首先费迪南德是坦克歼击车而不是自行火炮,而且在1944年已经更名为象式坦克歼击车,集中装备了两个重坦克歼击营,并没有参加阿登战役的记录。这其实和美军通常把德军坦克叫作虎式坦克一样,德军突击炮和坦克歼击车也常被统称为费迪南德自行火炮。不清楚这辆被跳弹击毁的车辆的具体型号是什么。——译者注

② 这段文字应该引自第7装甲师师长哈斯布鲁克准将的报告,原文没有写日期,鉴于第18国民掷弹兵师没有坦克,该地区更不可能存在虎式坦克或者虎王坦克,所以突击炮或者坦克歼击车的可能性还是比较大的。后来参战的元首卫队旅有少数豹式坦克支援了此方向上的进攻,因此也不能完全排除是豹式坦克的可能。至于第506重装甲营的坦克是否在此参战,并在单车情况下被击毁,无明确论据,可能性很小。——译者注

③ 这可能是第18国民掷弹兵师属第1818坦克歼击营的诱猎者坦克歼击车,或者第244突击炮旅的突击炮。——译者注

击打退了。当天温度急剧下降,空中还飘起了雪花。

眼看着部队进展缓慢,曼陀菲尔决定投入预备队——由奥托·雷默上校指挥的元首卫队旅。当天下午,雷默收到了向圣维前进的命令,但该旅的车队很快就由于糟糕的道路状况停了下来。雷默手下的军官高姆(Gaum)上尉记录道:"元首卫队旅被卷入了一场大堵塞之中,和另外两支步兵部队挤在一起动弹不得,每支部队都宣称拥有这条路的通行权。"[35]

雷默命令他的部队"继续前进,不要有任何顾忌"。当被告知他的部队要进一步向北前进时,雷默起初"拒绝向那个方向行军"[36],但最终他的部队还是在博恩(Born)南部的树林里占领了阵地。作为元首的爱将,他可以毫无顾忌地做出很多决定,而同样的行为足以让其他任何军官上军事法庭受审。在这场攻势中,雷默的霸道姿态在其同僚之中成了一个黑色笑话。

美军所有的高级指挥部都对真实战况缺乏足够的情报和了解,转移到绍德方丹的霍奇斯的第1集团军指挥部似乎在灾难面前瘫痪了,而在马斯特里赫特的辛普森的第9集团军指挥部里,军官们却似乎很乐观。澳大利亚战地记者戈弗雷·布伦登(Godfrey Blunden)写道:"美军方面对此次进攻没有哪怕一点点的紧张感,相反,他们对敌军选择主动出战而不是躲在泥浆与河流背后的壁垒里死守感到满意。"[37]让他们津津乐道的是盟军P-47雷电战斗机与德军Fw 190及Bf 109战斗机在高达6100米的云层上方空战的报告。

布莱德雷将军还不知道霍奇斯已经放弃了他在斯帕的指挥部。22点30分,布莱德雷打电话给巴顿,让他尽快到卢森堡市参加会议,巴顿和参谋部的三名主要军官——集团军情报部部长奥斯卡·科克上校、作战部部长哈利·格雷·马多克斯（Halley Grey Maddox）准将及后勤部部长沃尔特·约瑟夫·马勒（Walter Joseph Muller）准将在十分钟内就动身了。巴顿刚到，布莱德雷就对他说："我觉得你不会喜欢我们将要干的事，但没有办法，恐怕那是必须做的。"[38]巴顿对于推迟其在萨尔地区的攻势显得不以为意，他的态度令布莱德雷感到很惊讶。巴顿说："管他呢！我们还不是照样去杀德国佬！"[39]

布莱德雷在地图上向众人介绍了德军突破的深度，它比巴顿想象的还要深。布莱德雷问他能做些什么，巴顿回答说他将叫停第4装甲师的行动，命其在隆维（Longwy）附近集结，今晚就北上。明天早晨，他会让第80步兵师向卢森堡进发，第26步兵师将在24小时内跟进。巴顿给他的参谋长盖伊准将打了个电话，下达了必要的命令，要求为运输第80步兵师集结车辆。他后来坦承由于不知道德国人推进了多远，在黑暗中坐车返回指挥部时他感到很不安。他在日记中写道："这是一次非常危险的行动，我讨厌这样打仗。"[40]

当巴顿回到指挥部后，布莱德雷又从卢森堡市打来电话："那里的情况比我此前跟你说的时候还糟糕。"[41]他要求巴顿让第4装甲师立即出发，"明天上午艾克要来凡尔登召开一次特别会议，你和参谋军官要在11点之前到"。

第十一章　斯科尔策尼和海特

党卫队一级突击队大队长奥托·斯科尔策尼手下的九个吉普小组中，有八个在 12 月 16 日夜间已经溜进了美军防线。这些小组由英语最好的人组成，只是他们的英语还不够好，因此有些人还带了小瓶硫酸，准备万一被美军哨兵拦住时就给对方"毁容"。这些小组在美军后方切断电话线，更改路标，制造各种各样的麻烦和破坏，甚至还设法让一个美军步兵团走错了路。但这些人的行动连同海特在奥伊彭附近的灾难性空降，最大的成功不过是让美国人变得神经过敏，妄想到简直快要发疯了。

在列日外围的一座桥头，美军宪兵拦下了一辆坐着四个人的吉普车。这些人都穿着美军制服，说着美国口音的英语，看起来很正常，当宪兵要他们出示证件时却露了马脚，因为证件是空白的。于是宪兵围上来命令他们下车，从他们身上搜出了德式武器和炸药，甚至还有藏在美军制服下面的纳粹万字臂章。后来美军查明，这辆吉普车是德军在阿纳姆从英军手里缴获的。

这个小组的组长是德军少尉京特·舒尔茨（Günther Schultz），被俘后被移交给了美军的 1 号流动战地审讯组。[1]舒尔茨看起来很配合，他承认自己是斯科尔策尼特种部队的成员，还告诉美军反间谍情报部门的军官，根据他的上级施勒特（Schrötter）少校的指示，自己所在的"远程侦察队的秘密任务是渗透到巴黎，生俘艾森豪威尔将军和其他高级军官"。很显然，这一给美军制造了不少麻烦的供词，其实是斯科尔策尼在格拉芬韦尔营地有意散布出来的谣言，问题是舒尔茨本人是否真的相信这些谣言，抑或是他为了引起混乱而有意这么说，甚至干脆只是为了保命就在受审时试图打动他的审讯官而信口胡扯。那就只有天知道了。

舒尔茨的描述绘声绘色，他供称德军组建了由"施密德胡贝（Schmidhuber）中尉"率领的"别动队"执行"艾森豪威尔行动"，直接听命于斯科尔策尼。这个行动投入了大约80人，任务是绑架或者刺杀艾森豪威尔将军，他们将在巴黎的莱佩咖啡馆（Café de l'Epée）或者和平咖啡馆（Café de la Paix）会合，具体哪个咖啡馆他无法确定。他还供称，在1941年6月开战前潜入苏联境内的勃兰登堡特种部队也参加了此次行动。除此之外，另一份报告更加惊心动魄：他们可能"用一个被俘的德国军官当幌子，打着将俘虏押送到高级指挥部审讯的旗号实施诡计"[2]。虽然美军认为80名德军在巴黎的一家咖啡馆集合的说法不太靠谱，但反间谍情报部门还是采信了舒尔茨的供述。第二天一早，艾森豪威尔的警卫力量立马提高了几个级别，让他觉得自己差不多就像个囚犯。

布莱德雷中将的情况也好不到哪里去，每次出门他的座车都得被一辆架着机枪的吉普开道车和一辆M18地狱猫（Hellcat）坦克歼击车紧紧夹住。反间谍情报部门告诉他，由于德军可能暗杀美军高级将领，他不应该乘坐轿车，尤其不能从卢森堡市阿尔法酒店大门外的街道上进出。从此以后，布莱德雷出入酒店都得从厨房的后门走，他的住所也被换到了更靠酒店内部的房间。他乘坐的车辆上的将星标志被拆了下来，就连头盔上的将星都被抹掉了。[3]

就算德军别动队本身没有造成什么太大的破坏，其伪装潜入战线后方活动的消息已经让美军成了自己幻想中的噩梦的受害者。每一条路上都设立了检查站，车辆通行速度大大减缓，因为哨兵要盘问每辆车上的人，以防他们是德国人伪装的。这些哨兵很快就总结出"经验"："要专门盘问司机，如果真是德国人的话，他一定是英语最差的那个……这些穿着美军制服的德国人中，有些人会化装成美军高级军官，有个家伙甚至冒充准将……最重要的是不要让他们脱掉美军制服。相反，要直接把他们送到最近的战俘管理处，在那儿他们会接受审讯，然后被行刑队枪决。"[4]

那些守卫路障的美军哨兵和宪兵渐渐摸索出自己的提问来区分坐在车里的人是不是冒牌货，这些问题包括棒球知识测试，询问对方美国总统的爱犬叫什么名字、女影星贝蒂·嘉宝（Betty Grable）现任丈夫的名字以及"歌星辛纳特拉（Sinatra）的姓氏是什么"[5]，诸如此类。第7装甲师B战斗群指挥官布鲁斯·克拉克准将在盘问中答错了关于芝加哥小熊队的问题，宪兵便说"只有德国佬才会答错这样的问题"[6]。由于此前宪兵被告知要小心"德国佬伪装成美军准将"，他确信现在自己抓到了一个，就把克拉克扣住了，直到半小时后将军的部下为其"验明正身"，克拉克才得以脱身。就连布莱德雷将军都被拦下来盘问了一会儿，尽管他答对了伊利诺伊州首府是斯普林菲尔德（Springfield），但宪兵坚持说他答错了。

在一片恐慌之中，在美军第9集团军后方区域活动的英国军人也被当作了怀疑对象，算是吃尽了苦头。曾是电影演员的戴维·尼文（David Niven）当时是英军来复枪旅幻影侦察部队的军官，美军哨兵问他："1940年（棒球）世界大赛的冠军是谁?"

英国人怎么可能知道答案？尼文用他特有的满不在乎的语气答道："我当然不知道这个，但我知道1938年我和奥斯卡女影星金格·罗杰斯（Ginger Rogers）合过影。"

"好了，走吧，戴维！"美军哨兵答道，"不过看在上帝的分上，路上小心点！"[7]

级别高的英军军官也不能幸免，英军禁卫装甲师师长阿伦·亨利·阿代尔（Allan Henry Adair）少将与副官一起被美军检查站的黑人士兵拦了下来，阿代尔那个讨人喜欢却出了名无能的副官艾尔默·特赖恩（Aylmer Tryon）上尉却找不到他们的身份证件。徒劳地找了半天后，大块头士官最终说了一番让阿代尔大为宽慰的话："将军，如果我是您，我就会给自己找一个新副官。"[8]

另一种检查方法是让被查的官兵脱裤子，看看内衣裤是不是制式的。一个名叫格哈特·翁格尔（Gerhardt Unger）的德裔犹太人，在希特勒掌权后逃往英国并参加了英国皇家陆军后勤部队，他向自己的上级申请前往布鲁塞尔。和其他大部分德裔犹太军人一样，他也给自己起了个英国式的名字，以防被俘后被枪决，他现在叫杰拉尔德·昂温（Gerald Unwin），昵称"吉"（Gee）。12月16日晚，他在酒吧里和几个美军第1集团军的大兵一起喝酒，听说他们部队里的中尉情报军官也是个德裔犹太人，叫贡特尔·韦特海姆（Gunther Wertheim），这名中尉恰好就是吉的表兄，也是在纳粹掌权后逃到了美国。于是他一时兴起，决定第二天一早就和这几个新哥们一起回他们的部队。

当他们接近阿登前线时，已经能听见远方的隆隆炮声，感受到了四周弥漫的恐慌气息。在奥伊彭附近的一处路障前，吉被神经过敏的美国兵逮捕了。他虽然穿着英军制服，说话却是如假包换的德国腔，又没有进入该地区的命令文件或介绍信。他被押送到附近的学校，关在一间临时牢房里。幸运的是，在这种谣言满天飞、海特的德国伞兵四处制造恐慌的氛围中，吉总算没有被就地枪决。他贴身穿的正宗英军制式内衣救了他一命，但他还是被关在学校里，直到第二天被拎出去受审。后面的事情不难想象了：当他被押进审讯室后，情报军官吸了口气，惊讶地叫道："格尔德（Gerd，格哈特的昵称）？"吉看到自己的表兄后惊喜地大叫"贡特尔"，如释重负。[9]

12月18日，斯科尔策尼的一个小组在距离马斯河不到20千米的艾瓦耶（Aywaille）被捕，从三个人身上搜出了德语文件、大笔美元和英镑。五天后，他们接受审判后被判处死刑。总共有16名伪装成美军的德军特种小组成员被捕获，并"被行刑队处决"。有一个德军小组接受审判时提出希望得到缓刑，理由是自己只是奉命行事，而且如果拒绝执行命令就必死无疑。他们申诉道："我们被判处死刑，现在即将为了这些罪行而死，这些罪行不光折磨着我们，也折磨着我们家人的良心——这更糟糕。因此，我们乞求得到指挥官的宽恕，我们并非遭到不公正的审判，但我们确实是无辜的。"[10]他们的申诉被驳回，布莱德雷中将亲自确认了判决书。

另一组在艾瓦耶被捕的德军再次供述了关于突袭巴黎、绑架或暗杀艾森豪威尔将军的计划，从而证实了美军反间谍情报部门最担心的事情。[11]这些德军还供述，有一批曾经在维希法国民兵和党卫军第33查理大帝武装掷弹兵师服役的法国人，被安排执行深入美军防线破坏燃料库和铁路车辆的任务，据说他们穿着美军军大衣，假装是从德国工厂里逃出来的法国苦力。[12]

还有三个被俘的德军特种小组成员，将于12月23日在奥伊彭被处决，行刑前他们提出了最后的请求：想听被关押在附近的德国女护士唱圣诞颂歌。此时美军行刑队已经准备就绪，但指挥官还是满足了他们的要求。"这些德国女性以清晰有力的声音唱着歌"，美军士兵看着这些死刑犯，显然"被一种诡异的怜悯情绪打动，纷纷低下了头"。幸亏是绞刑，如果是枪决的话，行刑队指挥官"甚至担心部下听到开枪命令时，会不会把子弹打进旁边的墙里，而不是这些犯人身上"[13]。

12月23日早晨，在英军第11装甲师第29装甲旅把守的位于迪南（Dinant）的马斯河桥头，浓雾弥漫，"能见度几乎为零"[14]。第3皇家坦克团（营级单位）团长艾伦·沃德·布朗（Alan Ward Brown）中校写道："一辆显然由美军驾驶的吉普车穿过一处路障，驶向河东岸的桥头。这道路障和其他所有路障一样，都被来复枪旅第8营布设了地雷，他们将其做成了可移动的式样，就是将地雷用绳子串在一起，只要有车强行闯关，这些地雷就会被拉出来。现在我们位于和美军的接合部，这辆吉普车没有遭到射击，但它拒绝停车，所以地雷还是被拉上了路面，这辆车被炸翻了。"英军发现这辆车里坐了三个德国人，两人被当场炸死，另一个自然被俘虏了。

这可能记录的是同一事件（由布莱德雷的副官切斯特·汉森以某种演绎手法记录），当时四个驾驶吉普车的德国人在桥头检查站失去了蒙混过关的勇气，企图强行冲卡，哨兵立刻把一串地雷拉上路面，炸翻了这辆吉普车。三人当场丧命，第四个人还剩了一口气，哨兵们围了上去，开枪击毙了第四个人，然后把车辆残骸和所有尸体都丢进了河里。盟军"清理了桥面"[15]，哨兵重新站回了自己的岗位，一切恢复正常。

事实证明，斯科尔策尼亲率的第 150 装甲旅就是彻头彻尾的失败。他们使用的大部分还是德军的 IV 号坦克和豹式坦克，只是把这些坦克用薄钢板改造了外形，刷上了橄榄色涂装和盟军的白色星徽，在某些情况下连星徽外面的圆圈都省了，这种无法令人信服的改装最多看起来有点像谢尔曼坦克。斯科尔策尼心里有数，这样的部队几乎不可能瞒住美军，最多在夜间还有那么点可能性。[16]他很快放弃了率领这支"伪装"部队向马斯河大桥突击的想法，因为他的部队被泥泞所困，又被警卫旗队师后方的交通大堵塞狠狠折磨了一番。12 月 17 日傍晚，斯科尔策尼请求迪特里希取消特种作战计划，将他的部队作为一个普通的装甲旅投入战斗。迪特里希毫不犹豫地同意了他的请求，并告诉斯科尔策尼把他的旅带到利尼厄维尔。迪特里希这么爽快就答应他自然还有别的原因。党卫军第 1 装甲军军长普里斯早就要求迪特里希撤走斯科尔策尼的部队，因为他们"在车流间到处乱窜，完全为所欲为，妨碍了我军部队的行动"[17]。

12 月 21 日，第 150 装甲旅在冻雾中向北面的马尔梅迪发动进攻。他们一度成功击退了美军第 30 步兵师 120 团，但当他们进入美军炮兵的射程后，情况便逆转了：美军使用了刚刚装备的高度机密的无线电近炸引信，它让炮弹可以在接近目标的适当高度上爆炸，最大限度发挥破片的威力。第 150 装甲旅在这一天的战斗中有 100 多人阵亡，350 人受伤，其中包括斯科尔策尼，他的脸被弹片打伤，差点失去了一只眼睛。此后，第 150 装甲旅彻底退出战斗，"狮鹫"行动彻底结束。不过它参加的唯一一场战斗在无意间成功制造了混乱,像敌后特种小组那样误导了美军:美军第1集团军认为德军对马尔梅迪的攻击,是德军第6装甲集团军准备向北进攻的前奏。

给盟军制造麻烦的始作俑者冯·德·海特中校,这会儿正带着他的战斗群躲在奥伊彭南面的森林里郁闷不已。海特对于"德军高级指挥机构在组织这样的行动时表现出来的外行、近乎胡闹的态度"[18]深感痛苦。迪特里希曾向他保证,他和他的部下很快就能解脱,(先头部队)只要一天时间就能同伞兵会师,但现在他们完全看不到德军在蒙绍一带能达成突破的迹象,反倒是南面埃尔森博恩岭上的美军炮兵群日夜炮声不断。没有电台,海特对战役进展一无所知,毫无希望可言。

海特手下的300名伞兵几乎断粮了,由于迪特里希过于自信的承诺,他们跳伞时只带了一些应急口粮,包括两卷压缩培根、两份香肠、两袋大豆夹肉面包、葡萄糖片、一些被称为干面包的可长时间保存的德国军用面包干、杏仁蛋白软糖和甲基苯丙胺兴奋剂(Pervitin,冰毒),后者是已经被禁用的苯丙胺(Benzedrine,俗称安非他命)的替代品。12月17日夜间,在夜幕掩护下,海特手下几个胆大包天的伞兵潜入一处美军炮兵阵地,偷回来几箱口粮,但对于在敌后活动的300个饿鬼来说,这点吃的显然是杯水车薪,维持不了多久。[19]

海特在靠近公路的地方布置了几个警戒哨,他们从未尝试攻击一支车队,只挑落单的车辆下手。美军发现,横跨道路两侧的树干上拴着一根细细的钢丝,位置刚好能够割断坐在吉普车上的人的脖子。[20]这被认为是海特的人干的,受此启发,美军决定在吉普车前方焊上一根竖起的角钢,以便切断横跨公路和小道的电线或绊索。这种情况其实十分少见，但随着美军逐渐深入德国境内，关于希特勒青年团的狂热分子组成"狼人"抵抗组织的传言甚嚣尘上，这种举措倒也不失为一种让驾驶员安心的必要保护。

12月17日，美军第387防空营的英贝尔（Inber）中士在奥伊彭南面驾车轻松超过了一支蜗牛般爬行的车队，但就在车队前方400米处，"几个埋伏在路边的德军突然蹿出，赶在车队的先导车开过来之前把他抓到了旁边的森林里"[21]。海特的临时营地在森林深处大约1000米的地方，英贝尔被领到了海特面前，德军伞兵对他的态度很友善。海特告诉英贝尔，只要他能把两名德军伤员送到美军的救护站去救治，就可以放了他。被伞兵俘虏的其他美军伤员则被放到了公路边，好让美军救护车把他们带走。

落单的德军伞兵和跳伞的德军飞行员很快被美军俘虏，一架在美军第9集团军后方被击落的Ju 52运输机上的幸存者供述说，他们"起飞时还以为只是一般训练，但到了空中才被告知是要执行一项特殊作战任务"[22]。

12月19日，刚刚转移了隐蔽处的海特的部队和美军交火，对方是来扫荡森林的美军第1步兵师18团的部队，战斗中双方各自倒下了十多个人，德军伞兵无人阵亡。有些被派来搜索德国伞兵的美军士兵在发现降落伞时甚至没有向上报告，而是将这些白绸子都剪开，给自己做了丝巾。[23]

海特生病了，还被战壕足病折磨得痛苦万分，他放弃了攻打奥伊彭的所有想法，决定向东边的蒙绍突围，争取返回德军战线。他手下那些饿得奄奄一息的人自然不会反对，他们在森林和沼泽间艰难跋涉，蹚过冰冷刺骨的黑勒河（Helle）时浑身湿透。12月20日,他们又和美军狠狠干了一仗,此后海特命令部下向德军防线分散突围,一路上总共有36人被美军俘虏,不过其他人倒是平安抵达了目的地。海特伞兵战斗群中阵亡的37名官兵,都是在夜间伞降时死于美军的地面防空火力。[24]

12月22日,筋疲力尽且身患重病的海特独自来到蒙绍镇内,闯进了一栋房子。屋里的居民没有为难他,当屋主告诉他必须将他出现在这里的消息报告给附近的美军时,海特放弃了抵抗。① 他在美军医院住了一段时间后,被转送到了英格兰的战俘营。战俘营里条件还不错,只是他和被关在那里的其他德国军官从来都没有意识到,他们的谈话被盟军录了音。

---

① 有资料说海特是主动让居民去找附近的美军,说他要投降,而且他还专门写了封信,希望美军善待被俘的伞兵伤员。——译者注

第十二章　12月19日，星期二

12月19日拂晓，派普战斗群动用了一个装甲掷弹兵营和一个伞兵连，在公路上的一群坦克支援下对斯图蒙发动了进攻。① 首轮攻势失败了，斯图蒙似乎固若金汤，美军第30步兵师119团3营还在其防线右翼发起了一次反击。然而没过多久，豹式坦克全速冲锋的伎俩在清晨的薄雾中再次奏效。反坦克炮手在糟糕的能见度下毫无机会，只有神出鬼没的火箭筒小队在雾中跟踪德军坦克，并设法从后方击中了两辆。据说，在绝境中被送往斯图蒙的一门90毫米高射炮，击毁了一辆党卫军第501重装甲营的虎式坦克。②

尽管如此，派普战斗群还是肃清了斯图蒙村内外的抵抗，歼灭了防守该村的美军步兵连。[1]美军第743坦克营C连的两个

---

① 此处原文过于笼统，也不够准确。德军在7点过后发起进攻（这里不算凌晨3点发起的侦察行动，一辆半履带车触雷后德军撤退了），投入的部队包括党卫军第1装甲团1营2连的11辆豹式坦克、党卫军第1装甲团1营6连的5辆Ⅳ号坦克、党卫军第1装甲工兵营3连和9连，以及特别伞兵团第12连（原隶属于第150装甲旅预备队，自17日起跟随派普战斗群作战）、党卫军第2装甲掷弹兵团3营11连和12连。——译者注

② 此处原文有误，这是个以讹传讹的故事。在攻击斯图蒙的战斗中，根本没有出现虎式坦克，距离这里最近的党卫军第501重装甲营1连的一辆虎王坦克（编号104）由于缺油停在拉格莱茨镇外作为固定火力点使用。当天德军唯一损失的一辆虎王坦克（编号222）是在斯塔沃洛镇内的战斗中被打坏的。根据现有资料考证，斯图蒙之战中德军唯一战损的225号豹式坦克是遭到美军76.2毫米反坦克炮和90毫米高射炮的集火射击后被击毁的。——译者注

谢尔曼坦克排来得太晚，只好又撤了回去。派普的部队向西前进4000米后到达斯图蒙火车站，就在此时，美军临时拼凑的部队顶了上来，其中包括担任预备队的第119团1营、新近赶到的第740坦克营C连从附近军械仓库弄来的15辆[①]装备并不齐全的谢尔曼坦克、第197野战炮兵营的一个榴弹炮连和第110防空营D连的90毫米高射炮[②]。向西的道路北侧是低矮的山崖，逐渐攀升至陡峭的林木茂盛的山坡，路南侧高度陡降，直至沿河铁路，这样的阵地是无法进行迂回包抄的。即便如此，第1集团军指挥部仍然担心派普战斗群会转向北方的列日，但事实上，斯图蒙火车站将会成为派普推进的最远点。与此同时，第30步兵师的其他部队和吉姆·加文少将的第82空降师正在该区域集结：第30步兵师反击德军前锋，第82空降师从韦尔博蒙出发，去支援圣维特的守军。

大约260名比利时平民为了躲避斯图蒙镇的战斗，进入了圣爱德华（Saint-Edouard）疗养院的地下室。疗养院位于陡峭的山腰上，俯瞰着昂布莱沃河谷。然而，德军已经占领了这栋建筑，将其作为一处据点。当美军在翌日发动反击并攻进疗养院时，牧师们举行弥撒以安抚惊恐的妇女和儿童。[2]

平民们以为自己被解救了，兴高采烈地迎接美国大兵，但德军在夜间又打了回来。"资深修女带领大家为在战斗中牺牲的官兵背诵《十二玫瑰经》。"美军再次发动进攻，谢尔曼坦克在近距离向疗养院开火，屋顶坍塌了，墙壁被打垮，地下室的

---

① 此处原文疑有误，应该是14辆坦克。——译者注
② 当时该地区有第143防空营C连和第110防空营D连的数门90毫米高射炮（具体数量不明），其中第143防空营C连在斯图蒙村和斯图蒙火车站的战斗中已经损失了三门高射炮。原文中作者基本上都没有写交战双方的具体番号。——译者注

部分天花板在一片灰尘和浓烟中掉落。牧师做了总告解,但奇迹发生了,妇女儿童皆毫发无伤。

12月19日清晨,派普听说美军已经夺回了他后方的斯塔沃洛,[①] 从而使他的战斗群在燃油几乎告罄的时候,再无任何希望获得补给。他让古斯塔夫·克尼特尔(Gustav Knittel)二级突击队大队长率党卫军第1装甲侦察营去后方收复小镇,但也预感到失败不可避免。至此,他仍然为自己的战斗群在进攻首日被迫等待步兵开路而痛苦和懊恼,他认为那本应是一次没有炮火准备,只投入装甲战斗群和步兵的奇袭。在随后向西前进的过程中,车队犹如一字长蛇阵成了一个巨大的错误,他们应该被编组为许多更小的战斗群,分头去寻找完好的桥梁和可通行的道路。

派普的党卫军部队继续利用一切机会杀害战俘。在后方交通线上的拉格莱茨,美军第743坦克营[②]的一个掉队士兵仍然躲藏在教堂中,他在德军此前的攻击中没能及时随部队撤出。一份报告写道:"这名士兵从他藏身的位置能观察到(德军)坦克和步兵截停了一辆美军装甲车。车上的人投降后下了车,当他们高举双手站在路旁时,德国人的机枪立即开火,把俘虏都打死后,德军开着装甲车扬长而去。"[3] 党卫军第1装甲侦察营的施特劳布(Straub)分队长,后来在战俘营里对来自第26国民掷弹兵师的战友诉说了另一起屠杀事件:"我们营推进至斯塔沃洛,然后向拉格莱茨推进。后来我们又从那里返回了斯塔沃

[①] 严格来说是美军重新控制了斯塔沃洛镇在昂布莱沃河北岸的部分,并炸断了唯一的桥梁。——译者注

[②] 此处原文有误,错写成了第741坦克营,而该营当时配属美军第2步兵师,在北肩角的双子镇战斗。在斯图蒙和拉格莱茨同派普战斗群血战的应该是配属第30步兵师的第743坦克营。——译者注

洛,我们的三级突击队中队长直接(将战俘)都打死了……第一批有12个人,他之所以把他们都杀了,只是因为他们站在那里挡住了路。"[4]

党卫军装甲掷弹兵用最离奇的故事为他们的恶行辩护。警卫旗队师的一个年仅18岁的士兵告诉同为战俘的第18国民掷弹兵师的蓬普(Pompe)一等兵,他所在部队的一名高级士官因为杀了一些手无寸铁的人而名声大噪,以至于他们不得不干脆杀掉那些假装投降、背地里却决心复仇的美军。他说:"他们中的一些人挥舞着白旗走了过来,我们非常清楚他们冲着我们的二级小队长来的,因为他已经杀了他们那么多人。所以我们拿起机枪,在他们动手之前就把他们全干掉了。这就是我们的行事风格。"[5]

12月19日日落之后,美军第30步兵师105战斗工兵营的工兵设法摸进了斯塔沃洛镇北,在敌军坦克和机枪火力的威胁下,炸断了横跨昂布莱沃河的桥梁。[6]派普对此怒不可遏:现在他的战斗群有一部分被切断在河北岸,而且没有任何迹象表明他的师会派来架桥设备。

派普战斗群原本指望第3伞兵师能紧随其后,但该师只不过是泽普·迪特里希徒劳地猛攻埃尔森博恩岭南缘的部队之一。党卫军第1装甲军军部已经将该师派去夺取费蒙维尔(Faymonville)和韦姆,而那里的美军野战医院已经撤走了,不过第3伞兵师主力最终未能越过费蒙维尔一步。[7]

第6装甲集团军缺乏进展的现状引来了希特勒和最高统帅部的一连串批评,通过伦德施泰特和莫德尔传达给了既沮丧又愤怒的迪特里希。在最近的一次尝试中,迪特里希命令党卫军第 12 装甲师从罗赫拉特和克林克尔特转移，前出至比林根攻击美军第 1 步兵师的阵地，德军急需打开通往马尔梅迪的西进道路。在早些时候，党卫军第 12 装甲师的装甲掷弹兵、第 12 国民掷弹兵师的几个营和坦克凌晨时分在比林根集结，准备摧毁美军第 26 步兵团。争夺多姆比特亨巴赫的战斗，将同其东北方向上的罗赫拉特和克林克尔特之战一样激烈。

德军在罗赫拉特和克林克尔特及维尔茨费尔德周边的进攻仍在进行，迪特里希将他的预备队第 3 装甲掷弹兵师送了上去，以支援第 12 国民掷弹兵师和第 277 国民掷弹兵师。随着埃尔森博恩岭的多个美军炮兵群摧毁了射程内被德军控制的每一座村庄，猛烈的炮击更甚以往。12 月 19 日清晨，美军炮兵的首要任务是瓦解德军对罗赫拉特和克林克尔特的新一轮攻势，155 毫米的"长脚汤姆"榴弹炮能够出色地完成这一任务，但作为炮兵前进观察员的年轻炮兵军官的伤亡率居高不下。

在双子镇村的残垣断壁之中，第 2 步兵师 38 团的后卫部队、第 741 坦克营 B 连的谢尔曼坦克和第 644 坦克歼击营 C 连的坦克歼击车仍在与德军国民掷弹兵和装甲掷弹兵缠斗。他们正准备撤往埃尔森博恩岭边缘的新阵地，整个下午都在破坏无法带走的车辆、枪炮和装备。汽车水箱和油箱都被排空，发动机空转直到因为机器过热而卡死，炮兵则将铝热剂手榴弹塞入炮管。17 点 30 分，就在日落后一个多小时，第 38 步兵团 2 营首先开始撤退。沿着布满车辙的道路，工兵们在路两侧的树上捆扎 TNT 炸药块，准备将其爆破以封锁道路。

在罗赫拉特和克林克尔特鏖战三天的疲惫已经令第 6 装甲集团军士气低落，官兵们在泥浆中滑来滚去、满口诅咒、汗流浃背。他们是如此疲惫,在坚实的路段继续向前跋涉时居然不自觉地就睡着了。当天深夜,一支小规模的美军侦察队潜入了双子镇边缘,他们返回后报告说那里有约1000名德军和100名美军战俘。

在南面12千米处,被困在圣维特以东施内艾费尔的第106步兵师那两个倒霉的步兵团正试图打开通道返回美军战线。作战经验匮乏的官兵斗志全无,他们缺乏弹药,在德军干扰下无法使用无线电联络,而且这场灾难似乎已经势不可挡。许多人相信一群援兵已经上路,试图以此来提振彼此的士气。

第423步兵团的库尔特·冯内古特(Kurt Vonnegut)描述说,他的战友中混杂着大学生和为躲避牢狱之灾而应征入伍的罪犯,许多人简直是"体质欠佳的标本","根本不应该参军"。接受过步兵训练的人寥寥无几,冯内古特是营里的侦察兵,他了解武器只是因为他的"父亲是一名枪械迷,所以(他)知道如何使用这些'垃圾'"[8]。

一些人试图乘车突围,但当德军的反坦克炮开火后,他们放弃了座车并破坏了剩余的车辆。他们"盲目行动"的指挥官派出侦察队去摸清情况,可是连本应该为他们提供火力支援的炮兵营都没能找到。德国人用大喇叭播放本尼·古德曼(Benny Goodman)、阿蒂·肖(Artie Shaw)和其他美国乐队的歌曲,中间还夹杂着"如果你们投降就能得到淋浴、温暖的床和薄煎饼早餐"[9]之类的许诺。美军用一阵粗俗的齐声叫骂作为回应,战壕中的一个美军士兵一边流泪一边高声骂道:"去擦干净你们的屁股,你们这些婊子养的德国佬!"

随着自己的部队遭到德军炮兵来自各个方向的炮击,两个美军步兵团团长决定放弃抵抗。16点,一名军官挥舞着雪地披风走在前方,官兵们双手抱头被押送着向前行进,人们步履蹒跚,不时有人跌倒在地。随后,德军卫兵让他们将口袋中的东西放进钢盔衬垫里,这样他们就可以挑走任何想要的东西。很多人发现自己被赶到了一座被石墙围起来的农家院落之中。黄昏时分,有个声音喊道:"不要逃跑,如果逃跑,你们会被机枪打死。"[10]在漫长的寒夜中,成了俘虏的美国人只能挤在一起抱团取暖。

冯内古特称这是"美国军事史上美军最大规模的一次投降"[11],事实上1942年美军在菲律宾巴丹(Bataan)半岛的投降规模更大,但就欧洲战场而言,约8000名美军官兵的集体投降肯定是规模最大的一次。冯内古特和另外十多人试图穿过被冰雪覆盖的森林,找到返回美军战线的路,但正在打扫战场的第18国民掷弹兵师的德国兵在一条小溪的河床上围住了他们,喇叭里传来让他们投降的命令,德军还向他们头顶的树梢射击以示警告。毫无疑问,他们已经无处可藏,陷入绝境的美军别无选择,他们抛弃了武器装备后高举双手走了出去,开始了自己的囚禁生活。以冯内古特为例,他被送往德累斯顿(Dresden),并经历了1945年2月的大轰炸,在可怕的火焰风暴中活了下来,这些经历在《五号屠场》(*Slaughterhouse Five*)一书中均有描述。

当集体投降的消息传来时,位于巴斯托涅的第8军军部里的军官们感到非常震惊。副参谋长沃尔特·克莱门特·斯坦顿(Walter Clement Stanton)上校推断,"两个被包围的团可能进行了激烈战斗,他把两支如此规模的部队形容成'灌木丛中的两只野猫',能把敌军抓个满脸花,而不是像他们最终所做的那样投降"[12]。

德军简直无法相信他们俘虏了多少人，贝哈姆（Behman）中尉在日记中写道："没有尽头的战俘队伍从眼前走过，一眼望不到头；起先，大约有100人，然后，又是1000人。我们的车辆被堵在路上，我只得下车步行。莫德尔元帅亲自指挥交通（他是一个戴着单片眼镜的小个子，看起来很不起眼）。道路上到处都是被打坏的美军卡车、轿车和坦克。又一支战俘队伍从身边经过，我数了数，有1000多人。在安德勒（Andler），有支1500人的队伍在大约50名军官和一名中校的率领下向我军投降。"[13]

令莫德尔失望的是，德军在圣维特以东的交通状况几乎没有改善，而第7装甲师的炮兵还在持续炮击该镇周边的道路。在前日未能拿下圣维特之后，德军针对第31坦克营进行了试探和包抄行动。第38装甲步兵营蒙受打击后"正在舔舐伤口"[14]，由于兵力损失惨重，各排需要合并整编。即便如此，德军收获的似乎也是最糟糕的结果。

第38装甲步兵营报告说，在阵地前方的树林中，"我们发现的德国兵都是死人——他们中的大部分人显然是试图在一些树木或倾倒的树干后面挖掘散兵坑时被炸死的。那些没有工兵铲的人试图用钢盔、刺刀甚至双手挖出一个浅坑"[15]。在该营右翼一条由重机枪小组掩护的防火隔离带上，找到了"19名几乎是以阅兵式的间隔排列、彼此相距四五米的伞兵，每人的胸口或喉咙都至少有5—8处中弹"。按照营作战参谋唐纳德·博耶少校所述，后来发现这些"伞兵"在"他们的空降兵外套下面"穿戴着大德意志师的制服和袖标。在那天下午的另一次进攻中，第814坦克歼击营的一个坦克歼击车排用90毫米火炮设法击毁了一辆V号豹式坦克，以及两辆支援步兵作战的突击炮中的一辆。

对哈斯布鲁克准将组织的圣维特防御圈的主要威胁来自北方，第18国民掷弹兵师和元首卫队旅都在这个方向上推进，挤压防御圈。尽管元首卫队旅将自己视作精锐部队，其官兵仍然会遭受精神创伤，旅部参谋冯·默伦多夫（von Möllendorf）骑兵上尉"既歇斯底里又神经过敏，只要一提到希特勒的名字，他就会哭泣"[16]。

当党卫军第9霍恩施陶芬装甲师沿着汉森战斗群早先走过的路线再稍北一点，途经被汉森战斗群拿下的雷希特和波图（Poteau）后，哈斯布鲁克的后方受到了更严重的威胁。在波图附近的战斗中，一名党卫军传令兵的腹部被美军炮弹炸伤，当他的战友将他抬上担架后，他的肠子流了出来，一名战友试图摘下他的钢盔，但是伤员恳求他不要这样做。在连部，一名三级小队长试图拿掉他的钢盔，但伤员尖叫着表示抗议。抵达急救站时，他还勉强保持着神志清醒，军医"抬起伤兵的脑袋，松开钢盔系带取下钢盔，结果头盖骨和大脑连着钢盔一起下来了。这个伤兵肯定感觉到其钢盔右侧下方插入了一块弹片，而且已经切开了他的头盖骨，直到钢盔被取下他才一命呜呼"[17]。

哈斯布鲁克知道，如果德军改道南下，并且占领圣维特以西约10千米处的维尔萨姆和萨尔姆沙托（Salmchâteau），自己的部队就会被切断退路。圣维特此时就像一道防波堤，然而圣维特北面的党卫军第9装甲师和西南20千米处的第116装甲师正从圣维特南北两翼朝马斯河推进。哈斯布鲁克知道他必须守住该镇，阻击第18国民掷弹兵师和第62国民掷弹兵师，这两个师在围剿了施内艾费尔被包围的两个美军步兵团后,很快就能集中所有力量攻击圣维特了。

在布莱德雷的参谋军官口中,凡尔登是"一个令人厌恶的军事重镇"[18],当地居民对美军充满敌意。第12集团军群的后方指挥部位于"一道巨大的环形铁丝网中,到处都有卫兵在巡逻"。

艾森豪威尔与特德空军上将乘坐最高统帅的装甲型凯迪拉克一同抵达,巴顿则出现在他那辆"传说中装着有机玻璃车门,并架着7.62毫米口径机枪的吉普车"[19]中。他们与两位美军集团军群指挥官布莱德雷和德弗斯一起,在灰色石头砌成的兵营里稳步上楼,后面跟着一群参谋军官。一台圆肚火炉是狭长的会议室里唯一的热源,它提供的热量还不足以让人们脱掉外套。

艾森豪威尔决心定下正确的基调,宣布会议开始。他的开场白是:"我们应该把目前的局势视作一个非常好的机会,而非灾难,在这张会议桌前应该只有笑脸。"[20]

"该死,我们应该沉着冷静,让这些婊子养的一直往前冲,一直冲到巴黎才好,"巴顿在桌边喊道,"然后我们回过头来,把他们一段段切开,再把他们一口口吃掉。"巴顿的话引来了一阵略显拘谨的笑声,他想要攻击突出部根部的冲动没有得到多少人的支持。艾森豪威尔一脸严肃地说道:"那倒不错,乔治,但绝不能让敌军越过马斯河。"

多亏了超级机密截获的最新情报,到目前为止,盟军最高统帅部已经对德军"秋雾"行动的目标有了更清楚的了解。艾森豪威尔决定以战地指挥官的身份迎接挑战,而不是作为高高在上的领导远在后方掌控全局。这种情绪可能还包含了反击外界对其能力怀疑的因素，有人说在过去的几个月中，他没能表现出足够的强势。

会议室的墙上挂着大幅的阿登地图，参谋军官站在地图前向成排的将军们通报了战况。随后，艾森豪威尔列出了被调入法国的各师名单，指挥官们可以在必要情况下让出阵地后撤，但是不得退过马斯河。位于阿尔萨斯的德弗斯第6集团军群将向北延伸，接管巴顿第3集团军的部分防区，这样巴顿就能腾出几个师来从南边发动反击。

"你什么时候可以开始行动？"艾森豪威尔转向巴顿问道。

"你说完了我就可以开始行动。"巴顿答道。

艾森豪威尔希望他说得更明确一些，巴顿无法放过这个彰显勇气的机会，他回答道："在12月21日上午，[①] 用三个师——第4装甲师、第26步兵师和第80步兵师。"[21]巴顿没有说第4装甲师B战斗群[②]和第3军军部已经开拔了，其余部队也将于当天上午开始出发。让一个集团军的主力部队在三天内从战线上撤下来，调转90度向不同的方向发动进攻，这样的做法让与会者难以置信。

---

① 在大部分关于此次会议的记录中，巴顿显然说的是12月21日上午，但巴顿在自己的日记里把时间写成了12月22日。很难判断是应该相信巴顿的原话，还是他后来意识到艾森豪威尔所说的（准备充分之后在22日发起攻击）是正确的，才在日记中更改了日期。[22]——作者注

② 12月19日深夜，第4装甲师B战斗群已经抵达巴斯托涅南部，20日上午，该战斗群的一支特遣队进入巴斯托涅，并奉命防御巴斯托涅西南部的维勒鲁（Villeroux）。第4装甲师师长加菲少将获悉B战斗群被第8军军长拆散使用后很生气，命令B战斗群撤离巴斯托涅，南下阿尔隆以北与该师其他部队会合。如果B战斗群不撤走，德军在巴斯托涅南部的战斗会遇到更多的变数，能否成功包围该镇有可能要打个问号了。——译者注

"别胡闹了，乔治，"艾森豪威尔说，"如果你想那么早就发动进攻，是无法让这三个师都做好准备的，只能零敲碎打逐次添油。我希望22日再开始进攻，你的首轮打击要足够猛烈！如果需要更长的时间来做准备的话，我甚至可以拍板把攻击时间定为23日。"艾森豪威尔的担心不无道理，一次太过匆忙的进攻将难以达到预期效果，但他也毫不怀疑第3集团军以其充沛的精力和高超的参谋作业能力，可以完成战争史上有记载以来最迅速的重新部署之一。

巴顿的顶头上司布莱德雷中将在会议过程中惜字如金，[1]他已经饱受战事压力和荨麻疹的双重折磨，又患上了鼻窦炎。布莱德雷对部队目前所处的守势感到非常尴尬，因为正是在他的决策下，阿登地区才会防御空虚。他觉得自己被排挤了，对于艾森豪威尔越过自己向巴顿下达的所有决定和命令完全持观望态度。布莱德雷还拒绝将指挥部从平原上的卢森堡市内转移出去，理由是那样做会给当地居民带来恐慌，但在这个决定中他的自尊心肯定占了很大比重。无论如何，后果就是由于德军推进，他仍然无法与霍奇斯在列日附近的第1集团军指挥部取得联系。自阿登战役开始以来，无论是他本人还是麾下的参谋军官，都没有视察过任何一个美军指挥部。让布莱德雷的心情更糟的是，当他在会议结束后邀请艾森豪威尔共进午餐时，分明感觉到自己受到了冷落，最高统帅拒绝了邀请，说他将在返回凡尔赛的途中在车里吃三明治。

---

[1] 布莱德雷的回忆录里关于此次会议的内容可不是这么说的，他说自己向艾森豪威尔详细介绍了巴顿的反击计划，艾森豪威尔同意让布莱德雷密切监督巴顿的行动，为了确保攻击犀利，攻击时间可以推迟到23日甚至24日。——译者注

当艾森豪威尔即将进入自己的座车时，他又转向巴顿开玩笑说："真是好笑，乔治，每当我肩章上要添一颗将星，敌人就会发动一次进攻。"[23]这是指他上一次晋升四星上将就是在埃尔温·隆美尔突然进攻突尼斯的凯塞林（Kasserine）之前。

"而你每次被敌人揍，我就来救你了。"巴顿回敬道，显然他又恢复了满不在乎的样子，[①] 随后他走到电话旁，拿起电话打给位于南锡的集团军指挥部，用事先准备好的暗语批准了各师的调动命令。巴顿叼着一根雪茄回过头来跟布莱德雷说话，按照后者的副官切斯特·汉森少校的说法，布莱德雷已经"抓狂"了。

"不到万不得已，我不想投入你的任何部队，"布莱德雷对巴顿说，"我想留着他们作为最后一击，当我们打回去时，就要狠狠痛击那个该死的混蛋，痛打到底。"[24]这表明布莱德雷仍然不满意艾森豪威尔的决定，他觉得巴顿不应该立即发动反击。然而当布莱德雷和随行人员驱车返回卢森堡时，他们在路上与一长列车队交错而过，那是巴顿已经向前线运动的第3军军部的车队，显然第3集团军的参谋们一分钟也没有浪费。

艾森豪威尔明智地驳回了巴顿从根部切断德军攻势的冲动，尽管阿登地区的美军数量近期翻了一番，兵力达到了19万人，但仍然太少，不足以进行这样一次野心勃勃的行动。第3集团军要确保南肩角和卢森堡市区的安全，但首要任务是向北推进至巴斯托涅，在那里的第101空降师和第10装甲师一部很快就要被包围了。

[①] 根据艾森豪威尔的儿子约翰在《苦林》（*The Bitter Woods*）一书中的说法，上述对话发生在巴顿离开会议室去给他的指挥部打电话时，当时艾森豪威尔亲自将他送到会议室门口，会议还没有完全结束。——译者注

整个作战地域的形势一片混乱,第7坦克歼击群的哈里森·赫尔曼(Harrison Herman)上校接管了巴斯托涅西南部的利布拉蒙(Libramont)镇的防御。没人知道那里发生了什么,所以他收容了所有穿过该镇的掉队士兵和炮兵纵队。"你们要去哪里?"他问道。

"我们正在撤退,长官。"有人答道。

"去他的吧!"赫尔曼说道,"这里就是你们停下来战斗的地方。"[25]到12月19日午夜,赫尔曼已经聚起了一支约2000人的队伍,第二天早上又增加了另一个群龙无首的炮兵营。

虽然从维尔茨向西通往巴斯托涅的道路已经被德军截断,让第28步兵师残部获得补给和弹药的努力化为了泡影,但维尔茨的守军仍未放下武器。14点30分,第5伞兵师吹响了进攻号角,在40辆坦克和突击炮的支援下从多个方向对该镇发起进攻。到夜幕降临时,守军已经被压缩到镇中心那些正在燃烧的建筑物中间。科塔少将致电守军指挥官:"送德国佬下地狱!"当晚,幸存者奉命分成小队向巴斯托涅突围,一支由30辆汽车组成的车队试图撤离,但遭遇猛烈的炮火后被放弃了。第44战斗工兵营的最后一批工兵在炸掉桥梁后,才于次日上午11点撤出了维尔茨。[26]

挤满了伞兵的卡车和拖车正在向巴斯托涅驶去,他们要去该镇以西六千米处的芒代圣艾蒂安(Mande-Saint-Étienne),这样全师人马就不必都挤在巴斯托涅镇里了。然而,通往巴斯托涅的道路被慌不择路逃离战火的美军军车堵得严严实实,甚至连车上的军官都不得不拿着手枪威胁自己的司机将车辆移到路边,给第101空降师的车队让道。冻僵了的空降兵经历了漫长的旅程后,浑身僵硬地跳下车,每个人都意识到必须争分夺秒,有两个德军装甲师和一个步兵师正在杀向巴斯托涅。[27]用第327滑翔机机降步兵团的路易斯·辛普森的话来说，那些不得不扛着迫击炮筒和底座的人在负重下踽踽前行，就像"背着砂浆桶的埃及奴隶"[28]一样。

第101空降师的空降兵们对正穿过该镇向西逃窜的胡子拉碴、肮脏不堪的散兵游勇厌恶至极，却并没有意识到被击溃的第28步兵师起到的重要作用。他们从溃兵身上或丢弃的车辆中搜集弹药、手榴弹、挖掘工具甚至武器，以弥补自身不足。比利时平民则走出家门，端着热汤和咖啡供美军官兵饮用，在后者一饮而尽时伴随他们同行。

朱利安·约翰逊·尤厄尔（Julian Johnson Ewell）中校的第501伞兵团是首支赶到巴斯托涅的空降兵部队，该团在黎明前的黑暗中赶往东边的隆维利，去支援第10装甲师的彻里特遣队。前方的交火声透过湿气和冷雾传了过来，空降兵很快就遇见了昨晚覆灭的第9装甲师R战斗群残部，惊魂未定的幸存者告诉他们："我们已经完蛋了。"[29]

12月18日深夜，彻里中校已经抵达了内弗南部的城堡，但是到拂晓时分，将城堡用作指挥部的希望化为了泡影。第3坦克营侦察排和第158战斗工兵营一部据守的内弗十字路口，遭到装甲教导师前卫部队的进攻。一个火箭筒小组打瘫了一辆Ⅳ号坦克，但侦察排受到德军机枪火力和炮火的猛烈攻击，被迫沿着一条通往巴斯托涅的河谷道路后撤。

有两个人设法向城堡内的彻里发出警报，十字路口的部队已经不得不撤退了。此时，由四辆坦克（包括一辆虎式坦克）和一辆装甲车，以及100名装甲掷弹兵组成的另一股德军纵队正从东面逼近。彻里和为数不多的指挥部人员准备保卫城堡，那是一座坚固的带有塔楼的方形建筑。他们从车辆上卸下机枪，将其架设在窗台上。对于彻里来说，这是一个艰难的时刻，他的特遣队主力分散在马热海和隆维利之间，已经被切断了后路，正与第9装甲师R战斗群残部一起被堵在路上，彻里只能眼睁睁地看着德军准备他们的陷阱。

13点前后，交火声开始清晰可闻，第26国民掷弹兵师77掷弹兵团直扑堵在公路上的车队，火炮、突击炮和装甲教导师的一个装甲连也加入了攻势。颇有学者风范的第26国民掷弹兵师师长科科特上校记录道："进攻完全达成了突然性。"[30]美军被包围了，车辆徒劳地彼此冲撞试图逃出去，很快就乱作一团。战斗持续了一个半小时，只有少数车辆设法逃往北方，一些军官和100名士兵被俘。

当尤厄尔中校的第501伞兵团1营接近内弗时，官兵们可以透过雾气和细雨清楚地听到枪炮声。尤厄尔让部下分散到公路两侧，命令他们掘壕据守。就在他们挖掘散兵坑时，传来了坦克行进的声音，官兵们不顾一切地呼喊着让火箭筒小组上前。

与此同时，该团2营正在移防内弗以北2000米处的比佐里（Bizôry），该地将会在激战之后落入德军手中，并很快就被德国人命名为"米泽里"（Misery，苦难的意思）。德军的士气因为两次大胜美军装甲纵队而振奋，但他们即将遭受一次严重挫折。当天下午晚些时候，第26国民掷弹兵师26侦察营和78掷弹兵团在马热海与比佐里附近卷入了激烈的战斗，对比佐里的进攻蒙受了"惨痛损失"[31]，装甲教导师一部也在内弗陷入了激烈的战斗。美军增援部队已经赢得了向巴斯托涅的赛跑。

尤厄尔中校沿着距巴斯托涅市集广场以东不到3000米的高地建立了一条防线。"敌军已经充分利用了这段时间！"第26国民掷弹兵师师长沮丧地承认道。[32] 装甲教导师的燃料极度匮乏，他们不得不从缴获的坦克或损毁的车辆中抽取燃油。[33]

"意外日"[34] 的战斗让拜尔莱因清楚地意识到，上级的设想——在行进间夺取巴斯托涅——如今已经不可能实现了，第47装甲军军长吕特维茨上将因此责备他未能夺取巴斯托涅。拜尔莱因反过来指责第26国民掷弹兵师和吕特维茨本人，因为吕特维茨违反原定计划，让装甲教导师投入克勒夫河以东的战斗，这才导致部队行进缓慢。拜尔莱因还说吕特维茨的指挥"既不够一致也不够有力"[35]，他没能将三个师集中起来进行全面进攻，而是允许它们"分散"开来。

当天夜里，筋疲力尽的德军在雨中挖掘战壕。"弹药和补给送了上来，"第26国民掷弹兵师师长科科特上校记录道，"不时会传来一阵紧张的机枪射击声或迫击炮的轰鸣声，枪声持续了几分钟，炮火齐射几轮之后就偃旗息鼓了。"[36]

在巴斯托涅以北8000米处，26岁的威廉·德索布里少校指挥的第20装甲步兵营B连等部队已经在诺维尔度过了一个紧张的夜晚。高大健壮的德索布里和手下的400名官兵静候德军的进攻，他们后来才知道向诺维尔直扑过来的是德军第2装甲师主力。清晨4点前后，德索布里的部下注意到再也没有掉队士兵打此地通过，很快他们就听到了第一声枪响，那是东边的通往布尔西（Bourcy）公路旁的警戒哨开火了。他们随后奉命撤入镇内，其中有名中士嘴部中弹，艰难地报告说搭乘半履带装甲车的德军已经出现了。[37]

德索布里可以听见北面德军装甲车辆行进时的独特噪声，虽然他知道"夜间传来的声音要响得多，听起来距离要近得多"，但是从履带发出的铿锵声可知，这支部队显然有坦克伴随。"哦，伙计！"德索布里自言自语道，"那里真的有些东西呢。"

从东北的阿迪尼（Hardigny）村方向上传来了自动武器和坦克炮的猛烈开火声，倒霉的第9装甲师R战斗群布斯特遣队遇上了灭顶之灾，他们很不幸地撤到了德军第2装甲师的前进路线上。就像前一天晚上在隆维利那样，一旦第一辆卡车腾起火焰，德军豹式坦克群就能毫不费力地找到目标。美军指挥官罗伯特·米德尔顿·布斯（Robert Middleton Booth）中校在试图重整陷入困境的部队时，一条腿被自己的一辆半履带车压得粉碎。幸存者丢弃了他们的装甲车辆，穿过田野逃向巴斯托涅，美军损失了约200人，以及所有的坦克和半履带车辆。

德索布里在向北通往乌法利兹（Houffalize）的道路旁布置了警戒哨，然而哨位上的中士觉得自己之前见到过一些美军坦克通过他们的阵地撤回，所以开火前应该先弄清敌友。黑暗中他惹上了麻烦，尽管得到了英语答复，但他还是意识到自己搞砸了。一辆德军坦克开火击毁了一辆谢尔曼坦克，其余美军车辆迅速撤入了诺维尔。德索布里立即呼叫第3坦克营的混编战斗群前往西北方，由于雾气浓重，日出后情况仍然不是很清楚，不过很快就能听到德军坦克从北面通往乌法利兹的道路开过来的声音。美军在诺维尔村边的墓地布置了57毫米反坦克炮和火箭筒小组，一旦敌军车辆从晨雾中浮现，他们就将动用手头的一切家伙来对付豹式坦克和装甲掷弹兵。

两辆豹式坦克被击毁，它们成了一道良好的路障。为了确保德国人无法回收受损的坦克，德索布里派出了一个小队，用炸药炸毁了坦克履带和主炮。地面浸水后极其松软，德军发现他们的坦克难以绕过堵在路上的坏坦克。德索布里的小部队随后得到了五辆从巴斯托涅赶来的 M18 地狱猫坦克歼击车的加强，他将它们留在后方充当预备队。

上午晚些时分，晨雾开始逐渐散去，让美国人大为惊恐的是，北方和东北方绵延的山岭上覆满了德军坦克和半履带车。真正的战斗开始了，许多坦克冲到了村落周边 100 米范围内，其中一辆甚至突入村内后才被击毁。经过两个小时的激烈交火，德军撤回了山岭，随后又从不同的方向发动试探性进攻。打退他们并不算太难，但是德军的迫击炮和炮兵火力开始给守军造成损失。

德索布里无视了从巴斯托涅发来的要求他向乌法利兹派出侦察部队的命令，因为必须"穿过漫山遍野的德军才能到达那里"[38]。鉴于诺维尔一侧被山丘环绕，他向位于后方巴斯托涅的战斗群指挥部提议，退守诺维尔和富瓦之间的山丘会更有利一些。罗伯茨上校告诉他此事没得商量，不过第 101 空降师 506 伞兵团 1 营已经出发，从巴斯托涅赶去增援他们。在正午之前，德索布里给第 506 伞兵团 1 营营长詹姆斯·路易斯·拉普拉德（James Louis LaPrade）中校派去一辆吉普车，拉普拉德完全同意德索布里的建议，即他们要守住诺维尔的话，就必须拿下面前的山岭。

同第 101 空降师的其他营一样，拉普拉德的部队缺少武器和弹药，因此第 10 装甲师的后勤连将他们的卡车装满后开上公路，给伞兵送去他们需要的东西：步枪子弹袋、机枪弹链、手

1944年10月，美军步兵炸开齐格弗里德防线（又称西墙）上的障碍物，向前挺进。

许特根森林之战中的德军伞兵迫击炮组,迫击炮在此战中给交战双方造成了极大伤亡。

许特根森林之战中的美军第1步兵师一部。

美军医护兵正在处理伤员。

在孚日山区行军的法军后勤部队。法军第1集团军中的北非士兵在进攻斯特拉斯堡西南科尔马山口的战斗中,吃惊于严寒带来的苦头。

左：1944年12月7日，在马斯特里赫特参加会议的盟军高级将领，左起：布莱德雷中将、特德空军上将、艾森豪威尔上将、蒙哥马利元帅、辛普森中将。

右：1944年12月初，在迪伦附近的许特根森林中被俘的德军士兵。

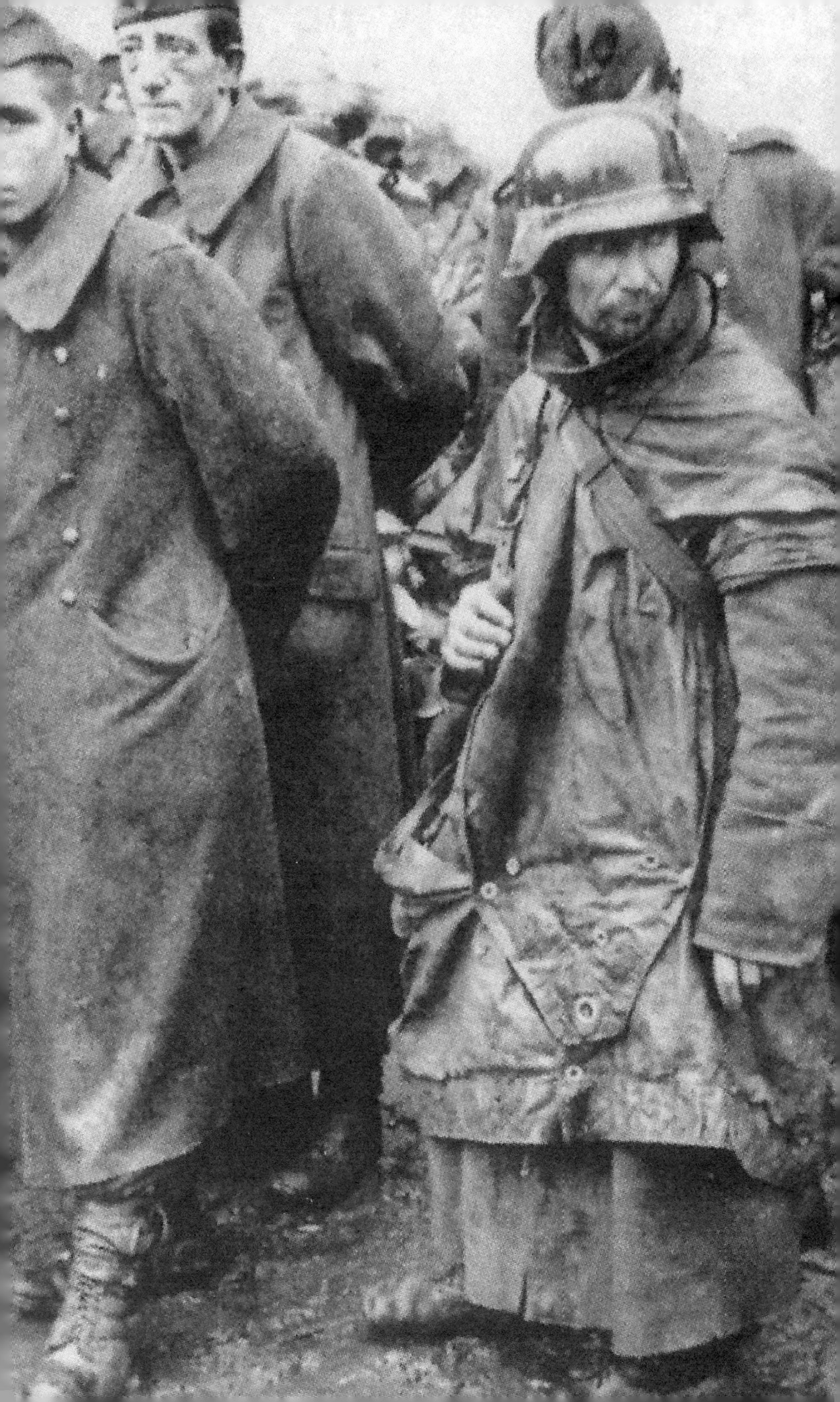

瓦尔特·莫德尔元帅，时任德军B集团军群指挥官。

蒙哥马利元帅似乎对艾森豪威尔的讲话感到越来越愤怒。

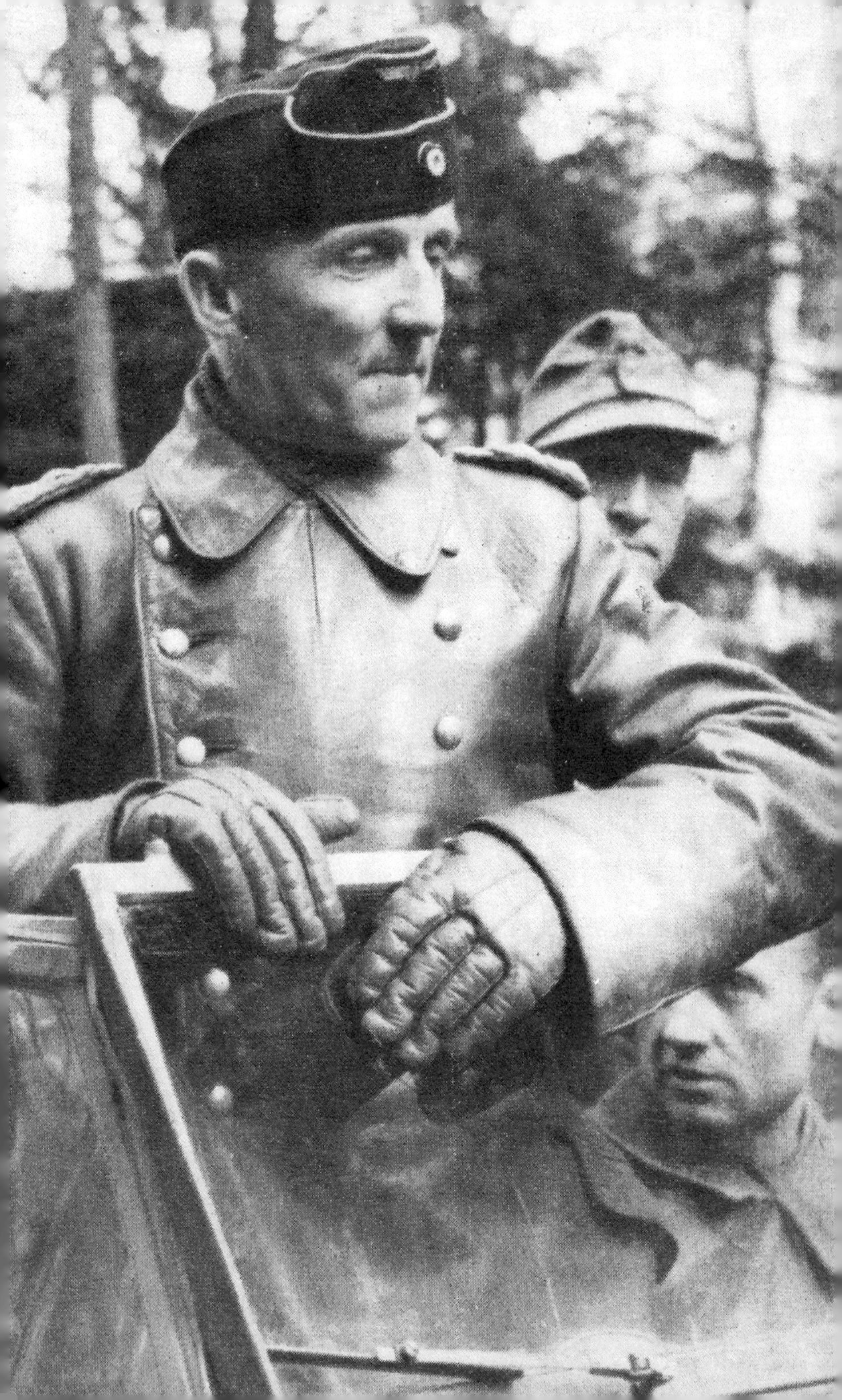

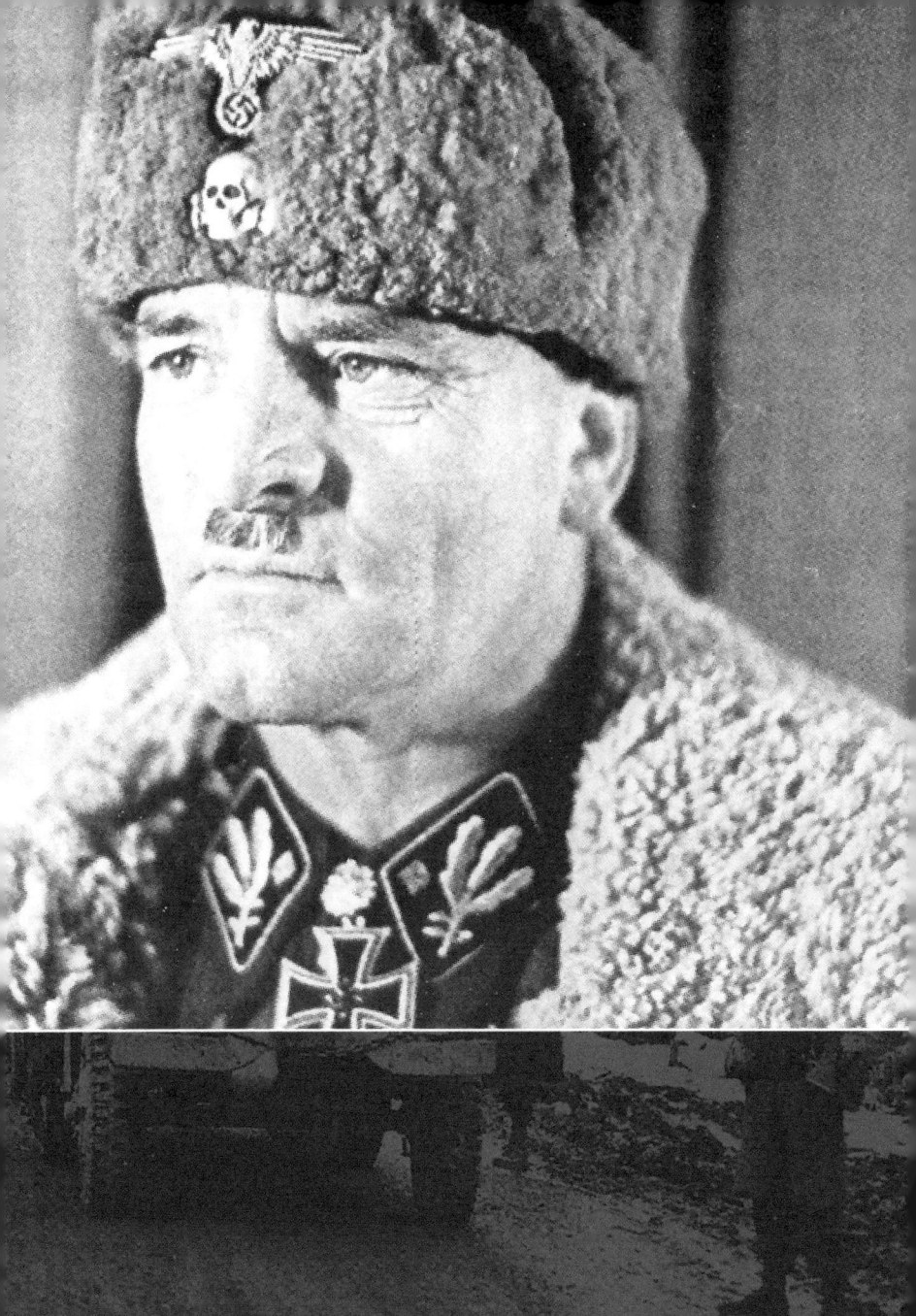

左：德军第5装甲集团军指挥官曼陀菲尔装甲兵上将。

右：德军第6装甲集团军指挥官泽普·迪特里希党卫队全国总指挥兼党卫军大将，图为他获颁银橡叶骑士铁十字勋章后的留影。

左：包围巴斯托涅的德军第 26 国民掷弹兵师师长海因茨·科科特少将，他是个较为开明的指挥官，拍摄这张照片时他还是上校。

右：拥有男爵头衔的弗里德里希·冯·德·海特中校，他在成为伞兵指挥官之前是法学教授。

1944年12月16日，阿登反击战打响之前，德军的坦克指挥官们正在风雪中听取任务简报。

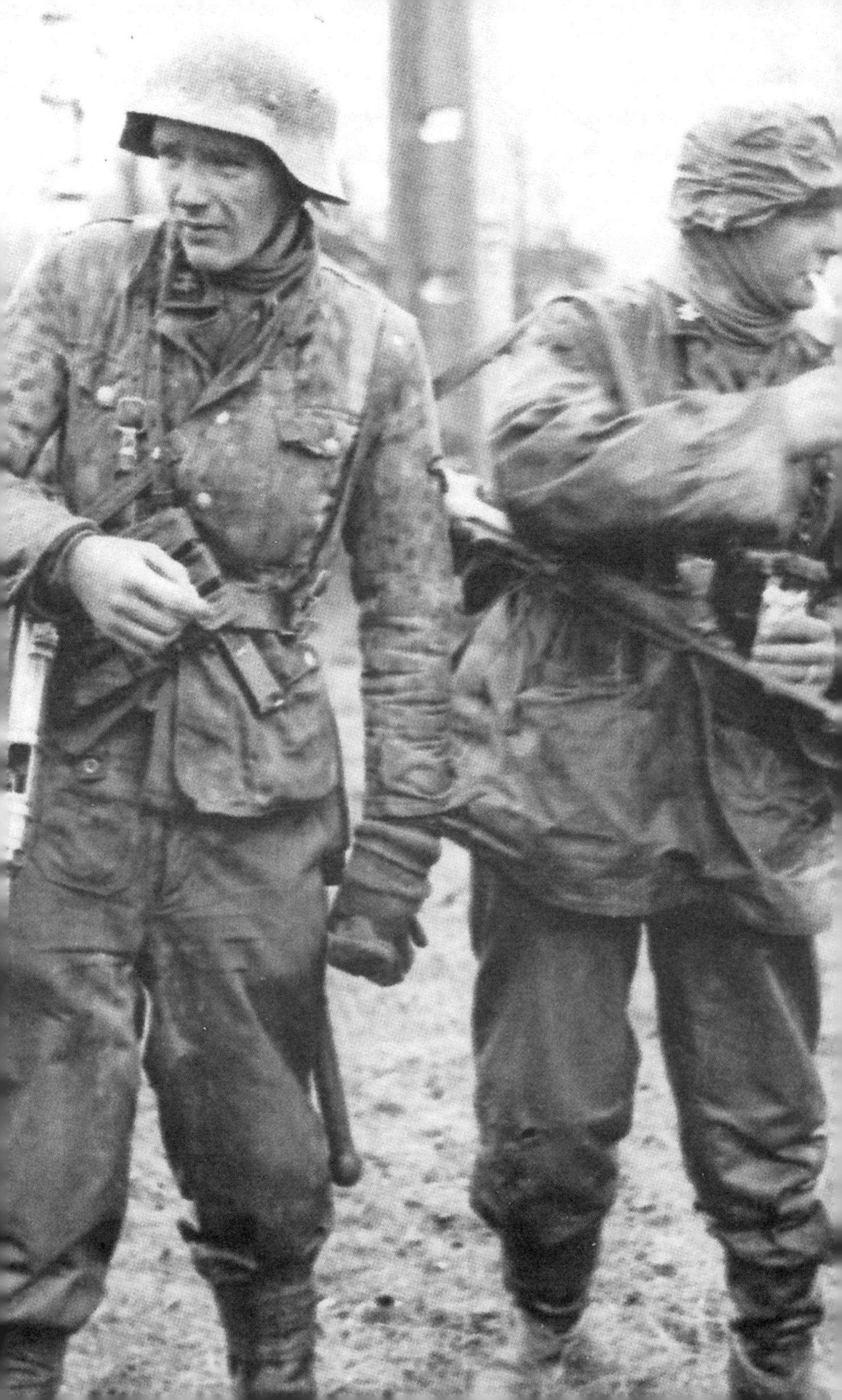

左：警卫旗队师的两名党卫军装甲掷弹兵正在享受缴获的美军香烟。

右：12月17日，反击战打响的第二天，第6装甲集团军警卫旗队师派普战斗群所属的党卫军第501重装甲营的虎王坦克，搭载着第3伞兵师的伞兵正在向前推进。

德军国民掷弹兵师行军队列中的步兵身上挂着成串的机枪子弹,肩上扛着铁拳反坦克火箭筒。

派普战斗群的党卫军掷弹兵在洪斯费尔德屠杀的首批美军战俘，德军士兵将他们身上的东西搜刮一空，左边的受害人脚上的靴子都被扒掉了。

左：警卫旗队师汉森战斗群的党卫军掷弹兵从波图附近一队燃烧的美军车辆旁经过。

右：在斯图蒙向警卫旗队师派普战斗群投降的美军第30步兵师119团3营的官兵。

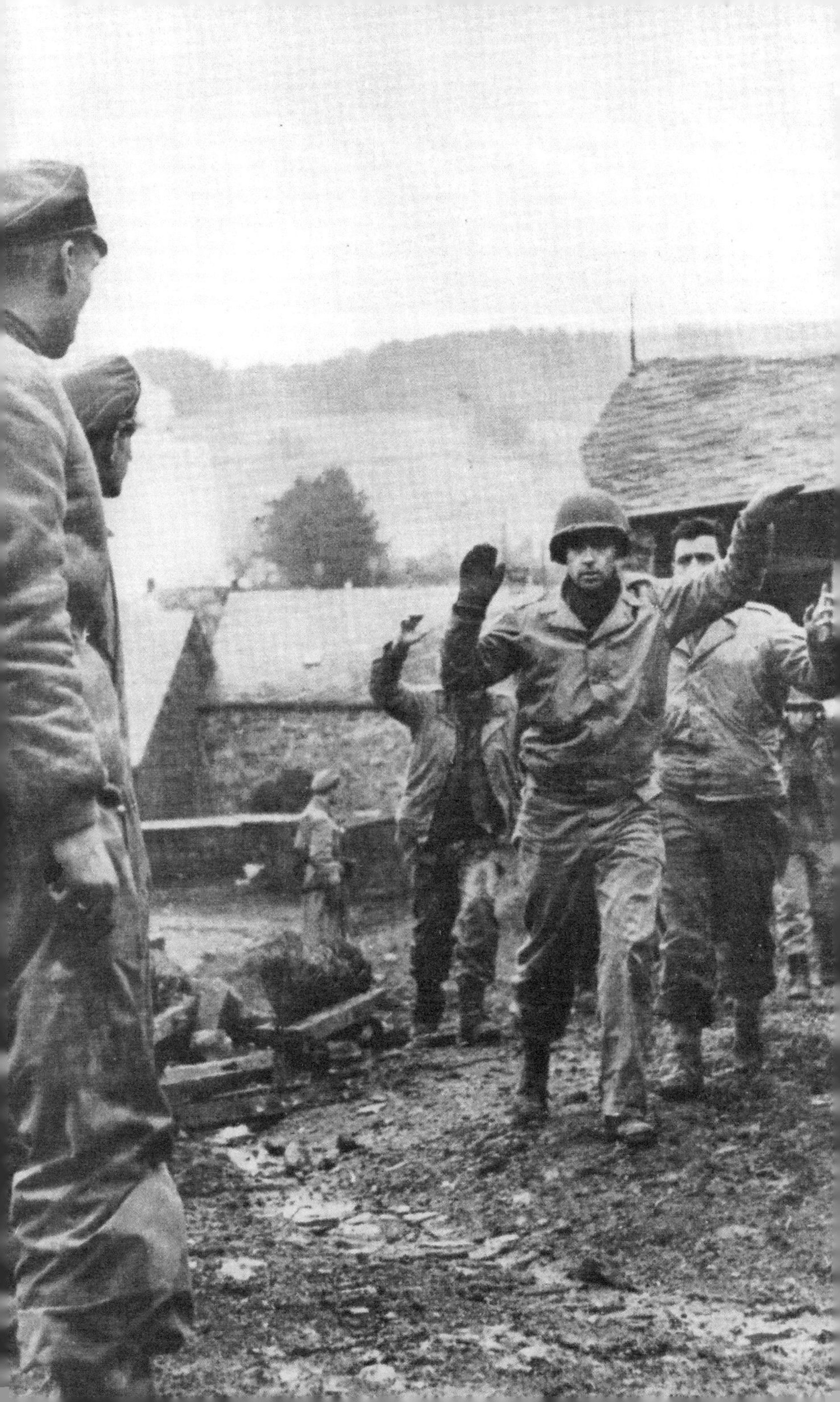

12月17日,美军第1步兵师26团刚好及时抵达埃尔森博恩岭基地,立刻在比特亨巴赫展开防线。

美军第 1 步兵师 26 团的炮兵在泥泞的道路上移动一门 57 毫米反坦克炮，准备封锁道路，阻止德军突破。

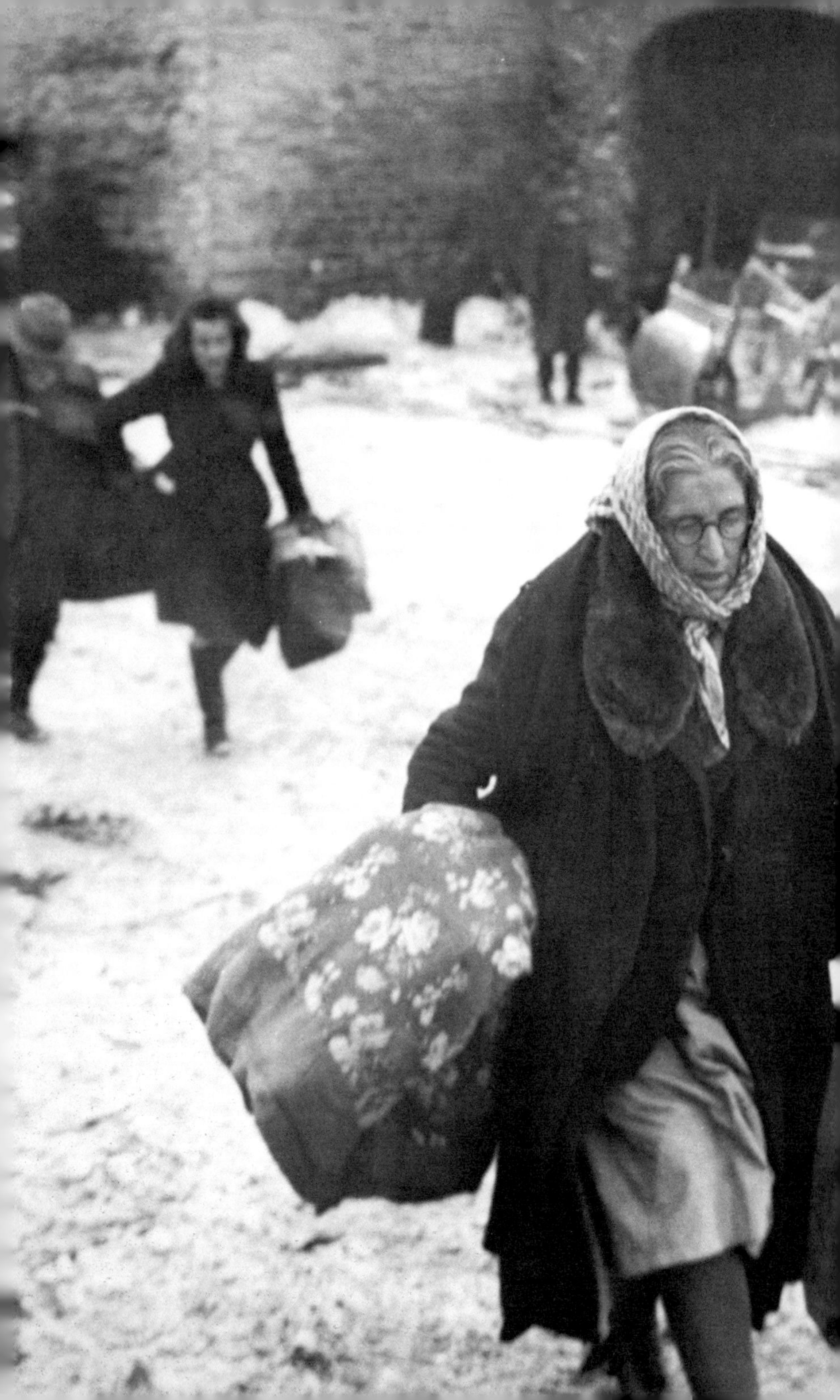

左：当德军第5装甲集团军的部队打过来时，比利时难民纷纷离开朗格利尔镇的家园。大部分人一直跑到了马斯河西岸，以躲避战火和德国人的报复，此前当地抵抗组织的袭击令德军痛恨不已。

右：当德军包围了美军第106步兵师并逼近圣维特时，为避战火，申贝格的当地居民都躲到了山上的洞穴之中。

左：美军医护兵用雪橇将伤员担架拖到转运点，将担架抬上吉普车后再将其固定在引擎盖上送走。

右：美军士兵正在森林边缘匆忙挖掘散兵坑，尽可能避免炮火杀伤，牺牲了的战友就倒在他们身边。

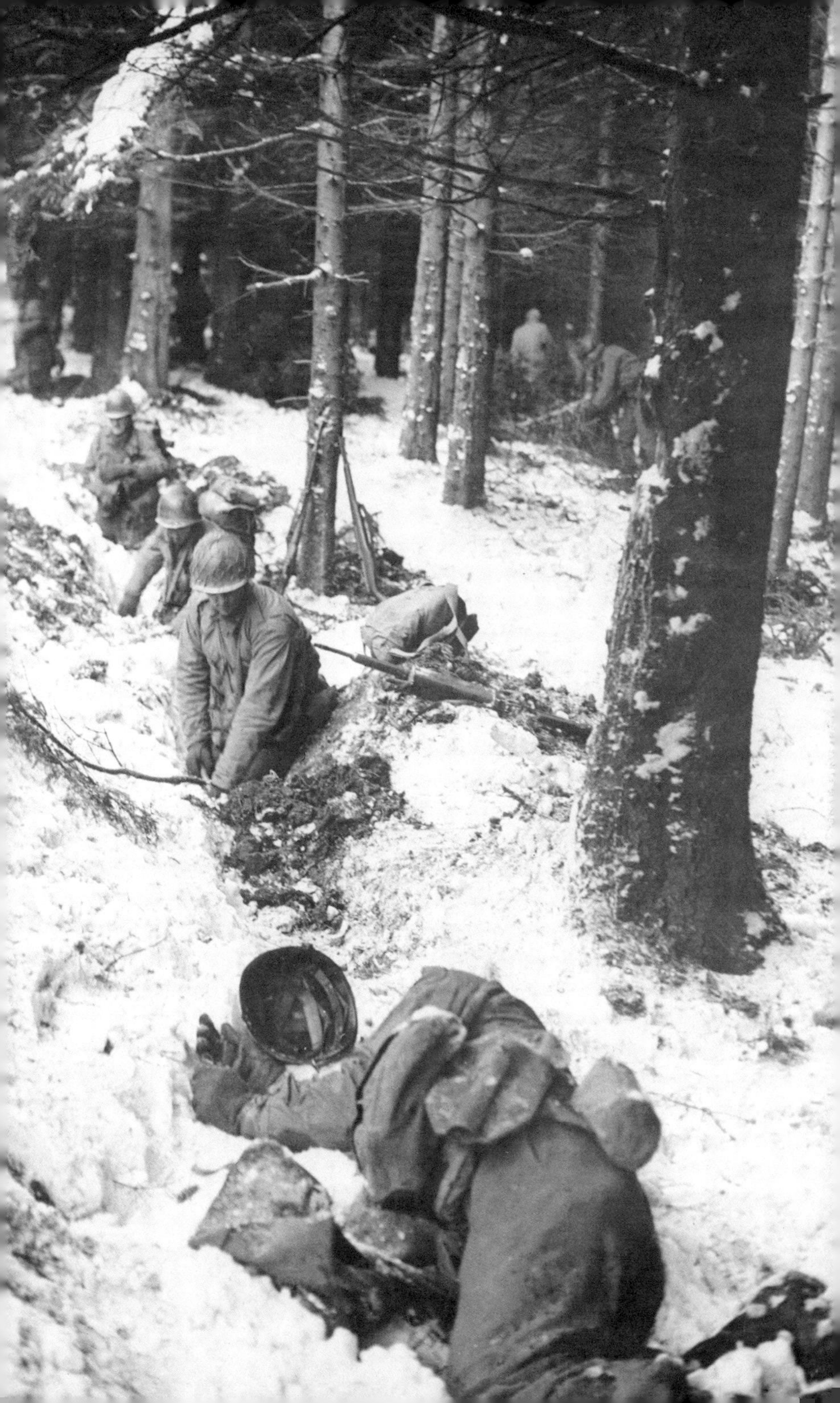

当德军打到巴斯托涅城下时，第101空降师的先头部队刚刚入城，当地居民则坐着农用大车从镇内逃离。

韦尔博蒙附近的浓雾中,支援第 82 空降师的 M36 坦克歼击车排在前面开道,后面跟着长长的车队。

在罗赫拉特和克林克尔特的双子镇之战中,被美军俘虏的德国国民掷弹兵。

美军第1集团军指挥官考特尼·霍奇斯中将正在为圣维特防御战中表现出色的第7装甲师师长罗伯特·威尔逊·哈斯布鲁克准将颁发银星勋章。

伪装成美军的德军奥托·斯科尔策尼突击队在美军战线后方出没的消息引起了很大恐慌,图为美军宪兵正在马尔什昂法梅讷附近检查比利时难民的证件。

为了躲避战火和德军的报复，比利时难民正络绎不绝地通过迪南的马斯河大桥，逃到西岸。

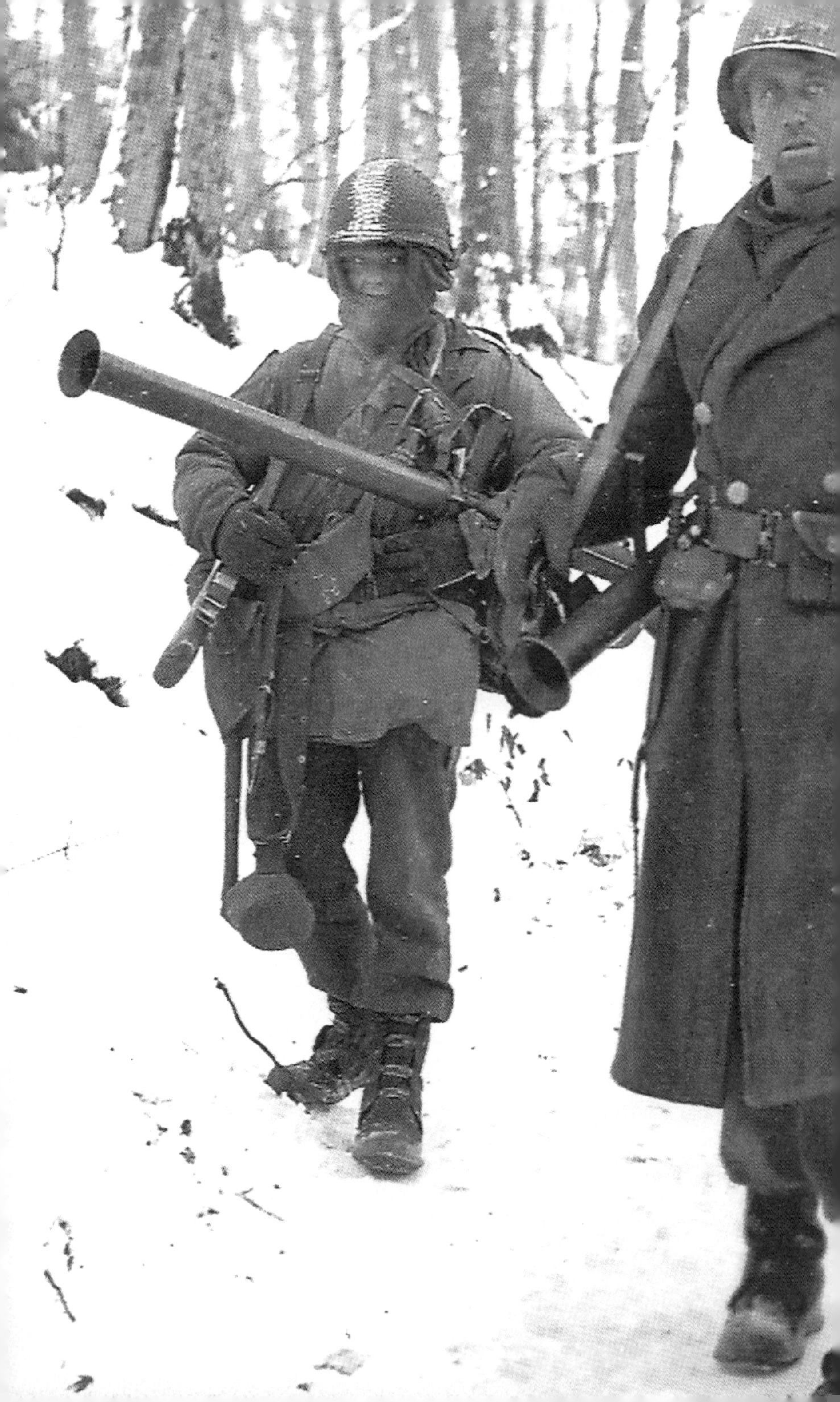

科塔少将的第28步兵师所属的一个火箭筒小组在维尔茨战斗了三天之后,开始向后方撤退。正是他们的英勇奋战迟滞了德军的推进速度,为第101空降师在巴斯托涅建立环形防线争取了足够的时间。

在马尔梅迪附近被俘的年轻的党卫军士兵,幸运的是他并没有死于美军的报复行为。博涅路口大屠杀发生之后,美军枪杀德军战俘作为报复的行为一发不可收拾。

在斯塔沃洛被派普战斗群屠杀的比利时平民。

巴斯托涅上空飞机留下的尾流。12月23日，天气突然变得晴朗，对盟军来说这显然是好消息，而德军则为此焦虑不安，因为盟军的空中优势终于可以发挥作用了。

12月23日，天气转晴后，美国陆军航空队立即出动大批C-47运输机，为被包围的巴斯托涅空投补给。

巴斯托涅的美军伤员无法撤离，美军指挥官将大批伤员安置在镇内建筑物的地下室里，伤员们躺在稻草堆上，等候滑翔机将外科医疗队送进包围圈。

1944年的平安夜，第101空降师的伞兵们在德军对包围圈展开全面进攻前几个小时，挤在一起唱圣诞颂歌。

德军向马斯河突破的企图最终破产了,图为德军第2装甲师伯姆战斗群遗弃在富瓦圣母院庭院中的装甲车辆和反坦克炮。

上：巴顿将军（右）于12月30日抵达巴斯托涅，为安东尼·麦考利夫准将（左）和第502伞兵团团长史蒂夫·查普斯中校（中）颁发服役优异十字勋章。

下：美军增援部队正在阿登陡峭的山地林间急行军。

英军第30军的一支巡逻队正在阿登地区警戒,他们身穿的白色雪地伪装服是用床单改制出来的。

盟军于 1945 年 1 月发动反攻，美军第 1 步兵师 26 团的士兵们正从比特亨巴赫出击，他们自 12 月 17 日起就坚守在这里。

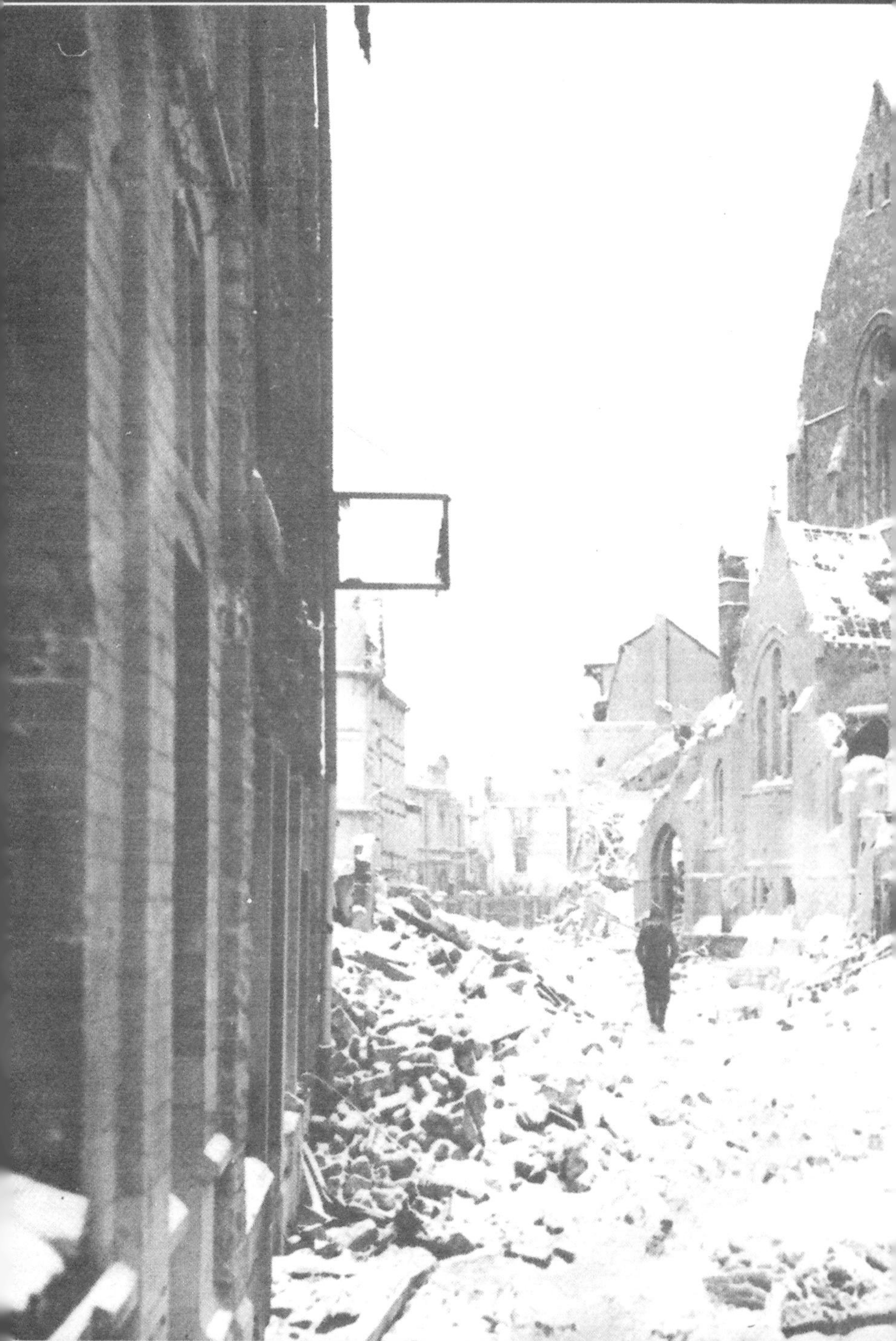

拉罗什昂阿登在战火肆虐之下遭到了严重破坏，连第二年春天燕子回来重新筑巢时都迷失了方向。

左：调查人员开始对马尔梅迪附近博涅大屠杀现场的美军官兵尸体做身份鉴定。

右：马尔梅迪附近发生屠杀美军战俘的事件后，美军士兵在战友甚至高级军官的鼓励下，枪毙了大多数投降的党卫军士兵。但许多人是被迫加入党卫部队的，身穿这套制服并非出于他们自己的意愿，比如照片中这个可怜的男孩。

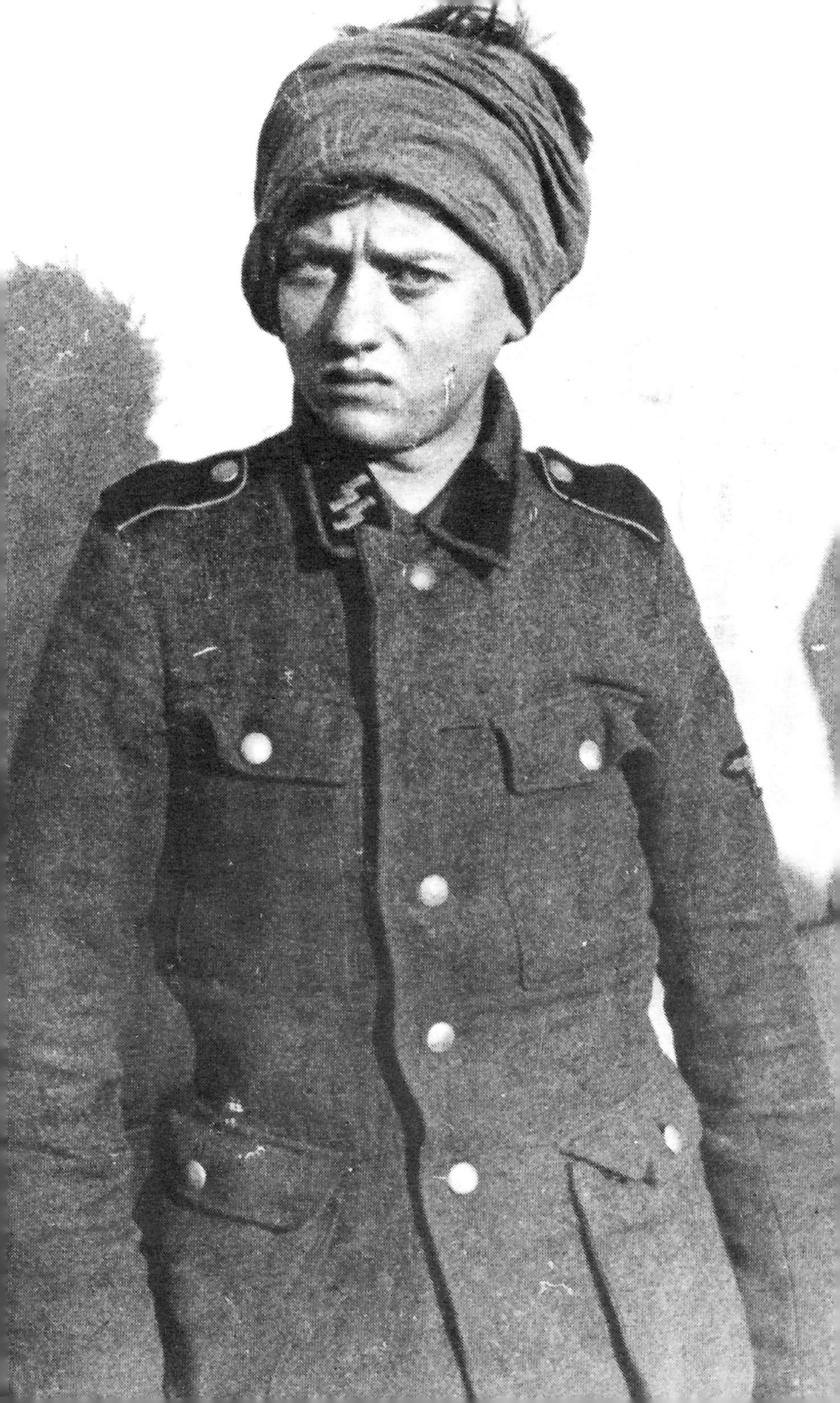

约阿希姆·派普因犯战争罪遭受审判,罪行中包括马尔梅迪附近的大屠杀。他虽然逃过了死刑,日后却死于法国的左派组织之手。

榴弹、迫击炮弹和火箭弹，甚至还有备用的武器。当伞兵营抵达诺维尔时，德索布里要求提供火力支援的炮兵营向山脊线开火。在德索布里的谢尔曼坦克火力支援下，伞兵呈扇形展开，直插山脊。"他们展开队形穿过野地，"他写道，"小伙子们飞奔着发动进攻，他们不会蒙着头瞎跑，而是跑50米，趴下去，爬起来继续跑。"[39]然而，与此同时德军也再次发动攻势，所以交战双方"迎头相撞"。一个伞兵连冲上山脊线后，发现迎接他们的是德军坦克和装甲掷弹兵从另一侧发起的反击。1营各连均损失惨重，拉普拉德和德索布里只得让所有人撤回村内，大量重伤员让设在村中的急救站不堪重负。

当晚，拉普拉德和德索布里在诺维尔村学校内的指挥部开会，商讨该村的防务问题。米德尔顿少将已经接到命令，率领他的第8军军部撤到讷沙托，巴斯托涅的麦考利夫准将向他请示是否可以撤回诺维尔的部队，遭到了米德尔顿的拒绝。正当拉普拉德和德索布里在楼上研究地图时，第10装甲师负责修理受损车辆的后勤军官驱车前来，直接把车停在了外面。这样做违反了所有的条令，因为这会暴露指挥部的位置。德军集中所有炮火轰击了这栋建筑，拉普拉德和12名官兵当场阵亡，一身尘土的德索布里头部重伤，一只眼球已经有一半掉出了眼窝。

德索布里被抬上吉普车撤离了诺维尔，在返回巴斯托涅的路上，他们在富瓦村被第26国民掷弹兵师的德军侦察小队截停。国民掷弹兵见他伤情严重，宽容地允许吉普车继续前行。德索布里虽然疼痛难忍，但他发现德军已经切断了诺维尔守军的后路，还是感到很震惊。就在富瓦的南边，第506伞兵团2营E连的士兵正在挖掘工事，他们听见了雾中传来的发动机声响。1排的一个士兵对排长杰克·爱德华·福利（Jack Edward Foley）中尉说："你听，那好像是汽车发动机的声音。""汽车？"另一名士兵喊道，"见鬼，那是坦克！"恐惧感陡然提升，因为他们看不见"那边是什么"，"你所能做的就是听"[40]。

尽管德索布里幸运地被德军放行了，却再一次遭遇了战争的不幸。巴斯托涅保卫者所犯的最严重的错误之一，就是让第326空降医务连在斯普里蒙（Sprimont）附近的一个十字路口扎营，此地位于巴斯托涅西北12千米处。当难民仍旧从这里川流不息地通过时，他们已经扎下帐篷，开始救治首批运抵的伤员了。由于该连的位置过于暴露，一名军医亲自前往巴斯托涅，请求麦考利夫准将允许他们转移到镇内。"回去吧，上尉，"麦考利夫说道，"你们不会有事的。"[41]

当晚，当他们正在为严重烧伤的官兵和其他伤员动手术时，德军第2装甲师的一个战斗群突袭了该连驻地。① 机枪火力从帐篷上横扫而过，子弹撕裂了帐篷，打死打伤了许多躺在担架上的伤员。由于没有任何战斗部队保护他们，在场的美军高级军官除了立即投降别无选择，德军给了他们45分钟，将所有伤员、装备器械和补给品装上卡车。[42]

德国人押着美军战俘前往乌法利兹，德索布里在车队的一次停顿中恢复了意识，当他听见有不少人在讲德语时，还以为部队肯定抓了不少德军俘虏。[43]驾车的美军司机残忍地向他解释

---

① 现有资料说突袭该连驻地的德军是第116装甲师116装甲侦察营营长埃伯哈德·斯特凡（Eberhard Stephan）少校率领的斯特凡战斗群一部。考虑到德军随后让美军战俘跟他们一起返回乌法利兹，这个方向上的德军属于第116装甲师的可能性更大。——译者注

了真相，德索布里试图说服司机驾车冲出去，但司机不愿意冒这个险。残酷的事实已经板上钉钉，他成了一名俘虏。[①]

对第 2 装甲师的德军来说，缴获了这么多装备和医疗用品，尤其是吗啡，简直是个巨大收获。对于第 101 空降师而言，这是一场不折不扣的灾难，他们的伤员现在只能在巴斯托涅潮湿的地下室和军营的车库里遭罪了。那里缺乏医护人员、吗啡和其他药品，条件非常简陋，连公共厕所都没有，在主车库病房内只有一个电灯泡。伤员们"盖着毯子成排地躺在锯木屑上"，那些被认为难以活下来的人躺在离墙最近的地方，"当他们死后，将被抬到充作停尸房的另一栋建筑物里"[44]。

蒙哥马利身处比利时宗霍芬城外自己的战术指挥部内，他的南翼已经打成一片，他却由于对相关情况知之甚少而深感不安。12 月 19 日清晨，他派出两个年轻的联络官，用"传令官"这种老办法去打探战况，再回来汇报。两人由蒙哥马利和布莱德雷的联络官汤姆·比格兰（Tom Bigland）中校伴随，乘吉普车穿过冻雾，驶向霍奇斯中将在斯帕的第 1 集团军前进指挥部。

"我们来到了位于酒店内的第 1 集团军指挥部，"卡罗尔·马瑟（Carol Mather）上尉记录道，"发现那里已经被放弃了。显然这是一次非常仓促的撤退，餐厅的桌子被布置成圣诞宴会的样子，办公室里却空无一人。"此地犹如"玛丽·赛勒斯特"

[①] 德索布里在被俘期间遇到了一些颇为矛盾的事情，例如他在德国下萨克森州蒙斯特（Munster）附近的伤员列车上，听哈里·利利斯·克罗斯比（Harry Lillis Crosby）的《白色圣诞节》（*A White Christmas*）唱片时，英国轰炸机投下的炸弹却摧毁了这座小城。随后他和在阿纳姆被俘的英军伞兵一起，被关押在霍内（Hohne）的装甲掷弹兵训练基地，那里紧邻贝尔根-贝尔森（Bergen-Belsen）集中营。——作者注

号（Marie Celeste，幽灵船），"真相开始浮出水面。德军的进攻比我们想象的严重得多，因为各种迹象都表明指挥部撤离时可谓惊慌失措"[45]。他们收集了一些散落在地上的机密文件，以便日后有人质疑此事时能够证明他们确实来过此地。

蒙哥马利没有等待来自盟军最高统帅部的指示，他的参谋军官开始向英国特种空勤团（SAS）和幻影侦察队发布具体命令。布赖恩·霍罗克斯中将的第30军也接到命令，要求他们准备移防马斯河。绰号"左轮手枪"（Roscoe）的第29装甲旅旅长查尔斯·巴尼特·卡梅伦·哈维（Charles Barnet Cameron Harvey）准将正在猎丘鹬，接到命令后被立刻召回。他争辩说自己的旅已经没有"任何能开动的坦克——它们已经尽数交付他人了"[46]。这倒是真的，当时该旅正在等待接收新型的彗星式坦克，这也是开战五年来英国生产的第一种堪与虎式坦克和豹式坦克相抗衡的坦克。哈维被告知把他那些仍然"还能跑"的老旧谢尔曼坦克收回来，全速开往迪南，去封锁1940年埃尔温·隆美尔少将夺取过的马斯河渡口。

与此同时，蒙哥马利的传令官驶过了"奇怪的空无一人的乡间"，到达了霍奇斯位于列日东南部绍德方丹的后方指挥部，并在那里找到了他。"他相当震惊，"马瑟记录道，"对于当前战况无法做出连贯的介绍，他也没有与布莱德雷的第12集团军群指挥部取得联系，通信似乎已经完全中断了。"[47]当比格兰中校取道一条迂回路线前往布莱德雷位于卢森堡的指挥部时，两名英军上尉在路面结冰的公路上尽可能快地开车返回了宗霍芬。

当两名年轻军官叙述他们的见闻时，蒙哥马利"显然极度震惊"[48]。他让马瑟直接开车再去第1集团军指挥部："告诉霍奇斯，他必须封锁马斯河上的桥梁！"马瑟问，在霍奇斯不受第21集团军群管辖的情况下，他该如何传达这样的命令。

蒙哥马利说道："你就告诉他们，必须不惜一切代价坚守列日渡口，无论如何他都必须封锁桥梁。打电话给兵站部队，用上能找到的任何障碍物，包括农用马车！他明天全天必须确保桥梁安全，各个行动环节必须有军官监督，你可以告诉他这是我说的！"马瑟还通知霍奇斯，搭乘吉普车的英国特种空勤团和幻影侦察队将被直接派往各座大桥，英军第30军将全速移防马斯河北岸，封锁通往安特卫普的道路。蒙哥马利坚持要在次日清晨见到霍奇斯。"如果有可能，今天晚上就把他带回来！"艾森豪威尔对于马斯河渡口的态度同样坚定，他已经给李中将的战区后勤兵站下令，调动所有可用的工兵单位给桥梁安装炸药，并将后方部队拼凑成几个营级单位送上去。法军也提供了七个营的兵力，但是他们的装备和训练都很差劲。

蒙哥马利已经有足够的理由断定，正如他很快就会知道的那样，位于卢森堡的布莱德雷已经无法指挥被切断在德军突出部或者说"凸出部"（Bulge）北侧的美军第1集团军。蒙哥马利让盟军最高统帅部中的英军作战主任约翰·怀特利少将告诉艾森豪威尔，应该让他指挥德军突出部以北的所有盟军部队。怀特利虽然对这位陆军元帅及其日益增长的权力欲不怎么买账，却也感到他这次的要求不无道理。怀特利与艾森豪威尔的情报主任——同为英国人的斯特朗少将讨论了战局，当晚两人一起去拜访了盟军最高统帅部参谋长比德尔·史密斯中将。

从睡梦中被叫醒的比德尔·史密斯认为这是英国佬的阴谋，为此大发脾气，他冲着两个"杂种英国佬"[49]破口大骂，并直截了当地说他们应该考虑辞职。然而，在沉思片刻之后，比德尔·史密斯改变了主意。他真正关心的不是霍奇斯的第 1 集团军指挥部和布莱德雷的第 12 集团军群的隶属关系,而是担心布莱德雷与其失去联络。史密斯给艾森豪威尔打了电话,讨论给蒙哥马利北翼指挥权的问题,并认为这将促使第 21 集团军群的英军部队投入战斗。

艾森豪威尔同意了这项建议,部分原因是布莱德雷没有按照他的命令采取一切措施加强马斯河一线。他开始查阅地图以决定分界线应该划在哪里,最终决定从马斯河上的日韦(Givet)开始,通过巴斯托涅北部,直至德军战线后方的普吕姆(Prüm)。蒙哥马利将指挥该线以北的所有盟军,这样留给布莱德雷的就只有巴顿的第 3 集团军和即将配属给巴顿的米德尔顿的第 8 军了。

比德尔·史密斯打电话给卢森堡市的布莱德雷,警告他说艾森豪威尔正考虑把第 9 集团军和第 1 集团军交给蒙哥马利指挥。按照史密斯的说法,布莱德雷承认他已经与霍奇斯及其第 1 集团军失去联系有两三天了。① 布莱德雷坦诚地说道:"如果蒙哥马利是一名美军指挥官,我肯定完全同意你的观点,这样做是合情合理的。"[50]

第二天早上,艾森豪威尔给布莱德雷打电话,确认了他的决定。布莱德雷现在已经怒火万丈,他说:"看在上帝的分上,艾克,如果你这样做,我就无法对美国人民负责了。我辞职。"[51]

---

① 按照布莱德雷的说法,通信联络根本不成问题,他一直和霍奇斯、辛普森保持着紧密的电话联系,为以防万一,他还预设了备用线路。他只承认自己没有直接告诉史密斯他还控制着部队,也没有为霍奇斯的表现进行辩护。——译者注

"布莱德①，是我——不是你——在对美国人民负责，"艾森豪威尔回答，"因此你的辞职毫无意义。"随后他听到了更多的抱怨，最后用一句"好了布莱德，那是我的命令"结束了谈话。

身处第12集团军群指挥部的一名英国皇家空军高级军官描述了电话挂断之后，"铁青着脸"的布莱德雷是如何"一边诅咒着蒙蒂一边来回踱步的"[52]。讽刺的是，比德尔·史密斯后来发现"蒙哥马利在很长一段时间里都以为布莱德雷对他好感十足，他不知道后者对他忍无可忍"[53]。实际上，这种厌恶发展得更深，布莱德雷将蒙哥马利视作"他所有麻烦的来源"。一名美军参谋军官写道："他对这个戴着贝雷帽、穿着皮衣的小个子男人的厌恶由来已久。"[54]在日益严重的偏执情绪中，受到羞辱的布莱德雷认为艾森豪威尔的决定是"对我重重的一击"[55]。

---

① 布莱德雷的昵称。——译者注。

第十三章　12月20日，星期三

午夜时分，卡罗尔·马瑟上尉再次离开蒙哥马利的指挥部，前往霍奇斯中将的第1集团军，这项"极其微妙"[1]的任务让他感到惴惴不安。由于路面结冰和为甄别斯科尔策尼别动队的哨卡所累，他在路上用了差不多两个小时，头顶上不时有V-1飞弹划过夜空向列日飞去。抵达绍德方丹的第1集团军指挥部后，一名宪兵直接将他带往霍奇斯独断专行的参谋长威廉·基恩少将的起居室，许多人认为基恩才是真正的集团军指挥官。此刻，穿着睡衣的基恩肩膀上裹着一条毯子，正在打电话。

马瑟呈交了蒙哥马利的亲笔信，基恩顿了一下，拿起听筒打通了蒙哥马利的参谋长弗雷迪·德甘冈少将的电话，核实了情况后，他们一起走到隔壁去叫醒霍奇斯。马瑟描述了第1集团军指挥官如何在床上坐起来，肩上同样裹着毛毯阅读蒙哥马利信件的情景，他感觉霍奇斯对战况"完全一无所知"[2]，什么问题都要问基恩。"在马斯河渡口这样重要的问题上，"马瑟写道，"霍奇斯将军只字未提。他暗示这没什么非常大的影响，已经或者将会得到解决。"[3]

严重缺乏睡眠的马瑟天亮前就回到了蒙哥马利的指挥部，陆军元帅正坐在床上喝茶，随后听取了马瑟的报告，他打算在当天晚些时候与霍奇斯会面，但在此之前先要弄清德军突破的准确情况。包括两名派驻其指挥部的美军军官在内的五名联络官立即乘吉普车出发了，为了御寒，他们穿上了新发的浅褐色帆布制作的坦克兵夹克，但这又让哨卡上本就紧张兮兮的美军士兵更加疑神疑鬼了。

12月20日清晨，蒙哥马利接到了艾森豪威尔的电话。按照通话时正在蒙哥马利身旁的英军第2集团军指挥官迈尔斯·克里斯托弗·邓普西（Miles Christopher Dempsey）中将回忆，这次简短的谈话内容如下：

"蒙蒂，我们遇到了一点麻烦。"

"我也是这么想的。"陆军元帅回答道。

"你接管北面怎么样？"

"没问题。"[4]

蒙哥马利的车队驶向绍德方丹，打算去整顿秩序，马瑟的报告让他确信霍奇斯濒临崩溃。他的一名参谋军官描述说当时的场面令人难忘，元帅"如同基督来洁净圣殿"[5]一般来到第1集团军指挥部，尽管我主耶稣不会出现在有着摩托车开道、挂着三角信号旗的墨绿色劳斯莱斯轿车之中。

马瑟上尉虽然是蒙哥马利最忠心的副官，但也感到元帅抵达目的地后无视美军将领，将他们撇在一边进而惹恼他们毫无必要。他自顾自将携带战报赶来的联络官召集到一起，众人就挤在铺着地图的吉普车引擎盖旁边，蒙哥马利询问道："情况如何？"霍奇斯中将和第9集团军指挥官辛普森中将只能在一旁尴尬地看着。马瑟写道："那天他这样做有点不太合适。"[6]

现在蒙哥马利已经接管了从马斯河上的日韦到普吕姆这条线以北所有盟军部队的指挥权，同时他也在密切关注着霍奇斯。返回驻地后，蒙哥马利打电话给比德尔·史密斯，表示作为一名英国军官，他不愿意解除一名美国将军的职务，但是艾森豪威尔应该考虑一下此事,① 比德尔·史密斯要求这事过 24 小时再说。次日,蒙哥马利又发来电报称,虽然霍奇斯不是他会提拔的那种人,但此事还是维持现状为好。比德尔·史密斯也持这样的观点,他认为霍奇斯是"我们这边意志力最薄弱的指挥官"[8]。

布莱德雷后来宣称,蒙哥马利和盟军最高统帅部夸大了危险,以剥夺他对第 1 集团军的指挥。但当时形势似乎万分危急,霍奇斯几近崩溃,基恩少将已经接管了指挥权。甚至基恩也在第二天说,他们要到星期五才能知道"我们是坚守在阵地上,还是被迫退守诸如马斯河这样的防线"[9]。布莱德雷显然后悔选择卢森堡市作为他的前进指挥部,现在感觉自己进退两难,正如他对汉森所说,这不仅仅是面子问题。如果他撤出,卢森堡人就会认为他们被抛弃了,被美国人扔给德国人随意报复。虽然布莱德雷试图淡化敌军攻势的威胁,但他自己的参谋军官非常认真地对待此事,其中一人写道:"我们已经将铝热剂手榴弹塞入最机密的文件之中,只要一看见穿田野灰制服的人越过山丘就毁掉它们。"[10]但他们都不知道,约德尔大将已经说服希特勒将卢森堡市排除在"秋雾"行动的目标之外了。

不管怎么说,对卢森堡首都的威胁已经被坚守突出部南肩角的美军第 4 步兵师彻底破除了。战斗期间,该师师长巴顿少将坚定地宣称"对付这些德国佬的最好方式,就是狠狠地打击他们"[11]。即便这不是原话,意思也相差无几。巴顿拒绝让他的

---

① 对于霍奇斯此时的萎靡不振有诸多记述,其中之一是他的副官三天后所写的日记:"将军现在安身于一处私人住宅中。借此机会休息,再次得到了不错的食物,他显然感觉良好,能够更好地应对工作和焦虑带来的持续压力。"[7]——作者注

炮兵营后撤，他们的任务是持续炮击绍尔河上的桥梁，他确信这些炮兵营已经得到步兵良好的掩护。炮击阻止了德军将他们的重武器，尤其是反坦克炮前送，因此他们未能有力地反击赶来支援第4步兵师的第10装甲师所部。

和科塔少将的第28步兵师一样，巴顿用加强连防守关键村落，以此来封锁十字路口。第4步兵师12团团长勒基特上校的特遣队与其左翼的第9装甲师所部一起被逼退至施瓦茨恩茨山谷，但牢牢地守住了米勒塔尔（Müllerthal）村，挫败了德军突入该师后方地域的企图。

在施瓦茨恩茨山谷东侧半山腰上的贝尔多夫，一支小小的混成部队已经在村内外战斗了三天，其中包括来自第10装甲师的250人、第4步兵师12团1营B连和2营F连。在德军猛烈的攻势下，他们的弹药消耗殆尽，许多伤员需要后送。德军在火箭炮和火炮支援下发动的三次进攻均被击退，就在这支小部队担心他们可能撑不过下一轮进攻的时候，两辆谢尔曼坦克和三辆半履带车组成的车队带着弹药和补给品突入该村，接走了一些重伤员。随后，贝尔多夫村的坦克指挥官——第11坦克营C连连长史蒂夫·兰（Steve Lang）上尉接到了撤退命令，每辆坦克搭载15名步兵——"4人在里面，11人攀附在外面"[12]。为掩盖坦克行进时的噪声，美军炮兵进行了猛烈射击，最终这支小部队设法在德军察觉之前成功撤退。

12月20日，德军在美军防线前沿地区发动的攻势开始减弱，巴顿麾下的第3军陆续赶来，这意味着德军第212国民掷弹兵师和第276国民掷弹兵师无法继续向南前进了。只是由于雾气浓重，美军才没有发动反击。美军在南肩角的顽强防御使德军缺乏机动空间，因此第3集团军可以集中力量打击巴斯托涅包围圈。

虽然备受流感折磨，海明威却仍然渴望赶上这场大战，他设法来到查尔斯·拉纳姆上校位于罗当堡（Rodenbourg）附近的第22步兵团团部。这座房子属于一名疑似德国同情者的牧师。海明威痛饮了酒窖里的圣餐酒之后非常兴奋，用自己的尿液重新灌满了空酒瓶。他宣称自己给它们贴上了"海明施泰因城堡1944"（Schloss Hemingstein 1944）[13]的标签，结果后来还误饮了其中一瓶。

德国人已经发现他们的突出部太狭窄了，而且道路网还为巴斯托涅所钳制。装甲教导师师长拜尔莱因中将和第26国民掷弹兵师师长科科特上校都争辩说，既然没能迅速夺取巴斯托涅，那接下来镇里的守军必须调集整个军的兵力来粉碎。但是第47装甲军军长冯·吕特维茨上将接到严令，让他的两个装甲师绕过巴斯托涅直扑马斯河。

当第116装甲师接到命令转向西北时，它对德军冲向马斯河的行动并没有什么帮助。这"导致了大量时间被浪费"，师长西格弗里德·冯·瓦尔登堡少将写道，还为拥挤不堪的道路增添了混乱，他坚称这个决定"成了对该师的致命一击"[14]。

在巴斯托涅以北的诺维尔，伞兵和第10装甲师的混合部队遭到了从雾中冲出的德军坦克和装甲掷弹兵的多次进攻。他们知道身后的道路已经被另一支德军部队切断，但并不知道第506伞兵团2营已经被逼退到富瓦以南，这将大大增加他们突围的难度。雾气在上午晚些时候逐渐消散，德军第2装甲师的坦克从高地上向守军开火。当与被围困在诺维尔的部队终于恢复无线电联络后，麦考利夫准将让他们准备突围，他必须在拯救或者失去这些部下之间做出抉择。即便米德尔顿少将命令这支部队坚守诺维尔，他仍然决定违背上级的命令让他们撤退。麦考利夫告诉第506伞兵团团长罗伯特·弗雷德里克·辛克（Robert Frederick Sink）上校，让他派部队重新向富瓦村发起新的进攻以打开道路。战斗中德军坦克向富瓦以南的树林里持续射击，伞兵们被压得抬不起头来。第506伞兵团2营E连缺乏反坦克武器，但幸运的是德军坦克一直没有对他们发起真正的进攻。[15]

幸运的是，就在诺维尔的守军准备撤退之际，雾气再次袭来，步兵徒步撤离，伤员和拉普拉德中校的遗体被装在半履带车上，谢尔曼坦克则尽可能多载人，地狱猫坦克歼击车负责殿后。[16]工兵按计划炸掉了教堂的塔楼，倒塌的高大建筑物阻塞了道路。但当车队抵达富瓦时，打头的半履带车装甲挡板突然落下，干扰了司机的视线。他急忙踩下刹车，结果紧随其后的所有半履带车都发生了追尾，这就给了侧翼的三辆德军坦克打固定靶的机会。头车燃起大火，一名位于纵队后方较远处的士兵后来描述道："前方的雾气都变成了橙黄色。"当德军向车队倾泻火力时，车上的美军官兵纷纷跳车。这名士兵从壕沟向外望去："公路和沟渠中到处都是尸体，其中一些尸体就挂在车辆外侧，他们还没来得及找到掩护就被打死了。我们的卡车和半履带车要么起火燃烧，要么被炸成了碎片。"[17]

伞兵操纵着一辆谢尔曼坦克开火射击，击毁一辆德军坦克后其余两辆迅速撤退，此后混乱才得以平息。在不到两天的时间里，德索布里和拉普拉德的部队已经在坚守诺维尔的过程中损失了212人，以及15辆谢尔曼坦克中的11辆。①

---

① 212人其实只是第506伞兵团1营的伤亡数字，其中13人为军官；德索布里特遣队里亦有200多人伤亡，除损失了十多辆坦克外，还损失了五辆M18坦克歼击车、十多辆半履带装甲车和其他大量车辆。——译者注

事实证明，特洛伊·米德尔顿少将坚守巴斯托涅外围地域的决定代价高昂，但美军突然从诺维尔撤退似乎鼓舞了吕特维茨，让他相信巴斯托涅将唾手可得。科科特上校声称，吕特维茨上将于当天早上视察了第26国民掷弹兵师位于瓦尔丹的师部，说道："第2装甲师已经夺取了诺维尔，敌军正向南逃窜，第2装甲师正稳步追击。拿下富瓦——如果还没发生的话——随时都可能做到。夺取富瓦之后，我将命令第2装甲师转向西方冲入开阔地带。"[18]身材高大、胡须干净、脸庞宽阔、戴着单片眼镜的装甲兵上将吕特维茨非常自信，装甲教导师已经夺取了巴斯托涅东南边缘的马尔维（Marvie）。① 他后来不遗余力地宣称，自己敦促过第5装甲集团军先夺取巴斯托涅，拜尔莱因也采信了他的说法。②

科科特则辩称，让第2装甲师调转方向的决定是无法夺取巴斯托涅的重要原因，他责备第5装甲集团军和第47装甲军作战思路不清："巴斯托涅需要被攻占吗？还是仅仅包围巴斯托涅，然后抵达马斯河？"[20]只有第2装甲师从北侧和西侧进攻，装甲教导师和第26国民掷弹兵师主力从西南进攻，才能清除这个"脓肿"或"腹部的溃疡"。但事实上，即使是曼陀菲尔自己在这个问题上也没有什么发言权，元首大本营不能容忍对计划做任何改变。

第二天的命令已经下达，第2装甲师和装甲教导师主力将

---

① 其实此时德军并没有攻占马尔维，装甲教导师拿下该村是几天后的事情了。——译者注
② 拜尔莱因声称在12月19日的首次进攻失败后，他已经说服吕特维茨，应该集全军之力拿下巴斯托涅，因为他们不能把这样一个未夺取的交通枢纽留在后方不管。吕特维茨说该意见已经上报，但是被严词拒绝了，拜尔莱因从他那里听说上头"认为巴斯托涅并不重要"[19]。——作者注

向西推进，留下第 26 国民掷弹兵师和装甲教导师第 901 装甲掷弹兵教导团独自包围并占领巴斯托涅。"我们师毫不隐瞒地表达了自己的怀疑。"[21]科科特写道，但是吕特维茨驳回了他的意见，理由显然是巴斯托涅的美军实力不可能很强大，只有"一个空降师之一部"和"那些在乌尔河遭受重创后跑到巴斯托涅苟延残喘的敌军师的残部"。军部显然也相信，"据战俘交代，巴斯托涅镇内守军的战斗力有限"。

第 26 国民掷弹兵师表示，他们在奉命进攻巴斯托涅时需要炮火支援，起码要给点时间重新部署此前掩护南翼的第 39 燧发枪兵团，而此时第 5 伞兵师的主力还被拖在维尔茨河谷之中无法抽身。科科特对吕特维茨的乐观情绪感到困惑，他的两个团在富瓦和比佐里一带与美军对峙，尚未找到美军的任何薄弱环节。该师的其他部队被派到了巴斯托涅以南的吕特布瓦（Lutrebois）和阿瑟努瓦（Assenois），以便从南方对该镇发动进攻，但是透过薄雾的空隙，他发现美军车辆正从内弗向南驶往马尔维。在北面，"可以听见大炮低沉的轰鸣声——瓦尔丹以西的林区中，除了迫击炮弹的爆炸声外，德军机枪的急促射击声和美军机枪较慢的射击声也清晰可辨"[22]。公路和林间小路遍布弹坑，车辆难以通行，因此士兵只能将他们的重武器从车上卸下来，以人力推动车辆前行。

13 点前后，美军炮兵观察员发现位于瓦尔丹的第 26 国民掷弹兵师师部周围有车辆集结，根据科科特的报告，美军炮兵营对村子的齐射"给人员装备的集结造成了毁灭性影响"[23]。当天下午，他得知师侦察营在穿过南边通往阿尔隆的公路时与美军发生接触。巴斯托涅以南公路和小道上的混乱无法解决，因为装甲教导师的车辆与第 26 国民掷弹兵师都在试图向西推进，现在第 5 伞兵师的一支先头部队也加入进来，但他们都陷入令人绝望的混乱之中。当几辆车接连抛锚后，第 5 伞兵师的年轻士兵只好拖着它们前进。

科科特的一个掷弹兵营设法沿铁路线在巴斯托涅东北方向达成突破，由于铁路线位于第 506 伞兵团和第 501 伞兵团的交界处，守卫此处的美军只不过是一支加强巡逻队。巡逻队的抵抗迟滞了国民掷弹兵的推进，富瓦以南的两个美军伞兵团团长——辛克上校和尤厄尔中校的反应都很迅速，各派出一个连去封锁突破口。很快他们就发现德军比自己估计的要多，必须投入更多部队。令那些刚从诺维尔逃出来的部队觉得难以置信的是，他们也不得不投入了封堵突破口的战斗，这场战斗一直持续到次日。

天黑后不久，装甲教导师对内弗地区的另一次攻势很快就遭到了美军密集炮火的痛击。麦考利夫现在手头有 11 个炮兵营可用，除了四个第 101 空降师的师属炮兵营外，其他都是撤到巴斯托涅地区的友军炮兵营，其中有两个炮兵营完全由黑人组成。[①] 有三个炮兵营装备的是 155 毫米榴弹炮，这样他就有了总计约 130 门火炮，不过弹药短缺的问题很快就会出现。第 705 坦克歼击营的 M18 地狱猫坦克歼击车用车载机枪向德军喷吐着成串的曳光弹，第 501 伞兵团 3 营所有的自动武器也在全力开火，困住了在开阔地上的第 902 装甲掷弹兵教导团 1 营和 2 营，照明弹发出的致命光芒让他们在黑暗中暴露出来。在这次夜间进攻中，带刺铁丝网拖慢了德军突击的脚步，这场大屠杀令人

[①] 黑人组成的炮兵营是第 333 野战炮兵营和第 969 野战炮兵营。撤入巴斯托涅的其他五个营分别是第 109、755 和 771 野战炮兵营，以及第 73、420 自行火炮营。——译者注

毛骨悚然。第二天天亮后展现出一幅可怕的景象，挂在铁丝网上的尸体好似被超级风暴凌虐过的稻草人。

在巴斯托涅西南约 30 千米处的讷沙托，米德尔顿少将正在第 8 军军部内焦急地等待着巴顿从南面发动的反击。第 4 装甲师 B 战斗群已经抵达了位于巴斯托涅和讷沙托正中间的沃莱罗西耶尔（Vaux-lez-Rosières）村。让第 3 军军长约翰·米利金（John Millikin）少将生气的是，米德尔顿的军部等不及巴顿约定的总攻，命令第 4 装甲师 B 战斗群派出一支特遣队立即北上。巴顿闻讯后很是上火，下令召回这支部队。这样一支小部队能否确保公路不失还有待商榷，但一些历史学家相信，这样做可以大大减少后来美军向北推进过程中官兵和坦克的损失。不管怎么说，当天晚上，就在麦考利夫结束与米德尔顿的会面返回巴斯托涅后不久，从该镇南下的道路就被切断了。当时该镇还没有被完全包围，但大部分人都觉得此事在所难免了。

对第 101 空降师的空降兵来说，被敌军包围已经被当作任务的一部分。身兼诗人和连传令兵的路易斯·辛普森被派回营部执行任务，半道上他遇到一辆谢尔曼坦克，看到第 10 装甲师的坦克兵中士正"漫不经心地坐在炮塔上，就好像坐在一匹马的马鞍上一样"[24]，路旁 50 米处，一辆德军坦克正在熊熊燃烧。他问这名中士发生了什么事情。"他们想从这里过去。"中士不耐烦地回答道，然后就把脸转向了别处。辛普森想到了这样一个事实，这里是他们连队阵地的后方，如果这名"没正形"的中士没有先敌开火，他们连的后路就要被切断了。"我在博罗季诺（Borodino）见到托尔斯泰（Tolstoy）中士，当时他正叼着烟斗指挥他的炮兵连射击。战争正是通过这些士官才得以正常运转，他们并不把自己视为战争的主角，但他们总在执行那些平凡却伟大的任务，而一旦未能顺利完成任务就会遭到斥责，对此他们已经习以为常。"

到了营部，辛普森听说他们现在已经被包围在巴斯托涅地区。当他返回自己位于雪地里的散兵坑时，邻近战友的声音传来："欢迎回来！有什么新鲜事吗？"

"我们被包围了。"

"这有什么新鲜的？"

第1集团军和蒙哥马利的指挥部对圣维特一带的形势缺乏清楚的认识，蒙哥马利本能地意识到，要在哈斯布鲁克的部队被消灭前将其撤回，但是骄傲的美军不愿意放弃地盘，第1集团军想要派第82空降师去增援守军。12月20日中午，就在他们讨论这个问题的时候，基恩少将接到了来自圣维特的信件，哈斯布鲁克在信中描述了他们艰难的形势。他的马蹄形防御圈从波图延伸至圣维特西北，然后折向西南延伸至古维（Gouvy）火车站。随着第116装甲师向乌法利兹前进，他的南翼和后方现在已经完全暴露了。

蒙哥马利确信圣维特的防御已经很好地实现了其意图，现在威胁出现在更西面的地方，三个德军装甲师正朝着马斯河推进。不过，他同意让第82空降师继续朝萨尔姆河推进，只是为了帮助哈斯布鲁克的部队通过维尔萨姆和萨尔姆沙托之间的缺口脱离战斗。

当天下午，第82空降师504伞兵团向舍讷推进，把守此地的是派普战斗群所属的第84空军高炮营2连和3连（两个连都不满编，共九辆自行高炮车）、党卫军第2装甲掷弹兵团3营

11连1排和4排，还有桑迪希战斗群所属的党卫军第2装甲掷弹兵团2营。第504伞兵团团长鲁宾·亨利·塔克（Reuben Henry Tucker）上校派出1营B连和C连穿过浓雾发起进攻，遭到德军机枪和20毫米高射炮的猛烈打击，进攻部队被压制在开阔地上蒙受了惨重损失，直到夜幕降临后才撤回到身后的树林里。闻讯后塔克命令他们恢复攻势，进攻部队在夜色中设法抵近了村子，却为横跨田野的带刺铁丝网所阻，结果他们暴露在更为密集的火力下，被挂在铁丝网的士兵被各个方向上的火力射杀。就在进攻即将陷入困境时，乔治·沃尔什（George Walsh）上士大喊道："让我们干掉这些狗娘养的！"仅有少数人冲到了村子边缘的路障边，一个士兵设法将手榴弹投进了一辆半履带高炮车内，另一个士兵则割断了炮手的喉咙。美军的两个连共伤亡了232人，其中23人当场阵亡。他们的行动堪称英勇，但塔克野心勃勃的决策造成了令人震惊的无谓伤亡。第二天，他才做了本应该先做的事——将3营派到了村子侧翼。战至下午，3营以相对较小的伤亡拿下了舍讷村，伞兵们缴获了14辆自行高炮车、6辆半履带车和几门自行火炮①。[25]

12月20日，圣维特防御圈的战斗达到了高潮，莫德尔和曼陀菲尔迫切希望以一次全面攻势夺取该镇。德军投入了被盟军称为"尖叫的米妮"的多管火箭炮进行轰击，火箭弹的呼啸声听起来就像是毛驴的疯狂尖叫声，它们的目标是美军的迫击炮掩体，这些凶残的迫击炮给国民掷弹兵营造成了重大伤亡。在猛烈的炮火下，许多美军士兵像胎儿那样蜷缩在散兵坑的坑

---

① 根据现有较新的资料考证，德军的损失并没有那么大。两天的战斗中，德军战损和被缴获的装甲车辆共十辆、105毫米榴弹炮一门。——译者注

底,反复念诵着《旧约圣经》中的《诗篇》第23篇,作为在"死荫的幽谷"中让自己冷静下来的咒语。

哈斯布鲁克报告说,能见度"仍然非常差","敌军从北面、东面和南面发动了21次进攻,坦克在步兵的伴随下从各个方向逼近"。仅20日一天,五个美军野战炮兵营就发射了近7000发炮弹,"唯一能够补充弹药的方式,就是在前线搜寻被放弃的弹药库……第434自行火炮营甚至报告说发射了一些旧的宣传弹(用来散发传单),这样做只是为了让德国人的耳朵不断听到炮弹的呼啸声"[26]。

警卫旗队师的党卫军装甲掷弹兵在一次进攻①中用一辆缴获的美军半履带车走在纵队前列,希望以此迷惑守军,但谢尔曼坦克和火箭筒小组把敌人干掉了。"我们向每个人强调",第38装甲步兵营作战参谋博耶少校写道,在圣维特周边林区的战斗中"'没有弹药可以浪费——每颗子弹必须消灭一个敌人',必须等德军接近到25米以内才能开火"[27],这道命令也是为了阻止美军士兵过早开火暴露自己的阵地。

奥托·雷默上校的元首卫队旅最终执行了命令,开始沿着比林根通往圣维特的道路发动试探性进攻。考虑到美军抵抗"过于激烈",雷默将他的旅移往北侧,进入博恩以南的密林中。他决定沿着主干道向西去攻击维尔萨姆,但当他随后被告知返回向南面发动进攻时,感觉自己被极大地冒犯了。雷默声称自己的坦克燃料不足,但是他接到的任务——攻占下艾美尔斯(Nieder-Emmels)和上艾美尔斯(Ober-Emmels)这两座双

---

① 警卫旗队师并没有参加对圣维特的攻击,最初在圣维特北部出现的汉森战斗群在20日已经北上救援普战斗群去了,与圣维特守军有过直接接触的党卫军部队有可能属于党卫军第9装甲师或党卫军第2装甲师。——译者注

子村——距该旅当时的位置只有 5000 米。[28]

那天晚上，当枪炮声平息之后，哈斯布鲁克的部下听到了坦克的声响，他们几乎可以肯定德军正在为次日黎明发动一场规模更大的攻击做准备。

由于派普战斗群受到各个方向上的攻击，他从斯图蒙以西撤回了外围部队，随后放弃了该镇，掉头去反击美军第 30 步兵师 117 团。派普一直为得不到师里的支援而愤懑不已，他后来声称，当时他被告知除非上报自己的燃油状况，否则就别想再得到一滴燃料。无线电联络早就中断，直到昨夜一名警卫旗队师的军官设法穿过战线，带来一部功率更大的新电台后才得以恢复。派普得知师里已经让党卫军第 2 装甲掷弹兵团 1 营设法打开一条通道，该部拥有架桥设备。黎明前，他们在机枪和坦克火力的掩护下，涉渡水流湍急、正在冻结的"齐脖深"[29]的昂布莱沃河。然而，在头顶上方照明弹的照耀下，蹲伏在俯瞰河流的村舍窗户后面的美军第 117 步兵团 1 营 A 连官兵，对着河中的党卫军工兵和装甲掷弹兵猛烈开火，一名德军后来说"这些杂种兴奋得很"。美军被从河边的房子里赶出去三次，得到 B 连增援后又杀了回来，"他们被坦克和直射火力赶出来，步兵又先后杀回去三次，终于赶走了党卫军"。

派普的装甲掷弹兵继续肆意屠戮平民，他们"在附近的街道上莫名其妙地"杀害了两名女子和一名男子，随后又让九个人站在房子的外墙下并射杀。一辆装甲车里的党卫军骑兵"用机枪对着一栋房子扫射"，杀死了一个 14 岁的男孩。杀戮继续进行，但是一些尸体直到几天后才被发现。比利时平民在通往三桥镇的路边农舍中被杀害：五人头部中弹，一名妇女死在了自己的床上。12月19日傍晚，20名小镇居民被枪口指着强行赶出地下室，在一道篱笆旁边被射杀，多数为妇女和儿童。总计有130多个平民在斯塔沃洛镇内及周边地区被杀害，大部分是妇女和儿童。年轻男性为了躲避对9月抵抗组织袭击撤退德军的报复，或是生怕被抓到德国当劳工，都已经逃到马斯河西岸了。党卫军宣称此番杀戮是在报复游击队对他们的暗枪冷炮，① 这是没有事实依据的。[30]

11点15分，桑迪希战斗群再次尝试在河对岸建立桥头堡，装甲掷弹兵或游泳或涉水过河。许多人在水中就丧命于猛烈的步枪和机枪火力，尸体顺流而下，党卫军第2装甲掷弹兵团1营2连有少数人抵达了河北岸，很快也被消灭了。② 另一股德军③从西面向斯塔沃洛发起进攻，将第117步兵团1营逼退了约100米（此后美军在猛烈的炮火支援下顽强坚守，1营C连还在坦克支援下进行了反击，双方反复争夺镇西边的建筑），直至16点前后黄昏来临，交火才逐渐结束。[31]

派普此刻还面临着另一个方向上的威胁。当天早上，美军第3装甲师B战斗群从斯帕出发，经由林间小道抵达了昂布莱沃河谷。威廉·伯特·洛夫拉迪（William Bert Lovelady）中校指挥的特遣队④穿过树林，来到拉格莱茨和三桥镇之间的公路上，在那里出其不意地摧毁了一队由突击炮和步兵护送的德军

---

① 谁都知道这只是借口。由于补给不足和战斗激烈，更大的可能在于德军枪杀了比利时平民之后，可以从他们手中夺取有限的粮食和能够用来隐蔽的地下室。——译者注
② 实际上他们坚持到了21日，因为后援不济只能撤退。——译者注
③ 这支部队是得到工兵及两辆虎王坦克支援的党卫军第1装甲侦察营2连。——译者注
④ 由第33装甲团2营、第36装甲步兵团2营E连、第23装甲工兵营D连1排和第33装甲团侦察连1排组成。——译者注

运油车队。

派普战斗群的绝望处境并不只是由美军第30步兵师、几个坦克营和工兵营的英勇阻击造成的，美军在埃尔森博恩岭以东的强大防御也阻止了警卫旗队师的其余部队和党卫军第12装甲师对派普的支援。党卫军第2装甲军麾下的党卫军第9装甲师已经开始与党卫军第1装甲军平行推进，按计划党卫军第2帝国装甲师应该紧随其后，然而几条狭窄的单车道公路实在拥堵，他们只好寻找更靠南的路线。

第6装甲集团军将这些失败归咎于这样一个事实，即仅有的道路"大部分路段皆因泥泞无法通行"[32]，在许多地方泥浆深及车轴。然而，事实上是美军第1步兵师坚守比特亨巴赫，阻止了党卫军第1装甲军使用北面状况更为良好的道路，这才导致党卫军第12装甲师和第12国民掷弹兵师在埃尔森博恩岭南翼陷入苦战，而第3装甲掷弹兵师和第277国民掷弹兵师则在罗赫拉特和克林克尔特以及维尔茨费尔德的东侧发动强攻。美军第2步兵师发现"在近乎连续不断、极为猛烈的敌军炮火下，电话线几乎一敷设好或修好就会被立即炸断，通信联络主要依靠无线电"[33]。

埃尔森博恩营地是那种典型的军营，军官公寓位于正门附近，四周环绕着平房营舍、车库和军火库。营地坐落在狂风肆虐的靶场中间，这是一片贫瘠的丘陵，营房内挤满了筋疲力尽、肮脏不堪、胡子拉碴的溃兵，他们在这里吃些东西，短暂休息后会被送回前线。医生和医护兵会对伤员进行急救处理，然后将他们后送到更远的地方，因为位于韦姆的第47转运医院已经被及时转移。士兵们发现了他们原以为已经命丧沙场的伙伴，然后相互询问其他失踪者的生死。党卫军部队杀害伤员、处决俘虏的故事四处流传，恰逢博涅路口大屠杀的消息传来，美军不惜一切代价抵抗到底的决心有增无减。埃尔森博恩村里到处都是难民，美军变得疑心重重，将其视作潜在的德国支持者，但在圣诞节那天难民被疏散之前，他们在德军炮火下的命运比待在山岭下的自家农场或屋子里面好不了多少。

在埃尔森博恩岭东侧，第2步兵师和第99步兵师残部发现在山丘的岩石地基上挖掘工事非常困难，因此他们将木制弹药箱装满泥土，用从营房里锯下来的门板遮盖自己的散兵坑。担架不足，他们就从埃尔森博恩营地弄来几副，尽管这些担架上仍然沾着鲜血，焐热后会散发出难闻的味道。在无遮无挡的山坡上，泥泞和雨雪让身着潮湿制服的官兵们瑟瑟发抖，所以他们采用土方法加热自己的散兵坑，有的用罐子装上浸透汽油的泥土点着，还有的在油罐中燃烧树枝，将罐底挖个洞当作炉门。这样的小发明能够遮挡火光不外泄，但是这些散兵坑住户胡子拉碴的脸很快就被熏得黑乎乎、油腻腻的。为了确保散兵坑里温暖的热气不外溢，能够住得热热乎乎，许多人用防水布把散兵坑封得严严实实，有的人还给自己的炉子加装了防水盖，没想到在此过程中竟有数人窒息而亡。身后的野战炮群就在他们头顶齐射，震耳欲聋的炮声几乎让所有人都觉得头痛。不过己方大炮开火时的噪声并没有令官兵们觉得有什么大不了的，在过去几天里敌军炮火的轰鸣声都未能让他们畏缩不前。[34]

他们要再次面对第3装甲掷弹兵师，该师的总兵力仅相当于一个大型战斗群，而第277国民掷弹兵师已经在先前的战斗中疲惫不堪。这两支部队对罗赫拉特和克林克尔特北部发动进攻，穿过了被德国人称为"谢尔曼之角"的十字路口，此地因几辆炮管低垂的谢尔曼坦克残骸而得名。但德军登上不大的施瓦姆山谷时，就被美军的猛烈炮火打垮了。"来自埃尔森博恩地区的敌军炮火极其猛烈，"第3装甲掷弹兵师师长写道，"所有通往前线的道路和集结地都被炮火覆盖，我们的所有进攻都难有寸进。"[35]

埃尔森博恩岭为美军提供了完美的炮兵发射阵地，这里有16个装备了155毫米和105毫米榴弹炮的野战炮兵营，以及7个军属炮兵营，分别装备4.5英寸M1中型榴弹炮和203毫米重炮。远程炮兵连能够炮击16千米外德军战线后方的村庄和十字路口。当自家的房子在炮击中颤抖时，不幸卷入战火的比利时平民只能在地窖里啜泣和祈祷，"农民们学会了在清晨最短暂的宁静时段里照料他们的牲畜，这段时间很快就被称为美国人的'茶歇'"[36]。战斗肆虐的时候根本不可能掩埋死者，大多数尸体都裹着毯子被放置在当地的教堂里。圣诞节前两天突然降温，地面冻得硬邦邦的，根本无法挖掘坟墓。

12月21日黎明前，德军在南翼对多姆比特亨巴赫一带的美军第1步兵师26团2营的防线发动了一次规模最大的攻势。在30多辆坦克和坦克歼击车①的支援下，党卫军第12装甲师25装甲掷弹兵团3营和党卫军第26装甲掷弹兵团投入了攻击。② 一名比利时农夫目睹了20多名疲惫的年轻德国士兵被强迫他们投入战斗的士官从比林根的地下室里拖出来，哭哭啼啼的，这些士兵的年龄仅有15—17岁。

总计有12个美军炮兵营和一个4.2英寸迫击炮营为第1步兵师的防御阵地提供火力支援，落雨般的炮弹为步兵阵地布设

---

① 此处原文写的是突击炮，但当天德军出动了坦克，以及第560重坦克歼击营的坦克歼击车，党卫军第12装甲师并未装备突击炮。——译者注
② 此处原文只写了党卫军希特勒青年团师的两个营，其实当天德军兵分两路，先后投入了党卫军第12装甲团的三个坦克连（不满编）、四个装甲掷弹兵营、第560重坦克歼击营一部、第217突击坦克营的一个排等部队。——译者注

了一个"钢铁防御圈"[37]。即便如此，仍有一群党卫军第12装甲师的坦克突入了第26步兵团2营的右翼，开始"熨平"前沿阵地上的散兵坑，一辆辆坦克从上面驶过并向工事内射击。阿瑟·库奇当时正在营部附近操纵一门60毫米迫击炮，他后来写道："很快我就注意到坦克炮弹沿着机枪射出的曳光弹弹道从我头顶上飞过。那天晚上有雾，所以我最初看不到德军坦克，但当天光开始放亮时，可以看见一些德军坦克在我阵地前方约200米外开动。迫击炮弹很快就打光了，于是我通过无线电请求营部再送一些炮弹来，而营部在我左侧300多米外的庄园建筑里。让我惊喜万分的是，很快就有两个人用手推车推着一车炮弹从营部赶来。德军坦克似乎知道我们有迫击炮阵地，但他们的视线为浓雾所阻，所以找不到我的位置。有人打电话来说我们的一门迫击炮命中了一辆德军坦克，而且将它打坏了。又过了几分钟，我看见一辆德军坦克正沿着我方战线行驶，并对着散兵坑直接开火。我不停地射击，因为我非常担心，如果我挡不住他们的话，德军步兵很快就能冲过这不到200米的距离，出现在我的阵地前。我从电话里得知，德军坦克已经冲到营部前了。"[38]

有几辆德军坦克被反坦克炮和谢尔曼坦克击毁，但直到第613坦克歼击营一个装备了90毫米高初速主炮的M36坦克歼击车排抵达后，这次攻势才被最终粉碎。党卫军第12装甲师蒙受了极其惨重的损失，据墓地登记单位统计，有782名德军阵亡，[39]第26步兵团伤亡了250人。①

德军又对山岭发动了更多攻势，但伦德施泰特和莫德尔都清楚，不论是在北面的蒙绍一带（现在那里的守军已经得到了

---

① 这个数字并非12月21日一天的德军阵亡人数，应该是12月18日至12月21日或至23日的总阵亡人数。——译者注

美军第9步兵师增援），还是在至关重要的埃尔森博恩岭当面，希特勒偏爱的第6装甲集团军都没能完成自己的任务。集团军指挥官泽普·迪特里希既愤怒又满腹牢骚，觉得自己不应该因元首的失望而受到责备。

阿登攻势开始之初，第21集团军群的数名英国军官就受到了比利时友人的取笑，后者调侃说比利时抵抗组织正准备把他们都藏起来。当英国人回答说没必要这样做，一切尽在掌控之中后，比利时人嘲讽道："1940年的时候你们就是这么说的，第二天就丢下我们跑了。"[40] 蒙哥马利绝不允许此类事情再次发生。

12月19日17点30分，就在艾森豪威尔将北线指挥权交给蒙哥马利的前一天，后者命令布赖恩·霍罗克斯中将的第30军去保卫马斯河渡口。[41] 位于比利时布吕赫（Bruges）的第61侦察团"加满弹药、装满油箱、满载物资后驶入黑夜之中"[42]，在得到一支反坦克部队的加强后，一个中队也向迪南的大桥进发。他们不但要提防"伪装成美国佬的德国人"，还要警戒敌军的蛙人，河中的任何漂浮物都会被布伦式轻机枪的子弹撕得粉碎。驻扎在迪南的英军第3皇家坦克团也与美国宪兵一起工作，在随时准备爆破桥梁的同时，还要检查车辆和"为数不多但源源不断涌来的美军散兵游勇"[43]。

英军特种空勤团和幻影侦察队已经就位，在戴高乐的命令下，法国第21军区指挥官安德烈·马里耶·弗朗索瓦·多迪（André Marie François Dody）少将率领七个装备差的法国营紧随其后，还有一些临时拼凑的单位，兵员来自李中将的战区后勤地带的兵站部队。第30军的承诺让比德尔·史密斯将军长出了一口气，他后来说："我感觉只要（德军）向北运动我们就没事了，因为如果他们转向列日-那慕尔一线，我们就有霍罗克斯的第 30 军所属的四个久经沙场的师。我们了解霍罗克斯，也知道他有出色的部下。"[44]

由于损失了大量坦克，美军请求英军第 21 集团军群给予补充。这一行动总计将要送去约 350 辆谢尔曼坦克，禁卫装甲师带着首批 80 辆赶到，并拆除了坦克内的无线电设备，因为美军使用的制式电台和英军不同。

在确保马斯河一线安全的同时，盟军最高统帅部坚持管控阿登战役新闻的做法招致了严厉批评，这在一定程度上是为了掩饰盟军被突如其来的攻势打得措手不及，但隐瞒事实的尝试并不怎么成功。《时代》周刊很快公布说，盟军最高统帅部和第 12 集团军群"强制实施了比浓雾还密不透风的审查制度，以此掩盖德军大规模反攻一事"[45]。甚至当消息最终发布时，"公告滞后事件达 48 小时"之久，而且有意闪烁其词。一些盟军最高统帅部的高级军官甚至把记者视作毫无必要存在的祸害，比德尔·史密斯在和第 3 集团军参谋长霍巴特·盖伊准将通电话时就曾说："就我个人而言，真想把他们都毙了。"[46]

不仅仅是记者在抱怨，盟军最高统帅部中的英国高级军官也感觉该政策"即便没有让所有西方盟国人心惶惶，也对比利时和法国的民心产生了灾难性影响……这削弱了我方新闻的公信力；鼓励人们收听德国人的广播，以便弄清真相；还激起了一大波谣言……盟军最高统帅部当前的政策只能让公众相信，前所未有的灾难被掩盖了"[47]。

在巴黎，许多人开始相信德军的攻势直指法国首都。五花八门的谣言流传开来，共产党人甚至断言，美国人对戴高乐将军当月早些时候在莫斯科签署的法苏互助条约大为光火,他们把德军放过来正是为了恐吓法国人。

即使推进速度远落后于时间表,待在"雕窝"西线指挥部里的希特勒仍然兴奋不已,大规模反攻的消息在德国国内传播开来。"阿登的冬季攻势完全出乎人们的预料,"上莱茵集团军群的参谋军官弗里茨·霍肯约斯(Fritz Hockenjos)在日记里写道,"对我们的人民来说这是最美妙的圣诞礼物。所以我们仍然可以做到!……我们原以为战争爆发之后的第六个圣诞节很难过得喜庆欢乐。"[48]对纳粹政权来说颇为不幸的是,盲目乐观和偏听偏信只会吊足人们的胃口,产生太多不该有的期望。许多人说服自己,法国将会被再次征服,战争会因此结束。

一些妇女被前线官兵寄来的信件迷惑,为此感到欢欣鼓舞。"你想象不到我们正在经历多么辉煌的时刻,"一名少尉在给妻子的信中写道,"看起来,美军似乎无法抵御我们的攻势,今天我们追上了一支正在逃跑的纵队,并结果了他们……那真是一场战果辉煌的大屠杀,为我们化作废墟的家园报仇雪恨。我的士兵们仍然精力充沛,永远一往无前所向披靡。白雪一定会被美军的鲜血染红。胜利从未像现在这样近在咫尺,目标将很快达成。我们要把这些来自新大陆的傲慢的大猩猩赶下海。他们进不了我们的德国,我们将保护自己的妻儿免受所有敌人的统治。要想留住生活中一切温柔和美丽的样子,那么在这场战斗的决定性时刻,再野蛮也不为过。"[49]

根据戈培尔的记载,阿登攻势的公告发布之后,柏林的整个圣诞节的烈酒配给被消耗掉了。不过,持怀疑态度的柏林人并不为之所动。他们以独具特色的冷幽默调侃着这个毫无节日气氛的圣诞节:"现实一点,给口棺材。"[50]这些人更关注来自东边的威胁,许多人暗自祈祷美军能达成突破,先于苏联红军抵达德国首都。

在英国的战俘营中,阿登攻势的消息在被俘的德军将领中引发了大相径庭的反应。一段被秘密录下的谈话显示,在法国布洛涅被俘的费迪南德·海姆中将、布雷斯特(Brest)要塞指挥官赫尔曼-伯恩哈德·拉姆克(Hermann-Bernhard Ramcke)伞兵上将①和党卫军第12装甲师前任师长库尔特·迈尔(Kurt Meyer)旅队长兼党卫军少将激动不已。海姆称其为"长夜之战"。"就这样在夜色中隆隆向前,"他大喊道,"就这样一直隆隆向前!"[51]

"装甲迈尔"(Panzer Meyer)②附和道:"坦克战的不变原则:'向前,向前,向前!'……这就是德军指挥人员的优越性所在,尤其是德国基层指挥人员的优势所在。"[52]不过,作为一名装甲兵指挥官,迈尔担心补充上来的坦克炮手经验不足,更担心这次攻势是否会因过于野心勃勃而适得其反,但拉姆克不以为然。他坚持说:"这次攻势非常可怕!德国人民无法被打倒。你看着吧,我们将追着盟军向西穿越法国,并将他们扔进比斯开湾!"[53]

其他人则冷嘲热讽。装甲兵上将海因里希·埃贝巴赫谈及希特勒时说道:"那个人永远不会停止幻想,就算是站在绞刑架下,他也会幻想着自己能逃过一劫。"[54]在法莱斯包围圈被俘

---

① 此处原文写的是大将(Generaloberst),其实这是错误的,他在1944年9月14日刚刚晋升伞兵上将,9月19日向盟军投降。——译者注

② 库尔特·迈尔的绰号。——译者注

的第 84 军代理军长奥托·埃尔费尔特（Otto Elfeldt）中将提醒他的听众："今天已经是周三了，如果他们在五天内只推进了 40 千米，那我只能说这算不上什么攻势。一次推进缓慢的攻势毫无优势可言，因为敌军可以更快地向前线调动预备队。"[55]

第十四章　12月21日，星期四

12月21日上午，作为警卫旗队师矛头的派普战斗群陷入了绝境，正如派普所说的那样，"在没有足够补给的情况下被包围了"[1]。他收到了来自师部的电报，师里的其他部队打算从三桥镇突破，以缓解他的压力，但派普实力有限的部队甚至都无法守住斯图蒙和舍讷村了，而援兵又迟迟上不来。暴怒的德军洗劫了昂布莱沃河南岸的蒂耶城堡（Château de Detilleux），将所有无法带走的东西摧毁。在瓦讷村，德军以村民给美军炮兵指示目标为借口，杀害了五名男子和一名妇女；在雷费（Refat）村，另一个战斗群的九名党卫军士兵在搜集食物时，在一户农家大吃了一顿后还强暴了三名村妇。[2]

当天上午，在斯塔沃洛有100多名德军试图游过昂布莱沃河，以在北岸获得立足点，但美军第117步兵团1营的部队吹嘘说如同"打鸭子"[3]般将德军射杀在水中，80名德军死在了河里，剩下的人逃回了南岸。当美军战斗工兵通过炸倒大树、埋设地雷来封锁公路后，斯图蒙和拉格莱茨之间的道路已经无法通行，派普战斗群的处境变得越加危险。派普已经别无选择，只能将大部分兵力收缩到拉格莱茨村内，而美军第30步兵师已经开始炮轰该村了。

围剿派普战斗群的战斗变得越来越残酷。"当我们看到斯塔沃洛镇内那些被屠杀的平民后，整个人的情绪都变了，"一名美军士兵写道，"德国人要是过了河，会把这里的一切都撕成碎片，那不是个人的愤怒，而是仇恨。"[4] 能活着被俘的党卫军士兵寥寥无几。在党卫军军官眼里，马尔梅迪大屠杀的消息传开显然变得对己方有利，希望能借此将士兵逼上绝路，迫使他们战斗到底。党卫军军官告诉部下，如果他们被俘，就会遭到拷打，然后被杀。

"迄今为止，我们抓到的俘虏还很少，"第1集团军指挥部的一名军官在21日写道，"我军部队知道敌人的暴行，还知道无论是对我们还是对敌人来说，都正处于生死攸关的时刻。"[5] 几个高级军官很清楚，是他们默许了报复性杀戮的行为。当布莱德雷中将不久后听人议论党卫军第12装甲师的战俘说部队伤亡惨重时，他疑惑地扬了扬眉，问道："是党卫军第12装甲师的战俘？"

"噢，是的，长官，"军官答道，"我们需要一些战俘做做样子，那就是我军抓到的所有俘虏了，长官。"

"唔，那还不错。"布莱德雷笑道。[6]

巴顿的部队朝着北方滚滚而去，向曼陀菲尔的南肩角发动攻击，目睹了部队开进的布莱德雷深受鼓舞。12月21日，他和参谋们站在卢森堡市阿尔法酒店外面，注视着第5步兵师"沾满泥巴"的车队穿城而过，各种车辆一整天里都川流不息。"大兵们看上去都很冷，"汉森在日记里写道，"人人裹紧棕色的制服，以抵御从敞篷卡车上席卷而过的冬季寒风，面无表情地坐在卡车车厢中的成堆行李上。当车队穿城而过时，大兵们都一脸茫然地回望着热切注视着他们的当地居民。"[7]

蒙哥马利对德军用装甲师突破马斯河一线的决心有着清醒的认识，认为第1集团军必须向西伸展其防线，范围要远远超出第 30 步兵师阻击派普战斗群的战场。高个子的马修·李奇微少将是一个高大威猛的伞兵，每次出现在人前时胸口的背带上总绑着两枚手榴弹，他指挥的第 18 空降军正在进入萨尔姆河以西的阵地。此外，蒙哥马利还坚持要求美军第 7 军军长——年轻的约瑟夫·劳顿·柯林斯少将把防线一直延伸到马斯河。蒙哥马利认为柯林斯是美军最好的军长之一，霍奇斯对他的评价也很高。第 1 集团军军史指出，"柯林斯少将身上一贯充满了战斗的爱尔兰人的活力"[8]。柯林斯的军下辖第 3 装甲师和第 84 步兵师，以及巴顿的旧部——被誉为"地狱之轮"（Hell on Wheels）的第 2 装甲师。

李奇微得到了第 1 集团军参谋长基恩的支持，现在还包括柯林斯，众人都认为既然圣维特还在美军手中，那么就应该驰援该镇。"蒙蒂大约每隔一天就会下到我的指挥部，"柯林斯记录道，"同时他会把李奇微叫来开会，和我们一起讨论战况……我对蒙蒂了解得不少，从各方面来说我们很合得来。我和他讨论时，即使不同意他的看法，他也不会生气。"蒙哥马利反对第 18 空降军或者第 7 军直接杀奔圣维特，部分理由是仅有的一条道路不足以支持整个军的调动和补给。"乔，你的军无法只靠一条公路来支持作战和补给。"蒙哥马利说道，毫无疑问这让他想起了通往阿纳姆的那条公路。

"好吧，蒙蒂，也许你不行，但我们可以做到。"柯林斯反唇相讥。[9]

不过，第 7 装甲师师长哈斯布鲁克准将和 B 战斗群指挥官布鲁斯·克拉克准将都强烈反对驰援圣维特的计划，他们事后觉得蒙哥马利想要撤出圣维特防御部队的决定是正确的，并认为李奇微不会和他们同心协力，作为一名伞兵出身的将领，他不懂得如何使用装甲部队。[10]

12月20日晚至21日凌晨,圣维特的守军听到了坦克的声音,他们以为德军会在黎明时分发动攻击,没想到一直到上午战斗才打响。德军的国民掷弹兵用手榴弹和"可怕的坦克杀手反坦克火箭筒"[11]攻击美军的机枪巢,他们离得非常近,迫使美军机枪手呈扇形左右扫射,全力开火。尽管哈斯布鲁克的炮兵营弹药不足,仍在接到火力支援任务后的2—4分钟内开炮射击,"将炮弹倾泻到距离我军阵地不到50米的范围内"。

15点15分,战斗平息下来,但博耶少校怀疑这"只是暴风雨前的平静"[12],美军已经没有预备队了。半个小时后,德军的多管火箭炮连突然再次开火,树木被不断炸倒和撕碎。"散兵坑上用来遮盖的原木被撕开巨大的口子,钢铁如同冰雹般凶猛无情地席卷树林,我们能听到周围传来的树木倾倒在地和树梢被炮弹劈断的声音。伤员的痛苦尖叫声此起彼伏,不停地传来,而我们所能做的只是背靠着墙蜷缩在散兵坑底部,祈求炮弹不要直接落到自己头上。当炮弹呼啸着在我们身边落下爆炸时,大家似乎已经魂不附体了。"[13]

德军在弹幕射击的掩护下穿过林子发起了攻击,炮击一停,博耶少校就高喊"准备战斗"。当德军步兵试图冲过林间的伐木道时,美军开火了。一名火箭筒手打坏了一辆突击炮,"另一名士兵爬出散兵坑向前跑去,将火箭筒对准豹式坦克的履带裙板开火射击,坦克猛地停了下来,瘫在了原地。就在他开火的刹那间,火箭筒手被子弹击中,倒地身亡"。

两辆豹式坦克开始有条不紊地用枪炮挨个破坏美军的散兵坑,博耶手下的一名军官在用无线电呼叫坦克歼击车过来对付豹式坦克时"声音哽咽"："真他妈的该死，有两辆重型坦克就在我们头顶上，它们正把我的人一个个从散兵坑里炸出来。"然而，这片战场上并没有谢尔曼坦克或者坦克歼击车。夜幕很快降临，博耶报告说他认为部队能够熬过今晚，但19点刚过德国人的进攻又开始了，多管火箭炮和坦克再次将散兵坑一个接一个地抹掉。

德军攻击部队从圣维特北部、东部和东南部的三条主要公路的两侧杀入镇内，守军很快就被压垮了。博耶少校所在的第38装甲步兵营的每挺机枪都有几组机枪手操纵，"只要一组人被打死，另一组人立刻顶上去"。22点，"德军坦克群已经突穿了防线的中央部分，正在进入圣维特"。在该镇东南部的第38装甲步兵营被切断了退路，在食不果腹不眠不休地血战了五天之后，许多人都被冻伤了。博耶所在的这个营原有670人，现在仍能行军的只剩下185人，其他人或阵亡或重伤。雪开始下得越来越大了。

B战斗群指挥官克拉克准将发出命令："部队重新整编，尽可能保住你们的车辆；朝圣维特西部攻击前进，我们正在镇子的西边组织一条新的防线。"[14]确认命令无法执行之后，博耶让他的部下携带个人武器以四五人一组的方式突围。他派传令兵到迫击炮排，告诉他们毁掉车辆，但要保住迫击炮和支架。有一名医护兵自愿留下来照顾伤员。尖兵带着指南针在前面引导队伍，精疲力竭的官兵在被积雪覆盖的森林中跋涉前行，每个士兵都被告知要抓住自己前面的那个人的装备，以免在黑夜中掉队。

圣维特镇的街道上到处都是瓦砾和碎玻璃，屠宰场被付之一炬后，惊恐万状的牛群在街道上横冲直撞。在前一天的猛烈炮击中,许多当地居民都带着行李躲进圣约瑟夫(St. Josef)修道院坚固的拱形地下室里避难。随着炮击愈发猛烈,戈法特(Goffart)神父决定下到地窖里的难民中间,"他带着圣餐杯和圣饼,在地下储藏室的一个房间里设了座小型祭坛"。当德军开始总攻时,地下室里已经人满为患,根本挤不进去了。这里面有许多美军伤员,为了给他们腾地方,只能强迫平民让出位置。[15]

通过该镇撤退的美军中,包括来自命运多舛的第106步兵师423步兵团团属情报侦察排的官兵。"黑夜中什么都看不见,"他们中的一员写道,"但在雪地里能看到轮廓,唯有耀眼的照明弹和炮弹爆炸的火焰才使一切看起来似乎比白天还要明亮。"最后三辆谢尔曼坦克在情报侦察排的伴随下撤离圣维特,"众人小心翼翼地来到了通往西北方的罗德特大街(Rodterstrasse),在小镇边缘一些人爬上了坦克,尽可能趴着,抓住任何能够握住的东西,其他人则在坦克两侧徒步前进。坦克从道路两侧的交叉火力网中杀了出去——机枪射出的红色曳光弹道如同催命的火鞭,吓得我们屁滚尿流,如同堕入了人间地狱。幸运的是德国人的子弹打得高了点,纵横交错的弹道从我们头上几英尺的地方划过。在圣维特以西不到2000米的一座小山顶上,我们在路边下了车,坦克在一片小树林的边缘占据了阵地。情报侦察排向坡下移动了几米,队形展开后我们开始竭尽全力挖掘工事"。暴风雪中气温大幅度下降。[16]

第18国民掷弹兵师和第62国民掷弹兵师的士兵饥寒交迫,冲进镇子后都不顾一切地寻找住处和战利品,尤其是从建筑物和美军放弃的商店里抢夺他们能够找到的食物。哈斯布鲁克的部队已经撤到了圣维特西部的新防线上,现在轮到美军野战炮兵营炮轰这座在劫难逃的小镇了。

在圣维特西北部，西格弗里德·冯·瓦尔登堡少将的第116装甲师奉命向乌尔特河（Ourthe）东岸的奥通（Hotton）推进。就在前一天，瓦尔登堡麾下的装甲战斗群攻击了桑雷（Samrée）和多尚（Dochamps），在该师右翼推进的第560国民掷弹兵师则打得更为辛苦。第116装甲师的豹式坦克在战斗中摧毁了大约12辆美军坦克，但是由于缺乏燃料，第156装甲掷弹兵团、第146装甲炮兵团和第116装甲侦察营不得不停止前进。占领桑雷之后缺油情况得到了缓解，德军发现了美军储备的25000加仑燃油，这是真正的救济物资，瓦尔登堡将其描述为"上帝送来的礼物"。美军战俘告诉德军，燃油里都被添加了砂糖遭到了破坏，但瓦尔登堡声称"德国发动机很适应这批燃油"[17]。

瓦尔登堡抱怨说"期待已久的党卫军第2装甲军迟迟不见踪影"，其实该军所属的党卫军第2帝国装甲师就在其后方不远的地方。在圣维特附近因仍旧混乱不堪的交通状况而堵在路上后，该师先是转向南边，接着再向北攻击第82空降师的防线，随后由于缺乏燃料不得不停下来等候燃油补给，全师上下都对这样的耽搁心急如焚。"众所周知，国防军第2装甲师在没有遇到敌军猛烈抵抗的情况下向西突进，正在逼近马斯河畔的迪南。在没有遇到空袭的情况下——通往马斯河的道路是畅通的——我们全师却由于缺乏燃料停下来等待补给，整整24小时无法动弹。"帝国师第4元首装甲掷弹兵团这样记录道。[18]蒙哥马利几乎可以断定，自己将面临威胁的突出部北肩角向西延伸是正确的，当李奇微和第1集团军想要调动部队向圣维特推进时，他拒绝了这一建议。

当天晚些时候，在第 156 装甲掷弹兵团的坦克支援下，第 116 装甲师对奥通发动了攻击，但他们被第 82 空降师 325 滑翔机机降步兵团的一个营、第 638 坦克歼击营的一个 M18 坦克歼击车排和莫里斯·罗斯（Maurice Rose）少将的第 3 装甲师所属的一些坦克挡住了去路，其中美军坦克在战斗开始几个小时前刚刚抵达奥通。① 第 116 装甲师师长瓦尔登堡承认美军打得不错，他的部队损失了数辆坦克，官兵都非常疲惫。他后来写道："部队的推进速度开始慢了下来，官兵们慢慢意识到这项决定性计划已经失败了，或者说已经没有获胜的可能。部队士气和作战效率都受到了打击。"[19]

与此同时，德军第 2 装甲师仅仅推进到奥通以南 18 千米处的尚普隆（Champlon），该师曾在泰讷维尔（Tenneville）东南部的十字路口受到美军第 101 空降师 327 滑翔机机降步兵团的一个连阻击，军长吕特维茨上将后来想要控告该师代理师长迈因哈德·冯·劳赫特（Meinhard von Lauchert）上校怯懦畏战。[20]和诺维尔之战时一样，第 2 装甲师也由于燃料供应迟迟上不来而耽误了行程，师里有些部队此时才刚刚经过巴斯托涅北部。

战斗结束后，布尔西和诺维尔村的平民都走出了藏身的地窖，出现在受到严重破坏的村子里。到处都是潮乎乎的烟味、碳

---

① 此处原文有误，关于奥通之战攻守双方的作战单位描述不准确，德军参战的主要部队是拜尔战斗群所属的第 16 装甲团 2 营和第 60 装甲掷弹兵团 1 营，第 156 装甲掷弹兵团是第 116 装甲师的预备队，根本没有到过奥通；美军防御该村的兵力并不多，主要是第 51 战斗工兵营一部、第 3 装甲师第 23 装甲步兵营和数辆坦克，一个排的坦克歼击车是战斗结束后才赶到的。在 21 日上午奥通爆发战斗的同时，美军第 3 装甲师有三支特遣队在附近地区与第 116 装甲师和第 560 国民掷弹兵师各部展开混战。——译者注

化的砖石、燃烧过的钢铁和农场里的牲畜死于炮击后散发出的烤肉味。然而，即便是炮击停止之后这段相对轻松的时刻，也很快烟消云散了。村民们发现自己被党卫队帝国保安总局下属的一个特别行动队赶到了一起，野蛮的审讯开始了。德国人带着印有报道9月美军进驻时欢庆场面照片的报纸，试图甄别出比利时抵抗组织成员和那些欢迎过美军的人。在布尔西，有个男人被残暴地殴打，接着被拖到外面用锤子活活砸死，因为德军在他家的地窖里发现了一面自制的美国国旗。这支特别行动队移驻诺维尔，在村里杀害了七个人，包括德尔沃（Delvaux）神父和学校校长。

巴顿通过快速重组他的第3集团军创造了奇迹，但他对不得不集中兵力救援巴斯托涅并不怎么热衷，他更喜欢直接杀奔圣维特切断德军的后路，也不愿意按照艾森豪威尔的命令等到更多的部队集结完毕再开始行动。他在12月21日的日记中写道："艾克和盟军最高统帅部作战主任（G-3）哈罗德·罗·布尔（Harold Roe Bull）少将对我部发起攻击太早、兵力投入太少感到紧张不安，我已经投入了我现在能调集到的全部兵力，如果我继续等待（部队集结），就会失去突然性。"[21]巴顿从来都不是一个谦虚谨慎的人，当天他在给妻子的信中写道："我们应该有勇气杀入敌军腹地，切断其供应线，在这十万火急的时刻，命运匆忙将我召唤而来，也许上帝拯救我是为了这一刻。"然而，巴顿的傲慢在接下来的几天里令他很是难堪，因为事实证明朝着巴斯托涅突破的困难远比他想象的多得多。

第26国民掷弹兵师师长科科特上校派出罗尔夫·孔克尔（Rolf Kunkel）少校的侦察营和第39燧发枪兵团，去占领巴斯托涅南部公路周边的几个村落，装甲教导师的先遣战斗群紧随其后。科塔少将把第 28 步兵师师部设在锡布雷村，该村位于巴斯托涅西南角约 7000 米处，他试图将散兵游勇组织起来，建立防线迎击德军。但美军的防御在德军的攻击下土崩瓦解，科塔被迫迅速率部撤离。科科特上校视察了这片战场，他以为自己目睹的第 28 步兵师的残兵败将是来自巴斯托涅的守军。在锡布雷村，一个和他交谈的比利时人向他保证，巴斯托涅的守军正在瓦解之中，科科特更加充满希望，认为吕特维茨上将的乐观也许是合情合理的。[22]

向北推进的孔克尔战斗群在麦考利夫的指挥部引起了相当大的恐慌，因为在赛农尚（Senonchamps）周边的第 8 军炮兵基地非常脆弱。惊慌失措的第 771 野战炮兵营的炮兵们纷纷逃离，好在一支拥有防空半履带车（搭载四联装 12.7 毫米高射机枪）的小部队及时抵达，这些可怕的"绞肉机"发挥了巨大作用，瓦解了孔克尔战斗群的进攻。

饥肠辘辘的德军占领了农舍和村庄，在温度急剧下降的时候高高兴兴地躲进了栖身之处，开始杀猪宰牛，每当他们从农家找到食物，以及从美军放弃的存储点中发现库存的装备和口粮时都欢腾不已。德军对待村民的态度，和包围圈内的诸多美军士兵对待比利时人一样，满是怀疑和不信任。

更南边的德军第 5 伞兵师已经抵达了巴斯托涅通往阿尔隆的公路，准备阻击巴顿的部队。其他的德军各师鉴于自身能力不足，对挡住美军的强力反击没什么信心。

在迟迟不散的浓雾中，德军沿着通往巴斯托涅、比佐里和富瓦之间的铁路线发动了进攻。美军伞兵以排为单位，小心翼翼地穿过松树浓密却没有低矮灌木丛的森林。20 日率部撤离诺维尔的第506伞兵团1营新任营长罗伯特·F. 哈威克（Robert F. Harwic）少校写道："森林就像一座恢宏的大厅，绿色的屋顶由众多棕色的柱子支撑着。"[23]他们在每条防火道和伐木路前都会停下来仔细观察，确定安全后再穿过去。官兵们用耳语或者手势来传递命令。德军发射的炮弹不时地在树梢上爆炸。

德军阵地伪装得很好，因此美军伞兵在遭到射击时不知道枪弹是从哪里打来的。一旦发现敌人的散兵坑，伞兵就会散开，远处的人开始以短距离冲刺的方式向前冲锋，同时其他人以典型的"火力和机动"方式为他们提供掩护。受到来自两个方向的攻击后，一些国民掷弹兵慌了手脚，个别人迎头跑向哈威克的部下，高举双手投降了。哈威克写道："有人带回来两名俘虏，他们显得非常害怕，当子弹啾啾飞过时一直缩着脑袋躲避。最后，当一串子弹在近处划过时，他们一头扎进了一个散兵坑。卫兵不想冒险，对着散兵坑扔了颗手榴弹，又走到坑边用卡宾枪对着里面开了四枪，然后返回前线加入了战斗……战斗持续的时间不长，但非常激烈——这是场苦战，所有的近距离战斗皆是如此。一名伤员就躺在离我不远的地方，我爬了过去，他非常需要帮助。要给他包扎的人就倒在边上，手里还拿着一卷绷带，但脑袋被子弹打穿了。"[24]

战斗全部结束后，哈威克的部下带回了更多的俘虏。"有个家伙吓坏了，腿都站不直，跪在地上用德语反复嘟囔着，眼神也飘忽不定。他用英语反复念叨着'别杀我'，最后瘫在地上啜泣。当我们把他架起来时，他发出了尖叫声。其他战俘的态度介于这个家伙和那个冷漠的中尉之间，后者冷着个脸也不知道给谁看，结果在某处不知为何被人冲着鼻子狠狠打了一拳。"[25]在美军的强令下，德军战俘把美军伤员抬到了最近的急救站。

巴斯托涅镇内的情况相对来说还算可以，能够提供包括大量面粉在内的食品，但前线的口粮明显短缺。空降兵随身携带的用来应急的 K 口粮在头三天就吃完了，所以士兵们只能靠烤饼和煎饼来充饥。

麦考利夫最担心的还是炮弹短缺问题，特别是第 101 空降师伞降野战炮兵营配备的 105 毫米 M3 短身管榴弹炮炮弹。燃料库存问题也是一大隐忧，坦克歼击车和谢尔曼坦克消耗了大量燃料，而它们在防御战中是必不可少的。自野战医院被毁之后，伤员越来越多，医生却越来越短缺，困扰着每个人。黑压压的低矮云层意味着空投不可能进行。就像在卢森堡市的巴顿和布莱德雷那样，其实阿登地区的每个美军官兵和医务人员都在祈祷天气能够放晴，飞机能来空投。

当天德军炮兵开始对巴斯托涅镇进行集火射击，其炮弹落点的准确程度让美军宪兵咋舌不已，无端猜疑镇内的难民和居民中混杂着为德军炮兵指示目标的"第五纵队"。城镇是个很容易命中的目标，那些躲在圣母学院（Institut de Nôtre-Dame）地下室里的人能感觉到大地在颤抖。一发炮弹击中了一个小型弹药库，引发了一场大爆炸。麦考利夫不得不把他的指挥部转移到地下室里，原先独立指挥第 10 装甲师 B 战斗群作战的罗伯茨上校也加入了他的指挥部，现在罗伯茨的部队也转隶麦考利夫指挥了。两人配合得很默契，作为师炮兵指挥官，麦考利夫的专业知识在这场非常仰仗炮兵的防御战中作用巨大。

由于用来攻占巴斯托涅的部队只剩下第 26 国民掷弹兵师和

装甲教导师的一个战斗群，军长吕特维茨上将命令拜尔莱因中将派出谈判代表，要求巴斯托涅的守军投降，以免玉石俱焚。[26] 吕特维茨收到了来自元首大本营的严令，不得为占领巴斯托涅再调集更多的部队，于是第二天送过去的那封劝降信只是虚张声势罢了。

巴斯托涅的环形防线至少还存在不少漏洞，德军沿着铁路线的渗透就是明证。漫漫长夜和白天糟糕的能见度让德军轻而易举地溜过了美军防线，并切断了其前沿阵地后方的道路，试图诱使美军后撤。每当这种情况出现，担任预备队的几个伞兵排就会被派上去对付德国人，许多"老鼠猎杀者"在湿漉漉的树林里巡逻，搜寻漏网之鱼。低沉的雾气与地面齐平，导致巡逻队归来时会遭到战友的误击，还会令交战双方的士兵错跑到敌方阵地。在富瓦附近，第506伞兵团2营副营长理查德·迪克·温特斯（Richard Dick Winters）上尉甚至看见一个德军士兵就在他的指挥所后面脱下裤子大解，他说："等他拉完了，我喊了一嗓子自己讲得最好的德语——'请过来！'（Kommen Sie hier!）然后他就走了过来。这个可怜的家伙口袋里只有几张照片、一些不值钱的小玩意儿和一块枪托大小的硬黑面包。"[27]

巴斯托涅镇内在紧急情况下唯一能用的预备队是拼凑出来的一个有600多人的步兵营，被戏称为"杂烩特遣队"（Team Situation Normal All Fucked Up）。这些人大多是第28步兵师的溃兵和第9装甲师R战斗群在巴斯托涅东部被重创后的幸存者，以及出现战斗疲劳症症状的士兵，连他们都被编入了该营。对包围圈内的守军来说，内线作战的有利之处在于可以快速调集兵力沿着巴斯托涅通往镇外的公路机动，增援受到威胁的地区。同时,杂烩特遣队被用来在靠近巴斯托涅镇的地方设置路障,还可以为前线遭受伤亡的部队单独补充兵力。

那天晚上又开始下雪了,即将出现严重的霜冻,对在圣维特以西坚守的哈斯布鲁克的部队和巴斯托涅的第 101 空降师来说,这是件喜忧参半的事情。

第十五章　12月22日，星期五

在圣维特以西，飘落的大雪原本可以让哈斯布鲁克消耗殆尽的部队脱离战斗，但撤退的命令迟迟没有下达，李奇微少将仍然希望他们能够在圣维特和萨尔姆河之间固守。

拂晓时分，雷默的元首卫队旅对圣维特以西约4000米的小镇罗特（Rodt）发起了攻击。罗特由美军第48装甲步兵营的后勤部队——司机、炊事兵和通信兵把守，到上午晚些时候，雷默装备精良的部队已经肃清了这一地区。

在圣维特东北部，哈斯布鲁克的一些部下和后方失去联系，因此并没有察觉主力部队已经撤退了。凌晨4点，一个装甲步兵连接收到了第275野战炮兵营转发的无线电报："你们的命令如下：西撤、西撤、西撤。"[1]连长命令各排成单列纵队依次从前沿阵地撤出，"人人紧紧抓住前方战友的腰带或背包束带"。在浓密的大雪中，能见度几乎为零，他们借助指南针向西行进，连队在雪地中艰难跋涉时走散了，大多数官兵阵亡或被俘。那些穿越森林、小峡谷和陡坡撤离的人，最终赶上了由轻型坦克和装甲车组成的第7装甲师后卫部队。

与三辆谢尔曼坦克一道撤出圣维特后，第106步兵师423团团属情报侦察排人人筋疲力尽，天还没亮他们就被坦克发动机的启动声吵醒了。坦克兵接到了撤退命令，却忘了通知为他们放哨的侦察排。"我们疲惫不堪地爬出简陋的散兵坑，到树林边集合，一些小伙子必须借助外力才能站起来，而且大家走起路来都痛苦不堪。我们的双腿已经在夜间冻僵了,当我们蜷缩在阵地上时,几乎冻僵的双脚更加肿胀。"[2]

坦克抵达通往维尔萨姆的道路时引来了德军的射击,这表明敌军已经推进至他们后方,"于是我们又在寒风和大雪中小心翼翼地启程,向西南方穿过成片的树林"。元首卫队旅进攻罗特的枪炮声清晰可闻,于是"借助灌木丛和永不消散的浓雾掩护,我们取道乡间小路进一步向西南方向前进,直至小村诺伊恩多夫(Neundorf)。跨过一座小桥,我们来到了村边的一排农舍"。

"当我们穿过这座桥时,"情报侦察排的萨姆·博德伦(Sam Bordelon)回忆道,"遇见了很多比利时人——男人、妇女和儿童,我表明了己方身份,向他们介绍了圣维特的情况。至死我都不会忘记那些人的举动,他们就在德军前进的道路上,在逃亡的美军中间。他们做了什么呢?他们迅速将我们分成小组带回自己家中。我所在的那组被带到一名美妙的比利时女士家里。我不知道她是怎样做到的,但她就是做到了,似乎在几分钟内,她家长长的桌子上就摆满了食物。有一大锅炖肉、两大罐牛奶、煮土豆和切成片的热面包。你可以想象随后发生了什么,我们就这样吃喝起来,把自己喂得饱饱的。壁炉里生着火,没过多久爱尔兰人约翰·P. 希恩(John P. Sheehan)一等兵就在炉火前的旧安乐椅上睡着了。吃完饭不久,身后不远处就响起了德军的机枪声。当我们匆忙离去时,将带出来的所有钱都从口袋里掏出来放在桌子中间。必须为这些好人做点什么。"[3]

元首卫队旅的推进已经将哈斯布鲁克的部队一分为二,所以他必须继续后撤以避免被包围。哈斯布鲁克对李奇微和他的

234 第 18 空降军军部大为光火,后者想要他在萨尔姆河东岸建立一条"鹅蛋形"的防线。哈斯布鲁克非常担心自己的南翼,因为他在 21 日夜间听说由第 814 坦克歼击营营长罗伯特·布鲁斯·琼斯(Robert Bruce Jones)中校指挥的特遣队,在防御圈南部俘虏了一名党卫军第 2 帝国装甲师的军官,如果帝国师正如俘虏交代的那样向古维推进的话,这支兵力薄弱的特遣队将毫无胜算。12 月 22 日上午晚些时候,一支新锐德军部队出现在波图以北的雷希特附近,经过辨识,那是党卫军第 9 霍恩施陶芬装甲师的先头部队。如果该师就像看上去的那样朝萨尔姆河推进,第 7 装甲师 A 战斗群就面临着被切断退路的威胁。战斗群指挥官德怀特·阿克·罗斯鲍姆(Dwight Acker Rosebaum)上校迅速做出反应,他撤回了与元首卫队旅战斗的坦克,将部队集结在波图一带以阻击党卫军第 9 装甲师。

当天早上,蒙哥马利派来的一名英军联络官出现在了哈斯布鲁克位于圣维特西南 12 千米处科芒斯特(Commanster)的指挥部。他询问哈斯布鲁克对接下来的行动的看法,后者回答说如果上级认为有必要维持环形防线,那么自己将尽可能长时间地坚守,但他认为最好还是撤退,因为林区缺乏道路,这样的地形根本不利于装甲部队机动,所以该地区几乎不可能守住。以上意见被送呈蒙哥马利。

随后哈斯布鲁克给李奇微送去了关于己方阵地的详细备忘录:德军炮火很快就能够从各个方向上轰击他们;而他途经维尔萨姆的补给线也受到了推进中的党卫军第 2 装甲师的威胁;他还表示,自己残存的部队在帮助第 82 空降师抵御党卫军第 2 装甲师的进攻时将起到更大的作用;步兵的损失是如此惨重,哈斯布鲁克怀疑他们可能无法抵挡下一轮全面攻击了。他在备忘录后附上了一段话："我正投入最后一点部队去阻击（德军）……依我之见，如果我部夜幕降临前不离开这里、北上与第 82 空降师会合，我的第 7 装甲师将难逃一劫。"[4]

李奇微依旧拒绝接受撤退的建议，但蒙哥马利在当天下午视察第 1 集团军指挥部时驳回了他的看法。他给哈斯布鲁克下达了命令："你已经完成了自己的任务——干得非常出色，是时候撤退了。"[5]哈斯布鲁克确实做得不错，他那些五花八门的部队已经成功地将第 5 装甲集团军的攻势迟滞了将近一个星期。

对美军来说极为幸运的是，德军争先恐后地涌入圣维特，导致大规模交通堵塞。许多车辆是在施内艾费尔缴获的美军吉普车和卡车，而它们的新主人拒绝让人将其开走。宪兵对局面失去了控制，暴跳如雷的莫德尔元帅被迫下车，走入这片他的部队花了如此长时间才拿下的城镇的废墟。关键路口周围的混乱意味着德军指挥官要花点时间重新部署部队，这给了克拉克准将喘息之机，让他有时间将 B 战斗群撤到一条新的防线上，随后更伟大的奇迹出现了。当天早晨，就在哈斯布鲁克的炮兵弹药告罄时，一支由 90 辆卡车组成的车队驶过曲折迂回的道路，带着 5000 发 105 毫米榴弹炮炮弹不期而至。

前文提到的情报侦察排加入了第 106 步兵师唯一逃出生天的团——第 424 步兵团，该团已经成为哈斯布鲁克的右翼，他们刚刚听说了马尔梅迪附近的大屠杀。"前线部队发誓在自己的防区内不接受敌军投降，"情报侦察排的一员写道，"排里的两个人在联络该团某连时，拜访了一个步兵排的前沿散兵坑。透过林间 40 多米宽的缝隙，出现了一面白旗，一名中士站起来示意德军继续前进。约有 20 人从林中走了出来，在他们靠近前沿阵地后，中士下令开火，没有留一个战俘。"[6]

只有那些绕过圣维特的德军部队得以继续前进，当晚装甲部队和步兵沿着铁路线向克龙巴赫（Crombach）发动进攻，克龙巴赫争夺战异常激烈。一个连的81毫米迫击炮在20分钟内发射了600发炮弹，"焊接在半履带车地板上的底座都打坏了"[7]。德军装甲兵则用发射照明弹的花招亮瞎了美军炮手的双眼，从而抢先射出了致命的炮弹，取得了毁灭性的战果。

正如哈斯布鲁克预料的那样，现在全师几乎都被笼罩在了猛烈的炮火之下，撤退命令下达后，炮兵于午夜时分开始撤出。气温降至冰点以下，让克拉克准将喜出望外的是地面终于变得足够坚硬，不仅可以越野行军，还可以沿着原先满是泥泞的林间小道行进。只有这样，他们才能让各部向维尔萨姆与萨尔姆沙托之间3000米宽的缺口以及河上的两座桥梁撤退。但是德军的夜间攻势阻止了两个战斗群趁夜色撤出，为撤退制订的缜密计划被打乱了，好在尽管发生了许多后卫性质的小规模战斗，美军主力还是设法于12月23日过了萨尔姆河。[8]

某步兵连的一个幸存者跟着第17坦克营逃了出来，向人们讲述了他们在突围过程中如何边撤边打，才最终抵达第82空降师的防线。一个正在挖掘散兵坑的伞兵放下铁铲说道："你们这帮家伙到底在躲什么？我们已经在这里待了两天，还没有看到一个德国人。"筋疲力尽的步兵反唇相讥："好好待在这儿别动，伙计，很快你就不用去找他们了。"[9]

在埃尔森博恩岭南坡，党卫军第12装甲师再次试图用坦克在比特亨巴赫达成突破。美国守军让居民进入女修道院的地下室，并为他们提供食物。在屋外和小村边缘，妇女和儿童蜷缩在地下室里，她们头顶上的房屋正被交战双方反复争夺、易手。

火箭筒小组对突入村内的德军坦克展开围猎,随后美军战斗轰炸机空袭了该村,爆炸的气浪将一头奶牛抛到了农舍屋顶。战斗结束后,21具平民的尸体被包裹在毯子里,准备找合适的时机下葬,逝去的人中大部分是行动不便只能住在养老院中的老年人和残疾人。[10]

这是突破埃尔森博恩岭美军防线的最后一次重要尝试,随后党卫军第12装甲师奉命撤出,部队整编后转隶更南面的第5装甲集团军指挥。杰罗少将的美军第5军已经挫败了第6装甲集团军突破的尝试。

12月22日凌晨,德军的Ju 52运输机群向派普战斗群空投了燃料、食物和弹药,但这些补给物资中只有约十分之一能够从面积有限的空投场里找回来。德国空军拒绝了第6装甲集团军再次执行空投任务的请求,警卫旗队师为支援派普并为其提供补给而进行的突破尝试,也在三桥镇被第82空降师505伞兵团挫败了,该团坚守着昂布莱沃河与萨尔姆河交汇处以南的萨尔姆河一线。李奇微少将知道,自己需要尽快消灭拉格莱茨与斯图蒙之间的口袋里的派普战斗群,这样才能重新部署第30步兵师和第3装甲师。随着德军第116装甲师前进至奥通,第2装甲师也在其左翼前进,威胁正在进一步向西面发展。

在经历了前夜严重的霜冻之后,李奇微希望能够迎来晴朗的一日,但他很快就得知自己得不到空中支援。无论如何,第30步兵师在谢尔曼坦克的支援下最终肃清了斯图蒙村,德军撤退时将党卫军第2装甲掷弹兵团三个营的所有伤员都留了下来。[11]但在斯塔沃洛以西,一个装甲掷弹兵连溜进来将道路封锁,还占领了一座美军的战地救护站,美军战斗工兵和坦克于次日收复了该地。

派普承认他的形势"非常严峻",拉格莱茨爆发了逐屋争夺的巷战,村里的部分房屋被美军火炮发射的白磷燃烧弹点燃,派普声称拉格莱茨村内那座"有着显眼的红十字标记"[12]的教堂已经成为美军坦克和火炮的目标。他的部下中大多数还是不满20岁的年轻人,此时已经精疲力竭、饥肠辘辘,多数人穿着从尸体和战俘身上扒下来的美军制服,因为他们自己的制服已经成了破布。由于师里解围部队突破包围圈的所有尝试均以失败告终,派普当晚决定,他的战斗群必须自行突围。

与意志消沉的派普相比,巴斯托涅南侧的科科特上校要乐观得多。他的第26国民掷弹兵师师部刚刚接到了装甲师正向马斯河快速推进的报告,他也开始认为或许吕特维茨的军部有非常准确的情报,能对巴斯托涅的美国守军的状况了如指掌,否则就不会只命令"一个步兵师独自"[13]去包围并夺取该镇。第7集团军指挥官布兰登贝格尔上将于前夜拜访吕特维茨的军部时做出了保证,当巴顿的部队从阿尔隆向北突击时,第5伞兵师能够坚守南翼。

在酷寒的天气下,随着更多的雪花飘落,地面冻结实,科科特率部发起了向心突击。该师第39燧发枪兵团推进至巴斯托涅西面的芒代圣艾蒂安,由侦察营担纲的孔克尔战斗群在巴斯托涅西南的赛农尚和维勒鲁一带战斗。"就在当天,"科科特记录道,"从军(部)传来消息,大意是说巴斯托涅守军指挥官以极其简洁的方式拒绝投降。"[14]

当第327滑翔机机降步兵团2营F连的士兵见到四名德军挥舞着白旗向他们走来时,还以为对方想要投降。一个讲英语的德国军官宣布，根据日内瓦和海牙公约，他们有权发出最后通牒。使者掏出自己携带的眼罩并被带往连部，劝降信则呈交到了师部。整夜未眠的麦考利夫准将此时正在地下室里补觉，师代理参谋长内德·多尔顿·穆尔（Ned Dalton Moore）中校将他摇醒，告诉他德军派来了信使，要求巴斯托涅的守军放下武器，否则将面临被炮火全歼的命运。仍处于半梦半醒之间的麦考利夫喃喃自语了一个字"球"（Nuts），由于一时间不知道该做何回复，第101空降师作战科科长小哈里·威廉·奥斯本·金纳德（Harry William Osborne Kinnard Jr）中校提议说，麦考利夫应该用他给参谋长的话作为答复。这个仅有一个字的答复就这样被汇报给了那位身份不明的"德军指挥官"，事实上此人正是吕特维茨。曼陀菲尔听说最后通牒一事后对吕特维茨大发雷霆，他将其视作愚蠢的虚张声势，因为德军根本就没有炮弹来兑现这一威胁。不过，麦考利夫也无法确定德军是否在虚张声势。

天气变化意味着军装会在白雪的衬托下格外显眼，在巴斯托涅及其周边村落，美国军官四处询问当地村长可否给他们一些床单用作伪装。在埃莫奥勒（Hemroulle），村长径直走进教堂敲起钟来，村民聚集后村长就让大家回去拿床单，因为美军士兵需要它们。村民提供了约200条床单，空降兵将它们剪开制作成钢盔罩布，或是撕成布条包裹步枪和机枪枪管。那些南美风格的披风式斗篷很快就出现在巡逻队中，不过斗篷会在受潮后冻得僵硬，人走动时会发出爆裂声和沙沙声。在巴斯托涅及其周边村庄巡逻的其他士兵，则用一罐罐白石灰为自己的车辆和坦克涂上伪装。

在巴斯托涅环形防线的散兵坑中，第101空降师缺乏装备的空降兵被冰点以下的低温折磨得苦不堪言,尤其是他们的双脚只能捂在湿透的靴子里。一些士兵在巴斯托涅镇内发现了一座存有数千只粗麻袋的仓库,所有的麻袋很快就被分发给士兵用来包裹双脚,然而战壕足病和冻伤造成的非战斗减员数量仍然在以惊人的速度增长。

尽管条件艰苦,但空降兵在当天的反击中展现出来的力度和气势还是让德军吃了一惊。拂晓时分,德军开始对芒代圣艾蒂安一带展开攻势。战斗期间,一家难民与其他人躲到了村中的最后一栋房子里,于是作为农场主的两兄弟给奶牛挤奶,将奶装入桶中后递给寄居在棚舍中的客人们饮用。突然间门被踢开,两名端着施迈瑟(Schmeisser)MP 40冲锋枪的德国兵闯了进来,难民们蜷缩在墙边,因为这两个德国佬看上去似乎喝醉了。其中一人将枪口对准平民,另一人跨过成桶的牛奶,松开裤子挨个朝里面小便,两人都觉得这样做很有意思。[15]

第26国民掷弹兵师在当天的战斗中损失了约400人,不得不从师属后勤营和炮兵团里抽调人手来充当步兵凑数。由于美军的这次反击,科科特上校甚至认为守军即将尝试从包围圈内突围,他的部下从离开巴斯托涅的难民那里听说镇内气氛紧张异常,车辆正在装载。德军的炮弹在夜间命中了第101空降师师部,几名军官被炸死在自己的睡袋中。

由于能见度太低,当天的空投计划被迫取消。第101空降师严重缺乏各型炮弹,得不到治疗的伤员数目迅速攀升,然而官兵们依然士气高涨,拒绝投降的消息迅速传开后更是如此。盟军最高统帅部的一些高级军官,尤其是来自英军的情报主任斯特朗少将,很担心第101空降师无法守住巴斯托涅。"我从未担心过这场战斗,"比德尔·史密斯中将后来说,"不过,斯特朗曾于一天之内三次问我是否认为巴斯托涅能够守住,我认为(我们可以)。他说:'你怎么知道?'我说:'因为那里的指挥官认为他们能够守住。'我们最好的师就在巴斯托涅,当指挥官说(他们)没问题时,我就相信他可以(坚守)。"[16]

"闪电乔"柯林斯少将在组织第7军防御以阻击德军装甲师向马斯河推进方面没有浪费多少时间,目前他手里只有第84步兵师,但第2装甲师和第75步兵师已经在路上了。柯林斯乘坐一辆装甲车抵达了马尔什昂法梅讷,他后来写道:"大雾就弥漫在树尖的高度。"[17]柯林斯在那里找到了第84步兵师师长亚历山大·拉塞尔·博林(Alexander Russell Bolling)准将,后者已经派出侦察部队去查明敌军位置和进攻路线。让他感到欣慰的是,博林"非常镇定",但此番会晤使柯林斯确信,布莱德雷认为他的整个军应该留着用来反击的想法是错误的,第7军即将"为自己的生存而战"[18]。柯林斯决定将军部设在梅昂(Méan)的一座小城堡里,该镇位于马尔什昂法梅讷以北15千米处。

德军第2装甲师科亨豪森战斗群的先遣队已经于12月22日一大早向马尔什昂法梅讷推进,起先没有遇到任何抵抗,直至该镇以南2000米处,才在连绵起伏的田野与森林中的一个十字路口,遭遇了博林麾下的第335步兵团某部。[19]当一支装甲掷弹兵部队投入战斗之后,第2装甲师的先遣队转向了西面的迪南。把守日韦城内马斯河渡口的是英军第23轻骑兵团,来自该团的一份未经证实的报告说,在该城东南12千米处的沃内什(Vonêche)发现了德军坦克纵队,结果引发了一阵恐慌。[20]

德军第2装甲师先头部队距离迪南的马斯河大桥只有25千

米，但是博林的师持续发动进攻，迫使第2装甲师分出部队来掩护侧翼。美军步兵于清晨时分从马尔什昂法梅讷发动的进攻失败了，但在坦克的支援下，美军于当天下午发动了另一次更为猛烈的攻势，夺回了该镇西南方的高地。第2装甲师273防空营击毁了开阔地上的数辆谢尔曼坦克，遏止了美军的反扑，但在战斗过程中遭受了不小的损失。当天晚上，德军装甲掷弹兵重新夺回了部分高地，并打开了向西的道路。[21]

该地域的美军后勤部队和其他分队很快就意识到了危险来临，其中一支部队驻扎在马尔什昂法梅讷与罗什福尔之间的昂日蒙（Hargimont）古堡。为了防备德军前锋在夜间偷袭，他们睡觉的时候不脱军服和靴子，手榴弹就放在手边。听见枪炮声后，他们迅速撤出古堡返回迪南。大部分比利时年轻人或骑车或步行，跟着美军一起撤走了，他们完全有理由担心9月抵抗组织的袭击会招致报复，而且更清楚如果留在这里，就面临着被送到德国强制劳役的危险。

当炮弹开始落下时，比利时人躲进了地窖，对战况一无所知。然而，他们可以分辨出美军军靴的橡胶靴底和德军长筒靴的平头钉踩在街道上发出的不同声响。德军进入村镇时，平民纷纷逃走，他们不仅害怕暴行，还知道德军士兵身上长满了虱子。德军在前进过程中不断搜寻躲藏起来的美军官兵或抵抗组织成员，任何一个年轻的比利时人，如果愚蠢地捡到几颗子弹放在兜里，一旦被搜身查到，就会被当作"恐怖分子"枪决。当德军决定待在室内的时候，他们就把步枪和铁拳榴弹发射器堆在角落里，平民们则忍不住紧张地盯着这些武器。本地人之间用瓦隆语交谈，他们知道除非碰巧有来自东部各省的应征士兵，否则德国人听不懂他们在说什么。

在防风灯或蜡烛映照的地下室里，阿登本地的居民有时会在较长的战斗间隙唱民谣。然而当炮击再次开始时，人们的嘴唇就快速张合，开始背诵《玫瑰经》（即《圣母圣咏》）。在漫长的炮击期间，环境急速恶化，助长了痢疾的流行。只有在炮火间歇，人们才能提起马桶去外面的粪坑倾倒，农夫及其儿子们也借机冲出去为牛棚中的奶牛挤奶和喂猪。他们为楼下的那些避难者带回了成桶的牛奶，用来改善以土豆为主的饮食。如果时间允许，他们还会迅速屠宰被炮火炸死的家畜，运气好的话能做出一些阿登火腿与难民分享。由于去水泵取水太过危险，人们用许多水桶和罐子装满白雪，待其融化后作为饮用水供人饮用。那些逃到树林中的平民在房屋被炸毁后除了抱团取暖外别无他法，他们只能吮冰止渴。

在整个阿登地区，随处可见年老体衰者借以社区精神得到他人照料，事实上，自私自利的情况并不多见。房子下面有石制地窖的屋主会为那些头顶上只有木地板的邻居提供庇护，建有较深地下室的本地城堡的主人会邀请村民来避难，但这种显眼的建筑一直是交战双方炮兵观察员的焦点。

那天早上，第116装甲师师长冯·瓦尔登堡少将的心情糟透了。凌晨4点，他接到军长的命令，要求他停止从乌尔特河东岸对小镇奥通的攻击，此地由美军第51战斗工兵营和一些后勤部队英勇地保卫着。曼陀菲尔误以为该镇的防御相当坚固，足以拖住瓦尔登堡的师，他命令第560国民掷弹兵师去接手夺取奥通的任务，而第116装甲师经由桑雷和拉罗什昂阿登撤回，然后沿乌尔特河另一侧再次向西北方向前进，在奥通和马尔什昂法梅讷之间达成突破。[22]瓦尔登堡确信，如果他们早一点走那条路线的话，现在早就越过马尔什昂法梅讷了。这次转移毫无疑问给了柯林斯将军更多的时间，让他能够在更西面的地区组织防御。

在卢森堡市，布莱德雷中将的参谋注意到他现在基本上不怎么离开自己的卧室或办公室。但在那天早上，当汉森走进布莱德雷的办公室时，发现将军正跪在平铺于地板的地图上，透过双光眼镜凝视着德军使用的道路网，并用棕色蜡笔标记了数条道路。就在这一天，巴顿将军麾下的第3军，包括第4装甲师及其右翼的第26步兵师和第80步兵师，开始从南面向巴斯托涅发动进攻。第12军紧随南肩角的第4步兵师一起行动，该军麾下的第5步兵师和第10装甲师一部亦向北推进。

经历了前夜的大雪之后，汉森描述说从酒店里向外望去，景色就像"一张栩栩如生的房屋被积雪覆盖的风景画明信片"[23]。大雾已经散去，温度骤降，但低矮的云层仍然阻碍了盟军空中力量全力出击。鉴于卢森堡市内的居民仍然惴惴不安，第12集团军群民政官决定将卢森堡女大公夏洛特的儿子让大公储①带出来，乘车绕城一周，以向民众表明他仍然与他们在一起，消除民众的疑虑。令布莱德雷的参谋部气愤的是，坐拥欧洲最大功率发射机的卢森堡电台的工作人员已经仓皇撤走，带走了大多数技术设备，从而停止了广播。

---

① 女大公的全名是夏洛特·阿德尔冈德·埃莉斯/伊丽莎白·玛丽·威廉明妮（Charlotte Adelgonde Élise/Elisabeth Marie Wilhelmine）。大公储的全名是让·伯努瓦·纪尧姆·罗贝尔·安东尼·路易斯·马里·阿道夫·马克·达维亚诺（Jean Benoît Guillaume Robert Antoine Louis Marie Adolphe Marc d'Aviano），他于1964年继位，成为卢森堡大公国大公，直至2000年去世。——译者注

对斯科尔策尼突击队的担忧仍然没有平息，反间谍情报部门的人员"十分担心我方将领的安全"[24]。汉森在当天的日记中记录道："身着美军制服的德国特工人员可以通过他们粉色或蓝色的围巾、用手指轻敲两下钢盔，以及大衣和夹克上敞开的第一粒纽扣来识别。《时代》周刊的查利·沃滕贝克（Charlie Wertenbaker）当晚过来时，我们指着他戴的栗色围巾，警告说上面有少许粉色，沃滕贝克立刻就把它摘了下来。"

在凡尔赛处于严密保护下的艾森豪威尔深感窒息，当天他向全军发布了一道命令："你们在夏秋两季取得的辉煌胜利让敌人陷入了绝望的困境，他们正在竭力挣扎，妄图摆脱困境。德军正在疯狂地战斗，妄图夺回你们所赢得的一切，并利用各种阴险狡诈的伎俩来欺骗并杀害你们。他们赌上了一切，但你们在这场战役中无与伦比的英勇表现已经大大挫败了他们的计划。在你们业已证明的勇敢与坚毅面前，敌人将一败涂地。"[25]

前一天，艾森豪威尔试图不让布莱德雷受到这样一种言论的伤害，即他在阿登战役中被打了个措手不及，为此他推荐布莱德雷晋升为四星上将。他在写给马歇尔将军的信中说，第12集团军群的指挥官"斗志昂扬并且……正在有条不紊且精力充沛地应对局势。无论从哪个方面来说，都没有什么可以归咎于布莱德雷的"[26]。

比德尔·史密斯称，布莱德雷受其参谋部的影响，确信蒙哥马利已经陷入了恐慌。如果没有其他因素在里面，这种完全扭曲的观点表明，他位于卢森堡的战术指挥部已经与战场完全脱节。"我们发觉整个英军集团军都在后撤，"布莱德雷的一名参谋写道，"留在前线的只是一些架子部队，蒙哥马利迅速将英国第2集团军和加拿大第1集团军主力从荷兰撤出，去拱卫安特卫普附近的半圆形防线,他认定那里将进行最后一战,为此要做好准备。对于一个通常谨小慎微的人来说,这种机敏还真是令人印象深刻。"[27]布莱德雷的参谋部显然对以下事实一无所知:霍罗克斯的第 30 军就在马斯河畔,该军的第 29 装甲旅已经在河东岸,准备与柯林斯的第 7 军右翼顶端的部队取得联系。

第十六章　12月23日，星期六

12月23日清晨，整个阿登地区的美军指挥官都对无云的蓝天和冬日的炫目阳光瞠目结舌。气温甚至进一步降低，源自东方的"俄罗斯高气压"（Russian High）使天空变得阳光明媚、万里无云。空中管制员兴奋地报告说"能见度极佳"[1]，随后召唤P-47雷电战斗轰炸机群去猎杀坦克。巴顿将军眉开眼笑地对他的副参谋长保罗·多纳尔·哈金斯（Paul Donal Harkins）上校感叹："真他娘的痛快！奥尼尔的祈祷真管用，把他叫来，我要给他发勋章。"[2]接到命令的奥尼尔牧师从南锡赶到卢森堡市，第二天巴顿给他颁发了一枚铜星勋章。

和卢森堡市的众多居民一样，布莱德雷的参谋们都跑到外面的大街上，在阳光下眯着眼睛，观看空中的盟军重型轰炸机编队拉出的凝结尾流，这些轰炸机是去轰炸特里尔（Trier）城和那里的铁路货运编组站的。轰炸机编队和战斗轰炸机群像银鱼群一样闪闪发光，当蹲在散兵坑里的美军再次看到己方飞机从头顶上呼啸而过时，顿时士气高涨。

盟军的空中支援还带来了另一大好处。在空中有战斗轰炸机群活动的时候，德军炮兵部队为了不暴露阵地都不再开火。莫德尔的炮兵指挥官卡尔·菲利普·托霍尔特（Karl Philipp Thoholte）中将报告说："只要敌人的空军一出现，就会对我军炮兵产生影响，炮火火力下降了50%或者60%。"[3]

然而上午晚些时候，第12集团军群指挥部收到了德军第2

装甲师一部正向罗什福尔以东的热梅勒前进的消息，人人都感到非常震惊。那里是集团军群通信中继站所在地，守军兵力薄弱，只有一个排的步兵和几辆坦克歼击车。[4]布莱德雷立即给第1集团军指挥部打电话，询问是否可以向那里派出增援部队，但"就在他讲话的时候，电话线路中断了"。守卫通信中继站的部队刚巧在转移线路，德军逼近时他们撤退了，但他们并没有破坏通信设备，而是希望很快就能重新夺回此地。

通过空中侦察，现在至少还能弄清楚几个德军装甲师向西北方的马斯河运动的轨迹，然而第1集团军指挥部仍然笃信德国人打算朝着列日突破，参谋们不知道希特勒坚持部队必须向西推进。

罗斯少将的第3装甲师师部就设在四面楚歌的奥通镇内，为了对付各个方向上的来敌，他不得不将自己的部队拆得四分五裂，各自为战。B战斗群仍被牵制在拉格莱茨附近，与派普战斗群激战。A战斗群此时还在从奥伊彭赶来归建的路上，师里的其余部队（主要是R战斗群）被分成了三支特遣队。其中两支正准备阻击北上芒艾（Manhay）的党卫军第2装甲师，目前德军正沿着经乌法利兹直通列日的公路向芒艾推进。不过，第33装甲团3营营长塞缪尔·梅森·霍根（Samuel Mason Hogan）中校率领的第三支特遣队，被德军包围在奥通东南十千米处的马库尔（Marcouray），而且已经耗尽了燃料。当天美军尝试了空投补给，但系着空投包的降落伞飘落到了六千米以外，第二天的降落点距离他们有将近十千米。[5]

在乌法利兹—列日干线公路上，有个叫巴拉克德弗雷蒂尔（Baraque-de-Fraiture，直译的意思是"弗雷蒂尔的小屋"）的十字路口，此地仅有三座农舍，附近有座名叫弗雷蒂尔（Fraiture）的小村子，它就位于第 82 空降师和第 3 装甲师防区的分界线上，却一直没有受到重视。阿瑟·C. 帕克三世（Arthur C. Parker Ⅲ）少校是在施内艾费尔崩溃的第 106 步兵师的幸存者，他认为这里的阵地非常重要，并着手组织防御。他手里的部队除了第 589 野战炮兵营残部之外，主要是败退路上收拢的各单位散兵混编而成的队伍，并得到了第 7 装甲师第 203 防空营 D 连的四辆 M16 半履带多管高射机枪车的加强，其搭载的四联装 12.7 毫米 M2 勃朗宁重机枪有个臭名昭著的外号——"绞肉机"。

巴拉克德弗雷蒂尔很快就被称为"帕克的十字路口"（Parker's crossroads），21 日黎明前，驻守此地的这支小部队就遭到了第 560 国民掷弹兵师一支规模不小的侦察队的攻击。"绞肉机"随即把他们撕成了碎片，伤员中确认有一名来自党卫军第 2 装甲师的二级突击队中队长。在北面的芒艾驻防的是美军第 3 装甲师 32 装甲团 1 营营长马修·W. 凯恩（Matthew W. Kane）中校率领的特遣队，凯恩特遣队派来了一个侦察排，[①]而第 82 空降师师长加文少将意识到危险后，派出第 509 伞兵团 1 营去弗雷蒂尔村掩护帕克的左翼，第 325 滑翔机机降步兵团 2 营 F 连也赶了过来。

12 月 22 日基本上风平浪静，已经抵达路口附近的帝国师一部一直在等待燃料补给，并静候雷默的元首卫队旅赶上来。23 日拂晓前，党卫军第 4 装甲掷弹兵团同时攻击了十字路口的

---

① 这个排应该来自第 7 装甲师第 87 骑兵侦察中队 D 连，并非凯恩特遣队所属，有可能临时归属凯恩中校指挥，后来第 3 装甲师的少量坦克也来到了路口。——译者注

守军和弗雷蒂尔村的伞兵，惊讶的美军当时正在吃早饭。对"帕克的十字路口"的真正攻击是下午晚些时候开始的，党卫军第 4 装甲掷弹兵团 2 营和 3 营①，在党卫军第 2 装甲团 2 营 7 连（装备Ⅳ号坦克）与 8 连（装备突击炮）的支援下发起了进攻。一场大雪暴露了没有伪装的美军阵地，他们的谢尔曼坦克也无法机动，德军坦克摧毁了美军的装甲车辆，打掉了一个又一个散兵坑。加文少将命令帕克的部队不惜一切代价守住路口，但美军在夜幕降临之后已经溃不成军，三辆谢尔曼坦克冲了出去，一些官兵逃进了林子里，如同一群疯狂的奶牛四处乱窜。

加文和罗斯都害怕党卫军第 2 装甲师会粉碎美军在芒艾的抵抗，杀入自己后方，于是他们将所有能找到的部队都收拢到了一起。李奇微少将对这一突如其来的威胁大发脾气，他命令第 7 装甲师那些刚刚逃过萨尔姆河、早就疲惫不堪的幸存者去坚守芒艾。此前哈斯布鲁克和克拉克反对他在圣维特以西继续战斗的计划，而且他们还得到了蒙哥马利的支持，这让李奇微（对他们）产生了一种不可原谅的情绪。

12 月 23 日凌晨，党卫军第 1 装甲军军部收到了派普战斗群发来的电报，电文上写道："阵地上的情况严重恶化，轻武器弹药所剩无几，我部在夜间被迫放弃了斯图蒙和舍讷，这是突围的最后机会了。"[6]美军炮兵和坦克继续轰击拉格莱茨。这个令人生畏的战斗群由于缺乏燃料和弹药，现在已经无力回应了。

派普手里控制着的美军战俘超过 150 人，其中就包括第 30 步兵师 119 团 2 营营长哈尔·戴尔·麦科恩（Hal Dale

---

① 此处原文有误，写的是整个党卫军第 4 装甲掷弹兵团，其实该团 1 营当时还在行军途中，未能参加此次战斗。——译者注

McCown）少校，派普曾试图审问麦科恩，并向他宣告自己相信纳粹主义以及德国发动战争的理由。那天早晨，麦科恩被送到一座小地下室里和四名美军军官关在一起，当天下午美军的一枚105毫米炮弹击中了墙壁，冲击波撕开一个大洞后又把德军卫兵掀到了房间的另一边。另一枚炮弹就在外面爆炸，碎片和石头在地下室里肆意横飞，一名美军中尉当场身亡，三个德国人也被炸伤。

后来麦科恩又被带去见派普，后者告诉他德军打算徒步突围，但不知道该如何处理那些美军战俘。派普刚刚获得上级批准，可以率部撤回己方战线。他提出可以做一笔交易：他将留下所有美军战俘和德军伤员，只带走麦科恩作为人质，如果美军指挥官释放（拉格莱茨的）所有德军伤员，那么麦科恩就可以获得自由。麦科恩回答说，他显然无法就战俘问题达成任何协议，他所能做的只是签署一份声明，证明他听到过派普提出的此项建议。当晚，派普的部下开始破坏尚能使用的车辆，他们将要在夜幕的掩护下涉渡昂布莱沃河①，悄悄潜入南岸的树林之中。

第9集团军指挥官威廉·辛普森中将为第30步兵师对派普战斗群的坚决反击感到非常骄傲，他的副官写道："美军现在拒绝更多的党卫军官兵投降，而且很可能扩大到针对所有德军。虽然我们不可能直接下达这样的命令，但指挥官本人倒是希望每个美国兵都听说过这个故事，并将其视作交战规则，就像第30步兵师所做的那样。"[7]听说德军将这个师称作"罗斯福的屠夫"，辛普森感到很高兴，他收到的关于马尔梅迪地区德军战

---

① 其实派普战斗群撤退时是从一座小桥上跨过昂布莱沃河的，最后涉水渡过的是萨尔姆河。——译者注

俘的报告中说，德军指挥官"对部下承诺，他们将要与之交战的美军并非第 30 步兵师。他们非常害怕"。

在埃尔森博恩岭，美军炮兵继续用白磷弹和高爆弹炮击岭下的村镇，哪怕德军不再进行大规模攻击。德军第 3 伞兵师一部占领了山岭南边的小镇费蒙维尔，结果日复一日地遭到美军炮击。镇上的牧师央求一名德国军官去安排（和美军的）停火协议，以便将非战斗人员从镇里撤出。12 月 23 日早晨，德国人只是简单地命令被困在费蒙维尔的 600 名居民动身去东南边的小村绍彭（Schoppen），那里属于德军战线的后方。一名德军军官告诉他们，任何想要去美军那边的人都会被射杀。牧师力劝德国军官再考虑一下，但德国人回答说，如果这些教区民众还不走的话，他们就会开枪，每次杀五个人。

11 点，吓坏了的小镇居民走进了镇外的开阔地。不幸的是，美军侦察机飞行员看到一长队人在厚厚的积雪中艰难地跋涉，以为那是集结中的敌军。埃尔森博恩岭上的美军炮兵开火了，当炮弹在队伍周围爆炸时，老人、妇女和儿童都惊慌失措地向四面八方跑去。牧师跑回费蒙维尔镇，央求德军通过无线电通知美军停止射击，但德军拒绝了，他们什么都没有做。在费蒙维尔的居民抵达相对来说比较安全的绍彭村之前，有八到十人被当场炸死，或者随后因伤而死，还有许多人被炸伤。[8]

围攻巴斯托涅的德军出于某种原因，仍然相信城内的美军企图突围。12 月 23 日，德军加强了其在镇西部的兵力，继续攻击赛农尚周边和芒代圣艾蒂安，以收紧包围圈并破坏（守军）任何进一步的"突围尝试"。希特勒拒绝相信"曼陀菲尔无法用现有兵力占领巴斯托涅的报告"[9]，并在12月23日派一名军官下部队核实情况，然而那名军官支持曼陀菲尔对战况的评估。

被围困的巴斯托涅守军肯定会食物短缺，但他们似乎仍比科科特手下的国民掷弹兵吃得好。德国人的后勤供应情况非常糟糕，"不得不十个人分享半条面包"[10]。虽然在这个极度寒冷的冬天里，美军空降兵因为缺少冬季制服吃了不少苦，但好歹环形防线上有村庄农舍，他们可以在里面取暖。而他们的对手国民掷弹兵的情况就糟多了，这也是他们剥掉美军尸体上的衣服和靴子自己穿的原因。斯科尔策尼别动队造成的紧张情绪仍在持续发酵之中，这就导致一些穿戴着美式装备的德军士兵在投降时会被当场射杀。除了武器，美军士兵唯一渴望得到的德军装备是一套非常简单地集合了刀、叉和勺子的制式餐具。德军装备了雪地伪装服，真是有先见之明，而美军则不得不就地取材。

科科特上校记录道："敌人的第一批战斗轰炸机在上午9点前后出现，它们对着公路和村庄俯冲下来，停放的车辆和农家庭院都在弹雨下起火燃烧。"[11]环形防线西南方向上的美军空降兵不太走运，几乎没有得到什么空中支援。夜间气温急剧下降，许多为步兵提供支援的坦克和坦克歼击车的炮塔旋转齿轮都被冻住了，甚至连反坦克炮都无法移动，因为它们都被冻在了地上。步兵越野机动变得非常困难，半米厚的积雪表层冻得硬邦邦的。

当天，第26国民掷弹兵师对巴斯托涅防御圈的主要攻击落在了该镇西北方的弗拉米耶日（Flamierge）地区，并取得了一定程度的突破；另一次攻击在傍晚时分发生在巴斯托涅东南的马尔维，主攻的是装甲教导师第 901 装甲掷弹兵教导团。然而到临近中午的时候，令人意想不到的威胁出现在了南边，第 5 装甲集团军没料到巴顿的部队能够那么快就调动过来向北发起攻击。

"临近中午时，"科科特上校写道，"第 5 伞兵师的人先是零零星星，后来成群结队地出现在了我师设在翁普雷（Hompré）的师部附近。他们是从前线撤下来的，正在向东转移，队伍里几乎看不到军官。当他们回答询问时，这些人喊道：'敌人已经突破了！他们的坦克向北突击，已经占领了肖蒙（Chaumont）！'"肖蒙就在科科特的师部所在地翁普雷以南不到 3000 米的地方。

溃兵身后很快就出现了第 5 伞兵师的车辆和马车，不一会儿，美军战斗轰炸机就发现了翁普雷村里拥挤的人群和车辆，轮番展开了对地攻击。所有德军都用武器对着俯冲下来的飞机"疯狂开火"，"房子烧起来了，车辆也着起火，伤员就躺在街道上，挨了子弹的马匹到处乱跑"。[12]

这样的混乱场面恰逢美军为巴斯托涅守军进行大规模空投补给，德军士兵惊恐地看着北边的空中飘荡着大量白色和彩色降落伞，想当然地以为敌军开始实施大规模空降行动。他们大喊大叫："敌军伞兵正在我军后方空降！"甚至连科科特都因这一他从未考虑过的突发事件震惊了，但随着第 5 伞兵师逃跑的年轻士兵被国民掷弹兵纷纷拦住，秩序逐渐恢复。翁普雷附近的一个高射炮连接到了"向后转"的命令，炮手要准备把作战目标从空中转向地面了。

随后，科科特用恰巧从附近路过的四辆坦克、一个炮兵分队、一些工兵和溃散下来的部分伞兵组成了一个临时战斗群，此时伞兵已经从"最初的震惊"中恢复过来。他命令战斗群向南机动，占领能封锁公路的阻击阵地，局势似乎很快就得到了恢复。出现在肖蒙的美军装甲部队只是巴顿的第3集团军前出的侦察部队，由于兵力不足，他们撤了回去。

德军第一次收到美军为第101空降师及其配属部队空投补给的警告是在午后不久，当时机群正陆续飞来。第26国民掷弹兵师收到的警报称："注意！强大的敌机编队正从西边飞来！"[13] 德国人看见大型飞机在战斗机和战斗轰炸机群的伴随下从低空飞来，他们预计会遭到大规模的地毯式轰炸，于是地面上的37毫米高射炮猛烈开火。

德军似乎没有注意到上午9点55分，从领头的两架C-47运输机上跳下来两个空降先导小组，落地后他们向巴斯托涅的麦考利夫指挥部报告说要在最合适的地点建立空投场。第9运输机司令部认为他们的任务非常重要，因为担心巴斯托涅可能已经沦陷了。随后，空降先导员（pathfinder）在镇外设置了导航信标，一直等到越来越近的飞机发动机的嗡嗡声逐渐变成轰鸣声。[14]

第一批C-47运输机上的无线电报务员记录道："在巴斯托涅你首先看到的就是完全被积雪覆盖的大平原，远处白茫茫的大地上点缀着森林、道路和城镇本身。接下来映入眼帘的是坦克等履带车辆通过雪地时留下的车辙痕迹。我们飞得越来越低，最后在大约500英尺（150米）的高度开始空投。"[15] 当降落伞在空中纷纷打开时，士兵们从散兵坑和装甲车辆中涌了出来，正如有人所说的，"人们就好像在超级碗或世界大赛上那样疯狂欢呼"[16]。机组人员看到刚刚还空无一人、白雪皑皑的地面上突然出现了生机，当士兵们冲出来将"空投包裹"拖到安全地带时，广袤冰封的大地都沸腾了。"看着装有补给品和弹药的空投包落地,场面颇为壮观,真是令人目不暇接。当我们取回空投包后,首先将拆开的袋子都用来裹脚,然后将补给品放到该放的地方。"[17]另一个士兵说道,绸布制作的降落伞都被士兵改成了睡袋。

第9运输机司令部总共出动了241架运输机,分几个波次空投了334吨物资,包括弹药、燃料、口粮、医疗用品和血浆,"但落地时瓶子摔破了不少,德军炮击时炮弹又摧毁了存放物资的房间"[18]。有九架飞机没找到空投场或因故返航,七架被防空火力击落,部分机组人员被俘,还有些人逃进了森林并在几天后获救,少数人跳伞后直接降落在美军防线内。"空中看不到一架德国飞机!"科科特抱怨道。[19]其实德国空军战斗机曾试图攻击运输机编队,但盟军的护航战斗机在数量上占据绝对优势,德军战斗机被击落数架后只能撤退。

运输机返航后,82架护航的雷电战斗机就把注意力转向了地面目标,它们沿着坦克履带的车辙追踪德军试图隐蔽的坦克群,并攻击了德军炮兵阵地。尽管空中管制员尽了最大努力,雷电战斗机群还是对美军阵地实施了数次攻击,其中一个例子是一架P-47扫射和轰炸了美军的一个炮兵连。美军机枪手开火回击,结果反而吸引更多的飞机加入了对地攻击,直到一个军官跑出来挥舞着对空识别联络板,飞行员们才明白自己闹了乌龙,立即飞走了。

美军战斗机群返航之后,第901装甲掷弹兵教导团对马尔维的攻击在黄昏后继续进行,德军加强了炮兵火力,火箭炮连的多管火箭炮开火时发出了可怕的尖叫声。德军步兵跟在四五辆坦克后面前进,第327滑翔机机降步兵团2营和第326空降工兵营向空中发射了照明弹,惨白的光芒映照出涂着白色雪地迷彩的豹式坦克①和身着雪地伪装服的装甲掷弹兵。守军的步枪和机枪立即开火，火箭筒小组通过打断坦克履带或打坏负重轮令几辆坦克瘫痪，坦克虽然停了下来，但上面的火炮和机枪还在射击。

麦考利夫投入了最后的预备队，并命令炮兵持续开火，哪怕炮弹库存量降低到危险的程度也在所不惜。德军沿着公路向巴斯托涅的突破总算被挡住了。实际上，守军的反突击效果很不错，给德军造成了严重损失，科科特最终下令停止进攻。随后，他接到了曼陀菲尔的集团军指挥部发来的命令，要求在圣诞节发动对巴斯托涅的总攻，届时第15装甲掷弹兵师将抵达前线并接受他的指挥。科科特也许已经对能否取得成功产生了怀疑，但巴斯托涅的守军同样已经竭尽全力了，特别是西边的部队。

美军的兵力并不足以将环形防线全部填满，如果德军形成突破，他们几乎没有预备队来封闭突破口。由于前线的散兵坑非常分散，空降兵只能通过布设饵雷来实施防御。他们把破片手榴弹或60毫米迫击炮弹系在树上，向四周拉出绊发引线；或是将炸药绑在树干上，由单兵掩体内的士兵通过引线人工引爆。

就在富瓦以南，第506伞兵团的部分伞兵仍坚守在森林边缘，他们的观察哨就设在一座房子里，外面的地上躺着个冻僵的德国兵尸体，一条手臂就这么直直地向上举着。"从那时起，"一名中士回忆说，"每次我们来哨位或者离开哨位都会和

---

① 此处有疑问，配属第901战斗群的德军坦克部队是第130装甲教导团6连，该连装备的是Ⅳ号坦克而非豹式坦克。装甲教导师的豹式坦克基本上都在第902战斗群里，除非刚好有修理完毕的豹式坦克被征用，否则马尔维之战中出现豹式坦克的可能性很小。——译者注

他握手,这都成了一项仪式。我们认为如果自己能和他握手,就会比他的境遇好得多。"[20]即使用麻袋和空投包的袋子裹脚,冻伤和战壕足病的影响仍然无处不在,几乎所有的美军士兵都深受其害。第327滑翔机机降步兵团的路易斯·辛普森注意到,"在这种寒冷的天气里,伤员的生命很可能像火柴一样熄灭"[21]。

面对弗拉米耶日周边的战事,辛普森写道:"我盯着斜坡的下方,尽可能看清楚的同时还要低着脑袋,子弹就在身边嗖嗖地飞过。在我的右侧,步枪手正在开火,他们肯定比我看得更清楚。积雪似乎有了生命,开始动了起来,自己从树下离开跑到了斜坡脚下。它动得越来越快,原来那是一队人马,已经形成了散兵线,绝大部分人都是白色的——穿戴着白色的斗篷和帽兜。偶尔有几个身穿灰绿色德军制式大衣的德国兵,他们显得格外扎眼,在雪地中或走,或跑,或扑倒在地,然后起身再次向我们扑来。"[22]

巴斯托涅自然是美军空中支援的重点地区,在北线同样承受德军压力的第82空降师和第30步兵师同样如此。然而,当天半数盟军战斗轰炸机单位要执行的首要任务,还是阻止德军装甲师突向马斯河。[23]

从天气状况好转和盟军空中力量变得活跃的那一刻起,无论是来自空中还是地面的误击友军事件的数量都急剧上升,高射炮手和几乎所有的机枪手似乎都无法阻止自己向任何飞机开火。"射击规则"和"空地识别"指令都被忘得一干二净。必须提醒士兵不得向误击了他们的盟军飞机开火回击。他们能做的只是不断抛出黄色或橙色的烟幕弹,或者发射伞降信号弹,让飞行员停止射击。[24]第30步兵师的隐忍使该师在经历了误击之后付出了最为惨重的代价，这个师在诺曼底承受了己方飞机的误击，当下在阿登同样如此，在未来的战事中他们还将继续承受更多的误击。

博林准将的美军第 84 步兵师和第 3 装甲师部分部队的处境依然非常艰难，他们要守住奥通—马尔什昂法梅讷公路以南的战线，阻击第 116 装甲师和党卫军第 2 帝国装甲师。第 3 装甲师 A 战斗群为掩护柯林斯的第 7 军集结，进一步转向西边。被巴顿这位前任指挥官称为"地狱之轮"的第 2 装甲师，在极其保密的情况下通过强行军抵达集结地域，准备在 12 月 24 日展开反击，该师的进展已经比预期的要快。柯林斯在听到蒙哥马利说"真爽，跟往常一样十拿九稳"[25]后大大松了口气，那慕尔、迪南和日韦的马斯河大桥的安全现在正由英军第 29 装甲旅负责。当晚，该旅的来复枪旅第 8 营的哨兵击毙了两名乘坐吉普车的斯科尔策尼的突击队员。现在的主要问题是潮水般的难民正通过马斯河大桥向西逃亡，一名负责民政事务的军官写道："德军的进攻让所有人心绪不安，他们似乎都担心出现最坏的状况。难民正沿着公路逃难，给交通带来了很多麻烦，我们要去制止他们。"[26]由于各处桥梁都被封锁，比利时人只好安排难民乘船渡过马斯河。

蒙哥马利还向柯林斯保证，第 29 装甲旅将在次日与他的第 7 军右翼衔接起来，其实在 12 月 23 日，英军第 3 皇家坦克团 A 中队在沃茨（Watts）少校的率领下，已经抵达了迪南以东 6000 米的索里讷（Sorinnes）。沃茨并不清楚美国人或者德国人在哪里，因此他将全中队的 18 辆坦克分散布置在通往迪南的每条道路上，其部队的作用和使用方式更像装甲侦察团。对该旅的三个坦克团①来说，最令人失望的是他们将驾驶"饱经战火的谢尔曼"[27]，而不是新式的彗星坦克投入即将爆发的战斗。

英国人已经开始得到当地人的宝贵帮助。雅克·德维朗法涅男爵（Baron Jacques de Villenfagne）居住在索里讷的城堡，位于富瓦诺特达梅（Foy-Nôtre-Dame，法语直译是富瓦圣母院，该村就是以这座在当地很有名的圣母院命名的，与巴斯托涅的富瓦村毫无关系）以北3000米处，他曾是比利时阿登轻步兵（Chasseurs Ardennais）团的上尉，也是当地抵抗组织的领导人。他骑着摩托车充当沃茨中队的侦察兵，将德军第2装甲师的前进方向告诉了英国人。

当地农民很清楚越来越近的战斗意味着什么，他们需要准备好食物并藏身于地窖之中，熬过一场可能为期不短的围困。在塞勒（Celles）南边的桑津（Sanzinnes），卡米耶·杜布瓦（Camille Daubois）听说德军要来，认为是时候屠宰自家珍视的那头重达300千克、像野兽一样的猪了。由于这头猪体形庞大，他觉得自己搞不定它，就去找屠夫帮忙，后者正准备跑到马斯河对岸避难。屠夫勉强同意帮忙杀猪，但当他来到猪圈看到这头庞然大物时，不由得惊呼道："那不是头猪，简直是头野兽般的牛啊！"[28] 屠夫不准备用刀，而是坚持用斧子先砍掉猪头，再把猪吊起来放血，忙完之后屠夫就匆匆离去了。然而当德军第2装甲师的一个战斗群晚些时候抵达之后，猪的尸体就不见了，毫无疑问被送进了他们的野战厨房。

---

① 英军第11装甲师29装甲旅下辖第23轻骑兵团、法夫-福法尔第2义勇骑兵队、第3皇家坦克团和来复枪旅第8营，前三支部队虽然名义上是坦克团，实际上都是营级规模。——译者注

德军第 2 装甲师师长迈因哈德·劳赫特上校在比松维尔以北将自己的部队拆分，以寻找通往马斯河的捷径。第 2 装甲侦察营和伴随行动的豹式坦克连首先补充了燃料，随后在冯·伯姆（von Böhm）少校的指挥下朝着艾达（Haid）和莱尼翁（Leignon）前进。两辆开道的坦克看到美军装甲车后当即开炮射击，装甲车被命中，车组乘员弃车而逃。其指挥官埃弗里特·C. 琼斯（Everett C. Jones）中尉将德军出现的消息向美军第 2 装甲师师长欧内斯特·内森·哈蒙（Ernest Nason Harmon）少将做了汇报。好斗的哈蒙正迫不及待地想要发动进攻，他命令 A 战斗群指挥官约翰·豪厄尔·科利尔（John Howell Collier）准将立刻率部出击。

当天晚上，刚刚接任第 304 装甲掷弹兵团团长一职的恩斯特·冯·科亨豪森（Ernst von Cochenhausen）少校，率领他的战斗群主力抵达了罗什福尔西北 12 千米处的舍沃托涅（Chevetogne）村。到目前为止，该村村民还没有遇到过比从头上划过飞向安特卫普的 V-1 飞弹更可怕的事情，其中一枚飞弹还落到附近的树林里爆炸了。除此之外，战争似乎已经同他们擦肩而过了，自 9 月解放以来，该地区的人们还没有见到过美国军队，而且做梦都没想到德国人会回来。

午夜过后不久，村民被坦克在村内主干道上隆隆行驶时的震动惊醒，他们蹑手蹑脚地走到自家的窗户前，想看看外面的军队到底是美国人还是德国人，但车辆都在闭灯行驶，黑暗中根本就认不出来是属于哪方的。车队停到了一座小山的半山腰上，然后开始警戒，村民们听到军人传达命令时说的都是非常清晰的德语。关于派普战斗群在阿登东部地区屠杀平民的消息已经飞速地传到了本地，德军装甲兵身穿的黑色制服和领章上的髑髅标记使许多人相信这支部队也是党卫军。但德国国防军第2装甲师和党卫军部队并不相同，在对待平民的行为举止方面总体上来说并无不妥。该师的一名军官走进沙普瓦（Chapois）的一处农场厨房里，警告惊讶万分的农妇最好把火腿都藏起来，因为他手下的士兵饥肠辘辘，会毫不犹豫地拿走这些火腿。[29]

12月24日凌晨，科亨豪森战斗群抵达了塞勒，这座历史悠久的小镇就在富瓦诺特达梅南边仅几千米的地方。冯·科亨豪森少校试图率部通过小镇直扑迪南，但开道的豹式坦克碾上了美军工兵在前一天埋下的地雷。根据当地人的说法，两名德军军官冲进了街道拐角处的阿登饭店（Le Pavillon Ardennais）里，饭店的女老板玛尔特·蒙里克（Marthe Monrique）夫人刚刚被爆炸声惊醒，身穿睡衣的她在楼下遇到了德国军官。他们问她从这里到迪南还有多少路程，玛尔特非常镇定地回答说只有十多千米，"但是这条路上布了雷，你们懂的！美国人在那里埋下了数百颗地雷"[30]。德国人骂骂咧咧地走了，他们决定撤到附近的树林里，以防天亮后在空旷地带遭到盟军空袭。

科亨豪森将指挥部设在当地的一座天然洞穴之内，就在树林边上，他的部队包括第304装甲掷弹兵团2营、第3装甲团1营的三个豹式坦克连（欠1连）、第74装甲炮兵团1营、第273防空营的一个连、第38装甲工兵营3连。那些指向第2装甲师野战医院的标记带有该师的三叉戟师徽。为防止情报被传递给盟军，军官派装甲掷弹兵去锯倒电线杆子，割断电话线路。第2装甲师的另一支部队就在塞勒东边的孔茹（Conjoux），有村民想起9月时当地的德军指挥官在撤退前发誓说，他们会回来的。

抵达莱尼翁之后，伯姆战斗群在夜间转向西边的迪南，英军第3皇家坦克团的一辆萤火虫坦克就埋伏在富瓦诺特达梅前方的马埃纳（Mahenne）农场附近。萤火虫坦克配备了长身管高初速大威力的76.2毫米（英军称17磅炮）坦克炮，坦克车长普罗伯特（Probert）中士清楚地听到了履带式车辆行驶时发出的噪声正在接近，立刻叫醒了车组乘员。第一发炮弹没有命中开道车，却击中了一辆弹药车，引发的大爆炸震撼了整支德军车队。快速装填后，普罗伯特的车组用另一发炮弹击毁了一辆Ⅳ号坦克，随即遵循英军皇家装甲部队"打了就跑"的口号，在德军车队中的几辆豹式坦克将炮口对准他们的位置之前快速倒车，回到索里讷向沃茨少校汇报了情况。冯·伯姆少校不确定是否还有实力强大的盟军会在该地区打埋伏，而且他的车辆几乎耗尽了燃油，于是决定让部队停留在富瓦诺特达梅这座小村内。他的部下将车辆隐蔽在农家院落之中，随后都挤到屋子里取暖，寻找食物果腹。

在12月23日夜间到24日凌晨，气温下降至零下17摄氏度，月光洒在冰封的大地上，整个世界白茫茫一片。穿着白色衣裤的德维朗法涅男爵和他的朋友菲利普·勒阿迪·德博利厄（Philippe le Hardy de Beaulieu）中尉设法识别出几处德军的主要阵地，他们在桑津偶然发现了一队藏在林子里的水陆两用车，后来这些车辆遭到了美军炮击。他们在凌晨4点回到索里讷城堡，叫醒了沃茨少校。第3皇家坦克团团长艾伦·布朗中校很快就赶到了城堡，他们向两位英军指挥官介绍了德军的部署情况和科亨豪森战斗群指挥所的位置。至关重要的目标是马埃纳农场，如果拿下此处，伯姆战斗群和科亨豪森的部队就会被分隔开来。德维朗法涅男爵随后去见了第29装甲旅的炮兵指挥官，请求他在炮击被伯姆战斗群占领的村庄时，千万要避免伤及富瓦诺特达梅的大教堂，后来英军炮手做到了这一点。

当希特勒听说第2装甲师的先头部队现在距离迪南仅有7000米时，不由得欣喜若狂，他向军长吕特维茨和师长劳赫特发去了最热烈的贺电。而这两人肯定都对现实深感不安、眉头深皱，因为他们获悉部队位置过于突前，随时会面临危险，而且几乎没有机会获得后勤补给。吕特维茨在1944年8月担任第2装甲师师长期间，参加过注定失败的阿夫朗什（Avranches）反击战。他向曼陀菲尔建议应该将该师部队从整个德军突出部的顶端撤下来，但他也知道希特勒绝不会考虑让部队后撤。

在第2装甲师左翼，拜尔莱因的装甲教导师已经从圣于贝尔（Saint-Hubert）向北前进到罗什福尔，曼陀菲尔就和该师的部队在一起。当天下午德军炮兵对小镇进行了炮击，一支侦察队还进入了罗什福尔镇郊，回来报告说该镇是座空城。其实他们并没有进入镇内仔细搜索过，美军第84步兵师335团3营（欠L连）、第638坦克歼击营一个排的坦克歼击车正埋伏在镇内，恭候德军的到来。[①] 通往罗什福尔的公路沿着岩石峡谷之中的洛姆河（L'Homme）蜿蜒，令德军的进攻面临着很大风险。夜幕降临之后，拜尔莱因发布了一道独特的命令："好吧，我们出发！闭上眼睛冲进去！"[31]

第902装甲掷弹兵教导团团长是有着骑士头衔的约阿希

---

① 根据美方战史，罗什福尔镇内的守军还有师属第309战斗工兵营的一个排、团属反坦克连的两个排以及其他单位（可能是第7军直属的第29步兵团）的一个步兵排，总兵力约有700人。——译者注

姆·冯·波申格尔（Joachim von Poschinger）中校，该团的突击在罗什福尔镇内的主要街垒前突然遭到了美军凶猛的火力齐射，顿时停了下来。激烈的战斗持续了一整夜，德军在镇中心广场损失了不少装甲掷弹兵和一辆重型坦克歼击车。守军在寡不敌众的情况下最终弃城而走，幸存者在第二天向北突围，①进入了美军第2装甲师的防区。

大部分当地居民都在罗什福尔周边山崖底部的洞穴之中躲避战火，他们要在那里待上一段时间，因为罗什福尔现在成了美军的炮击目标。在炮火最猛烈的时候，让娜·奥里（Jeanne Ory）和她的妹妹一起问母亲："妈妈，我们会死吗？""祈祷吧，我的孩子们。"妈妈回答说，她们身边的每个人都会一起背诵《玫瑰经》。一个男人发现他的朋友脸朝下死在冰封的街道上，有只猫四平八稳地坐在他的背上，从尸体身上汲取最后的热量。来自圣雷姆修道院（Abbaye de Saint Remy）的特拉普派（Trappist）修道士后来将镇内的尸体都抬走了。[32]

那天晚上，身在华盛顿的罗斯福总统给约瑟夫·斯大林写了封信，信中说道："我希望艾森豪威尔将军能从他的参谋部里挑选一名完全称职的军官前往莫斯科，与您讨论艾森豪威尔在西线面临的形势及其与东线的联系，以确保在我们的合作过程中各方都能掌握至关重要的信息……比利时的形势还不算很糟，但现在是该谈谈下一步计划的时候了。由于情况紧急，请对这项建议尽早答复。"[33]两天后斯大林回信说同意，罗斯福信

---

① 罗什福尔的美国守军最后兵分两路突围，向西撤退的车队顺利抵达日韦，向北徒步突围的队伍被德军打散，3营I连有两名军官和33名士兵遇到了美军第2装甲师的巡逻队，被该师收容。——译者注

中最后一句提到的"紧急"肯定让他觉得，盟军已经被逼到了背水一战的地步。艾森豪威尔的副手特德空军上将和盟军最高统帅部作战主任哈罗德·布尔少将被指定同斯大林协商，他们准备从法国飞到埃及开罗，再转飞莫斯科。但由于长时间的延误，他们直到1月15日才见到了斯大林，而那时危机已经结束了。

第十七章　12月24日，星期日

12月24日，星期日，灿烂的阳光和蔚蓝的天空再现人间。驻卢森堡市的第12集团军群气象专家马杰特（Mudgett）上尉"为了连续几个好天气兴奋得难以自制，他注视着蓝天越过石头城墙和大教堂的三个塔尖向德国境内延伸，心情极其愉快"[1]。

布莱德雷的代号为"鹰"的战术指挥中心现在并不怎么担心巴斯托涅的防御，第101空降师的士兵"就像西部拓荒时代的大篷车队一样，顽强固守着自己的地盘"[2]。不过参谋军官都深知镇里伤员所处的困境，麦考利夫要求通过伞降方式把四个能做外科手术的医疗小组空投进包围圈，但集团军群指挥部计划用滑翔机机降的方案替代伞降。

当巴顿麾下的第3军用第4装甲师努力向前突破，并在巴斯托涅南部遭遇了超出预期的顽强抵抗时，布莱德雷的副官汉森少校却被一份奇怪的报告逗乐了："今天，一个军需部门的士兵在寻找通往卢森堡市的道路时途经阿尔隆，他走错了路，开上了通往巴斯托涅的公路。当有人向他开火时，吓得半死的他拼命踩油门加速，一路开进了第101空降师的防区——他是首个和该师取得联系的人，以一种纯属意外的方式。"[3]

通过截获的无线电通信，可以确认在巴斯托涅环形防线的南部正在进行一场激烈战斗，德军第5伞兵师向上级紧急申请更多的铁拳反坦克榴弹发射器和反坦克炮，以抵御美军第4装甲师的进攻。第3集团军指挥官似乎对结果没有怀疑，汉森写道："今天巴顿将军来了好几次，显得兴高采烈、吵吵嚷嚷的，他对解围战的感觉还不错。"[4]但事实上，巴顿在掩饰他的尴尬，因为第4装甲师的推进速度并没有他预测的那么快，而且遭遇了德军的顽强抵抗。该师还发现，第8军的工兵在撤向巴斯托涅的时候"把能看见的东西都炸掉了"[5]，他们的进展"之所以受阻，不是因为敌军，而是由于友军工兵破坏并爆破了桥梁"。

卢森堡市的居民则信心十足，穿城而过的第3集团军的部队看不到尽头，这让他们非常安心，都相信德国人再也不会回来了。奇怪的是，第12集团军群的情报部门突然提高了他们估计的德军坦克和突击炮的数量，从345辆增加到了905辆，这个数字比早先他们估计的整个西线的德军坦克总数还要多。

尽管酷寒令散兵坑里的士兵不由自主地颤抖，但巴斯托涅环形防线上的士气很高昂。虽然空降兵和第10装甲师期待着巴顿的救援部队到来，他们却绝不认同自己需要被人拯救的任何说法。在又一个阳光灿烂适合飞行的日子里，他们看到空中到处都是形形色色的盟军飞机。当战斗机群对着德军纵队低空扫射时，传来了炸弹爆炸声和机枪哒哒哒的射击声。（盟军战斗机）同为数不多的德军福克-沃尔夫及梅塞施密特战斗机的缠斗引发了众人的热烈欢呼和吼叫，仿佛这是一场你死我活的拳击赛。如果空投物资的盟军运输机被地面火力击中，人们就会爆发出痛苦的哀号。

这段时间的战斗表明，盟军战斗轰炸机群在德军集结时能够非常有效地破坏他们的进攻队形，机群可以在巴斯托涅的空中管制员的引导下对目标直接发起攻击。来自团级指挥所或者炮兵观测联络机的威胁警告，意味着"通常只需要几分钟，飞机就能对敌军发起攻击"[6]。

第十七章 12月24日，星期日 / 331

由于空投物资中炮弹具有优先权，部队的粮食状况几乎没有得到改善，许多人想弄口吃的还得靠比利时家庭的慷慨分享。在巴斯托涅和北肩角，"当牛、鹿和兔子在活动时触动绊线引起地雷爆炸后，口粮上就能得到牛肉、鹿肉和兔子肉的补充"[7]。狙击手会射杀野兔甚至野猪，但在目睹了野猪吃掉战死者的肠子后，人们对野猪肉的念想就大大减少了。

酷寒和厚厚的积雪给人带来了越来越多的不适，还严重影响了战斗力。那些没有在钢盔内衬里塞上一双干燥的备用袜子并勤换袜子的人，都是最先患上战壕足病或冻伤的人。新近抵达马斯河畔的英军第11装甲师，也许是在不知不觉之中采用了俄国军队的传统办法来避免冻伤——将毯子裁成一条条的，用来裹脚。坦克乘员要在金属板上站几个小时，如果双脚没有充分运动就很容易得病。但至少装甲兵和卡车司机能够用发动机排气管来烘干他们的鞋袜。

反坦克炮的瞄准镜以及无线电和电话的通话器都被套上了避孕套，因为呼吸时凝结的水汽很快就会把它们冻住。坦克和坦克歼击车的行走装置需要化冻，雪会落进武器内部和弹匣，然后把它们冻上。机枪是最容易被冻住的。12.7毫米重机枪是对付躲在树上和其他隐蔽处的敌方神枪手的必备武器，美军士兵很快就发现，德军狙击手会等到火炮或高射炮开火时再扣动扳机，这样一来别人就听不到他们的枪声了。[8]

一支部队在某处战场获得的经验教训，很快就能通过"战斗观察员"的报告传递到其他部队。德军侦察兵会在夜间切断电话线，或切断其中一条线路后设下伏兵，等通信兵出来查线时将其俘获。有的德军士兵会事先用一颗子弹打穿自己的钢盔，这样一来如果他们被击溃的话就会躺下来装死，然后从背后向进攻的美军射击。他们经常在撤退前将地雷或者饵雷布设在自己的战壕里。

美军侦察兵总结说，夜间遭遇德军时要"随意开火，自己得找地方躲好，然后像疯子一样大喊大叫，仿佛你们正在进攻，迫使他们开火"，这样一来对方的位置就暴露了。在防御时，他们会把假人放在散兵坑前方，促使德军提前开火。他们还会在阵地前方为敌军设置掩体，但在掩体下面埋设地雷；在据点之间构筑假的防御工事。在投入攻击之前，制造挖掘的噪声能误导敌军。进入房屋后千万不要靠在窗边开火，而是应该让窗户敞开，走到房间里面通过打开的窗户向外射击。[9]

连队里最受人尊敬和最重要的成员是医护兵。他们在水壶里掺杂粮食酒以防水结冰的方法没有受到任何人质疑，这些水是为伤员准备的，报告中补充说"酒精的刺激作用不会造成任何伤害"。随军牧师也被派到救护所，用含有酒精的饮料为送来的伤员调配香甜烈酒（也叫热棕榈酒）。无数人后来普遍认为，正是由于医护兵的奉献精神、勇气和不时闪现的创造性，他们才得以保住性命。第101空降师的一等兵弗洛伊德·马夸特（Floyd Maquart）在救护一名脸部和颈部重伤的士兵时，用伞兵刀切开了伤员的喉咙，将一支钢笔的空心部分插入了他的气管，从而救了他一命。[10]

收治了700多个病人的马术学校和巴斯托涅圣母院的条件持续恶化，自打德军占领了师野战医院后，师里仅剩下一名外科医生。来自第10装甲师20装甲步兵营的外科医生杰克·T.普赖尔（Jack T. Prior）上尉得到了两名训练有素的比利时护士的协助：奥古斯塔·玛丽·希韦（Augusta Marie Chiwy）[①]，这

[①] 希韦女士于2015年8月23日去世。——译者注

名无畏的年轻女孩来自比利时在非洲的殖民地刚果；勒妮·勒迈尔（Renée Lemaire）①，她是1944年初在布鲁塞尔被盖世太保逮捕的一个犹太人的未婚妻。那些头部和腹部受重伤的伤员存活率很低，僵硬的尸体堆得越来越多，像木材一样堆叠起来，外面盖着油布。许多得了气性坏疽的伤员散发出可怕的恶臭，而库存的用来清洗此类伤口的过氧化氢（双氧水）消耗殆尽。供应量越来越少的血浆冻成了固体，不得不把血浆袋放在人体腋窝下解冻。在做某些手术时，麻醉剂不得不换成了一杯干邑白兰地。患上战斗疲劳症患者的士兵越来越多，给他们使用的镇静剂也严重不足，这些人会突然坐起来发出尖叫。那些在诺曼底和荷兰曾表现出极大勇气的人最终在压力和疲惫下垮掉了，严寒和食物短缺加速了这一过程。

除了科科特上校被迫发动的大规模进攻，德军还发动了更多的夜袭，通常是用四辆坦克伴随100名步兵。身着白色伪装服的德军士兵能在雪地中得到不错的伪装，但当他们身处树林或建筑物的黑色背景下时就会暴露出来。意识到这一点的德军脱掉了上衣，但白色的双腿还是将他们的位置暴露了。

"打坦克涉及团队合作、相互信任和勇气，步兵待在散兵坑里对付敌方步兵，坦克歼击车对付敌方坦克。"第8军的报告里这样写道。[11]然而，一些空降兵显然觉得扛着火箭筒去围猎德军坦克很是刺激。第101空降师宣称从12月19日到30日，共击毁了151辆坦克和突击炮、25辆半履带装甲车。这些数字几乎可以肯定是被夸大了，就如同战斗机飞行员声称的击落敌机

---

① 于1944年平安夜在德军的突袭中丧生，见下文。——译者注

的数量一样。第10装甲师的谢尔曼坦克和克利福德·D. 坦普尔顿（Clifford D. Templeton）中校的第705坦克歼击营的M18地狱猫坦克歼击车共享了其中的大量战果。

凌晨时分，美军在马尔维周边与第901装甲掷弹兵教导团的战斗变得越来越混乱，一名美军机枪手甚至误杀了两名出现在山脊上的滑翔机机降步兵。美军被迫从村中后撤，但成功地守住了西边的山丘。巴斯托涅镇内的麦考利夫指挥部派人再次检查了部队的防御情况。德军从马尔维向巴斯托涅的推进勉强被挡住，但环形防线的西部才是易受攻击之处。美军决定放弃弗拉米耶日和芒代圣艾蒂安突出部，向后收缩兵力，并撤出了赛农尚。减少总体的正面宽度能加强防线上的兵力，但他们还通过将坦克和坦克歼击车配属给每个团来重组部队。

与此同时，被军长吕特维茨和集团军指挥官曼陀菲尔寄予重望的科科特上校，要在美军第4装甲师从南部突破之前，于第二天粉碎巴斯托涅的防御。科科特在等待第15装甲掷弹兵师完成其在巴斯托涅西北区域部署的同时，还越来越关注第5伞兵师在该镇南部的防线。他认为谨慎的做法是从自己的后勤部队中抽调人员和反坦克炮组建"应急排"，在南部建立一道安全屏障。翁普雷附近的防空营也接到命令，准备执行对地作战任务，阻击美军坦克部队。令人欣慰的是，科科特获悉至少装甲教导师第901装甲掷弹兵教导团会负责掩护南下阿尔隆的主要公路。

为第5装甲集团军掩护南翼的第5伞兵师缺乏完成任务所需的武器装备，该师非常讨人嫌的师长路德维希·海尔曼少将看不起手下来自空军的参谋部成员，声称当他接手该师时发现了"贪污和投机倒把"。"到目前为止，这些人仅在法国与荷兰服过役，靠掠夺来的战利品过日子，所有人都是一伙的。"他控诉道，并声称该师的老士官曾公开宣扬他们"不再向往要冒生命危险的生活，现在是战争末期了"[12]。与之相对，年轻的士兵们几乎都不到20岁，有些人只有16岁，即便他们接受的训练很少，给人的"印象还比较好"。海尔曼的上级不断询问他的三个伞兵团的准确位置，但他收到的报告太少而且含糊不清，这逼着他不得不决定亲自上一线，哪怕只是为了逃避军部"烦不胜烦的询问"。

然而，尽管第5伞兵师装备明显短缺、训练严重不足，这些大部分年龄才十多岁的士兵却蛮勇坚韧，美军第4装甲师在与其交战的过程中发现自己要付出很大代价。黎明时分，第4装甲师R战斗群所属的第53装甲步兵营和第37坦克营向比贡维尔（Bigonville）村发动了进攻，该村位于科科特的师部以南超过20千米的地方。率领这支部队的是后来成为侵越美军总司令的第37坦克营营长小克赖顿·威廉斯·艾布拉姆斯（Creighton Williams Abrams Jr）中校，美军用了不到三个小时就占领了村庄和村后的高地①，但"敌军设法渗透回来，将他们清理干净需要经历更多的战斗"[13]。更糟糕的是，随后美军地面部队遭到了P-47雷电战斗机的轰炸和扫射，直到扔出了彩色烟幕弹，并抹去了对空识别联络板上的积雪后，飞机才飞走。美军第二次占领比贡维尔又花了三个小时，为了夺取该村他们

---

① 其实指挥这些部队的是第4装甲师R战斗群指挥官温德尔·布兰查德（Wendell Blanchard）上校，艾布拉姆斯当时只是坦克营营长。从23日正午一直到深夜，美军都被小股德军挡在比贡维尔村外不到2000米的地方动弹不得。24日清晨，在炮火掩护下，美军用两个坦克连配合两个装甲步兵连兵分两路杀入村内，激战持续了几个小时，反复争夺之后缺乏重武器的德军伞兵抵抗至11点前后最终败下阵来，共有328人被俘。——译者注

付出了很大代价,许多从炮塔内探出身来的坦克车长被德军狙击手爆头,"第37坦克营包括C连连长在内,共有九名车长阵亡"。

第4装甲师还饱受极端天气的影响,"我们连长得了肺炎被后送,我们还失去了副排长,因为他的脚被冻僵了"。第51装甲步兵营C连的小罗伯特·卡尔弗(Robert Calvert Jr)在24日的日记中写道。[14]到了第二天,全连就只剩下了一名军官,巴顿在圣诞节前为巴斯托涅解围的希望正在迅速破灭。

科科特的部队和阿登地区的大部分德军部队一样缺乏弹药,特别是迫击炮弹,盟军对铁路编组站和前沿补给线路的轰炸已经见效了。当天下午,美军注意到德军的火力已经沉寂下来,守军估计德国人正在节约弹药,以备圣诞节早晨发动一次大规模攻击。

在大约50千米的北方,拉格莱茨的派普战斗群余部已经准备好破坏他们的车辆,然后徒步穿过昂布莱沃河突围了。24日凌晨3点,约800人的突围部队从小桥跨过昂布莱沃河,在南岸的密林中向山脊线跋涉前进。派普带着麦科恩少校和前卫分队一起行动。两个小时后,他们听见身后传来了爆炸声,在山下的河谷里,成为废墟的村落已成一片火海,被点燃的车辆烈焰冲天。

派普并不确定德军防线在哪里,他只能先率领部队沿着萨尔姆河向南行军。麦科恩后来回忆说,他们除了干巴巴的四块饼干和两大口干邑白兰地外就没什么吃的了。天黑后一个小时,突围德军遇上了美军哨所,哨兵开了枪。装甲掷弹兵都非常疲惫,特别是队伍里还有20多名能自己行走的伤员,他们在黑暗中跌跌撞撞地从溪流中涉水而过，避开了公路和村庄。圣诞节凌晨，突围部队撞上了贝吉瓦尔（Bergeval）以北的另一处美军阵地①，引发了不小的动静，美军迫击炮和机枪纷纷开火，曳光弹在夜空中四处横飞。麦科恩少校趁乱逃离了队伍，回到了美军防线，他向第82空降师的伞兵表明了自己的身份，并被送到了加文少将的师部。

派普和部下撤进了萨尔姆河谷，从冰冷的河水中游了过去。党卫军第1装甲军在圣诞节上午报告说，身上有伤的派普归建了。大约在同一时间，美军第30步兵师荡平了被困在斯塔沃洛附近另一个包围圈中的德军，据说他们也是派普的部下。② 这些德军进行了疯狂抵抗，可能是出于他们的对手不会收容战俘的信念。美军的作战报告中写道："在绝望的突击中，德军几乎是从地面上及膝深的战友尸堆中蹒跚而过。"[15]第30步兵师炮兵指挥官估计在一处地点就堆着超过1000具德军尸体，斯塔沃洛和拉格莱茨周边的树林里尸横遍野。美军估计派普战斗群有2500人阵亡③，损失了92辆坦克和突击炮。

---

① 这场战斗中，派普战斗群突围部队的尖兵遇上的应该是美军第82空降师505伞兵团3营I连，当时3营正奉命撤到三桥镇，双方爆发了一场遭遇战。由于交战双方都无心恋战，很快就脱离了接触，结果是各走各的路。——译者注

② 这支部队很有可能属于克尼特尔快速集群。——译者注

③ 派普战斗群的人员总损失数并不是很大，有600人左右，围绕着救援派普战斗群的战斗过程倒是很激烈，汉森战斗群为解救派普总共损失了500多人，克尼特尔快速集群损失了300多人。与他们对阵的美军，仅第30步兵师就损失了1000余人（这其中并不包括被俘后又被德军释放的200多人）。但就阵亡人数而言，阿登战役期间整个警卫旗队师的阵亡人数都没有那么高，而整个阿登战役期间，有资料显示第6装甲集团军的阵亡人数仅3818人。——译者注

现在第6装甲集团军唯一的突破已经被彻底粉碎了，希特勒和德军最高统帅部的眼光都牢牢地落在了曼陀菲尔向西推进的装甲师身上。德军开始集结兵力对抗美军在北肩角一线呈现出的压倒性优势。党卫军第2装甲师击溃了巴拉克德弗雷蒂尔的美军之后，得到了第9装甲师先头部队的加强。元首卫队旅正在前往攻击奥通的路上，第18国民掷弹兵师和第62国民掷弹兵师得到了党卫军第9装甲师的支援，向维尔萨姆地区的第82空降师发动了进攻，而李奇微少将坚决要求守住这块呈直角楔形的地盘。

布莱德雷听闻蒙哥马利将柯林斯的第7军沿着肩线展开，而非握在手里准备大反攻，感到愤愤不平（其实各师都是柯林斯自己调动投入战线上的，因为他别无选择）。这再一次证明布莱德雷完全不了解到底发生了什么事情。当四个德军装甲师向北方和西北方攻击前进时，美军在反击之前必须先守住防线。第1集团军指挥部正在考虑让第7军从前线大踏步后撤，甚至在当晚的作战日志中记录道："尽管今天航空兵的表现非常活跃，但从今晚的情况来看，还不如说比先前更糟了。"[16]对德军装甲师向西突破的忧虑，甚至促使第1集团军考虑先撤回第5军的所有重型装备，以防出现需要突然撤退的情况。

当蒙哥马利再次越级指挥李奇微（的部队）时，后者气得脸色铁青，这一次蒙哥马利命令加文的第82空降师从维尔萨姆撤退到三桥镇至芒艾这条三角形的底边上。第82空降师正面临着来自党卫军第9装甲师、警卫旗队师的其余部队以及第18国民掷弹兵师和第62国民掷弹兵师的重压。然而，李奇微感到美国军队居然要以这种方式奉命让步是一种侮辱，他认为此举是由于蒙哥马利痴迷于"整理战场"而做出的决定，为此向集团军指挥官霍奇斯中将提出强烈抗议,但就像后来汉森承认的那样,"从霍奇斯那里显然得不到什么同情"[17]。布莱德雷则纠结于蒙哥马利的决定,并在未来的一段时间里对此反复强调。

然而,加文少将看到了重新部署的关键所在,而且几乎可以肯定蒙哥马利是正确的。第82空降师在下一波德军部队抵达之前兵力已经过于分散了,能将战线从27千米缩短到16千米,意味着能提高防线上的兵力厚度。撤退行动于当晚就开始了,而且"对第82空降师的士气并无实质性影响"[18]。加文的空降兵很快就把大量冻僵的德军尸体当作沙袋,用来在新阵地上构筑工事,他们拒绝阵亡人员登记班的人运走这些尸体。[19]

凯恩特遣队和新近抵达的第17空降师的一个团①被部署在芒艾十字路口,第1集团军指挥部对此表示反对,他们仍然相信德军企图占领美军在列日的后勤供应基地。缺乏实战经验的第75步兵师正在赶去支援罗斯少将的第3装甲师,后者正试图救援被包围在马库尔的霍根特遣队。

芒艾的守军预计会受到党卫军第2装甲师令人生畏的猛攻,而后者小心翼翼地穿过公路两侧的森林,占领了奥代涅(Odeigne)。这样做的部分原因是燃料的持续供应问题,但主要是为了避免部队在开阔地带行军,尤其是在阳光灿烂的日子里。一支装甲纵队在白天很容易成为在空中翱翔的战斗轰炸机的猎物,它们正在白雪皑皑的大地上四处寻找目标。

海因茨·贝尔纳德·拉默丁(Heinz Bernard Lammerding)

---

① 此处原文有误,这个团应该是第517伞兵团,但该团早在1944年3月10日就已经和第17空降师脱离了隶属关系。阿登战役期间该团先是被配属给了第30步兵师,自1945年1月2日起到战役结束又配属第82空降师指挥。——译者注

党卫队旅队长兼党卫军少将是党卫军第 2 帝国装甲师师长,他长着一张麻子脸,身材高大,为人傲慢,应该对 1944 年 6 月该师北上诺曼底时在法国蒂勒(Tulle)和格拉讷河畔奥拉杜尔(Oradour-sur-Glane)发生的大屠杀负责。拉默丁就像他手下的大多数军官一样,以冷酷无情著称,他们甚至认为帝国师错杀了格拉讷河畔奥拉杜尔的居民是件好笑的事情。"一个党卫军军官笑着告诉我,他们搞错了村庄,他说'这对村民们来说太糟糕了',可事后发现那座村子里并没有任何游击队员。"海特说的话后来被秘密录下来。[20]

天黑之后,P-47 雷电和 P-38 闪电战斗机都飞走了,党卫军第 2 装甲师的坦克和半履带装甲车驶出了林子,向着北面的芒艾开去。用缴获的谢尔曼坦克在车队前面开道是德军的惯用伎俩,美军没有开火,以防那是第 3 装甲师的一支特遣队。但随后党卫军发射的照明弹让美军坦克炮手瞬间失明,两个装甲掷弹兵团在 21 点肩并肩地发起了进攻,午夜时分德军占领了芒艾。美军第 7 装甲师 A 战斗群在夜战中损失了 19 辆坦克,毫无斗志的坦克手不得不徒步逃离战场。帝国师装甲团没有损失。

瓦尔登堡少将的第 116 装甲师已经被派到了乌尔特河西岸,该师接到的命令是在马尔什昂法梅讷和奥通之间形成突破,然后挥师向西占领锡奈(Ciney),以掩护第 2 装甲师的右翼。然而博林准将的美军第 84 步兵师坚守着马尔什昂法梅讷—奥通主要公路以南的战线。第 116 装甲师设法在韦尔代纳(Verdenne)村周边取得了突破,但后继乏力。此后这里就成了被瓦尔登堡称为"艰苦且变幻莫测"[21]的战斗的开始,建筑物和阵地在交战中反复易手。

马尔什昂法梅讷城本身也受到了威胁。在第 84 步兵师情报部门服役的年仅 21 岁的亨利·阿尔弗雷德·基辛格（Henry Alfred Kissinger）[1]自愿留在敌后秘密潜伏，身为犹太人的他为此要冒额外的风险。但博林的部下死战不退，该师的炮兵火力最终给瓦尔登堡的部下造成了惨重损失。师属各野战炮兵营使用新式的无线电近炸引信进行大仰角射击，如有必要的话就把大炮的助锄坑挖深（提高仰角），这样就能让炮弹在德军阵地上空爆炸。美军步兵抱着一种嗜血的欢乐心情去观察炮击效果，回来报告说"尸横遍野"[22]。

盟军的战斗轰炸机群也来来回回地轰炸和扫射，瓦尔登堡怒斥"德国空军不见踪影，悄无声息"[23]，他的装甲掷弹兵推进到离马尔什昂法梅讷最近的位置是在尚普隆法梅讷（Champlon-Famenne）西北的树林边缘，从这里可以俯瞰该镇，但部队在那里遭到了美军炮兵的持续炮击。直到今天，当地的地主还无法售卖森林里的木材，因为巨大的松柏树干内还深埋着大量金属碎片。

在德军突出部的最顶端，第 2 装甲师在与英军第 3 皇家坦克团的交火中损失了三辆坦克。布朗中校现在最关心的是德国人距离迪南大桥如此之近，他加强了邻近道路的防御，以防备德军装甲掷弹兵可能发动的偷袭。他获悉德军的燃料状况已经到了令人绝望的地步。英军炮兵开始炮击德军第 2 装甲师在塞勒周边的阵地，并计划次日从索里讷发起攻击，肃清盘踞在富瓦诺特达梅村的伯姆战斗群。[24]布朗还不知道英军第 53 步兵师正在渡过马斯河，他身后强大的援兵要到了。

---

[1] 他就是那位在中美建交时起到关键作用的美国国务卿、1973 年诺贝尔和平奖获得者。——译者注

厚实宽阔的胸膛、军人式的小胡子和沙哑的嗓音是哈蒙少将的标志，一眼就能从人群中认出他。他迫不及待地要去寻找敌人，几乎无法自控。哈蒙从柯林斯少将那里得到的命令，要求他在反击的时机成熟之前必须按兵不动，但当柯林斯专注于应付东翼的危险局势时，哈蒙就联系不上柯林斯了。蒙哥马利甚至发出指示，由于德军第2装甲师和装甲教导师在西部地区产生的威胁，柯林斯的第7军在"迫不得已"[25]的情况下可以撤至奥通到昂代讷一线，那里在马尔什昂法梅讷以北大约30千米。这将是一场大撤退，而且同加文的第82空降师的撤退不同，这样的大撤退会是一个巨大错误，但幸运的是蒙哥马利授权柯林斯自己做决断。

哈蒙怀疑在塞勒周边聚集着一支强大的德军装甲部队，但在两架 P-51 野马战斗机报告当地附近存在地面防空火力之前，一直没有得到确认（他仍然未能与索里讷的英军建立联系）。在联系不上柯林斯的这段时间里，第1集团军指挥部和第7军之间出现了相当大的混乱，哈蒙拒绝再等下去了，他命令 B 战斗群协同 A 战斗群攻向塞勒，并派出了两个自行火炮营。傍晚时分柯林斯终于和哈蒙通了电话，并允许他在次日清晨发动进攻，哈蒙大声吼道："狗杂种们已经落入口袋了！"[26]蒙哥马利支持柯林斯对第2装甲师的部署，尽管现在这样做意味着他阻止第7军投入反击的企图已经瓦解了。

科亨豪森战斗群在塞勒和科诺（Conneux）间的两个包围圈建立了环形防线，同时等待着上级许诺过的来自第9装甲师的援兵，然而第9装甲师在等待燃料的过程中耽搁了行程。第2装甲师的伯姆战斗群同样在急切地呼叫需要补充弹药和燃料，但过度延伸的补给线一点都不安全,美军再次在马尔什昂法梅讷西南高地发动的进攻,以及盟军战斗轰炸机愈加频繁的空袭导致情况更为恶化。第 2 装甲师师部位于马尔什昂法梅讷以南,参谋们被挫折感折磨得要发疯了,这一切就发生在他们距离目标如此之近的时刻。莫德尔元帅命令部队从富瓦诺特达梅出击,"如有必要的话,侦察营徒步行军去占领迪南的桥梁,给敌人致命一击"[27],这和布朗中校猜测的一模一样。然而,伯姆战斗群被英军的远程炮兵火力压制得动弹不得。

第 2 装甲师师部中的挫折感很快就变成了警报。"因为两个包围圈都报告说,他们的弹药和燃料供应情况已经不允许部队继续长时间战斗下去了,"第 2 装甲师首席参谋吕迪格·魏茨(Rüdiger Weiz)中校记录道,"而且燃料不足导致一线部队无法撤出战斗,如何帮助在前线奋战的部队成了一个几乎无法解决的问题。"[28]

劳赫特决定抽出第 38 坦克歼击营营长弗里德里希·霍尔特迈尔(Friedrich Holtmeyer)上尉①指挥的战斗群,去掩护马尔什昂法梅讷。他命令该部经罗什福尔向西边机动,再向科诺推进以解救那里的被围部队。由于美军掌握着制空权,行动只能在夜间进行。吕特维茨批准了这项计划,不过首先必须获得第 5 装甲集团军指挥部的许可。劳赫特在当天下午获得了授权,但此时和侦察营的无线电联络已经中断了。霍尔特迈尔战斗群在傍晚时分出发了,然而黑暗中部队机动很不容易,当他们后撤时美军的攻击进一步加剧了困难。

---

① 此处原文写的军衔是少校,但德军第 2 装甲师的相关资料都表明他的军衔是上尉。——译者注

马尔什昂法梅讷以南 10 千米的邦德村，矗立在马尔什昂法梅讷至巴斯托涅的 N4 干线公路一侧的山丘上。如前文所述，9 月党卫军部队沿着 N4 干线公路撤退时，为了对比利时抵抗组织的袭击进行报复，烧毁了该村附近 N4 干线公路沿线的 35 栋房子。[29] 12 月 22 日，第 2 装甲师先头部队打此路过，第二天其中的部分部队就驻扎在村内，军纪执行得非常良好。平安夜，一支身穿灰色党卫队制服、总计有 30 多人的与众不同的队伍出现了。他们的左袖上都戴着菱形的绣着 SD 字母的党卫队保安总局袖标，这支隶属于盖世太保的第 8 特别行动队（Sondereinheit kommando）中的大部分成员都不是德国人，而是一个瑞士人率领下的一群法国、比利时与荷兰的法西斯分子。[30]

他们没有和装甲掷弹兵住在一起，而是占据了邻近主路的一些木屋。平安夜恰好是周日，所以基本上整个村子的居民都在做弥撒。当教堂大门打开，信徒们走出来后，每个符合役龄的男人都被截住，据称要核对身份证件。总共有 70 多人被聚拢在一起，不到一半的人——年龄在 17 岁至 31 岁——被押送到主路附近的锯木厂里关了起来。他们中有许多人是来自其他地方的难民，但同样因三个半月前德军撤退时在该地区的受袭事件而遭到了粗暴的审问，后来他们被一个接一个地带出去处决。

年仅 21 岁、身强体壮、充满力量感的莱昂·佩拉（Léon Praile）是唯一的幸存者，他曾试图说服其他人和他一起干掉卫兵冲出去，但无人响应。当轮到他被带出去时——当时天很快就黑了下来——他突然对着卫兵脸上重击一拳，接着撒腿就跑，他跨过一堵低矮的石墙朝着小溪猛冲，背后响起了枪声，但他还是逃了出去。

1945 年 1 月，当该村最终被英军第 6 空降师的伞兵解放时，米斯蒂（Musty）神父和莱昂·佩拉将英国人领到了藏着34具遇难者尸体的地方，尸体都冻得硬邦邦的。"杀了人之后，"英军的报告说道，"德国人在尸体上撒了些土，盖了几块木板，也没遮严实。最后，他们还在屋内的墙上留下了'为我们被比利时人杀害的英勇的德国英雄们复仇'的语句……受害者有遭到殴打的痕迹，子弹都是从脑后射入的。"[31]

对村民来说这场屠杀令人费解，惊惧的人们编出了毫不靠谱的传言——佩拉之所以逃过一劫是因为他出卖了自己的同志。三人成虎，多年来谣言变成了"真相"，从此以后佩拉再也没有回来过。

负责东线作战的德国陆军总参谋长古德里安大将，从柏林南部的措森（Zossen）驱车赶到"雕窝"西线指挥部面见希特勒。他很清楚，在阿登攻势显然未能实现预定目标的情况下，继续打下去毫无价值，最大的危机仍然在东线，苏联红军正在筹备冬季大攻势。他随身携带的公文包里，装着陆军情报部门——东线外军处（Fremde Heere Ost）——负责人赖因哈德·格伦（Reinhard Gehlen）少将对东线形势比以往更为准确的评估报告。格伦在过去犯过许多错误，这对他的观点确实没什么益处，但这次古德里安确信格伦的警告是正确的。据格伦的情报处估计，在步兵数量方面苏联红军有着11∶1的优势，坦克数量是7∶1，火炮数量更是达到了20∶1，红军还享有近乎绝对的制空权，阻止德国空军进行照相侦察。

在会议室里，古德里安发现与会者还有党卫队帝国领袖海因里希·希姆莱、凯特尔元帅和约德尔大将。当他呈上这份情报评估时，希特勒打断了他的话。元首宣称估算红军拥有如此强大的兵力简直荒谬绝伦，红军的坦克军几乎没有坦克，每个步兵师的兵力也被削弱到最多不超过 7000 人。"这是自成吉思汗以来最大的恫吓，"他怒吼道，"是谁炮制的这些乱七八糟的消息？"[32]

古德里安据理力争，试图为格伦的评估数字辩护，但遭到了蔑视，而约德尔认为西线的攻势应该继续下去，这让古德里安十分惊恐。当古德里安和希姆莱一起共进晚餐时，刚被任命为上莱茵集团军群指挥官却对军事一窍不通的希姆莱自信地告诉古德里安，苏联红军的所谓集结只是他们虚张声势的诡计。古德里安别无选择，只能在绝望中返回措森。

在巴顿的两个军的最右翼，第 5 步兵师已经越过第 4 步兵师的防区开始向西北方向运动。海明威刚从流感和误饮自己尿液的意外中恢复过来，在山顶上与接纳他的第 4 步兵师友人纵览战场，谈笑风生。山下那些披着床单作为伪装的士兵展开队形向前运动，边走边漫无目的地向前方胡乱射击，他们似乎没有遭到德军还击。平安夜，当海明威来到罗当堡的第 22 步兵团团部时，并不知道该团副团长[①]约翰·弗兰克·拉格尔斯（John Frank Ruggles）中校还邀请了已经与其分居的妻子。拉格尔斯派了辆吉普车到卢森堡市请来了玛莎·盖尔霍恩，希望能给两人带来一场惊喜，这对夫妻关系名存实亡的男女发现他们不得不共处一室。[33]

[①] 此处原文写的是"new commander, Colonel Ruggles"（新任团长拉格尔斯上校），但该师的相关资料表明，拉格尔斯中校担任第 22 步兵团团长职务是在 1945 年 3 月 3 日，晋升上校是在 1945 年 4 月 22 日。此前他先后担任了第 22 步兵团 1 营营长和副团长。——译者注

圣诞节前的这个夜晚对交战双方的官兵来说具有特殊意义。在巴斯托涅，轻伤员收到了包含白兰地的口粮配给，从民房废墟中抢救出来的收音机反复播放着《白色圣诞》这首歌曲。[34]在该镇东北方的富瓦村，德军官兵都躲进了屋子和农庄里取暖，一个年轻的德军士兵悄悄告诉比利时房东，他想活着回家，他的三个兄弟都已经在战争中丧生了。环形防线上的部分美军士兵听到他们的敌人正在唱《平安夜》（Stille Nacht, Heilige Nacht），而他们只能谈论在家里怎么过圣诞节，想象着他们的家人围坐在暖和的壁炉前的样子。他们的一些幸运的战友到后方参加了午夜弥撒，比如在罗莱城堡（Château de Rolley）的小礼拜堂里举行的弥撒，教堂里挤满了难民和城堡主人的家庭成员。在大部分时间里，美军士兵也在吟唱《平安夜》，思念自己的家人。在巴斯托涅镇内，约有100名士兵聚集在一个临时搭建的简易祭台前做弥撒，祭坛上摆放着空口粮罐头盒，人们点燃了装在罐头盒里的蜡烛。牧师在布道时给了众人一个简单的建议："勿存虚妄之念，唯上主旨意达成。"[35]

在塞勒和富瓦诺特达梅之间的布瓦塞耶（Boisseilles），德军士兵也来到了在城堡里避难的当地平民之中。第2装甲师的一个装甲掷弹兵也许喝多了，宣称"明天我们就将跨过马斯河"。另一个士兵的心态更加现实，叹息道："糟糕的圣诞节！"[36]

第2装甲师最前方的矛头部队即便没有饿死，也已经断了炊。在塞勒村内，一个来自阿尔萨斯的德国兵敲响了农户家的门，当屋主小心翼翼地开门后，士兵跪下来乞求他给口吃的。许多德国兵的状况看上去非常可怜，以至于当地居民感到有必要本着基督教的博爱精神，给他们的占领者弄点饭吃。第2装甲师的士兵持枪抢夺食物的案例少得惊人，尽管有些人可能会命令农妇给他们烧汤，或者以圣诞礼物的名义向农妇索取一块以保存在瓶中的腌渍水果为原料的自制馅饼。还有人强迫当地妇女替他们洗袜子和内衣。

平安夜，德国士兵尽管饥肠辘辘，却更急于找到酒来消愁。在罗什福尔，14 岁的女孩利利亚娜·德洛姆（Liliane Delhomme）看到一个德国兵用拳头砸碎了格雷瓜尔咖啡馆（Café Grégoire）的玻璃门，他的手被割得鲜血淋漓，却只是为了给自己拿一瓶酒。[37]每逢佳节倍思亲，圣诞思乡愁更浓，许多士兵注视着家人的照片，默默流泪。

交战双方的士兵在各自的散兵坑里熬过了一夜，美国人只有冻硬的 C 口粮用来过节，不管怎么说这也比大部分德国人强多了。一个伞兵绘声绘色地描述了他把冻硬的大块口粮切成碎块，再一块接一块地含在嘴里化冻，直到能吃下去。[38]在最北面的赫芬，第 99 步兵师 395 团 3 营 I 连的一等兵沃伦·威尔逊（Warren Wilson）在日记里写道："小伙子们在战线上到处打招呼，互相祝愿圣诞快乐。大地银装素裹，这是一个美丽的夜晚。"[39]幸运儿得到了军官的慰问，可以转着圈分享一瓶酒。

战地指挥所和更高级的指挥部有圣诞树，基本上都用干扰雷达的条状铝箔装点着。指挥部的级别越高，就越有机会组织相应的庆祝活动。未被战火波及的卢森堡市现在充满了安全感，当平安夜的雪花轻柔地落下时，美军牧师弗雷德里克·亚历山大·麦克唐纳（Frederick Alexander McDonald）正在一座烛光摇曳的教堂里准备主持仪式。他已经接到通知，巴顿将军将参加当晚的圣餐仪式。教堂里人满为患，但麦克唐纳还是一眼就发现了"这位不苟言笑的将军"独自站在后面。他走过去迎接巴顿，并提到在第一次世界大战中，德皇威廉二世曾来这座教堂参加宗教仪式。毫无疑问，麦克唐纳意识到眼前的将军渴望让自己同这段历史联系起来，他问道："长官，请问您想坐在德皇坐过的座位上吗？"

巴顿微笑着说："前头带路。"[40]

第十八章　圣诞节

在巴斯托涅,圣诞夜的短暂平静被一架德国空军轰炸机打破,飞机划过城镇上空投下照明弹,随之而来的是一波又一波Ju 88 轰炸机群。美军已经将德国空军的战斗力视作强弩之末,但轰炸的破坏性远甚于最猛烈的炮击。对于挤在地窖里的难民和巴斯托涅的居民来说,当头顶上的建筑物垮塌时,这样的冲击就更加严重了。[1]

麦考利夫的指挥部也挨了炸弹,墙壁如同地震般颤抖起来,每个人都很害怕会被坠落的砌石压死。当烟尘涌入圣母学院拥挤的地下室时,人们或是祈祷,或是惊恐地尖叫,有几个人完全陷入了歇斯底里的状态。

第 10 装甲师急救站的军医普赖尔上尉与几名战友分享了一瓶圣诞香槟,其中也包括来自比属刚果的护士奥古斯塔·希韦。大家都被爆炸的冲击波抛向地面,普赖尔突然担心急救站被炸弹直接命中,他们带着一身灰尘挣扎着走到街道上。伤员头顶上的三层建筑已经垮塌,废墟里还燃起了大火,希韦的同事勒妮·勒迈尔与大约 25 名重伤员一起丧生,伤员都是躺在病床上被烧死的。士兵们冲上去扒开瓦砾以打开救援通道,但用水桶送水扑灭大火的尝试徒劳无功,很快就放弃了。一些被烈火困住的伤员恳求别人打死他们,好从被活活烧死的痛苦中解脱。

低空飞行的轰炸机用机枪扫射着街道,引得伞兵们用步枪还击。巴斯托涅已经没有防空能力了,因为所有装备 12.7 毫米四联装高射机枪的半履带车都被部署到了周边防线上。

显然，这次被推迟数小时之久的进攻是德军圣诞节攻势的序幕，按照曼陀菲尔的指示，第5装甲集团军炮兵指挥官监督了炮击。科科特已经将他的指挥所转移至环形防线西北方的吉夫里（Givry），该地区树木和村落稀少，后者常被美军作为据点充分利用，而且开阔地上的障碍并不比被白雪覆盖的小冲沟更大。即便如此，科科特手下的大部分国民掷弹兵仍然惧怕即将来临的战斗，而且他们并不相信军官的训诫和允诺，即当前己方已经具备了压倒性优势。

按照德军的计划，从西北和东南方向发动的双重攻势要在五个小时内突入巴斯托涅镇，但科科特沮丧地发现，第15装甲掷弹兵师的实力比他预想的薄弱得多。第15装甲掷弹兵团团长沃尔夫冈·毛克（Wolfgang Maucke）上校[①]指挥的战斗群有三个装甲掷弹兵营、20辆坦克和突击炮，还有两个自行火炮营。该师另一支规模更小的部队仍然在赶路，要在一天之后才能抵达。

首轮突击指向了美军在尚斯（Champs）村当面的防区，5点，科科特的第77掷弹兵团在没有进行炮火准备的情况下偷袭了美军散兵坑，直到此时德军炮兵才开始向美军机枪阵地开火。科科特观察到，尚斯村在激烈的战斗中"反复易手"[2]，美军第502伞兵团1营A连和第705坦克歼击营C连3排的两辆坦克歼击车[②]给他的部下造成了严重伤亡。伞兵们接受的"在炮火和昏暗环境下拆解与维修武器"[3]的高强度针对性训练初见成效，

[①] 此处原文写的是中校，但该师的相关资料都说他是上校。——译者注
[②] 此处原文并未写具体番号，只写了一个伞兵连和两辆坦克歼击车，文中这样的情况很常见，译者尽可能补充完整了。——译者注

机枪卡壳的故障很快就能排除并恢复射击。威利斯·福勒（Willis Fowler）下士在尚斯村西侧操纵一挺机枪，趁四辆德军坦克在步兵身后的山脊上犹豫不前，就打垮了整连的掷弹兵。美军炮兵在瓦解德军进攻方面也卓有成效，上午 9 点，当美军战斗轰炸机俯冲而下时，德军队列中发出了"战斗轰炸机！"的警告声。

与此同时，毛克战斗群已经压垮了第 401 滑翔机机降步兵团 1 营 A 连[①]位于尚斯西南的阵地，并推进至该村侧后不到 3000 米的小村庄埃莫奥勒。德军兵分两路，一路向北进攻尚斯，围绕着第 502 伞兵团团部和救护所驻扎的罗莱城堡发生了一场残酷的战斗。气势恢宏的罗莱城堡建于 18 世纪，紧挨着一座遗留自中世纪城堡的巨大圆塔。通向罗莱村的桥梁已经装上了地雷，但严重的霜冻致使起爆装置在德军装甲部队通过时失效了。当天早晨气温骤降，大风将雪粒从封冻的地面上吹起，好似海雾一般。为了给枪栓化冻，空降兵不得不对着机枪撒尿。

城堡里的通信兵、司机、厨子都拿起了步枪和火箭筒，组成一个排转入防御。甚至连正蹲在担架边照顾伤员的军医，也不得不将步枪交给患病的士兵。一想到自己手无寸铁，这名病患就变得焦躁不安。有人对医生喊道，烧掉记录阵亡官兵身份铭牌编号的小册子，这样敌人就不会知道他们杀死了多少空降兵。

这支临时防御部队中的一员——斯凯勒·沃尔科特·"斯

[①] 第 401 滑翔机机降团在 1944 年 3 月被拆分，1 营成为第 327 滑翔机机降团 3 营，2 营成为第 325 滑翔机机降团 3 营，但团部撤销后原部队番号暂时保留。直到 1945 年 3 月后才最终撤销原番号，正式更名，只是有些文献资料中已经提前使用第 327 滑翔机机降团 3 营的番号来称呼该营了。比弗此处的原文只写了第 401 滑翔机机降团，没写营连单位。——译者注

凯"·杰克逊（Schuyler Wolcott "Sky" Jackson）中士设法击毁了一辆坦克。另一名火箭筒装填手太过激动，忘了给火箭弹加装引信，因此火箭弹命中坦克后只发出了响亮的哐当声。一辆M18地狱猫坦克歼击车又击毁了一辆德军坦克，"德国人从坦克里爬出来，又被击倒在地，雪地上只有殷红的鲜血"[4]。伦纳德·施瓦茨（Leonard Schwartz）一等兵回忆道，其中一辆坦克里传出了装甲兵的惨叫声。

第502伞兵团1营C连观察到大约150名德军步兵在四辆Ⅳ号坦克的伴随下出现，德国人开火了。伞兵中尉让部下撤回树林边缘，命令机枪手用持续不断的火力压制住敌步兵，坦克也被机枪火力"钉住了"[5]，而中尉自己则与另一个火箭筒小组悄悄从侧面包抄过去，用火箭筒击毁了三辆坦克，邻近的A连搞定了第四辆。当天空降兵几乎没吃什么东西，大部分人只有半杯扁豆汤充饥。

在这次竭尽全力的攻势中，昆克尔战斗群再次从赛农尚西南方朝埃莫奥勒发动进攻。而在环形防线的另一端，随着第901装甲掷弹兵教导团从东南方奋勇突破，到上午10点"胜利似乎已经近在咫尺"[6]，一支突击队抵达了通往巴斯托涅的十字路口，德军的突破似乎不可避免。在麦考利夫的临时指挥部，参谋军官准备好了自己的武器，后勤人员将所有备用的火箭筒都收集起来，准备死战到底。

"德军用坦克进攻我方阵地，"第502伞兵团的杰克逊中士记录道，"我回到指挥部，得到消息说前线需要更多的火箭筒和火箭弹。我扛起一具火箭筒，并将拿得动的火箭弹都带上了。当我赶到前线时，看见一辆坦克正在撤退，野地中还有一辆Ⅳ号坦克，上面攀附着九个人。当时这辆坦克横卧在大约40米外,无遮无拦,我跳出去开火射击,火箭弹击中了车体侧面,就在履带上方的位置。火箭弹爆炸,杀死或震晕了坦克上的四名士兵,这辆坦克立即停了下来并起火燃烧。"[7]车组乘员和其余步兵在试图逃跑时被打倒在地。

空降师直属的机降和伞降野战炮兵营装备的是75毫米M1山炮和短身管的105毫米M3榴弹炮,在必要时也可以在开阔地对坦克射击。在所有武器中,最具毁灭性的还是P-47雷电战斗轰炸机,它们投下被称为"燃烧弹"的凝固汽油弹或用机载的八挺12.7毫米机枪对地攻击。当地农场及其居民也未能幸免,美军指挥官将其视作一场战斗到底的战役。

在尚斯、罗莱和埃莫奥勒一带的战斗中,谢尔曼坦克、地狱猫坦克歼击车和火箭筒的火力给德军造成了惨重损失。到了下午,第15装甲掷弹兵师报告说还能够作战的坦克已经所剩无几。日落后,师侦察营在残存的猎豹坦克歼击车的支援下又发动了一次绝望的突击。来自第502伞兵团的火箭筒小组跟进后在近距离内击毁了其中半数车辆,连德军指挥官的座车也未能幸免。

在东南方,装甲教导师第901装甲掷弹兵教导团的突击队被"切断了后路,并被消灭"[8],该团没有预备队来增援或解救他们,几乎所有可用的人手都已经投入战斗。科科特取消了后续攻势,第15装甲掷弹兵师的战斗部队几乎伤亡殆尽,他自己的师也战损了800多人。大部分步兵连现在只能集合起不到20人,第78掷弹兵团的一个营已经减员至仅40人。作战经验丰富的军官和士官损失最为惨重。"我们距离巴斯托涅镇郊只有900米,"第26国民掷弹兵师的一名军官苦涩地发着牢骚,"但就是进不了城。"[9]

科科特向军部报告说,他的部队已经严重减员,对巴斯托涅的任何后续攻势都是"不负责任和不可行的"[10]。吕特维茨同意说包围圈上的部队能守住当前阵地就好,等雷默的元首卫队旅在48小时后赶到时再议。但是科科特还听说,在巴顿所部从南面发动的日益猛烈的攻势下,第5伞兵师已经难以抵挡。而他的国民掷弹兵能做的,就是在接近道路上布置雷场并准备更多的反坦克阵地。阿登攻势已经失败了,科科特总结道,这场大规模攻势已经演变为一场"血腥、毫无把握且代价高昂的战斗,争夺的归根结底只是一个不重要的小城镇"。很显然,元首大本营不准备接受现实。

当战斗在巴斯托涅北方和东南方激烈进行之时,一架轻型观测机的飞行员勇敢地穿过高射炮的火网,带来了一名外科医生和盘尼西林。一架P-38闪电战斗机还投下了当时极其短缺的地图,以及一套翻印的该地区完整的侦察照片。以上就是守军当天收到的所有东西,英格兰上空糟糕的能见度阻止了又一次大规模空投行动。[11]更糟糕的是,作为圣诞节礼物,巴顿承诺会突入巴斯托涅,但并未兑现,麦考利夫通过电话向第8军军长米德尔顿少将明确表达了自己的感受,他说:"我们感到很失望。"[12]

巴顿麾下的第3军正在接近,在离巴斯托涅镇中心南部只有6000米的吕特布瓦一带,第35步兵师134团得到了火炮和坦克歼击车的紧密支援。前方的树林里发现了德军坦克,于是野战炮兵开火了,一些谢尔曼坦克被炮声吸引,也跑过来加入战斗。火箭筒射手不得不"就地埋伏,或者像跟踪驼鹿一样悄悄地靠近"[13]。他们已经被告知要瞄准豹式坦克的履带打,因为火箭弹会被坦克装甲弹开。最后，27辆德军坦克中只跑掉了3辆。

在巴斯托涅以南，第4装甲师正在通往阿尔隆和讷沙托的道路之间猛攻第5伞兵师的部队。当阿瑟努瓦村在持续不断的炮弹爆炸中颤抖时，村民们除了期望和祈祷之外什么都做不了。"我们感觉自己就像在上帝手中，"一名妇女写道，"我们完全臣服于他。"[14]大部分瓦隆人都是虔诚的天主教徒，当他们无力掌控自己的命运时，把自己交给全能的上帝无疑是一种安慰。聚在一起背诵《玫瑰经》有助于减轻个人的恐惧和痛苦，平复紧张的神经。

在争夺埃莫奥勒的战斗过程中，莫德尔和曼陀菲尔视察了吕特维茨的军部，第47装甲军军部就设在通往马尔什昂法梅讷的干线公路附近的鲁蒙城堡（Château de Roumont）里。吕特维茨更担心他在塞勒附近受困的老部队，并再次请求长官批准第2装甲师迅速撤退以拯救该部。莫德尔和曼陀菲尔对此"表示理解"，但他们"显然无权做出撤回第2装甲师的决定"[15]。这道命令只能由希特勒下达，而他肯定不准备承认失败。

就在他们讨论的时候，吕特维茨对伯姆战斗群和科亨豪森战斗群最大的担心正在成为现实，盟军的反击在黎明前就已经开始了。英军第29装甲旅的炮兵对富瓦诺特达梅村内的伯姆侦察营实施炮击，并兑现了他们的承诺，让炮火避免殃及建于17世纪的圣母院。美军的几个炮兵连在艾达村和舍沃托涅村一带的田野上构筑了发射阵地，他们于头天晚上抵达艾达村后，与村民们一同欢度平安夜，村民做了格雷派和热巧克力，后者是用自家奶牛产的牛奶和融化的好时巧克力棒制成的。随后，美军士兵和他们的新朋友一起在教堂做了午夜弥撒。那名被强行征入国防军的阿尔萨斯士兵两天前刚刚年满16岁，他哭泣着将自己的可怕经历告诉了一名农夫的妻子。[16]

在舍沃托涅，一名军官游走于房舍间，挨家挨户地告诫人们敞开窗户，否则炮火的爆炸声会把窗户震碎。村民们注视着一架被他们称为"小朱尔"（Petit Jules）的炮兵观测机在德军阵地上空盘旋。很快，有着双尾椳的P-38闪电战斗机成群结队地出现了。

哈蒙的第2装甲师派出A战斗群向南推进至比松维尔，该村位于科亨豪森战斗群所在地以东12千米，随后遭遇了从罗什福尔赶来的装甲教导师一部。他们追踪一支德军纵队到了拉阿佩（La Happe）的农场，战斗在那里打响了。大部分当地居民立即躲入地窖，但也有少数人爬上了阁楼，观看这场坦克战爆发出的死亡焰火。战斗中约有29名德军阵亡，还有许多人身负重伤，伤员被抬到一间谷仓里，安置在稻草堆上。

与此同时，从锡奈出发的B战斗群兵分两路，一支特遣队向孔茹推进，另一支特遣队前往塞勒，以合围散布在两个村子之间的科亨豪森战斗群主力。塞勒周边的德军已经成了活靶子，他们甚至没有足够的燃料给野战医院的救护车使用。在塞勒村内，大部分居民与修女及神父一起躲在教堂的地下室里，在9月的战斗期间铺设的稻草仍然在原地。交火间隙，几个农场工人为孩子们带下来一桶牛奶，一只被炸死的鸡也被人煮熟了，其余的人在炮弹从头顶飞过时蜷缩在地下室里。美军使用了白磷弹，当地人自然担心他们的农场会毁于战火。

第3皇家坦克团的谢尔曼坦克在美军第82装甲侦察营的支援下，在头顶的P-38闪电战斗机的掩护下，从索里讷向富瓦诺特达梅推进。该村于当天下午被收复，冯·伯姆少校和他的148名部下被俘，只有少数人设法穿过厚厚的积雪突围而出。有些家庭在村子被美军解放后仍然躲在藏身之处，因为他们听见枪声仍在不断传来，其实这不过是由于农场上一辆燃烧的半履带车里的弹药在很长一段时间里持续殉爆。[17]对大部分村民来说，首先要做的事就是将硬纸板剪成方形，好封堵家里被打碎的窗户。这场"汤米"和"山姆"对阵"灰色"（les gris）——或者说德军①——的战斗终于结束了，令村民如释重负。

在撤往索里讷的人群中，一个小姑娘丢失了自己的鞋子，第82装甲侦察营的美军士兵就举起枪，强迫一名德军战俘脱下自己的靴子交给她。靴子太大了，但女孩勉强能够行走，而这名德军士兵就得面临双脚冻伤的处境了。

美军和英军炮兵轰击了富瓦诺特达梅与塞勒之间的马埃纳农场一带的德军阵地，此后当地流传着一个故事，说是党卫军军官放火烧了这个地方。然而该地区并没有党卫军，破坏和火灾完全是炮击造成的，显然德军装甲兵的黑色制服和髑髅领章又被人误认为党卫军了。

当天下午，美军第2装甲师B战斗群也进入了塞勒，饥肠辘辘且疲惫不堪的德军装甲部队缺油少弹，无力长时间抵抗。扫荡战又持续了两天，大约有2500名德军阵亡或负伤，另有1200人被俘。此外，德军有82辆装甲战斗车辆和82门火炮被缴获或击毁，包围圈内还遗留了数不尽的车辆，其中有不少是德军先前从美军手中缴获的战利品，大部分既无燃油也无弹药。[18]

---

① "汤米"和"山姆"是英国人及美国人的代称。德国国防军的制服是田野灰色的，所以作者用"灰色"来代指德军。——译者注

科亨豪森少校和大约 600 名部下徒步穿过原野分散突围，许多人心甘情愿地向盟军投降。在塞勒周边，躲起来的德军乞求当地人去寻找美军，托他们带话说自己已经做好了投降的准备。他们担心自己如果突然出现的话，即便高举双手也可能会被射杀。还有一些人感到害怕是因为他们穿着多件美军制服，可能会被误认为是斯科尔策尼战斗群的成员。在少数情况下，为了表达善意，德国人会把自己的手枪交给比利时平民，然后由他们转交给美军士兵，直到最后当地人才意识到手枪可以卖很多钱。"美军发疯似的想要得到一把德军的制式手枪。"一名农夫如是说。[19]不过，许多平民对持有德军装备感到害怕，担心敌人还会再次返回，并在自己家里发现这些东西。

除了在芒艾和格朗默尼勒（Grandménil）一带的战斗中仍然被第 1 集团军密切关注的党卫军第 2 装甲师，在突出部西北翼的其他德军装甲师的情况也好不到哪里。第 116 装甲师仍然奉命要在马尔什昂法梅讷以东达成突破，但正如冯·瓦尔登堡少将记录的那样，"在这场战斗中，我部参战的各单位消耗殆尽"[20]，由第 60 装甲掷弹兵团 1 营和第 16 装甲团 2 营①担纲组建的拜尔战斗群被切断了后路，只有部分人员和车辆成功突围。

当天晚上，冯·伦德施泰特元帅告知希特勒，攻势已经失败了，他提议在 B 集团军群主力被困住之前撤出突出部。希特勒愤怒地拒绝了老帅的建议，坚持向巴斯托涅继续发动进攻，他并没有意识到更多的盟军增援部队正在赶来。美军第 17 空降师正在进入阵地，尽管第 8 军的参谋军官认为该师"还有太多

---

① 此处原文中写的是第 60 装甲掷弹兵团的拜尔战斗群，这种说法是错误的，而且极易产生误导。——译者注

的东西需要学习"[21]。新近抵达的第 11 装甲师也缺乏作战经验，尤其是该师的谢尔曼坦克驾驶员。一份报告批评道："他们的坦克后面留下了一条尾迹，地上满是连根拔起的树木和扯断的电线。"[22]

"一个晴朗寒冷的圣诞节，"巴顿在当天的日记中写道，"真是宰德国佬的好天气，他们似乎有点奇怪，看起来今天好像是谁的生日。"[23]巴顿已经将自己的指挥部移至卢森堡市的工业学校，他骄傲地展示了自己的电灯，灯泡就挂在缴获后被当成灯罩的德军钢盔里。

但是节日并没有给阿登地区的比利时平民带来多少欢乐。在埃尔森博恩附近的一座村子里，战斗已经平息，格罗斯费尔德（Gronsfeld）一家决定从家中的地窖里出来庆祝圣诞节。当父亲、母亲和他们的小女儿埃尔弗里德（Elfriede）在厨房的餐桌旁坐下时，积雪正反射出刺眼的光芒。突然间一发德军炮弹在附近爆炸，一块弹片飞进了窗户。"它深深地插入了埃尔弗里德·格罗斯费尔德的脖子，美军医务人员赶来对她进行抢救，但他们回天乏力。这个年仅五岁的小女孩于 12 月 29 日下葬，'我们能对她的母亲说些什么呢？她哭喊着无法接受这一切'。"村里的一名妇女在日记中哀叹道。[24]

埃尔森博恩岭上的一名美军士兵在当天给妻子的信中写道："轰炸机群在晴空中拉出细长的如羽毛般的白色尾流，当战斗机进行缠斗试图击落对方时，就会在空中画出凌乱起伏的图案。"他们注视着 J-3 幼畜（Cub）炮兵校射机，常常有六架或更多的飞机同时在空中盘旋。当飞机突然将尾巴竖起向地面俯冲时，"我们就知道是隐蔽起来的时候了"。他在另一封信中写道："我们每天都会被自己的飞机扫射一到两次。"[25]

晴朗的天空再次给美军带来利好，他们的战斗轰炸机群"像一群黄蜂"一样在圣维特上空游荡，第18国民掷弹兵师295掷弹兵团的马丁·奥皮茨（Martin Opitz）中尉在日记中写道："我们更愿意步行而不是在公路上坐车行军，美军战斗轰炸机一直在攻击道路上移动的所有东西……我们在野地里行军，从一道灌木篱墙走到下一道灌木篱墙。"[26]然而，空中很快就传来了飞机发动机更低沉的嗡嗡声，由76架B-26轰炸机组成的编队已经飞到圣维特上空，打开弹仓将其夷为平地。这种战术被讽刺地称作"将城市推上大街"，意为用建筑物的残砖碎瓦填满道路，导致德军补给车队无法通过此地关键的路口。

由于麾下的第12集团军群主力被转调给蒙哥马利指挥，深感耻辱的布莱德雷将军回到自己的防区后，几乎不再涉足巴顿的两个军的推进事宜。然而到圣诞节那天，他应蒙哥马利的邀请，在一架战斗机的护航下飞往位于宗霍芬的第21集团军群指挥部附近的圣特赖登（Saint-Trond），他决心说服蒙哥马利立即发动反攻。"蒙蒂总是期待所有人都来找他，"布莱德雷后来不无道理地抱怨说，"艾克坚持让我去见他。见鬼，我真不知道为什么要这样做。"[27]虽然蒙哥马利的指挥部看起来"很有节日氛围"，墙上粘贴着大量圣诞卡片，但是布莱德雷说他午餐时只吃了一个苹果。

布莱德雷描述此行遭遇的文字充满了怨恨，以至于很难逐字逐句予以采信。有一点可以想见，那就是蒙哥马利表现了自己一贯的不谙世事，以及傲慢的自尊心，不知不觉中羞辱了布莱德雷。他甚至再次强调，应该把盟军地面部队的统一指挥权交给自己，并重复了他那让人恼火的口头禅：只要遵循他的战略，盟军所有的灾难与挫折都是可以避免的。不过，布莱德雷指责说"蒙蒂浪费了第7军"，将其分散投入战线上，而不是留着该部进行反击，这再次显示了他对西北地区的战事变化并不了解。他甚至在巴顿返回卢森堡后向其宣称，蒙哥马利曾说"第1集团军在三个月内无法展开攻势"[28]。这简直令人难以置信。

不过，蒙哥马利毫无疑问受到了敌情报告的影响，报告指出德军打算再次向马斯河发动一次猛烈进攻，因此他希望在对方实力消耗殆尽之前按兵不动。但他前日给霍奇斯指挥部的命令是让柯林斯的第7军准备向西后撤，最远可以撤到马斯河畔的昂代讷。对于这样一道极其错误的命令，柯林斯拒绝执行是完全正确的。因此，在布莱德雷低估了迪南和马尔什昂法梅讷之间的德军威胁的同时，蒙哥马利又将其夸大了。与美军指挥官不同的是，他没有感觉到圣诞节标志着德军攻势的顶点。

布莱德雷让自己相信，这位英国陆军元帅正利用当下的局势达到自己的目的，并刻意让盟军最高统帅部重视其报告。他后来对副官汉森少校说："我确信，蒙哥马利的警报已经被反映到了巴黎，无论我们是否意识到这一点，巴黎只会歇斯底里。"① 他接着补充道："我还确信，美国新闻界从凡尔赛那里得到了所有情报和恐慌。"[29] 他觉得应该在第12集团军群搞一个新闻处，专门消除这种错误的印象。英国报纸似乎沉浸于这些

---

① 盟军最高统帅部不太可能上蒙哥马利的当，比德尔·史密斯将军后来承认，让这种危言耸听的论调通过电报传回华盛顿是一种深思熟虑的策略。"你知道，我们夸大阿登的灾难是值得的"，这样才能得到本应调往太平洋的资源和轮换人员。"我们缺乏兵力，所以我们奔走疾呼，我们要求得到能够得到的每一样东西。"[30] ——作者注

灾难性的故事，用的都是诸如"战争要延长数月？"[31]这样的标题。在他返回指挥部后的第二天清晨，布莱德雷联系盟军最高统帅部，提议将第1集团军和第9集团军还给他指挥，并提议将自己的前进指挥部转移至接近北翼战斗的那慕尔。盟军阵营内部的斗争正在接近高潮，蒙哥马利丝毫没有察觉到自己确实打了一手臭牌。

第十九章　12月26日，星期二

12月26日，星期二，巴顿向布莱德雷夸口说："德国佬已经把脑袋伸进了绞肉机，而我已经握住了把手。"[1]但这种虚张声势掩盖了他挥之不去的尴尬，向巴斯托涅的推进并没有像巴顿宣称的那么顺利，他敏锐地意识到了艾森豪威尔的失望和沮丧。

巴顿知道，在12月19日到22日自己的部队出色地重新部署之后，他对后续行动的掌控并没有发挥出最佳水平。他低估了天气、地形和防守突出部南翼的德军第7集团军所部的顽强抵抗。美军情报机构未能辨识出大德意志师的另一分支——元首掷弹兵旅（Führer Grenadier Brigade）的存在。还有部署于第5伞兵师身侧的第352国民掷弹兵师，这支部队重建前曾在诺曼底的奥马哈海滩给美军造成了惨重损失。与此同时，巴顿又高估了麾下部队的能力，他们中有许多人是补充兵员，尤其是位于中路的实力孱弱的第26步兵师。作为他最喜爱的部队，第4装甲师也被磨损严重的坦克所累。道路封冻极其严重，只有金属履带的谢尔曼坦克屡屡侧滑或撞车，而这里的地形都是林地和陡峭的小山谷，并不适合坦克通行。

巴顿的急躁令战事雪上加霜，他要求部队正面强攻，却徒增许多伤亡和损失。他在12月24日的日记中承认："这是个非常糟糕的平安夜，我们全线都遭到了德军的猛烈反击，第4装甲师一部被击退了数英里，损失十辆坦克。这可能是我的错，因为我坚持昼夜不停地进攻。"[2] 由于缺乏休息，巴顿的部下显得很虚弱，12月26日上午，形势似乎仍没有多少改观。"尽管我们竭尽全力，今天仍然不尽如人意，"他写道，"我们未能与巴斯托涅的守军取得联系。"[3]

守军可以听到战斗正在南方几千米外进行，但经历过此前的失望后，他们不再期待巴顿的部队达成突破。不管怎么说，其他方向上的战事已经让他们忙得不可开交了。德军在巴斯托涅西北方向上的另一次进攻推进到了埃莫奥勒，疲惫不堪的空降兵在野战炮兵营的火力支援下将敌军挡在了村外，但美军炮兵的弹药现在已经所剩无几了。至少晴朗、严寒的天气还在持续，这样战斗轰炸机就可以作为飞行炮兵使用。在城镇内，轰炸造成的火灾仍然在肆虐，圣母学院烈火熊熊。美军工兵试图通过爆破建立防火带，难民、士兵和修女组成人链传递水桶，以阻止火灾蔓延。[4]

晴朗的天空也使急需的医疗援助得以到达。在四架P-47雷电战斗机的护送下，一架C-47运输机牵引着一架瓦科（Waco）滑翔机出现了，滑翔机载有五名外科医生、四名手术助手及600磅（约272千克）设备、器械和敷料。仿佛是为了进行一次完美的着陆，滑翔机"在约90米的高度断开牵引绳"[5]，但它的速度还是太快了，在冻结的雪地上滑行，直奔德军战线而去。"医务人员从滑翔机里跳出来向美军战线跑去，而空降兵则冲出去救援携带医疗用品的滑翔机。"[6] 随后又有十架滑翔机落地，满载着急需的燃料，接着更多波次的C-47运输机群出现，投下了320吨满载弹药、口粮乃至香烟的降落伞包。

外科医生没有浪费时间，径直赶往兵营内的临时医院，开始为700多名伤员中伤势最重的150人动手术。手术持续了一个通宵，直到 12 月 27 日中午才忙完，伤员中有的人已经拖了八天未能进行外科手术。因此，医生们不得不进行"大量截肢"[7]，这种状况对他们的医术是一个严峻考验，仅有三人在手术后死亡。

在南面的炮战期间，科科特上校越来越担心支援美军第 4 装甲师的炮火力度。关于正在进行的战事他听到了令人担忧的传言，却无法从第 5 伞兵师那里获得任何细节。他知道勒米尚帕涅（Remichampagne）一带发生了激烈战斗，下午又听说一支美军特遣队已经攻占了翁普雷。阿瑟努瓦现在岌岌可危，所以科科特不得不着手将自己的部队向南部调动。

14 点，巴顿接到第 3 军军长米利金少将的电话，后者提议冒一次险，不进攻锡布雷以扩展突出部，而是经由阿瑟努瓦向北直插巴斯托涅。巴顿立即批准了该计划。第 37 坦克营营长艾布拉姆斯中校所在的谢尔曼坦克绰号叫"雷电"，他接到命令可以放手大干。[8]艾布拉姆斯随即让营作战参谋威廉·A. 德怀特（William A. Dwight）上尉率领一支由五辆谢尔曼坦克和一辆搭乘步兵的半履带装甲车组成的纵队，沿公路长驱直入。[①] 就在排列紧密的谢尔曼坦克纵队枪炮齐发冲入村子的前一刻，军属

---

① 此处原文的表述有误，发动突击行动的是第 37 坦克营 C 连的 20 辆谢尔曼坦克和第 53 装甲步兵营 C 连，进攻开始后美军在阿瑟努瓦村内遭到德军阻击，主力部队被拦下来和德军缠斗，只有打头的五辆坦克和混进坦克纵队的一辆半履带装甲车冲了过去，半路上半履带车还被地雷炸坏了。率领五辆坦克发起冲锋的是第 37 坦克营 C 连连长小查尔斯·佩里·博格斯（Charles Perry Boggess Jr）中尉，威廉·A. 德怀特上尉在第四辆坦克里。——译者注

炮兵还在炮击阿瑟努瓦,① 战斗轰炸机也投下了凝固汽油弹。分散在道路两侧的德军如果开火,很可能会误伤对面的友军。[9] 在阿瑟努瓦北边,一些国民掷弹兵匆忙将几枚特勒重型反坦克地雷布设到公路上,其中一枚地雷炸毁了那辆半履带车,德怀特上尉从自己的坦克上跳下来,将其他地雷扔到一边,清出了眼前的道路。

当科科特从第39燧发枪兵团团长瓦尔特·考夫曼(Walter Kaufmann)中校那里听说美军坦克已经杀入阿瑟努瓦时,立刻就明白"一切都结束了"。[10]他下令封锁道路,但正如他所担心的那样,一切都为时太晚。开道的谢尔曼坦克向正前方开火,跟进的坦克朝其他方向射击,德怀特的小纵队就这样压制住了道路两侧森林中的抵抗。16点45分,日落后不久,艾布拉姆斯坦克营的先头坦克就与第326空降工兵营A连取得了联系,随后第4装甲师的其他部队和坦克护送着一支利用夜色全速行进的补给车队,冲进了这道狭窄的走廊。之前在美国本土的第101空降师师长马克斯韦尔·泰勒少将立即赶来,从麦考利夫准将手中接过了指挥权。② 对巴斯托涅的围困结束了,然而许多人担心的大战才刚刚开始。

第5伞兵师被重创,第13伞兵团3营营长汉斯·弗兰克(Hans Frank)少校当天在瓦尔纳赫(Warnach)村被俘后供称,他的营已经有600人阵亡或重伤,他为手下年轻士兵的战斗感到自豪和骄傲,其中一些人年仅15岁。"可这是一种什么样的

---

① 有资料显示,美军炮兵在短时间内向阿瑟努瓦村发射了2340发炮弹。——译者注
② 泰勒是12月27日下午冒险进入巴斯托涅的,而不是走廊刚刚打开的26日。——译者注

精神！"他后来在战俘营里惊叹道，"我们被俘后，当我独自遭到殴打并被带出去时，其中的两个年轻人正站在那里，头靠着墙，脚上只穿着袜子。（他们说道）'希特勒万岁，少校先生！'这让你感到心潮澎湃。"[11]

吕特维茨听说元首卫队旅正赶来帮忙切断走廊，但是他和参谋们都不相信该旅能够按时抵达，并在次日清晨按计划发起进攻。在听说他们已经耗尽燃油后，吕特维茨阴沉着脸刻薄地评论道："在雷默上校的指挥下，元首卫队旅总是燃料不足。"[12]

第4装甲师突破包围圈的消息迅速传开，让美军指挥部里呈现出一派欢乐祥和的气氛。当晚，采访巴斯托涅解围战斗的记者玛莎·盖尔霍恩和利兰·斯托（Leland Stowe）顺道拜访了布莱德雷的指挥部，想获得更多关于解围巴斯托涅的信息。[13]在欧洲大陆上，几乎每一名记者都在做同样的事，这个故事差不多占据了西半球所有报纸的头版。第101空降师发现自己出名了，然而媒体的报道忽视了第10装甲师B战斗群、第705坦克歼击营和各炮兵营起到的重要作用。

在塞勒和科诺村周边，伴随着一番激烈交火，扫荡残敌的工作持续了一整天。然而当豹式坦克和Ⅳ号坦克耗尽了燃油、打光了穿甲弹后，战斗理所当然地呈现出一边倒的态势。在塞勒和富瓦诺特达梅地区，第3皇家坦克团的前进空中管制员召来了"出租车队列"似的台风战斗轰炸机编队，用火箭弹狠狠"清洗"了一番地面。英军对德军目标用红色烟幕弹进行了标识，但德国人迅速朝着塞勒以东的美军阵地发射了颜色类似的烟幕弹。"幸运的是，英国皇家空军没有被这一花招迷惑，飞行员对正确的目标进行了攻击。"第3皇家坦克团团长布朗中校记录道。[14]仍然在该地区的英军第29装甲旅听说自己将得到第6空降师的加强。

霍尔特迈尔战斗群从罗什福尔出发后，试图为被困在塞勒和科诺地区的战友解围，但徒劳无功，该战斗群被挡在了距目标仅2000米之遥的大特吕松涅（Grande Trussogne），收容了昨天晚上逃出生天的残兵败将，这些疲惫不堪的官兵来自在富瓦诺特达梅被打垮的第2装甲侦察营和豹式坦克连。在大特吕松涅，霍尔特迈尔战斗群遭到美军第2装甲师的进攻，一个装甲步兵营在谢尔曼坦克的支援下向他们扑来。随后美军的幼畜炮兵校射机将英军台风战斗轰炸机群召唤过来，纷飞的火箭弹无情地粉碎了德军纵队，霍尔特迈尔上尉阵亡。

曼陀菲尔命令该战斗群撤往装甲教导师据守的罗什福尔桥头堡，吕特维茨的指挥部立即通过无线电转发了这一命令。[15]霍尔特迈尔的继任者——第38坦克歼击营1连连长于尔根·黑尔姆（Jürgen Helm）中尉下令炸毁剩余车辆，他在次日与大多数部下借着降雪的掩护，向罗什福尔步行撤退。"很幸运，敌军只是缓慢跟进，没有对撤退路线进行任何值得一提的袭击。"德军第2装甲师首席参谋吕迪格·魏茨中校写道。[16]然而美军炮兵确实赶了上来，并炮击了罗什福尔的洛姆河大桥，造成了几例伤亡。当夜及第二天，大约600名突围而出的德军官兵三五成群地逐渐归建。

在塞勒与科诺之间，有几个身着美军制服的德军被俘，他们并不属于斯科尔策尼战斗群，但还是被当场枪决了。这些饥寒交迫的倒霉蛋穿着从阵亡美军的尸体上扒下来的衣服，求生的欲望促使他们不顾一切地对胜利者做着辩解，展示自己的结婚戒指和家里寄来的照片，拼命谈论他们的妻儿。德军第2装甲师中的大部分阿尔萨斯人和卢森堡人一有机会就投降了，甚至一些奥地利人也失去了战斗意志，其中一人用法语对罗什福尔的居民嘟囔着："我不是德国人！我是奥地利人。"[17]说着他将双手举到空中，表示自己想要投降。

塞勒村内的美军士兵相信，德军正躲藏在教堂旁边的德拉库尔农场（Ferme de la Cour）里，于是大动干戈使用了火焰喷射器。最后一搜查，发现那里并没有德国人，只有被烧死的牲畜。这是该农场在战争期间第二次被火焚了，上一次是在1940年德军突向马斯河期间。

在塞勒与马尔什昂法梅讷之间的比松维尔，美军医务人员在教堂设立了急救站，当地牧师和美军的天主教随军神父一起工作时就用拉丁语交流。就在这座村子里发生了一件不符合基督教精神的事情：美军士兵驾驶着半履带车将两名德军战俘带入森林处决了。美国人向目睹这一幕的比利时人解释说，他们之所以杀俘是为了替死于马尔梅迪附近的美军战俘复仇。[18]

大败德军第2装甲师让一些美军军官变得忘乎所以，第7军的谢弗·F. 贾雷尔中校宣称："据估计，就在四天之前，该师还有大约8000人和100辆坦克。这些兵力中，有1050人被俘，2000—2500人阵亡。大量装备被缴获或摧毁，其中包括55辆坦克、18门火炮、8门反坦克炮、5辆突击炮和190台车辆（包括30辆装甲车）……美军第2装甲师与德军第2装甲师的对撞，可以作为盟军与德军战斗力对比的恰当写照。"[19]不过，这种必胜主义在相当程度上忽略了这样一个事实：德军第2装甲师已经耗尽了燃料，弹药不足，官兵也饿得半死。

根据雅克·德维朗法涅男爵的说法，战斗结束之后，塞勒一带的乡野成了"一个巨大的坟场，满是被摧毁或遗弃的汽车和半埋在雪中的装备"[20]。痴迷于战争的少年们探索着烧毁的德军坦克，检查里面的碳化尸体。一些孩子则沉浸在危险的战争游戏之中。有人收集手榴弹，然后将其扔出去炸那些被遗弃的半履带装甲车。在富瓦诺特达梅，一个男孩在玩铁拳榴弹发射器时发生爆炸，当场一命呜呼。

迪南城下遭遇的挫折看来只能加重德国人的怨恨。当热梅勒的一名妇女鼓起勇气询问德国军官，为什么他的部下几乎将整座村庄化为废墟时，后者回答道："我们要在比利时做（敌人）对亚琛做过的事情。"[21]

在奥通以西，第116装甲师解救其被围战斗群的大部分尝试被美军的炮火挫败了。但最终，一次佯攻转移了美军的注意力，使幸存者得以跟随装甲车辆突围，一边扔手榴弹一边冲破了美军防线。[22]

正在交战中的元首卫队旅接到命令，脱离战斗并前往巴斯托涅，协助科科特封闭走廊。鉴于此举将会造成的损失，雷默上校两次提出抗议，但均被驳回。他还抱怨说"摩托化部队的燃料严重匮乏，近半数车辆只得依靠牵引"[23]，所以很难说吕特维茨对雷默的怀疑是否合乎情理。

在奥通以东，罗斯少将的美军第3装甲师面临着第560国民掷弹兵师的攻击，据第3装甲师A战斗群报告，德军投入的进攻兵力大多为"四辆或五辆坦克与一个步兵连，或大约20辆坦克与一个步兵营"[24]。德军的进攻得到了突击炮和炮兵的支援，但第75步兵师的到来加强了罗斯的特遣队，这意味着该地区的美军防御愈发稳固，尽管初经战阵的美军部队在保卫苏瓦（Soy）至奥通公路的反击中遭到重创，损失很大。事实证明，冰冻的地面给谢尔曼坦克车组造成的困难尤其大，因为坦克的金属履带太狭窄，抓地力很小。为了解决这个问题，美军采取了一些紧急措施，例如增加履带宽度和加装履带延展片。

党卫军第 2 帝国装甲师师长拉默丁旅队长仍然试图让自己的师调头向西，从芒艾和格朗默尼勒出发，打开通向奥通的道路，从背后包抄美军第 3 装甲师，可是党卫军第 9 霍恩施陶芬装甲师仍然没有赶上来掩护他的右翼。鉴于正北方 10 千米的战线上有 13 个美军野战炮兵营，这样的机动将面临双重危险，而且帝国师的弹药和燃油将很快告罄。当地农夫在枪口下被迫将他们的马匹和马车赶往后方，从德军的弹药囤积点运来坦克和火炮的炮弹。

12 月 26 日清晨，帝国师第 3 德意志装甲掷弹兵团再次从格朗默尼勒向西展开进攻。然而美军炮兵发射的带有无线电近炸引信的炮弹摧毁了进攻队列，随后第 33 装甲团 1 营营长肯尼思·T. 麦克乔治（Kenneth T. McGeorge）少校率领一支实力强大的特遣队①对村子展开反攻，这支美军部队属于第 3 装甲师 B 战斗群。战斗中一名德军营长阵亡，另一名受重伤，帝国师第 3 装甲掷弹兵团 2 营被困在了格朗默尼勒，该团余部被迫撤往芒艾。美军坦克和炮兵火力追亡逐北，炸得德军一路不得安宁。[25]

霍奇斯中将和李奇微少将仍然在错误地担心德军将北上进攻列日，两人对于芒艾的失守大发雷霆，不由分说地让哈斯布鲁克准将率领鏖战多日、早已疲惫不堪的第 7 装甲师不惜一切

---

① 除了麦克乔治特遣队自身的兵力，他们还得到了第 75 步兵师 289 团 3 营的加强，进攻受挫后第 32 装甲步兵团 3 营 H 连以及八辆坦克也赶来助战。——译者注

代价夺回该镇。该师随后在圣诞节当天的进攻中蒙受了很大损失，这很大程度上是因为他们先前后撤时炸断了太多的树木，堵住了公路。不过，在新锐的第 517 伞兵团 3 营和庞大的炮兵火力（八个炮兵营在短时间内打出了 5000 发炮弹）的支援下，哈斯布鲁克的部队还是于当晚攻入了芒艾。

党卫军第 3 装甲掷弹兵团 2 营的 50 名伤员被困在了格朗默尼勒无法撤出，德军声称当他们派来涂着明显的红十字标记的救护车时，美军坦克车组开火将他们拦下。随后该团派出两人——打着白色停战旗的军官和打着红十字旗、戴着红十字臂章的医生[①]——试图看看是否有机会能将自己的伤员从格朗默尼勒撤出。但根据德军的记录，"敌军对谈判代表开火，所以这次尝试不得不放弃"[26]。德国人似乎还不明白，在马尔梅迪大屠杀发生之后，党卫军已经不可能跟任何战败者的礼遇沾上边了。在留下一名医生照料伤员后，2 营余部最终溜回了党卫军第 4 元首装甲掷弹兵团设在奥代涅附近的防线，而这里从早到晚都要受到美军的炮击。

德军在埃尔森博恩岭一带的活动几乎停止了，所以第 99 步兵师的巡逻队跑到战场上摧毁了十辆坦克，这些陷入泥潭后被遗弃在此的坦克属于第 3 装甲掷弹兵师。美军这种先发制人的措施意在防范不知疲倦的德军车辆回收分队，他们经常机智地尝试回收和维修各种装甲车辆。

负责收集此前战斗中被抛弃的武器弹药的美军回收队，成员通常是那些表现出战斗疲劳症状的官兵，干这些活可以给

---

① 另有一种说法是三人，除了军官和医生，还有一名翻译。——译者注

他们一些休息的时间。美军指挥官吃惊地发现，他们的士兵有扔掉自己的装备，希望用各种丰富的军用物资随意替换这些装备的趋势。"如果士兵真的不需要它，就会将其扔掉，"一份报告这样说道，"火箭筒射手肯定不会拿着一支步枪，相反他必须得到一把手枪作为自卫武器。否则他就会抛弃火箭筒和弹药，因为它们笨拙沉重。"[27] 与之相对，冬装都被小心翼翼地保护着。在大部分营里，急救站的人员都被告知要将填充了"北极"保暖防水层的大衣从伤员身上脱下来，这样做对原单位而言就不会丢失那些重要的衣物了。

圣维特已经度过了一个糟糕的圣诞节，那些藏身于自家地窖里的平民都以为最糟糕的情况一定已经过去了。但在 12 月 26 日下午，英国皇家空军轰炸机司令部的"大家伙们"飞到了头顶上，近 300 架兰开斯特（Lancaster）和哈利法克斯（Halifaxe）重型轰炸机投下了 1140 吨高爆弹和燃烧弹。

炸弹爆炸产生的冲击波在几千米外的村庄里依然可以感受到，当头顶的建筑物垮塌时，躲在地窖里的小镇居民惊恐万状。一份报告说："人们正在令人窒息的浓烟和灰尘中挣扎，这时另一枚炸弹把地窖的墙壁炸出一个大洞，他们才得以透过气来。然而，没过多久，燃烧的白磷就渗入了地窖，这种有害物质释放出有毒气体，在大房间里点着了垫子。在德军士兵的帮助下，惊慌失措的平民抓紧时间从洞中爬出，踏上了一片狼藉的街道。"[28]

圣约瑟夫（Sankt-Josef）修道院的小礼拜堂垮塌了，条石与横梁砸穿了地板，将下面的东西砸得粉碎。燃烧弹点燃了所有可燃物，还将修道院化作熊熊烈焰，吞噬了被困在上层的老人和丧失行动能力的人。"他们中的大部分人是被活活烧死的,嘶嘶作响的白磷犹如四处流淌的岩浆,涌入未被炸弹破坏的地下室,藏身其中的人们只好经由少数仍然畅通的通风井仓皇逃出,他们或是带着可怕的烧伤,或是忍受着骨折的痛苦,或是已经精神崩溃。修道院的嬷嬷们是最后一批逃出熔炉的人,她们的头上和肩上都紧紧地裹着毯子。"[29]

"圣维特仍然在燃烧,"身处镇外的第 295 掷弹兵团的马丁·奥皮茨中尉记录道,"地毯式轰炸逼近了我们所在的村庄,我这辈子从没见过类似的情形,整片原野都被浓烟烈火造就的大片乌云笼罩。"[30]当晚他返回了圣维特,"所有的街道都在燃烧……牲畜在哀号,弹药在殉爆,轮胎爆裂了,有一股浓烈的橡胶燃烧的气味"。安装了延迟爆炸引信的定时炸弹时不时地炸响。

从纯军事角度来讲,这次空袭是卓有成效的,圣维特变成了"一个巨大的瓦砾堆"[31]。所有道路至少要封堵三天,有的道路过了一周仍然无法通行,德国工兵被迫在该镇周围开辟了绕行通道。然而,平民遭受的伤亡和痛苦无法估算,没人知道具体有多少人在圣维特避难,但据估计约有 250 人死亡。幸存者逃到了邻近的村庄,在那里他们得到了食物和照料。

当晚及次日,美军第 9 航空队的中型轰炸机群空袭了拉罗什昂阿登。该镇坐落在一条狭窄的河谷边,相对而言是个更容易摧毁的目标,只需 150 吨炸弹即可封锁道路。[32]

"纵观今日之形势,战况在持续好转。虽然现在乐观还为时尚早,但今晚的情况肯定好于反攻开始以来的任何一天。"蒙哥马利与霍奇斯会面结束后,第 1 集团军的作战日志做了上述记载。[33] 据战俘供称，德军面临严重的补给不足问题。不过，布莱德雷仍然纠结于柯林斯第 7 军的使用问题，在他看来该军投入战斗的时机太早了。布莱德雷在给霍奇斯的信中抱怨："在这种冥顽不化的保守战术下，蒙蒂已经浪费掉了自己的预备队。"[34] 而巴顿对英国陆军元帅的看法深受布莱德雷的影响，他在日记中写道："令人讨厌的蒙蒂屁都不是，战争就是要冒险，他却绝不敢这样做。"[35]

在和曼陀菲尔通完电话后，约德尔大将鼓起勇气告诉仍然没有离开齐根贝格的"雕窝"西线指挥部的希特勒："我的元首，我们必须面对现实，我们无法推进至马斯河了。"[36] 帝国元帅戈林于当晚抵达了齐根贝格，公然宣称"我们已经战败了"，并建议德国必须寻求停战。希特勒气得直哆嗦，警告他不要试图背着自己与盟军媾和："如果你违抗我的命令，我就枪毙你！"希特勒不再提安特卫普，而是想竭尽全力夺取巴斯托涅，就像他在 1942 年 9 月未能在高加索取得胜利时专注于斯大林格勒一样。现在重夺巴斯托涅成为他心目中胜利的虚假象征。

不过，希特勒虽然在公开场合拒绝面对现实，但偶尔也会承认德国的处境已经变得绝望。当晚，在齐根贝格的地堡内，他对自己的空军副官尼古劳斯·冯·贝洛上校谈及了自杀的事情，他仍然把失败归咎于德国空军和德国陆军中的"叛徒"。"我知道这场战争已经输了，"他告诉贝洛，"敌军的优势太大，我已经被出卖了。7 月 20 日之后，一切都水落石出，我曾以为这是不可能发生的事情。恰恰是从民族社会主义中获利最多的这帮人在反对我，我纵容过他们，还为他们颁发勋章,而这就是我得到的所有回报。我最好的归宿就是现在将一颗子弹射入自己的头颅。我缺乏顽强的战士……我们不会束手就擒,永远不会。我们会下地狱,但我们将拖着全世界一起下地狱。"[37]

第二十章　盟军的反攻准备

尽管第4装甲师已经突破了巴斯托涅包围圈，但12月27日的空投仍然按计划进行。不过，此时德军的防空火力准备得更加充分了。麦考利夫准将警告说飞机应该从不同的航线进入空投场，却未被采纳。德军高射炮和机枪火力编织的弹幕令人生畏，但牵引滑翔机的C-47运输机不为所动，50架滑翔机中有18架被击落，还有多架滑翔机被打得千疮百孔。一架滑翔机被高射炮弹直接命中，运载的弹药被引爆，机身炸成了火球。还有架飞机运载的汽油桶中弹后开始泄漏，却奇迹般没有着火。

总共约有900架飞机——包括运输机和护航战斗机——参加了这次行动，有23架被击落。[1]地面上的空降兵从散兵坑里冲出来营救跳伞的机组人员，并为他们提供白兰地，以减轻烧伤和肢体扭伤带来的疼痛。一架受重创的C-47在雪地上用机腹成功迫降，只是擦到了公路上的一辆卡车并使其转了个圈，让并未察觉飞机靠近的卡车司机吓出一身冷汗。[2]

在夜间运来补给的40辆卡车再次掉头南返，车上载着非危重伤员、一些德军战俘和滑翔机飞行员。70辆救护车载着150名危重伤员，与卡车车队一起在轻型坦克的护送下穿过狭窄的走廊，滚滚向南。交战双方围绕着巴斯托涅南翼展开了激烈战斗，美军试图拓宽缺口，而德军竭尽所能要将其封闭。

12月28日，布莱德雷给艾森豪威尔写了一份备忘录，敦促他向蒙哥马利施加压力。他写道："随着敌军的进攻在阿登地区失去势头，重要的是要在他们的物资储备耗尽、部队疲惫，且还没有时间充分扩大并巩固战果时发动猛烈反击。反攻的目标是将尽可能多的敌军困在突出部，并将我们的部队配置到便于后续攻势行动的有利位置……必须立即发动反攻，已经收到报告称敌军正沿着突出部肩部掘壕据守。"① 布莱德雷认为"进一步延误会使敌军将更多的部队投入突出部"[3]，这种想法是错误的。当天第1集团军的作战日志提到"高级情报渠道（超级机密的委婉说法）报告说，德国人对苏联红军在匈牙利的推进忧心忡忡，可能会促使德军将部队从阿登地区调往巴尔干前线"[5]。事实上，随着苏联红军为冬季攻势磨刀霍霍，与布莱德雷所担心的截然相反的情况很快就会发生。

这天晚上，布莱德雷至少能够转移一下自己的注意力了，由于利兰·斯托和玛莎·盖尔霍恩未能前往巴斯托涅，他们便一起来到卢森堡市的阿尔法酒店吃晚饭。布莱德雷似乎被"'玛蒂'·盖尔霍恩迷得神魂颠倒"，汉森记录道。"她有着一头金红色头发，拥有封面女郎一般的身材，性格活泼，聪明睿智，每一句话似乎都是为适应这个场合而深思熟虑，切中正题的同时不失自然。"汉森还觉得，一同出席晚宴的巴顿将军"以其独特的方式与玛蒂调情时显得愈发轻浮"[6]。

就在布莱德雷不耐烦地折腾时，艾森豪威尔正与蒙哥马利热烈地探讨战局。从某种程度上来讲，他和蒙哥马利一样担心盟军还没有集结起足够强大的兵力来摧毁德军的突出部，正如蒙哥马利在五天前预测的那样，巴顿从南面展开的攻势进展缓

---

① 值得注意的是，第116装甲师的冯·瓦尔登堡少将后来表示盟军的"反攻开始得太早了"，正是这一点令德军"免于全军覆没"。[4]——作者注

慢，这不是个好兆头。但与此同时，艾森豪威尔也很清楚，蒙哥马利在具备压倒性优势之前是打心底不愿动手的，德军第2装甲师的溃败已经给了他极大的鼓舞。

蒙哥马利深受"美国人已经被打得'头破血流'"[7]这样的印象影响，并相应地低估了进攻者蒙受的损失。他不相信第1集团军的战斗力已经恢复得足够充分，可以实施这样一次野心勃勃的行动。他肯定还认为南面的巴顿不可能实现他那斗志高昂的豪言壮语。蒙哥马利同样担心德军一旦被包围，将会以更绝望的方式战斗到底，并给盟军造成更大的伤亡。他确信盟军采取防御态势时，利用海量的空军和炮兵给敌军造成的损失，要比打一场消耗战高得多。

12月26日，布莱德雷给霍奇斯中将写了封信，辩称德军已经遭受沉重打击，在他看来战况并不像"蒙哥马利元帅想的那样严峻"。他敦促霍奇斯考虑"一旦形势看起来有把握"[8]，就将敌军赶回去。霍奇斯似乎并不认为这一时刻的到来会像布莱德雷认为的那么快，事实上，他和参谋长基恩少将直到圣诞节那天下午还在请求增援，只是为了守住战线。而且正如第1集团军指挥部在12月27日的作战日志中记录的那样，"在过去的两个星期里，霍奇斯将军已经受够了暴露的侧翼"[9]。

与之形成鲜明对比的是，巴顿希望从卢森堡向北进发，他先前的想法是从根部切断德军突出部，结果第1集团军排除了这种打法的可能性，因为埃尔森博恩岭东南的道路网无法承载大规模装甲部队的推进。于是"闪电乔"柯林斯准备了三个进攻方案，并于12月27日呈交给第1集团军指挥部。他的首选方案是让自己的第7军从马尔梅迪向东南推进至圣维特，与巴顿的第3集团军会合，从那里切断进攻德军的后路。然而，霍奇斯显然更喜欢"三个计划中最保守的那个"[10]。

蒙哥马利仍然坚持进行一次更为短促的突击，目标仅限于乌法利兹。柯林斯直截了当地告诉蒙哥马利："你这样做会把德军从口袋里推出去，就如同你在法莱斯所做的那样。"[11]但正如蒙哥马利所担心的，这里不是夏季的诺曼底，在这样的地形和气候条件下实施大规模包围，这项计划太过野心勃勃。蒙哥马利说得有道理，只有熟悉冬季作战、拥有全套冬季装备的苏联红军才能打好这种仗，T-34坦克的宽履带板可以在冰天雪地中来去自如，而谢尔曼坦克已经证明了自己在这样的环境条件下是何等脆弱。

艾森豪威尔在布鲁塞尔会见蒙哥马利的计划被迫推迟到12月28日，因为德国空军在一次空袭中摧毁了他的专列。临行之前，他听说蒙哥马利终于在考虑总攻计划了，这让他高呼"赞美上帝，保佑众生"[12]。让艾森豪威尔恼火的是，反间谍部门依然为他的个人安全煞费苦心。由于大雾和霜冻，此次会晤不得不改到在距离蒙哥马利指挥部不远的哈瑟尔特（Hasselt）举行。第9集团军指挥官辛普森中将当天记录道："在昨晚的大雪和冰风暴肆虐之后，道路上结了一层薄冰。"[13]

12月28日上午9点45分，在与盟军最高统帅会面前不久，蒙哥马利在宗霍芬召开了一次会议，与会者是战线北方的各集团军指挥官——霍奇斯、辛普森、邓普西和加拿大第1集团军指挥官亨利·邓肯·格雷厄姆·克里勒（Henry Duncan Graham Crerar）上将。蒙哥马利重申了他的计划，他的情报主任、第1集团军情报部部长和盟军最高统帅部的斯特朗少将都指出德军将再次发动进攻，因此蒙哥马利建议先让德军在进攻北线时耗尽兵力与物力，与此同时派出战斗轰炸机打击他们的后方。[14]他还打算"在英军或第 9 集团军的战线上发动有限的战斗作为佯攻"。但实际上，希特勒已经取消了动用德军第 15 集团军在北方发动进攻的计划。①

蒙哥马利打算将英军第 30 军调去接管从奥通到迪南之间的防线，这样柯林斯的第 7 军就可以调整部署，准备向乌法利兹发动反击。在摧毁德军突出部的最后阶段，他打算发起"真实"行动（Operation Veritable），按计划加拿大第 1 集团军将攻至下莱茵河西岸。

当天 14 点 30 分，艾森豪威尔与蒙哥马利在哈瑟尔特车站会面。这是战役开始以来两人首次见面，蒙哥马利因为盟军最高统帅没有回复他的每日形势简报而愤懑不已。自凡尔登会议之后，艾森豪威尔就在凡尔赛处于严密的保卫之中，再未冒险外出过。而且在圣诞节那次不愉快的会面期间，布莱德雷已经被迫承认自己对艾森豪威尔的计划一无所知。在蒙哥马利看来，艾森豪威尔无所作为，他对此感到不屑。

艾森豪威尔同意蒙哥马利向乌法利兹推进的计划，而不是按照布莱德雷的要求向圣维特攻击前进。然而蒙哥马利再次失去了自制力，他说"布莱德雷把事情搞得一团糟"，如果他蒙哥马利不能全权指挥摩泽尔河以北的所有集团军打仗，那么向莱茵河的进军就会失败。出于形势考量，蒙哥马利提出愿意在布莱德雷麾下行事，但在他对布莱德雷做出上述评价之后，很难说这句话有多少真心实意。

蒙哥马利认为自己的装腔作势已经起作用了，艾森豪威尔

---

① 按照汉森的说法，甚至连布莱德雷的第 12 集团军群指挥部似乎也相信德军会以"4—5 个装甲师"[15]恢复向北对列日的攻势。三天后，汉森写了句令人意外的话："美军情报异常匮乏，我们被迫事事依靠英国人。"[16]——作者注

同意了他的所有提议。然而，返回伦敦后，陆军元帅艾伦·布鲁克爵士在听到蒙哥马利对这次会晤的描述后非常不安。"在我看来，似乎是蒙蒂以他一贯的不善与人交往的生硬冒犯了艾克，以不听蒙蒂建议的结果来戳艾克的痛处！！他说了太多的'我早就告诉过你'。"[17]

包括英国人在内，艾森豪威尔在盟军最高统帅部的参谋部成员都对他们听到的会晤内容感到恼火，但蒙哥马利很快就会让事情变得更糟了。由于担心艾森豪威尔可能会放弃他自认为已经达成的协议，这位陆军元帅在12月29日写信给艾森豪威尔，再次坚持独揽地面部队指挥权，并重申盟军如果不遵循他的建议就会战败。他的参谋长，即现在已经回到比利时的德甘冈少将，第二天就把信交给了艾森豪威尔。对后者而言，蒙哥马利的信就是最后一根稻草。这位陆军元帅甚至冒失地对艾森豪威尔指手画脚，要求他发布如下命令——在布莱德雷的第12集团军群向鲁尔河发动进攻时，应该由蒙哥马利来实施"全面的作战指挥、控制和协调"[18]。

蒙哥马利的信碰巧与马歇尔将军发自华盛顿的电报一同抵达，马歇尔已经看到了英国报纸上刊登的文章，文中声称蒙哥马利在阿登地区拯救了美军，应该被任命为盟军地面部队总司令。马歇尔向艾森豪威尔清楚地表达了自己的看法："在任何情况下都不能做出任何形式的让步。我们绝对信任你，而且如果这样做，就会在国内引起可怕的愤懑。我不是在假定你有意做出这样的让步，我只是希望你能坚持我们的立场。你正在执行一项艰巨的任务，坚持下去，别理会那些鬼扯。"[19]

艾森豪威尔用说服的语气答复了蒙哥马利，但又明显带着最后通牒的意味："你在最近的那份信中表示，除非完全接受让你指挥布莱德雷的意见，否则就预示着'失败'，这让我深感不安。我向你保证，我不可能继续这么做……就我而言，我对我们之间的关系出现了这样一道无法逾越的信念鸿沟，以致不得不把我们的分歧提交联合参谋长委员会（Combined Chiefs of Staff）而深感痛心。"[20] 联合参谋长委员会在最后摊牌时会支持谁，这是毫无疑问的。①

德甘冈听说艾森豪威尔正在给马歇尔将军写信，便恳请最高统帅再等一等；尽管身体欠佳，他还是立即动身飞回宗霍芬，向蒙哥马利解释说他大难将至。最初，蒙哥马利拒绝相信事情会如此糟糕，不管怎么说，谁能替代他呢？答案是英国陆军元帅哈罗德·亚历山大爵士（Sir Harold Alexander）。当真相最终浮出水面时，蒙哥马利才真的被击中了要害，先前他信心十足地告诉艾森豪威尔"英国公众不会支持换帅"[21]。从德甘冈告诉他的情况来看，这已不再重要了，美国人现在无疑大权在握。"我该怎么办呢，弗雷迪？"蒙哥马利垂头丧气地问道。[22]

德甘冈从军服口袋里掏出一封信的草稿，上面写着："亲爱的艾克，我见到了弗雷迪，也理解了你在这些非常困难的日子里对许多问题极为忧虑的心情。我曾向你坦率地表达了自己的看法，因为我以为你喜欢这样……无论你做何决定，都可以百分之百地信赖我，我会坚决执行，我知道布莱德雷也会这样

---

① 根据艾森豪威尔的儿子约翰在《苦林》一书中的描述，艾森豪威尔的这封亲笔信写于蒙哥马利发出道歉电文之后，是1月1日附在最新的作战计划中一起递交给这位终于清醒过来的英国陆军元帅的。那时艾森豪威尔的怒火已经渐渐平息，写信的主要目的是了结指挥关系的问题，至少是在他们的个人基础上了结了这个问题。从原文来看，作者在引用信中的部分内容时认为这是艾森豪威尔在发出最后通牒，其实那时两人之间的问题已经解决了。——译者注

做的。我的信可能让你感到烦恼，非常抱歉，我谨请你把它撕掉。你非常忠实的属下，蒙蒂。"[23] 他署上了姓名，信件被加密后立即通过电报发了出去，丝毫没有延误，可敬的弗雷迪·德甘冈再一次将自己的长官从他那令人忍无可忍的自我中拯救出来。他随后前往第 21 集团军群位于布鲁塞尔的后方指挥部，向新闻记者发表讲话。德甘冈对记者强调，蒙哥马利对两个美军集团军的指挥是暂时性的，是出于盟军团结的利益考量，让他担任地面部队总司令的喧嚣以及对艾森豪威尔含沙射影的批评必须到此为止。记者们承诺会跟他们的编辑商量此事。德甘冈随后打电话给凡尔赛的比德尔·史密斯，向他保证陆军元帅已经完全妥协。

只有北线攻势的发起日期需要敲定，艾森豪威尔确信会是元旦那天，蒙哥马利最初倾向于 1 月 4 日，现在将其提前了 24 小时，即 1 月 3 日。然而，充满敌意的浪潮仍未平息，许多美军高级军官后来对艾森豪威尔没有抓住机会赶走蒙哥马利而深感遗憾。他们想要在阿登地区取得一次战略性胜利，彻底摧毁突出部的所有德军部队。蒙哥马利相信这是完全行不通的，并认为他们只是想化解之前被敌军抓住可乘之机的尴尬。他迫不及待地想要推进"真实"行动，在穿过鲁尔河以北的莱茵河前肃清帝国森林的德军。不过，布莱德雷和巴顿不打算等到 1 月 3 日才行动，他们计划于 12 月 31 日从巴斯托涅发起反攻。

先前在洛林战役中元气大伤的美军第 35 步兵师抵达了巴斯托涅南侧，以填补第 4 装甲师和第 26 步兵师之间的缺口。第 35 步兵师要朝东北方向的马尔维和隆维利—巴斯托涅公路进攻，与此同时，第 4 装甲师的其余部队正在帮忙清理阿尔隆公路以东的村庄。步兵脚上穿的靴子在涉水过河时都湿透了，出现了数量与战斗伤亡一样多的冻伤和战壕足病例。"天气非常寒冷……我们挂在身上的水壶里的水都结冰了。我们吃雪，或将其化掉后再饮用，或煮成咖啡。"第 51 装甲步兵营 C 连的小罗伯特·卡尔弗特（Robert Calvert Jr）在日记中写道。[24] 他所在的营原有 600 人，在三周内蒙受了 461 例战斗和非战斗伤亡，其中阵亡 54 人，战伤 151 人，其余是伤病和被俘。

在西面，第 9 装甲师 A 战斗群从讷沙托出发后，沿着公路向锡布雷推进，此处是美军的重要目标。随着争夺巴斯托涅的战斗愈演愈烈，德军增援部队也开始陆续抵达，12 月 28 日星期四，元首卫队旅接管了巴斯托涅西南侧的锡布雷地区。雷默上校声称在从北部前线南下的途中，该旅的医务连毁于"一场持续 35 分钟的空袭，尽管所有车辆都漆成了白色，上面还涂着红十字，但战斗轰炸机并没有放过它们"[25]。曼陀菲尔相信雷默的部队将起到改变战局的作用，该旅的豹式坦克和 IV 号坦克直接投入抵御美军第 9 装甲师 A 战斗群的战斗中，将几辆美军坦克打着了火。

当雷默获悉自己要接受兵力大幅缩水的第 3 装甲掷弹兵师的指挥后，感到又气又恼。尽管元首卫队旅的编制不及标准师级部队建制的一半，但装备精良、近期负责阻击解围美军的第 5 伞兵师几乎没有炮火支援，第 26 国民掷弹兵师则缺少穿甲弹。雷默麾下有一个 105 毫米高射炮连，被他调到舍诺涅（Chenogne）准备对付巴顿的坦克。他的几个 88 毫米高射炮连则被部署在北面 5000 米外的弗拉米耶日周边，该连宣称已经在当地击落了"十架运送货物的滑翔机"[26]。但是元首卫队旅未能及时守住关键的锡布雷村，在一轮猛烈炮击后，美军于夜间将德军从村内逐出。一架滑翔机被击落后,飞行员在附近被德军俘虏,他在德军撤退时藏匿于装土豆的箱子内,现在发现自己又恢复自由了。

锡布雷的失守令曼陀菲尔和吕特维茨都心灰意冷,因为现在他们重建巴斯托涅包围圈的机会大幅缩水了。吕特维茨向雷默下令,翌日清晨在第3装甲掷弹兵师一个战斗群的协同下重新夺回锡布雷。"如果这次进攻失败,"吕特维茨写道,"我的军部认为有必要立即动身撤出突出部了。"[27]不过,希特勒是不会接受现实的,他再次拒绝撤退,还宣布组建一个所谓的"吕特维茨集团军级集群"来粉碎巴斯托涅的抵抗。名义上,该集群下辖第2装甲师、装甲教导师、第9装甲师、第3装甲掷弹兵师、第15装甲掷弹兵师、警卫旗队师、第5伞兵师和元首卫队旅。尽管它有着典型的希特勒式称谓,但上述部队大多已损兵折将。

12月29日是星期五,在凌晨的几个小时里,元首卫队旅在舍诺涅附近的森林南侧集结,准备对锡布雷发动反击。但雷默的部队一走出森林,立即遭到了数个美军野战炮兵营的密集炮击,美国人布置的大量炮兵就是为了对付意料之中的德军反扑。从东面的维勒鲁打过来的侧翼炮火也给德军造成了很大伤亡,美军在12月28日经过激烈战斗后夺取了该村。舍诺涅东南的树林几度易手,雷默所部的一门105毫米高射炮在战斗中击毁了数辆美军坦克。尽管炮手们在近战中像步兵那样保卫着自己的火炮,最终还是被打垮了,一辆谢尔曼坦克连撞带碾地毁掉了他们的火炮。当晚,雷默报告说元首卫队旅现在太过虚弱,已经无力再向锡布雷发动进攻。[28]

12月29日夜,德国空军的轰炸机群空袭了巴斯托涅,就在当晚天气突变,雪和雾正从斯堪的纳维亚半岛南下。不过,至少目前走廊还在美军手里，数百辆卡车为巴斯托涅的守军运去了大量补给物资和400名第101空降师的补充兵。泰勒将军视察了环形防线上的部队，并向他们表示祝贺。有些官兵认为他的态度令人不快，第506伞兵团的理查德·温特斯上尉[①]写道："他走之前给我们的指示是'盯住你们面前的那些林子'，该死的他以为自己在华盛顿的时候我们在这里扯淡吗？"[29]

空降兵们沮丧地发现，尽管他们得到了新闻界史诗般的赞誉，但还是无法被换下战线，返回大穆尔默隆休整。好在官兵们至少收到了家里寄来的信件和圣诞包裹，他们与其他排的战友或比利时平民共同分享着这一切。空降兵终于有了足够的食物，可以用深受他们喜爱的十合一口粮把自己喂得饱饱的。一些空降兵甚至设法"解放"了第8军军部留下来的烈酒仓库：德国空军投下的一枚炸弹炸塌了一栋建筑物的墙壁，这些烈酒暴露在大兵眼前。不过，酷寒、致命的小规模战斗和危险的夜间侦察行动一如既往地进行着，指挥官们依然需要了解当面敌军单位的情况，所以捕俘小组不得不继续出去抓"舌头"以获得情报（德国军官收走了部下的军饷簿，因为它透露了太多关于己方部队的信息）。但在夜间悄无声息地行动是不可能的，因为每走一步都会踩碎积雪坚硬的表面，必定会发出噪声，而且他们的白色披风冻得硬邦邦的，会随着人体的移动发出噼啪声。为了伪装而漂白旧军装的尝试也不怎么成功，空降兵们很羡慕德军配发的带有白色内衬、可以双面穿着的外套，其隐蔽性要好很多。

在防线前放置假人，诱使敌军巡逻队过早开火是司空见惯

[①] 此处原文有误，作者将温特斯的军衔写成了少校，但他晋升少校要到1945年3月8日，此时仍然是上尉。——译者注

的做法，美国人设法将冻僵的德军尸体立在雪地里。一具被叫作"奥斯卡"的尸体得名于之前与该部一起跳伞的吉祥物人偶，在遭遇突然袭击时，它还可以被当作射击的参照物。[30]空降兵们惊讶地发现，这种在极度严寒中死亡的人的面部并没有呈现出常见的死灰色，而是由于皮下的毛细血管迅速冻结变成了酒红色。

除了战壕足和冻伤，许多肮脏不堪、胡子拉碴的空降兵还要忍受痢疾的折磨，这很大程度上是无法适当地清洗餐具造成的。低至零下20摄氏度的气温可以冻裂重机枪的水冷套管，这些武器的枪口焰在很远的地方就可以看到，而德军的机枪在100多米外就无法被发现了。缴获的德军MG 42机枪深受美军官兵喜爱，空降兵也不例外。新来的补充兵需要学会避免因为长时间连续射击而暴露自己的位置。

许多士兵喜欢争论投掷手榴弹的最佳方式：是像扔棒球、掷铅球那样，还是自由式投掷。许多人拒绝棒球式投法，因为这样做容易扭伤胳膊和肩膀。为了防止德军捡起手榴弹扔回来，有经验的士兵会在拉开保险环后数到二或三再扔出去。把手榴弹保险握片插入纽扣眼里携带的现象司空见惯，军官们不喜欢这样，他们知道士兵在躺下时手榴弹会掉下来，然后就被弄丢了。傻乎乎的补充兵也发现，将手榴弹的保险销挂到装具上是迅速炸飞自己的好方法。事实证明，备用的水壶袋才是最合适的携行具。

12月30日，巴顿将军拎着他那把著名的象牙柄左轮手枪进入了巴斯托涅。他用古怪的高亢嗓音向官兵们表示祝贺，颁发勋章，在许多地方拍照留念，检查烧毁的德军坦克，并去看了几处主要战场，其中就包括罗莱城堡，在那里睡了几个小时后他继续到处视察。第 327 滑翔机机降步兵团的炮兵观察员正在山丘上忍受着德军坦克炮火，万分恼火地发现一群人居然大摇大摆地从后面走到他身边，他当即破口大骂叫他们下去，却发现泰然自若的巴顿将军已经靠上来观察敌情了。用一门火炮的瞄准镜套住目标后，上尉命令自己的野战炮兵营对德军坦克进行"效力射"。一发幸运的炮弹直接命中炮塔，引爆了内部弹药后将坦克炸成碎片。"天哪，打得漂亮！"得意扬扬的巴顿高呼道。[31] 显然他会兴高采烈一整天。

当天，就在元首卫队旅和第 3 装甲掷弹兵师从巴斯托涅西面发动进攻的同时，警卫旗队师汉森战斗群、第 14 伞兵团和刚从匈牙利调来的第 167 国民掷弹兵师一起，从东面的吕特布瓦一带发起了进攻。在维莱拉博诺（Villers-la-Bonne-Eau），美军第 35 步兵师 137 团 3 营在晨雾中遭到突然袭击，警卫旗队师汉森战斗群所属的党卫军第 1 坦克歼击营和党卫军第 1 装甲掷弹兵团 3 营动作迅猛，美军据守在村内的 3 营 K 连和 L 连很快就被全歼。[32] 不过，美军强大的炮兵火力再次力挽狂澜，师属和军属炮兵发射了装有新型无线电近炸引信的炮弹，阻止了德军进一步扩大战果。用第 167 国民掷弹兵师师长汉斯-库尔特·赫克尔（Hans-Kurt Höcker）中将的话说，该师被"打得支离破碎"。[33]

当美军第 4 装甲师的谢尔曼坦克和坦克歼击车循着枪炮声赶来加入混战时，美军步兵将视线转移到了林中的德军坦克身上。[34] 第 35 步兵师 134 团声称有 27 辆德军坦克被击毁，再算上其他单位估计的击毁数字后，美军的战果总数超过 50 辆坦克，但这个数量实在太夸张了。即便如此，警卫旗队师还是遭受了不小的损失,该师将失败归咎于第 5 伞兵师。按照该师师长海尔曼少将的说法,"党卫军散播谣言,说(我的)伞兵与美军在维莱拉博诺村一所房屋的地窖里和平相处,还把酒言欢称兄道弟"[35]。警卫旗队师师长威廉·蒙克区队长想要以怯战的罪名,将包括第 14 伞兵团团长阿尔诺·席梅尔(Arno Schimmel)上校在内的多名军官送上军事法庭接受审判,他甚至还说"应该在伞兵师的关键位置设一名民族社会主义督导官①。"

党卫军与国防军部队之间的相互厌恶达到了新的高度。党卫军装甲部队要求在各条道路上优先通行,制造了不少混乱。"当党卫军部队抵达巴斯托涅战区时,这些道路的交通状况糟糕到了极点,"元旦当日晋升少将的科科特写道,"这些部队——极度自负且傲慢无礼——总之典型地缺乏纪律,出了名地冷酷无情,再加上蛮不讲理,已经造成了灾难性后果。各种情况均表明,党卫军对于任何作战体系都是一种障碍。"[36] 痛恨党卫军的人并不仅限于高级军官,科科特师里的勒斯纳(Rösner)上士描述了党卫军是如何"闯入卢森堡人的家中,肆无忌惮地摧毁了一切"[37]。他们还摧毁了位于德国艾费尔地区的圣像,只因该地区的人大多信奉天主教。

对于巴顿麾下的第 3 军而言,最鼓舞人心的消息是第 6 装甲师前卫部队赶到,换下了疲惫不堪的第 4 装甲师。这支部队齐装满员且经验丰富,就当时而言并不多见,该师的部分谢尔曼坦克装备有新型的 76 毫米主炮——基于英军的 17 磅炮研制而成——该炮有把握击毁 Ⅵ 号虎式坦克。虽然第 6 装甲师 B 战斗群在接近战场时由于与第 11 装甲师共用一条道路而有所耽

---

① 民族社会主义督导官是根据希特勒的命令设立的,用来确保陆军军官的忠诚与决心。——作者注

搁，但A战斗群已经进入内弗东南方的阵地，准备于次日进攻瓦尔丹。

美军部队中出现的误击并不都是陆航的雷电和闪电战斗机干的。12月31日，第3集团军报告说"第8航空队的轰炸机不幸误炸了第4装甲师师部、韦克（Wecker）镇以及第4步兵师在埃希特纳赫的部分部队"[38]。第8航空队指挥官詹姆斯·哈罗德·杜立特（James Harold Dolittle）中将和战略航空兵指挥官斯帕茨中将被召去参加一次紧急会议，讨论对"己方部队"的误炸和"己方高射炮对己方飞机的误射"。为了"不动摇部队间的信任"，"误炸"事件被掩盖了。虽然双方都有责任，但在经历了几次类似的意外事件后，许多美军部队又喊出了自诺曼底登陆以来喊响的口号——"会飞的都得死"。他们时常不分敌友地对任何接近的飞机开火，无论是否在射程范围内。地面部队还公开质疑航空兵部队高估了其宣称的击毁德军坦克的数量。"很显然，陆航宣称的战果一定被夸大了，"第12集团军群注意到了这一点，"否则德军就不该有坦克了。恰恰相反，我们的侦察表明他们还有很多坦克。"[39]

德国空军仍然在对巴斯托涅进行夜间空袭。1月1日，德军战俘在卫兵的看守下清理巴斯托涅中心广场附近的废墟，其中一人踩上了昨夜空袭时扔下来的"蝴蝶"小型炸弹，弹片炸进了他的腹股沟，这个倒霉蛋尖叫着倒在地上。这一幕恰好被第9装甲师52装甲步兵营的官兵看到，该营作战参谋（S-3）尤金·奥古斯塔斯·沃茨（Eugene Augustus Watts）少校后来写道："你可以听见从卡车上的我军士兵嗓子眼里爆发出来的哄笑声。"[40]

在北部的第 1 集团军战线上，蒙哥马利已经调来了英军第 53 威尔士步兵师和美军第 83 步兵师，与西边的第 2 装甲师和马尔什昂法梅讷周边的第 84 步兵师换防，由英军第 51 高地步兵师担任第 1 集团军预备队。随着霍罗克斯中将的第 30 军陆续赶到，柯林斯的第 7 军其余部队可以撤下来重新部署，为 1 月 3 日的反击做好准备。① 英军第 6 空降师赶到塞勒以东后试图构筑防御阵地，但是地面冻得坚硬如铁，士兵手中的铁锹完全成了摆设。于是英军士兵转而将中空的伪装杆敲进地面，然后填满高爆炸药炸出洞来。英国人很快就发现，处理埋在雪下面的特勒反坦克地雷是一项危险的任务。[42]

在突出部顶部，饥寒交迫的德军散兵游勇正在被围捕。一个农夫的儿子去伊希普（Ychippe）附近照料马匹，当他返回时，看到一个德军士兵一瘸一拐地走到他家门口开始敲门。他指着自己的脚说"打坏啦"，此前他一直睡在谷仓里，进屋后就一屁股坐到炉边，把手枪放到一边，连靴子也脱掉了。当美军巡逻队赶到时，他还没来得及抓起手枪就成了俘虏。其他德军士兵躲在隔壁的房子和农场建筑中，被包围后其中一人拒绝从谷仓里出来投降，他穿着美军制服，害怕自己被当场枪毙。当美军威胁要烧掉谷仓后，他才被迫走了出来。美军巡逻队强迫他脱掉美军制服，把他押上吉普带走了，村民们也不知道此人的境遇会如何。

在一些地方，比如孔茹，当村民们目睹美军坦克碾过自己的小果园和篱笆墙时都感到很难过，等到他们看到美军步兵沿

---

① 事实上，蒙哥马利已经以休病假的名义将他最喜爱的军长送回了家。他担心霍罗克斯因过度疲劳而判断力受损，后者突然主张让德军穿过马斯河，然后在布鲁塞尔以南的滑铁卢古战场上击败他们。[41]——作者注

道路两侧排成一路纵队走进村后，就不那么紧张了。该地区的农民生活俭朴，这意味着没有什么东西会被浪费。他们从被遗弃的德军车辆上拿走了一切可以拿走的东西，因为这很可能是他们唯一可以得到的补偿，以弥补他们在田地、谷仓、房屋，以及被德军夺走的饲料、马匹及马车方面的损失。一辆半履带摩托车可以卖个好价钱，他们从被遗弃的车辆中抽出燃油，把工具箱、罐头食品、车胎和方向盘都拿走了，凡是能被拆下来的东西几乎都被拆掉了。还有一些人拿走了手榴弹，希望来年夏天可以用来炸鱼。

几名农夫试着把火炮轮子卸下来制造一辆马车，但他们发现这些炮轮子太重，单匹马拉不动。在一个更加成功的即兴创作中，一个精通机械的农民完全靠从一队德军装甲车辆上拆卸下来的零件，造出了自己的拖拉机，其发动机来自一辆半履带装甲车。还有一户人家甚至把大众桶车（Kübelwagen，德制水陆两用吉普车）的前排座椅拆了下来，放在自家客厅里用了近30年。[43]在伊希普，一具德军军官的尸体在另一辆桶车前排座位上斜躺了很多天，他的胡子在死后依然生长，这让17岁的泰奥菲勒·索洛（Théophile Solot）深深着迷。[44]

担忧自家儿子和丈夫命运的妇女们个个心急如焚。那些逃到马斯河对岸的人确实是幸运的，因为德军将大量留守的男人和男孩赶到了一起，让他们清理道路上的积雪，拖曳物资。许多人缺乏御寒的衣物，食物仅够果腹，根本不足以应付艰苦的劳动，也没有像样的装备。几乎没有人有手套，连铁锹都缺。他们的待遇如同战俘，晚上就被锁在谷仓里。为防止有人逃跑，有时卫兵竟将手榴弹系在门窗上。许多人被一路驱赶回德国，在那里干活，直到战争末期才被解放。有些人死于盟军空袭，因为飞行员无法区分德国军人与比利时平民的队伍，在白雪映衬下他们看起来都像是黑色的小人。

在 12 月的最后几天，英国第 30 军在马斯河与奥通之间展开了新的防线。一名英国民政事务官以更加浪漫的视角审视着周边环境。他写道："阿登地区明显有一种鲁里坦尼亚王国（Ruritanian）的氛围，就像人们在《曾达的囚徒》（The Prisoner of Zenda）① 的故事中想象的那样，城堡与大片白雪皑皑的冷杉树林又平添了几分意境。"[45]

天气一旦晴转多云，空中侦察就无法进行了。当第 53 威尔士步兵师和马尔什昂法梅讷的美军部队换防时，盟军需要知道德军装甲教导师和第 2 装甲师残部撤出罗什福尔之后是如何重新部署的。英军第 61 侦察团，以及大约由 350 名比利时人和法国人组成的特种空勤团被调拨给了第 6 空降师，他们将被派到罗什福尔和马尔什昂法梅讷以南的广阔森林和沼泽中去搜寻德军。

12 月 31 日，法国中队向圣于贝尔前进，第 5 特种空勤团的一个比利时中队在罗什福尔以南 10 千米处的比尔（Bure）锁定了装甲教导师一部。他们乘坐的吉普车仅装备了双联装维克斯机枪，可以做的事情很有限，只能对装甲掷弹兵进行袭扰。他们中最优秀的三个人被德军的 88 毫米反坦克炮直接轰杀。德国人正死守这一地区，因为第 2 装甲师、第 9 装甲师和装甲教

---

① 作家安东尼·霍普（Anthony Hope）在其著名小说《曾达的囚徒》（成书于 1894 年）中描述的神秘的鲁里坦尼亚王国，是一个有着古老的民间建筑和绮丽的郊野风景、遍布起伏的群山与黑森林的地方，被人称为理想王国。——译者注

导师的所有残部几乎都是沿着这条路线从罗什福尔撤出来的。当大多数当地居民都躲入神学院的地下室寻求庇护后,德军将所有民居中的床单搜集起来做伪装。与此同时,躲在地下室里的村民只有土豆可以果腹,他们养的鸡却成了装甲掷弹兵的盘中餐。

德军炮兵现在正炮击罗什福尔,居民们仍然躲在周边的山洞里,只有少数人冒险在炮击间隙出来取食物。大家都非常感谢戴着"贝雷帽和大号黑色橡胶手套"[46]的雅克修士,他将尸体收拢起来,并按照基督教的仪式下葬。

德军继续用V-1飞弹轰炸列日。新年前夜,转战过北非、西西里岛和诺曼底的米德尔塞克斯郡团的沃克（Walker）一等兵,正准备赶往列日南部的叙勒蒙（Sur-le-Mont）的教堂参加弥撒,一枚V-1飞弹从头顶飞过。沃克抬头仰望时,看见飞弹翻过身来开始俯冲。"一个比利时男童站在离他几米远的地方,丝毫没有察觉到危险,"他的勋章申请材料上这样写道,"沃克一等兵跳到孩子身边,将他扑倒在地,并用自己的身体护住他。飞弹就在离他们几米远的地方爆炸了,沃克一等兵身负重伤,孩子安然无恙。"由于伤势过重,英国皇家陆军医疗队放弃了抢救,但他活了下来,因为美军将他救起,并开创性地进行了肌肉移植手术。这一过程被摄制成纪录片,并送到其他野战医院供外科医生观摩教学。[47]

跨年夜,美军各级指挥部都组织了自己的新年晚会。在辛普森的第9集团军,他们用掺苏打水的威士忌和火鸡庆祝节日。[48]在霍奇斯的第1集团军,晚餐永远一本正经,他的参谋军官写道:"每晚进入餐厅用餐,我们都要穿戴整齐——夹克、领带、军靴。"[49]霍奇斯通常喝用波旁威士忌、杜博尼酒

（Dubonnet，法国开胃甜酒）掺少许苦味酒再加冰调制出来的鸡尾酒，但是那天晚上他下令打开柯林斯攻占瑟堡（Cherbourg）后送给他的一箱香槟来庆祝新年。午夜时分，士兵们"拿起步枪乱射一通"后引起了一阵恐慌，"草草了事的调查表明，当时并没有遭受德军进攻，只是人们兴奋过度罢了"[50]。

布莱德雷的第12集团军群指挥部也举行了一场聚会。按照汉森的说法，玛莎·盖尔霍恩"热情洋溢地讲了半个晚上的西班牙内战……她是最早前往那里的女记者，在目睹了全球各处战场上人类最糟糕的阴暗面之后，仍然相信人间有真善美的存在"[51]。晚会的气氛似乎由于紧张的情绪而被破坏，官方可能会对情报部门未能预见到德军攻势的失误进行正式调查。战略情报局创始人威廉·约瑟夫·多诺万（William Joseph Donovan）少将刚从华盛顿赶来，他提到有人在"讨论举行一次国会调查，以确定为何我军会那么松懈"。布莱德雷也对自己在德军进攻前所做的"风险预估"，以及只留下四个师来防御阿登地区一事，感到紧张不安而又心怀戒备。

在柏林，与"7·20"事件密谋者关系密切的日记作者乌尔苏拉·冯·卡多夫（Ursula von Kardorff）在新年前夜款待了几个朋友，她在日记中写道："午夜时分，万籁俱寂，我们手举酒杯站在那里，很难拿出勇气举杯同庆。远方传来一声钟响，为过去的一年画上了休止符。我们听到了枪声，还有靴子猛踩在（大街上被打坏窗户的）碎玻璃上的声音。这真令人毛骨悚然，仿佛有一个幽灵正从我们头上飘过，并用它黑色的翅膀触碰着我们。"[52]在阿登地区，德国人，还有比利时人，已经为盟军反攻和随之而来的战斗做好了准备。"新年伊始，我祈祷，"

在圣维特附近,第 18 国民掷弹兵师 295 掷弹兵团的马丁·奥皮茨中尉写道,"凭借元首和我们的力量胜利地结束这场战争。"[53] 在接下来的几个小时里,德军将从空中和阿尔萨斯两个方向再次发动攻击。

第二十一章 双重意外

新年的子夜时分,阿登地区的美军炮兵用数轮齐射告诉德军,他们最终走向覆灭的一年已经开始了。不过,德军也有自己的新年贺词,在1944年的最后几分钟,由党卫队帝国领袖海因里希·希姆莱指挥的上莱茵集团军群,对德弗斯中将的第6集团军群左翼发动了代号"北风"(Nordwind)的攻势。

在圣诞节后的第一天,第7集团军情报部门已经发出警告,说德军有可能于1月初进攻阿尔萨斯北部。德弗斯将军飞往凡尔赛面见艾森豪威尔,自从后者断然拒绝了他跨过莱茵河建立桥头堡的计划后,两人的关系就没有多大改善。而且,由于阿登地区的战斗已接近白热化,盟军最高统帅部只想让战线南方的美军和法军各师继续保持防御态势。在巴顿的第3集团军主力部署到突出部南侧后,德弗斯的不少部队也被抽调去支援阿登地区,第6集团军群的现有兵力捉襟见肘,战线已经被迫延伸至300千米以上。

艾森豪威尔希望将部队撤至孚日山脉,以此缩短阿尔萨斯地区的战线,在此过程中可能会弃守斯特拉斯堡。他的副手特德空军上将极力劝告他不要这样做(讽刺的是,现在是英国人反对放弃地盘了),这将导致英美与法国严重对立,因为斯特拉斯堡对法国来说具有很强的象征意义。

另一场进攻更加出人意料,帝国元帅赫尔曼·戈林领导的德国空军饱受批评,受此刺激他决定出动空军进行雷霆一击。

11月6日,他对盟国空军进行大规模突袭的计划首次浮出水面,① 时任德国空军作战部部长兼空军总参谋长驻元首大本营代表的埃克哈德·克里斯蒂安(Eckhard Christian)少将告诉希特勒:"帝国元帅已经下令,所有这些正在待命的新大队应该在一天之内部署到位——在一个天气良好的日子——集中起来全力出击,毕其功于一役。"[1]

希特勒对此半信半疑:"我只是担心,当这一天到来时,各大队无法有效协同,连敌人在哪里都找不到……通过大规模部署来消灭敌军的希望并不现实。"他还非常怀疑德国空军宣称和统计的杀伤率,并对德军飞行员战果数量如此之少大发雷霆。他大喊道:"(德国空军)仍在生产大量飞机,它们只会消耗劳动力和原材料。"

德国空军不仅面临着许多问题,自身还有不少麻烦。经验丰富的飞行员所剩无几,因为其颇为浪费人力的系统既没有给他们离开前线获得充分休息的时间,也没有利用他们向后辈传授丰富的实战经验。"现在都是些没有经验的年轻飞行员,"Bf 109战斗机飞行员施密德(Schmid)军官候补生说道,"有经验的人都阵亡了。"[2] "如今的新人接受过什么样的训练?令人既同情又震惊。"第26战斗机联队4中队(4./JG 26)② 中队长汉

---

① 其实这项旨在动用战斗机部队大规模出击,攻击美军轰炸机群的计划是战斗机部队总监阿道夫·加兰德中将提出的,为的是争夺德国本土上空的制空权。当时他并不知道希特勒准备在阿登发动反击,而且加兰德的计划是集中大量战斗机部队打击盟军的轰炸机群,并非对盟军前线机场发动大规模空袭。两者对战斗机飞行员的要求和训练截然不同。——译者注

② JG在德文中是战斗机联队的缩写,大队用罗马数字表示,中队用阿拉伯数字。本章节涉及的德国空军联队以下部队番号、英国空军大队以下部队番号、美国陆军航空队以下部队番号,大多为译者考证后添加,原文并未列出。——译者注

斯·哈尔蒂希斯（Hans Hartigs）中尉说道。[3] 由于燃油短缺，新飞行员只接受了几个小时的单飞训练就被分配到了作战单位，难怪美军战斗机飞行员会说，他们宁愿对付四个新手，也不愿意对付一个老兵。

（德国空军的）士气非常低落，一名被俘的军官详细介绍了飞行员用来躲避飞行或参加战斗的各种借口，其中包括"发动机故障"和"起落架无法收起"[4]。一名飞行员升空后兜了一圈，没有对任何东西射击，着陆后就被逮捕。更多的高级军官"经常飞行"，资深飞行员哈尔蒂希斯中尉说："但也仅此而已，他们什么都不做，这些人不再幻想着英雄般地死去，那样的日子已经过去了。"[5] 强烈的犬儒主义在部队上下蔓延。哈尔布里特（Halbritter）上士说："在我们中队，如果你还没得过性病，就会惹来异样的目光。至少70%的人已经染上了淋病。"[6]

最纯粹的犬儒主义者还是他们的总司令，那位独一无二的帝国元帅。"他操控德国空军的方式似乎与《爱丽丝梦游仙境》（Alice in Wonderland）里的红皇后别无二致，"德国空军总司令部的一名高级军官评论道，"而且效果如出一辙……对他来说德国空军只不过是另一件玩具。"[7] 参加过元旦大攻势的少数高级军官中的一人回忆道，他问上级："那么，将军阁下，我们的帝国元帅现在在做什么？"后者回答说："帝国元帅正在处理钻石，没有时间搭理我们。"[8] 不过，德国空军总参谋长卡尔·科勒（Karl Koller）航空兵上将对希特勒的责备更甚于他人："他不了解德国空军的需要，纵观他的一生，自始至终都是个步兵。"[9]

不管怎么说，戈林觉得自己除了孤注一掷以外别无选择。按照一名中校的说法，德国空军的状况让他"泫然欲泣"，并说"除非我们迅速夺回制空权，否则这场战争我们就要输了"[10]。戈林的最后一搏——"底板"行动（Unternehmen Bodenplatte）——透着希特勒阿登攻势的影子，几乎所有能出动的战斗机都将起飞空袭盟军机场，在地面上摧毁他们的飞机。

尽管德国空军的军官们在几个星期前知道了这项计划，但在元旦前一天下午被叫去参加任务简报时，还是对作战命令感到既震惊又恐惧。当晚，飞行员被禁止饮用任何酒精饮料，也不允许用守岁的方式庆祝新年。翌日清晨的前景让许多人惴惴不安，这看起来就像是一次日本人的自杀式"万岁"冲锋。飞行员至少得到了"飞行"口粮，包括额外的黄油、鸡蛋和白面包。他们得到承诺，行动结束返回后，还可以得到一块巧克力、真正的咖啡和一顿完整的"作战"餐。[11]

日出后不久，分布在 38 座机场上的约 1000 架德军飞机发动了引擎。第 6 战斗机联队（JG 6）联队长约翰·科格勒（Johann Kogler）中校坐入了自己的 Fw 190 战斗机驾驶舱里，他将率部空袭荷兰的佛克尔（Volkel）机场。对于此次行动，他的心中基本上不存幻想。阿道夫·加兰德（Adolf Galland）中将①"向我诉说了他的麻烦，真是太糟了"[12]。科格勒中校的上级②是懦弱无能的约瑟夫·施密德中将，他于 1940 年担任德国空军情报主管的时候严重地误导了戈林，甚至连时任陆军总参谋长的弗朗茨·哈尔德（Franz Halder）大将都评论说戈林是"整个德国空军中消息最为闭塞的军官"[13]。施密德惊骇于战斗

---

① 此处原文有误，作者将加兰德的军衔写成了航空兵上将。——译者注
② JG 6 隶属于第 3 战斗机师，上级是第 2 战斗机军，再往上才是德国空军西线总司令部。所以严格说起来，施密德和科格勒之间差了几级，前者是后者上级的上级的上级。——译者注

机部队指挥官的高昂损失情况，试图禁止他们飞行，把这些人都留在地面上。科格勒从原则上反对这样的做法："将军阁下，如果我们必须飞行来给敌人找点乐子，这样他们就有东西可打；如果我们升空只是为了做些什么，那么我请求允许每次都让我时刻陪伴在（我的飞行员）身旁。"[14]

在第26战斗机联队，绰号"长鼻子多拉"的Fw 190D-9战斗机的4中队中队长哈尔蒂希斯中尉发现目标选得具有苦涩的讽刺意味，"我们在这些机场驻扎过，我被迫带领自己的中队突袭我们使用过的机场"[15]。比这更令人沮丧的是戈林的命令——"任何（未能）成功攻击机场，或未能找到机场（就返航）的人，必须立即再次起飞并发起攻击"[16]。事实证明这是一个灾难性的想法，每个大队将有一架Me 262喷气式战斗机伴飞，其飞行员的任务是找出在空袭中表现得优柔寡断的人。

至少有些飞行员似乎还挺喜欢自己的任务，追忆着他们在战争初期的辉煌战绩。"战争初期我们给了他们多少沉重的打击啊！"一名将要攻击根特（Gent）附近机场的第1战斗机联队（JG 1）的飞行员回忆了昔日的荣光，在"底板"行动的深刻影响下，即便战争到了现今阶段，他仍然感到欢欣鼓舞："每个大队出动60架飞机，这就是我们在元旦的出击架次——我的天啊！空中是怎样的场面啊，我感到很惊讶，我都不知道自己属于哪个联队了，它们飞得到处都是。平民们都注视着我们，后来我们飞越前线，士兵们也都驻足凝视，因为我们都在低空飞行。"[17]

这种貌似乐观的感觉忽略了混乱的一面。戈林遵循希特勒在阿登攻势前采取的保密措施，拒绝将"底板"行动的时间预先通知德军防空部队。结果各高射炮连想当然地以为这些突然出现在头顶上的庞大飞行编队肯定属于敌军，于是开火射击。在前往目标的飞行途中，约有 16 架德军战斗机被友军炮火击落。

9 点 20 分，德军战机同时攻击了比利时与荷兰南部的 12 座英军机场以及法国的 4 座美军机场。但由于导航错误，13 座英军和仅 3 座美军航空兵基地遭到攻击。德军达成了战役突然性，但并不是每个地方都能顺利得手。空袭根特的圣德奈斯韦斯特兰姆（Sint-Denijs-Westrem）机场的第 1 战斗机联队 2 大队（Ⅱ./JG 1）来得正是时候，正好撞上了燃油即将告罄、正在降落中的波兰第 131 战斗机联队 308 中队，该联队装备了喷火战斗机。在德军的突袭中，第 308 中队有 9 架飞机被击落或打坏，另有 6 架喷火战斗机被击毁在地面上。然而，随后德国人就被第 131 联队的另外两个中队——第 317 中队和第 302 中队咬住。波兰人声称共击落了 18 架，击伤了 5 架，自身在空战中只损失了 1 架喷火战斗机。① 前文那名被空中的德军飞机数量鼓舞的 Fw 190 飞行员也坠机被俘。

美军的运气好于英军（波兰人隶属英军），德军有一个战斗机大队完全迷航，未能找到自己的目标，而美军第 367 战斗机中队的 12 架 P-47 雷电战斗机一头扎进了飞往梅斯的第 53 战斗机联队 3 大队（Ⅲ./JG 53）的机群中。然而第 53 战斗机联

---

① 根据相关最新资料记录，波军完全损失了至少 18 架喷火战斗机，2 名波兰飞行员阵亡（都是空战中被击落阵亡的），还有至少 12 架各型飞机在机场上受损。德军第 1 战斗机联队 2 大队出动的 36 架 Fw 190 中有 17 架未能返航，其中 12 架被列为失踪。德军第 1 战斗机联队的总战果是摧毁约 54 架敌机，空战中击落 2 架，打坏 7 架（空中击伤后迫降受损）。德军自身损失 29 架，受伤 4 架，阵亡 17 名飞行员，被俘 7 人，重伤 1 人。损失的飞机包括在空战中被击落、被敌方高炮或被己方高炮击落。——译者注

队2大队和4大队（Ⅱ./Ⅳ./JG 53）的德机仍然成功摧毁了停放在机场上的美军第365战斗机大队的40架战斗轰炸机中的半数。① 在荷兰艾恩德霍芬，英军蒙受了最惨重的损失，德军第3战斗机联队（JG 3）出动了三个大队，幸运地赶在首个台风战斗机中队（第438中队）起飞时发动攻击。被击毁的飞机坠落后堵住了跑道，困住了后面其他中队的飞机。"一名沮丧的台风战斗机飞行员踩住刹车，提升推力以抬起机尾，这样他就能够从地面上射击低空飞行的敌机了。"[18]

在埃弗尔（Evere）机场，英国皇家空军第127联队及其他部队的大批飞机整齐地排列在停机坪上，第416中队的喷火战斗机正在跑道上滑行，结果惨遭德军第26战斗机联队2大队和3大队（Ⅱ./Ⅲ./JG 26）屠戮，只有中队长哈林上尉得以驾机升空，他在消灭了一名"盗贼"后自己也中弹坠机。② 美军确信英国皇家空军第2战术航空队（2nd Tactical Air Force）的飞机遭到空袭时是"以紧密编队停放"[19]的，其实这种情况只发生在艾恩德霍芬的照相侦察机基地，由于无处停放飞机，喷火战斗机都排列在一条原先德国空军使用过的跑道上。基地设施实在不堪重负，因为很多中队不得不集中在有硬质跑道的机场上，只有这样才可以比较方便地清除积雪。蒙哥马利元帅的私人座机在地面上被摧毁的新闻，在美军圈子里营造出一种明显的幸

---

① 梅斯机场的美军第365战斗机大队共损失飞机33架，其中22架被完全摧毁，11架受损，另外美军在空战中可能被击落4架战斗机。参战的德军第53战斗机联队共损失飞机30架，8架负伤，9名飞行员阵亡或失踪，4人被俘，5人受伤。——译者注
② 相关资料显示，在德军开始攻击的那一刻，英军第403战斗机中队的2架喷火战斗机已经升空，还有2架刚刚起飞，4名飞行员在随后的空战中都宣称击落了敌机。——译者注

灾乐祸的气氛。"他们狠狠地扒下了英国佬的裤子,蒙哥马利元帅的情报主任(G-2)给第2战术航空队的情报主任送了件礼物——一条吊裤带。"第1集团军的作战日志在第二天这样写道。[20]慷慨的艾森豪威尔立即把自己的座机让给了蒙哥马利。

第9集团军指挥部的参谋们都跑出去观看空战,"上午,在马斯特里赫特地区上空发生了多场空战,低悬的云层挡住了飞机,只能听见哒哒哒的射击声"[21]。盟军总计损失了150架飞机,另有111架受损,还失去了17架非作战飞机。[①] 令人欣慰的是,飞行员的损失非常轻微,但是地面人员阵亡过百。

许多德军战斗机被防空火力击落,包括被俘的科格勒中校。令人难以置信的是,在布鲁塞尔附近有架低空飞行的 Fw 190 被一只鹧鸪撞了下来,"这只鹧鸪在它的散热器上撞出了一个大洞,发动机在冷却液漏光后停下了"[22]。不过,正如第9集团军指挥部认为的那样,"杰瑞(指德国空军)在这次突袭中犯下大错,并为此付出了高昂代价。他们(在机场上空)停留的时间太长了,享受着来回扫射的乐趣,耽搁了太长时间,结果我军后方基地的战斗机有足够的时间赶过来,并在他们返航时咬住了他们,德国佬因此遭受了极其惨重的损失"[23]。

那些根据戈林的命令重新给飞机加注燃油、补充弹药后再次出击的德军飞行员,飞回去后发现盟军战斗机中队拥有压倒性的兵力优势,下定决心要把德国空军从空中消灭。最糟糕的是,德军防空部队甚至在攻击行动开始后仍然对此一无所知。"德国空军在1月1日展开的大规模行动遭遇了一场大劫难,"希特勒的空军副官尼古劳斯·冯·贝洛上校写道,"我军飞机

---

① 根据最新的资料显示,盟军的实际损失约为305架飞机被摧毁,190架飞机受损,但盟军可以在半个月内弥补这样的损失。——译者注

返航时飞进了己方高射炮群猛烈而精准的火网中,出于保密考虑,我军防空部队从未得到有关此次行动的通知。我们的部队蒙受了惨重损失,再也无法恢复元气,这是德国空军(为争夺西线制空权而进行)的最后一次重要尝试。"[24]

这甚至算不上是一次局部胜利。德国空军付出了271架战斗机被击落、65架受损的代价。[①] 空勤人员的损失是灾难性的,总计有143名飞行员阵亡或失踪,另有70人被俘,还有21人负伤。损失的人员中包括3名联队长、5名大队长和14名中队长,这些人的损失是难以弥补的。

德国人对自己的命运基本上无能为力,所以在盟军的空袭炸毁了电车和铁轨后,他们只能迈着沉重的步伐,跌跌撞撞地穿过废墟,前往通常没有窗户或电力供应的工厂和办公室上班。希特勒在那天的新年致辞中没有提到阿登攻势,当元首没完没了地东拉西扯时,大部分听众都意识到他没有什么新东西可以当话题了。

希特勒也没有提到"北风"行动,他于12月21日提出了这次进攻的构想,并在圣诞节当天给这次行动命了名。其表面意图是通过与坚守科尔马口袋的德军第19集团军协同作战,歼灭阿尔萨斯北部的美军第6军,但希特勒的真实目的是干扰巴顿在阿登地区的推进,并制造出自己仍然握有主动权的印象。12月28日,希特勒将各师师长召集到西线的"雕窝"大本营,如同他在阿登攻势开始前那样,亲自向他们发表演说。

12月26日,德弗斯中将在凡尔赛与艾森豪威尔会面后返

---

① 这还不包括负责领航的Ju 88的损失,它们被击落了9架,击伤4架。——译者注

回自己的指挥部,他下令在北阿尔萨斯地区研究各部队的后撤位置。1月1日,德军在比奇(Bitche)两翼发动进攻,艾森豪威尔命令德弗斯留下掩护部队,但要将主力部队撤回孚日山脉,弃守斯特拉斯堡,此举严重动摇了第6集团军群的军心。"今日部队士气又达新低。"时任第6军作战处长的小皮特·T.赫夫纳(Pete T. Heffner Jr)上校在给同僚的信中写道。[25]德军在莱茵河对岸架起了一只大喇叭,警告斯特拉斯堡的居民他们会回来的。不过,美军炮兵听声定位,以迅雷不及掩耳之势开火将其摧毁。

美军可能要撤退的消息传开后,恐慌顺理成章地蔓延开来。[26]斯特拉斯堡的居民约有20万人,许多人害怕遭到德军报复。据当地的一名美国记者估计,约有10000人选择了逃亡,"他们大多是乘火车离开的……妇女推着婴儿车,货车上高高地堆放着家具"。按照美国人的说法,接下来的两天里约有2000人以各种方式从公路逃离城市,而法国方面的消息称这一数字为15000人。

在巴黎,法国临时政府群情激奋,竭力反对。戴高乐立即向斯特拉斯堡南部的法军第1集团军指挥官德拉特·德塔西尼上将下达了命令:"不言而喻,法国军队永远不会同意放弃斯特拉斯堡。万一盟军从他们当前的阵地撤到法军第1集团军北部,我命令你部负起责任,接管并确保斯特拉斯堡的防务。"[27]然后,戴高乐向艾森豪威尔表明了自己的立场,并呼吁丘吉尔和罗斯福阻止盟军撤退。盟军最高统帅部得到警告说,10万法国民众将被迫从斯特拉斯堡撤离,还有30多万阿尔萨斯人将面临德军报复的危险。

第二天,阿方斯·朱安上将根据戴高乐的指示去见比德尔·史密斯中将，表示临时政府首脑将于次日前往凡尔赛会见艾森豪威尔。朱安和比德尔·史密斯之前就闹过矛盾，而这次是他们所有会面中场面最激烈的一次。在德塔西尼上将抱怨他的法军第1集团军收到的装备和补给物资不足之后，局势的紧张程度再创新高，与此同时，美军则怀疑该集团军对科尔马口袋的攻击是否奏效。法军的低级军官伤亡非常惨重，他们的继任者已经难以驱使部下继续向前了。

朱安说，如果美军撤到孚日山脉，戴高乐将军将让法军脱离盟军最高统帅部的指挥。按照比德尔·史密斯的说法，法国人对艾森豪威尔处理战争问题的方式出言不逊。他在会后告诉艾森豪威尔："朱安对我说的那些话，假如他是一个美国人的话，我会照着他的下巴狠揍一拳。"[28]

1月3日上午，在戴高乐来访之前，艾森豪威尔同他的参谋部探讨了撤离斯特拉斯堡的问题。当天下午，戴高乐与朱安一同现身，正在法国访问的温斯顿·丘吉尔也在戴高乐的知会下出现了。艾森豪威尔向两位政府首脑简短介绍了他们面临的危险处境，随后，针对法国人提出的法军不再接受盟军最高统帅部指挥的最后通牒，艾森豪威尔提醒戴高乐和朱安："如果法军不服从我的命令，将断绝对其弹药、补给和食物供应。（我）还直截了当地告诉他，如果法军已经消灭了科尔马口袋里的敌人，目前这种局势就根本不会出现了。"[29]艾森豪威尔的一番话说得戴高乐面红耳赤。

戴高乐最终克制住了自己的情绪，说道："如果我们在进行军事演习，我可以赞同您的观点，但是现在我必须从另一个角度来考虑这件事。在阿尔萨斯地区撤退将会把法国领土拱手交给敌人，从战略层面来讲，放弃那里只不过是一种策略，可对法国而言这将是一场民族灾难。因为阿尔萨斯对我们来说是神圣的领土,不管怎么说,德国人还自称这个省份属于他们,如果他们再把阿尔萨斯夺走,肯定会借机对当地居民所表露出来的爱国精神进行报复。"[30]

在丘吉尔心照不宣的支持下,戴高乐在和艾森豪威尔的交锋中赢了一个回合,最高统帅同意打电话给德弗斯,基本上就是告诉他停止撤退。"这一让步让戴高乐欣喜万分,"艾森豪威尔写道,"他走的时候心满意足。"戴高乐脸上被冒犯的表情不见了,丘吉尔形容他此前的样子就像是一头在洗澡时受到了惊吓的母羊驼。戴高乐走后,丘吉尔低声对艾森豪威尔说:"我认为我们做了一件明智且恰当的事情。"[31]

戴高乐欣喜若狂,回去后向他的办公厅主任加斯东·帕莱夫斯基(Gaston Palewski)口述了一份声明,在发布之前,帕莱夫斯基将其拿给英国大使达夫·库珀看。声明内容过于虚荣自负,以至于库珀警告帕莱夫斯基说这么写于事无益。库珀在日记里写道:"声明里面提及戴高乐召开了一次军事会议,英国首相和艾森豪威尔被允许出席。"[32]无论如何,对于自己改变主意的理由,艾森豪威尔还是向对法国领导人尚无好感的罗斯福总统做了如下解释——如果法国临时政府轰然倒塌,盟军部队很可能就要面临后方地区的混乱局面了。

当"撤退到孚日山脉以东一线的命令被取消时",美国第6军"士气大振"[33]。军作战处长赫夫纳上校在给同僚的信中写道:"(撤退)将对美军声望造成可怕的打击,我们无法弃之不顾。被打回去是一码事,未发一枪一弹不战而退就是另一码事了。"

作为艾森豪威尔妥协的结果,法军仍然接受盟军最高统帅部的指挥,但是与法国当局打交道仍然令人头疼。艾森豪威尔后来抱怨说,法国人"仅次于天气……在这场战争中给我带来的麻烦比其他任何单方面因素都要多"[34]。盟军最高统帅部决定停止"向法军第1集团军传递通信情报",因为他们"不够保密"[35]。1月7日,德弗斯中将警告在阿尔萨斯的第7集团军指挥官帕奇中将,说他们的电话线可能被窃听了。"如果用电报或加密资料与形式特殊的超级机密情报对照,就会对超级机密构成严重威胁。只要敌军汇集少量这样的资料,就有可能产生泄密的危险。"[36]

德军第1集团军向南方的进攻基本上被挡在了比奇以西,在那里一马当先的是第101空降师在诺曼底卡郎唐(Carentan)镇的老对手——党卫军第17格茨·冯·贝利欣根装甲掷弹兵师。第15军拥有良好的阵地,还得到了勒克莱尔的法军第2装甲师的支援,该师再次展现出非凡的勇气(按照第6集团军群参谋部的说法,勒克莱尔"直截了当地拒绝在德拉特·德塔西尼麾下战斗"[37],因为德塔西尼参与制定了贝当的停战协议)。但是在比奇到莱茵河之间,德军出动两个军的兵力,在没有进行炮火准备的情况下利用浓雾弥漫的时候发动进攻,成功地渗透了林中的美军防线。德军各师向萨维尔讷隘口前进,逼退了防线过度延伸、兵力捉襟见肘的美国第6军,后者的防线横贯下孚日山脉与莱茵平原。

帕奇中将的第7集团军寡不敌众,其麾下各部大多打得非常出色,只有一些部队由于后方的恐慌或前线的懈怠而表现不佳。师长们很是恼火地听说部队"在某座城镇或村庄宿营或驻防时遭到突袭,结果被俘或被包围了"[38],这几乎都是因为缺乏周密的安全或警戒措施。在孚日山脉中的巴恩斯坦(Bannstein),"某部被打得措手不及，官兵们酣睡时德军未遇抵抗便步行进入镇内，俘获了我们的部队、武器和大批车辆"。在另外三个地方也发生了类似的一幕，不过大部分人在美军援兵抵达后还是被解救出来。

下孚日山脉的大雪以及冰封曲折的道路令作战环境变得更加糟糕。到1月5日，从斯堪的纳维亚调来的党卫军第6北方山地师已经抵达了距萨维尔讷不足20千米的莫代河畔万让（Wingen-sur-Moder）。当他们前进至该镇西侧时，遭到了美军第45步兵师的顽强抵抗。目前，另外三个美军步兵师坚守着罗赫拉特河一线，但是希姆莱已经获得了包括党卫军第10弗伦茨贝格装甲师在内的更多部队，准备发动新一轮进攻。

艾森豪威尔可能已经将法国列为仅次于天气的最大问题，但他也向戴高乐说起过蒙哥马利元帅并不好对付。然而，艾森豪威尔还没有意识到，英美关系中最严重的危机即将爆发。1月5日，艾森豪威尔听说国内刚刚传出蒙哥马利指挥美军第9集团军和第1集团军的消息，即便盟军最高统帅部已经很不明智地试图掩盖这一事实。特德空军上将对英国媒体的担忧已经不幸成真，德甘冈少将向记者们发出的请求未能奏效：英国报纸再次呼吁蒙哥马利现在应该被确认为西线盟军地面部队总司令。无须赘言，美国的新闻媒体并不喜欢让一个英国人，尤其是蒙哥马利掌管整整两个美国集团军。然而，盟军最高统帅部被迫发表声明证实了这一安排，位于凡尔赛的军方有关部门对待媒体的态度笨拙而自负，英美双方的记者都对其怒不可遏。

布莱德雷已经被国会调查的前景搞得焦头烂额，这次调查旨在查明美军为何对阿登攻势毫无准备。他还担心蒙哥马利接管原属自己的两个集团军的消息会在国内引起什么样的反响。布莱德雷还对另一件事情愤愤不已，在《时代》周刊的年度人物评选中，巴顿的票数仅次于艾森豪威尔，而他甚至未被列入候选人。布莱德雷深感不安，他立即怀疑蒙哥马利泄露了关于指挥权变更的消息，并将其视为一次蓄谋已久的"败坏美国人声誉的尝试"[39]。他打电话向艾森豪威尔抱怨了一通，但后者向他保证这消息来自国内，并不是从第21集团军群指挥部泄露出来的。

按照汉森的说法，布莱德雷认为"公众舆论对于这一任命的诉求显然受到了官方的启发"[40]，他依然相信温斯顿·丘吉尔正费尽心机地策划让蒙哥马利担任盟军地面部队总司令。显然，布莱德雷仍然相信这种可能性，因为他向艾森豪威尔宣布自己"不愿在蒙哥马利的指挥下服役一天……巴顿将军也同样表示自己不愿接受蒙哥马利的指挥，一天都不行，我打算将此事对蒙哥马利直言相告"[41]。艾森豪威尔回答说自己会向丘吉尔转达他的忧虑，但不论是丘吉尔还是布鲁克，都没有为这样的晋升推波助澜，他们非常清楚美方的观点，私下里都对这样一场酝酿中的风暴感到震惊。丘吉尔写信给罗斯福总统，强调英国信任艾森豪威尔的领导能力，并称颂了美军各师在战斗中表现出来的英勇顽强。

布莱德雷担心此消息将"否定他对集团军群指挥的有效性，动摇下级指挥官的信心，并最终影响部队的士气与信心。其次，同样显而易见的是，这一消息可能会动摇国内公众对他（布莱德雷）指挥能力的信任，并向我们的民众表明，有必要在紧急情况下求助英国指挥官来为我们'火中取栗'"[42]。

汉森写道，英国掀起了让蒙哥马利担任整个西线盟军地面部队总司令的运动,这意味着"如果让蒙哥马利来指挥,德军就无法达成突破。现在所有新闻报道的主流推论是德军的攻势之所以成功了,是因为美军指挥官,也就是布莱德雷的疏忽大意……声明的发表在英国新闻界产生了灾难性的轰动效果,他们对此幸灾乐祸,将其视为扩大蒙哥马利指挥权的大好时机"。他继续写道:"军队被称作'蒙蒂的部队',这种废话连篇的胡言乱语表明了英国媒体对英雄的盲目崇拜……他是胜利的象征,是英军在我军战线上所做努力的一个被极度高估且通常被扭曲的形象。"[43]

在随从人员的建议下,布莱德雷感觉他正在为自己的职业生涯和声誉而战。他已经给马歇尔将军写了封信,向他说明自己对形势的看法,并为他的"风险预估"辩解,这正是阿登一线美军在12月16日之前防务空虚的原因。"与此同时,"他还补充说,"我无意为已经发生的事情道歉。"[44]

蒙哥马利打电话给丘吉尔,告诉他自己计划召开一场新闻发布会,强烈呼吁盟国要团结一致,支持艾森豪威尔,丘吉尔回答说他认为这"极有必要"[45]。布鲁克元帅却不那么放心,他太清楚蒙哥马利无力控制自己自吹自擂的毛病了,蒙哥马利身边的几名高级参谋军官对此心有戚戚。

1月7日,蒙哥马利出现在新闻发布会上,由于刚刚被任命为伞兵团的荣誉上校团长,他戴着一顶别着双帽徽的崭新的栗色空降兵贝雷帽。他的情报主任、才华横溢的学者埃德加·"比尔"·威廉斯(Edgar "Bill" Williams)准将已经读过一遍演讲稿了,尽管稿子内容相对来说并无大碍,他担心的却是它会被人们如何解读。唯一具有刺激性的部分是"这场战役很有意思,可能是我打过的最有意思、最棘手的一次战斗,而且战斗的成败事关重大"[46]。演讲稿的其余内容是向美军士兵致敬，声明自己忠于艾森豪威尔，并呼吁盟国从新闻界做起，团结一致。

然而，就在他事先准备好的演说步入尾声时，蒙哥马利来了个即兴发言，他对自己的"军事哲学"做了一个简短的演讲："如果他（敌军）进行猛烈打击，我就必须做好准备。这在战斗中非常重要，我在非洲学会了这一点，所有这一切都是从艰难的经历中学到的。当伦德施泰特发动猛烈攻击企图分割美军的时候，作战区域自然也随之打乱，因此我到场接过指挥权后，首先要做的事情就是清理战区——从中理出头绪。"蒙哥马利还大大夸大了英军对这场战役的贡献，几乎让整件事听起来就像是一次英美联合作战。

消息传到伦敦，丘吉尔的内阁办公室随后评论道："虽然这份声明从整体上读来是在向英勇的美军致敬，但它的总体基调以及表露出来的自鸣得意，无疑深深地冒犯了盟军最高统帅部和第12集团军群的众多美国军官。"[47]

在场的许多不同国籍的记者感到或愤怒或难堪，但英美媒体仍然集中报道了蒙哥马利演讲内容的积极方面。然而次日早上，德国无线电台利用英国广播公司（BBC）的波段播报了一条假报道，在评论中暗示蒙哥马利已经摆平了美军第1集团军的灾难，蓄意激起美方的愤怒。文中总结道："多亏了蒙哥马利元帅，阿登之战现在才得以平息。"[48]美军部队和通讯社收到这条虚假报道后信以为真，在此后的一段时间内，甚至在纳粹的宣传伎俩被揭露之后，许多愤愤不平的美国人仍然相信英国人只是在试图给自己脸上贴金，因为他们的国际地位江河日下。

甚至在纳粹广播之前，布莱德雷就已经出离愤怒，他打电话给艾森豪威尔抱怨蒙哥马利的声明,并表示自己很担心第 9 集团军可能会被留给英国人指挥。他恳求艾森豪威尔"为了美军指挥官的声誉也要把它还给我,哪怕 24 小时也行"。他向汉森解释说"我想把第 9 集团军要回来是出于名誉考虑,因为英国人已经赚足了面子"[49]。当天,布莱德雷仍然在继续讨论蒙哥马利让第 82 空降师撤退的命令。

在没有告知艾森豪威尔的情况下,布莱德雷于 1 月 9 日召开了自己的新闻发布会。他想为 12 月 16 日美军在阿登前线的孱弱辩解,并为针对自己缺乏准备的指责进行辩护;同时还强调蒙哥马利对美军部队的指挥纯粹是临时性的。这又引得《每日邮报》以最具挑衅性的方式为蒙哥马利摇旗呐喊,再次要求让他担任地面部队总司令。大西洋两岸的新闻界又互不买账地开始兴风作浪。

丘吉尔大惊失色。"我担心美军将领已经被严重冒犯,"他在 1 月 10 日给自己的首席军事顾问黑斯廷斯·莱昂内尔·伊斯梅(Hastings Lionel Ismay)上将的信中写道,"这与其说是因为蒙哥马利的演讲,不如说是我们的一些报纸似乎将挽救战役的所有功劳都归功于他的态度。我个人认为他的演讲实在不幸,有一种纡尊降贵的基调,完全忽略了这样一个事实,那就是美军可能已经损失了 80000 人,而我们只损失了 2000 或 3000 人……艾森豪威尔告诉我,他的将领们非常愤怒,他已经很难鼓起勇气命令他们中的任何人继续在蒙哥马利麾下作战。"[50]艾森豪威尔后来称,这一事件给他带来的烦恼和忧虑比战争期间的其他任何事件都要多。

当艾森豪威尔的密使特德空军上将和布尔少将还在奋力赶往莫斯科时,丘吉尔已经就红军的大规模冬季攻势计划与斯大林通了信。他于1月6日写信给苏联领导人，明确指出德军在阿登的攻势已经被阻止，盟军掌握着主动权，但这没有阻止斯大林（以及后来的俄国历史学家）竭力宣称丘吉尔一直在寻求帮助。罗斯福在12月23日的通信中提到了一次"紧急状况"，也许从语境来看那更像是一种说辞，但是斯大林善于利用一切机会让西方盟国心怀内疚或欠他人情。在2月的雅尔塔会议上，他将打出同样的牌。

斯大林谎称1月12日从维斯瓦河向西和翌日向北攻入东普鲁士的大规模攻势原计划在1月20日发动，但是他特意将其提前，以帮助阿登的盟军。真正的原因是气象报告警告说，当月晚些时候会出现解冻，而苏联红军需要坚硬的地面供坦克行驶。德军在波兰和西里西亚的"纸牌屋"即将坍塌，这将证明古德里安所担心的一切都是正确的。希特勒在阿登的冒险已经让东线德军变得完全不堪一击。

第二十二章 反攻

巴顿急不可耐地从巴斯托涅周边开始推进,但很快便遭遇挫折。雷默宣布在元首卫队旅的努力下,"于12月31日取得了一次防御战的胜利,部队估计摧毁了30辆美军坦克"。当晚德军没有受到干扰,这让他们能够建立起一条"令我们的东线老兵啧啧称奇"的新防线。不过,雷默也承认作战经验匮乏的美军第87步兵师打得不错:"他们是优秀的战士,一些会说德语的突击队员潜入我们防线后方,手刃我方多名哨兵。"然而,这种非常规战术很难从美方的文献资料中得到证实。由于雷默的坦克和突击炮只剩下行驶不足20千米的燃料,他"电告军部,我们正在进行最后的战斗,他们应该派出援兵"[1]。

在巴斯托涅的东面,美军第6装甲师于1月1日上午经由该镇进攻比佐里、内弗和马热海,在巴斯托涅被围之初的几天里,围绕这些村落发生了许多战斗。同样缺乏作战经验的美军第11装甲师与第87步兵师都隶属米德尔顿的第8军指挥,两个师在巴斯托涅西南侧协同作战,前者要朝芒代圣艾蒂安推进,但在同第3装甲掷弹兵师和元首卫队旅的战斗中碰了一鼻子灰。巴顿认为"美军第11装甲师非常稚嫩,蒙受了不必要的伤亡,却一无所获"[2]。该师经历苦战之后产生了动摇。甚至连师长查尔斯·所罗门·基尔伯恩(Charles Solomon Kilburn)准将也不堪重负几近崩溃,而该师的军官似乎无法控制自己的部下。1

月1日,该师经过一番激战拿下已成废墟的舍诺涅村之后,大约有60名德军战俘被枪杀。"发生了一些射杀战俘的不幸事件,但愿我们能瞒天过海。"巴顿在1月4日的日记中这样写道。[3]这确实会令人尴尬不已,毕竟美国人一直在严厉谴责马尔梅迪-博涅大屠杀。

1月2日星期二,"早上极冷"[4],万里无云,但气象学家警告说坏天气即将来临。曼陀菲尔请求莫德尔接受巴斯托涅再也无法到手的现实,德军必须撤退了,但是莫德尔知道希特勒永远不会同意这样做。吕特维茨也希望把部队撤到乌尔特河以东,因为他发现第2装甲师和装甲教导师的余部在圣于贝尔和罗什福尔以东的位置很危险,过于暴露。元首卫队旅各营的兵力减员至150人以下,他们的指挥官都伤亡惨重,雷默声称甚至没有足够的燃料拖走损坏的坦克。来自"雕窝"大本营的答复不难想见,希特勒坚持于1月4日再进行一次尝试,并承诺调来党卫军第12希特勒青年团装甲师和一个新锐的国民掷弹兵师。他现在为自己的固执己见所辩护的依据是,虽然德军未能抵达马斯河,但他们阻止了艾森豪威尔对鲁尔河展开的进攻。

美军第1集团军和英军第30军按计划于1月3日开始反攻。柯林斯的第7军以第2装甲师和第3装甲师为先锋,在奥通与芒艾之间展开进攻,李奇微的第18空降军在其东侧行动。美军的进展异常缓慢,随着天气状况再次恶化,降雪、冰冻和浓雾纷至沓来。谢尔曼坦克不断滑出路面,在能见度非常糟糕的情况下,战斗轰炸机无法支援地面部队进攻。德军各师尽管严重减员,却多次猛烈地反击。

尽管第116装甲师被迫从奥通撤出，但德军炮兵即便在撤退中仍在对城镇"造成持续性破坏"[5]。剧院、学校、教堂、锯木厂、皇家号角（Fanfare Royale）咖啡馆、主街上的小商店、房屋，最终连和平饭店（Hôtel de la Paix）也被夷为平地。奥通镇内唯一幸免于难的建筑物是乌尔特河小岛上的音乐台，它的屋顶被弹片打得千疮百孔。

1月4日，曼陀菲尔奉命再次向巴斯托涅发起进攻，但这次他的部队分别由党卫军第9装甲师和党卫军第12装甲师打头，在第340国民掷弹兵师和第167国民掷弹兵师的支援下从北方和东北方展开。在北面的隆尚（Longchamps）附近，久战疲敝的第502伞兵团时来运转。党卫军第9装甲师19装甲掷弹兵团的一名装甲掷弹兵在冰天雪地中迷了路，恰好看到有个士兵正背对着他站在散兵坑里，误以为是友军的德国人走过去拍了拍对方的肩膀，想询问这里是什么地方。那名美军伞兵虽然被吓了一跳，但还是成功地将对方打倒在地并制服了他。审讯结果表明，这名德军战俘是连部的传令兵，随身携带着次日清晨的详细进攻计划，他甚至主动供出了凌晨4点部队集结地域的准确位置。由于情报好得令人难以置信，团里的审讯官怀疑他是在散布虚假信息，但随后逐渐意识到这极有可能是真的。第101空降师师部收到汇报后，所有可用的野战炮兵营和迫击炮排都做好了战斗准备。

党卫军第9装甲师从北面对第502伞兵团发动的进攻遭到猛烈打击，但现在德军针对巴斯托涅口袋（现在就是这么称呼的）的进攻，落在了尚斯附近的第327滑翔机机降步兵团头上，这里正是德军圣诞节总攻时的战场，西南方向上的战斗尤其惨烈。在党卫军第12装甲师的猛攻下，美军第6装甲师濒临崩溃，在一个营被德军击溃后，该师全线撤退，接连丢掉了马热海和瓦尔丹，好在大规模的炮兵火力总算阻止了美军彻底崩溃。①

即便经验丰富的美军第 6 装甲师也在这里上了一课，大量战争迷雾很大程度上是美军各级指挥官未能准确报告自己的位置所造成的。"各单位上报己方部队位置时误差经常达到数千米"，第 6 装甲师作战科科长迈克尔·J. 高尔文（Michael J. Galvin）中校注意到了这种现象，他以更加宏观的视角写道，美军各师"对自己的侧翼太过敏感……他们经常停滞不前，除非有人掩护他们的侧翼，而他们自己完全有能力提供必要的掩护"6。"如果你进入一座村子却未见村民的身影，"第 6 装甲师的另一名军官建议说，"要非常非常小心，这意味着他们已经藏身地窖以躲避即将爆发的战斗，因为他们知道德国士兵就在附近。"7

许多士兵更关心如何杀敌，对比利时平民遭受的苦难视而不见，那些对此予以关注的人则对自己耳闻目睹的可怕场面印象深刻，终生难忘。村庄是炮兵的主要目标，被彻底摧毁，农场和谷仓都被战火烧毁。妇女和儿童被德军逼到雪地里，许多人因交战双方的地雷或炮火残废或丧命，或仅仅是因为在雪地上非常醒目就被战斗轰炸机误认为是敌军予以轰杀。美国大兵发现受伤的牲畜痛苦地哀号着，饥肠辘辘的狗甚至等不及受伤的牛和马咽气就撕扯下它们身上的肉，水源也被白磷污染了。美军尽可能地将平民疏散至安全地带，但在战斗中这常常难以做到。

---

① 此处原文写得过于简略，此战美军第 6 装甲师 A 战斗群和 B 战斗群分别投入了数个坦克营和装甲步兵营，遭到德军打击后，也并非仅仅由于一个营被德军击溃就全师后撤，而且瓦尔丹在 1 月 2 日就失守了。面对兵力和坦克数量远不如自己的德军，连巴顿都不得不承认美军第 6 装甲师此战的表现很不尽如人意。——译者注

在巴斯托涅以西，美军第 17 空降师于 1 月 3 日将第 11 装甲师换了下来，后者在四天内仅推进了 10 千米，并付出了 661 人战斗伤亡和 54 辆坦克被击毁的代价。[8]新近赶到的空降兵在他们的首次战斗中似乎也没有占到便宜，巴顿在 1 月 4 日的日记中写道："今天早上发动进攻的第 17 空降师碰了硬钉子，被打了个满脸花，报告说有些营的兵力损失达到 40%，这当然是非常惨重的。"[9]

向巴斯托涅环形防线西侧的弗拉米耶日和弗拉米祖勒（Flamizoulle）推进时，第 17 空降师的对手是久经战阵的元首卫队旅和第 3 装甲掷弹兵师，该师的一名军官抱怨说："敌军一开枪，我们的那些补充兵就趴到地上，甚至不愿意开枪掩护其他战友前进。"[10]

美军（其他部队）的建议纷至沓来——"德军打仗按照一种固定模式，他们先是炮击，然后坦克跟随弹幕前进，后面跟着步兵。千万不要跑，如果你这样做肯定会被干掉，待在你的散兵坑里躲避炮弹，待在你的散兵坑里让坦克过去，然后开火扫射德军步兵"；"不要竖白旗，让德军靠近你，不要让德国佬发现你"。军官们还发现部下必须接受训练，弄清楚身体不同部位中弹时应该怎样处理，这样他们就可以在医护兵赶到前照料自己。"在医护兵赶到前每个人要照顾好自己，没有人能停止战斗来帮助战友。"[11]不过，如果得不到其他人帮助的话，躺在雪地里的重伤员很难撑过半个小时。

第 17 空降师配属了一个完全由非裔美籍黑人士兵组成的坦克营①，第 194 滑翔机机降步兵团团长詹姆斯·鲁宾孙·皮尔斯

---

① 根据相关记录，由黑人士兵组成的被称为"黑豹"营的第 761 坦克营正式配属第 17 空降师作战的时间并不是 1 月初，而是从 1945 年 1 月 15 日到 27 日。——译者注

（James Robinson Pierce）上校在报告里写道："我们的官兵对他们非常有信心，我们用坦克掩护步兵前进。坦克与搭乘在上面的步兵一马当先，后面紧跟着以班为单位的步兵纵队，经过挑选的官兵在全连末尾断后，负责消灭身着雪地伪装服的德军。后者会放坦克和步兵主力过去，然后钻出来射杀我方坦克后面的步兵，但是我们的'殿后者'会干掉他们。"[12]

占领一处阵地后，空降兵通常会发现地面冻得极其坚硬，根本无法挖掘工事。于是该师决定用155毫米火炮在某处要被占领的目标或区域炸出弹坑，这样才能快速准备好散兵坑。[13]第17空降师经受这样一番战火的洗礼不足为奇，面对顽强战斗的德军，他们还有许多东西需要学习。"第17空降师铩羽而归，"第12集团军群在1月8日的作战日志中记录道，"该师的首次作战行动缺乏其他空降部队那样的锐气。"[14]当然，虽然部队整体表现不佳，但并不意味着不会出现一些杰出的英雄人物，第513伞兵团1营B连的伊萨多尔·西格弗里德·雅赫曼（Isadore Siegfreid Jachman）上士就是其中的典型人物。雅赫曼上士来自移民美国的柏林犹太人家庭。1月4日在弗拉米耶日村的战斗中，B连被德军火力死死压制，伤亡很大。关键时刻雅赫曼从隐蔽处冲出，跑过开阔地从阵亡士兵的手中抓起一具火箭筒，击毁了一辆德军坦克，吓退了另一辆坦克，从而挽救了自己的连队。雅赫曼上士在战斗中阵亡，后被美国国会追授荣誉勋章。[15]

在遭遇装甲教导师的战斗群后，西面的美军第87步兵师就无法取得更多进展了。抱怨士兵胡乱射击、浪费弹药的声音此起彼伏，该师的一名中士向别人诉说了他的所见所闻："我看到一名步兵开枪打倒了一个德国兵，打光了弹匣里的子弹后，又朝着他打光了另一个弹匣,尽管开第一枪的时候他就已经干掉了目标。一门57毫米反坦克炮向一座疑似有德军藏身的房子发射了约40发炮弹,几乎全是穿甲弹,而且炮弹都打到了上层建筑内。可是直到我们进攻之前,德军都一直待在地下室和底层的房间里。"[16]

尽管雷默称赞了第87步兵师作战时的英勇顽强,但后者还是出现了新部队常见的所有问题。士兵们在迫击炮的轰击下不知所措,而非向前冲锋躲避炮火;有人受伤时,会有几个人冲过去帮忙,而不是把伤员留给紧随其后的医护兵。由于缺乏冬季作战的经验,第87步兵师和第17空降师都出现了大量冻伤减员,官兵们曾被告知要收集大两号的鞋子,至少穿两双袜子,可一旦他们投入战斗,再这样做就有些晚了。

米德尔顿被初出茅庐的各师的表现搞得沮丧到没了脾气。巴顿则大发雷霆,他的声誉危如累卵。巴顿甚至更加确信,反攻应该指向沿着德国边境长达80千米的突出部根部。他指责蒙哥马利,也对"急于将新锐师投入巴斯托涅之战中"的布莱德雷颇有微词。巴顿很是灰心丧气,甚至在1月4日的日记中写下"我们仍然有可能输掉战争……德军远比我们饥寒交迫,但他们打得更好,我永远无法宽恕那些新手的愚蠢"[17]这样的文字。巴顿拒绝承认突出部根部缺乏良好的道路网,加之地形因素和令盟军空中力量有劲使不出的冬季恶劣天气,这意味着他更青睐的方案取得速胜的机会可能会更加渺茫。

即便大部分德军主力师已经被调到了巴斯托涅地区,盟军在突出部北部反攻的进展只是略微好一点。当地有将近一米深的积雪,气温已经下降至零下20摄氏度,"道路结冰,虽然铺上了碎石，坦克还是会滑向路两侧，撞坏通信设施并干扰了交通"[18]，为增强抓地力而焊到履带上的金属螺栓没多久就磨掉了。在出现冻雾的情况下，幼畜炮兵校射机无法全天飞行，升空的时间有限，而战斗轰炸机只能待在地面上。美军第2装甲师发现自己正同德军第2装甲师残部进行一场"异常激烈的战斗"，"一棵幸运的大树引爆了一发88毫米炮弹，炸翻了我军的五六十名装甲步兵，这是已知的单发炮弹造成的最大伤亡人数"[19]。不过"三桥镇和雷阿蒙（Reharmont）都已经被肃清，夜幕降临时部队进抵了耶尔洛（Hierlot）-安科蒙（Amcomont）-戴鲁蒙（Dairomont）-贝吉瓦尔一线"[20]，第1集团军在1月3日的作战日志中这样记录道。第82空降师抓到了500名俘虏。

蒙哥马利元帅于3日14点拜访了霍奇斯，他"对部队取得的进展非常满意，并赞不绝口地说'干得漂亮、干得漂亮'"[21]。他通知霍奇斯，英军第53步兵师的两个旅将于次日破晓率先在最西面发动进攻，以便维持与美军第2装甲师侧翼的联系。然而事实表明，反攻并不像布莱德雷想的那么容易，甚至连"'斗牛犬'欧尼①·哈蒙少将的美军第2装甲师也遭遇了同样的顽强抵抗"，汉森提到"战场地形复杂，敌军负隅顽抗，部队不愿意拼死突击"[22]。

在罗什福尔以南，英军第6空降师的一支部队推进至比尔，特种空勤团的比利时中队于四天前侦察过该地。13点，第5伞兵旅兰开夏郡第13伞兵营发起了进攻，坚守阵地的德军装甲教导师用猛烈的迫击炮火给英军造成了一些伤亡，但英军伞兵A

---

① 欧尼（Ernie）是欧内斯特（Ernest）的昵称。——译者注

连还是顶着六辆突击炮和自动武器的火力冲入了村子。德军装甲掷弹兵在一辆Ⅵ号虎式坦克的支援下发动反击,第29装甲旅派出法夫-福法尔第2义勇骑兵队的谢尔曼坦克支援伞兵,然而这些坦克也在结冰的路面上失去了控制。日落后德军被击退,但德军在夜幕掩护下一再发动反击,战斗期间曳光弹点燃了谷仓与农舍。[23]

次日,英军伞兵冒着猛烈炮火顶住了德军的五次进攻,固守着村落。那辆孤零零的虎式坦克仍然留在村中心,英军装备的制式步兵反坦克抛射器(PIAT)所发射的破甲弹对它无可奈何,这种武器的威力不如美军的巴祖卡火箭筒。在德军炮兵的配合下,这辆虎式坦克总共击毁了法夫-福法尔第2义勇骑兵队的16辆谢尔曼坦克,其88毫米主炮每次射击都会令房屋震颤,窗户玻璃破碎。由于虎式坦克可以用机枪控制村中的主要街道,英军伤员无法撤离。在猛烈的机枪火力下,为了将更多的急救包交给街道另一侧的伞兵,急救站的医护兵只得把急救包绑在弹匣上,通过打坏的窗户扔到路对面的另一栋房子里。蒙受了如此多的损失之后,第6机降旅牛津郡和白金汉郡轻步兵团2营C连赶来增援伞兵。战至天黑,德军在两辆虎式坦克支援下再度发起进攻,将该连从村中的阵地里打了出去。

1月5日,在手榴弹与刺刀并用的逐屋争夺战之后,英军伞兵开始有条不紊地肃清村中的德军。躲在地窖里的比利时人害怕手榴弹会顺着楼梯扔下来,哭叫着说自己是平民。许多村民躲在阿吕姆纳神学院(Alumnat religious college)里,那里的情况因痢疾和被炮击逼疯的人而变得非常可怕。白天,装甲教导师在四辆虎式坦克的支援下发动了更多的反击,但是在21点前后,最后一处德军阵地被英军攻克。在损失了7名军官和

182名士兵（其中阵亡68人）之后，第13伞兵营奉命转入预备队，第5伞兵旅的其他部队接管了该营阵地，第23轻骑兵团则将法夫-福法尔第2义勇骑兵队换了下去。

头顶上的激烈战斗迫使居民们蜷缩在自家阴暗的地下室里，当时年仅14岁的小姑娘伊冯娜·卢维奥（Yvonne Louviaux）记得自己的母亲告诉孩子们紧靠彼此，这样就算被杀也会死在一起。三天之后，由于仅剩苹果可以果腹，他们最终爬上一楼，发现自家的沙发上沾满了伤兵的鲜血。[24]全村的房子有七成被毁或严重受损，大部分牲畜被打死了，电线杆折断损坏，电话线和电缆危险地悬吊在肮脏的积雪上，地面上到处都是在战斗中被炸飞的残肢断臂和残缺不全的尸体。有些不详的巧合是，就在两个村民死亡的同时，又有两个婴儿在战斗期间出生。后来还有人踩到战斗中遗留的地雷身亡。

一户家庭返回自己的房子，乍看之下似乎有具赤裸的人类尸体被吊在客厅的天花板上，走近后仔细一看，才发现是他们家养的猪的尸体，德国人已经开始屠宰牲畜，后来显然是被盟军的到来打断了进程。大多数人家的牲畜、火腿和果酱都被饥饿的德军扫荡一空，马匹和饲料也被德国国防军征用，相比之下这户人家还算幸运。能找到的食物太少了，只好宰杀一头幸存下来的大公牛分给全村人吃。杀牛的时候，包括小孩子在内的所有居民都赶来看热闹。

浮躁的乐观情绪似乎仍在第12集团军群指挥部中占了上风，这或许是因为布莱德雷将军对于第1集团军和第3集团军的会师已经迫不及待了，这意味着届时第1集团军将重新归他指挥。但霍奇斯的集团军作战日志在1月6日记载说，"我部认为第 12 集团军群情报主任埃德温·赛伯特准将的建议荒唐可笑，他说我们应该对'德军的即将崩溃'保持警惕"[25]，甚至连"闪电乔"柯林斯也认为这个建议"相当可笑"。第二天，布莱德雷打电话给巴顿，声称德军正在将所有装甲车辆和部队撤出巴斯托涅口袋。① 但是按照巴顿的参谋部、各师和各军情报军官的说法："没有证据能够证实这一传言，事实上就在今天的战斗中，我军第 6 装甲师还遭遇了前所未有的猛烈反击。"[26]

英军的推进使德军有理由从热梅勒一带边打边撤。第 3 伞兵旅第 9 伞兵营的乔治·奥利弗·桑福德（George Oliver Sanford）中士在热梅勒附近的村庄被俘，两名德军装甲掷弹兵将他带入森林处决。在福里耶尔（Forrières），当投降的德军双手抱头从树林中鱼贯而出后，在场的两辆英军装甲车开火将他们全部打死了。正如一名目睹杀俘过程的当地人所说："毫无疑问，是比尔村的苦战让这些英国人这般行事。"[27] 比利时人盼望英国士兵的举止会比其他国家的军人更加规矩得体，但看到英国人的种种丑态后，他们震惊地发现自己大错特错了。一名妇女在看见一名英军伞兵从阵亡德军的手腕上摘下手表时评论道："他们显然不具备那种著名的英伦式的沉着稳重。"[28]

1 月 8 日，星期一，热梅勒镇，亚历克西娅·布吕耶尔（Alexia Bruyère）修女在日记中写道："9 点 30 分，我们看见德军走了，他们紧贴在墙边，背着背包，朝火车站的大桥走去。最后一批人穿着白色的裤子（外面正在下雪），像披斗篷一样

---

① 第 12 集团军群的这种观点肯定是基于推测，因为直到 1 月 8 日晚些时候，盟军才通过超级机密截获到首条德军撤退的情报，当时德军第 9 装甲师透露说自己已经撤往罗什福尔以东和马尔什昂法梅讷地区，而第一道从巴斯托涅口袋撤退的指示到 1 月 9 日才下达。——作者注

披着床单，头上裹着一块类似头巾的布，谁都会以为他们是货真价实的阿拉伯人。"[29]

难民推着上面堆放着剩余家当的手推车，开始陆续返回家园。一户人家回到他们在罗什福尔的房子后，听到沉重的家具后面有些轻微的动静，以为有老鼠趁他们不在家的时候搭了窝。然而，在移开家具后，他们发现了一个缩成一团吓得瑟瑟发抖的德军士兵。他说自己是一个奥地利逃兵，乞求他们不要把自己交出去。这户人家向他保证德军已经撤离，现在他可以向盟军投降了。

1月5日至6日夜间，英国皇家空军的90架兰开斯特轰炸机将乌法利兹镇夷为平地，以封锁德军补给纵队通行的关键路口和德军的撤退路线，致使当地三天内无法通行。[①]

部分是因为乌法利兹遭到轰炸，逐步撤退中的第116装甲师发现道路越来越拥挤，最初日均撤退距离不到2000米。大部分行军必须在昼间进行，不过1月10日之前阴天居多，几乎没有战斗轰炸机前来空袭。

"德军的抵抗一刻都没有减弱过，"在芒艾以东的第83步兵师908野战炮兵营的斯威特（Sweet）上尉写道，"我们切身感受到了党卫军部队的残暴行为是何等声名狼藉。第331步兵团2营某步兵排被压制在一片积雪有齐腰深的开阔地上，在密集的火力射击下，美军只能把自己埋入更深的雪里。一些人阵亡，其

---

① 巴顿将这座小镇的不幸场面写成了诗，内容如下："乌法利兹小镇啊，在我们面前静静平躺；你那残破的街巷上空，战机仍在空中翱翔。黑暗苍穹笼罩着街道，丝毫透不进主的光芒；岁月中的希望与恐惧，昨夜被吹向无尽远方。"[30]——作者注

他人则负了伤。当枪声终于平息后，副排长抬起头，见到两个德国人正在向他们走来。他们挨个用脚踢匍匐在地的步兵，如果有人呻吟，就会照着脑袋来上一枪，德军在洗劫了受害者的衣袋之后离开了。夜幕降临后，副排长跟跟跄跄地跑了回去，寒冷与恐惧令其浑身僵硬、丧失理智。全排27人中，他是唯一一个活着回来的。当德军踢他时，他靠装死躲过了一劫。"[31]

尽管许多德军士兵渴望被俘，但他们依然在继续战斗。"每个人都在想'只要时机一到就投降'，"一名叫弗里德尔（Friedl）的士兵说，"然而军官一过来，你只能奉命行事，这就是时局之不幸。"[32]正如美军审讯人员在战俘身上发现的那样，半饥半饱的德军士兵在严寒冰冻的环境下奋力推动车辆与火炮时，士气遭受重挫，他们知道这场大规模攻势已经失败了。纳粹试图以这样一条命令驱使其官兵继续卖命，即"任何没有受伤就被俘虏的人将名誉扫地，他的家属也得不到任何优待"[33]。自诺曼底战役以来，这条命令已经成为党卫军各师的标准。

党卫军战俘因数量稀少而引人瞩目，这既和他们战斗到底的决心有关，还由于他们当了俘虏后往往会被立即枪决。然而，一名党卫军军官试图以牵强的逻辑为自己的被俘辩解，他在第1集团军的战俘营告诉审讯官："不要因为我当了俘虏就认为我是一个懦夫，我很乐意像英雄般死去，但我认为留下来与部下共赴苦难才算公平公正。"[34]

第3集团军所属各师认为，应该根据战况区别对待德军战俘。第6装甲师注意到"当德军全线大捷时，战俘往往狂妄自大，觉得他们被俘只是运气不好而已。对待这样的俘虏，在提审之前不要给饭吃，不给烟抽，不给任何好脸色看。但在德军全线溃退时，抓获的俘虏一般都灰心丧气，对自己战线上的战况和上级感到厌恶。这些人中有很多是自愿投降的，只要给予善待就愿意并渴望交谈。如果让他们放下心来，受审时可以坐着抽烟，那么这些人就会卸下心中的包袱自己开口，常常会心甘情愿地吐露没有被问到的情报"[35]。上到军官，下至普通士兵，莫不如此。

至于被俘虏的党卫军，一切都取决于他们是否视自己为高人一等的雅利安人，或者是否违背了自身意愿被迫加入党卫军，对波兰人和阿尔萨斯人来说后者是常有的事。这样的人可以被视作一般战俘，而"真正的'高等人'要予以严厉对待；这正是他们施加给别人的，也是他们自己所期待的。党卫军已经养成了以肢体暴力恐吓再威胁的习惯，因此他们似乎特别容易受到暴力威胁（的影响）。但如果他认为自己最好老实交代的话，不一定要拳脚相加；如果不这么认为——会让他开口的！坦白说，我们发现最好的方法是：对于那些低声下气、斗志全无的俘虏，'让他吃饱但是不给水喝'；对于那些傲慢自大的俘虏，'给水喝但不给东西吃'"。不过，第35步兵师报告说，他们俘虏的警卫旗队师士兵"比（国民掷弹兵）更老实听话，也许是预计会遭到报复"，他们诉苦说自己的"军官已经在危急时刻撤退了，留下他们来坚守阵地"[36]。

第28步兵师的士兵不相信这种双管齐下的方法，他们不愿意看到后方部队给德军战俘提供糖果与香烟，他们抓到的俘虏向后方转移时都被押着步行而非乘坐卡车，而且审讯结束之前只能喝水。"给战俘的待遇太好会对我方官兵产生不利影响，对待他们的方式必须让我们的人产生这样的想法，即当俘虏绝不是什么好事。"[37]另一个师的观点甚至更加强硬："善待战俘绝不会给我们带来好处……我们来这里是为了杀德国佬的，而不是来悉心照料他们的。"[38] 第 30 步兵师的一些士兵俘虏了数名穿着美式军靴的德军，这些靴子是从尸体上扒下来的。美国人当即进行报复，他们举枪迫使俘虏脱下靴子，让德国佬光脚沿着冰封的公路步行。[39]

美军第 1 集团军有记录说"战俘们抱怨缺乏食物，许多人讲述了由于缺少运输工具，不得不背负着沉重的装备长途行军的故事"。[40] 在突出部的南北两翼对战俘的审讯证实，德军惧怕美军炮弹安装的新型无线电近炸引信造成的空中爆炸。[41] "新式炮弹对德军身心的影响非常显著。"第 1 集团军第 8 军的一份战俘审讯报告记录道。[42]

在巴斯托涅口袋周边，经历了 1 月 3 日和 4 日的激战后平静了一些。第 5 伞兵师现在转隶瓦尔特·克吕格尔（Walter Krüger）装甲兵上将的第 58 装甲军指挥。然而，当第 5 伞兵师师长海尔曼少将争辩说在注定失败的进攻中浪费更多的生命毫无意义时，克吕格尔反驳道："如果我们想赢得战争，第 5 伞兵师就必须参与进来！"[43]

1 月 6 日，海尔曼收到了希姆莱的一份密令，上面写道："如果士兵有蓄意逃跑的嫌疑，从而损害了部队的战斗力，那么他的一名家庭成员（妻子）就会被枪决。"[44] 据推测，这可能是由警卫旗队师师长蒙克向党卫队帝国领袖提交的一份报告促成的。几天后海尔曼被解除了师长职务。① 甚至在更可靠的第 26 国民掷弹兵师，士兵也开始开小差，被俘的第 26 国民掷弹

---

① 此处原文可能有误，作者写的是 Heilmann was sacked a few days later，但该师的资料显示，海尔曼要到 1945 年 3 月 12 日才卸任师长职务。相隔两个多月的时间，怎么也不能说是几天后。——译者注

兵师26炮兵团3营7连的勒斯纳上士承认："我们连的残部中有10人或12人穿上便衣躲了起来。"[45]

和所有军队一样，就精神折磨而言，截肢造成的恐惧远比死亡强烈。德军的野战医院差不多就是一条截肢流水线，美国军医对德军不加考虑就进行截肢的偏好感到毛骨悚然。美军第401滑翔机机降步兵团1营一名被俘的伤兵被抬进德军野战医院的手术室时吓坏了。"我快要吐了，"他后来写道，"那里有六张围满医生的桌子，他们身上的白色橡胶围裙溅满了鲜血。所有桌子上都摆放着德军伤员或四肢冻僵的人，地上的水桶里满是脚趾、手指和其他肢体。桌子上的人已经进行了局部麻醉，然而当医生工作时仍然会发出尖叫或呻吟声。"[46]正如比利时人写的那样，当这些水桶被放在户外或拿到外面倒空时，当地的狗很快就会不请自来。在手术中死去的人就堆放在外面，尸体冻得硬邦邦的，有些人的脸庞被冰雪覆盖，仿佛躺在水晶棺内。即便那些幸运地撤回德国的伤员，也不知道自己的目的地或命运。"伤员被送往何处完全取决于伤员列车碰巧驶向哪里，"一名德国医生说道，"在前线没人知道终点是哪里。"[47]

美军野战医院同样是一幅可怕的景象。第3集团军的一名资深护士将病房描绘成"恐怖屋"，充斥着"鲜血、汗水和人类排泄物"的臭味。她详细描述了一次夜班的经历，她照顾的两名士兵"昨天一天都在死亡线上挣扎，现在又要煎熬整夜……其中一个步兵二等兵失去了双腿和一只手，胸部的创口很深，肠子也被弹片打穿了……另一个伤员是身着坦克兵制服的下士，他的脊髓断裂，腰部以下瘫痪，腹部和胸部都有开放性损伤"。两人都处于昏迷之中，呼吸声很刺耳。她说："他们的母亲看不见儿子逝去时的样子，这是件好事。"[48]

非战斗减员的数量也在节节攀升，在 11 月和 12 月，严寒造成的冻伤减员总计有 23000 人。这些人几乎全是战斗部队中的步兵，鉴于每个师通常只有 4000 名战斗步兵，这相当于损失了至少五个半师。神经精神病学的病例数量攀升至全部入院患者的近四分之一，这种病又被称作战斗疲劳症。德军拒绝承认这种疾病的存在，其记录中的人员损失显然要少得多。[49]

战斗疲劳症的症状很明显——"恶心、哭喊、极度紧张和胃部痉挛"[50]。部分指挥官觉得，患过这种病的军官返回前线太早，因为他们经常再次崩溃，而且这种现象也会传染，"当一个人崩溃时，其他人很快就会跟着崩溃"[51]。孤立感依然是主要问题，在没有炮击的时候，让士兵离开自己的散兵坑与其他人共处至关重要。"坦克疲劳症"（Tank fatigue）[52]的出现更多是"长时间连续作战"造成的，它与步兵的战斗疲劳症不尽相同，尽管症状类似，会表现出"胃部不适、恶心、拉肚子、疲倦，以及在某些情况下人会近乎歇斯底里地哭喊"。美军第 2 装甲师将这个病归咎于不健康的饮食、在极度严寒中"长时间暴露"[53]，以及体力消耗过度。"冰冷的 C 口粮和 K 口粮无法实质性地提升人们的体力和抵抗力，在某些情况下反而会导致肠胃不适"，用缴获的德军喷灯加热罐装食物的尝试并没有解决这个问题。当时美军医务人员当然不知道德国人在斯大林格勒战役之后发现了什么——在压力、疲惫、寒冷和营养不良的共同作用下，人的新陈代谢会被打乱，人体吸收热量和维生素的机能会严重降低。

"即使在作风顽强、作战经验丰富的部队中，一名士兵（的良好状态）也只能坚持这么久，"位于巴顿右翼的第 20 军第 5 步兵师中，有名军官观察到一些情况，"我看到一些部下做出了不可思议的事,我还看到其中有些人最后崩溃了……疲惫的部队无法出色地履行职责。他们会向前走,但是缺乏勇气。当你缺乏勇气的时候,就已经开始输掉战斗了。"[54]

1月8日,德军第2装甲师残部和第9装甲师接到命令于次日撤退。[55]"那是我经历过的最寒冷的天气,"一名英国民政事务官在日记中写道,"寒风似刀直刺脸庞……公路上满是抛锚的车辆,快要冻僵的司机们在一旁等待着任何可能到来的帮助。"[56]不过,让某些人觉得有些讽刺的是,恶劣的驾车条件倒是大大减少了交通事故和死亡人数,因为司机们被迫小心翼翼地驾车行驶。

1月10日,莫德尔元帅在"雕窝"大本营传达了希特勒的指示:"元首已经命令党卫军第1装甲军和党卫军第2装甲军,与党卫军第1装甲师、党卫军第2装甲师、党卫军第9装甲师和党卫军第12装甲师,从即日起在B集团军群后方集结,迅速补充装备,接受西线德军总司令部指挥,并不再参加战斗。"[57]这道命令让国防军部队再次火冒三丈,上级指望他们坚守防线,与此同时党卫军各师却能撤下去休整补充。

阿登战役失败的痛苦反映在一些被囚禁在英国的德军将领身上,战争初期他们曾经为德军具备的物质优势而欢欣鼓舞,现在似乎又认为这种优势是不公平的。第553国民掷弹兵师原师长约翰内斯·布鲁恩(Johannes Bruhn)少将——1944年11月22日在阿尔萨斯被法军俘虏——与同伴的谈话被秘密记录下来:"我们的精英军人被飞机和大量坦克消灭,而装备它们的军队既没有真正的士兵也不想打仗,这是世界史上最大的嘲讽,同时也是最可悲的一页。"[58]

1月11日，星期四，德军正在后撤的迹象已经显露无遗。在乌法利兹和巴斯托涅地区，他们的走廊只有13千米宽，而且处于美军的猛烈炮火之下。第30步兵师向第9集团军指挥部汇报说，糟糕的能见度使德军得以逃脱，"在井然有序的撤退行动中，德军从突出部撤出了所有的装甲部队和重装备"[59]。同样在这一天，英国广播公司宣布，对蒙哥马利的评论是由德国宣传部门一手炮制的，可这并没有减轻布莱德雷对他的反感。

次日上午，第12集团军群得到授权可以储备毒气弹，以防德军在陷入绝望或接到希特勒命令的情况下使用化学武器。这源于五天前盟军最高统帅部向马歇尔将军在华盛顿的情报主任提交的一份报告，超级机密的破译电文令斯特朗少将和他的参谋人员深感不安，这份电文中"毒气"一词出现了五次。①

1月12日，星期五，当天发生了几方面的变故。戈林应对"底板"行动的灾难负责，但他似乎已经得到了宽恕，被召到"雕窝"觐见元首，接受希特勒对他52岁生日的祝贺。这样的场合其实没有多少喜庆可言，其他因素让这个日子显得更为重要。莫斯科时间凌晨5点，苏联红军进行了猛烈的炮火准备，用一名装甲掷弹兵军官的话来说"仿佛天塌地陷"[61]，随后伊凡·科涅夫元帅的乌克兰第1方面军从维斯瓦河西岸的桑多梅日（Sandomierz）桥头堡发起了进攻。苏军坦克集团军高歌猛

---

① "我们已经知道了你对这一问题的看法，但仍想再次强调，敌军在这次攻势中全力以赴，希特勒很可能会使用所有武器。你一向重视德军发动毒气战以谋求决定性战果的可能性，战局已经恶化，希特勒有可能认为时机已到。德军可能对西北欧民众使用带有毒气战斗部的V-1和V-2（导弹）以制造混乱，对此我们不应忽视……请你在更多情报的基础上重新评估此事，并将有关意见尽快反馈给我们。"这是发给克莱顿·劳伦斯·比斯尔（Clayton Lawrence Bissell）少将的报告。[60]——作者注

进，坦克炮塔上涂着"冲进法西斯的巢穴！""给德国占领者带去复仇与死亡！"等标语。[62] 次日，朱可夫元帅的白俄罗斯第 1 方面军从华沙以南发起进攻，与此同时，另外两个方面军①向东普鲁士发起突击。

古德里安大将并没有夸大其词，并且如同无人笃信的预言家一样，他的警告被忽视了。苏联红军沿整个东线部署了 670 万军队。当他听说迪特里希的第 6 装甲集团军已经从阿登地区撤退，但并不是调到维斯瓦河前线或东普鲁士，而是被调去匈牙利以拯救油田时，几乎无言以对。

苏联红军发动大规模攻势的消息传到第 12 集团军群后，布莱德雷急切地想要散播阿登战役的胜利指日可待的消息，"以确保苏联能比原计划投入更多部队发动进攻，并取得更为辉煌的胜利"[63]。他是正确的，毫无疑问，这种保证以及德军在阿登战役中投入的兵力和随后的损失，尤其是各装甲师，极大地削弱了德国国防军在东线的防御能力，这样的削弱已经达到了致命的地步。但正如身处英国战俘营里的第 6 伞兵师原师长吕迪格·冯·海金（Rüdiger von Heyking）中将所言："对俄国人的恐惧将驱使德军奋战到底。"[64]

---

① 此处原文有误，东普鲁士战役中苏联红军投入了三个方面军（白俄罗斯第 2、第 3 方面军以及波罗的海第 1 方面军），而且是在红旗波罗的海舰队的配合下实施的。——译者注

第二十三章　推平突出部

就在阿登地区的最后一战打响之时,德军将更多的师投入了"北风"行动中。1月5日,在最初的攻击未能达成既定目标后,希姆莱的上莱茵集团军群终于对美国第6军南翼展开了牵制性攻势。党卫军第14军在斯特拉斯堡北面渡过莱茵河发动进攻,两天后德军第19集团军从罗讷-莱茵(Rhône-Rhine)运河两侧的科尔马口袋向北前进,帕奇中将麾下的由爱德华·黑尔·布鲁克斯(Edward Hale Brooks)少将指挥的第6军面临着生死存亡。

得不到艾森豪威尔丝毫重视的德弗斯中将把保卫斯特拉斯堡的责任移交给了德拉特·德塔西尼上将的法军第1集团军,现在后者已经被迫将战线从该城延伸至贝尔福隘口(Belfort Gap),全长120千米。但形势最危急的地方在甘布斯海姆(Gambsheim)和埃尔利斯海姆(Herrlisheim)一带,党卫军第14军已经在阿格诺(Haguenau)东南建立了一座16千米纵深的桥头堡。

1月7日,德军第25装甲掷弹兵师和第21装甲师开始进攻,两个师前进至斯特拉斯堡以北30千米处的阿格诺森林,却被德弗斯手里最后的预备队——第14装甲师挡住去路。在北面的下孚日山脉,第45步兵师成功阻击了党卫军第6山地师的进攻,该师第157团3营被德军包围后坚持战斗了六天,最后只有两人逃了出来。①

　　希特勒仍然痴迷于腓特烈大帝的箴言：谁投入最后一个营，谁就能赢得战争。1月16日，他派出了最后的预备队——第7伞兵师和党卫军第10弗伦茨贝格装甲师。为了推进至甘布斯海姆桥头堡，两个师沿莱茵河发起攻击，在埃尔利斯海姆重创了缺乏作战经验的美军第12装甲师。在1月20日上午艾森豪威尔召开的简报会上，该地区战况的发展成了会议的讨论主题。"看在上帝的分上，让我纳闷的是，"最高统帅惊呼道，"当德军出动了两个师的时候，我们还惊慌失措地傻坐着。"时任最高统帅部副参谋长的英国空军中将詹姆斯·米尔恩·罗布爵士（Sir James Milne Robb）在日记中写道："随后进行的讨论表明，我们的部队，无论是师一级还是军一级，均未能获得任何实质性战果。与德军用规模相对较小的攻势所取得的胜利相比，真让人越来越感觉惊讶和奇怪。"[1]

　　面对德军取得的出人意料的进展，德弗斯中将被迫将部队撤往贯穿罗特巴克（Rothbach）、莫代河和佐恩河（Zorn）的新战线，这次撤退从容有序，新防线守住了。1月25日前后，在北翼的美军第21军协助下，德塔西尼上将的法军第1集团军开始粉碎科尔马口袋，即德军口中的阿尔萨斯桥头堡，此后德军的攻势逐渐平息。美军第3步兵师得到了科塔少将的第28步兵师支援，后者经历了许特根森林战役，又在巴斯托涅以东遭受重创，显然已经饱受摧残。在里耶德维（Riedwihr）白雪皑皑

---

① 除了最初被党卫军第6北方山地师11团包围的美军第45步兵师157团3营外，前去解围的1营C连和2营G连同样被围，最后全军覆没。除伤亡之外，至少有400多人被俘。美军第157步兵团在一周时间内仅战斗伤亡就至少达到了800人，被迫取消战斗任务撤到后方休整。——译者注

的森林中，第3步兵师发现自己正遭受猛烈反击，该师第15步兵团1营B连连长奥迪·利昂·墨菲（Audie Leon Murphy）少尉凭借惊人的勇气为自己赢得了一枚荣誉勋章，并在未来成为好莱坞的电影明星。德军在撤退过程中又一次打得异常顽强，以至于更多的部队从阿登地区被抽调到南部，尽管盟军在航空兵和炮兵方面占据优势。而科尔马口袋一直坚持到2月9日才被粉碎。

第101空降师是被派去结束阿尔萨斯之战的部队之一，所以该师官兵发现这次他们未能赶上战斗之后如释重负。十天前，当听说第101空降师将调往阿尔萨斯时，迪克·温特斯上尉心想："上帝啊，难道全军上下就找不出其他人去填补这些缺口吗？"[2]该师确实需要休整。在巴斯托涅口袋北部的最后几天里，第506伞兵团2营E连首先被派去占领富瓦。"补入我们排的所有补充兵都死在了那座村子里，"E连的一名老兵说道，"我不知道这是为什么。"[3]这次进攻从一开始就成了灾难，直至连长被迅速撤换。然后在1月14日，随着气温骤降至零下23摄氏度，积雪变得更加深厚，第506伞兵团穿过开阔的雪原向诺维尔推进，该团的许多战友和德索布里特遣队的人一起，在开战之初就阵亡于此。

拿下诺维尔后，他们立即领受了另一项任务——拿下位于通往乌法利兹道路东侧的拉尚（Rachamps）村。厄尔·黑尔（Earl Hale）中士和约瑟夫·李高特（Joseph Liebgott）三级技术兵将六名党卫军军官逼入一座谷仓，他们让战俘排成一排，并警告说胆敢轻举妄动便会开枪。就在此时，一发炮弹在外面爆炸，炸伤了门边的黑尔，一名党卫军军官立即从靴子里拔出刀子割开了黑尔的喉咙，李高特当即将其射杀，然后击毙了其他所有人。医护兵为黑尔的喉咙做了包扎，他非常幸运——只是伤到了食道而非气管，随后黑尔被吉普车送到了巴斯托涅。①

罗伯特·雷德（Robert Rader）中士注意到在拉尚被俘的一名普通德军士兵看起来好像在咧着嘴笑，被激怒的雷德举枪想杀了他，但是另一名伞兵攥住了他的枪管，冲着他喊道："中士，他没有嘴唇和眼睑！"经历了东线的冻伤后，这名德军士兵失去了这些部位。[4] 夺取拉尚是 E 连在巴斯托涅之战中的最后一次行动。1 月 17 日，第 101 空降师与第 17 空降师换防，再次坐上敞篷卡车而不是飞机，前往阿尔萨斯。

德军在突出部的抵抗并没有减弱，当第 5 装甲集团军于 1 月 14 日开始向乌法利兹后撤时，该镇仍然处于盟军的轰炸之下。第 2 装甲师和装甲教导师以德军惯用的方式掩护撤退，即用突击炮和坦克配合步兵掩护炮兵团后撤。每当美军榴弹炮发射白磷弹，都会引来一阵"敌军炮火的猛烈还击"[5]。

和南线的情况相差无几，村庄遭到炮击，炮火点燃了房子和农场。炮击通常都很猛烈，德军士兵只能躲进地窖，把平民挤到一旁。被困在燃烧的谷仓和牛棚里的猪、马、牛在劫难逃。在某座村庄里，炮弹击中了一座马厩，在里面躲避的 20 人中有 11 人当场丧命。有时候，难以忍受持续炮击的老人、妇女和儿童会试图逃入雪地中，结果有些人被误认为作战人员而倒在枪口下。如果那些伤者运气够好，美军的救护车或卡车会将他们送至后方医院。然而，对于那些因为过去几周肮脏且寒冷的环

---

① 黑尔康复了，但是食道管从此弯曲，医生开具了医疗证明，允许他不系领带。黑尔后来遇到巴顿将军，被质问为何穿着不当，中士亮出自己的许可证，当即令巴顿哑口无言。——作者注

境而患上痢疾、肺炎、白喉和其他一系列严重疾病的人来说，几乎无能为力。

被比利时人的悲惨命运打动的美军向他们分发了口粮、香烟、糖果和巧克力。只有少数美国人因战争变得残酷无情，四处劫掠并欺凌妇女。要通过外表来区分有同情心的人和残忍的人是不可能的，在那个阶段，三个国家的军队看起来都像是土匪强盗，肮脏、蓬头垢面、胡子拉碴。早先从慷慨大方的美军那里受益颇多的村民对于英军的相对贫困感到惊讶，不过英军仍然分享了手中仅有的物资。比利时人不怎么喜欢牛肉罐头或英军香烟的味道，但是碍于礼貌他们又难以启齿。

"造访了最近才击退德军攻击的村庄，看到民众的欢乐和他们宽慰的表情，我感到很高兴。"一名英国民政事务官记录道。[6]但在一些地方，英美军队砸毁家具当柴火的行为震惊了东道主。第53威尔士步兵师160旅的一名军官记录道，为了抵御严寒，"部队非常喜欢在古老的石制壁炉中生起熊熊烈焰，火势太大致使烟囱过热，结果点燃了屋顶一隅"[7]。几乎每栋被盟军士兵占据的房子都留下了满地狼藉，损毁严重，英军第6空降师激起的民愤似乎尤为强烈。

在柯林斯的第7军南翼，英军第30军从拉罗什昂阿登方向追击德军。"位于尼斯拉蒙（Nisramont）地区的第2装甲师右翼被迫面向西边，"德军第2装甲师师长劳赫特上校[①]写道，"在重新调整部署时，防线上出现了一处缺口，英军的一个营趁机突入这处缺口，一直推进至昂格厄（Engreux）。我军发动

[①] 此处原文所写的少将军衔有误，第2装甲师代理师长劳赫特要到1945年3月1日才晋升少将并正式担任该师师长一职，此时他的军衔还是上校。——译者注

了一次佯攻，才阻止了英军在我军防线背后的进攻，师部被迫后撤至蒙（Mont）村。"[8]与美军步兵一样，英军也在深深的积雪中苦苦挣扎，他们脚上的军靴湿透后冻得像石头一样硬，简直无所助益。众所周知，德军的长筒靴反而更能抵御寒冷的天气。第51高地步兵师153旅戈登高地人团1营营长马丁·亚历山大·林赛（Martin Alexander Lindsay）中校在林中碰见了营里的一名中士，后者正将一具德军士兵的尸体吊在树杈上烤火。"他试图给尸体解冻，"林赛写道，"就为了脱下尸体腿上的军靴。"[9]

德军第2装甲师抽调工兵、步兵、突击炮和坦克来组成的战斗群在乌法利兹当面建立了一道防线。隐藏在黑暗中的德军豹式坦克能够在400—500米的距离上击毁驶出森林的美军坦克，因为坦克的车影在白雪的映衬下无所遁形。"很快，一辆美军坦克就冒出火光，熊熊烈焰将其他坦克照得一清二楚，非常易于射击。这场交火最多持续了一刻钟，24辆美军坦克燃起大火，另有10辆坦克被完好无损地缴获。德军以仅损失2辆坦克的代价就搞定了24辆美军坦克。"[10]和大多数此类遭遇战一样，上述文字很可能存在乐观和夸大的成分，但毫无疑问的是，德军在这场战役的最后阶段依然在局部战斗中将美军打得鼻青脸肿。

1月15日，对蒂里蒙（Thirimont）村发起进攻的美军第30步兵师发现，"砖瓦房已经被改造成了名副其实的碉堡，里面部署了重机枪和其他自动武器"[11]。为了夺取这座村庄，美军投入了第120步兵团2营和3营、一个坦克营和一个坦克歼击营，还打出"11000多发105毫米和155毫米炮弹"。战斗很激烈，德军第3伞兵师的顽强抵抗令美军折损的兵力超过450人。由于深厚的积雪和冰冻，"救护车无法靠近伤员"，所以医疗营从当地农民那里借来马匹和雪橇将伤员带回。多数被俘德军的双脚都被冻伤，几乎无法行走。

巴顿乘坐吉普去视察进攻乌法利兹的部队，他后来写道："有一次，我们碰到了一名阵亡的德军机枪手，半坐在阵地上的他看起来死后立即就被冻僵了，张开的双手还握着一条子弹链。我还见到许多黑色物体从雪地里冒出来，仔细查看后才发现那是死人僵硬的脚趾。"[12]被迅速冻僵的死人脸上呈现出来的"酒红色"给巴顿留下了深刻印象，他后悔没能带来相机把这些场面都拍下来。

1月15日，当朱可夫和科涅夫的坦克集团军向奥得河和尼斯河一线狂奔时，希特勒乘坐专列返回了柏林。西里西亚的工业区沦陷在即，此后除了3月3日去视察奥得河前线的第9集团军指挥部外，希特勒再也没有离开过首都柏林。

截至1月15日傍晚，美军第2装甲师的两个战斗群已经推进至距乌法利兹1000米的范围内，并于夜间巩固了阵地。美军派出侦察小队进入城镇废墟去探清敌军部署，他们于1月16日凌晨1点进入镇内，但是并没有发现敌军活动的迹象。美军还向乌尔特河东岸派出了侦察小队，发现那里的敌军阵地也被放弃了，"当天9点30分，我军与第3集团军的巡逻队取得了联系，标志着第1集团军和第3集团军在阿登战役中胜利会师"[13]。

至此，德军的阿登攻势已经基本结束，英军某部发现德国国防军已经发光了嘉奖英勇作战所用的勋章，转而用冯·伦德施泰特元帅的签名照作为替代品。然而，截获的一条德军某师发给军部的电文这样写道："我师认为此类奖励不会对鼓励步兵英勇作战起到任何作用。"[14]

第 1 集团军和第 3 集团军的部队会师后，根据艾森豪威尔事先做出的决定，美军第 1 集团军重归布莱德雷的第 12 集团军群指挥。这件事于 1 月 17 日午夜尘埃落定，"局势现在恢复了"[15]，汉森得意地记录道。但是蒙哥马利还没有善罢甘休，他决心保持对第 9 集团军的指挥权，并起草了一份计划，使其比自豪的第 1 集团军具备更多的优先权。

1 月 15 日，辛普森中将的作战日志中写道："10 点 30 分，蒙哥马利来到我们的办公室，就第 9 集团军接管另一处战区事宜与指挥官举行会晤。陆军元帅抛出了一枚重磅炸弹，他要求集团军指挥官准备计划，让由 4 个军 16 个师组成的第 9 集团军尽早向科隆和莱茵河推进……这意味着第 9 集团军将负责西线的'运球'①——担任主攻，届时第 1 集团军将负责在我们的南部执行牵制任务，并在第 9 集团军达成突破之后掩护我们的南翼……第 21 集团军群显然在很认真地考虑这样一次行动，并将把我们的计划呈交盟军最高统帅部批准。"[16]

这显然是蒙哥马利在布莱德雷背后耍的花招，但让第 9 集团军先制订计划是个妙计，特别是获得优先权这个想法令辛普森和他的军官们激动不已，如此一来第 1 集团军将被迫扮演次要角色。"'掩护第 9 集团军的侧翼'有可能成为这支宏大的军队中最深刻也是最令人满意的分歧！"辛普森在日记中写道，"这里的所有人多么乐见此事成真啊！"[17]

---

① 即担当大任、起主要作用的意思。——译者注

蒙哥马利相信盟军最高统帅部已经同意了自己的计划，他只向最高统帅部作战部的英国副主任约翰·怀特利少将展示过这份计划，还不知道艾森豪威尔认为布莱德雷有更好的机会向南突破，因为德军会将其最好的部队调到北面去保护鲁尔工业区。最重要的是，美军指挥官普遍对此表示反对，1月16日星期二，布莱德雷在飞往巴黎时就发出了最为强烈的反对声。他的专机在维拉库布莱（Villacoublay）机场降落，然后他乘车前往凡尔赛，过去的两周里所经历的紧张和失眠已经让布莱德雷疲惫不堪，但是满腔的怒火驱使他一往直前。艾森豪威尔意识到，经过近期的纷争之后，如果允许蒙哥马利指挥美军展开主要攻势，势必会引起一场抗议风暴。现在政治上的考量和斗争左右着盟军的战略，这是蒙哥马利自己的过错。

1月18日，决心修复藩篱的丘吉尔在下议院发表演讲，他强调："美国军队几乎承担了所有的作战行动，并承受了绝大部分损失……在讲述我们引以为傲的事迹时，必须注意不要让英国军队过多分享胜利的果实。毫无疑问，此役是美军在战争中最伟大的一战，我相信，亦将被视为美军有史以来最为辉煌的胜利。"[18]

当天下午，辛普森给蒙哥马利打了个电话："我刚刚同布莱德通过电话，他问如果你方便的话，可否明天上午10点30分在我这里（马斯特里赫特）见面。"

"我很乐意，"蒙哥马利说，"布莱德现在在哪里？"

"他和考特尼（霍奇斯）在一起。"[19]

辛普森随即打电话给布莱德雷，后者说自己打算早点到马斯特里赫特，这样就可以在蒙哥马利到达前和辛普森谈谈。他到访的目的是就"今后集团军群之间的协同计划"举行会议，想必这意味着他会反驳蒙哥马利的观点,其依据是"美军第 1 集团军和第 3 集团军以其目前的状态"[20]不适合在阿登地区继续反攻,而反攻的目的是突破齐格弗里德防线,向普吕姆和波恩推进。布莱德雷对辛普森说的话极大地改变了辛普森之前对蒙哥马利及其计划的积极态度。

辛普森写道:"按照英国当前的宣传口径,第 9 集团军未来的任何行动都将被陆军元帅用来赋予自身更大的荣耀,因为在他看来揽下所有的荣誉并没有什么不妥,而且他还几乎不允许提及任何一个集团军指挥官的名字。英军的战功由美军的鲜血铸就,而英国陆军元帅和英国媒体描绘此事的态度通过英国广播公司的广播传遍欧洲,令愤懑与真正的怨恨悄然滋生。"[21]

布莱德雷最终以这种方式向圣诞节那天及之后的日子里羞辱过他的蒙哥马利复了仇。一旦盟军跨过莱茵河,蒙哥马利就是那个将要靠边站的人。布莱德雷在 12 月初就说过,"他的部队如今在这场战役中已经沦为无足轻重的龙套,他们只是被用来保护我们巨型压路机的侧翼"[22]。尽管当时情况并非如此,现在却即将成为事实。

蒙哥马利并不是第 12 集团军群唯一的祸根,它与盟军最高统帅部的关系也在持续恶化,这部分是因为布莱德雷无法原谅艾森豪威尔将第 1 集团军交给蒙哥马利指挥,还有部分原因是比德尔·史密斯并不掩饰他对布莱德雷的指挥部和霍奇斯相当低的评价。1 月 24 日午餐过后,布莱德雷在自己的办公室同霍奇斯、巴顿和另外七名将军开会。会议期间怀特利少将从盟军最高统帅部打电话过来,说是要从布莱德雷即将开始的攻势中撤出几个师组建战略预备队,还要加强阿尔萨斯的德弗斯中将的兵力。①

"美国士兵、美国军队及其指挥官的声誉和良好意愿已经危如累卵，如果你能体会我的感受的话，那么在我看来，你完全可以从第 12 集团军群抽走任何该死的师或军，爱怎么用就怎么用，而我们这些被你甩在背后的人就一屁股坐在这里，直到这该死的寒冬结束。我相信你不会觉得我在生气，但我想让你明白，我他妈的很生气。"布莱德雷大发脾气，房间里的每个人都能听见他的话。听到这话，一屋子军官全体起立鼓掌喝彩。巴顿用电话另一端可以听到的声音吼道："叫他们见鬼去吧，我们三个（布莱德雷、巴顿和霍奇斯）都不干了，我来带头。"[24]

1月20日，当美军接近圣维特时，一名德军炮兵军官在日记中写道："这座城镇已经化为废墟，但我们将在废墟中死守到底。"在齐腰深的积雪中进攻并不轻松。他于次日写道："枪炮声离镇子越来越近……我正在将自己的所有私人物品后送，前途未卜。"[25] 1月23日，星期日，第 7 装甲师 B 战斗群得到了收复圣维特的荣誉，这座城镇曾被该部英勇地保卫。

第 19 战术航空兵司令部的战斗机和战斗轰炸机，以及第 2 战术航空队的台风战斗机继续追杀撤退的德军车辆。1月22日，第 19 战术航空兵司令部宣称击毁敌方各类机动车辆超过 1100 辆，另有 536 辆被击伤，只是这样的估算数字并没有被后来的调查证实。[26] "三支战术航空兵部队宣称总计摧毁了 413 辆敌军装甲车辆，从后续进行的地面清点情况来看，这个数字至

---

① 此处提到的从盟军最高统帅部打电话来的据说是比德尔·史密斯，但他的传记作者确信来电者是怀特利少将。[23]——作者注

少被夸大了十倍。"英国官方报告这样写道。[27] 报告说，盟军飞机真正的贡献在于"对敌军补给线路的扫射和轰炸，使德军连最基本的补给物资都无法运抵前线"。德国的文献资料支持了这一结论，盟军航空兵在前线的战斗中"并未扮演决定性的战术角色"，用第 116 装甲师师长冯·瓦尔登堡少将后来的话说，"对后方地区造成的影响更大一些"[28]。

1 月 23 日，美军第 7 装甲师拿下了圣维特。所有的幸存者都跑光了，这座城镇犹如坟墓般死寂，始建于 1350 年的比谢尔塔（Büchel Tower）成为仅存的著名建筑。截至 1 月 29 日，前线已经或多或少地恢复到了 12 月 15 日的态势，用时一个半月。汉森在当天的日记中写道："第 3 集团军将今天视为突出部战役正式结束之日，并向德军目标发起了新的进攻。"[29]

在 1 月的最后一周，布莱德雷将自己的战术指挥部从卢森堡市转移到了比利时那慕尔省首府那慕尔，巴顿专程前来送别。"他是一名好军官，"巴顿在日记中写道，"但是完全缺乏'某种特质'，这太糟糕了。"[30] 那慕尔省省长搬出了富丽堂皇的那慕尔宫（Palais de Namur），随后搬进去的布莱德雷颇有总督风范。据 1 月 30 日去拜访他的辛普森描述，那里就像"一座巨大的宫殿，里面满是绸缎壁布、天鹅绒窗帘、数不尽的全尺寸皇室家族成员油画、厚厚的地毯和锃亮的大理石地板。用作办公室的起居室宽阔异常——就像一座大型私人豪宅的底层一样"[31]。

为了给自己弄一处私人居所，布莱德雷接管了那慕尔城堡，那里处于缺乏维护的荒凉状态，所以德军战俘被派去将城堡打扫得干干净净。为了弄到家具，布莱德雷的参谋人员"不得不洗劫了通敌者的房子"[32]。甚至汉森也承认，原本代号为"鹰"的战术指挥部（Eagle Tac）现在成了"鹰接收处"（Eagle Took）。据辛普森说，除了大理石壁炉和地板，这座城堡还有巨大的花园以及将马斯河河谷尽收眼底的绝佳视野，此外布莱德雷还坚持要安装一台冰激凌机。

2月4日，星期日，蒙哥马利应邀出席会议和午餐。他乘坐自己那辆飘扬着英国国旗的劳斯莱斯轿车，在摩托警卫的护送下抵达这里。按照汉森的说法，他"同往常一样慢条斯理、夸张做作、不慌不忙，像老鹰一样走了进来"[33]。很显然，他受到了所有美国军官十足的冷待，"不过，这并没有影响到他的自负，自顾自谈笑风生连说带比画。在整个用餐过程中，他始终主导着话题，而且说话声音很大"。

似乎是有意怠慢，布莱德雷和艾森豪威尔干脆把蒙哥马利留在了餐桌前，两人一同驱车冒雨到巴斯托涅见巴顿。刚过马斯河，就见到"路边不时出现弹痕累累、被熏得漆黑的敌军坦克和谢尔曼坦克的残骸，还有坠毁的C-47残骸和许多被遗弃的辎重装备。巴顿在第8军位于巴斯托涅的后方指挥部接待了我们，他在一个配有小煤炉的房间里与艾克和布莱德雷商谈战事，在对这座城市史诗般的围攻中，这里曾是第101空降师隐蔽部队的地方"。三位将军在满目疮痍的镇中心合影，然后登上汽车北上乌法利兹，他们路过的"（多辆）谢尔曼坦克的装甲上明显有被敌军炮弹击中的痕迹"[34]。一行人从那里出发去见霍奇斯中将，后者已经将自己的指挥部搬回了斯帕。这是一次象征性的绕场庆祝，只不过没让蒙哥马利参加。

比利时正面临着一场危机，而盟军最高统帅部对此反应迟缓。食物短缺导致矿场罢工，这又反过来导致那个严寒的冬季燃煤供应不足。政府抑制物价飞涨的努力被轻易规避了，黑市交易兴盛一时。在农村，人们甚至恢复了以物易物的交易，这些交易大多是用新鲜鸡蛋与英美军人交换口粮罐头。

据估计，阿登战役期间比利时有 2500 名平民死亡，在卢森堡大公国也有 500 名非战斗人员死亡，普遍认为死者中的三分之一死于盟军空袭。德军从 10 月到次年 3 月的整个冬季，至少发射了 5000 枚飞弹和导弹，如果加上死于 V 型武器轰炸的人数，平民伤亡的数字就会攀升至 8000 多人死亡或失踪，23584 人受伤。[35]

战争的破坏性巨大，建筑物、教堂、农场、公路和铁路都受到了严重破坏，下水道、水管、电话线和输电线亦未能幸免，约有 88000 人无家可归。当那些家庭用手推车推着寥寥无几的财产返回家园时，发现就连那些没有被炮弹或炸弹命中的房子也没了房门。交战双方到处拆卸门板，用来遮蔽散兵坑和战壕，床上用品也被掠走用来保温或伪装，御寒衣物供不应求。一名英国民政事务官记录道："许多比利时妇女穿着军用毛毯做的外套和用作战服改制的滑雪服，她们只是把这些衣服染成黑色或棕色，并拆掉了口袋。"[36]

在比利时的卢森堡省和那慕尔省，有 18 座教堂化为废墟，还有 69 座严重受损。在许多情况下，炮击炸开了教堂的坟墓，先人的遗骨被炸得到处都是。在交战双方都炮击过的拉罗什昂阿登，共有 114 名当地居民遇难，639 栋房屋中只有 4 栋还能住人。该镇已经化为一座碎石堆，美军推土机不得不被叫来清理主要街道。当地人在 1945 年的春天注意到，燕子回来找窝时完全迷失了方向。[37]

几乎完全依赖农林业的阿登地区遭受了致命打击，鸡群几乎荡然无存，大约五万头蓄养的家畜在交战中死亡或被德军掠走。炮击还使树木上插满了弹片，降低了木材的价值，这在之后很长一段时间内困扰着锯木厂。死于战火的牲畜只有少数可以食用，绝大部分只能被掩埋，许多幸存的牲畜饮用了弹坑里的水，或被腐烂的尸体抑或白磷弹污染的水源中流出的水后死亡。在卢森堡大公国，由于战争的破坏和德军对其北部国土的掠夺，也出现了粮食危机。

如何处理交战双方埋设的超过十万枚地雷，以及遍布各处的诡雷、哑弹和被遗弃的爆炸物，成了最棘手的问题之一。战役结束后，约有40名比利时人在先前的巴斯托涅环形防线及其周边地区丧命。在一起事件中，十名英军士兵在其中一名战友踩上地雷后被炸成残废或重伤。雷场肯定被密集布设的地雷搞成了名副其实的"魔鬼花园"，因为前赴后继的军人在试图营救战友时先后成为受害者。

当冰雪融化时，孩子们被送往安全地区，以免踩到地雷，但仍有一些儿童在拿着军火玩耍时受伤，特别是当他们把哑弹中的火药倒出来制作烟花的时候。盟军部队在调走前的短暂时间里做了一些力所能及的工作，但排雷的主要责任还是落到了比利时军队、志愿者以及后来作为拆弹部队征召的军人身上。这些小组在处理哑弹和地雷时只能在原地引爆。在村庄和城镇，他们会在爆炸前警告当地居民打开窗户，以免窗户被冲击波震碎，但是有些房子太旧了，以至于连窗户都打不开。

1月下旬，降雨造成的快速化冻意味着被埋藏在积雪下的人与动物的尸体开始迅速腐烂，臭气熏天，而疫情可能会威胁到部队，这促使美国军方派来了工兵和推土机。移动德军的尸体一向非常危险，因为他们的身下可能会有诡雷，所以必须用绳子绑住尸体的腿或手,然后把尸体拖出一段距离以确保其身下没有手榴弹。盟军的阵亡官兵都有独立墓穴,许多人的墓前还有当地居民送来的鲜花,而德军的尸体则像瘟疫中的死难者一样被简单地成批推入坑里。部分尸体被白磷弹严重碳化,难以辨清国籍。无论是德军还是盟军,人们只希望他们在瞬间就死去了。

第二十四章 总结

1月13日,发生了大屠杀事件的博涅-马尔梅迪十字路口再度被美军夺回。第二天上午,工兵小队开始使用探雷器探查党卫军装甲掷弹兵是否在惨遭屠杀之人的尸体下布设了诡雷,然后阵亡人员登记小队和医生开始各自的工作。这项工作异常艰难,因为所有的尸体上覆盖着至少半米深的积雪,而且都已经冻硬实了。

大多数尸体都有多处伤口,前额、太阳穴和后脑勺上均有枪眼,估计是军官和装甲掷弹兵给他们致命一击时留下的。有的人没有眼珠,可能被乌鸦啄掉了,空空的眼窝内填满积雪,许多遇害者的双手还保持着高举过头顶的姿势。尸体都被运回了马尔梅迪,送到一栋属于铁路部门的建筑物中解冻。人们不得不用剃刀和小刀割开口袋,寻找私人物品。

战后根据搜集到的证据进行了关于战争罪行的审判,最终美国军事法庭在达豪(Dachau)宣判73名前派普战斗群成员罪名成立:其中43人被判处死刑;22人被判处终身监禁;8人被判处10—20年有期徒刑。1948年7月,又有11人在比利时列日的法庭接受审判,其中10人被判处10—15年的苦役。在冷战初期的后纽伦堡时期,在达豪被判处死刑的犯人全部被减刑,因犯们在20世纪50年代全部被释放。在被关押了11年半之后,派普成了最后一名获释的囚徒,出狱后他在法国上索恩省特拉韦(Traves)的一幢房子里过起了隐居生活。[1]1976年7月

13日，几名前法国抵抗组织成员将其杀死，而派普知道他们会来找他，在被杀前不久，他说过他的战友们将在瓦尔哈拉神殿等待他的到来。

阿登地区的战斗达到了二战西线战场前所未有的凶残程度。枪杀战俘的行为比军事历史学家过去愿意承认的更加普遍，特别是在写到他们自己同胞的时候。派普战斗群在博涅-马尔梅迪的冷血屠杀已然令人毛骨悚然，而其滥杀无辜平民的行为更加令人难以忍受。这样一来美军采取报复行为也就不足为奇了，但让人震惊的是自布莱德雷以下，许多美军将领都公开支持射杀俘虏进行报复。在档案或者美国人的叙述中，关于美军在舍诺涅屠杀俘虏的行为几乎找不到详细资料，当时缺乏训练又损失惨重的第11装甲师将怒火发泄在了约60名战俘身上，他们的报复行为有别于党卫军在博涅-马尔梅迪犯下的冷血罪行，但仍对他们的军官产生了不利影响。

美军杀害比利时或卢森堡平民的事件发生了数起，要么是由于误杀，要么是因为怀疑他们是德语区中同情纳粹政权的"第五纵队"成员。但总的来说，美军对身陷战火中的平民表现出极大的同情，美军医疗部队竭尽所能医治平民伤员。与之相对，党卫军和一些国防军部队则把他们对战争失败的怒火发泄在无辜平民身上。当然，其中最恶劣的是那些痴迷于对比利时抵抗组织进行报复的人，因为抵抗组织在9月德军向西墙防线撤退过程中袭击过德军部队。我们也不能忘记屠杀平民的其他行为，比如在诺维尔和邦德，由党卫队第8特别行动队实施的暴行。

然而，历史学家经常会忽略20世纪的战争中极具讽刺意味的可怕现象。在经历了第一次世界大战的血雨腥风以后，西方民主国家的军队指挥官们承受着来自国内的极大压力——要求他们减少本国军人的伤亡。因此他们主要靠大规模使用炮弹和炸弹来打仗，结果这导致了更多的平民死亡，而白磷燃烧弹更是一种可怕的无差别攻击武器。

1945年7月20日是施陶芬贝格的炸弹在"狼穴"大本营爆炸一周年纪念日，德国陆军元帅凯特尔及约德尔大将就阿登战役接受审讯。无论是昔日夸夸其谈的凯特尔，还是工于心计的冷面约德尔，在回答问题时都是一副听天由命的态度，他们知道自己很快将面临军事法庭关于战争罪行的审判。

他们在一份联合声明中说道："关于那些批评，即如果当时我们把现有的预备队都部署在东线而不是西线是否更好一些，我们交由历史来评判。关于这次攻势导致战争时间延长是不是一种'罪行'，我们交由盟军军事法庭来判断。我们自己的判断不会改变，而且不受以上观点影响。"[2] 不过，他们确实承认"第5装甲集团军和第6装甲集团军在阿登地区的作战行动，为1月12日苏联人由维斯瓦河桥头堡发动攻势铺平了道路"。尽管苏联（俄罗斯）历史学家不愿意接受这个事实，但毫无疑问，红军成功地从维斯瓦河推进到奥得河，在很大程度上是由于希特勒在阿登发动的攻势。

已经无法考证布莱德雷所做的"风险预估"令阿登地区的美军防线如此薄弱，从而在多大程度上为德军的突破提供了便利。不管怎么说，他的部署反映出当时盟军认为德军已经没有能力再发动战略进攻。德国方面的误判则更加严重，不仅是希特勒和最高统帅部，就连大多数将领也相信美军会溃不成军地退守马斯河。[3] 他们没有预见到美军会在南北两个肩角坚决抵抗。

在恶劣天气的影响下，由于道路网络不足，德军的机动空间和补给线路都受到了灾难性压制，后者几乎瘫痪。此外，如前所述，希特勒还确信由于联合作战的复杂性，艾森豪威尔无法迅速做出决定。

"盟军反应之迅速确实出乎我们的意料，"约德尔后来承认，"但最主要的还是我们自己行动缓慢，远远落后于预期。"[4]布莱德雷在平安夜那天自信满满地说道："世界上没有任何一支军队能像我军这样高效迅速地调动部队。"[5]在德军发起进攻的第二天，第1集团军在24小时内就将60000人的部队调到了阿登地区。李中将备受诟病的战区后勤地带的部队也创造了奇迹，他们成功地将85%的军械库存转移到了德军的进攻范围之外。从12月17日到26日，军需单位的50000辆卡车和248000名官兵转移了280万加仑汽油，使德军的装甲前锋部队无法从占领的油库里获得燃料补给。

等到希特勒能够面对现实，却为时太晚，德军将领们在第一周结束的时候就意识到这场大攻势注定会失败。他们可能确实做到了出其不意，却无法做到令美军士气崩溃，这才是他们所需要的，相反德军的士气开始逐渐低迷。"官兵们对最高统帅部的信心越来越少，这在他们身上表现得相当明显，"鲁道夫·冯·格斯多夫少将在战后的总结中写道，"只有想到祖国和边疆已经大难当头，部队才能鼓起勇气努力对抗无情的敌人。"[6]

在德军已经明显无法进抵马斯河畔之后，装甲教导师师长拜尔莱因中将对希特勒和最高统帅部的固执感到绝望，"部队等待和继续坚守突出部的每一天都意味着兵力和物资的进一步损失，而这样的损失与突出部对德军指挥部的作战意义是不相称的"。他认为计划中最大的错误，是把主要的兵力给了第 6 装甲集团军，而该部肯定会遭到最强有力的抵抗。唯一有机会冲到马斯河畔的是曼陀菲尔的第 5 装甲集团军，但即使他们成功了，考虑到德军与盟军在西线的兵力差距，还是不可能抵达安特卫普的。拜尔莱因把阿登攻势描述成"濒临崩溃的德国国防军和最高统帅的最后一搏"[7]。

对美国人来说，阿登战役毫无疑问是一次胜利，对英国人而言却是一次政治上的失利。蒙哥马利灾难性的新闻发布会和伦敦媒体不明智的轻率责难，都在为美国民众，特别是在欧洲的美军高级军官之中的仇英情绪煽风点火。这场争论挫败了丘吉尔让亚历山大元帅取代特德空军上将担任艾森豪威尔副手的希望。马歇尔将军坚决否决了这一想法，因为它可能表明英国人赢得了"获得地面作战控制权的一个关键节点"[8]。而且正如丘吉尔所料，这还产生了一个更严重的后果。蒙哥马利会发现一旦渡过莱茵河向德国内地挺进，他马上会被排挤到一边，而英国提出的所有建议都会被忽视，这个国家在盟军内部中的影响力走到了尽头。[9]事实上，人们很难完全排除这样的可能性。在 11 年后的苏伊士运河危机中，艾森豪威尔总统对英国人的背信弃义感到愤怒，部分原因是他在 1945 年 1 月的经历。①

在 1944 年 12 月 16 日至 1945 年 1 月 29 日的阿登战役中，

---

① 积怨在他的余生中一直存在，在第二次世界大战结束多年，连苏伊士运河危机都成为历史之后，当科尼利厄斯·瑞恩（Cornelius Ryan）询问他关于蒙哥马利的事情时，艾森豪威尔还是爆发了："他是一个精神病患者，千万不要忘记这一点。他是一个以自我为中心的人……他的一生中从不会犯错。"蒙哥马利试图"证实美国人，尤其是我没有任何功劳，对这场战争没有贡献。我就跟他断绝了来往"[10]。——作者注

德军和盟军的伤亡数字基本持平。德军死亡、受伤和失踪人数总共约为 80000 人；美军伤亡 75482 人，其中 8407 人阵亡；英军伤亡 1408 人，其中 200 人阵亡。倒霉的美军第 106 步兵师损失最大，共计 8568 人，但其中很多人成了战俘。第 101 空降师阵亡率最高，在战斗中共有 535 人阵亡。[11]

在阿登战役中，完全由黑人士兵组成的美军战斗部队首次大规模出现在战场上。尽管许多美国高级军官对他们心存忧虑和偏见，但他们在战斗中打得还不错，第 17 空降师就证明了这一点。第 8 军中由黑人士兵组成的野战炮兵营不少于九个，支援第 106 步兵师的七个军属炮兵营中有四个是由黑人士兵组成的，其中两个炮兵营①转移到了巴斯托涅，并在环形防线的战斗中发挥了重要作用。第 969 野战炮兵营是第二次世界大战中首支受到杰出部队嘉奖的黑人战斗部队，在阿登地区战斗的由黑人官兵组成的部队还有三个坦克歼击营和第 761 坦克营。约翰·朗（John Long）上尉是第 761 坦克营 B 连连长，他声称"自己不是在为上帝或国家战斗，而是在为我和我的人民战斗"[12]。

阿登战役中默默无闻的美军受害者是那些被敌军俘虏的官兵，他们被关进阴森的战俘营，在其中度过了战争的最后几个月。他们到德国的旅程是一系列漫长而寒冷的行军，在列车车厢里的行程似乎没有终点，其间遭到盟军战斗机的轰炸和扫射，还要忍受着痢疾带来的肮脏和体虚的折磨。

第 106 步兵师 423 团 3 营 M 连 1 排 2 班班长约翰·P. 克兰

---

① 即第 969 野战炮兵营和第 333 野战炮兵营，前者装备 155 毫米榴弹炮。——译者注

（John P. Kline）中士在日记中记录了他经受的磨难。12月20日，他和战友们被迫整日行军，而且没有食物，也没有饮用水，大兵们不得不一把一把地吃雪。在一座小村庄里，"德国人要我们脱下套鞋，给当地的平民穿"[13]。他们看到德军士兵坐在缴获的吉普车里，吃着原本属于他们的圣诞节晚餐。12月25日，经历了德国平民向战俘队伍投掷石块的事件后，他写下了"圣诞节只在我们心中"的字句。两天以后，他们在下午抵达了科布伦茨（Koblenz），从一处机动厨房里得到了汤和面包。就在他们以500人为一队行进的时候，一个穿西装的男人冲到路边，用公文包砸他的头。德国卫兵告诉他，这个人肯定是由于最近的轰炸才怒火中烧。

1945年4月，战争接近尾声，澳大利亚战地记者戈弗雷·布伦登（Godfrey Blunden）遇到了一群年轻的饥肠辘辘的美军战俘，他们大概来自第106步兵师。他形容他们看上去"瘦骨嶙峋"，脸颊深陷，脖子细长，"手臂过于纤细"，在遇见讲英语的盎格鲁-撒克逊老乡时兴奋得"有点歇斯底里"。"今天早上遇到的一些美军战俘，在我看来是我见过的所有战俘中最可怜的一群人，"布伦登写道，"他们直到去年12月才来到欧洲，立刻就被派往前线，并在当月的阿登反击战中遭到德军迎头痛击。自从被俘之后，他们几乎不停地从一个地方转移到另一个地方。他们说有些战友死于德国卫兵的乱棍之下，只是因为走出队伍去田地里拿甜菜。他们格外可怜，因为他们只是一群男孩，在美好国度的温馨家园中养尊处优，却被征兵令拉到了一无所知的欧洲。他们不像澳大利亚人那么坚强，也不如法国人那么精明，更比不上英国人的顽固不化。他们只是不明白到底发生了什么。"[14]他们至少还活着。他们的许多战友在囚禁中丧失了求生的意志，空洞的目光仿佛在眺望万里之外的家乡，恰似库尔特·冯内古特的小说《五号屠场》中具有了"千里眼——5000英里凝视"[15]般的主人公比利·皮尔格林（Billy Pilgrim）。他们沦入茫然的冷漠之中，既不动，也不吃，静静地在饥饿中死去。

希特勒的阿登攻势出其不意又冷酷无情，把恐怖的暴行从东线带到了西线。但是就像日本在1937年全面入侵中国，纳粹德国在1941年入侵苏联一样，全面战争的冲击并没有达成预期中的普遍恐慌和崩溃，反而激起了大规模的誓死抵抗，以及一种就算被包围也要继续战斗的血性决心。当德军一边尖叫一边吹口哨发动进攻的时候，被孤立的美军连队在力量悬殊的情况下坚守关键村镇。官兵们的牺牲为增援部队赢得了所需的时间，这是他们在粉碎希特勒的梦想中做出的重要贡献。德军或许有理由鄙视美国军队，然而他们因此误判了这支军队中的军人，这也成了他们在阿登战役中最大的错误。

阿登战役双方战斗序列

盟 军

第 12 集团军群
指挥官奥马尔·纳尔逊·布莱德雷中将

美军第 1 集团军
指挥官考特尼·希克斯·霍奇斯中将
集团军直属部队
  第 5 比利时燧发枪兵营；第 526 装甲步兵营；第 99 步兵营
  第 143、413 防空营

第 5 军
军长伦纳德·汤森·杰罗少将
军直属部队
  第 102 机械化骑兵群；第 38 骑兵侦察中队和第 102 骑兵侦察中队（临时配属）
  第 613 坦克歼击营
  第 186、196、200、955 野战炮兵营
  第 187 野战炮兵群（第 751、997 野战炮兵营）
  第 190 野战炮兵群（第 62、190、272、268 野战炮兵营）
  第 406 野战炮兵群（第 76、941、953、987 野战炮兵营）

第 1111 战斗工兵群（第 51、202、291、296 战斗工兵营）

第 1121 战斗工兵群（第 146、254 战斗工兵营）

第 1195 战斗工兵群

第 134、387、445、460、461、531、602、639、863 防空营

第 1 步兵师（"大红一师"）

师长克利夫特·安德勒斯准将

第 16、18、26 步兵团

第 5、7、32、33 野战炮兵营

第 745 坦克营；第 634、703 坦克歼击营

第 1 战斗工兵营；第 103 防空营

第 2 步兵师（"印第安酋长"）

师长沃尔特·梅尔维尔·罗伯逊少将

第 9、23、38 步兵团

第 12、15、37、38 野战炮兵营

第 741 坦克营；第 612、644 坦克歼击营

第 2 战斗工兵营；第 462 防空营

第 9 步兵师（"老可靠"）

师长路易斯·亚力克·克雷格少将

第 39、47、60 步兵团

第 26、34、60、84 野战炮兵营

第 15 战斗工兵营；第 38 骑兵侦察中队

第 746 坦克营；第 376、413 防空营

第 78 步兵师（"闪电"）

师长小埃德温·皮尔逊·帕克少将

　　第 309、310、311 步兵团

　　第 307、308、309、903 野战炮兵营

　　第 709 坦克营；第 628、893 坦克歼击营

　　第 303 战斗工兵营；第 552 防空营

　　第 5 装甲师 R 战斗群（临时配属）；第 2 游骑兵营（临时配属）

第 99 步兵师（"棋盘格"）

师长沃尔特·欧内斯特·劳尔少将

　　第 393、394、395 步兵团

　　第 370、371、372、924 野战炮兵营

　　第 324 战斗工兵营；第 801 坦克歼击营

　　第 535 防空营

第 7 军

军长约瑟夫·劳顿·柯林斯少将

军直属部队

　　第 4 骑兵群；第 29 步兵团；第 740 坦克营

　　第 509 伞兵营；第 298 战斗工兵营

　　第 18 野战炮兵群（第 188、666、981 野战炮兵营）

　　第 142 野战炮兵群（第 195、266 野战炮兵营）

　　第 188 野战炮兵群（第 172、951、980 野战炮兵营）

　　第 18、83、87、183、193、957、991 野战炮兵营

　　第 342、366、392、1308、1313 工程兵团

　　两个法国轻型步兵营

第 2 装甲师（"地狱之轮"）

师长欧内斯特·内森·哈蒙少将

　　A 战斗群、B 战斗群、R 战斗群；第 41 装甲步兵团；第 66、67 装甲团

　　第 14、78、92 自行火炮营

　　第 17 装甲工兵营；第 82 侦察营

　　第 702 坦克歼击营；第 195 防空营

　　第 738 坦克营一部（特别-扫雷）临时配属

第 3 装甲师（"矛尖"）

师长莫里斯·罗斯少将

　　A 战斗群、B 战斗群、R 战斗群；第 36 装甲步兵团；第 32、33 装甲团

　　第 54、67、391 自行火炮营

　　第 23 装甲工兵营；第 83 装甲侦察营

　　第 643、703 坦克歼击营；第 486 防空营

第 83 步兵师（"俄亥俄"）

师长罗伯特·昌西·梅肯少将

　　第 329、330、331 步兵团

　　第 322、323、324、908 野战炮兵营

　　第 308 战斗工兵营；第 453 防空营

　　第 774 坦克营；第 772 坦克歼击营

第 84 步兵师（"劈木人"）

师长亚历山大·拉塞尔·博林准将

第 333、334、335 步兵团

第 325、326、327、909 野战炮兵营

第 309 战斗工兵营

第 701 坦克营（12 月 20 日被第 771 坦克营替换）

第 638 坦克歼击营；第 557 防空营

第 18 空降军

军长马修·邦克·李奇微少将

军直属部队

第 14 机械化骑兵群

第 254、275、400、460 野战炮兵营

第 79 野战炮兵群（第 153、551、552 野战炮兵营）

第 179 野战炮兵群（第 259、965 野战炮兵营）

第 211 野战炮兵群（第 240、264 野战炮兵营）

第 401 野战炮兵群（第 187、809 野战炮兵营）

第 7 装甲师（"幸运七"）

师长罗伯特·威尔逊·哈斯布鲁克准将

A 战斗群、B 战斗群、R 战斗群；第 23、38、48 装甲步兵营

第 17、31、40 坦克营；第 87 侦察中队

第 434、440、489 自行火炮营

第 33 装甲工兵营；第 814 坦克歼击营

第 203 防空营

第 820 坦克歼击营（12 月 25—30 日配属）

第 30 步兵师（"老山核桃"）

师长利兰·斯坦福·霍布斯少将

    第 117、119、120 步兵团

    第 113、118、197、230 野战炮兵营

    第 517 伞兵团（临时配属）；第 105 战斗工兵营

    第 743 坦克营；第 823 坦克歼击营

    第 110、431、448 防空营

第 75 步兵师（"时刻准备"）

师长费伊·布林克·普里克特少将

    第 289、290、291 步兵团

    第 730、897、898、899 野战炮兵营

    第 275 战斗工兵营；第 440 防空营

    第 750 坦克营；第 629、772 坦克歼击营

第 82 空降师（"全美"）

师长詹姆斯·莫里斯·加文少将

    第 504、505、507、508 伞兵团

    第 325 滑翔机机降步兵团；第 307 空降工兵营

    第 319、320 滑翔机机降野战炮兵营

    第 376、456 伞降野战炮兵营；第 80 防空营

    第 551 伞兵营；第 628 坦克歼击营（1 月 2—11 日临时配属）

    第 740 坦克营（12 月 30—1 月 11 日临时配属）

    第 643 坦克歼击营（1 月 4—5 日临时配属）

第 106 步兵师（"金狮"）

师长艾伦·沃尔特·琼斯少将

第 422、423、424 步兵团

第 589、590、591、592 野战炮兵营

第 81 战斗工兵营；第 820 坦克歼击营

第 634 防空营（12 月 8—18 日）

第 440 防空营（12 月 8—1 月 4 日）

第 563 防空营（12 月 9—18 日）

第 101 空降师（"呼啸之鹰"）

代理师长安东尼·克莱门特·麦考利夫准将；

师长马克斯韦尔·达文波特·泰勒少将

第 501、502、506 伞兵团

第 327 滑翔机机降步兵团；第 401 滑翔机机降步兵团 1 营

第 321、907 滑翔机机降野战炮兵营

第 377、463 伞降野战炮兵营

第 326 空降工兵营；第 705 坦克歼击营

第 81 空降防空营

美军第 3 集团军

指挥官小乔治·史密斯·巴顿中将

集团军直属部队

第 109、115、217、777 高射机枪营

第 456、465、550、565 防空营

第 280 战斗工兵营（后调给第 9 集团军）

第 3 军

军长约翰·米利金少将

军直属部队

　　第 6 机械化骑兵群；第 179、274、776、777 野战炮兵营

　　第 193 野战炮兵群（第 177、253、696、776、949 野战炮兵营）

　　第 203 野战炮兵群（第 278、742、762 野战炮兵营）

　　第 1137 战斗工兵群（第 145、188、249 战斗工兵营）

　　第 183、243 战斗工兵营；第 467、468 防空营

第 4 装甲师

师长休·约瑟夫·加菲少将

　　A 战斗群、B 战斗群、R 战斗群；第 8、35、37 坦克营

　　第 10、51、53 装甲步兵营

　　第 22、66、94 自行火炮营

　　第 24 装甲工兵营；第 25 骑兵侦察中队

　　第 489 防空营；第 704 坦克歼击营

第 6 装甲师（"超级六"）

师长罗伯特·沃克·格罗少将

　　A 战斗群、B 战斗群、R 战斗群；第 15、68、69 坦克营

　　第 9、44、50 装甲步兵营

　　第 128、212、231 自行火炮营

　　第 25 装甲工兵营；第 86 骑兵侦察中队

　　第 691 坦克歼击营；第 777 防空营

第 26 步兵师（"扬基"）

师长威拉德·斯图尔特·保罗少将

　　第 101、104、328 步兵团

第 101、102、180、263 野战炮兵营

第 101 战斗工兵营；第 735 坦克营

第 818 坦克歼击营；第 390 防空营

第 35 步兵师（"圣达菲"）

师长保罗·威廉·巴德少将

第 134、137、320 步兵团

第 127、161、216、219 野战炮兵营

第 60 战斗工兵营；第 654 坦克歼击营

第 448 防空营

第 90 步兵师（"凶悍牌手"）

师长詹姆斯·奥尔沃德·范佛里特少将

第 357、358、359 步兵团

第 343、344、345、915 野战炮兵营

第 315 战斗工兵营；第 773 坦克歼击营

第 774 坦克歼击营（12 月 21—1 月 6 日）

第 537 防空营

第 8 军

军长特洛伊·休斯敦·米德尔顿少将

军直属部队

第 174 野战炮兵群（第 965、969、700 野战炮兵营）

第 333 野战炮兵群（第 333、771 野战炮兵营）

第 402 野战炮兵群（第 559、561、740 野战炮兵营）

第 422 野战炮兵群（第 81、174 野战炮兵营）

第 687 野战炮兵营；第 178、249 战斗工兵营

第 1102 工兵群（第 341 工程兵团）

第 1107 战斗工兵群（第 159、168 战斗工兵营）

第 1128 战斗工兵群（第 35、44、202 战斗工兵营）

法军轻步兵（六个梅斯地区的轻步兵营）

第 467、635、778 防空营

第 9 装甲师（"幽灵"）

师长约翰·威廉·伦纳德少将

 A 战斗群、B 战斗群、R 战斗群；第 27、52、60 装甲步兵营

 第 2、14、19 坦克营；第 3、16、73 自行火炮营

 第 9 装甲工兵营；第 89 骑兵侦察中队

 第 811 坦克歼击营；第 482 防空营

第 11 装甲师（"雷电"）

师长查尔斯·所罗门·基尔伯恩准将

 A 战斗群、B 战斗群、R 战斗群；第 21、55、63 装甲步兵营

 第 22、41、42 坦克营

 第 490、491、492 自行火炮营

 第 56 装甲工兵营；第 602 坦克歼击营

 第 41 骑兵侦察中队；第 575 防空营

第 17 空降师（"金色利爪"）

师长威廉·梅尼迪尔·米利少将

 第 507、513 伞兵团；第 193、194 滑翔机机降步兵团

 第 680、681 滑翔机机降野战炮兵营；第 466 伞降野战炮兵营

第 139 空降工兵营；第 155 空降防空营

第 28 步兵师（"拱顶石"）

师长诺曼·丹尼尔·科塔少将

 第 109、110、112 步兵团

 第 107、108、109、229 野战炮兵营

 第 103 战斗工兵营；第 447 防空营

 第 707 坦克营；第 602、630 坦克歼击营

第 87 步兵师（"金橡果"）

师长小弗兰克·刘易斯·丘林准将

 第 345、346、347 步兵团

 第 334、335、336、912 野战炮兵营；第 312 战斗工兵营

 第 761 坦克营；第 549 防空营

 第 610 坦克歼击营（12 月 14—22 日）

 第 691 坦克歼击营（12 月 22—24 日和 1 月 8—26 日）

 第 704 坦克歼击营（12 月 17—19 日）

第 12 军

军长曼顿·斯普拉格·埃迪少将

军直属部队

 第 2 机械化骑兵群

 第 161、244、277、334、336、736 野战炮兵营

 第 177 野战炮兵群（第 215、255、775 野战炮兵营）

 第 182 野战炮兵群（第 802、945、974 野战炮兵营）

 第 183 野战炮兵群（第 695、776 野战炮兵营）

第 404 野战炮兵群（第 273、512、752 野战炮兵营）

第 1303 工程兵团

第 4 步兵师（"常春藤"）

师长雷蒙德·奥斯卡·巴顿少将

    第 8、12、22 步兵团；第 20、29、42、44 野战炮兵营

    第 4 战斗工兵营；第 70 坦克营

    第 802、803 坦克歼击营；第 377 防空营

第 5 步兵师（"红钻"）

师长斯塔福德·勒鲁瓦·欧文少将

    第 2、10、11 步兵团；第 19、21、46、50 野战炮兵营

    第 7 战斗工兵营；第 737 坦克营；第 449 防空营

    第 654 坦克歼击营（12 月 22—25 日）；第 803 坦克歼击营（自 12 月 25 日起）

    第 807 坦克歼击营（12 月 17—21 日）；第 818 坦克歼击营（7 月 13—12 月 20 日）

第 10 装甲师（"猛虎"）

师长小威廉·亨利·哈里森·莫里斯少将

    A 战斗群、B 战斗群、R 战斗群；第 20、54、61 装甲步兵营

    第 3、11、21 坦克营；第 609 坦克歼击营

    第 419、420、423 自行火炮营

    第 55 装甲工兵营；第 90 骑兵侦察中队

    第 796 防空营

第 80 步兵师（"蓝岭"）

师长霍勒斯·洛根·麦克布莱德少将

　第 317、318、319 步兵团

　第 313、314、315、905 野战炮兵营；第 702 坦克营

　第 305 战斗工兵营；第 633 防空营

　第 610 坦克歼击营（11 月 23—12 月 6 日及 12 月 21—1 月 28 日）

　第 808 坦克歼击营（9 月 25—12 月 21 日）

第 21 集团军群

指挥官伯纳德·劳·蒙哥马利元帅

第 30 军

军长布赖恩·格温·霍罗克斯中将

军直属部队

　第 2 皇家骑兵团；第 11 轻骑兵团

　第 4、5 皇家马拉炮兵团；第 27 皇家轻型防空团

　第 7、64、84 皇家中型炮兵团

第 6 空降师

师长埃里克·路易斯·博尔斯少将

　第 6 皇家装甲兵空降装甲侦察团

　第 249 皇家空降野战工兵连；第 3、591 皇家伞降工兵中队；第 3、9 皇家空降工兵中队；第 53 皇家轻型炮兵团；第 3、4 皇家机降反坦克连

　第 22 独立伞兵连

　第 3 伞兵旅（第 8、9 伞兵营；第 1 加拿大伞兵营）

第 5 伞兵旅（第 7、12、13 伞兵营）

　　第 6 机降旅（德文郡团第 12 营；牛津郡和白金汉郡轻兵步团 2 营；皇家阿尔斯特来复枪团 1 营）

第 51（高地）步兵师
师长托马斯·戈登·伦尼少将

　　德比郡第 2 义勇骑兵队

　　第 126、127、128 皇家野战炮兵团；第 61 皇家反坦克团；第 40 皇家轻型防空团

　　第 274、275、276 皇家野战工兵连

　　米德尔塞克斯郡团第 1/7 机枪营

　　第 152 步兵旅（瑟福斯高地人团 2 营；瑟福斯高地人团 5 营；王后属卡梅伦高地人团 5 营）

　　第 153 步兵旅（黑卫第 5 营；戈登高地人团 1 营；戈登高地人团第 5/7 营）

　　第 154 步兵旅（黑卫第 1 营；黑卫第 7 营；阿盖尔-萨瑟兰高地人团 7 营）

第 53（威尔士）步兵师
师长罗伯特·诺克斯·罗斯少将

　　第 81、83、133 皇家野战炮兵团

　　第 53 皇家装甲兵侦察团

　　第 71 皇家反坦克团；第 25 皇家轻型防空团

　　第 244、282、555 皇家野战工兵连

　　第 71 步兵旅（牛津郡和白金汉郡轻兵步团 1 营；高地轻步兵团 1 营；皇家韦尔奇燧发枪兵团 4 营）

第158步兵旅（皇家韦尔奇燧发枪兵团7营；韦尔奇团第1/5营；东兰开夏郡团1营）

第160步兵旅（蒙茅斯郡团2营；韦尔奇团第1/5营；皇家韦尔奇燧发枪兵团6营）

第29装甲旅
旅长查尔斯·巴尼特·卡梅伦·哈维准将
　第23轻骑兵团；第3皇家坦克团；法夫-福法尔第2义勇骑兵队
　来复枪旅第8营

第33装甲旅
旅长亨利·鲍尔弗·斯科特准将
　第144皇家装甲兵团；北安普顿郡第1义勇骑兵队；东赖丁第1义勇骑兵队

第34坦克旅
旅长威廉·斯坦诺普·克拉克准将
　第9皇家坦克团；第107皇家装甲兵团；第147皇家装甲兵团

军预备队
禁卫装甲师
第50（诺森伯兰郡）步兵师

德 军

B 集团军群
指挥官奥托·莫里茨·瓦尔特·莫德尔元帅

第 5 装甲集团军
指挥官哈索-埃卡德·冯·曼陀菲尔装甲兵上将
集团军直属部队
  第 19 防空旅；第 207、600 工兵营
  第 653 重坦克歼击营；第 669 东方营
  第 638、1094、1095 重炮兵营
  第 25/975 要塞炮兵连；第 1099、1119、1121 重迫击炮连

第 47 装甲军
军长海因里希·迪波尔德·格奥尔格·冯·吕特维茨装甲兵上将
军直属部队
  第 766 国民炮兵军；第 15 国民火箭炮旅；第 182 防空团

第 2 装甲师
师长迈因哈德·冯·劳赫特上校
  第 3 装甲团；第 2、304 装甲掷弹兵团
  第 74 装甲炮兵团；第 2 装甲侦察营
  第 38 坦克歼击营；第 38 装甲工兵营；第 273 陆军防空营

第 9 装甲师

师长哈拉尔德·冯·埃尔弗费尔特少将

    第 33 装甲团；第 10、11 装甲掷弹兵团

    第 102 装甲炮兵团；第 9 装甲侦察营

    第 50 坦克歼击营；第 86 装甲工兵营；第 287 陆军防空营

    第 301 重装甲营（临时配属）

装甲教导师

师长弗里茨·赫尔曼·米夏埃尔·拜尔莱因中将

    第 130 装甲教导团；第 901、902 装甲掷弹兵教导团

    第 130 装甲炮兵团；第 130 装甲侦察教导营

    第 130 坦克歼击营；第 130 装甲工兵教导营；第 311 陆军防空营

    第 559 坦克歼击营（临时配属）；第 243 突击炮旅（临时配属）

第 26 国民掷弹兵师

师长海因茨·科科特上校（1945 年 1 月 1 日晋升少将）

    第 39 燧发枪兵团；第 77、78 国民掷弹兵团；第 26 炮兵团

    第 26 侦察营；第 26 坦克歼击营；第 26 工兵营

元首卫队旅

旅长奥托·恩斯特·雷默上校

    元首卫队装甲营（4 个连）；第 200 突击炮旅（3 个连）；元首卫队装甲掷弹兵团（2 个营）；第 828 步兵营（特遣）；第 928 掷弹兵营（自行车）；元首卫队炮兵营；第 828 掷弹兵营；元首卫队高炮团

第 66 军
军长瓦尔特·卢赫特炮兵上将
军直属部队
  第 16 国民火箭炮旅（第 86、87 火箭炮团）
  第 244 突击炮旅；第 460 重炮兵营

第 18 国民掷弹兵师
师长京特·霍夫曼-舍恩博恩少将
  第 293、294、295 国民掷弹兵团；第 1818 炮兵团
  第 1818 坦克歼击营；第 1818 工兵营

第 62 国民掷弹兵师
师长弗里德里希·基特尔少将
  第 164、183、190 国民掷弹兵团；第 162 炮兵团
  第 162 坦克歼击营；第 162 工兵营

第 58 装甲军
军长瓦尔特·克吕格尔装甲兵上将
军直属部队
  第 401 国民炮兵军；第 7 国民火箭炮旅（第 84、85 火箭炮团）
  第 1 防空团

第 116 装甲师
师长西格弗里德·冯·瓦尔登堡少将
  第 16 装甲团；第 60、156 装甲掷弹兵团

第 146 装甲炮兵团；第 116 装甲侦察营

第 228 坦克歼击营；第 675 装甲工兵营；第 281 陆军防空营

第 560 国民掷弹兵师
师长鲁道夫·巴德尔少将

第 1128、1129、1130 国民掷弹兵团；第 1560 炮兵团

第 1560 坦克歼击营；第 1560 工兵营

第 39 装甲军
军长卡尔·古斯塔夫·阿道夫·德克尔装甲兵上将

第 167 国民掷弹兵师
师长汉斯-库尔特·赫克尔中将

第 331、339、387 国民掷弹兵团；第 167 炮兵团

第 167 坦克歼击营；第 167 工兵营

第 6 装甲集团军
指挥官约瑟夫·迪特里希党卫队全国总指挥兼党卫军装甲兵大将

集团军直属部队

第 506 重装甲营；第 683 重坦克歼击营

第 217 突击装甲营；第 394、667、902 突击炮营

第 741 坦克歼击营；第 1098、1110、1120 重榴弹炮连

第 428 重迫击炮连；第 2 空军高炮师（第 41、43 团）

海特战斗群

党卫军第 1 装甲军
军长赫尔曼·普里斯党卫队地区总队长兼党卫军中将
军直属部队
　　第 14、51、53、54 火箭炮团；党卫军第 501 炮兵营
　　第 388 国民炮兵军；第 402 国民炮兵军

党卫军第 1 阿道夫·希特勒警卫旗队装甲师
师长威廉·蒙克党卫队区队长
　　党卫军第 1 装甲团；党卫军第 1、2 装甲掷弹兵团
　　党卫军第 1 装甲炮兵团；党卫军第 1 装甲侦察营；党卫军第 1 坦克歼击营
　　党卫军第 1 装甲工兵营；党卫军第 1 防空营；党卫军第 501 重装甲营（临时配属）；第 84 空军高炮营（临时配属）

第 3 伞兵师
师长瓦尔特·瓦登空军少将
　　第 5、8、9 伞兵团；第 3 空降炮兵团
　　第 3 伞兵坦克歼击营；第 3 空降工兵营；第 3 伞兵防空营

党卫军第 12 希特勒青年团装甲师
师长胡戈·克拉斯党卫队旗队长
　　党卫军第 12 装甲团；党卫军第 25、26 装甲掷弹兵团
　　党卫军第 12 装甲炮兵团；党卫军第 12 装甲侦察营
　　党卫军第 12 坦克歼击营；党卫军第 12 装甲工兵营；党卫军第 12 防空营
　　第 560 重坦克歼击营（临时配属）

第 12 国民掷弹兵师

师长格哈德·米夏埃尔·恩格尔少将

第 27 燧发枪兵团；第 48、89 国民掷弹兵团；第 12 燧发枪兵营

第 12 炮兵团；第 12 坦克歼击营；第 12 工兵营

第 277 国民掷弹兵师

师长威廉·菲比希上校（1945 年 1 月 1 日晋升少将）

第 989、990、991 国民掷弹兵团；第 277 炮兵团

第 277 坦克歼击营；第 277 工兵营

第 150 装甲旅

旅长奥托·斯科尔策尼党卫队一级突击队大队长

2 个装甲连；2 个装甲掷弹兵连；2 个坦克歼击连

1 个重迫击炮营（2 个连）；1 个工兵连；党卫军第 600 伞兵营

党卫军第 2 装甲军

军长威廉·比特里希党卫队全国副总指挥兼党卫军上将

军直属部队

第 410 国民炮兵军；党卫军第 502 火箭炮营

党卫军第 2 帝国装甲师

师长海因茨·贝尔纳德·拉默丁党卫队旅队长兼党卫军少将

党卫军第 2 装甲团；党卫军第 3、4 装甲掷弹兵团

党卫军第 2 装甲炮兵团；党卫军第 2 装甲侦察营；党卫军第 1 坦克歼击营

党卫军第 2 装甲工兵营；党卫军第 2 防空营

党卫军第 9 霍恩施陶芬装甲师
师长西尔维斯特·施塔德勒党卫队旅队长兼党卫军少将

党卫军第 9 装甲团；党卫军第 19、20 装甲掷弹兵团

党卫军第 9 装甲炮兵团；党卫军第 9 装甲侦察营；党卫军第 9 坦克歼击营

党卫军第 9 装甲工兵营；党卫军第 9 防空营；第 519 重坦克歼击营（临时配属）

第 67 军
军长奥托·马克西米利安·希茨费尔德中将

军直属部队

第 17 国民火箭炮旅（第 88、89 火箭炮团）

第 405 国民炮兵军；第 1001 重突击炮连

第 3 装甲掷弹兵师
师长瓦尔特·登克特少将

第 8、29 装甲掷弹兵团；第 103 装甲营；第 3 摩托化炮兵团

第 103 装甲侦察营；第 3 坦克歼击营；第 3 摩托化工兵营；第 3 防空营

第 246 国民掷弹兵师
师长彼得·克特上校

第 352、404、689 国民掷弹兵团；第 246 炮兵团

第 246 坦克歼击营；第 246 工兵营

第 272 国民掷弹兵师

师长欧根·柯尼希少将

第 980、981、982 国民掷弹兵团；第 272 炮兵团

第 272 坦克歼击营；第 272 工兵营

第 326 国民掷弹兵师

师长埃尔温·卡施内尔上校（1944 年 12 月 23 日晋升少将）

第 751、752、753 国民掷弹兵团；第 326 炮兵团

第 326 坦克歼击营；第 326 工兵营

第 7 集团军

指挥官埃里希·布兰登贝格尔装甲兵上将

集团军直属部队

第 657、668 重坦克歼击营

第 501 要塞反坦克营

第 47 摩托化工兵旅；第 1092、1093、1124、1125 重榴弹炮连

第 660 重炮兵连；第 1029、1039、1122 重迫击炮连

第 999 惩戒营；第 44 要塞机枪营；第 15 防空团

第 53 军

军长埃德温·冯·罗特基希骑兵上将

第 9 国民掷弹兵师

师长维尔纳·科尔布上校

　　第 36、57、116 国民掷弹兵团；第 9 炮兵团

　　第 9 坦克歼击营；第 9 工兵营

第 15 装甲掷弹兵师

师长汉斯·约阿希姆·德克特上校

　　第 104、115 装甲掷弹兵团；第 115 装甲营；第 33 炮兵团

　　第 115 装甲侦察营；第 33 坦克歼击营；第 33 工兵营；第 315 陆军防空营

元首掷弹兵旅

旅长汉斯-约阿希姆·卡勒上校

　　第 99 装甲掷弹兵团；第 101 装甲团（5 个连）；第 911 突击炮旅（3 个连）

　　第 1124 坦克歼击连；第 1124 工兵连；第 124 防空营

　　元首掷弹兵炮兵团（1 个营）；第 1124 装甲侦察连

第 80 军

军长弗朗茨·拜尔步兵上将

军直属部队

　　第 408 国民炮兵军；第 8 国民火箭炮旅；第 2 火箭炮教导团

第 212 国民掷弹兵师

师长弗朗茨·海因里希·奥托·森斯福斯中将

　　第 316、320、423 国民掷弹兵团；第 212 燧发枪兵营；第 212

炮兵团
　　第 212 坦克歼击营；第 212 工兵营

第 276 国民掷弹兵师
师长库尔特·默林中将（死后追晋），12 月 18 日后由胡戈·登普沃尔夫上校代理
　　第 986、987、988 国民掷弹兵团；第 276 炮兵团
　　第 276 坦克歼击营；第 276 工兵营

第 340 国民掷弹兵师
师长特奥多尔·托尔斯多夫上校
　　第 694、695、696 国民掷弹兵团；第 340 炮兵团
　　第 340 坦克歼击营；第 340 工兵营

第 85 军
军长巴普蒂斯特·克尼斯步兵上将
军直属部队
　　第 406 国民炮兵军；第 18 国民火箭炮旅（第 21、22 火箭炮团）

第 5 伞兵师
师长塞巴斯蒂安·路德维希·海尔曼上校（1944 年 12 月 22 日晋升空军少将）
　　第 13、14、15 伞兵团；第 5 空降炮兵团；第 5 空降侦察营
　　第 5 空降坦克歼击营；第 5 空降工兵营；第 5 空降防空营；第 11 空降突击炮旅

第 352 国民掷弹兵师
师长埃里希-奥托·施密特上校,12 月 20 日后由里夏德·巴青少将代理
　　第 914、915、916 国民掷弹兵团;第 352 炮兵团
　　第 352 坦克歼击营;第 352 工兵营

第 79 国民掷弹兵师
师长阿洛伊斯·韦伯上校
　　第 208、212、226 国民掷弹兵团;第 179 炮兵团
　　第 179 坦克歼击营;第 179 工兵营

注　释

缩　写

BA-MA　Bundesarchiv-Militärarchiv, Freiburg-im-Breisgau
BfZ-SS　Bibliothek für Zeitgeschichte, Sammlung Sterz, Stuttgart
CARL　Combined Arms Research Library, Fort Leavenworth, KS
CBHD　Chester B. Hansen Diaries, Chester B. Hansen Collection, Box 5, USAMHI
CBMP　Charles B. MacDonald Papers, USAMHI
CEOH　US Army Corps of Engineers, Office of History, Fort Belvoir, VA
CMH　Center of Military History, Fort McNair, Washington, DC
CMH *Ardennes*　Center of Military History, Hugh M. Cole, *United States Army in World War II: The European Theater of Operations: The Ardennes: Battle of the Bulge*, Washington, DC, 1988
CMH *Medical*　Center of Military History, Graham A. Cosmas and Albert E. Cowdrey, *United States Army in World War II: The European Theater of Operations: Medical Service in the European Theater of Operations*, Washington, DC, 1992
CMH *SC*　Center of Military History, Forrest C. Pogue, *United States Army in World War II: The European Theater of Operations: The Supreme Command*, Washington, DC, 1954
CSDIC　Combined Services Detailed Interrogation Centre
CSI　Combat Studies Institute, Fort Leavenworth, KS
DCD　Duff Cooper Diaries (private collection)
DDE Lib　Dwight D. Eisenhower Library, Abilene, KS

DRZW *Das Deutsche Reich und der Zweiten Weltkrieg*, vols. 6–10, Munich, 2004–8

ETHINT European Theater Historical Interrogations, 1945, OCMH, USAMHI

FCP *SC* Forrest C. Pogue, background interviews for *The Supreme Command*, USAMHI

FDRL MR Franklin Delano Roosevelt Library, Hyde Park, NY, Map Room documents

FMS Foreign Military Studies, USAMHI

GBP Godfrey Blunden Papers (private collection)

HLB *Hitlers Lagebesprechungen: Die Protokollfragmente seiner militärischen Konferenzen 1942–1945*, Munich, 1984 (Helmut Heiber and David M. Glantz (eds.), *Hitler and his Generals: Military Conferences, 1942–1945*, London, 2002)

IWM Documents Collection, Imperial War Museum, London

LHC-DP Liddell Hart Centre – Dempsey Papers

LHCMA Liddell Hart Centre of Military Archives, King's College London

MFF MFF Armed Forces Oral Histories, LHCMA

NARA National Archives and Records Administration, College Park, MD

OCMH Office of the Chief of Military History, USAMHI

PDDE *The Papers of Dwight David Eisenhower*, ed. Alfred D. Chandler, 21 vols., Baltimore, MA, 1970–2001

PP *The Patton Papers*, ed. Martin Blumenson, New York, 1974

PWS Papers of William Sylvan, OCMH, USAMHI

RWHP Robert W. Hasbrouck Papers, USAMHI

SHD-DAT Service Historique de la Défense, Département de l'Armée de Terre, Vincennes

SOOHP Senior Officers Oral History Program, US Army War College, USAMHI

TBJG *Die Tagebücher von Joseph Goebbels*, ed. Elke Fröhlich, 29 vols., Munich, 1992–2005

TNA The National Archives, Kew

USAMHI The United States Army Military History Institute at US Army Heritage and Education Center, Carlisle, PA

第一章

1. Omar N. Bradley, *A Soldier's Story*, New York, 1964, 389-90; also Dwight D. Eisenhower, *Crusade in Europe*, New York, 1948, 325.
2. NARA 407/427/24235.
3. SHD-DAT 11 P 218; also NARA 407/427/24235.
4. BA-MA RH 19 IX/7 40, quoted Joachim Ludewig,*Rückzug: The German Retreat from France, 1944*, Lexington, KY, 2012, 133.
5. Forrest C. Pogue, *Pogue's War: Diaries of a WWII Combat Historian*, Lexington, KY, 2001, 214.
6. Eisenhower, *Crusade in Europe*, 326; and Bradley, 391.
7. Arthur Tedder, *With Prejudice*, London, 1966, 586.
8. Uzal W.Ent (ed.), *The First Century: A History of the 28th Infantry Division*, Harrisburg, PA, 1979, 165.
9. Jean Galtier-Boissière, *Mon journal pendant l'Occupation*, Paris, 1944, 288.
10. 1.2.45, CBHD.
11. CMH SC, 245.
12. Diary Oberstleutnant Fritz Fullriede, *Hermann Göring* Division, 2 September 1944, quoted Robert Kershaw, *It Never Snows in September*, London, 2008, 63.
13. Prisoner-of-war interview, CSDIC, TNA WO 208/3616.
14. Rüdiger Overmans, *Deutsche militärische Verluste im Zweiten Weltkrieg*, Munich, 2000, 238 and 278.
15. Ludewig, 108/ff.; and David Wingeate Pike, 'Oberbefehl West: Armeegruppe G: Les Armées allemandes dans le Midi de la France', *Guerres Mondiales et Conflits Contemporains, Nos.* 152, 164, 174, 181.
16. Generaloberst Student, CSDIC, TNA WO 208/4177.
17. Generaloberst Halder, CSDIC, TNA WO 208/4366 GRGG 332.
18. Albert Speer, *Inside the Third Reich*, London, 1971, 525.
19. *HLB,*466 and 468.
20. CMH *SC*, 249.
21. Kreipe diary,31.8.44, FMS P-069.
22. Traudl Junge,*Until the Final Hour: Hitler's Last Secretary*, London, 2002, 146.
23. Generalmajor Otto Ernst Remer, *Führer Begleit* Brigade, FMS B-592.
24. Junge, 144.
25. Richard J. Evans, *The Third Reich at War*, London, 2008, 650-3.
26. Chester Wilmot, *The Struggle for Europe*, London, 1952, 496.
27. *PP*, 533, 537.
28. Brian Horrocks, *Corps Commander*, London, 1977, 79.
29. Caroline Moorehead, *Martha Gellhorn*, London, 2003, 269.
30. Interrogation, General der Artillerie Walter Warlimont, Deputy Chief of the Wehrmachtführungsstab, CSDIC, TNA WO 208/3151.

31. VII Corps, NARA RG 498 290/56/2/3, Box 1459.
32. Ibid.
33. VII Corps, ibid.
34. Maurice Delvenne, 1.9.44, cited Jean-Michel Delvaux, *La Bataille des Ardennes autour de Rochefort*, 2 vols., Hubaille, 2004-5, ii, 159-60.
35. Ibid.
36. Fullriede diary, 13 September 1944, quoted Kershaw, *It Never Snows in September*, 38.
37. BA-MA RH24-89/10, quoted Ludewig, 191.
38. Obergefreiter Gogl, Abt. V, Feldjäger Regiment (mot.) 3., OKW Streifendienst, TNA WO 208/3610.
39. BA-MA RW4/vol. 494.
40. NARA RG 498 290/56/2/3, Box 1466.
41. Stephen Roskill, *Churchill and the Admirals*, London, 1977, 245, quoted Rick Atkinson, *The Guns at Last Light*, New York, 2013, 233.
42. Horrocks, 81.
43. Pogue, *Pogue's War*, 208.

第二章

1. LHCMA, Alanbrooke 6/2/31.
2. 3.9.44;IWM LMD 62/12, Montgomery diary, 3.9.44; see John Buckley, *Monty's Men: The British Army and the Liberation of Europe*, London, 2013, 206.
3. *PP*, 538.
4. Forrest C. Pogue, *Pogue's War: Diaries of a WWII Combat Historian*, Lexington, KY, 2001, 215-16.
5. Patton letter, *PP*, 549.
6. Uffz. Alfred Lehmann, 11.9.44, BA-MA RH13/49, 5.
7. Headquarters Allied Airborne Army, NARA RG 498 290/56/2/3, Box 1466.
8. *PP*, 540.
9. Rick Atkinson, *The Guns at Last Light*, New York, 2013, 236.
10. CMH SC, 293.
11. CSDIC, TNA WO 208/4177.
12. CMH *SC*, 292.
13. Patton diary, *PP*, 550.
14. Buckley, 203.
15. Forrest C. Pogue, *George C. Marshall: Organizer of Victory*, New York, 1973, 475, quoted Atkinson, 304.
16. *PDDE*, iii, 2224.
17. XX Corps, NARA RG 498 290/56/2/3, Box 1465.
18. Obersturmbannführer Loenholdt, 17 SS PzGr-Div, CSDIC, TNA WO 208/4140 SRM 1254.
19. First Army report to the OKW, 1.10.44, BA-MA RH13/49, 9.
20. O.Gefr. Ankenbeil, 22.9.44, BA-MA RH13/49, 10.
21. O.Gefr. M. Kriebel, 18.9.44, BA-MA RH13/49, 11.
22. O.Gefr. Hans Büscher, 20.9.44, BA-MA RH13/49, 11.
23. O.Gefr. G. Riegler, 21.9.44, BA-MA RH13/49, 11.
24. O.Gefr. Hans Hoes, 15.9.44, BA-MA RH13/49, 12.

25. Diary of General der Flieger Kreipe, FMS P-069.
26. 18.9.44, ibid.
27. CSDIC, TNA WO 208/4364 GRGG 208.
28. Hauptmann Delica, II Battalion, 19th Fallschirmjäger-Regiment, CSDIC, TNA WO 208/4140 SRM 1227.
29. CSDIC, TNA WO 208/4139 SRM 968.

第三章

1. PFC Richard Lowe Ballou, 117th Infantry, 30th Infantry Division, MFF-7, C1-97 (3).
2. V Corps, NARA RG 498 290/56/2/3, Box 1455.
3. MFF-7, C1-97(2).
4. Ibid.
5. Reichsmarschall Hermann Göring, ETHINT 30.
6. Generalmajor Rudolf Freiherr von Gersdorff, ETHINT 53.
7. Gardner Botsford, *A Life of Privilege, Mostly,* New York, 2003, 47.
8. CSDIC, TNA WO 208/4140 SRM 1245.
9. CSDIC, TNA WO 208/4139 SRM 983.
10. Ibid.
11. CSDIC, TNA WO 208/4139 SRM 1103.
12. CMH *SC*, 357.
13. TNA WO 208/3654 PWIS H/LDC/631.
14. Ibid.
15. Letter of 26.9.44 to Hauptmann Knapp, NARA RG 498 290/56/5/3, Box 1463.
16. CSDIC, TNA WO 208/4139 SRM 982.
17. NARA RG 498 290/56/2/3, Box 1459.
18. NARA RG 407 270/65/7/2 ML 248.
19. V Corps, NARA RG 498 290/56/2/3, Box 1455.
20. CSDIC, TNA WO 208/4139 SRM 982.
21. NARA RG 498 290/56/2/3, Box 1459.
22. Ibid.
23. NARA RG 498 290/56/2, Box 1456.
24. VII Corps, NARA RG 498 290/56/2/3, Box 1459.
25. Lt Col. Shaffer F. Jarrell, VII Corps, ibid.
26. CSDIC, TNA WO 208/4156.
27. Victor Klemperer, *To the Bitter End: The Diaries of Victor Klemperer, 1942-45,* London, 2000, 462.
28. CSDIC, TNA WO 208/4140 SRM 1211.
29. Wilck, CSDIC, TNA WO 208/4364 GRGG 216.
30. Unterfeldwebel Kunz, 104th Infanterie-Regt, CSDIC, TNA WO 208/4164 SRX 2050.
31. NARA RG 407 270/65/7/2, Box 19105 ML 258.
32. CSDIC, TNA WO 208/5542 SIR 1548.
33. FMS P-069.
34. CSDIC, TNA WO 208/4134 SRA 5610.

35. FMS P-069.
36. Ibid.

第四章

1. Stabartz Köllensperger, 8th Regiment, 3rd Fallschirmjäger-Division, TNA WO 311/54.
2. CSDIC, TNA WO 208/3165.
3. Luftwaffe Obergefreiter Hlavac, KG 51, TNA WO 208/4164 SRX 2117.
4. Ober gefreiter Marke, 16th Fallschirmjäger-Regiment, ibid.
5. CSDIC, TNA WO 208/4164 SRX 2084.
6. Nicholas Stargardt, *Witnesses of War: Children's Lives under the Nazis*, London, 2005, 262.
7. Quoted Martin Gilbert, *The Second World War*, London, 1989, 592.
8. NARA RG 407 270/65/7/2, Box 19105 ML 258.
9. 2.12.44, CBHD.
10. CMH *SC*, 342.
11. NARA RG 407 270/65/7/2, Box 19105 ML 258.
12. Ibid.
13. TNA WO 171/4184.
14. 24.11.44, NARA RG 407 270/65/7/2, Box 19105 ML 285.
15. CSDIC, TNA WO 208/4139 SRM 902.
16. NARA RG 407 270/65/7/2, Box 19105 ML 285.
17. Ibid.
18. CSDIC, TNA WO 208/4164 SRX 2074.
19. Luftwaffe Unteroffizier Bock 3/JG 27, CSDIC, TNA WO 208/4164 SRX 2126.
20. 4.5.44, Victor Klemperer, *To the Bitter End: The Diaries of Victor Klemperer, 1942-45*, London, 2000, 383.
21. Marie 'Missie' Vassiltchikov, *The Berlin Diaries, 1940-1945*, London, 1987, 240.
22. CSDIC, TNA WO 208/3165 SIR 1573.
23. CSDIC, TNA WO 208/4135 SRA 5727 13/1/45.
24. TNA WO 171/4184.
25. *DRZW*, 9/1 (Echternkamp), 48-50.
26. VI Corps, NARA RG 498 290/56/5/3, Box 1463.
27. CSDIC, TNA WO 208/4164 SRX 2074.
28. CSDIC, TNA WO 208/4140 SRM 1189.
29. TNA WO 311/54, 32.
30. Brandenburgische Landeshauptarchiv, Pr. Br. Rep. 61A/11.
31. NARA RG 407 270/65/7/2 ML 2279.
32. Louis Simpson, *Selected Prose*, New York, 1989, 98.
33. CMH *Medical*, 541.
34. Forrest C. Pogue, *Pogue's War: Diaries of a WWII Combat Historian*, Lexington, KY, 2001, 230.
35. NARA 711.51/3-945.
36. Antony Beevor and Artemis Cooper, *Paris after the Liberation, 1944-1949*, London, 1994, 129.
37. Simpson, 143.
38. Allan B. Ecker, 'GI Racketeers in the Paris Black Market', *Yank*,

4.5.45.
39. 24.10.44, DCD.
40. NARA 851.00/9-745.
41. Carlos Baker, *Ernest Hemingway: A Life Story*, New York, 1969, 564.
42. CMH *SC*, 329-31.
43. V Corps, NARA RG 498 290/56/2/3, Box 1455.
44. Arthur S. Couch, 'An American Infantry Soldier in World War II Europe', unpublished memoir, private collection.
45. NARA RG 498 290/56/2/3, Box 1465.
46. Martha Gellhorn, *Point of No Return*, New York, 1989, 30.
47. Hemingway, *Across the River and into the Trees*, New York, 1950, 255.
48. Ralph Ingersoll, *Top Secret*, London, 1946, 185-6.
49. Couch, 'An American Infantry Soldier in World War II Europe'.
50. NARA RG 498 290/56/2/3, Box 1459.
51. Tech. Sgt. Edward L. Brule, NARA RG 498 290/56/5/2, Box 3.
52. 358th Infantry, NARA RG 498 290/56/2/3, Box 1465.
53. V Corps, NARA RG 498 290/56/2/3, Box 1455.
54. V Corps, ibid.
55. NARA RG 498 290/56/5/2, Box 3.
56. 358th Infantry, 90th Division, XX Corps, NARA RG 498 290/56/2/3, Box 1465.
57. NARA RG 498 290/56/2/3, Box 1459.
58. Lt Col. J. E. Kelly, 3rd Battalion, 378th Infantry, NARA RG 498 290/56/2/3, Box 1465.

第五章

1. Generalleutnant Hans Schmidt, 275th Infanterie-Division, FMS B-810.
2. Major Gen. Kenneth Strong, 02/14/23/25 -Intelligence Notes No. 33, IWM Documents 11656.
3. Generalleutnant Hans Schmidt, 275th Infanterie-Division, FMS B-810.
4. Ibid.
5. Ibid.
6. Ibid.
7. Ibid.
8. Ibid.
9. Ibid.
10. 14.10.44, GBP.
11. VII Corps, NARA RG 498 290/56/2/3, Box 1459.
12. Ibid.
13. Charles B. MacDonald, *The Mighty Endeavour: The American War in Europe*, New York, 1992, 385.
14. NARA RG 498 290/56/2/3, Box 1459.
15. 5.11.44, V Corps, NARA RG 498 290/56/2/3, Box 1455.
16. VII Corps, NARA RG 498 290/56/2/3, Box 1459.
17. 22nd Infantry, 4th Inf. Div., ibid.
18. VII Corps, ibid.
19. Ibid.
20. Colonel Edwin M. Burnett, V Corps, NARA RG 498 290/56/2/3, Box 1455.
21. Rick Atkinson, *The Guns at Last Light*, New York, 2013, 317.

22. Diary of General der Flieger Kreipe, FMS P-069, 43.
23. V Corps, NARA RG 498 290/56/2/3, Box 1455.
24. Edward G. Miller, *A Dark and Bloody Ground: The Hürtgen Forest and the Roer River Dams, 1944-1945*, College Station, TX, 2008, 64.
25. Generalmajor Rudolf Freiherr von Gersdorff, FMS A-892.
26. Gersdorff, FMS A-891.
27. Col. Nelson 112th Infantry, NARA RG 498 290/56/2/3, Box 1463.
28. 8.11.44, PWS.
29. Ralph Ingersoll, *Top Secret*, London, 1946, 185.
30. NARA RG 407 270/65/7/2, Box 19105 ML 258.
31. Arthur S. Couch, 'An American Infantry Soldier in World War II Europe', unpublished memoir, private collection.
32. VII Corps, NARA RG 498 290/56/2/3, Box 1459.
33. NARA RG 407 270/65/7/2 ML 248.
34. Couch, 'An American Infantry Soldier in World War II Europe'.
35. Generalmajor Rudolf Freiherr von Gersdorff, ETHINT 53.
36. Couch, 'An American Infantry Soldier in World War II Europe'.
37. Generalleutnant Hans Schmidt, FMS B-373.
38. V Corps, NARA RG 498 290/56/2/3, Box 1455.
39. NARA RG 498 290/56/2/3, Box 1465.
40. NARA RG 498 290/56/2/3, Box 1464.
41. Quoted John Ellis, *The Sharp End: The Fighting Man in World War II*, London, 1990, 152.
42. Robert Sterling Rush, *Hell in Hürtgen Forest: The Ordeal and Triumph of an American Infantry Regiment*, Lawrence, KS, 2001, 139.
43. 18th Infantry, 1st Division, NARA RG 498 290/56/2/3, Box 1459.
44. Couch, 'An American Infantry Soldier in World War II Europe'.
45. 11.11.44, CBHD.
46. Omar N. Bradley, *A Soldier's Story*, New York, 1964, 430-1.
47. Generalmajor Ullersperger, CSDIC, TNA WO 208/4364 GRGG 237.
48. Generalmajor Vaterrodt, CSDIC, TNA WO 208/4177.
49. Ibid.
50. Generalleutnant Straube, FMS A-891.
51. FMS A-891.
52. Gersdorff, FMS A-892.
53. Ernest Hemingway, *Across the River and into the Trees*, New York, 1950, 249.
54. Carlos Baker, *Ernest Hemingway: A Life Story*, New York, 1969, 552.
55. J. D. Salinger, 'Contributors', *Story*, No. 25 (November-December 1944), 1.
56. Charles Whiting, *The Battle of Hürtgen Forest*, Stroud, 2007, 71.
57. Ingersoll, 184-5.
58. V Corps, NARA RG 498 290/56/2/3, Box 1455.
59. Ingersoll, 185.

60. Sterling Rush, 163.
61. FMS A-891.
62. Sgt David Rothbart, 22nd Inf. Rgt, quoted Sterling Rush, 178.
63. Quoted Paul Fussell, *The Boys' Crusade*, New York, 2003, 91.
64. Captain H. O. Sweet, US 908th Field Artillery, Attached to 331st Infantry, 83rd Division, IWM Documents 3415 95/33/1.
65. Peter Schrijvers, *The Crash of Ruin: American Combat Soldiers in Europe during World War II*, New York, 1998, 8.
66. Generalarzt Schepukat, ETHINT 60.
67. Gersdorff, FMS A-892.
68. CSI Battlebook 10-A, May 1984.

第六章

1. Traudl Junge, *Until the Final Hour: Hitler's Last Secretary*, London, 2002, 147.
2. Ibid.
3. Ibid., 148
4. Generaloberst Alfred Jodl, ETHINT 50.
5. Ibid.
6. CMH *Ardennes*, 18.
7. General der Kavallerie Siegfried Westphal, ETHINT 79.
8. Generalmajor Rudolf Freiherr von Gersdorff, FMS A-892.
9. CSDIC, TNA WO 208/4178 GRGG 330 (c).
10. CMH *Ardennes*, 26.
11. Generaloberst Alfred Jodl, ETHINT 50.
12. CSDIC, TNA WO 208/3653.
13. *DRZW*, 6, 125.
14. Fifth Panzer Army, ETHINT 45.
15. Generaloberst Alfred Jodl, ETHINT 50.
16. General der Artillerie Walter Warlimont, CSDIC, TNA WO 208/3151.
17. Generaloberst Alfred Jodl, ETHINT 51.
18. Jodl, TNA WO 231/30.
19. CSDIC, TNA WO 208/4178 GRGG 330 (c).
20. TNA WO 231/30, 4.
21. CSDIC, TNA WO 208/4178 GRGG 330 (c).
22. CSDIC, TNA WO 208/4178 GRGG 322.
23. CSDIC, TNA WO 208/4178 GRGG 330 (c).
24. Hauptmann Gaum, 3rd Bn, *Führer Begleit* Brigade, CSDIC, TNA WO 208/3611.
25. TNA WO 231/30.
26. CSDIC, TNA WO 208/4140 SRM 1140.
27. Manteuffel, Fifth Panzer Army, ETHINT 46.
28. Goebbels diaries, 1.12.44, *TBJG* II/14, 305.
29. SS Standartenführer Lingner, CSDIC, TNA WO 208/4140 SRM 1211.
30. Generalleutnant Heim, CSDIC, TNA WO 208/4364 GRGG 220.
31. CSDIC, TNA WO 208/4140 SRM 1210.
32. Warlimont, CSDIC, TNA WO 208/3151.

33. CSDIC, TNA WO 208/4178 GRGG 330 (c).
34. CSDIC, TNA WO 208/4178 GRGG 330 (c).
35. TNA WO 231/30.
36. Ibid.
37. CSDIC, TNA WO 208/4140 SRM 1199.
38. CSDIC, TNA WO 208/5541 SIR 1425.
39. FMS B-823.
40. CSDIC, TNA WO 208/4140 SRM 1187.
41. Ibid.
42. Ibid.
43. CSDIC, TNA WO 208/3662.
44. Heydte, FMS B-823.
45. Ibid.
46. Ibid.
47. CSDIC, TNA WO 208/4140 SRM 1167.
48. CSDIC, TNA WO 208/5541 SIR 1425.
49. Skorzeny's account to his officers, NARA RG 407 ML 2279.
50. Heydte to Leutnant von Trott zu Solz, CSDIC, TNA WO 208/4140 SRM 1182.
51. CSDIC, TNA WO 208/4178 GRGG 301.
52. SS-Untersturmführer Schreiber, CSDIC, TNA WO 208/4140 SRM 1259.
53. Mobile Field Interrogation Unit No. 1, NARA RG 407 ML 2279.
54. Ibid.
55. CSDIC, TNA WO 208/3619.
56. Mobile Field Interrogation Unit No. 1, NARA RG 407 ML 2279.
57. Ibid.
58. Schreiber, CSDIC, TNA WO 208/4140 SRM 1259.
59. Hans Post, *One Man in his Time*, Sydney, 2002, 167.
60. Leutnant Günther Schultz, captured Liège 19.12.44, Mobile Field Interrogation Unit No. 1, NARA RG 407 ML 2279.
61. 'Ardennes Offensive', Obersturmbannführer Otto Skorzeny, ETHINT 12.
62. CSDIC, TNA WO 208/5543 SIR 1673.
63. NARA RG 407 270/65/7/2, Box 19124 ML 754.
64. TNA WO 231/30.
65. Nicolaus von Below, *Als Hitlers Adjutant, 1937-1945*, Mainz, 1980, 396.
66. SS-Oberstgruppenführer Sepp Dietrich, ETHINT 16.
67. HLB, 535-40.
68. Dietrich, ETHINT 16.
69. 116th Panzer-Division, CSDIC, TNA WO 208/3628.
70. 14.12.44, Obersturmbannführer Joachim Peiper, ETHINT 10.
71. Gefreiter Unruh, CSDIC, TNA WO 208/3611 SIR 1408.
72. SS-Brigadeführer Heinz Harmel, 10th SS Panzer-Division *Frundsberg*, FMS P-109f.
73. 2nd Panzer-Division, FMS P-109e.

第七章

1. 6.12.44, CBHD, Box 5.
2. Ibid.
3. John S. D. Eisenhower, *The Bitter Woods*, New York, 1970, 200.
4. 7.12.44, CBHD.
5. Sidney H. Negrotto Papers, Box 4, USAMHI.
6. Ibid.
7. *PP*, 576.
8. James H. O'Neill, former Third Army chaplain, 'The True Story of the Patton Prayer', *Leadership*, No. 25.
9. Ibid.
10. CSDIC, TNA WO 208/4364 GRGG 220.
11. Leutnant von der Goltz (St./Gren-Rgt 1039), CSDIC, TNA WO 208/4139 SRM 1083.
12. CMH *SC*, 363.
13. TNA CAB 106/1107.
14. CMH *SC*, 365.
15. Strong, letter of 31.8.51, quoted ibid.
16. CMH *SC*, 370.
17. 'Indications of the German Offensive of December 1944', dated 28.12.44, 'C' to Victor Cavendish-Bentinck, TNA HW 13/45.
18. BAY/XL 152, TNA HW 13/45.
19. 'Indications of the German Offensive of December 1944', 28.12.44, 'C' to Victor Cavendish-Bentinck, TNA HW 13/45.
20. Ibid.
21. CSI Battlebook 10-A, May 1984.
22. Forrest C. Pogue, *Pogue's War: Diaries of a WWII Combat Historian*, Lexington, KY, 2001, 250.
23. Peter Schrijvers, *The Unknown Dead: Civilians in the Battle of the Bulge*, Lexington, KY, 2005, 12.
24. Ibid., 7–8.
25. Louis Simpson, *Selected Prose*, New York, 1989, 117.
26. 8.12.44, CBHD.
27. 13.12.44, PWS.
28. TNA CAB 106/1107.
29. NARA RG 498 UD603, Box 3.
30. 15.12.44, CBHD.
31. Omar N. Bradley, *A Soldier's Story*, New York, 1964, 428.
32. John Buckley, *Monty's Men: The British Army and the Liberation of Europe*, London, 2013, 259.
33. Charles B. MacDonald, *Company Commander*, New York, 2002, 78.
34. Colonel R. Ernest Dupuy, *St. Vith: Lion in the Way: The 106th Infantry Division in World War II*, Washington, DC, 1949, 15–16.
35. Captured letter translated 19 December, headquarters 1st Infantry Division, CBMP, Box 2.

第八章

1. V Corps, NARA RG 498 290/56/2/3, Box 1455.
2. Peter Schrijvers, *The Unknown Dead: Civilians in the Battle of the Bulge*, Lexington, KY, 2005, 14.
3. Manteuffel, Fifth Panzer Army,

ETHINT 46.
4. CSI Battlebook 10-A, May 1984.
5. Generaloberst Alfred Jodl, ETHINT 51.
6. Charles P. Roland, 99th Infantry Division, CBMP, Box 4.
7. John S. D. Eisenhower, *The Bitter Woods*, New York, 1970, 229.
8. Letter from Lieutenant Colonel Robert L. Kriz, 394th Infantry; and letter from Lyle J. Bouck, 19 January 1983, CBMP, Box 4.
9. Eisenhower, *Bitter Woods*, 188.
10. Obersturmbannführer Joachim Peiper, 1st SS Panzer-Regiment, ETHINT 10.
11. Adolf Schür, Lanzerath, CBMP, Box 6.
12. Peiper, ETHINT 10.
13. FO, C Battery, 371st FA Bn, 99th Infantry Division, Richard H. Byers Papers, Box 1, USAMHI.
14. Standartenführer Lingner, 17th SS Pzg-Div, CSDIC, TNA WO 208/4140 SRM 1205.
15. *Infantry School Quarterly*, July 1948, CBMP, Box 4.
16. CBMP, Box 4.
17. Harry S. Arnold, E Company, 393rd Infantry, 99th Infantry Division, CBMP, Box 4.
18. Charles P. Roland, 99th Infantry Division, CBMP, Box 4.
19. Sidney Salins, CBMP, Box 4.
20. General der Artillerie Kruse, CSDIC, TNA WO 208/4178 GRGG 330 (c).
21. NARA RG 407 270/65/7/2 ML 2280.
22. Matt F. C. Konop, diary, 2nd Infantry Division, CBMP, Box 2.
23. Ibid.
24. NARA RG 498 290/56/2/3, Box 1455.
25. NARA RG 498 290/56/2/3, Box 1463.
26. 28th Infantry Division, ibid.
27. 112th Infantry Regiment, NARA RG 498 290/56/5/2, Box 3.
28. Generalmajor Siegfried von Waldenburg, 116th Panzer-Division, FMS A-873.
29. Generalmajor Heinz Kokott, '26th Volksgrenadier Division in the Ardennes Offensive', FMS B-040.
30. Major Frank, battalion commander, III/13th Fallschirmjäger, CSDIC, TNA WO 208/4140 SRM 1148, and WO 208/5540 SIR 1375.
31. Heydte, CSDIC, TNA WO 208/5541 SIR 1425.
32. CSDIC, TNA WO 208/3611.
33. 'Ardennes Offensive of Seventh Army', FMS A-876.
34. CSI Battlebook 10-A, May 1984.
35. Ibid.
36. Ibid.
37. 16.12.44, CBHD.
38. Ibid.
39. Eisenhower, Bitter Woods, 266.
40. William R. Desobry Papers, USAMHI.
41. *PP*, 595.
42. *PP*, 596.
43. William H. Simpson Papers, Box 11, USAMHI.
44. CSDIC, TNA WO 208/5541 SIR

1444.
45. Ibid.
46. CSDIC, TNA WO 208/3628.
47. CSDIC, TNA WO 208/5541 SIR 1444.
48. TNA WO 171/4184.
49. Ibid.
50. Arthur S. Couch, 'An American Infantry Soldier in World War II Europe', unpublished memoir, private collection.
51. Major William F. Hancock, 1st Battalion, 9th Infantry, 2nd Infantry Division, CBMP, Box 2.
52. Peiper, ETHINT 10.

第九章

1. Matt F. C. Konop, diary, 2nd Infantry Division, CBMP, Box 2.
2. Charles B. MacDonald, *Company Commander,* New York, 2002, 82-3.
3. Ibid.
4. General der Waffen-SS H. Priess, I SS Panzer Corps, FMS A-877.
5. Peter Schrijvers, *The Unknown Dead: Civilians in the Battle of the Bulge,* Lexington, KY, 2005, 35-6.
6. Ibid., 35.
7. CMH *Ardennes,* 261.
8. V Corps, NARA RG 498 290/56/2/3, Box 1455.
9. CBMP, Box 2.
10. Gefreiter W.P., 17.12.44, BfZ-SS.
11. 17.12.44, CBHD.
12. Ralph Ingersoll, *Top Secret,* London, 1946, 194.
13. First Army diary, quoted D. K. R. Crosswell, *Beetle: The Life of General Walter Bedell Smith,* Lexington, KY, 2010, 810.
14. Gaffey Papers, USAMHI.
15. 17.12.44, GBP.
16. Oberstleutnant von der Heydte, ETHINT 75.
17. CMH *Ardennes,* 156-7.
18. John S. D. Eisenhower, *The Bitter Woods,* New York, 1970, 280.
19. Royce L. Thompson, 'Air Resupply to Isolated Units, Ardennes Campaign', OCMH, Feb. 1951, typescript, CMH 2-3.7 AE P.
20. 'Report of Investigation, Action of 14th Cavalry Group on Occasion of German Attack Commencing on 16 Dec. 1944', 29.1.45, First Army IG NARA RG 338 290/62/05/1-2.
21. General der Panzertruppe Horst Stumpff, ETHINT 61.
22. NARA RG 407 270/65/7/2 ML 2280.
23. Major Donald P. Boyer, 38th Armored Infantry Battalion, RWHP, Box 1.
24. AAR, 7th AD Artillery, RWHP, Box 1.
25. RWHP, Box 1.
26. Ibid.
27. 17.12.44, PWS.
28. 18.12.44, CBHD.
29. CSDIC, TNA WO 208/5516.
30. Schrijvers, *Unknown Dead,* 40.
31. Obersturmbannführer Joachim Peiper, 1st SS Panzer-Regiment, ETHINT 10.
32. 3rd Battalion, 38th Infantry, CBMP,

Box 2.
33. 1st Battalion, 9th Infantry, 2nd Infantry Division, CBMP, Box 2.
34. Ibid.
35. CSI Battlebook 10-A, May 1984.
36. 3rd Battalion, 38th Infantry, CBMP, Box 2.
37. MacDonald, *Company Commander*, 97, 100.
38. 1st Battalion, 9th Infantry, 2nd Infantry Division, CBMP, Box 2.
39. Ibid.
40. General der Infanterie Baptist Kniess, LXXXV Corps, ETHINT 40.
41. 28th Infantry Division, NARA RG 498 290/56/2/3, Box 1463.
42. Interview Joseph Maertz, Clervaux, 22.8.81, CBMP, Box 6.
43. 'The Breakthrough to Bastogne', vol. ii, Clervaux, typescript, n.d., CMH, 8-3.1 AR.
44. Roger Cohen, 'The Lost Soldiers of Stalag IX-B', *New York Times Magazine*, 27.2.2005.
45. Clervaux, CBMP, Box 6.
46. 'The Ardennes', CSI Battlebook 10-A.
47. 17.12.44, PWS.
48. Lüttwitz, XLVII Panzer Corps, ETHINT 41.
49. Kniess, ETHINT 40.
50. NARA RG 407 270/65/8/2 ML 130.
51. Louis Simpson, *Selected Prose*, New York, 1989, 134.
52. Walter Bedell Smith, *Eisenhower's Six Great Decisions*, London, 1956, 103.
53. Stanley Weintraub, *Eleven Days in December*, New York, 2006, 54-5.

第十章

1. NARA RG 498, 290/56/5/2, Box 3.
2. NARA RG 498 290/56/2/3, Box 1455.
3. V Corps, NARA RG 498 290/56/2/3, Box 1455.
4. CBMP, Box 2.
5. 1st Battalion, 9th Infantry, 2nd Infantry Division, CBMP, Box 2.
6. CO, 2nd Bn, 394th Inf., NARA RG 407, E 427-A (270/65/4/7).
7. CBMP, Box 2.
8. V Corps, NARA RG 498 290/56/2/3, Box 1455.
9. Ibid.
10. Charles B. MacDonald, *Company Commander*, New York, 2002, 103.
11. V Corps, NARA RG 498 290/56/2/3, Box 1455.
12. Ibid.
13. 3rd Battalion, 38th Infantry, 2nd Division, CBMP, Box 2.
14. FO, C Battery, 371st FA Bn, 99th Infantry Division, Richard Henry Byers, 'Battle of the Bulge', typescript, 1983.
15. V Corps, NARA RG 498 290/56/2/3, Box 1455.
16. Peiper, 1st SS Panzer-Regiment, ETHINT 10.
17. CMH *Ardennes*, 667.
18. J. Lawton Collins, SOOHP, USAMHI.
19. 18.12.44, PWS.

20. William H. Simpson Papers, Box 11, USAMHI.
21. 21.12.44, PWS.
22. John S. D. Eisenhower, *The Bitter Woods*, New York, 1970, 303.
23. Peiper, ETHINT 10.
24. Louis Simpson, *Selected Prose*, New York, 1989, 134.
25. NARA RG 407 270/65/8/2 ML 130.
26. Kokott, FMS B-040.
27. Generalmajor Heinz Kokott, 26th Volksgrenadier-Division, FMS B-040.
28. Generalleutnant Fritz Bayerlein, Panzer Lehr Division, FMS A-942.
29. 'The Breakthrough to Bastogne', typescript, n.d., CMH 8-3.1 AR.
30. Bayerlein, FMS A-942.
31. Bayerlein, FMS A-941.
32. NARA RG 407 270/65/8/2 ML 130.
33. William R. Desobry Papers, USAMHI.
34. RWHP, Box 1.
35. Hauptmann Gaum, 3rd Bn, CSDIC, TNA WO 208/3610.
36. Generalmajor Otto Remer, ETHINT 80 and FMS B-592.
37. 18.12.44, GBP.
38. *PP*, 596.
39. Omar N. Bradley, *A Soldier's Story*, New York, 1964, 469.
40. *PP*, 597.
41. Ibid.

第十一章

1. Mobile Field Interrogation Unit No. 1, NARA RG 407 ML 2279.
2. 21.12.44, CBHD.
3. 22.12.44, CBHD.
4. 344/1/A TNA WO 171/4184.
5. 21.12.44, PWS.
6. Quoted Danny S. Parker (ed.), *Hitler's Ardennes Offensive: The German View of the Battle of the Bulge*, London, 1997, 172.
7. David Niven, *The Moon's a Balloon*, London, 1994, 258.
8. Lord Tryon, conversation with author, 6.2.2013.
9. Ernest Unger, conversation with author, 13.12.2012.
10. TNA WO 171/4184.
11. NARA RG 407 E 427 (270/65/8-9/6-1) ML 7, Box 24201.
12. TNA WO 171/4184.
13. 25.12.44, CBHD.
14. Brigadier A. W. Brown, IWM Documents 13781 73/18/1.
15. 25.12.44, CBHD.
16. 'Ardennes Offensive', Obersturmbannführer Otto Skorzeny, ETHINT 12.
17. SS-Oberstgruppenführer Sepp Dietrich, ETHINT 15.
18. Heydte, FMS B-823.
19. CSDIC, TNA WO 208/5541 SIR 1444; also TNA WO 208/3628, TNA WO 208/3612.
20. NARA RG 498 290/56/2, Box 1456.
21. V Corps, NARA RG 498 290/56/2/3, Box 1455.
22. 18.12.44, GBP; and V Corps, NARA RG 498 290/56/2/3, Box 1455.
23. NARA RG 498 290/56/2/3, Box

1459.
24. Ibid.

第十二章

1. Peiper, FMS C-004.
2. Peter Schrijvers, *The Unknown Dead: Civilians in the Battle of the Bulge*, Lexington, KY, 2005, 54-6.
3. V Corps, NARA RG 498 290/56/2/3, Box 1455.
4. TNA WO 311/54.
5. Conversation with Obergefreiter Pompe of the 18th Volksgrenadier-Division, CSDIC, TNA WO 311/54.
6. NARA RG 407 290/56/5/1-3, Box 7.
7. Faymonville, Operations of the Sixth Panzer Army, FMS A-924.
8. Kurt Vonnegut, C-Span, New Orleans, 30.5.95.
9. NARA RG 407 E 427-A (270/65/4/7).
10. CBMP, Box 4.
11. Kurt Vonnegut, C-Span, New Orleans, 30.5.95.
12. Colonel Walter Stanton, deputy chief of staff VIII Corps, NARA RG 407 270/65/8/2 ML 299.
13. Diary of Oberleutnant Behman, Maurice Delaval Collection, Box 7, USAMHI.
14. RWHP, Box 1.
15. Ibid.
16. Hauptmann Gaum, 3rd Battalion *Führer Begleit* Brigade, CSDIC, TNA WO 208/3611.
17. Hans Post, *One Man in his Time*, Sydney, 2002, 170.
18. Ralph Ingersoll, *Top Secret*, London, 1946, 162.
19. 20.12.44, CBHD.
20. Charles B. MacDonald, *A Time for Trumpets: The Untold Story of the Battle of the Bulge*, New York, 1984, 420; Dwight D. Eisenhower, *Crusade in Europe*, London, 1948, 371.
21. D. K. R. Crosswell, *Beetle: The Life of General Walter Bedell Smith*, Lexington, KY, 2010, 812.
22. *PP*, 599.
23. *PP*, 600.
24. 19.12.44, CBHD.
25. VIII Corps, NARA RG 407 270/65/8/2 ML 299.
26. 'The Breakthrough to Bastogne', typescript, n.d., CMH 8-3.1 AR.
27. Lieutenant Ed Shames, in Tim G. W. Holbert, 'Brothers at Bastogne-Easy Company's Toughest Task', *World War II Chronicles*, Winter 2004/5, 22-5.
28. Louis Simpson, *Selected Prose*, New York, 1989, 121.
29. NARA RG 407 270/65/8/2 ML 130.
30. Generalmajor Heinz Kokott, 26th Volksgrenadier-Division, FMS B-040.
31. Ibid.
32. Ibid.
33. Generalleutnant Fritz Bayerlein, FMS A-941.
34. Ibid.
35. Ibid.
36. Kokott, FMS B-040.
37. William R. Desobry Papers, USAMHI, and NARA RG 407 270/65/8/2 ML

130.
38. NARA RG 407 270/65/8/2 ML 130.
39. William R. Desobry Papers, USAMHI.
40. Holbert, 'Brothers at Bastogne-Easy Company's Toughest Task', 22-5.
41. Quoted George E. Koskimaki, *The Battered Bastards of Bastogne: The 101st Airborne in the Battle of the Bulge*, New York, 2007, 113.
42. CMH *Medical*, 409-14.
43. William R. Desobry Papers, USAMHI.
44. CMH *Medical*, 414.
45. Carol Mather, *When the Grass Stops Growing,* Barnsley, 1997, 284-7.
46. Ibid.,286.
47. Ibid., 287.
48. Ibid.
49. Crosswell, 814.
50. CMH *SC*, 378.
51. Kenneth Strong, *Intelligence at the Top*, London, 1970, 226.
52. Coningham, FCP *SC*.
53. Bedell Smith, FCP *SC*.
54. Ingersoll, 205.
55. Chester B. Hansen Collection, Box 42, S-25, USAMHI.

第十三章

1. Carol Mather, *When the Grass Stops Growing*, Barnsley, 1997, 287.
2. Sir Carol Mather docs., IWM, 11/28/1 5.
3. Ibid.
4. Dempsey, FCP *SC*.
5. Quoted Nigel Hamilton, *Monty: Master of the Battlefield 1942-1944,* London, 1984, 213.
6. Mather, 288.
7. 23.12.44, PWS.
8. Bedell Smith, FCP *SC*.
9. 21.12.44, PWS.
10. Ralph Ingersoll, *Top Secret,* London, 1946, 200.
11. 'The Ardennes', CSI Battlebook 10-A, May 1984.
12. Ibid.
13. Carlos Baker, *Ernest Hemingway: A Life Story*, New York, 1969, 558.
14. Generalmajor Siegfried von Waldenburg, 116th Panzer-Division, FMS A-873.
15. Lieutenant Ed Shames, in Tim G. W. Holbert, 'Brothers at Bastogne-Easy Company's Toughest Task', *World War II Chronicles*, Winter 2004/5, 22-5.
16. Charles B. MacDonald, *A Time for Trumpets: The Untold Story of the Battle of the Bulge*, New York, 1984, 499-500.
17. Quoted Peter Schrijvers, *Those Who Hold Bastogne*, New Haven, CN, 2014, 63.
18. Generalmajor Heinz Kokott, 26th Volksgrenadier-Division, FMS B-040.
19. Generalleutnant Fritz Bayerlein, Panzer Lehr Division, FMS A-941.
20. Kokott, FMS B-040..
21. Ibid.
22. Ibid.

23. Ibid.
24. Louis Simpson, *Selected Prose*, New York, 1989, 137-8.
25. Charles B. MacDonald, *The Battle of the Bulge*, London, 1984, 448-9.
26. RWHP, Box 1.
27. Maj. Donald P. Boyer Jr, S-3, 'Narrative Account of Action of 38th Armored Infantry Battalion', n.d., RWHP, Box 1.
28. Generalmajor Otto Remer, ETHINT 80.
29. Mack Morriss, 'The Defense of Stavelot', *Yank*, 9.2.45.
30. NARA RG 407 290/56/5/1-3, Box 7.
31. Ibid.
32. Operations of the Sixth Panzer Army, FMS A-924.
33. V Corps, NARA RG 498 290/56/2/3, Box 1455.
34. Richard H. Byers, 'The Battle of the Bulge', Richard H. Byers Papers, Box 1, USAMHI.
35. 3rd Panzergrenadier-Division, FMS A-978.
36. Peter Schrijvers, *The Unknown Dead: Civilians in the Battle of the Bulge*, Lexington, KY, 2005, 30.
37. MacDonald, *A Time for Trumpets*, 406.
38. Arthur S. Couch, 'An American Infantry Soldier in World War II Europe', unpublished memoir, private collection.
39. MacDonald, *A Time for Trumpets*, 407.
40. Martin Lindsay, *So Few Got Through*, Barnsley, 2000, 161.
41. TNA WO 231/30.
42. J. W. Cunningham, IWM Documents 15439 06/126/1.
43. Brigadier A. W. Brown, IWM Documents 13781 73/18/1.
44. Bedell Smith, FCP *SC*.
45. *Time*, 1.1.45.
46. 21.12.44, Hobart Gay Papers, USAMHI.
47. Memo, R. H. C. Drummond-Wolff, chief, Liberated Territories Desk, PWD, 21.12.44, C. D. Jackson Papers, Box 3, DDE Lib.
48. Fritz Hockenjos, Kriegstagebuch, BA-MA, MsG2 4038.
49. LHC-DP, No. 217, II, 5, quoted Ian Kershaw, *The End: Hitler's Germany 1944-45*, London, 2011, 156.
50. Antony Beevor, *Berlin: The Downfall 1945*, London, 2002, 1.
51. CSDIC, TNA WO 208/4364 GRGG 235/6.
52. Ibid.
53. Ibid.
54. Ibid.
55. Ibid.

第十四章

1. Peiper, FMS C-004.
2. Peter Schrijvers, *The Unknown Dead: Civilians in the Battle of the Bulge*, Lexington, KY, 2005, 57-8.
3. NARA RG 407 290/56/5/1-3, Box 7.
4. Mack Morriss, 'The Defense of Stavelot', *Yank*, 9.2.45.
5. 21.12.44, PWS.

6. 24.12.44, CBHD.
7. 21.12.44, CBHD.
8. 21.12.44, PWS.
9. J. Lawton Collins, SOOHP, Box 1, USAMHI.
10. Jonathan M. Soffer, *General Matthew B. Ridgway*, Westport, CN, 1998, 71.
11. Major Donald P. Boyer Jr, RWHP, Box 1.
12. Ibid.
13. Ibid.
14. RWHP, Box 1.
15. Schrijvers, *Unknown Dead*, 169.
16. 423rd Infantry, 106th Division, Richard D. Sparks, 'A Walk through the Woods', 2003, http://www.ryansdom.com/theryans/sparks/adobe/walk2.pdf.
17. Generalmajor Siegfried von Waldenburg, 116th Panzer-Division, FMS A-873.
18. 4th SS Panzergrenadier-Regiment *Der Führer*, FMS P-109b.
19. Waldenburg, FMS A-873.
20. NARA RG 407 270/65/8/2 ML 130.
21. *PP*, 603.
22. NARA RG 407 270/65/8/2 ML 130.
23. Robert Harwick, 'Christmas for Real!', *The Magazine of the Gulf Companies*, November-December 1945, 70-1.
24. Ibid.
25. Ibid.
26. General der Panzertruppe Heinrich von Lüttwitz, XLVII Panzer Corps, FMS A-939.
27. George E. Koskimaki, *The Battered Bastards of Bastogne: The 101st Airborne in the Battle of the Bulge*, New York, 2007, 148.

第十五章

1. Maurice Delaval Collection, Box 7, USAMHI.
2. I&R Platoon, 423rd Infantry, 106th Division, Richard D. Sparks, 'A Walk through the Woods', 2003, http://www.ryansdom.com/theryans/sparks/adobe/walk2.pdf.
3. Sam Bordelon, ibid.
4. 22.12.44, RWHP, Box 1.
5. Misc'l AG Records, NARA RG 407 E 427 2280, Box 2425.
6. Sparks, 'A Walk through the Woods'.
7. Misc'l AG Records, NARA RG 407 E 427 2280, Box 2425.
8. Ibid.
9. Maurice Delaval Collection, Box 7, USAMHI.
10. Peter Schrijvers, *The Unknown Dead: Civilians in the Battle of the Bulge*, Lexington, KY, 2005, 26-7.
11. NARA RG 407 290/56/5/1-3, Box 7.
12. Peiper, ETHINT 10.
13. Generalmajor Heinz Kokott, 26th Volksgrenadier-Division, FMS B-040.
14. Ibid.
15. André Meurisse, quoted George E. Koskimaki, *The Battered Bastards of Bastogne: The 101st Airborne in the Battle of the Bulge*, New York, 2007, 221-2.

16. Bedell Smith interview, FCP *SC*.
17. J. Lawton Collins, SOOHP, Box 1, USAMHI.
18. John S. D. Eisenhower, *The Bitter Woods*, New York, 1970, 453.
19. General der Panzertruppe Heinrich von Lüttwitz, XLVII Panzer Corps, FMS A-939.
20. William H. Simpson Papers, Box 11, USAMHI.
21. Oberstleutnant Rüdiger Weiz, 2nd Panzer-Division, FMS B-456.
22. Generalmajor Siegfried von Waldenburg, FMS A-873.
23. 22.12.44, CBHD.
24. Ibid.
25. Eisenhower, *Bitter Woods*, 422.
26. CMH *SC*, 381.
27. Ralph Ingersoll, *Top Secret*, London, 1946, 201-4.

第十六章

1. CMH *Ardennes*, 468.
2. John S. D. Eisenhower, *The Bitter Woods*, New York, 1970, 424.
3. Generalleutnant Karl Thoholte, 'Army Group B Artillery in the Ardennes', FMS B-311.
4. ETO Historical Division, NARA RG 498 290/57/17/6.
5. Royce L. Thompson, 'Air Resupply to Isolated Units, Ardennes Campaign', OCMH, Feb. 1951, typescript, CMH 2-3.7 AE P.
6. General der Waffen-SS H. Priess, I SS Panzer Corps, FMS A-877.
7. William H. Simpson Papers, Box 11, USAMHI.
8. Peter Schrijvers, *The Unknown Dead: Civilians in the Battle of the Bulge*, Lexington, KY, 2005, 27-8.
9. Major Herbert Büchs, ETHINT 34.
10. Generalmajor Heinz Kokott, 26th Volksgrenadier-Division, FMS B-040.
11. Ibid.
12. Ibid.
13. Ibid.
14. Thompson, 'Air Resupply to Isolated Units, Ardennes Campaign'.
15. Martin Wolfe, *Green Light!*, Philadelphia, PA, 1989, 348.
16. George E. Koskimaki, *The Battered Bastards of Bastogne: The 101st Airborne in the Battle of the Bulge*, New York, 2007, 257.
17. Ibid.
18. CMH *Medical*, 420.
19. Kokott, FMS B-040.
20. Koskimaki, 147.
21. Louis Simpson, *Selected Prose*, New York, 1989, 138.
22. Ibid., 139.
23. 23.12.44, NARA RG 498 290/56/2/3, Box 1455.
24. V Corps, ibid.
25. 22.12.44, PWS.
26. A. J. Cow-dery, Civil Affairs, IWM Documents 17395 10/18/1.
27. Derrick Jones, IWM Documents 4309.
28. Henry Dubois, cited Jean-Michel

Delvaux, *La Bataille des Ardennes autour de Rochefort*, 2 vols., Hubaille, 2004-5, i, 333.
29. Jean-Michel Delvaux, *La Bataille des Ardennes autour de Celles*, Hubaille, 2003, 38-9.
30. Ibid., 81-2.
31. CMH *Ardennes*, 437.
32. Delvaux, *Rochefort*, i, 238-9 and ii, 236.
33. 23.12.44, FDRL MR.

第十七章

1. 24.12.44, CBHD.
2. Ibid.
3. Ibid.
4. Ibid.
5. 'The Intervention of the Third Army: III Corps in the Attack', typescript, n.d., CMH 8-3.1 AR.
6. VIII Corps, Third Army, NARA RG 498 290/56/2/3, Box 1463.
7. VII Corps, NARA RG 498 290/56/2/3, Box 1459.
8. NARA RG 498, 290/56/5/2, Box 3.
9. VIII Corps, Third Army, NARA RG 498 290/56/2/3, Box 1463.
10. Ibid.
11. Ibid.
12. Generalmajor Ludwig Heilmann, 5th Fallschirmjäger-Division, FMS B-023.
13. Robert R. Summers et al., 'Armor at Bastogne', Armored School, Advanced Course, May 1949, CARL N-2146.71-2.
14. 24.12.44, Diary of Robert Calvert Jr, Company C, 51st Armored Infantry Battalion, 4th Armored Division, *American Valor Quarterly*, Summer 2008, 22.
15. NARA RG 407 290/56/5/1-3, Box 7.
16. 24.12.44, PWS.
17. 8.1.45, CBHD.
18. John S. D. Eisenhower, *The Bitter Woods*, New York, 1970, 449.
19. William A. Carter, typescript, 1983, CEOH, Box V, 14, XII, 22.
20. CSDIC, TNA WO 208/4140 SRM 1150.
21. Generalmajor Siegfried von Waldenburg, 116th Panzer-Division, FMS A-873.
22. VII Corps, NARA RG 498 290/56/2/3, Box 1459.
23. Waldenburg, FMS A-873.
24. Brigadier A. W. Brown, IWM Documents 13781 73/18/1.
25. David W. Hogan Jr, *A Command Post at War: First Army Headquarters in Europe, 1943-1945*, Washington, DC, 2000, 223.
26. Eisenhower, *Bitter Woods*, 466.
27. Oberstleutnant Rüdiger Weiz, 2nd Panzer-Division, FMS B-456.
28. Ibid.
29. Jean-Michel Delvaux, *La Bataille des Ardennes autour de Rochefort*, 2 vols., Hubaille, 2004-5, i, 17-41.
30. A. J. Cowdery, Civil Affairs, IWM Documents 17395 10/18/1.
31. TNA WO 171/4184.
32. Heinz Guderian, *Panzer Leader*, New York, 1996, 310-11.
33. Carlos Baker, *Ernest Hemingway:*

A Life Story, New York, 1969, 558-9.
34. CMH *Medical*, 418.
35. Stanley Weintraub, *Eleven Days in December*, New York, 2006, 137.
36. Simone Hesbois, quoted Delvaux, *Rochefort*, i, 328-9.
37. Rochefort, Delvaux, *Rochefort*, ii, 240.
38. Gerald Astor, *Battling Buzzards: The Odyssey of the 517th Parachute Regimental Combat Team 1943-1945*, New York, 1993, 300.
39. PFC Warren Wilson, Coy I, 2nd Bn, 395th Inf., Weintraub, 125.
40. Frederick A. McDonald, *Remembered Light: Glass Fragments from World War II*, San Francisco, 2007, 29.

第十八章

1. Peter Schrijvers, *Those Who Hold Bastogne*, New Haven, CN, 2014, 119-20.
2. Generalmajor Heinz Kokott, 26th Volksgrenadier-Division, FMS B-040.
3. 502nd Parachute Infantry Regiment, VIII Corps, NARA RG 498 290/56/2/3, Box 1463.
4. PFC Leonard Schwartz, George E. Koskimaki, *The Battered Bastards of Bastogne: The 101st Airborne in the Battle of the Bulge*, New York, 2007, 325.
5. 502nd Parachute Infantry Regiment, VIII Corps, NARA RG 498 290/56/2/3, Box 1463.
6. Kokott, FMS B-040.
7. Cpl Jackson of the 502nd Parachute Infantry Regiment, VIII Corps, NARA RG 498 290/56/5/2, Box 3.
8. Kokott, FMS B-040.
9. TNA WO 311/54.
10. Kokott, FMS B-040.
11. Royce L. Thompson, 'Air Resupply to Isolated Units, Ardennes Campaign', OCMH, Feb. 1951, typescript, CMH 2-3.7 AE P.
12. NARA RG 407 270/65/8/2 ML 130.
13. NARA RG 498 290/56/5/2, Box 3.
14. Denyse de Coune, 'Souvenirs de guerre: Assenois 1944-5', p. 125, quoted Peter Schrijvers, *The Unknown Dead: Civilians in the Battle of the Bulge*, Lexington, KY, 2005, p.xiii.
15. General der Panzertruppe Heinrich von Lüttwitz, XLVII Panzer Corps, FMS A-939.
16. Jean-Michel Delvaux, *La Bataille des Ardennes autour de Rochefort*, 2 vols., Hubaille, 2004-5, i, 341.
17. Brigadier A. W. Brown, IWM Documents 13781 73/18/1.
18. TNA WO 231/30.
19. Jean-Michel Delvaux, *La Bataille des Ardennes autour de Celles*, Hubaille, 2003, 103.
20. Generalmajor Siegfried von Waldenburg, 116th Panzer-Division, FMS A-873.
21. VIII Corps, NARA RG 498 290/56/2/3, Box 1463.
22. VIII Corps, NARA RG 407 270/65/8/2 ML 299.
23. *PP*, 606.

24. Schrijvers, *Unknown Dead*, 31.
25. Richard Henry Byers, 'Battle of the Bulge', typescript, 1983.
26. Leutnant Martin Opitz, 295th Volksgrenadier-Division, NARA RG 407 290/56/5/1-3, Box 7.
27. Chester B. Hansen Collection, Box 42, S-7, USAMHI.
28. *PP*, 606.
29. Chester B. Hansen Collection, Box 42, S-7, USAMHI.
30. Bedell Smith, FCP *SC*.
31. *Daily Express,* Stanley Weintraub, *Eleven Days in December*, New York, 2006, 79.

第十九章

1. 26.12.44, CBHD.
2. *PP*, 605.
3. *PP*, 607.
4. Peter Schrijvers, *Those Who Hold Bastogne*, New Haven, CN, 2014, 130.
5. Royce L. Thompson, 'Air Resupply to Isolated Units, Ardennes Campaign', OCMH, Feb. 1951, typescript, CMH 2-3.7 AE P.
6. 26.12.44, CBHD.
7. CMH *Medical*, 422.
8. *American Valor Quarterly*, Summer 2008, 19.
9. NARA RG 407 270/65/8/2 ML 130.
10. Generalmajor Rudolf Freiherr von Gersdorff and Generalmajor Heinz Kokott, ETHINT 44.
11. Major Frank, commander III/13th Fallschirmjäger, CSDIC, TNA WO 208/4140 SRM 1148.
12. General der Panzertruppe Heinrich von Lüttwitz, XLVII Panzer Corps, ETHINT 42.
13. 26.12.44, CBHD.
14. Brigadier A. W. Brown, IWM Documents 13781 73/18/1.
15. General der Panzertruppe Heinrich von Lüttwitz, XLVII Panzer Corps, FMS A-939.
16. Oberstleutnant Rüdiger Weiz, 2nd Panzer-Division, FMS B-456.
17. Jean-Michel Delvaux, *La Bataille des Ardennes autour de Rochefort*, 2 vols., Hubaille, 2004-5, i, 218.
18. Ibid., 304 and 308.
19. Colonel Shaffer F. Jarrell, VII Corps, NARA RG 498 290/56/2/3, Box 1459.
20. Jean-Michel Delvaux, *La Bataille des Ardennes autour de Celles*, Hubaille, 2003, 94.
21. Diary of Sister Alexia Bruyère, 26.12.44, quoted Delvaux, *Rochefort*, i, 143.
22. Generalmajor Siegfried von Waldenburg, FMS A-873.
23. Generalmajor Otto Remer, ETHINT 80.
24. CC A from 3rd Armored Division, TNA WO 231/30.
25. FMS P-109.
26. Alfred Zerbel, 3rd SS Panzergrenadier-Regiment *Deutschland*, FMS P-109.
27. NARA RG 498 290/56/2/3, Box 1463.
28. Peter Schrijvers, *The Unknown*

Dead: Civilians in the Battle of the Bulge, Lexington, KY, 2005, 183.
29. Ibid., 184.
30. Leutnant Martin Opitz, 295th Volksgrenadier-Division, NARA RG 407 290/56/5/1-3, Box 7.
31. Ibid.
32. La Roche, TNA WO 231/30.
33. 26.12.44, PWS.
34. 26.12.44, CBHD.
35. 27.12.44, *PP*, 608.
36. Samuel W. Mitcham Jr, *Panzers in Winter*, Mechanicsburg, PA, 2008, 153-4.
37. Nicolaus von Below, *Als Hitlers Adjutant, 1937-1945*, Mainz, 1980, 398.

第二十章

1. Royce L. Thompson, 'Air Resupply to Isolated Units, Ardennes Campaign', OCMH, Feb. 1951, typescript, CMH 2-3.7 AE P.
2. George E. Koskimaki, *The Battered Bastards of Bastogne: The 101st Airborne in the Battle of the Bulge*, New York, 2007, 365-6.
3. 12th Army Group, NARA RG 407 270/65/7/2 ML 209.
4. Generalmajor Siegfried von Waldenburg, 116th Panzer-Division, FMS B-038.
5. 28.12.44, PWS.
6. 28.12.44, CBHD.
7. Montgomery letter to Mountbatten, 25.12.44, Nigel Hamilton, *Monty: The Field Marshal 1944-1976*, London, 1986, 238.
8. CMH *Ardennes*, 610.
9. 27.12.44, PWS.
10. Ibid.
11. J. Lawton Collins, SOOHP, USAMHI.
12. CMH *Ardennes*, 612.
13. William H. Simpson Papers, Box 11, USAMHI.
14. Crerar diary, TNA CAB 106/1064.
15. 31.12.44, CBHD.
16. 2.1.45, CBHD.
17. Alanbrooke Diary, 30.12.44, LHCMA.
18. Quoted Russell F. Weigley, *Eisenhower's Lieutenants*, Bloomington, IN, 1990, 542-3.
19. Quoted Hamilton, *Monty: The Field Marshal*, 275.
20. DDE Lib, Box 83.
21. Eisenhower at SHAEF meeting on 30.12.44, Air Chief Marshal Sir James Robb's notes, NARA RG 319 270/19/5-6/7-1, Boxes 215-16 2-3.7 CB 8.
22. F. de Guingand, quoted Hamilton, *Monty: The Field Marshal*, 279.
23. DDE Lib, Box 83.
24. Diary of Robert Calvert Jr, Company C, 51st Armored Infantry Battalion, 4th Armored Division, *American Valor Quarterly*, Summer 2008, 22.
25. Generalmajor Otto Remer, ETHINT 80.
26. Ibid.
27. General der Panzertruppe Heinrich von Lüttwitz, XLVII Panzer Corps, FMS A-939.

28. Remer, ETHINT 80.
29. Stephen E. Ambrose, *Band of Brothers*, New York, 2001, 194.
30. Koskimaki, 393.
31. Ibid., 391.
32. MFF-7, C1-107.
33. CMH *Ardennes*, 626.
34. III Corps, NARA RG 498 290/56/ 5/2, Box 3.
35. Generalmajor Ludwig Heilmann, 5th Fallschirmjäger-Division, FMS B-023.
36. Generalmajor Heinz Kokott, 26th Volksgrenadier-Division, FMS B-040.
37. TNA WO 311/54.
38. Third Army daily log, 31.12.44, Gaffey Papers, USAMHI.
39. 30.12.44, CBHD.
40. Letter, Eugene A. Watts, S-3, 52nd Armored Infantry Bn, 9th AD, 28.2.85, CBMP, Box 1.
41. Hamilton, *Monty: The Field Marshal*, 255-6.
42. Edward Horrell, IWM Documents 17408 10/4/1.
43. Jean-Michel Delvaux, *La Bataille des Ardennes autour de Celles*, Hubaille, 2003, 40.
44. Ibid., 36.
45. A. J. Cowdery, Civil Affairs, IWM Documents 17395 10/18/1.
46. Liliane Delhomme, Jean-Michel Delvaux, *La Bataille des Ardennes autour de Rochefort*, 2 vols., Hubaille, 2004-5, ii, 241.
47. Letter to author from his son, Air Marshal Sir David Walker, 27.4.14.
48. William H. Simpson Papers, Box 11, USAMHI.
49. G. Patrick Murray, 1973, SOOHP.
50. 31.12.44, PWS.
51. 31.12.44, CBHD.
52. Ursula von Kardorff, *Diary of a Nightmare: Berlin 1942-1945*, London, 1965, 161.
53. Leutnant Martin Opitz, 295th Volksgrenadier-Division, NARA RG 407 290/56/ 5/1-3, Box 7.

第二十一章

1. HLB, 514, 517.
2. Fähnrich Schmid, CSDIC, TNA WO 208/4134 SRA 5615.
3. Oberleutnant Hartigs, 4/JG 26, CSDIC, TNA WO 208/4135 SRA 5767.
4. CSDIC, TNA WO 208/4134 SRA 5515.
5. Hartigs, CSDIC, TNA WO 208/4135 SRA 5764 20/1/45.
6. Feldwebel Halbritter, CSDIC, TNA WO 208/4134 SRA 5569.
7. CSDIC, TNA WO 208/4135 SRA 5760 23/1/45.
8. CSDIC, TNA WO 208/4177.
9. CSDIC, TNA WO 208/4292 USA-FE/M.72.
10. CSDIC, TNA WO 208/4164 SRX 21091.
11. Ibid.
12. Oberstleutnant Johann Kogler, CSDIC, TNA WO 208/4177.
13. CSDIC, TNA WO 208/4178.
14. CSDIC, TNA WO 208/4177.

15. Oberleutnant Hartigs, FW 190 4/JG 26, CSDIC, TNA WO 208/4164 SRX 2086.
16. Ibid.
17. CSDIC, TNA WO 208/4164 SRX 2086.
18. Sebastian Cox of the Air Historical Branch of the Ministry of Defence, e-mail to author, 18.8.14. 我非常感谢他的纠正和关于双方飞机损失的准确数字。
19. 1.1.45, PWS.
20. 2.1.45, PWS.
21. William H. Simpson Papers, Box 11, USAMHI.
22. Sebastian Cox, e-mail to author, 18.8.14.
23. William H. Simpson Papers, Box 11, USAMHI.
24. Nicolaus von Below, *Als Hitlers Adjutant, 1937-1945*, Mainz, 1980, 399.
25. Letter to Colonel Waine Archer from Colonel Pete T. Heffner Jr, 3.1.45, NARA RG 498 290/56/5/3, Box 1463.
26. NARA RG 331, SHAEF records (290/715/2) E-240P, Box 38.
27. Charles de Gaulle, *Mémoires de Guerre: Le Salut, 1944-1946*, Paris, 1959, 145.
28. James Robb diary, DDE Lib, Papers, Pre-Pres., Box 98.
29. Dwight D. Eisenhower, *Crusade in Europe*, London, 1948, 396.
30. De Gaulle, *Mémoires de Guerre: Le Salut, 1944-1946*, 148.
31. Eisenhower, *Crusade in Europe*, 396.
32. 4.1.45, DCD.
33. Letter to Colonel Waine Archer from Colonel Pete T. Heffner Jr, 5.1.45, NARA RG 498 290/56/5/3, Box 1463.
34. *PDDE*, iv, 2491.
35. 3.1.45, TNA HW 14/119.
36. Ibid.
37. Thomas E. Griess, 14.10.70, York County Heritage Trust, York, PA, Box 94.
38. VI Corps, NARA RG 498 290/56/5/3, Box 1463.
39. Chester B. Hansen Collection, Box 42, S-28, USAMHI.
40. 6.1.45, CBHD.
41. 8.1.45, CBHD.
42. Ibid.
43. 6.1.45, CBHD.
44. 5.1.45, CBHD.
45. TNA CAB 106/1107.
46. TNA CAB 106/1107.
47. Ibid.
48. Ibid.
49. 8.1.45, CBHD.
50. TNA CAB 106/1107.

第二十二章

1. Generalmajor Otto Remer, ETHINT 80.
2. 4.1.45, *PP*, 615.
3. Ibid.
4. CBHD, Box 5.
5. Ed Cunningham, 'The Cooks and Clerks', *Yank*, 16.3.45.
6. Lt Col. Glavin, G-3 6th Armored

Division, VII Corps, NARA RG 498 290/56/2/3, Box 1459.
7. 6th Armored Division, NARA RG 498 290/56/5/2, Box 3.
8. CMH *Ardennes*, 647.
9. 4.1.45, *PP*, 615.
10. 17th Airborne, NARA RG 498 290/56/5/2, Box 3.
11. Ibid.
12. Colonel J. R. Pierce, NARA RG 498 290/56/5/2, Box 3.
13. VII Corps, NARA RG 498 290/56/2/3, Box 1459.
14. 8.1.45, CBHD.
15. Congressional Medal of Honor Library, vol. i, 172-3, Peter Schrijvers, *Those Who Hold Bastogne*, New Haven, CN, 2014, 225.
16. VIII Corps, NARA RG 498 290/56/2/3, Box 1463.
17. *PP*, 615.
18. 3.1.45, PWS.
19. William H. Simpson Papers, Box 11, USAMHI.
20. 3.1.45, PWS.
21. Ibid.
22. 4.1.45, CBHD.
23. War Diary, 13th Bn Parachute Regiment, TNA WO 171/1246.
24. Jean-Michel Delvaux, *La Bataille des Ardennes autour de Rochefort*, 2 vols., Hubaille, 2004-5, ii, 123-4.
25. 6.1.45, PWS.
26. 7.1.45, Hobart Gay Papers, USAMHI.
27. José Cugnon, quoted Delvaux, *Rochefort*, ii, 28.
28. Ibid., i, 232.
29. Diary of Sister Alexia Bruyère, quoted ibid., i, 143.
30. *PP*, 632.
31. Captain H. O. Sweet, IWM, 95/33/1.
32. NARA RG 165, Entry 178, Box 146353.
33. CSDIC, TNA WO 208/4157 SRN 4772 25/3/45.
34. Major Gen. Kenneth Strong 02/14/23/25-Intelligence Notes No. 33, IWM Documents 11656.
35. NARA RG 498 290/56/2/3, Box 1459.
36. MFF-7, C1-107.
37. VIII Corps, NARA RG 498 290/56/2/3, Box 1463.
38. NARA RG 498 290/56/2/3, Box 1466.
39. Gerald Astor, *A Blood-Dimmed Tide*, New York, 1992, 375.
40. TNA WO 231/30.
41. V Corps, NARA RG 498 290/56/2/3, Box 1455.
42. VII Corps, NARA RG 498 290/56/2/3, Box 1459.
43. Generalmajor Ludwig Heilmann, 5th Fallschirmjäger-Division, FMS B-023.
44. CSDIC, TNA WO 208/3616 SIR 1548.
45. Feldwebel Rösner, 7th Battery, 26th Volksgrenadier-Division, TNA WO 311/54.
46. Robert M. Bowen, *Fighting with the Screaming Eagles: With the 101st Airborne from Normandy to Bastogne*, London 2001, 204-5.
47. Assistant Arzt Dammann, CSDIC, TNA WO 208/3616 SIR 1573.
48. 'Shock Nurse', Ernest O. Hauser,

Saturday Evening Post, 10.3.45.
49. CMH *Medical*, 385-6.
50. VII Corps, NARA RG 498 290/56/2/3, Box 1459.
51. Ibid.
52. Ibid.
53. Ibid.
54. 5th Infantry Division, XX Corps, NARA RG 498 290/56/2/3, Box 1465.
55. General der Panzertruppe Heinrich von Lüttwitz, XLVII Panzer Corps, FMS A-939.
56. 8.1.45, A. J. Cowdery, Civil Affairs, IWM Documents 17395 10/18/1.
57. *HLB*, 597.
58. Generalmajor Hans Bruhn, 553rd Volksgrenadier-Division, CSDIC, TNA WO 208/4364 GRGG 240.
59. 11.1.45, William H. Simpson Papers, Box 11, USAMHI.
60. To Major General Clayton Bissell, TNA WO 171/4184.
61. Colonel Liebisch, *Art of War Symposium*, US Army War College, Carlisle, PA, 1986, 617.
62. *Velikaya Otechestvennaya Voina*, Moscow, 1999, iii, 26.
63. 15.1.45, CBHD.
64. Generalleutnant von Heyking, 6th Fallschirmjäger-Division, TNA WO 171/4184.

第二十三章

1. Quoted Air Marshal Sir James Robb, 'Higher Direction of War', typescript, 11.46, provided by his daughter.
2. Ste-phen E. Ambrose, *Band of Brothers*, New York, 2001, 229.
3. Tim G. W. Holbert, 'Brothers at Bastogne - Easy Company's Toughest Task', *World War II Chronicles*, Winter 2004/5, 22-5.
4. 506th at Rachamps, Ambrose, *Band of Brothers*, 223-4.
5. NARA RG 498 290/56/5/3, Box 1463.
6. 14.1.45, A. J. Cowdery, Civil Affairs, IWM Documents 17395 10/18/1.
7. A. Fieber, 1st Bn, Manchester Rgt, in 53rd (Welsh) Div., IWM Documents 4050 84/50/1.
8. 2nd Panzer-Division, FMS P-109e.
9. Martin Lindsay, *So Few Got Through*, Barnsley, 2000, 160.
10. 2nd Panzer-Division, FMS P-109e.
11. MFF-7, C1-100/101.
12. Patton, quoted Gerald Astor, *A Blood-Dimmed Tide*, New York, 1992, 366.
13. Armored School, Fort Knox, General Instruction Dept, 16.4.48, CARL N-18000.127.
14. Quoted H. Essame, *The Battle for Germany*, London, 1970, 117.
15. 17.1.45, CBHD.
16. William H. Simpson Papers, Box 11, USAMHI.
17. Ibid.
18. TNA CAB 106/1107.
19. William H. Simpson Papers, Box 11, USAMHI.
20. Montgomery to Brooke, 14.1.45,

Nigel Hamilton, *Monty: The Field Marshal 1944-1976*, London, 1986, 325.
21. William H. Simpson Papers, Box 11, USAMHI.
22. 2.12.44, CBHD.
23. D. K. R. Crosswell, *Beetle: The Life of General Walter Bedell Smith*, Lexington, KY, 2010, 853.
24. 24.1.45, Hobart Gay Papers, USAMHI.
25. NARA RG 407 E 427 2280, Box 2425.
26. CMH SC, 395 n. 111.
27. Joint Report No. 1 by Operational Research Section 2nd Tactical Air Force and No. 2 Operational Research Section, 21st Army Group, TNA WO 231/30.
28. Generalmajor Siegfried von Waldenburg, 116th Panzer-Division, FMS B-038.
29. 29.1.45, CBHD.
30. *PP*, 630.
31. William H. Simpson Papers, Box 11, USAMHI.
32. 16.1.45, CBHD.
33. 4.2.45, CBHD.
34. Ibid.
35. CMH *SC*, 332.
36. 25.1.45, A. J. Cowdery, Civil Affairs, IWM Documents 17395 10/18/1.
37. Peter Schrijvers, *The Unknown Dead: Civilians in the Battle of the Bulge*, Lexington, KY, 2005, 325.

第二十四章

1. FMS C-004.
2. Interrogation of Generalfeldmarschall Keitel and Generaloberst Jodl, 20.7.45, TNA WO 231/30.
3. Seventh Army, FMS A-876.
4. Generaloberst Alfred Jodl, FMS A-928.
5. 24.12.44, CBHD.
6. Generalmajor Rudolf Freiherr von Gersdorff, FMS A-933.
7. Generalleutnant Fritz Bayerlein, Panzer Lehr Division, FMS A-941.
8. Quoted D. K. R. Crosswell, *Beetle: The Life of General Walter Bedell Smith*, Lexington, KY, 2010, 837.
9. Churchill to Ismay, 10.1.45, TNA PREM 3 4 31/2.
10. Cornelius J. Ryan Collection, Ohio University, Box 43, file 7, typescript, n.d.
11. CMH SC, 396; and Royce L. Thompson, OCMH, typescript, 28.4.52, CMH 2-3.7 AE P-15.
12. Gerald K. Johnson, 'The Black Soldiers in the Ardennes', *Soldiers*, February 1981, 16ff.
13. 'The Service Diary of German War Prisoner #315136', Sgt John P. Kline, Coy M, 3rd Battalion, 423rd Infantry Regiment, CBMP, Box 2.
14. 19.4.45, GBP.
15. Vonnegut on C-Span, New Orleans, 30.5.95.

部分参考文献

Ambrose, Stephen E., *Band of Brothers*, New York, 2001
Arend, Guy Franz, *Bastogne et la Bataille des Ardennes*, Bastogne, 1974
Astor, Gerald, *A Blood-Dimmed Tide*, New York, 1992
—— *Battling Buzzards: The Odyssey of the 517th Parachute Regimental Combat Team 1943–1945*, New York, 1993
Atkinson, Rick, *The Guns at Last Light*, New York, 2013

Baker, Carlos, *Ernest Hemingway: A Life Story*, New York, 1969
Bauer, Eddy, *L'Offensive des Ardennes*, Paris, 1983
Bedell Smith, Walter, *Eisenhower's Six Great Decisions*, London, 1956
Beevor, Antony, *Berlin: The Downfall 1945*, London, 2002
—— *The Second World War*, London, 2012
Beevor, Antony, and Cooper, Artemis, *Paris after the Liberation, 1944–1949*, London, 1994
Belchem, David, *All in the Day's March*, London, 1978
Below, Nicolaus von, *Als Hitlers Adjutant, 1937–1945*, Mainz, 1980
Bennet, Ralph, *Ultra in the West*, New York, 1980
Boberach, Heinz (ed.), *Meldungen aus dem Reich: Die geheimen Lageberichte des Sicherheitsdienstes der SS 1938–1945*, 17 vols., Herrsching, 1984
Botsford, Gardner, *A Life of Privilege, Mostly*, New York, 2003
Bowen, Robert M., *Fighting with the Screaming Eagles: With the 101st Airborne from Normandy to Bastogne*, London, 2001
Bradley, Omar N., *A Soldier's Story*, New York, 1964

Buckley, John, *Monty's Men: The British Army and the Liberation of Europe*, London, 2013

Cole, Hugh M., *United States Army in World War II: The European Theater of Operations: The Ardennes: Battle of the Bulge*, Washington, DC, 1988
Connell, J. Mark, *Ardennes: The Battle of the Bulge*, London, 2003
Couch, Arthur S., 'An American Infantry Soldier in World War II Europe', unpublished memoir, private collection
Crosswell, D. K. R., *Beetle: The Life of General Walter Bedell Smith*, Lexington, KY, 2010

D'Este, Carlo, *Eisenhower: Allied Supreme Commander*, London, 2002
De Gaulle, Charles, *Mémoires de Guerre: Le Salut, 1944–1946*, Paris, 1959
Delvaux, Jean-Michel, *La Bataille des Ardennes autour de Celles*, Hubaille, 2003
—— *La Bataille des Ardennes autour de Rochefort*, 2 vols., Hubaille, 2004–5
Domarus, Max (ed.), *Reden und Proklamationen 1932–1945*, Wiesbaden, 1973
Doubler, Michael D., *Closing with the Enemy: How GIs fought the War in Europe, 1944–1945*, Lawrence, KS, 1994
Dupuy, Colonel R. Ernest, *St. Vith: Lion in the Way: The 106th Infantry Division in World War II*, Washington, DC, 1949

Eisenhower, Dwight D., *Crusade in Europe*, London, 1948
Eisenhower, John S. D., *The Bitter Woods*, New York, 1970
Ellis, John, *The Sharp End: The Fighting Man in World War II*, London, 1990
Elstob, P., *Bastogne: La Bataille des Ardennes*, Paris, 1968
Ent, Uzal W. (ed.), *The First Century: A History of the 28th Infantry Division*, Harrisburg, PA, 1979
Essame, H. *The Battle for Germany*, London, 1970
Evans, Richard J., *The Third Reich at War*, London, 2008

Ferguson, Niall, *The War of the World*, London, 2007
Forty, George, *The Reich's Last Gamble: The Ardennes Offensive, December 1944*, London, 2000
Friedrich, Jörg, *Der Brand: Deutschland im Bombenkrieg 1940–1945*, Berlin, 2002
Fussell, Paul, *The Boys' Crusade*, New York, 2003

Galtier-Boissière, Jean, *Mon journal pendant l'Occupation*, Paris, 1944

Gehlen, Reinhard, *The Gehlen Memoirs*, London, 1972
Gellhorn, Martha, *Point of No Return*, New York, 1989
Gilbert, Martin, *The Second World War*, London, 1989
Guderian, Heinz, *Panzer Leader*, New York, 1996

Hamilton, Nigel, *Monty: Master of the Battlefield 1942–1944*, London, 1984
—— *Monty: The Field Marshal 1944–1976*, London, 1986
Hastings, Max, *Armageddon: The Battle for Germany 1944–45*, London, 2004
—— *Finest Years: Churchill as Warlord, 1940–45*, London, 2009
Heiber, Helmut, and Glantz, David M. (eds.), *Hitler and his Generals: Military Conferences 1942–1945*, London, 2002; *Hitlers Lagebesprechungen: Die Protokollfragmente seiner militärischen Konferenzen 1942–1945*, Munich, 1984
Hemingway, Ernest, *Across the River and into the Trees*, New York, 1950
Henke, Klaus-Dietmar, *Die amerikanische Besetzung Deutschlands*, Munich, 1995
Hitchcock, William I., *Liberation: The Bitter Road to Freedom: Europe 1944–1945*, London, 2009
Hogan, David W., Jr, *A Command Post at War: First Army Headquarters in Europe, 1943–1945*, Washington, DC, 2000
Horrocks, Brian, *Corps Commander*, London, 1977
Hynes, Samuel, *The Soldiers' Tale: Bearing Witness to Modern War*, London, 1998

Ingersoll, Ralph, *Top Secret*, London, 1946
Isaacson, Walter, *Kissinger: A Biography*, London, 1992

Jordan, David, *The Battle of the Bulge: The First 24 Hours*, London, 2003
Jung, Hermann, *Die Ardennen-Offensive 1944/45: Ein Beispiel für die Kriegführung Hitlers*, Göttingen, 1971
Junge, Traudl, *Until the Final Hour: Hitler's Last Secretary*, London, 2002

Kardorff, Ursula von, *Diary of a Nightmare: Berlin 1942–1945*, London, 1965
Kershaw, Alex, *The Longest Winter*, New York, 2004
Kershaw, Ian, *Hitler 1936–1945: Nemesis*, London 2000
—— *The End: Hitler's Germany 1944–45*, London, 2011
Kershaw, Robert, *It Never Snows in September*, London, 2008
Klemperer, Victor, *To the Bitter End: The Diaries of Victor Klemperer, 1942–45*, London, 2000

Koskimaki, George E., *The Battered Bastards of Bastogne: The 101st Airborne in the Battle of the Bulge*, New York, 2007

Lacouture, Jean, *De Gaulle: Le Politique*, Paris, 1985
Lindsay, Martin, *So Few Got Through*, Barnsley, 2000
Ludewig, Joachim, *Rückzug: The German Retreat from France, 1944*, Lexington, KY, 2012

MacDonald, Charles B., *A Time for Trumpets: The Untold Story of the Battle of the Bulge*, New York, 1984; *The Battle of the Bulge*, London, 1984
—— *The Mighty Endeavour: The American War in Europe*, New York, 1992
—— *Company Commander*, New York, 2002
—— *The Battle of the Huertgen Forest*, Philadelphia, PA, 2003
McDonald, Frederick A., *Remembered Light: Glass Fragments from World War II*, San Francisco, 2007
Massu, Jacques, *Sept ans avec Leclerc*, Paris, 1974
Mather, Carol, *When the Grass Stops Growing*, Barnsley, 1997
Merriam, Robert E., *Dark December*, New York, 1947
—— *The Battle of the Bulge*, New York, 1991
Meyer, Hubert, *The 12th SS: The History of the Hitler Youth Panzer Division*, vol. ii, Mechanicsburg, PA, 2005
Miller, Edward G., *A Dark and Bloody Ground: The Hürtgen Forest and the Roer River Dams, 1944–1945*, College Station, TX, 2008
Mitcham, Samuel W., Jr, *Panzers in Winter*, Mechanicsburg, PA, 2008
Moorehead, Caroline, *Martha Gellhorn*, London, 2003
Mortimer Moore, William, *Free France's Lion: The Life of Philippe Leclerc*, Havertown, PA, 2011

Neillands, Robin, *The Battle for the Rhine 1944: Arnhem and the Ardennes*, London, 2006
Neitzel, Sönke, and Welzer, Harald, *Soldaten: On Fighting, Killing and Dying*, New York, 2012
Niven, David, *The Moon's a Balloon*, London, 1994
Nobécourt, Jacques, *Le Dernier Coup de dés de Hitler*, Paris, 1962

Overmans, Rüdiger, *Deutsche militärische Verluste im Zweiten Weltkrieg*, Munich, 2000

Parker, Danny S. (ed.), *Hitler's Ardennes Offensive: The German View of the Battle of the Bulge*, London, 1997
Pogue, Forrest C., *The Supreme Command*, Washington, DC, 1954
—— *George C. Marshall: Organizer of Victory*, New York, 1973
—— *Pogue's War: Diaries of a WWII Combat Historian*, Lexington, KY, 2001
Post, Hans, *One Man in his Time*, Sydney, 2002

Ritchie, Sebastian, *Arnhem: Myth and Reality: Airborne Warfare, Air Power and the Failure of Operation Market Garden*, London, 2011
Roberts, Andrew, *Masters and Commanders*, London, 2008
Roberts, Mary Louise, *Foreign Affairs: Sex, Power, and American G.I.s in France, 1944–1946*, Chicago, 2013

Schrijvers, Peter, *The Crash of Ruin: American Combat Soldiers in Europe during World War II*, New York, 1998
—— *The Unknown Dead: Civilians in the Battle of the Bulge*, Lexington, KY, 2005
—— *Liberators: The Allies and Belgian Society, 1944–1945*, Cambridge, 2009
—— *Those Who Hold Bastogne*, New Haven, CN, 2014
Sears, Stephen W., *The Battle of the Bulge*, New York, 2004
Simpson, Louis, *Selected Prose*, New York, 1989
Soffer, Jonathan M., *General Matthew B. Ridgway*, Westport, CN, 1998
Speer, Albert, *Inside the Third Reich*, London, 1971
Spoto, Donald, *Blue Angel: The Life of Marlene Dietrich*, New York, 1992
Stargardt, Nicholas, *Witnesses of War: Children's Lives under the Nazis*, London, 2005
Sterling Rush, Robert, *Hell in Hürtgen Forest: The Ordeal and Triumph of an American Infantry Regiment*, Lawrence, KS, 2001
Strawson, John, *The Battle for the Ardennes*, London, 1972
Strong, Kenneth, *Intelligence at the Top*, London, 1970

Tedder, Arthur, *With Prejudice*, London, 1966

Van Creveld, Martin L., *Fighting Power: German and U.S. Army Performance, 1939–1945*, Westport, CN, 1982
Vassiltchikov, Marie 'Missie', *The Berlin Diaries, 1940–1945*, London, 1987

Weigley, Russell F., *Eisenhower's Lieutenants*, Bloomington, IN, 1990

Weinberg, Gerhard L., *A World at Arms: A Global History of World War II*, Cambridge, 1994

Weintraub, Stanley, *Eleven Days in December*, New York, 2006

Welch, David, *Propaganda and the German Cinema 1933–1945*, Oxford, 1983

Whiting, Charles, *The Battle of Hürtgen Forest*, Stroud, 2007

Wijers, Hans J. (ed.), *The Battle of the Bulge: The Losheim Gap, Doorway to the Meuse*, Brummen, 2001

Wilmot, Chester, *The Struggle for Europe*, London, 1952

Wingeate Pike, David, 'Oberbefehl West: Armeegruppe G: Les Armées allemandes dans le Midi de la France', *Guerres Mondiales et conflits contemporains*, Nos. 152, 164, 174, 181

Winton, Harold R., *Corps Commanders of the Bulge: Six American Generals and Victory in the Ardennes*, Lawrence, KS, 2007

Wolfe, Martin, *Green Light!*, Philadelphia, PA, 1989

Zimmermann, John, *Pflicht zum Untergang: Die deutsche Kriegführung im Westen des Reiches, 1944/45*, Paderborn, 2009

致　谢

如果没有大批朋友与陌生人的帮助，这样一本书是无论如何也无法完成的。我尤其要感谢里克·阿特金森（Rick Atkinson），在我写作的过程中，他慷慨地将自己的研究成果倾囊相授。事实证明，这些成果是一份出色的指南，在最容易搞得手忙脚乱的材料收集初期阶段，为我节省了大量时间。

我还要向诸多朋友致以由衷的感谢。德军第 2 装甲师被重创的塞勒地区，如今为阿德兰·德利德凯尔克·博福尔伯爵（Le comte Hadelin de Liedekerke Beaufort）所有，他不仅邀我前去小住，还把我引荐给谙熟战争期间塞勒和罗什福尔地区民众遭遇的历史学家让-米歇尔·德尔沃（Jean-Michel Delvaux），其工作令人印象深刻，对我大有帮助。第 116 装甲师的作战地域如今为阿伦贝格公爵（le duc d'Arenberg）所有，他热心地安排自己的管家保罗·戈比（Paul Gobiet）驾车带我游览附近的历史名胜。

英国国防部空军战史部门的主管塞巴斯蒂安·考克斯（Sebastian Cox）在空军相关材料的使用上提供了广泛的建议，尤其是在"底板"行动的细节方面助益颇多。奥兰多·菲格斯（Orlando Figes）将我引荐给他的舅父埃内斯特·翁格尔（Ernest Unger），后者热心地讲述了格哈特·翁格尔的故事。澳大利亚战争纪念馆的罗恩·施罗尔（Ron Schroer）联系了汉斯·波斯特（Hans Post），后者热心地提供了自己的回忆录以及对他战时在党卫军部队服役经历的采访录音。美国陆军战争学院的塔米·戴维斯·比德尔（Tami Davis Biddle）教授、马克斯·黑斯廷斯（Max Hastings）爵士、斯蒂芬·戈贝尔（Stefan Goebel）博士和詹姆斯·霍兰（James Holland）博士都为我提供了建议、资料与书籍。

我还要感谢我在法国的出版人罗纳德·布伦登（Ronald Blunden），他为我提供了他的父亲戈弗雷·布伦登的资料；盟军最高统帅部空军副参谋长、战后晋升空军上将的詹姆斯·米尔恩·罗布（James Milne Robb）爵士的女儿安妮·英杜妮（Anne Induni）女士，为我提供了他父亲的文件，即1946年11月在本特利修道院（Bentley Priory）的英国皇家空军战斗机司令部写就的《战争高级指南》；以及阿瑟·库奇博士未公开出版的1944年冬季的私人回忆。

当然，我也非常感激英国国家档案馆档案保管员威廉·斯潘塞（William Spencer）及其同事的帮助和出色建议；以及美国宾夕法尼亚州卡莱尔（Carlisle）的美国陆军军事历史研究所（USAMHI）的康拉德·克兰（Conrad Crane）博士、理查德·萨默斯（Richard Sommers）博士和所有工作人员，马里兰大学美国国家档案馆（NARA）新馆的蒂姆·奈宁格（Tim Nenninger）博士和理查德·波伊泽（Richard Peuser）博士；英国伦敦国王学院军事档案馆利德尔·哈特中心和帝国战争博物馆的工作人员。还有帮助我在英国国家档案馆、帝国战争博物馆和利德尔·哈特中心收集资料的哈兰·埃文斯（Harland Evans）。

最后，我永远感激我的经纪人暨挚友安德鲁·纽伯格（Andrew Nurnberg）和美国的罗宾·斯特劳斯（Robin Straus），还有我在伦敦企鹅出版集团的责任编辑埃利奥·戈登（Eleo Gordon）和纽约的凯瑟琳·考特（Kathryn Court）。彼得·詹姆斯（Peter James）再次证明自己是一名出色的文字编辑，不过我最感谢的永远是我的妻子兼"初审编辑"阿泰米斯（Artemis）。这本书献给我的儿子亚当（Adam），在我撰写最为复杂的几章时，他在现代史科目中一举夺魁，从而鞭策我奋笔疾书。

索　引

（以下页码为原书页码，即本书页边码）

Aachen 26; battle for 29–32, 33–7, 42, 56, 82, 84, 104
Abrams, Lt Col Creighton W. 268, 292
Adlerhorst/Schloss Ziegenberg 83, 95, 96, 112, 218, 275–6, 324, 347
Amay 94
Andenne 94, 273, 289
Antwerp 9, 10–11, 14–15, 17, 18, 20, 22, 23, 37, 56; and *Herbstnebel* 82, 84, 90, 121n, 258, 299
Arlon 107, 208, 228, 262, 266, 284
Armia Krajowa 5
Arnhem 19, 21
Arnold, Gen 'Hap' 18
Assenois 208, 284, 292
Aywaille 177

Bande 12, 274–5, 364
Baraque-de-Fraiture 246, 270
Barton, Maj Gen Raymond O. 127, 153, 204
Bastogne 12, 79, 107, 121, 140, 187; German advance on 125, 140, 151–3, 167, 169–71, 191, 208; 101st deploys 166–7, 192–4; Patton's Third Army and 205; encirclement of 209–10, 228, 231, 238, 262; and supplies 229–30, 239, 251–3, 263–4, 291, 292, 308; bombing of 279–80, 291, 308, 312; reducing perimeter 266; and Christmas Eve 277–8; visit by Eisenhower and Bradley 359–60
Baugnez *see* Malmédy massacre
Bayerlein, GenLt Fritz 194, 205, 207, 230, 366
Bedell Smith, Lt Gen Walter 23, 104, 140, 156, 200–201, 203, 218, 306, 324, 357, 358n
Belgian Resistance 10–13, 42, 50–51, 106, 132, 147, 213, 217, 227, 241, 257, 274, 275, 364
Belgian SAS 314, 339
Below, Oberst Nicolaus v. 38, 95, 217, 314
Berlin 43–4
Bidault, Georges 48
Bitche 101, 324, 326

Bizôry 193, 208, 228, 332
Black market 44–5, 46, 47, 50, 360
Bletchley Park *see* Ultra
Blunden, Godfrey 61, 173, 368
Böhm, Maj v. 257, 259, 274
Bolling, Brig Gen Alexander R. 240, 255, 272
Bormann, Reichsleiter Martin 9, 38
Born 212
Bouck, Lt Lyle J., Jr 114–15
Boyer, Maj Donald P., Jr 188, 223, 224
Bradley, Lt Gen Omar 1–4, 9, 10, 33, 38, 67, 73, 99, 102, 107, 365; and intelligence failure 102, 104, 190, 315–16; and Ardennes offensive 121, 129, 130, 139–40, 173, 176, 189, 190–91, 199, 246, 349; and Eisenhower 200, 201, 301, 330, 356; and Montgomery 9, 21, 100, 201, 204, 244, 270–71, 288–9, 299, 301, 327–9, 348, 357; and SHAEF 204, 327–8, 357; and Bastogne 230, 242; and Allied counter-offensive 303, 304; and reasserting command 341, 355, 356
Brandenberger, Gen d. PzTr Erich 66, 129, 237–8
British Army
  21st Army Group 98, 100, 210, 217, 218, 306, 328
  Second Army 33, 50, 69, 244
  I Corps 23
  XXX Corps 19, 199–200, 217, 218, 244, 303, 312, 333, 353
British Army, Divisions
  Guards Armoured 4, 10, 176, 218
  11th Armoured 10, 11, 14, 18, 24
  1st Airborne 19
  6th Airborne 275, 293, 312
  51st Highland 312, 354
  53rd 273, 312, 339, 353
British Army, Brigades
  29th Armoured 178, 199, 244, 260, 273, 284–6, 293
  159th Infantry 11
British Army, Regiments/Battalions
  23rd Hussars 240, 340
  3rd Royal Tank Rgt 178, 217, 259, 260, 272, 273, 285, 293
  13th (Lancashire) Bn, Para Rgt 339
  SAS 199, 217, 314, 339
British press 3, 41, 289, 305, 306, 327–9, 330–31, 357, 366
Brooke, FM Sir Alan 17, 98, 99, 100, 304, 328
Brussels 10, 38, 45, 50–51
Buchholz 116–17, 161
Buissonville 12–13, 257, 285, 294
Bull, Maj Gen Harold R. 227, 261, 331
Büllingen 133, 134, 137, 138, 148, 161, 184, 212, 216
Bure 314, 339–40, 341
Bütgenbach 138, 185, 214, 216

Caffery, Jefferson 48
Canadian Army
  First Canadian Army 4, 5, 14, 20, 22, 38, 50, 56, 244, 303, 304
  II Canadian Corps 23
  Royal Rgt of Canada 5

Royal Hamilton Light Inf 5
Essex Scottish 5
Celles 257–60, 273, 274, 277, 284–6, 293, 295, 312
Champlon 227
Champlon-Famenne 272
Champs 280, 282
Chaudfontaine 163, 172, 199, 202, 203
Chaumont 251
Cheneux 165, 211, 221, 248
Chenogne 307, 308; massacre 332–3
Cherry, Lt Col Henry T. 192, 193
Chevetogne 258, 284
Chiwy, Augusta 265, 279
Churchill, Winston 5, 21, 48, 325, 326, 328, 329, 331, 356, 366
Civilians in Ardennes 106–7, 111–12, 131–2, 137, 144, 147, 159, 183, 192, 213, 215, 216, 228, 233, 239, 241–2, 249–50, 257–8, 260, 274–5, 284, 285, 287, 295, 312–14, 336, 340, 341, 352–3, 364–5; and destruction from battle 360–62; killed by Germans 147, 163, 213, 221, 227, 274–5; refugees 147, 214, 255, 275, 342, 353, 360
Clarke, Brig Gen Bruce C. 141–2, 164, 176, 223, 224, 235, 248
Clervaux 152–3, 169
Collins, Maj Gen J. Lawton 29, 36, 56, 66, 163, 222–3, 240, 242, 244, 255, 257, 273, 315; and Allied counter-offensive 302–3, 312, 341, 353
Colmar Pocket 73, 101, 322, 325
Cologne 22, 30, 31, 39, 43, 66

Com Z xiii, 20, 46, 52, 155, 163, 200, 217, 366
Combat exhaustion 40, 70, 76–7, 78–9, 118, 142, 155, 265, 346–7
Conjoux 259, 285, 313
Cooper, Sir Alfred Duff 48, 326
Cota, Maj Gen Norman D. 3–4, 64, 66, 67, 68, 151, 152, 167, 169
Couch, Arthur S. 52, 53, 69, 70, 73, 132, 216–17
CSDIC (Combined Services Detailed Interrogation Centre) xiii, 102, 219–20, 347

De Gaulle, Gen Charles 1–3, 47–8, 324, 325, 326, 327
De Guingand, Maj Gen Francis ('Freddie') 22, 202, 304–6
Dempsey, Lt Gen Miles 203, 303
Desobry, Maj William R. 170–71, 194–8, 206, 207, 352
Devers, Lt Gen Jacob L. 21, 75, 189, 317, 324, 326, 351, 352
Devine, Col Mark 141, 144
Dieppe 5
Dietrich, Marlene 49, 107
Dietrich, Oberstgruppenführer Sepp 84, 85, 88–9, 90–91, 95, 96, 111, 140, 149, 161, 178, 184, 217, 348
Dinant 178, 199, 217, 240, 255, 257, 258, 273, 289, 303
Dom Bütgenbach 138, 185, 216
Düren 69

Eberbach, Gen. d. PzTr Heinrich 4, 21, 102, 220
Echternach 104, 127, 153

Eisenhower, Gen Dwight D. 1–3, 31, 67, 75, 78, 81; and Ardennes offensive 129–30, 173, 189–91; and Belgian political crisis 50–51; and strategy 10, 15, 18, 20, 38–9, 56, 75, 100, 302, 356; and Montgomery 9, 18, 19, 20, 21–2, 98–100, 200–201, 304–6, 321, 327, 356; and Bradley 200–201, 243–4, 288, 328, 356, 359; and Patton 227, 290, 301, 360; and Stalin 261; and Allied counter-offensive 301–2, 306; and Devers 317; and French 322, 324, 325, 326

Elsenborn (village) 148, 214–15
Elsenborn camp 138, 158, 214–15
Elsenborn ridge 132, 136, 141, 148, 149, 161, 162, 179, 184, 185, 214, 215, 217, 236, 249, 250, 287, 297
Eupen 90, 131, 140, 149, 177, 180, 246
Ewell, Col Julian 192, 193, 194, 209

Faymonville 184, 249–50
Field hospitals and medical services 20, 33, 52, 60–61, 143, 161, 184, 188, 197–8, 214, 229, 259, 265, 279, 291, 315, 345–6
Flamierge 251, 254, 266, 336
Foy 196, 197, 206, 207, 228, 230, 254, 351
Foy-Notre-Dame 258, 259, 260, 274, 277, 284, 285, 286, 293
Fraiture 246, 248
Francorchamps (supply dump) 133, 163
French Army 2, 24, 49, 73, 74–5, 101, 155, 200, 217, 317, 324–5, 326, 350
  First Army 49, 74–5, 101, 324–5, 326, 350
  1st Division 24
  2nd Armoured Division (2ème Division Blindée) 1–3, 24, 74, 326
French SAS 314
French Resistance 6, 42, 48, 75, 156, 364
'Friendly fire' 148, 255, 266, 268, 287, 311–12

Gavin, Maj Gen Jim 49, 248, 269, 270–71
Gellhorn, Martha 11, 50, 53, 276, 293, 301, 315
German Army
  Army Group Centre 5
  Army Group B 66, 83, 131, 287, 347
  Army Group Upper Rhine 219, 276, 317, 350
  First Army 25, 326
  Fifth Panzer Army 66, 82, 85, 95, 112, 120, 125, 151, 154, 171, 207, 234, 236, 251
  Sixth Panzer Army 82, 84, 85, 87, 97, 111, 149, 161, 162, 171, 184, 214, 236, 347, 348
  Seventh Army 30, 66, 70, 83, 125, 129, 290
  Fifteenth Army 5, 14, 18, 22, 84, 303
  Nineteenth Army 322, 350
  XLVII Panzer Corps 154, 167, 194, 205, 207, 237

LVIII Corps 345
LXXIV Corps 66
LXXXIX Corps 13
German Army, Divisions
Grossdeutschland 7, 188, 290
  12th Volksgrenadier 30, 32, 33, 69, 116, 184, 185, 214
  18th Volksgrenadier 120, 141, 144, 172, 186, 188, 225, 226, 270
  26th Volksgrenadier 97, 125, 154, 167, 169, 184, 194, 205, 207, 208, 228, 230, 237, 239, 250, 251–2, 282, 307, 345
    39th Fusilier Rgt 208, 228, 238
    77th Grenadier-Rgt 193, 280
    78th Grenadier-Rgt 193, 283
  62nd Volksgrenadier 188, 225, 226, 270
  89th Infanterie 67
  167th Volksgrenadier 310
  212th Volksgrenadier 127, 153, 205
  246th Infanterie 34
  275th Infanterie 58, 59, 65, 71, 75
  276th Volksgrenadier 205
  277th Volksgrenadier 135, 161, 185, 214, 215
  326th Volksgrenadier 117, 148
  352nd Volksgrenadier 290
  361st Volksgrenadier 44
  560th Volksgrenadier 226, 242, 296
  2nd Panzer 97, 112, 125, 151, 152, 154, 167, 169, 194–8, 206, 207, 237, 240, 245, 255, 258, 260, 272–4, 284, 302, 314, 333, 347, 352, 354
    Kampfgruppe Böhm 257, 259, 260, 274, 284, 285
    Kampfgruppe Cochenhausen 258, 259, 260, 273, 277, 284, 285, 286
    Kampfgruppe Holtmeyer 274, 293–4
  7th Panzer 86
  9th Panzer 270, 314, 347
  11th Panzer 96
  21st Panzer 350
  116th Panzer 30, 32, 67, 83–4, 112, 123, 151, 152, 188, 205–6, 226, 237, 242, 255, 257–60, 286, 295, 333, 342
    60th Pzgr-Rgt 123, 286
    156th Pzgr-Rgt 123, 226
  Panzer Lehr 112, 125, 151, 167, 169, 171, 193, 194, 205, 207, 228, 260, 273, 314, 333, 352
    901st Pzgr-Rgt 208, 230, 251, 253, 266, 282
    902nd Pzgr-Rgt 260, 261, 294, 339, 340
  3rd Panzergrenadier 32, 138, 214, 215, 297, 307, 310, 332, 336
  15th Panzergrenadier 254, 266, 280, 282
    Kampfgruppe Maucke 280–81
  25th Panzergrenadier 350
German Army, Brigades
  150th Panzer-Brigade 92, 94, 178–9
  Führer Begleit Brigade 7, 172, 188, 212, 232–3, 248, 270, 283, 293, 295, 306–7, 310, 332, 333, 336
  Führer Grenadier Brigade 290
Gerow, Maj Gen Leonard T. 1, 56, 64, 67, 121, 136, 149, 161, 162, 236

索 引 / 531

Gersdorff, GenM Rudolf Freiherr v. 30, 76, 79, 83, 366
Givet 200, 203, 255
Goebbels, ReichsMin Joseph 6–7, 9, 37, 40, 41, 42, 99, 219
Göring, Reichsmarschall Hermann 7, 9, 25, 38, 64–5, 81, 299, 318, 319, 320, 348
Grandménil 286, 296
Guderian, GenOb Heinz 25, 26, 84, 275–6, 348

Hagenau 350
Haid 257, 284
Hansen, Maj Chester B. 99, 107, 129, 139, 147, 178, 191, 222, 243, 262, 270, 289, 301, 303, 315, 328, 339, 355, 359
Harmon, Maj Gen Ernest N. 273, 284, 339
Harwick, Maj Robert 228, 229
Hasbrouck, Brig Gen Robert W. 144, 172, 188, 210, 211, 223, 226, 231, 232–5, 248, 296
Heilmann, GenM Ludwig 126, 268, 310, 345
Hemingway, Ernest 49–50, 53, 56, 76, 129, 156, 205, 276
Hemroulle 238, 281, 282, 284, 291
Heydte, Oberst Friedrich August Freiherr v. d. 88–91, 92, 126, 130–31, 140–41, 179–81
Himmler, Reichsführer-SS Heinrich 9, 36, 37, 74, 276, 317, 327, 345, 350
Hitler, Adolf 6, 91, 92, 131, 318; and July plot 6–7, 64–5, 299; leaves Wolfsschanze 80; and planning *Herbstnebel* 82–6, 103, 123, 204; at Adlerhorst 95, 218, 275–6; micro-managing battle 112, 133, 149, 162, 207n, 246, 250, 284; and Bastogne 287, 299, 307, 333; and failure of Ardennes offensive 299, 322, 347, 365, 366
Hodges, Lt Gen Courtney H. 9, 33, 56–7, 107, 108, 315; and Hürtgen Forest 64, 66, 67, 68, 78; and Ardennes offensive 121, 132, 135, 147, 162, 163, 172–3, 190; and crisis 199–200, 202–3; and northern flank 270, 296, 302; and Bradley 357–8; moves headquarters back to Spa 360
Höfen 117, 278
Hompré 251–2, 266, 292
Honsfeld 116, 132, 137, 138, 145
Horrocks, Lt Gen Brian 10, 14, 217, 218, 244, 312
Hosingen 125, 167
Hotton 226, 227, 237, 242, 246, 255, 270, 272, 295, 303, 314, 333
Houffalize 195, 196, 246, 303, 304, 347, 352, 354; and bombing of 342
Hürtgen Forest 39, 57–73, 75–9, 99, 111, 156; casualties 78–9, 151
Huy 94

Intelligence failures
  Allied 102–7, 108, 164, 303, 315–16, 365; and insecure communications 154
  German 208, 365

Jemelle 12, 245–6, 295, 341–2
Jodl, GenOb Alfred 7, 25, 81, 82, 84, 112, 204, 276, 299, 365
Jones, Maj Gen Alan W. 141–2, 144
Juin, Gen Alphonse 156, 324, 325
July plot (20 July 1944) 5, 6, 9, 26, 89, 299, 316, 365
Junge, Traudl 7, 80

Kampfgruppe Heydte *see under* Luftwaffe
Kean, Maj Gen William G. 202, 204, 210, 223, 302
Keitel, GFM Wilhelm 7, 14, 82, 85, 133, 276, 365
Klemperer, Victor 36
Kokott, GenM Heinz 125, 167, 194, 205, 207, 208, 228, 237, 250, 251–2, 253, 254, 265, 266, 280, 283, 291, 311
Krebs, Gen d. Inf Hans 82
Krefeld 84
Kreipe, Gen d. Flieger Werner 7, 25, 38, 64–5, 81
Krinkelt *see* Rocherath and Krinkelt
Kunkel, Maj Rolf 228, 238, 281

La Gleize 165, 184, 213–14, 221, 237, 246, 248, 269–70
Lammerding, Brigadeführer Heinz 271, 296
Lanham, Col 'Buck' 49, 56, 62, 70, 76, 205
Lanzerath 114–15, 116
LaPrade, Lt Col James 196, 197, 206, 207
La Roche-en-Ardenne 242; bombing of 298; destruction of afterwards 361
Lattre de Tassigny, Gen Jean-Marie de 49, 101, 324, 326, 350, 351
Lauchert, Oberst Meinrad v. 227, 257, 260, 274
Leclerc, Gen de Div Philippe (de Hauteclocque) 1, 3, 74, 326
Lee, Lt Gen John C. 20, 46, 163, 200, 217, 366
Leignon 257, 259
Lemaire, Renée 265, 279
Liège 82, 116, 162, 163, 182, 190, 199, 246, 271, 296, 303n, 315
Ligneuville 145, 147, 179
Longvilly 169, 170, 171, 195, 306
Looting 31, 40, 42, 48, 74, 137, 145, 225–6, 228, 341, 359
Losheim Gap 116, 120, 129
Luftwaffe 104–5, 236–7; and Operation *Bodenplatte* 318–22
Luftflotte Reich 105
Luftflotte West 131
XII Flieger Corps 89
II Jagdkorps 105
Luftwaffe, Divisions
    3rd Fallschirmjäger 11, 40, 115, 116, 138, 184, 249–50, 354
    9th Fsj-Rgt 115, 137
    5th Fallschirmjäger 125–6, 154, 167, 191, 208, 228, 238, 251–2, 262, 266, 268, 283, 284, 290, 292, 307, 344–5
    13th Fsj-Rgt 125, 292–3
    14th Fsj-Rgt 310
    6th Fallschirmjäger 11
    7th Fallschirmjäger 350–51

Luftwaffe, Regiments
  6th Fsj-Rgt 89
  Other ground units 58, 59
  Kampfgruppe Heydte 130–31, 140, 148, 179–81
Lutrebois 208, 283
Lüttwitz, Gen d. PzTr Heinrich Freiherr v. 88, 154, 194, 205, 207, 208, 227, 228, 230, 237; and surrender demand 238; and Dinant thrust 260, 274, 284; and reduction of Bastogne 266, 293, 295, 307
Luxembourg (city) 99, 104, 107, 121, 129, 130, 139, 147, 153, 173, 175, 190, 200, 204, 222, 242, 243, 262, 263, 278, 301

Maastricht 99, 100, 163, 173, 321
McAuliffe, Brig Gen Anthony C. 154, 166–7, 197, 206, 209, 230, 238, 262, 266, 282, 283, 300
MacDonald, Cpt Charles 136–7, 160
McKinley, Lt Col William D. 149–50, 151, 157–8
Mageret 171, 193, 332
Malmédy 90, 133, 140, 143, 145, 179, 184, 249, 302
Malmédy massacre (Baugnez) 144–7, 162, 214, 222, 295, 333, 363
Manderfeld 112, 114
Mande-Saint-Etienne 192, 238, 239, 250, 332
Manhay 246, 248, 270, 271, 272, 286, 296, 342
Marche-en-Famenne 12, 164, 240, 241, 242, 255, 272, 274, 289, 314, 341n

Manteuffel, Gen d. PzTr Hasso v. 66, 82, 84, 85, 87, 88; and Ardennes offensive 112, 120, 129, 133, 140, 142, 148, 151; and St Vith 171, 211; and Bastogne 207, 238, 250, 254, 266, 280, 307, 333, 335; and Dinant thrust 260, 270, 284, 294; and failure of *Herbstnebel* 299, 333
Marshall, Gen George C. 18, 21, 243, 329, 348, 366; and Montgomery 21, 22, 304–5
Marvie 207, 208, 253, 266, 306
Mather, Cpt Carol 198–200, 202–3
Metz 21, 24, 52, 73, 100, 321
Meuse river (Maas) xiv, 10, 83, 84, 94, 112, 116, 125, 133, 140, 143, 153–4, 178, 189, 314; and securing bridges 199, 200, 202, 217, 255; and German advance 205, 207, 222, 237, 240; and civilians crossing 147, 213, 255
Middleton, Maj Gen Troy H. 79, 103, 121, 129, 142, 166, 167, 169, 197, 205, 207, 209, 283, 338
Model, GFM Walter 13–14, 19, 66, 82, 83, 85, 90, 131, 143, 184, 187, 217; and St Vith 211, 235; and Dinant thrust 274, 284; and withdrawal of troops 347
Mohnke, SS-Brigadeführer Wilhelm 97, 310, 345
Monschau 104, 111, 117, 179, 180, 181, 217
Mons Pocket 11
Montgomery, FM Sir Bernard 3, 38–9; and Antwerp 14, 15; and

Eisenhower 98–9, 100, 203, 302–4; and taking over First Army 198–201, 202–4; and Meuse 217, 222; and strategy 302, 355–6; and withdrawal from St Vith 210, 223, 234, 248; and northern flank 273, 288–9; and Bradley 288–9, 304, 355, 359–60; and Allied counter-offensive 301–4, 339; and press 329–30; and political consequences 366–7
Morgenthau Plan 41
Mourmelon-le-Grand 154–5, 166, 308
Mützenich 149

Namur 255, 289, 359
Nancy 24, 191, 245
Neffe 171, 192, 193, 208, 209, 311, 332
Neufchâteau 166, 209, 284, 306
Nijmegen 19, 22, 69
Normandy 6, 16, 127, 271, 303, 311, 326
Noville 167, 170, 194–8, 206, 207, 209, 227, 352, 364

OKW (Oberkommando der Wehrmacht) 7, 84, 85, 86, 91, 133, 365, 366
Operation Bagration 5
Operation *Bodenplatte* 317, 318–22, 348
Operation Cobra 10
Operation Dragoon/Anvil 6
Operation *Greif* 93, 104, 174–9
Operation *Herbstnebel/Wacht am Rhein* 25, 81–3, 85–7, 94, 189, 204
Operation Market Garden 18, 19, 20, 22, 23, 25, 154, 174

Operation *Nordwind* 317, 322–7, 350–51
Operation Veritable 304, 306

Paris 1–4, 20, 189; and supplies 16; and US Army leave 45–7, 154; panic in 155–6, 218; and *Nordwind* 324
Parker, Maj Arthur C., III 246
Patch, Lt Gen Alexander M. 75, 326, 327
Patton, Lt Gen George S. 3, 10, 16–17, 18, 24, 49, 73, 83, 100, 101, 103, 107, 278, 301, 359; and Ardennes offensive 129, 130, 139, 173, 189–91, 200; and Montgomery 9, 21, 299, 328; and counter-attack north 209, 222, 227, 230, 245, 263, 268, 283, 354–5; in Luxembourg 278, 287; and Eisenhower and SHAEF 290, 357–8; and Allied counter-offensive 302, 306, 322, 338; enters Bastogne 309–10, 359–60
Peiper, SS-Obersturmbannführer Joachim 94–5, 96, 97, 116, 117, 133, 137–8, 145–8, 162, 164–5, 212–14, 221, 237, 248–9, 269, 363–4
Peiper Kampfgruppe *see under* Waffen-SS
Pogue, Forrest 15
Polish forces
　1st Polish Armoured Division 17
　Polish parachute brigade 19
　Polish fighter squadrons in 131 Wing 320–21
Poteau 188, 210, 234

Prisoners, killing of by Americans 24, 55, 78, 222, 235, 294–5, 332–3, 364; and revenge 147, 221, 249, 296–7, 344; killing of by Germans 137, 138, 145–7, 162, 183, 184, 341, 342, 363; killing of by British 341

Propaganda and indoctrination, German 13, 33, 36, 38, 40, 41, 42, 68, 99, 219

Prüm 200, 203

Quesada, Maj Gen Elwood R. 147

RAF 23, 293, 320–21
  Bomber Command 43, 78, 297, 342
  2nd Tactical Air Force 320–22, 358
Ramsay, Adm Sir Bertram 14, 19
Rastatt 75
Recht 144, 188, 234
Red Army 5–6, 7, 26, 36, 38, 40, 68, 103, 276, 303, 331, 348, 356; and effect of Ardennes offensive 365
Red Ball Express 16, 155
Reichswald 22, 300
Remer, Oberst Otto 7, 172, 212, 283, 293, 295, 307, 332
Replacements 51–5, 108, 308
Ridgway, Maj Gen Matthew B. 154, 162, 222, 237; and St Vith 223, 233–4, 248; and northern flank 248, 270, 296
Roberts, Col William L. 167, 170–71, 196, 230
Robertson, Maj Gen Walter M. 134, 136, 148, 149
Rochefort 241, 245, 258, 260–61, 274, 277, 293–4, 314, 333, 339, 341n, 342

Rocherath and Krinkelt (the twin villages) 117, 118, 135, 148, 149–51, 157–61, 184, 185, 214, 215
Romania, defection from Axis 5–6
Roer dams 61, 66, 68, 78, 118, 121
Rolley, Château de 281, 282, 309
Roosevelt, President Franklin D. 2, 21, 42, 261, 328; and de Gaulle 47–8, 326
Rose, Maj Gen Maurice 226, 246, 248, 295, 296
Roth 120, 121
Ruhr 9, 21, 22–3, 56, 75, 81, 100, 304, 306, 333, 356
Rundstedt, GFM Gerd v. 25–6, 82, 83, 85, 96, 103, 140, 184, 217, 355; advises Hitler that offensive has failed 287

SA (Sturm Abteilung) 31
Saar 9, 17, 21, 56, 87, 173
Saarbrücken 15
Saint-Hubert 260, 314, 333
St Vith 120, 141–4, 164, 171–2, 185, 187, 188, 210, 211, 223–6, 231, 358, 359; German occupation of 235, 316; Allied bombing of 288, 297–8
Salinger, Sgt J. D. 2, 49, 52, 76
Salmchâteau 211, 236
Samrée 226, 242
Saverne Gap 73, 327
Scheldt estuary 14, 18, 20, 22, 23, 38, 56

Schmidt (town) 58, 65–7, 68, 70, 78, 83, 118
Schmidt, GenLt Hans 58, 59, 71, 75
Schnee Eifel 109, 120, 141, 142, 185, 188, 235, 246
Schönberg 142, 144, 172
Schwerin, GenLt Gerhard Graf v. 30–31, 67
SD (Sicherheitsdienst of SS) 9, 132, 227, 274–5
  Sondereinheitkommando 8 274–5, 364
Self-inflicted injuries 118
Senonchamps 228, 238, 250, 266, 281
SHAEF xiv, 2, 5, 19–20, 31, 48, 94, 102, 104; and Ardennes offensive 129, 140, 154, 189, 240; moves to Versailles 20, 23; and attempts at news control 155, 218, 327; and Montgomery 199, 304, 330, 356; and Bradley 289, 328, 357–8; and de Gaulle 324–6; and fear of German gas attack 348; and crisis in Belgium 360
Sibret 169, 228, 292, 306, 307, 308
Siegfried Line (Westwall) 12, 24, 132, 144, 364; dealing with 28–9, 56
Simpson, Louis 46, 47, 153, 192, 210, 254
Simpson, Lt Gen William H. 100, 107, 130, 163, 173, 203, 249, 303, 315, 355–6, 357, 359
Sink, Col Robert F. 206, 209
Skorzeny, Obersturmbannführer Otto 37–8, 91–4, 97, 174–5, 177–9
Skorzeny Kampfgruppe 91–4, 116, 174–9, 202, 243, 250, 255; and Eisenhower Aktion 175, 177, 243
Sorinnes 257, 260, 273, 285
Spa 56, 94, 107, 121, 133, 153; evacuation of 163–4, 173, 198, 213
Spaatz, Lt Gen Carl 'Tooey' 156, 311
Stalin, Josef Vissarionovich 5, 40, 94; and Ardennes 261, 331
Stavelot 133, 147–8, 162–3, 164, 165, 184, 221, 269
Stoumont 165, 182, 212–13, 221, 237, 248
Strasbourg 73, 74, 317, 324, 325, 350
Strong, Maj Gen Kenneth 104, 129, 140, 156, 200, 240, 303, 348
Student, GenOb Kurt 89

Taylor, Maj Gen Maxwell D. 154, 292, 308
Tedder, ACM Sir Arthur 3, 99, 189, 261, 317, 327, 366
Templeton, Lt Col Clifford 266
Trois-Ponts 148, 164, 213, 221, 237, 270, 338

Ultra xiv, 104–5, 189, 301, 326, 341, 348
US Army
  6th Army Group 73, 74, 317, 324
  12th Army Group 33, 73, 100, 102, 103, 104, 107, 121, 139, 147, 189, 204, 218, 245, 262, 263, 304, 311–12, 315, 330, 341, 357, 358
  First Army 9, 11, 16, 28, 33, 39, 56–7, 66, 69, 84, 98, 105, 121, 130, 132, 139, 153, 182, 190, 204, 315; and St Vith 210; and

US Army (*cont.*)
  northern flank 246, 289, 302; returns to 12th Army Group 355, 356
  Third Army 10, 16, 18, 52, 83, 100–101, 103, 130, 139, 218, 317, 345; and redeploying for advance on Bastogne 190–91, 205, 252; and Allied counter-offensive 341, 359
  Seventh Army 24, 73, 75, 101, 327
  Ninth Army 33, 39, 56, 69, 84, 99, 100, 130, 139, 173, 315, 321, 322, 347, 355–6
  First Allied Airborne Army 19
  III Corps 54, 191, 205, 209, 242–3, 262, 283, 292, 311
  V Corps 56, 64, 114, 118, 136, 159, 236
  VI Corps 322, 326, 327, 350
  VII Corps 29, 35, 56, 63, 64, 66, 222, 240, 244, 255, 270, 273, 295, 302, 312, 333, 353
  VIII Corps 79, 103, 107, 108, 114, 121, 129, 166, 187, 228, 263; and move to Neufchâteau 197, 209; under Third Army 200, 266, 283, 287, 332, 360
  XV Corps 24, 326
  XVIII Airborne Corps 154, 162, 222, 233–4, 333
  XIX Corps 28
  XXI Corps 351
US Army, Infantry Divisions
  1st 11, 30, 32, 33, 34–5, 36, 53, 57, 68–70, 72, 77, 132, 149, 161, 216
    18th Inf Rgt 149, 180
    26th Inf Rgt 137, 138, 148, 216
  2nd 78, 108–9, 121–2, 132, 134, 135, 138, 148, 157–61, 185, 214, 215
    9th Inf Rgt 122, 149, 157, 158
    23rd Inf Rgt 136, 148, 149
    38th Inf Rgt 148, 150, 159
  3rd 351
  4th 2, 28, 49, 52, 68, 70, 72, 76, 79, 105, 106, 109, 127, 153, 156, 204, 243, 276, 311
    12th Inf Rgt 76, 77, 127, 153
    22nd Inf Rgt 49, 70, 72, 76, 77, 153, 276
  5th 222, 276, 346–7
  8th 68, 70, 77
  9th 11, 57, 58–61, 217
  17th Airborne 271, 287, 336, 337, 338, 352
  26th 173, 243, 290, 306
  28th 3–4, 28, 51, 64, 65, 66, 105, 122, 123, 125, 151–2, 153, 167, 191, 204, 231, 344, 351
    109th Inf Rgt 65, 122, 151, 126
    110th Inf Rgt 65, 169
    112th Inf Rgt 65, 66, 67, 68, 123, 152
  30th 28, 33, 36, 162, 165, 182, 183, 213, 214, 221, 222, 237, 249, 255, 344, 347
    117th Inf Rgt 212, 213, 221
    119th Inf Rgt 182
    120th Inf Rgt 354
  35th 283, 306, 310, 344
    134th Inf Rgt 283, 310
  45th 327, 350
  75th 240, 296
  80th 173, 243

82nd Airborne 19, 140, 154–5, 162, 165, 183, 210, 211, 234, 236, 237, 269, 270–71, 338
   504th Parachute Inf Rgt 211
   325th Glider Inf Rgt 226, 248
83rd 78, 79, 312, 342
   331st Inf Rgt 342
84th 223, 240, 255, 272, 312
   335th Inf Rgt 240
87th 332, 337–8
95th 55
99th 112, 117, 118, 120, 136, 138, 141, 148, 149, 150, 158, 161, 215, 278, 297
   393rd Inf Rgt 118
   395th Inf Rgt 117, 120
101st Airborne 19, 140, 154–5, 166–7, 191, 293, 326, 351–2; and cold 239, 250, 251, 254, 264, 308–9; and wounded 262, 265, 291, 300
   501st Parachute Inf Rgt 166, 192, 209,
   502nd Parachute Inf Rgt 281, 282, 335
   506th Parachute Inf Rgt 197, 206, 209, 228, 230, 254, 308, 351–2
   327th/401st Glider Inf Rgt 192, 227, 238, 253, 254, 310, 335, 345
104th 68
106th 108, 109, 120–21, 122, 123, 141, 185, 225, 232, 235; in German captivity 368–9
   422nd Inf Rgt 141
   423rd Inf Rgt 109, 141, 186, 225
   424th Inf Rgt 141, 235

US Army, Armored Divisions
   2nd 11, 29, 223, 255, 258, 293–4, 295, 339
      Combat Cmd A 258, 273, 284–5, 355
      Combat Cmd B 273, 285, 286, 355
   3rd 30, 57, 213, 223, 226, 237, 246, 295, 296
      Combat Cmd A 255
      Combat Cmd B 213
   4th 173, 209, 243, 262, 266, 268, 284, 290, 291–3, 306, 311
      Combat Cmd B 209
      Combat Cmd R 268
   5th 68, 149
   6th 311, 332, 335, 341, 343
   7th 129, 130, 163, 187, 234, 248, 272, 296, 359
      Combat Cmd A 144, 234
      Combat Cmd B 141, 223, 232, 235, 358
      Combat Cmd R 145
   9th 127, 141, 142, 204, 312
      Combat Cmd A 306, 307
      Combat Cmd R 169, 171, 192, 195
   10th 129, 130, 153, 170, 191, 192, 204, 206, 243, 263, 265, 279
      Combat Cmd A 153
      Combat Cmd B 167, 293
   11th 264, 287, 311, 332, 336
   12th 351
   14th 350
US Army, Other units
   14th Cav Gp 114, 120, 121, 141

US Army, Other units (*cont.*)
  705th Tank Destroyer Bn 170, 195, 209, 266, 293
  Counter Intelligence Corps xiii, 36, 42, 43, 175, 177, 243, 303
US Army Air Force 252–3, 255, 263, 287–8
  Eighth Air Force 311
  Ninth Air Force 298
  IX Tactical Air Command 33, 108, 147, 165, 245
  IX Troop Carrier Command 142n, 252–3, 300
  XIX Tactical Air Command 358
US Army artillery, and effectiveness 158, 162, 185, 209, 211–12, 215–16, 223, 272, 293, 308, 344

V-weapons 25, 121, 136, 163, 258, 315, 348n
Verdun 107, 139, 173, 189
Versailles 20, 46, 121, 129–30, 289, 304, 306
Verviers 140
Vielsalm 143, 211, 212, 233, 234, 236, 270
Villenfange, Baron Jacques de 257, 259, 260, 295
Villeroux 238
Vonnegut, Kurt 186, 187, 368–9
Vosges mountains 75, 101, 317, 324, 325, 327
Vossenack 65–6

Waffen-SS 27, 30, 34, 74, 88, 97, 104, 109, 132, 158, 159, 274, 310–11, 343–4

I SS Panzer Corps 178–9, 184, 248, 269, 347
II SS Panzer Corps 214, 226, 347
XIV SS Corps 350
1st SS Panzer *Leibstandarte Adolf Hitler* 27, 34, 88, 97, 143, 144, 184, 211, 212, 213, 310, 345, 347
  Kampfgruppe Hansen 144, 188
  Kampfgruppe Peiper 115, 116, 132–3, 137, 138, 145–8, 164–5, 182–4, 212–14, 221–2, 236–7, 246, 248, 249, 258, 269–70, 363
2nd SS Panzer *Das Reich* 214, 226, 234, 246, 248, 255, 270–72, 286, 296, 347
  3rd SS Pzgr-Rgt *Deutschland* 296–7
  4th SS Pzgr-Rgt *Der Führer* 248
6th SS Mountain Division 327, 350
9th SS Panzer *Hohenstaufen* 19, 188, 214, 234, 270, 296, 335, 347
10th SS Panzer *Frundsberg* 19, 97, 327, 350–51
12th SS Panzer *Hitler Jugend* 26, 91, 109, 117, 118, 132, 136, 138, 149, 150, 158, 159, 161–2, 184, 214, 216, 217, 236, 333, 335, 347
17th SS Panzergrenadier *Götz von Berlichingen* 24, 83, 88, 96, 326
Wahlerscheid 122, 135, 148
Waimes 161, 184; and 47th Evacuation Hospital 161, 214
Waldenburg, GenM Siegfried v. 206, 226–7, 242, 272, 286, 301, 358–9

Wardin 167, 170, 171, 207, 208, 311, 335
Warlimont, Gen. d. Art Walter 11, 88
Warsaw 5
Weckerath 120
Wehrmacht, casualties 5, 367
Werbomont 147, 162, 164, 166
Wertenbaker, Charles 243
Westphal, Gen. d. Kav Siegfried 82, 83, 85
Whiteley, Maj Gen John 139, 200, 201, 356, 357–8

Wilck, Oberst Gerhard 33, 35, 36, 37
Wiltz 151, 152, 154, 167, 169, 191, 192, 208
Winters, Cpt Richard 230, 308, 351
Wirtzfeld 122, 134, 137, 160, 214
Wolfsschanze, nr Rastenburg 5, 6

Zangen, Gen d. Inf Gustav v. 14
Zonhoven 98, 198, 199, 288, 303, 305

图书在版编目(CIP)数据

阿登战役:希特勒的最后一搏/(英)安东尼·比弗(Antony Beevor)著;董旻杰译.--北京:社会科学文献出版社,2023.10

书名原文:Ardennes 1944:Hitler's Last Gamble
ISBN 978-7-5228-1998-3

Ⅰ.①阿… Ⅱ.①安… ②董… Ⅲ.①第二次世界大战战役-1944-1945-史料 Ⅳ.①E195.2

中国国家版本馆CIP数据核字(2023)第113054号

地图审图号:GS(2023)2669号(书中地图系原文插附地图)

阿登战役:希特勒的最后一搏

| 著　　者 / 〔英〕安东尼·比弗(Antony Beevor) |
| 译　　者 / 董旻杰 |

| 出 版 人 / 冀祥德 |
| 组稿编辑 / 董风云 |
| 责任编辑 / 成　琳 |
| 责任印制 / 王京美 |

| 出　　版 / 社会科学文献出版社·甲骨文工作室(分社)(010)59366527 |
| 　　　　　　地址:北京市北三环中路甲29号院华龙大厦　邮编:100029 |
| 　　　　　　网址:www.ssap.com.cn |
| 发　　行 / 社会科学文献出版社(010)59367028 |
| 印　　装 / 北京盛通印刷股份有限公司 |

| 规　　格 / 开　本:889mm×1194mm　1/32 |
| 　　　　　　印　张:19.75　插　页:1.5　字　数:438千字 |
| 版　　次 / 2023年10月第1版　2023年10月第1次印刷 |
| 书　　号 / ISBN 978-7-5228-1998-3 |
| 著作权合同登记号 / 图字01-2021-1467号 |
| 定　　价 / 128.00元 |

读者服务电话:4008918866

版权所有 翻印必究